KRISTINA STIEGEMEYER

Die parlamentarische Behandlung der europäischen Integrationsakte und ihre Prüfung durch das Bundesverfassungsgericht

Schriften zum Öffentlichen Recht

Band 1438

Die parlamentarische Behandlung der europäischen Integrationsakte und ihre Prüfung durch das Bundesverfassungsgericht

Von

Kristina Stiegemeyer

Duncker & Humblot · Berlin

Der Fachbereich Rechtswissenschaften
der Universität Osnabrück
hat diese Arbeit im Jahr 2020
als Dissertation angenommen.

Bibliografische Information der Deutschen Nationalbibliothek

Die Deutsche Nationalbibliothek verzeichnet diese Publikation in der Deutschen Nationalbibliografie; detaillierte bibliografische Daten sind im Internet über http://dnb.d-nb.de abrufbar.

Satz: Textforma(r)t Daniela Weiland, Göttingen
Druck: CPI buchbücher.de gmbh, Birkach
Printed in Germany

ISSN 0582-0200
ISBN 978-3-428-18069-1 (Print)
ISBN 978-3-428-58069-9 (E-Book)

Gedruckt auf alterungsbeständigem (säurefreiem) Papier
entsprechend ISO 9706 ♾

Internet: http://www.duncker-humblot.de

Vorwort

Diese Arbeit wurde im Wintersemester 2019/2020 vom Fachbereich Rechtswissenschaften der Universität Osnabrück als Dissertation angenommen. Sie befindet sich auf dem Stand von Oktober 2019.

Mein großer Dank gilt meinem Doktorvater Professor Dr. Jörn Ipsen für die Betreuung des Promotionsvorhabens, die Geduld sowie die sehr zügige Begutachtung der Arbeit. Zudem schulde ich ihm Dank für die vielfältige und lehrreiche Förderung während meiner Tätigkeit als studentische Hilfskraft und wissenschaftliche Mitarbeiterin am Institut für Kommunalrecht der Universität Osnabrück. Professor Dr. Albrecht Weber danke ich für die schnelle Erstellung des Zweitgutachtens.

Zu Dank verpflichtet bin ich auch der Zentralen Kommission für Gleichstellung der Universität Osnabrück, die mein Promotionsvorhaben durch ein Stipendium zeitweise finanziell gefördert hat.

Meinen Freundinnen und Freunden danke ich sehr herzlich dafür, dass sie mir stets zur Seite standen, mich motiviert haben und mit mir daran geglaubt haben, dass ich dieses Promotionsvorhaben erfolgreich abschließen werde.

Schließlich gilt mein besonderer Dank meiner Familie, insbesondere meinen Eltern, die mich während meiner Ausbildung und darüber hinaus immer vorbehaltlos unterstützt haben.

Hamburg, im Mai 2020 *Kristina Stiegemeyer*

Inhaltsverzeichnis

3. Teil

Die europäischen Integrationsakte, ihre Behandlung im Bundestag und durch das Bundesverfassungsgericht 58

Abkürzungsverzeichnis

a. A.	anderer Ansicht
a. a. O.	am angegebenen Ort
ABl.	Amtsblatt
Abs.	Absatz
AEUV	Vertrag über die Arbeitsweise der Europäischen Union
a. F.	alte Fassung
Anm.	Anmerkung
AöR	Archiv des öffentlichen Rechts
APuZ	Aus Politik und Zeitgeschichte
Art.	Artikel
Aufl.	Auflage
Bad.-Württ.	Baden-Württemberg
Bay.	Bayerisch
BayVBl.	Bayerische Verwaltungsblätter
BB	Betriebsberater
Bd.	Band
BGBl.	Bundesgesetzblatt
BHE-DG	Bund der Heimatvertriebenen und Entrechteten – Deutsche Gemeinschaft
BP	Bayernpartei
BRD	Bundesrepublik Deutschland
BR-Drucks.	Bundesratsdrucksache
Brem.	Bremisch
BT-Drucks.	Bundestagsdrucksache
BT-Sten.Ber.	Deutscher Bundestag, Stenografischer Bericht
BVerfG	Bundesverfassungsgericht
BVerfGE	Entscheidungen des Bundesverfassungsgerichts
BVerfGG	Gesetz über das Bundesverfassungsgericht
BWahlG	Bundeswahlgesetz
bzw.	beziehungsweise
CDU	Christlich Demokratische Union Deutschlands
CSU	Christlich-Soziale Union
DDR	Deutsche Demokratische Republik
ders.	derselbe
d. h.	das heißt
dies.	dieselben
DKP	Deutsche Kommunistische Partei
DÖV	Die Öffentliche Verwaltung
DP	Deutsche Partei
DRP	Deutsche Reichspartei
DVBl.	Deutsches Verwaltungsblatt
DVP	Deutsche Volkspartei

EAG	Europäische Atomgemeinschaft
EAGV	Vertrag zur Gründung der Europäischen Atomgemeinschaft
EAGV-R	Vertrag zur Gründung der Europäischen Atomgemeinschaft (abgedruckt in: BGBl. II 1957, S. 755 ff.)
ebd.	ebenda
EEA	Einheitliche Europäische Akte (ABl. EG 1987 Nr. L 169, S. 1 ff.)
EFSF	Europäische Finanzstabilisierungsfazilität
EFSM	Europäischer Finanzstabilisierungsmechanismus
EG	Europäische Gemeinschaft(en)
EGKS	Europäische Gemeinschaft für Kohle und Stahl
EGKSV	Vertrag über die Gründung der Europäischen Gemeinschaft für Kohle und Stahl vom 18. April 1951
EGV	Vertrag zur Gründung der Europäischen Gemeinschaft
EGV-A	Vertrag zur Gründung der Europäischen Gemeinschaft in der Fassung des „Vertrags von Amsterdam zur Änderung des Vertrags über die Europäische Union, der Verträge zur Gründung der Europäischen Gemeinschaften sowie einiger damit zusammenhängender Rechtsakte“ (ABl. EG 1997 Nr. C 340, S. 1 ff.)
EGV-M	Vertrag zur Gründung der Europäischen Gemeinschaft in der Fassung des „Vertrags über die Europäische Union“ (ABl. EG 1992 Nr. C 191, S. 1 ff.)
EGV-N	Vertrag zur Gründung der Europäischen Gemeinschaft in der Fassung des „Vertrags von Nizza zur Änderung des Vertrags über die Europäische Union, der Verträge zur Gründung der Europäischen Gemeinschaften sowie einiger damit zusammenhängender Rechtsakte“ (ABl. EG 2001 Nr. C 80, S. 1 ff.)
EMRK	Europäische Konvention zum Schutz der Menschenrechte und Grundfreiheiten
ESM	Europäischer Stabilitätsmechanismus
ESMFinG	Gesetz zur finanziellen Beteiligung am Europäischen Stabilitätsmechanismus
ESMV	Vertrag zur Einrichtung des Europäischen Stabilitätsmechanismus
ESVP	Europäische Sicherheits- und Verteidigungspolitik
EU	Europäische Union
EUCO	European Council (Dokumente)
EuGH	Europäischer Gerichtshof
EU-GRC	Charta der Grundrechte der Europäischen Union
EuGRZ	Europäische Grundrechte-Zeitschrift
EuR	Europarecht (Zeitschrift)
EUV	Vertrag über die Europäische Union
EUV-A	Vertrag über die Europäische Union in der Fassung des „Vertrags von Amsterdam zur Änderung des Vertrags über die Europäische Union, der Verträge zur Gründung der Europäischen Gemeinschaften sowie einiger damit zusammenhängender Rechtsakte“ (ABl. EG 1997 Nr. C 340, S. 1 ff.)
EUV-L	Vertrag über die Europäische Union in der Fassung des „Vertrags von Lissabon zur Änderung des Vertrags über die Europäische Union und des Vertrags zur Gründung der Europäischen Gemeinschaft“ (ABl. EU 2007 Nr. C 306, S. 1 ff.)
EUV-M	Vertrag über die Europäische Union in der Fassung des „Vertrags über die Europäische Union“ (ABl. EG 1992 Nr. C 191, S. 1 ff.)

EUV-N	Vertrag über die Europäische Union in der Fassung des „Vertrags von Nizza zur Änderung des Vertrags über die Europäische Union, der Verträge zur Gründung der Europäischen Gemeinschaften sowie einiger damit zusammenhängender Rechtsakte" (ABl. EG 2001 Nr. C 80, S. 1 ff.)
EuWG	Gesetz über die Wahl der Abgeordneten des Europäischen Parlaments aus der Bundesrepublik Deutschland (Europawahlgesetz)
EuZW	Europäische Zeitschrift für Wirtschaftsrecht
EVG	Europäische Verteidigungsgemeinschaft
EVGV	Vertrag über die Gründung der Europäischen Verteidigungsgemeinschaft
EWG	Europäische Wirtschaftsgemeinschaft
EWGV	Vertrag zur Gründung der Europäischen Wirtschaftsgemeinschaft
EWGV-EEA	Vertrag zur Gründung der Europäischen Wirtschaftsgemeinschaft in der Fassung der „Einheitlichen Europäischen Akte" (ABl. EG 1987 Nr. L 169, S. 1 ff.)
EWGV-R	Vertrag zur Gründung der Europäischen Wirtschaftsgemeinschaft (abgedruckt in: BGBl. II 1957, S. 755 ff.)
EWS	Europäisches Wirtschafts- und Steuerrecht
EZB	Europäische Zentralbank
f., ff.	folgende Seite, folgende Seiten
FASZ	Frankfurter Allgemeine Sonntagszeitung
FAZ	Frankfurter Allgemeine Zeitung
FDP	Freie Demokratische Partei
FG	Festgabe
Fn.	Fußnote
FS	Festschrift
FU	Föderalistische Union
FVP	Freie Volkspartei
GASP	Gemeinsame Außen- und Sicherheitspolitik
GB/BHE	Gesamtdeutscher Block/Block der Heimatvertriebenen und Entrechteten
GBl.	Gesetzblatt
GG	Grundgesetz
GLJ	German Law Journal
GO-BT	Geschäftsordnung des Deutschen Bundestages
GSVP	Gemeinsame Sicherheits- und Verteidigungspolitik
GVBl.	Gesetz- und Verordnungsblatt
HdStR	Handbuch des Staatsrechts
Hess.	Hessisch
h. M.	herrschende Meinung
Hrsg.	Herausgeber
hrsgg.	herausgegeben
insbes.	insbesondere
IntVG	Gesetz über die Wahrnehmung der Integrationsverantwortung des Bundestages und des Bundesrates in Angelegenheiten der Europäischen Union (Integrationsverantwortungsgesetz)
i. V. m.	in Verbindung mit
JA	Juristische Arbeitsblätter
JuS	Juristische Schulung
JZ	Juristenzeitung
KPD	Kommunistische Partei Deutschlands

KritV	Kritische Vierteljahresschrift für Gesetzgebung und Rechtswissenschaft
LKV	Landes- und Kommunalverwaltung
LS	Leitsatz
LVerfGE	Entscheidungen der Verfassungsgerichte der Länder
MdB	Mitglied des Deutschen Bundestages
MDR	Monatsschrift für Deutsches Recht
m. w. N.	mit weiteren Nachweisen
NATO	North Atlantic Treaty Organization
NdsVBl.	Niedersächsische Verwaltungsblätter
n. F.	neue Fassung
NJW	Neue Juristische Wochenschrift
Nr.	Nummer, Nummern
NRW	Nordrhein-Westfalen
NVwZ	Neue Zeitschrift für Verwaltungsrecht
NVwZ-RR	Neue Zeitschrift für Verwaltungsrecht – Rechtsprechungs-Report
NWVBl.	Nordrhein-Westfälische Verwaltungsblätter
OEEC	Organisation for European Economic Cooperation
PDS	Partei des Demokratischen Sozialismus
PJZS	Polizeiliche und justizielle Zusammenarbeit in Strafsachen
Rn.	Randnummer
Rs.	Rechtssache
S.	Seite/siehe
SKSV	Vertrag über Stabilität, Koordinierung und Steuerung in der Wirtschafts- und Währungsunion
s. o.	siehe oben
SPD	Sozialdemokratische Partei Deutschlands
SSW	Südschleswigscher Wählerverband
StabMechG	Gesetz zur Übernahme von Gewährleistungen im Rahmen eines europäischen Stabilisierungsmechanismus
st. Rspr.	ständige Rechtsprechung
s. u.	siehe unten
ThürVBl.	Thüringer Verwaltungsblätter
u. a.	unter anderem
UAbs.	Unterabsatz
USA	United States of America
Verf.	Verfasser(in)
VfZ	Vierteljahreshefte für Zeitgeschichte
vgl.	vergleiche
VN	Vereinte Nationen
VOBl.	Verordnungsblatt
Vol.	Volume
VR	Verwaltungsrundschau
VV	Vertrag über eine Verfassung für Europa
VVDStRL	Veröffentlichungen der Vereinigung der Deutschen Staatsrechtslehrer
WAV	Wirtschaftliche Aufbau-Vereinigung
WEU	Westeuropäische Union
WFStG	Währungsunion-Finanzstabilitätsgesetz
WM	Zeitschrift für Wirtschafts- und Bankrecht

ZaöRV	Zeitschrift für ausländisches öffentliches Recht und Völkerrecht
ZAR	Zeitschrift für Ausländerrecht und Ausländerpolitik
z. B.	zum Beispiel
ZEuS	Zeitschrift für Europarechtliche Studien
ZfRV	Zeitschrift für Europarecht, Internationales Privatrecht und Rechtsvergleichung
ZG	Zeitschrift für Gesetzgebung
ZIS	Zeitschrift für Internationale Strafrechtsdogmatik
ZJS	Zeitschrift für das Juristische Studium
ZParl	Zeitschrift für Parlamentsfragen
ZRP	Zeitschrift für Rechtspolitik
z. T.	zum Teil

Ergänzend wird hinsichtlich der verwendeten Abkürzungen verwiesen auf *H. Kirchner*, Abkürzungsverzeichnis der Rechtssprache, 8. Aufl., Berlin/Boston 2015.

1. Teil

Einleitung

Die Bundesrepublik Deutschland galt lange als ein Vorreiter der europäischen Integration: In den ersten Jahren nach ihrer Gründung verfolgte ihr erster Bundeskanzler Konrad Adenauer eine Politik der Westintegration.[1] So gehörte Deutschland in den 1950er-Jahren zu den Gründungsmitgliedern der Europäischen Gemeinschaft für Kohle und Stahl (EGKS), der Europäischen Wirtschaftsgemeinschaft (EWG) und der Europäischen Atomgemeinschaft (EAG). Außerdem hatte der Bundestag 1953 dem Beitritt zur Europäischen Verteidigungsgemeinschaft (EVG) zugestimmt, einem ambitionierten Plan zur Schaffung einer gemeinsamen europäischen Armee, der schließlich am Widerstand Frankreichs scheiterte. Diese Integrationsschritte waren seinerzeit im Bundestag zum Teil heftig umstritten.[2] In den letzten drei Jahrzehnten sind die parlamentarischen Debatten über europäische Integrationsakte hingegen von einem weitgehenden Konsens der im Bundestag vertretenen Parteien geprägt gewesen, dem sich im Wesentlichen nur die jeweiligen linken Fraktionen entgegengestellt haben.[3] Auf dieser Grundlage konnten seit 1993 mit den Verträgen von Maastricht, Amsterdam, Nizza und Lissabon vier große Reformen der europäischen Verträge umgesetzt werden. Auch im Rahmen der europäischen Wirtschafts- und Finanzkrise konnte sich die Bundesregierung letztlich auf die Zustimmung des Bundestages zu den in der Öffentlichkeit stark diskutierten Rettungsmaßnahmen verlassen.[4]

Gegenwind erhielt diese integrationsbefürwortende Politik von Seiten des Bundesverfassungsgerichts. Bereits in seinem Urteil zum Zustimmungsgesetz zum Vertrag von Maastricht vom 12. Oktober 1993[5], dem sogenannten Maastricht-Urteil, charakterisierte das Gericht die Europäische Union als „Staatenverbund"[6] und betonte, dass der Ausdehnung der Aufgaben und Befugnisse der Europäischen Gemeinschaften durch das verfassungsrechtlich geschützte Demokratieprinzip Grenzen gesetzt seien[7]. Mit dem sogenannten Lissabon-Urteil vom 30. Juni 2009[8], das

---

[1] *M. Görtemaker*, Geschichte der BRD, S. 271. Vgl. zu *Adenauers* Außen- und Europapolitik auch unter anderem *U. Lappenküper*, Die Außenpolitik der Bundesrepublik Deutschland 1949 bis 1990, S. 5 ff., 69 ff.

[2] Ausführlich zu den Bundestagsdebatten unten 3. Teil A. bis 3. Teil C.

[3] Vgl. die Darstellungen der Bundestagsdebatten, unten 3. Teil E. bis 3. Teil K.

[4] S. u. 3. Teil K.

[5] BVerfGE 89, 155.

[6] BVerfGE 89, 155 (LS 8, 181, 183 ff., 188, 190, 207, 212).

[7] Ausdrücklich BVerfGE 89, 155 (186).

[8] BVerfGE 123, 267.

das Zustimmungsgesetz zum Vertrag von Lissabon betraf, verschärfte der Senat die Grenzen für die weitere europäische Integration deutlich. „Den Musterknaben ins Bremserhäuschen!"[9] oder „Das Stoppschild aus Karlsruhe"[10] titelten daraufhin Kommentatoren des Urteils. In der umfangreichen juristischen Literatur wurde die Entscheidung überwiegend kritisch aufgenommen. Dennoch setzte das Bundesverfassungsgericht in den folgenden Jahren seine Rechtsprechungslinie im Rahmen seiner Entscheidungen zu den sogenannten Euro-Rettungsmaßnahmen[11] im Wesentlichen fort.

Dieser scheinbare Gegensatz zwischen einem integrationseifrigen Bundestag, der vermeintlich jeden Integrationsschritt unkritisch und ohne ausreichende politische Diskussion abnickt[12], und einem integrationskritischen Bundesverfassungsgericht, das der Politik ihre Grenzen aufzeigen will und dabei womöglich zu weit geht, bildet den Ausgangspunkt für die vorliegende Arbeit. Ihr Ziel ist es, das Verhältnis von Parlament und Verfassungsgerichtsbarkeit auf dem Gebiet der europäischen Integration darzustellen und zu bewerten. Hierzu geht sie zum einen der Frage nach, ob die politische Auseinandersetzung im Bundestag über europäische Integrationsakte in der Vergangenheit tatsächlich defizitär gewesen ist und dem Bundesverfassungsgericht daher begründeten Anlass gegeben hat, in seiner Funktion als „Hüter der Verfassung"[13] auf verfassungsrechtliche Schranken für die europäische Integration hinzuweisen. Zum anderen untersucht sie, ob das Bundesverfassungsgericht diese Schranken womöglich zu eng bestimmt hat und sich damit zu weit in politische Fragen eingemischt haben könnte.

Angesichts der Vielzahl von Parlamentsmaterialien und verfassungsgerichtlichen Entscheidungen, die sich mit Aspekten der europäischen Einigung befassen, war eine Beschränkung der zu untersuchenden Dokumente unumgänglich. Die folgende vergleichende Betrachtung politischer und gerichtlicher Einschätzungen in Deutschland konzentriert sich daher auf die wichtigsten Pfeiler der europäischen Integration: Die völkerrechtlichen Verträge zur Gründung der europäischen Organisationen und ihre späteren Änderungen. Dies umfasst das Primärrecht der heutigen Europäischen Union, mithin die Gründungsverträge (Vertrag über die Gründung der Europäischen Gemeinschaft für Kohle und Stahl vom 18. April 1952 sowie die sogenannten Römischen Verträge zur Gründung der Europäischen Wirtschaftsgemeinschaft und der Europäischen Atomgemeinschaft vom 25. März 1957) und die wichtigsten Verträge zu ihrer Änderung[14], namentlich die Einheitliche Europä-

[9] *T. Oppermann*, EuZW 2009, S. 473.

[10] *K.-D. Frankenberger*, FASZ Nr. 27 vom 5. Juli 2009, S. 10.

[11] Insbesondere BVerfGE 129, 124; 132, 195; 135, 317.

[12] So die Kritik in Bezug auf die parlamentarische Behandlung des Vertrags von Lissabon bei *J. Isensee*, ZRP 2010, S. 33 (33).

[13] BVerfGE 1, 184 (195).

[14] Darüber hinaus erfuhren die Verträge weitere Änderungen, unter anderem durch den sogenannten Fusionsvertrag vom 8. April 1965 (Vertrag zur Einsetzung eines gemeinsamen Rates und einer gemeinsamen Kommission der Europäischen Gemeinschaften, ABl. EG 1967

ische Akte (1986), die Verträge von Maastricht (1992), Amsterdam (1997), Nizza (2001) und Lissabon (2007) und zuletzt den Beschluss des Europäischen Rates zur Änderung des Art. 136 AEUV (2011)[15]. Darüber hinaus stellen die beiden letztlich gescheiterten Projekte einer Europäischen Verteidigungsgemeinschaft und des Vertrages über eine Verfassung für Europa vom 29. Oktober 2004 weitere wichtige Meilensteine für die europäische Einigung dar, die in die Untersuchung mit einbezogen werden. Im Folgenden werden diese Verträge und Beschlüsse auch als „europäische Integrationsakte" bezeichnet.

Als Quellen für die Ermittlung der Haltung des Bundestages zu den einzelnen Integrationsschritten werden in erster Linie die Beratungen der jeweiligen Zustimmungsgesetze im Plenum herangezogen, die in den Stenografischen Berichten des Bundestages dokumentiert sind. Die Konzentration auf die Parlamentsdebatten rechtfertigt sich dadurch, dass das Parlament und im Besonderen das Plenum die „zentrale Aren[a] der politischen Auseinandersetzung"[16] bildet. Zwar gilt der Bundestag nicht als klassisches Redeparlament[17], das die parlamentarische Rede ins Zentrum rückt, sondern weist gleichzeitig Elemente eines Arbeitsparlamentes auf, in dem die Arbeit in Ausschüssen im Vordergrund steht.[18] Trotz der ausführlichen inhaltlichen Vorbereitung der Entscheidungsfindung durch die Fachausschüsse dienen die drei Gesetzesberatungen im Plenum aber unter anderem dazu, nochmals die zentralen Argumente der jeweiligen (Fraktions-)Positionen auszutauschen und sie auf diese Weise insbesondere auch der Öffentlichkeit zu präsentieren.[19] Im Hinblick auf die europäischen Integrationsakte entwickelten sich daraus mitunter zeit- und inhaltsintensive Debatten, in denen sich eine große Zahl von Rednerinnen und Rednern zu Wort meldete, unter ihnen in der Regel der jeweils amtierende

Nr. P 152, S. 2 ff.), Änderungen der Finanz- und Haushaltsvorschriften (ABl. EG 1970 Nr. L 94, S. 19 ff.; ABl. EG 1971 Nr. L 2, S. 1 ff.; ABl. EG 1977 Nr. L 359, S. 1 ff.) sowie die zahlreichen Beitrittsverträge. Mit diesen Beschlüssen und Verträgen wurden jeweils nur punktuelle Änderungen des Primärrechts vorgenommen, denen im Hinblick auf den Integrationsprozess gegenüber den anderen Verträgen nur eine geringe Bedeutung zukommt. Aus diesem Grund sind die entsprechenden Bundestagsdebatten nicht Gegenstand der Untersuchung.

[15] Die weiteren im Zuge der Euro-Krise beschlossenen Euro-Rettungsmaßnahmen stellen als EU-Maßnahmen bzw. als zwischenstaatliche Vereinbarungen einer Gruppe von Mitgliedstaaten keine europäischen Integrationsakte im hier zugrunde gelegten Sinne dar, so dass ihre parlamentarische Behandlung in dieser Arbeit nur punktuell berücksichtigt wird.

[16] *M. Müller-Härlin*, Nation und Europa in Parlamentsdebatten zur Europäischen Integration, S. 23.

[17] Zur Unterscheidung zwischen Rede- und Arbeitsparlament grundlegend *W. Steffani*, Parlamentarische und präsidentielle Demokratie, S. 333; vgl. auch *T. Schürmann*, in: Morlok/Schliesky/Wiefelspütz, Parlamentsrecht, § 20 Rn. 4 f.

[18] Der Bundestag wird daher häufig als Mischform aus Rede- und Arbeitsparlament bezeichnet, vgl. z. B. *W. Steffani*, Parlamentarische und präsidentielle Demokratie, S. 338; *M. G. Schmidt*, Das politische System Deutschlands, S. 151; *T. Schürmann*, in: Morlok/Schliesky/Wiefelspütz, Parlamentsrecht, § 20 Rn. 6.

[19] Vgl. *T. Schürmann*, in: Morlok/Schliesky/Wiefelspütz, Parlamentsrecht, § 20 Rn. 9, 11. Ausführlich zu den Zwecken und Funktionen von Parlamentsdebatten *W. Zeh*, in: Schneider/Zeh, Parlamentsrecht und Parlamentspraxis, § 32 Rn. 16 ff.

Bundeskanzler bzw. die Bundeskanzlerin und die zuständigen Minister sowie die Führungspersönlichkeiten aller Fraktionen. Es kann daher davon ausgegangen werden, dass die Redebeiträge im Plenum die politischen Standpunkte im Wesentlichen widerspiegeln.

Im Gegensatz zum Bundestag hatte das Bundesverfassungsgericht bisher nur selten Gelegenheit, sich explizit zu einzelnen europäischen Integrationsakten zu äußern. Untersuchungsgegenstand sind daher vor allem die bereits angesprochenen Urteile betreffend die Verträge von Maastricht und Lissabon sowie die Entscheidungen im Zusammenhang mit den Euro-Rettungsmaßnahmen. Obwohl es sich bei den Rettungsmaßnahmen überwiegend, mit Ausnahme der Änderung des Art. 136 AEUV, nicht um europäische Integrationsakte im Sinne dieser Arbeit handelte, stellen sich die diesbezüglichen Entscheidungen des Bundesverfassungsgerichts als Weiterführung der Maastricht- und Lissabon-Rechtsprechung dar, weshalb die Untersuchung auch auf diese erstreckt wurde.

Anhand dieser Quellen soll das Verhältnis von Bundestag und Bundesverfassungsgericht auf dem Gebiet der europäischen Integration analysiert werden. Hierzu werden in einem ersten Schritt zunächst die rechtlichen Rahmenbedingungen für die Mitwirkung des Bundestages an europäischen Integrationsakten und die hierauf bezogenen Entscheidungen des Bundesverfassungsgerichts bestimmt (2. Teil). Im 3. Teil werden sodann im Rahmen eines Überblicks über den Verlauf der europäischen Integration seit 1945 bis heute die wesentlichen Inhalte und Aussagen der zu untersuchenden Debatten und Gerichtsentscheidungen dargestellt.

Bei deren Analyse war festzustellen, dass die parlamentarische und die bundesverfassungsgerichtliche Behandlung in einigen Bereichen in besonderem Maße divergieren. Diese Arbeit verfolgt daher in ihrem Hauptteil – soweit ersichtlich in diesem Zusammenhang erstmals – den Ansatz, die parlamentarische Behandlung und verfassungsgerichtliche Prüfung miteinander zu vergleichen. Außerhalb der rechtswissenschaftlichen Literatur liegen zwar bereits Untersuchungen von Bundestagsdebatten zu europäischen Integrationsakten vor, die sich allerdings jeweils auf eine geringere Zahl von Debatten sowie bestimmte thematische Aspekte konzentrieren.[20] Gleichzeitig ist das juristische Schrifttum zu den Entscheidungen des

[20] Der Historiker *M. Müller-Härlin* analysierte in seiner Dissertation „Nation und Europa in Parlamentsdebatten zur Europäischen Integration" die Debatten zum Schuman-Plan, der EVG und dem Vertrag von Maastricht in Deutschland, Frankreich und Großbritannien unter dem Gesichtspunkt, welche Formen nationaler und europäischer Identifikation konstruiert werden und wie sie sich verändern (so fasst der Autor selbst die zentrale Frage der Arbeit zusammen, *M. Müller-Härlin*, Nation und Europa in Parlamentsdebatten zur Europäischen Integration, S. 21). *A. Wimmel*, ZParl 2009, S. 746 ff., ging anhand der Redebeiträge der „Hauptredner" der CDU/CSU- und SPD-Fraktion in den Debatten zu den Verträgen von Maastricht, Nizza und Lissabon der Frage nach, inwieweit sich die Haltung der beiden Volksparteien zur europäischen Integration verändert hat. *C. Barnickel*, ZParl 2012, S. 324 ff., untersuchte die Debatten im Zusammenhang mit dem Vertrag von Lissabon im Hinblick auf die vertretenen Ansichten zur Legitimität europäischen Regierens. Darüber hinaus erschienen in der damaligen DDR

Bundesverfassungsgerichts zu den europäischen Integrationsakten inzwischen nahezu unüberschaubar. Trotz dieser großen Zahl wissenschaftlicher Auseinandersetzungen mit der Haltung der beiden Staatsorgane zu den europäischen Integrationsakten fehlt es bisher an einer vergleichenden Betrachtung, die die unterschiedlichen Auffassungen herausarbeitet und der Frage nachgeht, welches Organ jeweils die vorzugswürdige Ansicht vertreten hat. Dies will die vorliegende Arbeit leisten. Der 4. Teil beschäftigt sich daher mit einzelnen Aspekten der europäischen Integration, die von Bundestag und Bundesverfassungsgericht unterschiedlich behandelt oder bewertet wurden. Dies sind im Einzelnen das (Fern-)Ziel eines europäischen Bundesstaates (4. Teil A.), das europäische Demokratiedefizit (4. Teil B.), die Integrationsverantwortung des Bundestages (4. Teil C.), die sogenannten integrationssensiblen Bereiche, insbesondere der Einsatz der Streitkräfte und das Budgetrecht (4. Teil D.), sowie die Möglichkeit einer Volksabstimmung über den Fortgang der europäischen Integration (4. Teil E.). Einleitend werden jeweils die Haltungen der beiden Staatsorgane und der daraus resultierende Konflikt dargestellt. Anschließend werden die Standpunkte auf ihre Vereinbarkeit mit dem Grundgesetz überprüft, um abschließend beurteilen zu können, ob die Organe die verfassungsrechtlichen Möglichkeiten und Grenzen zutreffend erkannt und wahrgenommen haben. Zum Abschluss der Untersuchung werden die gewonnenen Erkenntnisse in einem Fazit zusammengeführt und bewertet (5. Teil).

1988 und 1990 in den „Leipziger Beiträgen zur Revolutionsforschung" die im Wesentlichen darstellenden Beiträge von *M. Lemke*, Die Debatten um die Europäische Verteidigungsgemeinschaft im Bundestag der Bundesrepublik Deutschland (1950–1953), in: Leipziger Beiträge zur Revolutionsforschung, Parlamentsdebatten zur EVG, S. 22 ff., und *ders.*, Die parlamentarische Auseinandersetzung um Schumanplan und Montanunion in der BRD (1950–1952), in: Leipziger Beiträge zur Revolutionsforschung, Vom Schumanplan zur Montanunion, S. 32 ff.

2. Teil

Die Funktionen von Bundestag und Bundesverfassungsgericht bei der Zustimmung zu europäischen Integrationsakten

Die verfassungsrechtlichen Regelungen zur Ausgestaltung der Funktionen des Bundestages und des Bundesverfassungsgerichts bei der Entscheidung über die Zustimmung zu einem europäischen Integrationsakt bilden die Grundlage für das Verständnis und die Beurteilung der parlamentarischen Behandlung der europäischen Integrationsakte einerseits und ihrer Prüfung durch das Bundesverfassungsgericht andererseits. Daher ist zunächst zu untersuchen, welchen rechtlichen Rahmenbedingungen die Entscheidungen der beiden Staatsorgane unterliegen.

Dabei ist grundlegend, dass die Verträge zur Gründung einer europäischen Organisation oder zur Änderung ihrer vertraglichen Grundlagen völkerrechtliche Verträge zwischen ihren Mitgliedstaaten sind.[1] In diesem Bereich der auswärtigen Beziehungen kommen zunächst der Bundesregierung weitgehende Kompetenzen zu, die unter anderem die Vertragsverhandlungen führt.[2] Ob das Ergebnis dieser Verhandlungen in Kraft treten kann, hängt jedoch von der erfolgreichen innerstaatlichen Ratifikation des Vertrages ab.[3] Im deutschen Ratifikationsverfahren obliegt die Entscheidung, ob die Bundesrepublik Deutschland Partei des Vertrages werden soll, in der Regel dem Bundestag und dem Bundesrat (vgl. Art. 59 Abs. 2 Satz 1 GG). Erst wenn die Legislative dem Vertrag durch das sogenannte Vertrags- oder Zustimmungsgesetz, das wiederum der Kontrolle des Bundesverfassungsgerichts unterliegt, zugestimmt hat, darf der Bundespräsident das Gesetz ausfertigen und verkünden (Art. 82 Abs. 1 Satz 1 GG) und anschließend den Vertrag ratifizieren (Art. 59 Abs. 1 Satz 2 GG).[4]

---

[1] Vgl. für die Gründungs- und Änderungsverträge der EU *C. D. Classen*, in: von Mangoldt/Klein/Starck, GG Bd. 2, Art. 23 Rn. 3a; *R. Streinz*, Europarecht, Rn. 90.

[2] Vgl. *J. Ipsen*, Staatsrecht I, Rn. 1097 f.

[3] Vgl. z. B. Art. 99 EGKSV, Art. 131 f. EVGV, Art. 224 Abs. 1 Satz 1 EWGV-R und Art. R Abs. 1 Satz 1 EUV-M, wonach der jeweilige Vertrag der Ratifikation durch alle Mitgliedstaaten bzw. die Hohen Vertragsparteien gemäß ihren verfassungsrechtlichen Vorschriften bedurfte. Änderungen der Verträge im ordentlichen oder vereinfachten Änderungsverfahren treten ebenfalls erst in Kraft, nachdem sie von allen Mitgliedstaaten nach Maßgabe ihrer verfassungsrechtlichen Vorschriften ratifiziert worden sind (Art. 48 Abs. 4 UAbs. 2, Abs. 6 UAbs. 2 Satz 3 EUV-L, ebenso zuvor z. B. Art. 236 EWGV-R, Art. N EUV-M).

[4] Vgl. *J. Ipsen*, Staatsrecht I, Rn. 1100 ff., 1116.

A. Die Beteiligung des Bundestages an der Zustimmung zu europäischen Integrationsakten

Die Rechte des Bundestages im innerstaatlichen Ratifikationsverfahren ergeben sich aus den Art. 23, 24 und 59 GG.

I. Gesetzesvorbehalt nach Art. 59 Abs. 2 GG

Nach Art. 59 Abs. 2 GG bedürfen völkerrechtliche Verträge, die die politischen Beziehungen des Bundes regeln oder sich auf Gegenstände der Bundesgesetzgebung beziehen, der Zustimmung oder der Mitwirkung der jeweils für die Bundesgesetzgebung zuständigen Körperschaften in Form eines Bundesgesetzes. Unter politischen Verträgen im Sinne des Art. 59 Abs. 2 GG sind solche Verträge zu verstehen, die „die Existenz des Staates, seine territoriale Integrität, seine Unabhängigkeit, seine Stellung oder sein Gewicht unter den Staaten oder die Ordnung der Staatengemeinschaft"[5] betreffen, so dass vor allem Bündnis-, Friedens-, Nichtangriffs-, Neutralitäts- und Abrüstungsverträge sowie Abkommen zur politischen Zusammenarbeit erfasst werden[6]. Der Zusammenschluss mehrerer Staaten zu einer europäischen Organisation, an die sie Hoheitsrechte übertragen, begründet eine solche politische Zusammenarbeit, die weitreichende Auswirkungen auf die Mitgliedstaaten und ihre Stellung in der Staatengemeinschaft haben kann. Gleichzeitig betreffen die Integrationsakte in der Regel Gegenstände der Bundesgesetzgebung, nicht zuletzt wegen des Gesetzesvorbehalts der Art. 23 Abs 1, 24 Abs. 1 GG[7], so dass die zweite Alternative des Art. 59 Abs. 2 GG im Hinblick auf die europäischen Integrationsakte ebenfalls erfüllt ist.

Die danach erforderliche Zustimmung des Bundestages erfolgt durch ein sogenanntes Vertrags- bzw. Zustimmungsgesetz.[8] Der Vertrag kann dabei nur insgesamt angenommen oder abgelehnt werden, Abänderungsanträge sind nach § 82 Abs. 2 GO-BT unzulässig.[9] Es genügt die einfache Mehrheit im Sinne des Art. 42 Abs. 2 GG. Sofern der betreffende Vertrag zu einer Änderung des Grundgesetzes führt, sind jedoch die besonderen Regelungen des Art. 79 GG zu beachten.[10]

Das so beschlossene Vertragsgesetz nach Art. 59 Abs. 2 GG enthält einen Rechtsanwendungsbefehl und bewirkt, dass der Inhalt des Vertrages in der Bundesrepublik

---

[5] BVerfGE 1, 372 (LS 1, 381); ähnlich BVerfGE 90, 286 (359); ebenso *B. Kempen*, in: von Mangoldt/Klein/Starck, GG Bd. 2, Art. 59 Rn. 63 m. w. N.; *D. Rauschning*, in: Bonner Kommentar, Art. 59 Rn. 65; *C. von Coelln*, in: Gröpl/Windthorst/von Coelln, GG, Art. 59 Rn. 10.

[6] BVerfGE 1, 372 (381).

[7] *O. Dörr*, Der europäisierte Rechtsschutzauftrag deutscher Gerichte, S. 94.

[8] BVerfGE 73, 339 (375); *R. Streinz*, in: Sachs, GG, Art. 59 Rn. 51.

[9] *O. Rojahn*, in: von Münch/Kunig, GG Bd. 1, Art. 59 Rn. 55.

[10] *O. Rojahn*, in: von Münch/Kunig, GG Bd. 1, Art. 59 Rn. 59; *S. Schmahl*, in: Sodan, GG, Art. 59 Rn. 19; *R. Streinz*, in: Sachs, GG, Art. 59 Rn. 58.

Deutschland in Vollzug gesetzt wird.[11] Die Besonderheit der europäischen Integration liegt allerdings darin, dass sie supranationale Organisationen hervorgebracht hat, die im Rahmen der ihnen übertragenen Befugnisse unmittelbar in den Mitgliedstaaten wirkende Rechtsakte erlassen können. Für die hierzu erforderliche Übertragung von Hoheitsrechten bestehen mit Art. 24 Abs. 1 GG und seit 1992 mit Art. 23 Abs. 1 GG Sondervorschriften, die nach zutreffender Ansicht[12] neben Art. 59 Abs. 2 GG Anwendung finden und zu einer Doppelfunktion des zu erlassenden Gesetzes führen.

II. Art. 24 Abs. 1 GG als Integrationsgrundlage bis 1992

Gemäß Art. 24 Abs. 1 GG kann der Bund durch Gesetz Hoheitsrechte auf zwischenstaatliche Einrichtungen übertragen. Bis zur Neufassung des Art. 23 GG im Jahr 1992 bildete diese Norm die einschlägige Regelung für die Übertragung von Hoheitsrechten im Rahmen des europäischen Integrationsprozesses.[13]

Zwischenstaatliche Einrichtungen im Sinne des Art. 24 Abs. 1 GG sind grundsätzlich alle von Staaten durch völkerrechtlichen Vertrag geschaffenen internationalen Organisationen oder Organe, deren Mitglied die Bundesrepublik Deutschland ist.[14] Unter diese Definition lassen sich die in dieser Arbeit näher betrachteten europäischen Organisationen EGKS, EVG, EWG und EAG ohne Einschränkungen subsumieren.

Der Tatbestand fordert weiter eine Übertragung von Hoheitsrechten. In Abgrenzung zu den Befugnissen, die einer internationalen Organisation bereits auf der Grundlage des Art. 59 Abs. 2 GG übertragen werden können, wird davon ausgegangen, dass charakteristisches – wenngleich nicht zwingend erforderliches[15] – Kriterium für Hoheitsrechte die Durchgriffswirkung ist, welche die zwischenstaatliche Einrichtung ermächtigt, in Ausübung ihrer originären hoheitlichen Gewalt Hoheitsakte nicht nur gegenüber dem Mitgliedstaat, sondern auch im Mitgliedstaat zu setzen und dadurch die Rechtssubjekte und Staatsorgane in den Mitgliedstaaten

---

[11] *M. Nettesheim*, in: Maunz/Dürig, GG, Art. 59 Rn. 96; *S. U. Pieper*, in: Epping/Hillgruber, BeckOK GG, Art. 59 Rn. 41.

[12] *C. Calliess*, in: Maunz/Dürig, GG, Art. 24 Abs. 1 Rn. 57; *R. Streinz*, in: Sachs, GG, Art. 23 Rn. 63; *R. Uerpmann-Wittzack*, in: von Münch/Kunig, GG Bd. 1, Art. 23 Rn. 45; *S. Schmahl*, in: Sodan, GG, Art. 23 Rn. 17; *F. Baach*, Parlamentarische Mitwirkung in Angelegenheiten der EU, S. 112 f. A. A. (Art. 24 Abs. 1 GG bzw. Art. 23 Abs. 1 GG als lex specialis zu Art. 59 Abs. 2 GG) BVerfGE 123, 267 (387); *F. Schorkopf*, in: Bonner Kommentar, Art. 23 Rn. 73; *I. Pernice*, in: Dreier, GG Bd. II (2. Aufl.), Art. 23 Rn. 121; *H. D. Jarass*, in: Jarass/Pieroth, GG, Art. 23 Rn. 4; *K. Stern*, Staatsrecht I, S. 533 f.; *C. Ohler*, AöR 135 (2010), S. 153 (157).

[13] *F. Wollenschläger*, in: Dreier, GG Bd. II, Art. 23 Rn. 3.

[14] *S. Schmahl*, in: Sodan, GG, Art. 24 Rn. 10; *C. Calliess*, in: Maunz/Dürig, GG, Art. 24 Abs. 1 Rn. 29 ff.

[15] Vgl. BVerfGE 68, 1 (94); *F. Wollenschläger*, in: Dreier, GG Bd. II, Art. 23 Rn. 44; *ders.*, in: Dreier, GG Bd. II, Art. 24 Rn. 28 f.

unmittelbar zu berechtigen oder zu verpflichten.[16] Solche Hoheitsrechte werden einer zwischenstaatlichen Einrichtung allerdings nicht im wörtlichen Sinne „übertragen", sondern mit ihrer Gründung entsteht ein neuer Hoheitsträger mit originären Hoheitsbefugnissen.[17] „Übertragung" von Hoheitsrechten soll vielmehr bedeuten, dass Deutschland seinen grundsätzlich ausschließlichen Herrschaftsanspruch im Geltungsbereich des Grundgesetzes zurücknimmt und dadurch die unmittelbare Geltung und Anwendbarkeit des Rechts einer anderen Rechtsetzungskörperschaft ermöglicht.[18]

Die Zustimmung zur Übertragung der Hoheitsrechte erfolgt nach heute einhelliger Ansicht gemäß Art. 24 Abs. 1 i. V. m. Art. 42 Abs. 2 GG durch Gesetz mit einfacher Mehrheit.[19] Hoheitsrechtsübertragungen führen zwar zu einer materiellen Änderung des Grundgesetzes[20], dennoch sind die für Verfassungsänderungen einschlägigen formellen Vorgaben nicht anwendbar. Der Verfassungsgeber hatte sich insoweit zugunsten der Integrationsoffenheit bewusst für eine Erleichterung der Übertragung von Hoheitsrechten entschieden.[21] Der Vorschlag, Hoheitsrechte nur mit verfassungsändernder Mehrheit zu übertragen, wurde im Parlamentarischen Rat ausdrücklich abgelehnt.[22]

Die Zustimmung des Bundesrates ist grundsätzlich nicht erforderlich, wegen des Doppelcharakters kann die Zustimmungsbedürftigkeit allerdings aus Art. 59 Abs. 2 GG folgen.[23]

---

[16] *S. Schmahl*, in: Sodan, GG, Art. 24 Rn. 4; *W. Heintschel von Heinegg*, in: Epping/Hillgruber, BeckOK GG, Art. 24 Rn. 8; *C. D. Classen*, in: von Mangoldt/Klein/Starck, GG Bd. 2, Art. 24 Rn. 6.

[17] *W. Heintschel von Heinegg*, in: Epping/Hillgruber, BeckOK GG, Art. 24 Rn. 10; *C. Calliess*, in: Maunz/Dürig, GG, Art. 24 Abs. 1 Rn. 38 f.; *H. Sauer*, in: Bonner Kommentar, Art. 24 Rn. 37.

[18] Vgl. BVerfGE 37, 271 (280); 58, 1 (28); 73, 339 (374); *C. Calliess*, in: Maunz/Dürig, GG, Art. 24 Abs. 1 Rn. 40; *S. Schmahl*, in: Sodan, GG, Art. 24 Rn. 5; *S. Hobe*, in: Friauf/Höfling, GG, Art. 24 Rn. 16.

[19] *O. Rojahn*, in: von Münch/Kunig, GG Bd. 1, Art. 24 Rn. 36; *F. Wollenschläger*, in: Dreier, GG Bd. II, Art. 24 Rn. 35; *D. Deiseroth*, in: Umbach/Clemens, GG Bd. I, Art. 24 Rn. 71. Vgl. dazu auch die Stellungnahmen im Rahmen der Zustimmung zum EVG-Vertrag, u. a. der Bundesregierung, in: Institut für Staatslehre und Politik, Der Kampf um den Wehrbeitrag, 2. Halbband, S. 5 (30); *E. Kaufmann*, ebd., S. 42 (52); *U. Scheuner*, ebd., S. 94 (140); *R. Thoma*, ebd., S. 155 (162).

[20] Dazu ausführlich unten 2. Teil A. III. 3. a).

[21] *A. Ruppert*, Die Integrationsgewalt, S. 213.

[22] Vgl. die Protokolle der 6. Sitzung des Hauptausschusses vom 19. November 1948 sowie der 29. Sitzung des Hauptausschusses vom 5. Januar 1949, in: Deutscher Bundestag/Bundesarchiv, Parlamentarischer Rat – Akten und Protokolle Bd. 14/I, S. 171 ff., 861 ff.

[23] *R. Streinz*, in: Sachs, GG, Art. 24 Rn. 25.

III. Art. 23 Abs. 1 GG als neue Integrationsgrundlage

Als im Februar 1992 mit dem Vertrag von Maastricht unter anderem die Gründung der Europäischen Union sowie die Wirtschafts- und Währungsunion beschlossen wurden, wurden Zweifel laut, ob Art. 24 Abs. 1 GG für einen solchen Integrationsschritt noch eine hinreichende Grundlage bieten kann.[24] Diese Frage wurde letztlich nicht abschließend geklärt, sondern der verfassungsändernde Gesetzgeber entschied sich, „jedenfalls aus integrations- und verfassungspolitischen Gründen“[25] einen „Europa-Artikel“ in das Grundgesetz einzufügen. Der neue Art. 23 GG trat am 25. Dezember 1992 in Kraft[26] und bildet seitdem, als lex specialis gegenüber Art. 24 Abs. 1 GG[27], die Grundlage für die Integration in die Europäische Union. Sein Absatz 1 lautet:

> „[1]Zur Verwirklichung eines vereinten Europas wirkt die Bundesrepublik Deutschland bei der Entwicklung der Europäischen Union mit, die demokratischen, rechtsstaatlichen, sozialen und föderativen Grundsätzen und dem Grundsatz der Subsidiarität verpflichtet ist und einen diesem Grundgesetz im wesentlichen vergleichbaren Grundrechtsschutz gewährleistet. [2]Der Bund kann hierzu durch Gesetz mit Zustimmung des Bundesrates Hoheitsrechte übertragen. [3]Für die Begründung der Europäischen Union sowie für Änderungen ihrer vertraglichen Grundlagen und vergleichbare Regelungen, durch die dieses Grundgesetz seinem Inhalt nach geändert oder ergänzt wird oder solche Änderungen oder Ergänzungen ermöglicht werden, gilt Artikel 79 Abs. 2 und 3.“

Art. 23 Abs. 1 GG gilt für die Mitwirkung bei der „Entwicklung der Europäischen Union“. Damit ist nicht nur die EU im engeren Sinne gemeint, sondern auch die mit ihr in normativem Zusammenhang stehenden Einrichtungen, wozu insbesondere die Europäische Atomgemeinschaft (EAG) sowie – bis zum Inkraft-

---

[24] Vgl. die Gesetzesbegründung, BT-Drucks. 12/3338, S. 3, sowie den Bericht des Sonderausschusses „Europäische Union (Vertrag von Maastricht)“, BT-Drucks. 12/3896, S. 16f. Die Gemeinsame Verfassungskommission hatte unter anderem zu diesem Aspekt die Sachverständigen *Bieber*, *Hölzer*, *Isensee*, *Lepsius*, *Lerche*, *Randelzhofer*, *Scharpf*, *Stern* und *Tomuschat* befragt, vgl. hierzu den Stenographischen Bericht der 1. Öffentlichen Anhörung „Grundgesetz und Europa“ vom 22. Mai 1992, abgedruckt in: Deutscher Bundestag (Hrsg.), Materialien zur Verfassungsdiskussion und zur Grundgesetzänderung in der Folge der deutschen Einigung, Band 2, S. 1ff. (insbes. S. 8, 12, 13, 16, 17f., 24, 25), sowie die schriftlichen Stellungnahmen, abgedruckt in: Deutscher Bundestag (Hrsg.), Materialien zur Verfassungsdiskussion und zur Grundgesetzänderung in der Folge der deutschen Einigung, Band 3, Arbeitsunterlagen Nr. 24, 25, 28, 29, 31–35. Zur Diskussion ausführlich *K. Schmalenbach*, Der neue Europartikel 23, S. 38ff.

[25] BT-Drucks. 12/3896, S. 17.

[26] Vgl. Art. 2 des Gesetzes zur Änderung des Grundgesetzes vom 21. Dezember 1992, BGBl. I 1992, S. 2086.

[27] *W. Heintschel von Heinegg*, in: Epping/Hillgruber, BeckOK GG, Art. 23 Rn. 2; *R. Uerpmann-Wittzack*, in: von Münch/Kunig, GG Bd. 1, Art. 23 Rn. 2; *H. D. Jarass*, in: Jarass/Pieroth, GG, Art. 23 Rn. 4; *M. Zuleeg*, in: Denninger/Hoffmann-Riem/Schneider/Stein, AK-GG, Art. 23 Rn. 63; *O. Dörr*, Der europäisierte Rechtsschutzauftrag deutscher Gerichte, S. 87; *S. Simon*, Grenzen des Bundesverfassungsgerichts im europäischen Integrationsprozess, S. 52f.

treten des Vertrags von Lissabon – die Europäische Gemeinschaft (EG) zu zählen sind.[28]

Auf der Grundlage des Art. 23 Abs. 1 Satz 2 GG setzt eine Übertragung von Hoheitsrechten zunächst ein (einfaches) Gesetz mit Zustimmung des Bundesrates voraus. Nur für solche Integrationsakte, die das Grundgesetz inhaltlich ändern oder eine solche Änderung ermöglichen, verweist Art. 23 Abs. 1 Satz 3 GG auf das Erfordernis einer Zwei-Drittel-Mehrheit in Bundestag und Bundesrat gemäß Art. 79 Abs. 2 GG, verzichtet jedoch auf die Einhaltung des Zitiergebots für Verfassungsänderungen aus Art. 79 Abs. 1 GG[29].

Abhängig davon, ob ein Integrationsakt nur unter Art. 23 Abs. 1 Satz 2 GG oder auch unter dessen Satz 3 subsumiert werden kann, ergeben sich folglich unterschiedliche Mehrheitserfordernisse. Für den Gesetzesbeschluss des Bundestages kann es, insbesondere bei knappen Mehrheitsverhältnissen, entscheidend sein, ob eine einfache Mehrheit der abgegebenen Stimmen nach Art. 23 Abs. 1 Satz 2 i. V. m. Art. 42 Abs. 2 GG ausreicht oder ob gemäß Art. 23 Abs. 1 Satz 3 i. V. m. Art. 79 Abs. 2 GG zwei Drittel seiner Mitglieder dem Gesetz zustimmen müssen. Das Wissen um die erforderlichen Mehrheiten könnte sich zudem auf die Debatten im Bundestag auswirken, nicht zuletzt unter dem Gesichtspunkt der möglichen Einforderung einer Fraktionsdisziplin, der sich Kritiker womöglich letztlich unterordnen könnten.

Die Mehrheitserfordernisse waren in der Gesetzgebungspraxis bereits mehrfach umstritten. So hatte die Bundesregierung ihren Gesetzentwurf zum Vertrag von Nizza lediglich auf Art. 23 Abs. 1 Satz 2, 59 Abs. 2 GG gestützt.[30] Der Bundesrat war demgegenüber der Auffassung, dass wegen der im Vertrag vorgesehenen Hoheitsrechtsübertragungen sowie wegen der Erweiterung des Anwendungsbereichs des Mitentscheidungsverfahrens und des Übergangs vom Einstimmigkeits- zum Mehrheitsprinzip in bedeutenden Sachbereichen das Grundgesetz geändert werde und deshalb eine Zwei-Drittel-Mehrheit nach Art. 23 Abs. 1 Satz 3, 79 Abs. GG erforderlich sei[31]. Diese Kontroverse spiegelte sich in den Gesetzesberatungen im Plenum wider, in denen sich die Abgeordneten weit überwiegend ebenfalls für eine Zustimmung mit verfassungsändernder Mehrheit aussprachen, wenngleich juristische Argumente dabei eine eher untergeordnete Rolle spielten.[32] Der feder-

---

[28] *R. Streinz*, in: Sachs, GG, Art. 23 Rn. 8; *W. Heintschel von Heinegg*, in: Epping/Hillgruber, BeckOK GG, Art. 23 Rn. 5.

[29] *F. Wollenschläger*, in: Dreier, GG Bd. II, Art. 23 Rn. 60.

[30] BT-Drucks. 14/6146, S. 6.

[31] Beschluss des Bundesrates vom 11. Mai 2001, BR-Drucks. 200/01 (neu), S. 1 f.

[32] So *G. Gloser* (SPD), BT-Sten.Ber. 14/179, S. 17615; *P. Hintze* (CDU/CSU), BT-Sten.Ber. 14/179, S. 17617; *C. Sterzing* (BÜNDNIS 90/DIE GRÜNEN), BT-Sten.Ber. 14/179, S. 17619; *U. Hiksch* (PDS), BT-Sten.Ber. 14/179, S. 17622; *M. Stübgen* (CDU/CSU), BT-Sten.Ber. 14/179, S. 17625; *S. Leutheusser-Schnarrenberger* (FDP), BT-Sten.Ber. 14/179, S. 17626 f.; *J. Meyer* (SPD), BT-Sten.Ber. 14/179, S. 17627. Demgegenüber mahnte der Bundesminister des Auswärtigen *Joseph Fischer* (BT-Sten.Ber. 14/179, S. 17624) an, die Zwei-Drittel-Mehrheit nicht unberechtigt einzufordern, um keine Präjudize an falscher Stelle zu schaffen.

führende Ausschuss für die Angelegenheiten der Europäischen Union kam schließlich zu dem Ergebnis, dass Art. 23 Abs. 1 Satz 3 GG wegen der Ausweitung der Entscheidungen mit qualifizierter Mehrheit im Rat und der Ausdehnung der Mitentscheidungsbefugnisse des Europäischen Parlaments Anwendung finde.[33] Im Ergebnis spielte der Streit jedoch letztlich keine Rolle mehr, da im Bundestag mit 570 Ja-Stimmen[34] die Zwei-Drittel-Mehrheit ohnehin deutlich erreicht wurde und der Bundesrat sogar einstimmig zustimmte[35].

Ähnlich umstritten waren die Mehrheitserfordernisse im Hinblick auf Beitrittsverträge.[36] In den Gesetzgebungsverfahren zu den – in dieser Arbeit nicht näher untersuchten – Beitrittsverträgen von 1994 mit Finnland, Norwegen, Österreich und Schweden, den Osterweiterungsverträgen von 2003 sowie den Beitrittsverträgen mit Bulgarien und Rumänien von 2005 vertrat die Bundesregierung jeweils die Ansicht, diese seien lediglich nach Art. 59 Abs. 2 GG zustimmungsbedürftig[37], während der Bundesrat die Anwendung des Art. 23 Abs. 1 Satz 3 GG forderte[38]. Der federführende Ausschuss schloss sich in allen Fällen mehrheitlich der Auffassung der Bundesregierung an und stellte fest, dass das Grundgesetz durch die Verträge nicht im Sinne des Art. 23 Abs. 1 Satz 3 GG geändert werde.[39] Unabhängig davon wurden diese Verträge im Ergebnis trotzdem alle mit mindestens Zwei-Drittel-Mehrheit in Bundestag und Bundesrat angenommen.[40] Nach dem Lissabon-Urteil des Bundesverfassungsgerichts, das den Anwendungsbereich des Art. 23 Abs. 1 GG weit ausgelegt hatte[41], verlagerte sich der Streit im Hinblick auf das Zustimmungsgesetz zum Beitrittsvertrag mit Kroatien auf die Einschlägigkeit von dessen Satz 2 oder 3.[42] Demgegenüber vertrat die Bundesregierung bezüglich der Zustimmung zur Änderung des Protokolls über die Übergangsbestimmungen

---

[33] BT-Drucks. 14/7172, S. 5.

[34] Vgl. BT-Sten.Ber. 14/195, S. 19010.

[35] Vgl. Bundesrat, Plenarprotokoll der 769. Sitzung vom 9. November 2001, S. 607.

[36] Vgl. hierzu auch ausführlich *S. Hölscheidt/T. Schotten*, DÖV 1995, S. 187 ff.; *R. Geiger*, ZG 2003, S. 193 ff.; *M. Schladebach*, LKV 2004, S. 10 (14).

[37] Vgl. BT-Drucks. 12/7977, S. 6; 15/1100, S. 6; 16/2293, S. 6.

[38] Vgl. BT-Drucks. 12/7977, S. 330; BR-Drucks. 300/03, S. 1 f.; 360/06, S. 3.

[39] Vgl. BT-Drucks. 12/8188, S. 2, 4; 15/1300, S. 3, 6; 16/3155, S. 3.

[40] Den Beitrittsverträgen mit Finnland, Norwegen, Österreich und Schweden stimmte der Bundestag einstimmig mit 573 Stimmen zu (BT-Sten.Ber. 12/237, S. 20835), der Osterweiterung mit 575 Ja-Stimmen (BT-Sten.Ber. 15/56, S. 4641) und den Beitrittsverträgen mit Bulgarien und Rumänien mit 529 Ja-Stimmen (BT-Sten.Ber. 16/60, S. 5868). Der Bundesrat stimmte allen Verträgen einstimmig zu (vgl. die Plenarprotokolle der 672. Sitzung vom 8. Juli 1994, S. 405, der 790. Sitzung vom 11. Juli 2003, S. 219, und der 828. Sitzung vom 24. November 2006, S. 361).

[41] Dazu sogleich 2. Teil A. III. 1.

[42] Nach Ansicht der Bundesregierung genügte die einfache Mehrheit nach Art. 23 Abs. 1 Satz 2 GG (BT-Drucks. 17/11782, S. 6), der Bundesrat forderte die Anwendung des Art. 23 Abs. 1 Satz 3 GG (BR-Drucks. 523/12, S. 3 f.). Der federführende Ausschuss stützte das Gesetz auf Art. 23 Abs. 1 Satz 2 GG (BT-Drucks. 17/13444, S. 4). Im Bundestag stimmten schließlich 583 Abgeordnete zu (BT-Sten.Ber. 17/240, S. 30233), der Bundesrat stimmte einstimmig zu (vgl. das Plenarprotokoll der 910. Sitzung vom 7. Juni 2013, S. 281).

zur Zusammensetzung des Europäischen Parlaments auch nach dem Urteil weiterhin die Ansicht, diese erfolge allein nach Art. 59 Abs. 2 Satz 1 GG[43], während der Bundesrat Art. 23 Abs. 1 GG für anwendbar hielt[44].

Angesichts der immer noch nicht abschließend geklärten Abgrenzung zwischen den Anwendungsbereichen der beiden Sätze ist es an dieser Stelle wegen der Bedeutung der Mehrheitserfordernisse für die parlamentarische Behandlung notwendig, das Verhältnis des Art. 23 Abs. 1 Satz 2 GG zu dessen Satz 3 und damit die jeweils erforderlichen Mehrheiten zu bestimmen.

1. Anwendungsbereich des Art. 23 Abs. 1 Satz 2 GG

Art. 23 Abs. 1 Satz 2 GG enthält den einfachen Gesetzesvorbehalt für die Übertragung von Hoheitsrechten. Der Begriff ist genauso zu verstehen wie im Rahmen des Art. 24 Abs. 1 GG[45], so dass insoweit auf die obigen[46] Ausführungen verwiesen werden kann.

Das Bundesverfassungsgericht weitet den Anwendungsbereich neuerdings unter Verweis auf die Wahrung der Integrationsverantwortung und den Schutz des Verfassungsgefüges aus und sieht jede Veränderung der textlichen Grundlagen des europäischen Primärrechts als Fall des Art. 23 Abs. 1 Satz 2 GG an.[47] Mit dem Wortlaut, der eindeutig nur auf die Übertragung von Hoheitsrechten Bezug nimmt, ist diese Auslegung nur schwer zu vereinbaren. Die Hoheitsrechtsübertragung ist ein bestimmter Fall der Vertragsänderung. Selbst bei einer weiten Auslegung des Begriffs lässt sich eine Gleichbedeutung kaum vertreten. Hierfür besteht zudem kein Bedürfnis, da die verfassungsändernden Vertragsänderungen nach Art. 23 Abs. 1 Satz 3 GG und sonstige Änderungen nach Art. 59 Abs. 2 GG bereits einem Gesetzesvorbehalt unterliegen.[48] Der Einwand, Art. 59 Abs. 2 GG erfasse nur förmliche Änderungsverträge[49], greift zu kurz. Die Norm wird vielmehr weit verstanden, im Schrifttum werden selbst durch informelles Verhalten vorgenommene „konkludente

---

[43] Vgl. den Gesetzentwurf, BT-Drucks. 17/3357, S. 1, 6, 11.

[44] Vgl. die Stellungnahme des Bundesrates, BT-Drucks. 17/3357, S. 10. Vgl. zu der Kontroverse auch *O. Suhr*, in: FS Fiedler, S. 715 (733 ff.); *M. Tischendorf*, Integrationsverantwortung, S. 231 f., 305 f.

[45] *W. Heintschel von Heinegg*, in: Epping/Hillgruber, BeckOK GG, Art. 23 Rn. 21; *S. Schmahl*, in: Sodan, GG, Art. 23 Rn. 13.

[46] S. o. 2. Teil A. II.

[47] BVerfGE 123, 267 (355). Ebenso *F. Wollenschläger*, in: Dreier, GG Bd. II, Art. 23 Rn. 49; *H. D. Jarass*, in: Jarass/Pieroth, GG, Art. 23 Rn. 25 f.; *S. Schmahl*, in: Sodan, GG, Art. 23 Rn. 17; *R. Wernsmann/M. Sandberg*, DÖV 2014, S. 49 (51); ähnlich *R. A. Lorz/H. Sauer*, DÖV 2012, S. 573 (577 f.).

[48] *C. D. Classen*, JZ 2009, S. 881 (884); ähnlich *R. Uerpmann-Wittzack*, in: von Münch/Kunig, GG Bd. 1, Art. 23 Rn. 46.

[49] So *R. A. Lorz/H. Sauer*, DÖV 2012, S. 573 (577). Ähnlich *I. Pernice*, in: Dreier, GG Bd. II (2. Aufl.), Art. 23 Rn. 86.

Änderungen“ von solchen Verträgen, denen im Verfahren des Art. 59 Abs. 2 GG zugestimmt wurde, für zustimmungsbedürftig erachtet[50]. Soweit eingewandt wird, dass nach Art. 59 Abs. 2 GG – anders als nach Art. 23 Abs. 1 Satz 2 GG – nicht in jedem Fall die Zustimmung des Bundesrates erforderlich ist[51], ist dies Folge des Wortlauts der Regelungen. Eine Regelungslücke, die für eine analoge Anwendung[52] erforderlich wäre, ist nicht erkennbar.[53]

So wünschenswert eine einheitliche Rechtsgrundlage für die gesamte Mitwirkung an der Europäischen Union wäre, gibt das Grundgesetz eine solche derzeit nach hier vertretener Ansicht nicht her. Die Rechtsprechung des Bundesverfassungsgerichts kann deshalb nicht überzeugen. Gleichwohl entfaltet sie insoweit als tragender Entscheidungsgrund Bindungswirkung (§ 31 Abs. 1 BVerfGG) und ist einfachgesetzlich in den Regelungen des Integrationsverantwortungsgesetzes (IntVG) umgesetzt worden. Es muss daher bis auf weiteres davon ausgegangen werden, dass jede Änderung der europäischen Verträge innerstaatlich ein Zustimmungsgesetz nach Art. 23 Abs. 1 Satz 2 GG erfordert.

2. Anwendungsbereich des Art. 23 Abs. 1 Satz 3 GG

Art. 23 Abs. 1 Satz 3 GG bestimmt, in welchen Fällen das Zustimmungsgesetz mit Zwei-Drittel-Mehrheit nach Art. 79 Abs. 2 GG zu beschließen ist. Dies betrifft die Begründung der Europäischen Union, Änderungen ihrer vertraglichen Grundlagen sowie vergleichbare Regelungen mit verfassungsänderndem Charakter. Die „Begründung“ der EU ist mit dem Vertrag von Maastricht erfolgt, insoweit ist der Anwendungsbereich der Vorschrift folglich derzeit erschöpft.[54] Eine „Änderung ihrer vertraglichen Grundlagen“ liegt bei Änderungen des Primärrechts im ordentlichen oder vereinfachten Verfahren nach Art. 48 EUV-L (bzw. seiner Vorgängervorschriften) oder vergleichbaren Änderungsverfahren vor.[55] Die weitere Fallgruppe der „vergleichbaren Regelungen“ sollte vor allem Hoheitsrechtsübertragungen bzw. Verfassungsdurchbrechungen im Zusammenhang mit sogenannten Evolutivklau-

[50] *O. Rojahn*, in: von Münch/Kunig, GG Bd. 1, Art. 59 Rn. 65; vgl. zur Problematik der Fortschreibungen von Verträgen ohne förmliche Änderung auch ausführlich *M. Nettesheim*, in: Maunz/Dürig, GG, Art. 59 Rn. 127 ff. m. w. N.

[51] *R.A. Lorz/H. Sauer*, DÖV 2012, S. 573 (577).

[52] Eine analoge Anwendung u. a. auf Beitrittsabkommen befürwortet *I. Pernice*, in: Dreier, GG Bd. II (2. Aufl.), Art. 23 Rn. 86.

[53] Gegen eine analoge Anwendung auch *R. Uerpmann-Wittzack*, in: von Münch/Kunig, GG Bd. 1, Art. 23 Rn. 46.

[54] *R. Streinz*, in: Sachs, GG, Art. 23 Rn. 78; *S. Hobe*, in: Friauf/Höfling, GG, Art. 23 Rn. 48. Die Vorschrift könnte jedoch erneut relevant werden bei Gründung einer anderen europäischen Union, vgl. *F. Schorkopf*, in: Bonner Kommentar, Art. 23 Rn. 78; *F. Wollenschläger*, in: Dreier, GG Bd. II, Art. 23 Rn. 53.

[55] BVerfGE 123, 267 (434); *F. Schorkopf*, in: Bonner Kommentar, Art. 23 Rn. 78; ähnlich *H. D. Jarass*, in: Jarass/Pieroth, GG, Art. 23 Rn. 32.

seln, die eine spätere Änderung des Primärrechts in einem vereinfachten Verfahren ermöglichen[56], betreffen.[57] Sie erfasst solche Primärrechtsänderungen, die in den Verträgen bereits angelegt sind, aber eine bloße Vertragsausfüllung überschreiten[58] bzw. qualitativ über das hinausgehen, was bereits mit der allgemeinen Billigung des Vertrages verbunden ist[59].

Dabei ist der Anwendungsbereich nach zutreffender Ansicht[60], anders als nach hier vertretener Ansicht derjenige des Satzes 2, nicht auf Hoheitsrechtsübertragungen beschränkt, denn Art. 23 Abs. 1 Satz 3 GG soll allgemein dem Zweck dienen, Verfassungsdurchbrechungen vorzubeugen[61]. Die Norm kann daher jegliche Änderung des Primärrechts erfassen, sofern diese zu einer Verfassungsänderung führt. Das Kriterium, dass durch den Integrationsakt das Grundgesetz inhaltlich geändert oder ergänzt wird oder eine solche Änderung bzw. Ergänzung ermöglicht wird, ist das entscheidende für die Anwendbarkeit des Art. 23 Abs. 1 Satz 3 GG. Insoweit herrscht mit Blick auf die Entstehungsgeschichte der Norm weitgehend Einigkeit, dass sich dieser Relativsatz nicht nur auf die letzte Alternative der „vergleichbaren Regelungen" bezieht, sondern auch Begründung und Änderungen der vertraglichen Grundlagen verfassungsändernden Charakter haben müssen, um das Zustimmungserfordernis nach Satz 3 auszulösen.[62]

3. Verfassungsänderung im Sinne des Art. 23 Abs. 1 Satz 3 GG

Demgegenüber ist bis heute umstritten, wann Integrationsakte eine Verfassungsänderung bewirken oder ermöglichen. Diese Frage ist jedoch entscheidend für die Bestimmung des Zustimmungsquorums.

a) Hoheitsrechtsübertragung als Verfassungsänderung

In dieser Hinsicht wird vertreten, dass jede Übertragung von Hoheitsrechten auf die EU zwangsläufig das Grundgesetz ändere und daher nach Art. 23 Abs. 1

---

[56] Vgl. zum Begriff *J. Bergmann*, in: Bergmann, Handlexikon der EU, S. 379.

[57] Vgl. die Gesetzesbegründung, BT-Drucks. 12/3896, S. 18.

[58] *R. Scholz*, in: Maunz/Dürig, GG, Art. 23 Rn. 120; *W. Heintschel von Heinegg*, in: Epping/Hillgruber, BeckOK GG, Art. 23 Rn. 26; *M. Tischendorf*, Integrationsverantwortung, S. 126.

[59] Vgl. die Gesetzesbegründung, BT-Drucks. 12/3896, S. 18.

[60] *F. Schorkopf*, in: Bonner Kommentar, Art. 23 Rn. 81; *I. Pernice*, in: Dreier, GG Bd. II (2. Aufl.), Art. 23 Rn. 88; *R. Geiger*, ZG 2003, S. 193 (202 f.). A. A. *D. König*, Übertragung von Hoheitsrechten, S. 298 ff.

[61] *R. Streinz*, in: Sachs, GG, Art. 23 Rn. 80.

[62] *R. Streinz*, in: Sachs, GG, Art. 23 Rn. 79; *F. Wollenschläger*, in: Dreier, GG Bd. II, Art. 23 Rn. 55; *H. Rathke*, in: von Arnauld/Hufeld, Lissabon-Begleitgesetze, § 7 Rn. 43; *D. König*, Übertragung von Hoheitsrechten, S. 297 f.; *S. Hölscheidt/T. Schotten*, DÖV 1995, S. 187 (189).

Satz 3 GG einer verfassungsändernden Mehrheit bedürfe.[63] Ähnlich hatte bereits das Bundesverfassungsgericht in seinem Eurocontrol-Urteil 1981 festgestellt, dass die Übertragung von Hoheitsrechten „einen Eingriff in und eine Veränderung der verfassungsrechtlich festgelegten Zuständigkeitsordnung und damit materiell eine Verfassungsänderung"[64] bewirke.

Die Gegenansicht stützt sich auf die Existenz des Art. 23 Abs. 1 Satz 2 GG, aus der sich folgern lasse, dass es Hoheitsrechtsübertragungen geben müsse, die zwar Satz 2, nicht aber Satz 3 unterfallen, und daher mit einfacher Mehrheit beschlossen werden können.[65] Die Abgrenzung soll danach erfolgen, ob die Hoheitsrechtsübertragung „Verfassungsrelevanz"[66] bzw. „verfassungsänderndes Gewicht"[67] besitzt oder von ihrer „Verfassungsintensität"[68] abhängen. Die konkreten Kriterien, in welchen Fällen einer Hoheitsrechtsübertragung eine solche besondere Bedeutung zukommen soll, bleiben allerdings vage und führen zu Abgrenzungsschwierigkeiten.[69]

Neben diesem Grund spricht vieles dafür, dass jede Hoheitsrechtsübertragung eine Verfassungsänderung darstellt. Das grundgesetzliche Kompetenzgefüge nimmt nur Zuweisungen an Bund und Länder vor. Durch die Hoheitsrechtsübertragung wird ein weiterer Hoheitsträger hinzugefügt, der durch die Ausübung der ihm zugewiesenen Hoheitsrechte die verfassungsrechtlich vorgesehenen Zuständigkeitsbereiche von Bund und Ländern einschränken kann.[70] Zudem ist denkbar, dass die

---

[63] So *R. Streinz*, in: Sachs, GG, Art. 23 Rn. 72; *C. Hillgruber*, in: Schmidt-Bleibtreu/Hofmann/Henneke, GG, Art. 23 Rn. 35; *R. Uerpmann-Wittzack*, in: von Münch/Kunig, GG Bd. 1, Art. 23 Rn. 52; *F. Schorkopf*, in: Bonner Kommentar, Art. 23 Rn. 81; *S. Schmahl*, in: Sodan, GG, Art. 23 Rn. 14, 17c; *D. König*, Übertragung von Hoheitsrechten, S. 309; *F. Baach*, Parlamentarische Mitwirkung in Angelegenheiten der EU, S. 118; *U. Everling*, DVBl. 1993, S. 936 (944); *R. Breuer*, NVwZ 1994, S. 417 (423); *R. Geiger*, JZ 1996, S. 1093 (1097); *ders.*, ZG 2003, S. 193 (201); *M. Bothe/T. Lohmann*, ZaöRV 58 (1998), S. 1 (21); *C. Ohler*, AöR 135 (2010), S. 153 (157).

[64] BVerfGE 58, 1 (36).

[65] *R. Scholz*, in: Maunz/Dürig, GG, Art. 23 Rn. 118; *ders.*, NVwZ 1993, S. 817 (821); *H. D. Jarass*, in: Jarass/Pieroth, GG, Art. 23 Rn. 31; *W. Heintschel von Heinegg*, in: Epping/Hillgruber, BeckOK GG, Art. 23 Rn. 24 ff.; *S. Hobe*, in: Friauf/Höfling, GG, Art. 23 Rn. 49; *I. Pernice*, in: Dreier, GG Bd. II (2. Aufl.), Art. 23 Rn. 90; *M. Zuleeg*, in: Denninger/Hoffmann-Riem/Schneider/Stein, AK-GG, Art. 23 Rn. 47; *K. Windthorst*, in: Gröpl/Windthorst/von Coelln, GG, Art. 23 Rn. 35.

[66] So *R. Scholz*, in: Maunz/Dürig, GG, Art. 23 Rn. 118; *M. Zuleeg*, in: Denninger/Hoffmann-Riem/Schneider/Stein, AK-GG, Art. 23 Rn. 47; *F. Wollenschläger*, in: Dreier, GG Bd. II, Art. 23 Rn. 57; *O. Dörr*, Der europäisierte Rechtsschutzauftrag deutscher Gerichte, S. 101.

[67] So *H. D. Jarass*, in: Jarass/Pieroth, GG, Art. 23 Rn. 31; *W. Heintschel von Heinegg*, in: Epping/Hillgruber, BeckOK GG, Art. 23 Rn. 25; *K. Windthorst*, in: Gröpl/Windthorst/von Coelln, GG, Art. 23 Rn. 35.

[68] So *I. Pernice*, in: Dreier, GG Bd. II (2. Aufl.), Art. 23 Rn. 90.

[69] Aus diesem Grund ebenfalls kritisch *R. Streinz*, in: Sachs, GG, Art. 23 Rn. 73; *D. König*, Übertragung von Hoheitsrechten, S. 306; *R. Breuer*, NVwZ 1994, S. 417 (423); *R. Geiger*, ZG 2003, S. 193 (201).

[70] *R. Uerpmann-Wittzack*, in: von Münch/Kunig, GG Bd. 1, Art. 23 Rn. 52; *R. Geiger*, ZG 2003, S. 192 (201 f.).

EU-Organe im Rahmen ihrer Kompetenzen Rechtsakte erlassen, die im Widerspruch zum Grundgesetz stehen und auf diese Weise eine Verfassungsänderung bewirken, die durch die vorangegangene Hoheitsrechtsübertragung ermöglicht wurde.[71] Dem wird entgegengehalten, dass die Möglichkeit der Hoheitsrechtsübertragung verfassungsrechtlich vorgesehen sei und daher nicht Verfassungsänderung, sondern Verfassungsbetätigung darstelle.[72] Dieser Schluss ist gleichwohl nicht zwingend, die Ermächtigung zur Änderung der Zuständigkeitsordnung muss trotz der Integrationsoffenheit des Grundgesetzes nicht zwangsläufig eine Befreiung von jeglichen für solche Änderungen sonst erforderlichen Anforderungen bedeuten. Die jeder Hoheitsrechtsübertragung innewohnende Gefahr nachfolgender verfassungsändernder EU-Rechtsakte und die mangelnde Vorhersehbarkeit der weiteren Entwicklung sprechen vielmehr dafür, stets das für Verfassungsänderungen erforderliche Zwei-Drittel-Quorum zu verlangen.

Diese Auslegung kann durch die Entstehungsgeschichte des Art. 23 Abs. 1 GG gestützt werden.[73] In der Gemeinsamen Verfassungskommission von Bundestag und Bundesrat, die 1992/1993 Vorschläge zur Änderung des Grundgesetzes erarbeitete, standen sich die Vorschläge der CDU/CSU und der Bundesländer, eine verfassungsändernde Mehrheit nur bei Eingriffen in die wesentlichen Strukturen des Grundgesetzes zu fordern, und der SPD, alle Hoheitsrechtsübertragungen der Zwei-Drittel-Mehrheit zu unterwerfen, gegenüber.[74] Die Kommission entschied jedoch, dass das Kriterium der „wesentlichen Strukturen“ nicht praktikabel sei.[75] Sie schlug daher eine an den SPD-Vorschlag angelehnte Formulierung des Art. 23 Abs. 1 GG vor[76], die sich von der später in Kraft getretenen Fassung nur dadurch unterschied, dass letztere zusätzlich die mit Vertragsänderungen „vergleichbaren Regelungen“ einbezog. Die Begründung war allerdings in sich widersprüchlich: Während die Kommission zunächst ausführte, dass Satz 3 alle Hoheitsrechtsübertragungen erfasse, „soweit sie von entsprechender Verfassungsrelevanz sind“, und jede Hoheitsrechtsübertragung eine materielle Verfassungsänderung bewirken *könne*, kam sie zu dem Schluss, dass der Vorschlag im Ergebnis bewirke, dass „die mit der Ratifizierung des Unionsvertrages verbundenen und alle weiteren ‚europäischen‘ Hoheitsrechtsübertragungen der verfassungsändernden Mehrheiten des Artikel 79

---

[71] *C.D. Classen*, in: von Mangoldt/Klein/Starck, GG Bd. 2, Art. 23 Rn. 14; *R. Geiger*, JZ 1996, S. 1093 (1097); *ders.*, ZG 2003, S. 193 (201).

[72] *O. Dörr*, Der europäisierte Rechtsschutzauftrag deutscher Gerichte, S. 99. Gegen eine generelle Einordung als Verfassungsänderung auch *K.-E. Hain*, DVBl. 2002, S. 148 (152). In eine ähnliche Richtung geht der Hinweis von *I. Pernice*, in: Dreier, GG Bd. II (2. Aufl.), Art. 23 Rn. 90, dass Art. 23 Abs. 1 GG nicht die Integration hindern oder erschweren solle, sondern lediglich der Verfassungsrelevanz von Hoheitsrechtsübertragungen Rechnung tragen wolle.

[73] Zum Folgenden ausführlich *M. Bothe/T. Lohmann*, ZaöRV 58 (1998), S. 1 (10ff.).

[74] Vgl. *M. Bothe/T. Lohmann*, ZaöRV 58 (1998), S. 1 (12f.); *K. Schmalenbach*, Der neue Europaartikel 23, S. 87ff.

[75] BT-Drucks. 12/6000, S. 21.

[76] BT-Drucks. 12/6000, S. 15, 21.

Abs. 2 GG bedürfen".[77] Das letztgenannte, weite Verständnis lag dabei bereits den vorangegangen Beratungen zugrunde[78] und dürfte daher das maßgebliche sein.

Im folgenden Gesetzgebungsverfahren übernahm die Bundesregierung in ihrem Gesetzentwurf zwar den vorgeschlagenen Wortlaut des Art. 23 Abs. 1 GG[79], maß ihm aber eine andere Bedeutung zu. Demzufolge könnten Übertragungen von Hoheitsrechten mit einfacher Mehrheit nach Art. 23 Abs. 1 Satz 2 GG zu beschließen sein, wenn sie vom Gewicht her mit der Gründung der EU nicht vergleichbar seien und daher nicht die „Geschäftsgrundlage" der Verträge beträfen.[80] Dem widersprach der Bundesrat ausdrücklich und bekräftigte sein Normverständnis, dass sämtliche weiteren Hoheitsrechtsübertragungen einer verfassungsändernden Mehrheit bedürften.[81] Der federführende Sonderausschuss „Europäische Union (Vertrag von Maastricht)" ging davon aus, dass Satz 3 greifen müsse, wenn die Hoheitsrechtsübertragung über vorhandene Ermächtigungen hinausgehe und aus verfassungsrechtlichen Gründen eine Vertragsänderung erforderlich sei.[82] Dies spricht dafür, dass demnach jede Kompetenzzuweisung an die Europäische Union einmal mit Zwei-Drittel-Mehrheit beschlossen worden sein sollte. Die entsprechend der Beschlussempfehlung des Ausschusses geänderte Fassung der Grundgesetzänderung wurde schließlich im Bundestag mit großer Mehrheit angenommen.[83]

Das Verständnis, jede Hoheitsrechtsübertragung stelle eine Verfassungsänderung im Sinne des Art. 23 Abs. 1 Satz 3 GG dar, sieht sich freilich dem Einwand ausgesetzt, dass damit Art. 23 Abs. 1 Satz 2 GG ein eigenständiger Anwendungsbereich versagt wird und der Satz überflüssig erscheint.[84] Dieses Argument kann nicht völlig entkräftet werden. Die in ihm enthaltene Spezialermächtigung zur Hoheitsrechtsübertragung mit Gesetzesvorbehalt in Form eines Zustimmungsgesetzes[85] hätte keines eigenständigen Satzes bedurft, sondern hätte mit dem Inhalt des Satzes 3 gemeinsam geregelt werden können. Ein Teil der Literatur sieht einen Anwendungsbereich für Hoheitsrechtsübertragungen aufgrund von Evolutivklauseln.[86] Dies trifft, wie Oliver Dörr zutreffend festgestellt hat[87], auf verfassungsdogmatische Bedenken,

---

[77] BT-Drucks. 12/6000, S. 21.

[78] *M. Bothe/T. Lohmann*, ZaöRV 58 (1998), S. 1 (15 f.) m. w. N.

[79] BT-Drucks. 12/3338, S. 3.

[80] BT-Drucks. 12/3338, S. 7, 14.

[81] BT-Drucks. 12/3338, S. 12.

[82] BT-Drucks. 12/3896, S. 18.

[83] 547 Abgeordnete stimmten dem Gesetzentwurf zu, vgl. BT-Sten.Ber. 12/126, S. 10888.

[84] *R. Scholz*, in: Maunz/Dürig, GG, Art. 23 Rn. 118; *ders.*, NVwZ 1993, S. 817 (821); *H. D. Jarass*, in: Jarass/Pieroth, GG, Art. 23 Rn. 31; *O. Dörr*, Der europäisierte Rechtsschutzauftrag deutscher Gerichte, S. 100.

[85] Zu diesem Regelungsgehalt *M. Bothe/T. Lohmann*, ZaöRV 58 (1998), S. 1 (7).

[86] So *M. Bothe/T. Lohmann*, ZaöRV 58 (1998), S. 1 (7); eingeschränkt („vertragsausfüllende" Hoheitsrechtsübertragungen ohne neue spezifische Verfassungsänderung) auch *R. Scholz*, in: Maunz/Dürig, GG, Art. 23 Rn. 119; *R. Streinz*, in: Sachs, GG, Art. 23 Rn. 73; *S. Magiera*, Jura 1994, S. 1 (9).

[87] *O. Dörr*, Der europäisierte Rechtsschutzauftrag deutscher Gerichte, S. 101.

da entweder *alle* Hoheitsrechtsübertragungen, also auch solche aufgrund von Evolutivklauseln, materielle Verfassungsänderungen darstellen müssen, oder *keine*. Insofern ließe sich zwar argumentieren, dass das betreffende Hoheitsrecht bereits mit der Aufnahme der (hinreichend bestimmten) Evolutivklausel übertragen wurde, so dass bei ihrer Inanspruchnahme keine Übertragung mehr stattfindet. In der Konsequenz wäre dann jedoch – nach hier vertretener Ansicht[88] – der Anwendungsbereich des Art. 23 Abs. 1 Satz 2 GG mangels Hoheitsrechtsübertragung nicht eröffnet.[89]

Das systematische Gegenargument ist jedoch nicht stark genug, um das vorangegangene Auslegungsergebnis zu widerlegen. Die auf den ersten Blick „überflüssige" Regelung des Satzes 2 mag auf die besondere Entstehungsgeschichte zurückzuführen sein, ihr kann zudem ein klarstellender Charakter beigemessen werden. Sie widerspricht nicht zwingend der Ansicht, dass jede Hoheitsrechtsübertragung eine Verfassungsänderung darstellt und daher der verfassungsändernden Zwei-Drittel-Mehrheit des Art. 23 Abs. 1 Satz 3 i.V.m Art. 79 Abs. 2 GG bedarf. Aus den bereits genannten Gründen ist dieser letztgenannten Auffassung zu folgen.

b) Beispiele für weitere verfassungsändernde Integrationsakte

Die Hoheitsrechtsübertragung stellt zwar den wichtigsten Anwendungsfall des Art. 23 Abs. 1 Satz 3 GG dar.[90] Da sich sein Anwendungsbereich nach hier vertretener Ansicht aber grundsätzlich auf alle Vertragsänderungen erstreckt, kommen weitere verfassungsändernde Regelungen in Betracht, die das Erfordernis einer verfassungsändernden Mehrheit auslösen.

Offensichtlich ist dies bei Vertragsänderungen, die – ohne die Ewigkeitsgarantie zu berühren – mit dem Grundgesetz in seiner geltenden Fassung nicht vereinbar sind und deshalb dessen Änderung erfordern.

Darüber hinaus wird vertreten, dass eine Verfassungsänderung auch dann vorliegt, wenn die Stellung Deutschlands in der Europäischen Union erheblich verändert wird, indem z. B. vom Einstimmigkeits- zum Mehrheitsprinzip übergegangen wird oder die Rechtsetzungsbefugnisse des Europäischen Parlaments zu Lasten des Rates, in dem die Mitgliedstaaten vertreten sind, geändert werden.[91] Dagegen spricht, dass das Grundgesetz das Gewicht Deutschlands im Rahmen der europä-

---

[88] S. o. 2. Teil A. III. 1.

[89] Ähnlich *D. König*, Übertragung von Hoheitsrechten, S. 310 ff.

[90] So *R. Streinz*, in: Sachs, GG, Art. 23 Rn. 81.

[91] *R. Streinz*, in: Sachs, GG, Art. 23 Rn. 87; *C. Hillgruber*, in: Schmidt-Bleibtreu/Hofmann/Henneke, GG, Art. 23 Rn. 36; *F. Wollenschläger*, in: Dreier, GG Bd. II, Art. 23 Rn. 57; ähnlich *R. Geiger*, ZG 2003, S. 193 (202); im Ergebnis auch *S. Hölscheidt/T. Schotten*, DÖV 1995, S. 187 (192); a. A. *C. D. Classen*, in: von Mangoldt/Klein/Starck, GG Bd. 2, Art. 23 Rn. 14; *R. Uerpmann-Wittzack*, in: von Münch/Kunig, GG Bd. 1, Art. 23 Rn. 53; *F. Baach*, Parlamentarische Mitwirkung in Angelegenheiten der EU, S. 122.

ischen Gesetzgebung nicht regelt und auch gar nicht regeln kann.[92] Die Einflussmöglichkeiten der Mitgliedstaaten können nur auf europäischer Ebene geregelt werden.[93] Aus diesem Grund können sich entsprechende Vertragsänderungen nicht auf das Grundgesetz auswirken, so dass Art. 23 Abs. 1 Satz 3 GG keine Anwendung findet. Wegen der politischen Bedeutung[94] richtet sich die Zustimmung vielmehr nach Art. 59 Abs. 2 Satz 1 GG.[95] Aus dem gleichen Grund unterfallen Beitrittsverträge nicht Art. 23 Abs. 1 Satz 3 GG.[96]

4. Zusammenfassung

Da die Übertragung von Hoheitsrechten auf die Europäische Union stets eine Verfassungsänderung darstellt, bedarf sie eines Gesetzes, das nach Art. 23 Abs. 1 Sätze 2 und 3 i. V. m. Art. 79 Abs. 2 GG mit Zwei-Drittel-Mehrheit in Bundestag und Bundesrat beschlossen wird. Integrationsakte, die weder Hoheitsrechte übertragen noch anderweitig das Grundgesetz ändern, fallen hingegen nach hier vertretener Ansicht nicht in den Anwendungsbereich des Art. 23 Abs. 1 Sätze 2 und/ oder 3 GG. Die Zustimmung des Gesetzgebers sollte sich insoweit allein nach Art. 59 Abs. 2 GG richten. Nach der Rechtsprechung des Bundesverfassungsgerichts ist allerdings auch auf solche Integrationsakte Art. 23 Abs. 1 Satz 2 GG anzuwenden.

IV. Rechtsgrundlagen für die Zustimmung zu den untersuchten europäischen Integrationsakten

Bereits mit den Gründungsverträgen zur EGKS, EWG und EAG wurden zahlreiche Hoheitsrechte begründet.[97] Die Zustimmung zu diesen Verträgen richtete sich daher jeweils nach Art. 24 Abs. 1, 59 Abs. 2 GG.

---

92 *F. Baach*, Parlamentarische Mitwirkung in Angelegenheiten der EU, S. 122f.; *R. Uerpmann-Wittzack*, in: von Münch/Kunig, GG Bd. 1, Art. 23 Rn. 53.

93 *F. Baach*, Parlamentarische Mitwirkung in Angelegenheiten der EU, S. 123.

94 *R. Uerpmann-Wittzack*, in: von Münch/Kunig, GG Bd. 1, Art. 23 Rn. 53. Vgl. zur Definition, die unter anderem auf die Stellung und das Gewicht Deutschlands unter den Staaten abstellt, oben 2. Teil A. I.

95 *F. Baach*, Parlamentarische Mitwirkung in Angelegenheiten der EU, S. 123.

96 *I. Pernice*, in: Dreier, GG Bd. II (2. Aufl.), Art. 23 Rn. 82; *R. Uerpmann-Wittzack*, in: von Münch/Kunig, GG Bd. 1, Art. 23 Rn. 46, 53; *C. D. Classen*, in: von Mangoldt/Klein/ Starck, GG Bd. 2, Art. 23 Rn. 14; *R. Scholz*, in: Maunz/Dürig, GG, Art. 23 Rn. 68; *F. Baach*, Parlamentarische Mitwirkung in Angelegenheiten der EU, S. 123; *S. Hölscheidt/T. Schotten*, DÖV 1995, S. 187 (192). A. A. *C. Hillgruber*, in: Schmidt-Bleibtreu/Hofmann/Henneke, GG, Art. 23 Rn. 37; *F. Wollenschläger*, in: Dreier, GG Bd. II, Art. 23 Rn. 57; *S. Schmahl*, in: Sodan, GG, Art. 23 Rn. 17c; *M. Tischendorf*, Integrationsverantwortung, S. 235; *R. Geiger*, JZ 1996, S. 1093 (1097); *ders.*, ZG 2003, S. 193 (205 ff.).

97 *O. Rojahn*, in: von Münch/Kunig, GG Bd. 1, Art. 24 Rn. 44; *H. Sauer*, in: Bonner Kommentar, Art. 24 Rn. 113. Vgl. z. B. die Kompetenz zur Genehmigung von Kartellen (Art. 65 EGKSV

Dies trifft grundsätzlich auch auf die EVG zu, der unter anderem Befugnisse im Bereich der Wehrhoheit und -verwaltung zugewiesen werden sollten.[98] Anlässlich des EVG-Vertrages war im Bundestag allerdings ein Streit entbrannt, ob die mit ihm verbundene Wiederbewaffnung Deutschlands mit dem Grundgesetz vereinbar war oder ob der Beitritt zur EVG eine Verfassungsänderung erforderte.[99] Diese – primär innenpolitische und daher im vorliegenden Zusammenhang nicht näher zu untersuchende – Frage bildete auch den Kern der darauf folgenden Verfahren vor dem Bundesverfassungsgericht, wurde jedoch letztlich nicht entschieden.[100] Ihre Beantwortung hätte davon abgehangen, ob die Bundesrepublik Deutschland nach dem Grundgesetz die Wehrhoheit bereits innehatte[101] oder ob zunächst durch Verfassungsänderung eine Wehrverfassung hätte geschaffen werden müssen[102]. Durch die Anfang 1954 beschlossene Verfassungsänderung, mit der dem Bund die Verteidigungskompetenz einschließlich der Entscheidung über die Wehrpflicht zugewiesen wurde[103], wurde der Streit schließlich beigelegt.

Mit den folgenden Änderungsverträgen wurden überwiegend weitere Hoheitsrechte übertragen. Die Einheitliche Europäische Akte fügte dem EWG-Vertrag neue Bestimmungen zur Forschung und technologischen Entwicklung sowie Umwelt hinzu, denen eine Durchgriffswirkung zukommen konnte.[104] Insofern ist zu kritisieren, dass die Bundesregierung in ihrer Begründung zum Gesetzentwurf nur auf Art. 59 Abs. 2 Satz 1 GG und nicht auch auf Art. 24 Abs. 1 GG Bezug nahm[105].

Nachdem 1992 Art. 23 GG als neue Rechtsgrundlage für die europäische Integration in Kraft getreten war, wurde im weiteren Verlauf durch den Vertrag von Maastricht unter anderem die Währungshoheit auf die Europäische Gemeinschaft

---

bzw. Art. 85 ff. EWGV-R) oder die Rechtsetzungskompetenzen der EWG im Bereich der Arbeitnehmerfreizügigkeit (Art. 49, 51 EWGV-R).

[98] *O. Rojahn*, in: von Münch/Kunig, GG Bd. 1, Art. 24 Rn. 53. Vgl. z. B. Art. 71 EVGV betreffend die Aufstellung von Plänen zur Organisation der Streitkräfte.

[99] Siehe dazu auch unten 3. Teil B. II.

[100] S. u. 3. Teil B. III.

[101] So die Ansicht der Bundesregierung, abgedruckt in: Institut für Staatslehre und Politik, Der Kampf um den Wehrbeitrag, 2. Halbband, S. 5 (7 ff., insbes. 16 ff.); im Ergebnis ebenso *H. von Mangoldt*, ebd., S. 72 (93); *U. Scheuner*, ebd., S. 94 (134); *W. Weber*, ebd., S. 177 (184); *A. Süsterhenn*, in: Institut für Staatslehre und Politik, Der Kampf um den Wehrbeitrag, 1. Halbband, S. 260 (268).

[102] So die Ansicht der SPD-Abgeordneten, abgedruckt in: Institut für Staatslehre und Politik, Der Kampf um den Wehrbeitrag, 1. Halbband, S. 3 (11 ff.); im Ergebnis ebenso *E. Menzel*, ebd., S. 280 (288, 305 ff., 319 ff.); *E. Forsthoff*, in: Institut für Staatslehre und Politik, Der Kampf um den Wehrbeitrag, 2. Halbband, S. 312 (318 ff.); *K. Loewenstein*, ebd., S. 337 (357, 401); *F. Klein*, ebd., S. 456 (476 ff.); *R. Smend*, ebd., S. 559 (562 ff.).

[103] Art. 73 Nr. 1, 79 Abs. 1 Satz 2, 142a GG a. F., BGBl. I 1954, S. 45 ff.

[104] Vgl. z. B. die weitgehende Kompetenz zum Tätigwerden im Bereich der Umweltpolitik in Art. 130s EWGV-EEA.

[105] Vgl. BT-Drucks. 10/6392, S. 5.

übertragen.[106] Der Vertrag von Amsterdam begründete unter anderem neue Rechtsetzungs- und Durchgriffsbefugnisse im Bereich Visa, Asyl und Einwanderung[107], der Vertrag von Nizza erweiterte die handelspolitischen Befugnisse der EG[108]. Mit dem Vertrag von Lissabon wurden unter anderem die polizeiliche und justizielle Zusammenarbeit in Strafsachen aus dem intergouvernementalen in den supranationalen Bereich verlagert und in diesem Zusammenhang neue bzw. erweiterte Kompetenzen begründet.[109] Dies war bereits mit dem Verfassungsvertrag beabsichtigt worden.[110] Wegen der unter anderem durch diese Hoheitsrechtsübertragungen bewirkten Änderungen des Grundgesetzes musste der Bundestag deshalb allen Verträgen jeweils gemäß Art. 23 Abs. 1 Satz 3 i. V. m. Art. 79 Abs. 2 GG mit Zwei-Drittel-Mehrheit zustimmen.[111]

Der jüngste Integrationsakt, mit dem Art. 136 AEUV ein Absatz 3 über die Möglichkeit der Errichtung eines Stabilitätsmechanismus angefügt wurde, war hingegen nach der Gesetzesbegründung lediglich auf Art. 23 Abs. 1 Satz 2 i. V. m. Art. 59 Abs. 2 Satz 1 GG gestützt worden[112], so dass eine einfache Mehrheit in Bundestag und Bundesrat ausreichen sollte. Art. 23 Abs. 1 Satz 3 i. V. m. Art. 79 Abs. 2 GG finde keine Anwendung, da lediglich mitgliedstaatliche Handlungsspielräume aufgezeigt würden, ohne diese inhaltlich zu determinieren, eine Änderung oder Ergänzung des Grundgesetzes sei daher mit der Änderung nicht verbunden.[113] Der Gesetzesbegründung ist insoweit zuzustimmen, als durch die Vertragsänderung keine Hoheitsrechtsübertragung stattfand.[114] Sie nimmt lediglich Bezug auf das Recht der Mitgliedstaaten zum Vertragsschluss und gewährt der EU keine zusätzlichen Befugnisse.[115] Nach hier vertretener Ansicht ergibt sich die Anwendung des Art. 23 Abs. 1 Satz 2 GG deshalb nicht aus dem Grundgesetz selbst[116], sondern folgt nur aus der einfachgesetzlichen Regelung des § 2 IntVG.

---

[106] Art. 105 ff. EGV-M; vgl. *I. Pernice*, in: Dreier, GG Bd. II (2. Aufl.), Art. 23 Rn. 82.

[107] Art. 61 ff. EGV-A; vgl. *R. Streinz*, EuZW 1998, S. 137 (147); *M. Bothe/T. Lohmann*, ZaöRV 58 (1998), S. 1 (37 f.).

[108] Art. 133 EGV-N; vgl. *I. Pernice*, in: Dreier, GG Bd. II (2. Aufl.), Art. 23 Rn. 82.

[109] Art. 82 ff. AEUV; vgl. die Begründung der Bundesregierung zum Zustimmungsgesetz, BT-Drucks. 16/8300, S. 6.

[110] Art. III-270 ff. VV; vgl. die Begründung der Bundesregierung zum Zustimmungsgesetz, BT-Drucks. 15/4900, S. 6.

[111] Ebenso *F. Wollenschläger*, in: Dreier, GG Bd. II, Art. 23 Rn. 58.

[112] BT-Drucks. 17/9047, S. 4; 17/9373, S. 5. Diese Ansicht wurde anscheinend im Bundesrat geteilt, vgl. zur Abstimmung das Plenarprotokoll der 898. Sitzung vom 29. Juni 2012, S. 312.

[113] BT-Drucks. 17/9047, S. 4; 17/9373, S. 5.

[114] So die Begründung des Gesetzgebers, BT-Drucks. 17/9047, S. 4; 17/9373, S. 5. Ebenso BVerfGE 132, 195 (250); *H. Kube*, WM 2012, S. 245 (247); *R. A. Lorz/H. Sauer*, DÖV 2012, S. 573 (578). Vgl. auch EuGH, Urteil vom 27. November 2012 – Rs. C-370/12, NJW 2013, S. 29 ff., Rn. 71 ff.

[115] *H. Kube*, WM 2012, S. 245 (246 f.).

[116] Zur Begründung s. o. 2. Teil A. III. 1. Ebenso *H. Kube*, WM 2012, S. 245 (247). A. A. *H. Rathke*, DÖV 2011, S. 753 (757); *S. Schmahl*, DÖV 2014, S. 501 (507, Fn. 71); wohl auch *F. Wollenschläger*, NVwZ 2012, S. 713 (716).

Schwieriger zu beurteilen ist die Frage, ob Art. 136 Abs. 3 AEUV tatsächlich keine verfassungsändernde Wirkung im Sinne des Art. 23 Abs. 1 Satz 3 GG zukommt. In der Literatur wird diese zum Teil mit der „Tragweite“[117] der Vertragsänderung, dem „währungsrechtlichen Richtungswechsel“[118] sowie der „‚systemischen‘ Veränderung“[119] begründet. In der Tat lag der deutschen Zustimmung zur Währungsunion deren Konzeption als Stabilitätsgemeinschaft zugrunde.[120] Das Bundesverfassungsgericht ging davon aus, dass Art. 136 Abs. 3 AEUV eine grundlegende Umgestaltung der bisherigen Wirtschafts- und Währungsunion bewirke.[121] Demgegenüber war der Europäische Gerichtshof der Ansicht, Art. 136 Abs. 3 AEUV sei rein deklaratorischer Natur und bestätige lediglich das ohnehin bestehende Recht der Mitgliedstaaten zur Errichtung eines Stabilitätsmechanismus.[122] Aus Sicht des deutschen Verfassungsrechts spricht gegen einen deklaratorischen Charakter, dass Art. 136 Abs. 3 AEUV nunmehr die rechtliche Grundlage für einen solchen Stabilitätsmechanismus bildet und bestimmte Anforderungen an diesen festschreibt.[123] Die Inanspruchnahme dieser Ermächtigung kann nicht nur zu Konflikten mit der Budgethoheit des Parlaments[124], sondern auch mit den Haushaltsvorschriften des Grundgesetzes[125] führen. Insbesondere die Schuldenbremse im Sinne der Art. 109 Abs. 3, 115 Abs. 2 GG könnte gefährdet oder gar außer Kraft gesetzt werden.[126] Aus diesem Grund spricht vieles dafür, dass bereits durch die Einfügung des Art. 136 Abs. 3 AEUV als Rechtsgrundlage für solche Regelungen eine Änderung des Grundgesetzes ermöglicht wird. Das Zustimmungsgesetz bedurfte daher, anders als in der Gesetzesbegründung angenommen, einer Zwei-Drittel-Mehrheit gemäß Art. 23 Abs. 1 Satz 3 i. V. m. Art. 79 Abs. 2 GG.[127]

---

[117] *C. Calliess*, NVwZ 2012, S. 1 (3); *ders.*, ZEuS 2011, S. 213 (279).

[118] *H. Kube*, WM 2012, S. 245 (247).

[119] *A. Weber*, EuZW 2011, S. 935 (937).

[120] *H. Kube*, WM 2012, S. 245 (247); *H. Rathke*, DÖV 2011, S. 753 (754). Das Bundesverfassungsgericht bezeichnete die Konzeption als Stabilitätsgemeinschaft im Maastricht-Urteil als Grundlage und Gegenstand des deutschen Zustimmungsgesetzes, BVerfGE 89, 155 (205). Auch in den Bundestagsdebatten trat das Ziel einer Stabilitätsunion deutlich zutage, vgl. dazu unten 3. Teil F. II.

[121] BVerfGE 132, 195 (247 f.).

[122] EuGH, Urteil vom 27. November 2012 – Rs. C-370/12, NJW 2013, S. 29 ff., Rn. 68, 72 f., 109, 184.

[123] *F. Wollenschläger*, NVwZ 2012, S. 713 (716).

[124] *H. Kube*, WM 2012, S. 245 (247). Vgl. zur Budgethoheit des Parlaments auch unten 4. Teil D. IV.

[125] Vgl. *C. Gröpl*, Der Staat 52 (2013), S. 1 (9).

[126] *H. Rathke*, DÖV 2011, S. 753 (758).

[127] Im Ergebnis ebenso *H. Rathke*, DÖV 2011, S. 753 (757); *H. Kube*, WM 2012, S. 245 (247); *ders.*, AöR 137 (2012), S. 205 (212, Fn. 33); *F. Wollenschläger*, NVwZ 2012, S. 713 (716); *A. Weber*, EuZW 2011, S. 935 (937); *C. Calliess*, NVwZ 2012, S. 1 (3); *ders.*, ZEuS 2011, S. 213 (279); *U. Hufeld*, integration 2011, S. 117 (127, Fn. 66); *C. Gröpl*, Der Staat 52 (2013), S. 1 (9); *K. von Lewinski*, in: HdStR Bd. X, § 217 Rn. 95; *S. Schmahl*, in: Sodan, GG, Art. 23 Rn. 17c. A. A. *R. A. Lorz/H. Sauer*, EuR 2012, S. 682 (686 f.); wohl auch *M. Tischendorf*, Integrationsverantwortung, S. 243.

Wenngleich sie nicht für notwendig erachtet wurde, wurde diese Mehrheit im Bundestag erreicht, rund 81 % seiner Mitglieder stimmten dem Gesetz zu[128]. Bei der Bundesratsabstimmung wurde lediglich festgestellt, dass die Mehrheit zugestimmt habe[129], so dass nicht beurteilt werden kann, ob auch dort die Zwei-Drittel-Mehrheit erfüllt war. Das Bundesverfassungsgericht griff die Frage der richtigen Rechtsgrundlage bzw. des formell rechtmäßigen Zustandekommens des Zustimmungsgesetzes in seinen Entscheidungen[130] nicht auf.

B. Materiell-rechtlicher Rahmen für die Zustimmung zu europäischen Integrationsakten

Die Entscheidung des Bundestages für oder gegen die Zustimmung zu einem europäischen Integrationsakt ist in erster Linie eine politische. Das Grundgesetz setzt dem Integrationsgesetzgeber nur wenige Grenzen, innerhalb derer er frei entscheiden kann, welche Regelungen er aus welchem Grund erlassen will. Insofern ist grundsätzlich nichts dagegen einzuwenden, dass sich die Debatten über die europäischen Integrationsakte selten um juristische Fragen, sondern vorrangig um andere Themen, wie z. B. außen- und innenpolitische Auswirkungen der Verträge oder wirtschaftliche Aspekte, drehten.[131] Gleichwohl müssen die angesprochenen rechtlichen Grenzen jeder Diskussion zugrunde liegen: Sollte das Grundgesetz einer Zustimmung entgegenstehen, kann darüber kein politisches Argument, mag es noch so überzeugend sein, hinweghelfen. Der Bundestag müsste in diesem Fall wegen seiner Bindung an die verfassungsmäßige Ordnung gemäß Art. 20 Abs. 3 GG dem Vertrag seine Zustimmung versagen.

Die Schranken, die das Grundgesetz der europäischen Integration setzt, und insbesondere ihre Reichweite stehen im Mittelpunkt dieser Arbeit. In den Kapiteln 4. Teil A. bis E. wird untersucht werden, wo die Grenzen im Einzelnen zu ziehen sind und inwieweit sie in den Bundestagsdebatten berücksichtigt wurden. An dieser Stelle sollen daher die maßgeblichen Normen zunächst nur in einem ersten Überblick dargestellt werden, während die Prüfung im Detail im weiteren Verlauf der Arbeit erfolgen wird.

---

[128] Von den seinerzeit 620 gesetzlichen Mitgliedern des Bundestages stimmten 504 zu, vgl. das Ergebnis der namentlichen Abstimmung, BT-Sten.Ber. 17/188, S. 22747 ff.

[129] Bundesrat, Plenarprotokoll der 898. Sitzung vom 29. Juni 2012, S. 312.

[130] BVerfGE 132, 195; 135, 317.

[131] Ausführlich zu den wesentlichen Inhalten der Debatten sogleich (3. Teil).

I. Materielle Grenzen der Hoheitsrechtsübertragung nach Art. 24 Abs. 1 GG

In den Anfangsjahren der europäischen Integration diente Art. 24 Abs. 1 GG als Integrationsgrundlage, der keine ausdrücklichen Schranken für die Übertragung von Hoheitsrechten auf zwischenstaatliche Einrichtungen formuliert. Dennoch wird allgemein angenommen, dass die Ermächtigung nicht uneingeschränkt gelten kann.[132] Wo die Grenzen zu ziehen sind, ist jedoch bis heute umstritten. Im Schrifttum herrscht inzwischen allerdings weitgehende Einigkeit, dass der Integrationsgesetzgeber, ebenso wie der verfassungsändernde Gesetzgeber, zumindest an die absolute Grenze des Art. 79 Abs. 3 GG gebunden ist.[133] Demnach darf die Übertragung von Hoheitsrechten weder die Gliederung des Bundes in Länder und die grundsätzliche Mitwirkung der Länder bei der Gesetzgebung noch die in Art. 1 und 20 GG niedergelegten Grundsätze berühren. Letztere beinhalten unter anderem das Demokratie-, Bundesstaats- und Rechtsstaatsprinzip. Das Bundesverfassungsgericht geht zudem davon aus, dass das „Grundgefüge der Verfassung“ nicht angetastet und deshalb die Grundrechte nicht vorbehaltlos relativiert werden dürften.[134] Dafür spricht, dass die Grundrechte an der Ewigkeitsgarantie teilnehmen können, soweit ihr Kern die Menschenwürde im Sinne des Art. 1 Abs. 1 GG berührt[135].

Ob darüber hinaus weitergehende Schranken bestehen, wird unterschiedlich beurteilt. In neuerer Zeit[136] wird z. B. vertreten, dass die Maßstäbe des Art. 23 Abs. 1 Satz 1 GG analog anzuwenden seien.[137] Jedenfalls für die – hier interessierende – Zeit vor der Einfügung des Art. 23 GG ist diese Analogie aber sehr fraglich, schließlich waren dessen Maßstäbe seinerzeit weder festgeschrieben noch war

---

[132] BVerfGE 58, 1 (40); *O. Rojahn*, in: von Münch/Kunig, GG Bd. 1, Art. 24 Rn. 58; *R. Streinz*, in: Sachs, GG, Art. 24 Rn. 27; *K. Windthorst*, in: Gröpl/Windthorst/von Coelln, GG, Art. 24 Rn. 22; *S. Schmahl*, in: Sodan, GG, Art. 24 Rn. 12; *H. D. Jarass*, in: Jarass/Pieroth, GG, Art. 24 Rn. 9; *K. Stern*, Staatsrecht I, S. 535. Die früher vereinzelt vertretene These, die Hoheitsrechtsübertragung nach Art. 24 Abs. 1 GG unterliege keinerlei materiellen Schranken, bezeichnet *C. Calliess*, in: Maunz/Dürig, GG, Art. 24 Abs. 1 Rn. 160, als überholt.

[133] *O. Rojahn*, in: von Münch/Kunig, GG Bd. 1, Art. 24 Rn. 58; *R. Streinz*, in: Sachs, GG, Art. 24 Rn. 28; *C. D. Classen*, in: von Mangoldt/Klein/Starck, GG Bd. 2, Art. 24 Rn. 28; *C. Hillgruber*, in: Schmidt-Bleibtreu/Hofmann/Henneke, GG, Art. 24 Rn. 23; *W. Heintschel von Heinegg*, in: Epping/Hillgruber, BeckOK GG, Art. 24 Rn. 21; *S. Schmahl*, in: Sodan, GG, Art. 24 Rn. 12; *D. Deiseroth*, in: Umbach/Clemens, GG Bd. I, Art. 24 Rn. 84; *K. Stern*, Staatsrecht I, S. 535 f.; a. A. *H. Sauer*, in: Bonner Kommentar, Art. 24 Rn. 169 ff.

[134] BVerfGE 58, 1 (40); ebenso *C. Hillgruber*, in: Schmidt-Bleibtreu/Hofmann/Henneke, GG, Art. 24 Rn. 23; ähnlich *W. Heintschel von Heinegg*, in: Epping/Hillgruber, BeckOK GG, Art. 24 Rn. 20.

[135] Dazu *K.-E. Hain*, in: von Mangoldt/Klein/Starck, GG Bd. 2, Art. 79 Rn. 67; *J. Dietlein*, in: Epping/Hillgruber, BeckOK GG, Art. 79 Rn. 30.1; *C. Gröpl*, Staatsrecht I, Rn. 790; *S. Korioth*, Staatsrecht I, Rn. 59.

[136] Einen ausführlichen Überblick über die bis 1992 vertretenen Auffassungen bietet die Kommentierung von *C. Calliess*, in: Maunz/Dürig, GG, Art. 24 Abs. 1 Rn. 161 ff.

[137] *I. Pernice*, in: Dreier, GG Bd. II (2. Aufl.), Art. 24 Rn. 33. Ähnlich wohl auch *S. Hobe*, in: Friauf/Höfling, GG, Art. 24 Rn. 40.

die Geltung entsprechender ungeschriebener Grenzen anerkannt. Außerdem ist aus der Aufnahme expliziter Schranken in die neue Integrationsgrundlage aus gesetzessystematischen Gründen der Schluss zu ziehen, dass diese ohne entsprechende Regelung gerade nicht bestehen.[138] Im Ergebnis wurde die europäische Integration auf der Grundlage des Art. 24 Abs. 1 GG daher nur durch die Grenzen jeder Verfassungsänderung nach Art. 79 Abs. 3 GG beschränkt.

II. Materielle Grenzen der europäischen Integration nach Art. 23 Abs. 1 GG

Im Gegensatz zu Art. 24 Abs. 1 GG normiert Art. 23 Abs. 1 GG materielle Anforderungen und Grenzen für die Integration in die Europäische Union. Sein Satz 1 formuliert Vorgaben für die Struktur der Europäischen Union (sog. Struktursicherungsklausel[139]). Darüber hinaus verweist Art. 23 Abs. 1 Satz 3 GG ausdrücklich auf die Geltung der Grenzen des Art. 79 Abs. 3 GG.

1. Struktursicherungsklausel

Gemäß Art. 23 Abs. 1 Satz 1 GG muss die Europäische Union demokratischen, rechtsstaatlichen, sozialen und föderativen Grundsätzen sowie dem Grundsatz der Subsidiarität verpflichtet sein und einen dem Grundgesetz im Wesentlichen vergleichbaren Grundrechtsschutz gewährleisten. Das deutsche Grundgesetz kann zwar keine verbindlichen Anforderungen an die Europäische Union selbst stellen. Die Norm richtet sich vielmehr an die deutschen Hoheitsträger, denen eine Mitwirkung an einer nicht diesen Grundsätzen genügenden Union untersagt wird.[140] Dabei erinnert die Struktursicherungsklausel zwar an die Staatsstrukturprinzipien des Art. 20 GG, ist allerdings mit diesen nicht identisch: Art. 23 Abs. 1 GG bezieht sich nicht auf einen Staat, sondern auf eine Europäische Union, er fordert daher nur eine angepasste Kongruenz, die der besonderen Struktur der Union Rechnung trägt.[141] Mit anderen Worten, die Europäische Union muss nicht denselben Anforderungen genügen, die das Grundgesetz an einen Staat stellt.[142] Die Begriffe sind vielmehr in einem gemeineuropäischen Sinn zu verstehen.[143]

---

[138] *C. D. Classen*, in: von Mangoldt/Klein/Starck, GG Bd. 2, Art. 24 Rn. 28.

[139] So die Gemeinsame Verfassungskommission, BT-Drucks. 12/6000, S. 20.

[140] *W. Heintschel von Heinegg*, in: Epping/Hillgruber, BeckOK GG, Art. 23 Rn. 10; *C. Hillgruber*, in: Schmidt-Bleibtreu/Hofmann/Henneke, GG, Art. 23 Rn. 11.

[141] BVerfGE 123, 267 (363 f.; 371 ff.); *R. Streinz*, in: Sachs, GG, Art. 23 Rn. 22; *S. Hobe*, in: Friauf/Höfling, GG, Art. 23 Rn. 16; *F. Wollenschläger*, in: Dreier, GG Bd. II, Art. 23 Rn. 63; *C. Hillgruber*, in: Schmidt-Bleibtreu/Hofmann/Henneke, GG, Art. 23 Rn. 12; *R. Uerpmann-Wittzack*, in: von Münch/Kunig, GG Bd. 1, Art. 23 Rn. 12.

[142] So in Bezug auf die demokratischen Grundsätze BVerfGE 89, 155 (182 f.); 123, 267 (369, 371).

[143] *C. D. Classen*, in: von Mangoldt/Klein/Starck, GG Bd. 2, Art. 23 Rn. 16 m. w. N.

Art. 23 Abs. 1 Satz 1 GG verpflichtet die Union zunächst auf demokratische Grundsätze. Dies beinhaltet vor allem das Prinzip der Volkssouveränität und damit das Erfordernis demokratischer Legitimation von Hoheitsgewalt, also eines Zurechnungszusammenhangs zwischen Herrschaft und Beherrschten.[144] Es wird derzeit davon ausgegangen, dass diese Legitimation auf europäischer Ebene „doppelgleisig“ sein muss, d. h. auf zwei Legitimationssträngen beruhend: einerseits der Legitimation durch das direkt gewählte Europäische Parlament, andererseits der Legitimation über die Staatsvölker der Mitgliedstaaten, die durch die nationalen Parlamente repräsentiert werden, die wiederum ihre Zustimmung zu den Integrationsakten erteilen und die jeweiligen Vertreter im Rat kontrollieren.[145] Neben diesem angepassten Prinzip der Volkssouveränität dürfte wohl auch das Prinzip der grundsätzlich repräsentativen Demokratie durch die Struktursicherungsklausel gefordert sein.[146]

Zum Gebot der Rechtsstaatlichkeit werden verschiedene Elemente gezählt. Auf europäischer Ebene soll es unter anderem eine gewisse Gewaltenteilung, die Bindung aller Gewalten an das Primärrecht sowie die Bindung von Exekutive und Judikative an Recht und Gesetz, den Schutz der Grund- und Menschenrechte, den Grundsatz der Rechtssicherheit, das Bestimmtheitsgebot, den Verhältnismäßigkeitsgrundsatz, Vertrauensschutz sowie das Gebot effektiven Rechtsschutzes sichern.[147]

Die einzuhaltenden sozialen Grundsätze sollen eine einseitige Ausrichtung auf wirtschaftliche Interessen verhindern.[148] Detaillierte Vorgaben lassen sich daraus für die europäische Ebene jedoch nicht ableiten[149], insbesondere muss sie sich nicht zu einer „Sozialunion“ entwickeln[150]. Die Ausgestaltung der Grundsätze soll im Wesentlichen durch die Mitgliedstaaten erfolgen.[151]

Die Vorgabe der Einhaltung föderativer Grundsätze bezieht sich nicht auf den deutschen Föderalismus, sondern ist auf das Verhältnis der EU zu ihren Mitgliedstaaten gerichtet und soll einer zentralistischen Organisation entgegenstehen.[152] Dabei muss sich die Europäische Union jedoch nicht am Prinzip des deutschen

---

[144] *R. Uerpmann-Wittzack*, in: von Münch/Kunig, GG Bd. 1, Art. 23 Rn. 14.

[145] *R. Streinz*, in: Sachs, GG, Art. 23 Rn. 24 ff. Vgl. zur demokratischen Legitimation der Union auch unten 4. Teil B.

[146] *C. Hillgruber*, in: Schmidt-Bleibtreu/Hofmann/Henneke, GG, Art. 23 Rn. 14.

[147] *S. Hobe*, in: Friauf/Höfling, GG, Art. 23 Rn. 23; *R. Scholz*, in: Maunz/Dürig, GG, Art. 23 Rn. 76.

[148] *R. Uerpmann-Wittzack*, in: von Münch/Kunig, GG Bd. 1, Art. 23 Rn. 21.

[149] *R. Scholz*, in: Maunz/Dürig, GG, Art. 23 Rn. 79.

[150] *F. Schorkopf*, in: Bonner Kommentar, Art. 23 Rn. 51; *W. Heintschel von Heinegg*, in: Epping/Hillgruber, BeckOK GG, Art. 23 Rn. 14.

[151] *S. Hobe*, in: Friauf/Höfling, GG, Art. 23 Rn. 28.

[152] *R. Streinz*, in: Sachs, GG, Art. 23 Rn. 34; *R. Uerpmann-Wittzack*, in: von Münch/Kunig, GG Bd. 1, Art. 23 Rn. 22; *F. Wollenschläger*, in: Dreier, GG Bd. II, Art. 23 Rn. 76.

Bundesstaates orientieren[153], föderative Grundsätze können auch auf andere Weise verwirklicht werden. Sie verlangen jedoch, dass die Union gegenüber ihren Mitgliedstaaten deren nationale Identitäten achtet.[154]

Mit einer föderalistischen Ordnung der Union korrespondiert das Subsidiaritätsprinzip. Dieses ist inzwischen primärrechtlich in Art. 5 Abs. 3 EUV-L geregelt und besagt im Wesentlichen, dass die EU nur tätig werden soll, wenn und soweit die Ziele der in Betracht gezogenen Maßnahmen auf einer niedrigeren Ebene nicht ausreichend verwirklicht werden können. Im nationalverfassungsrechtlichen Kontext verpflichtet diese Strukturvorgabe die deutschen Staatsorgane vor allem zu einer sorgfältigen Prüfung dieser Vorgaben des Subsidiaritätsprinzips, insbesondere im Hinblick auf die Übertragung weiterer Hoheitsrechte sowie deren konkrete Ausübung, die die Sekundärrechtsetzung einschließt.[155] Des Weiteren soll das Prinzip kommunaler Selbstverwaltung geschützt werden.[156]

Mit dem Erfordernis eines dem Grundgesetz im Wesentlichen vergleichbaren Grundrechtsschutzes wird an die sogenannte Solange-Rechtsprechung des Bundesverfassungsgerichts angeknüpft.[157] In seinem „Solange I"-Urteil aus dem Jahr 1974 hatte das Bundesverfassungsgericht sich vorbehalten, über die Grundrechtskonformität europarechtlicher Normen zu entscheiden, solange das Gemeinschaftsrecht keinen Grundrechtskatalog enthält, der demjenigen des Grundgesetzes adäquat ist.[158] 1986, im „Solange II"-Urteil, entschied das Gericht sodann, dass der europarechtliche Schutz der Grundrechte zurzeit dem vom Grundgesetz als unabdingbar gebotenen Grundrechtsschutz im Wesentlichen gleich zu achten sei und nahm deshalb seinen Kontrollanspruch im Hinblick auf Gemeinschaftsrecht zurück.[159] Der vom Bundesverfassungsgericht angestrebte Schutz der Grundrechte wurde mit Einfügung des Art. 23 GG als verfassungsrechtliche Verpflichtung ausdrücklich normiert. Da jedoch nur ein „im Wesentlichen vergleichbarer" Schutz erreicht werden muss, sind einzelne Abweichungen zulässig.[160]

---

[153] *S. Hobe*, in: Friauf/Höfling, GG, Art. 23 Rn. 30; *I. Pernice*, in: Dreier, GG Bd. II (2. Aufl.), Art. 23 Rn. 65.

[154] *R. Uerpmann-Wittzack*, in: von Münch/Kunig, GG Bd. 1, Art. 23 Rn. 22; *R. Streinz*, in: Sachs, GG, Art. 23 Rn. 35; *W. Heintschel von Heinegg*, in: Epping/Hillgruber, BeckOK GG, Art. 23 Rn. 15.

[155] *C. Hillgruber*, in: Schmidt-Bleibtreu/Hofmann/Henneke, GG, Art. 23 Rn. 22; *S. Hobe*, in: Friauf/Höfling, GG, Art. 23 Rn. 32.

[156] BT-Drucks. 12/3896, S. 17; *S. Hobe*, in: Friauf/Höfling, GG, Art. 23 Rn. 33; *W. Heintschel von Heinegg*, in: Epping/Hillgruber, BeckOK GG, Art. 23 Rn. 16.

[157] Gemeinsame Verfassungskommission, BT-Drucks. 12/6000, S. 21; *R. Streinz*, in: Sachs, GG, Art. 23 Rn. 41; *C. Hillgruber*, in: Schmidt-Bleibtreu/Hofmann/Henneke, GG, Art. 23 Rn. 23; *F. Wollenschläger*, in: Dreier, GG Bd. II, Art. 23 Rn. 81.

[158] BVerfGE 37, 271 (LS 1).

[159] BVerfGE 73, 339 (LS 2).

[160] *C. D. Classen*, in: von Mangoldt/Klein/Starck, GG Bd. 2, Art. 23 Rn. 43.

2. Art. 23 Abs. 1 Satz 3 GG i. V. m. Art. 79 Abs. 3 GG

Art. 23 Abs. 1 Satz 3 GG verweist sodann auf die sogenannte „Ewigkeitsgarantie" des Art. 79 Abs. 3 GG. Diese besagt, dass Verfassungsänderungen, durch die die Gliederung des Bundes in Länder, die grundsätzliche Mitwirkung der Länder bei der Gesetzgebung oder die in den Art. 1 und 20 GG niedergelegten Grundsätze berührt werden, unzulässig sind. Diese Klausel richtet sich damit – anders als Art. 23 Abs. 1 Satz 1 GG, der Anforderungen an die Europäische Union formuliert – nach innen und soll die Kernelemente der deutschen Verfassung schützen.[161] Gleichwohl überschneiden sich die beiden Anwendungsbereiche weitgehend, da die durch Art. 79 Abs. 3 GG geschützten Rechtsgüter im Wesentlichen bereits Eingang in die Struktursicherungsklausel gefunden haben.[162] Allerdings erfährt die bundesstaatliche Ordnung Deutschlands durch Art. 79 Abs. 3 GG einen besonderen Schutz, den Art. 23 Abs. 1 Satz 1 GG mit der geforderten Rücksichtnahme auf die nationalen Identitäten wohl allein nicht gewährleisten könnte.[163] Darüber hinaus wird die Frage, inwieweit die souveräne Staatlichkeit der Bundesrepublik eine Grenze für die europäische Integration markiert[164], durch die Struktursicherungsklausel nicht beantwortet, so dass diese nur über die Auslegung des Art. 79 Abs. 3 GG zu lösen ist.[165]

III. Art. 79 Abs. 3 GG als absolute Schranke

Damit sind jedoch die absoluten Grenzen der europäischen Integration noch nicht hinreichend beschrieben. Die Integrationsermächtigungen der Art. 23 Abs. 1, 24 Abs. 1 GG sollten nicht abschließend regeln, in welchen Fällen die Übertragung von Hoheitsgewalt ausnahmsweise zulässig ist, sondern lediglich ein vereinfachtes Verfahren für die Ausübung der Integrationsgewalt zur Verfügung stellen.[166] Sie sind selbst nicht unmittelbar von der Ewigkeitsgarantie des Art. 79 Abs. 3 GG umfasst, die sich nur auf die Gliederung des Bundes in Länder, die grundsätzliche Mitwirkung der Länder bei der Gesetzgebung sowie die Grundsätze der Art. 1 und 20 GG erstreckt. Es steht dem verfassungsändernden Gesetzgeber somit – innerhalb dieser Grenzen – im Wesentlichen frei, die Integrationsermächtigungen seinen Vorstellungen oder den aktuellen Entwicklungen anzupassen und zu erweitern.[167] Insbesondere die Struktursicherungsklausel könnte auf diese Weise eine neue Aus-

---

[161] Ähnlich *I. Pernice*, in: Dreier, GG Bd. II (2. Aufl.), Art. 23 Rn. 91.
[162] *R. Streinz*, in: Sachs, GG, Art. 23 Rn. 93.
[163] Vgl. *R. Streinz*, in: Sachs, GG, Art. 23 Rn. 93; *H. D. Jarass*, in: Jarass/Pieroth, GG, Art. 23 Rn. 37.
[164] Hierzu ausführlich unten 4. Teil A. IV.
[165] *I. Pernice*, in: Dreier, GG Bd. II (2. Aufl.), Art. 23 Rn. 92; *R. Scholz*, in: Maunz/Dürig, GG, Art. 23 Rn. 123; *R. Streinz*, in: Sachs, GG, Art. 23 Rn. 93.
[166] *O. Rüß*, Vereintes Europa, S. 106f.
[167] Vgl. *T. Schilling*, AöR 116 (1991), S. 32 (53).

richtung erhalten. Die durch Art. 23 Abs. 1, 24 Abs. 1 GG aufgezeigten Integrationsgrenzen sind daher keine endgültigen.

Dieser Arbeit liegt jedoch eine Fragestellung zugrunde, die sich auch auf die verfassungsrechtliche Zulässigkeit möglicher zukünftiger Entwicklungen der EU richtet. Für die Beantwortung kommt es nicht primär auf die derzeitige Verfassungsrechtslage an. Entscheidend ist vielmehr, inwieweit das Grundgesetz der jeweiligen Entwicklung angepasst werden könnte. Die absolute Grenze für entsprechende Verfassungsänderungen markiert Art. 79 Abs. 3 GG. Soweit die Ewigkeitsgarantie einer Verfassungsänderung entgegensteht, ließe sich der ihr zugrunde liegende Integrationsakt in Deutschland nicht umsetzen, ein Zustimmungsgesetz wäre verfassungswidrig. Jede Integrationsmaßnahme muss sich daher in letzter Konsequenz vor allem an Art. 79 Abs. 3 GG messen lassen.

C. Die Prüfungskompetenz des Bundesverfassungsgerichts im Zusammenhang mit europäischen Integrationsakten

In dem Gefüge der politischen Ziele, die von Exekutive und Legislative verfolgt werden, und der rechtlichen Grenzen der Integration bildet das Bundesverfassungsgericht die Überprüfungsinstanz. Als nationalem Gericht fehlt ihm allerdings die Kompetenz, die europäischen Integrationsakte als völkerrechtliche Verträge mit verbindlicher, über den Geltungsbereich des Grundgesetzes hinausgehender Wirkung zu überprüfen und auszulegen.[168] Seine unmittelbare Kontrolle kann sich in diesem Zusammenhang grundsätzlich nur auf das Handeln deutscher Hoheitsträger erstrecken. Es entspricht inzwischen einhelliger Auffassung, dass auch Maßnahmen der auswärtigen Gewalt keine „justizfreien" Hoheitsakte darstellen, sondern der verfassungsgerichtlichen Überprüfung zugänglich sind.[169] Dabei ist zu berücksichtigen, dass die Handlungen der Bundesregierung im Hinblick auf den vorgelagerten Abschluss der Verträge allein noch zu keinen innerstaatlichen Rechtswirkungen führen, erst das Zustimmungsgesetz setzt den Inhalt des Vertrages in Deutschland in Vollzug.[170] Aus diesem Grund kommt dem Vertragsschluss gegenüber dem späteren Gesetzesbeschluss keine eigenständige Bedeutung zu, so dass die Zustimmung der Bundesregierung nicht isoliert angegriffen werden kann.[171] Gegenstand der verfassungsgerichtlichen Überprüfung ist in erster Linie das Gesetz, mit dem Bundestag und Bundesrat dem Integrationsakt zustimmen.

---

[168] *U. Fastenrath/T. Groh*, in: Friauf/Höfling, GG, Art. 59 Rn. 119.

[169] BVerfGE 4, 157 (162); *D. Rauschning*, in: Bonner Kommentar, Art. 59 Rn. 167; *C. Calliess*, in: HdStR Bd. IV, § 83 Rn. 33; *U. Fastenrath/T. Groh*, in: Friauf/Höfling, GG, Art. 59 Rn. 119.

[170] BVerfGE 77, 170 (209 f.).

[171] BVerfGE 77, 170 (209 f.); *D. Rauschning*, in: Bonner Kommentar, Art. 59 Rn. 186.

I. Verfahrensarten

Für die verfassungsgerichtliche Kontrolle kommen im Wesentlichen drei Verfahrensarten in Frage: Normenkontrolle, Organstreit und Verfassungsbeschwerde.

1. Normenkontrollverfahren

Steht die Vereinbarkeit des Integrationsaktes mit dem Grundgesetz in Frage, können die Antragsberechtigten eine abstrakte Normenkontrolle gemäß Art. 93 Abs. 1 Nr. 2 GG[172] einleiten. In diesem Rahmen kann zwar nicht der völkerrechtliche Vertrag selbst zum Gegenstand des Verfahrens gemacht werden, da es sich hierbei nicht um Bundes- oder Landesrecht handelt. Das Zustimmungsgesetz nach Art. 59 Abs. 2, 23 Abs. 1 GG ist jedoch als Bundesgesetz tauglicher Antragsgegenstand.[173] Da das Zustimmungsgesetz sich darauf richtet, die Regelungen des Vertrages in Deutschland in Vollzug zu setzen, ist faktisch die wesentliche Frage, ob dessen Inhalt mit dem Grundgesetz vereinbar ist und daher in Deutschland zur Anwendung kommen darf. Aus diesem Grund führt die Kontrolle des Zustimmungsgesetzes zu einer impliziten Überprüfung des Inhalts des Integrationsaktes.[174]

Dennoch sind Normenkontrollverfahren im Bereich der europäischen Integration selten. Dies dürfte am eingeschränkten Kreis der Antragsberechtigten liegen, in Frage kommen nur die Bundesregierung, eine Landesregierung oder ein Viertel der Mitglieder des Bundestages (Art. 93 Abs. 1 Nr. 2 GG). Hinsichtlich des politisch stark umstrittenen Beitritts zur Europäischen Verteidigungsgemeinschaft hatte sich seinerzeit eine ausreichende Zahl von Bundestagsabgeordneten zusammengeschlossen, um Normenkontrollanträge zu stellen.[175] Angesichts der in den letzten Jahrzehnten stets vorherrschenden breiten Zustimmung zu europäischen Integrationsakten im Bundestag wird das Quorum zuletzt faktisch jedoch kaum mehr zu erreichen gewesen sein.[176]

Sollte ein abstraktes Normenkontrollverfahren in zulässiger Weise eingeleitet werden, bietet dieses Verfahren dem Bundesverfassungsgericht jedoch die weit-

[172] Möglich ist zudem die Vorlage durch ein Gericht im Rahmen eines konkreten Normenkontrollverfahrens nach Art. 100 Abs. 1 GG, wenn die innerdeutsche Geltung eines Integrationsaktes in einem Rechtsstreit entscheidungserheblich sein sollte. In der Praxis hat das Verfahren bisher keine Rolle gespielt. Der Nachteil gegenüber anderen Verfahrensarten ist nicht zuletzt, dass eine konkrete Normenkontrolle erst zur Anwendung kommen kann, wenn der Vertrag bereits ratifiziert und in Kraft getreten ist. Bei Zweifeln an der Verfassungsmäßigkeit wird aber regelmäßig eine präventive Überprüfung angestrebt, um bereits den Eintritt der völkerrechtlichen Bindungswirkung der Ratifikation verhindern zu können.

[173] *D. Rauschning*, in: Bonner Kommentar, Art. 59 Rn. 176.

[174] BVerfGE 4, 157 (163); *D. Rauschning*, in: Bonner Kommentar, Art. 59 Rn. 176; *O. Rojahn*, in: von Münch/Kunig, GG Bd. 1, Art. 59 Rn. 89.

[175] Vgl. zu den Verfahren unten 3. Teil B. III.

[176] Ebenso *C. Degenhart*, BayVBl. 2012, S. 517 (519).

reichendsten Möglichkeiten: Es kann das Gesetz auf seine Vereinbarkeit mit dem gesamten Grundgesetz überprüfen.[177] Im Bereich der Integrationsgesetzgebung wird der Schwerpunkt regelmäßig auf den Art. 23 bzw. 24, 79 Abs. 3 GG liegen.

2. Organstreitverfahren

Den bei der Abstimmung unterlegenen Bundestagsabgeordneten und Fraktionen kann darüber hinaus das Organstreitverfahren nach Art. 93 Abs. 1 Nr. 1 GG offenstehen. Es dient der Klärung von Kompetenzstreitigkeiten zwischen obersten Bundesorganen. Der Antragsteller muss darlegen, dass er oder das Organ, dem er angehört, durch eine Maßnahme oder Unterlassung des Antragsgegners in seinen ihm durch das Grundgesetz übertragenen Rechten und Pflichten verletzt oder unmittelbar gefährdet ist (§ 64 Abs. 1 BVerfGG). Das Organstreitverfahren bietet deshalb keine Möglichkeit, abstrakt die objektive Verfassungsmäßigkeit des Zustimmungsgesetzes zu überprüfen.[178] Es kann nur geprüft werden, ob das Zustimmungsgesetz den Antragsteller oder die Antragstellerin bzw. das übergeordnete Organ in seinen Rechten verletzt. Das Organstreitverfahren gegen das Zustimmungsgesetz zum Vertrag von Lissabon war daher beispielsweise nur insoweit zulässig, als die antragstellende Fraktion gerügt hatte, der Bundestag verliere dadurch seine Entscheidungsbefugnis über den Einsatz der Streitkräfte.[179] Im Zusammenhang mit den Euro-Rettungsmaßnahmen hatten Abgeordnete ebenfalls mehrfach in zulässiger Weise Verletzungen ihrer Rechte bzw. der Rechte des Bundestages geltend gemacht.[180]

3. Verfassungsbeschwerde

Mehreren Entscheidungen des Bundesverfassungsgerichts im Zusammenhang mit europäischen Integrationsakten lagen zudem Verfassungsbeschwerden zugrunde.[181] Das Zustimmungsgesetz stellt einen Akt öffentlicher Gewalt dar und kann als solcher grundsätzlich von jedermann mit der Verfassungsbeschwerde gemäß Art. 93 Abs. 1 Nr. 4a GG angegriffen werden. Weitere Voraussetzung ist allerdings, dass das Zustimmungsgesetz den Beschwerdeführer selbst, unmittelbar und gegenwärtig in seinen Grundrechten oder grundrechtsgleichen Rechten verletzen kann (sogenannte Beschwerdebefugnis).[182] Dies ist grundsätzlich nur der Fall, wenn

---

[177] *C. Degenhart*, Staatsrecht I, Rn. 831.

[178] BVerfGE 68, 1 (73); 73, 1 (30); 80, 188 (212); 123, 267 (339); *O. Rojahn*, in: von Münch/Kunig, GG Bd. 1, Art. 59 Rn. 87; *U. Fastenrath/T. Groh*, in: Friauf/Höfling, GG, Art. 59 Rn. 127; *H. Bethge*, in: Maunz/Schmidt-Bleibtreu/Klein/Bethge, BVerfGG, § 64 Rn. 108.

[179] BVerfGE 123, 267 (338).

[180] Vgl. BVerfGE 130, 318 (340); 131, 152 (189 ff.); 132, 195 (236 f.); 135, 317 (395 ff.).

[181] BVerfGE 89, 155; 123, 267; 129, 124; 132, 195; 135, 317.

[182] Vgl. allgemein zur Beschwerdebefugnis *J. Ipsen*, Staatsrecht I, Rn. 954 f.

der Vertrag, dem zugestimmt werden soll, Bestimmungen enthält, die unmittelbar grundrechtlich bzw. grundrechtsähnlich geschützte Rechtspositionen des Einzelnen beeinträchtigen.[183]

Diese Zulässigkeitsvoraussetzung war nach Auffassung des Bundesverfassungsgerichts bei den erhobenen Verfassungsbeschwerden zumindest teilweise erfüllt. Zwar waren die jeweiligen Antragsteller durch die Verträge nicht in ihren Grundrechten verletzt[184], nach Art. 93 Abs. 1 Nr. 4a GG kann im Wege der Verfassungsbeschwerde aber auch eine Verletzung des Wahlrechts aus Art. 38 GG geltend gemacht werden. Diesen Anknüpfungspunkt nutzte das Bundesverfassungsgericht erstmals im Maastricht-Urteil, um die Zulässigkeit der Verfassungsbeschwerden zu begründen. Art. 38 GG gewährleiste das subjektive Recht, an den Wahlen zum Bundestag teilzunehmen und auf diese Weise an der Legitimation der Staatsgewalt mitzuwirken und auf ihre Ausübung Einfluss zu nehmen.[185] Dieses Recht sei verletzt, wenn so weitgehend Kompetenzen des Bundestages auf die EU übertragen werden, „daß das demokratische Prinzip, soweit es Art. 79 Abs. 3 i. V. m. Art. 20 Abs. 1 und 2 GG für unantastbar erklärt, verletzt wird“[186]. Damit war der Weg bereitet für die Geltendmachung eines Verstoßes gegen das (objektive) Demokratieprinzip im Rahmen der Verfassungsbeschwerde, die dem Schutz subjektiver Rechte dient. Diese „Subjektivierung des Demokratieprinzips“[187] ist zu Recht überwiegend auf Kritik gestoßen.[188] Sie kommt der Einführung einer Popularklage nahe, die weder mit dem Wortlaut noch mit dem Sinn und Zweck der Vorschriften über die Verfassungsbeschwerde vereinbar ist.[189] Es spricht vieles für einen „Kunstgriff“[190] des Gerichts, um die Verfassungsbeschwerde zur Entscheidung annehmen zu können.[191] Damit

---

[183] *O. Rojahn*, in: von Münch/Kunig, GG Bd. 1, Art. 59 Rn. 91.

[184] Vgl. BVerfGE 89, 155 (174 ff.); 123, 267 (334 f.).

[185] BVerfGE 89, 155 (171 f.).

[186] BVerfGE 89, 155 (172).

[187] *H.-H. Trute*, in: von Münch/Kunig, GG Bd. 1, Art. 38 Rn. 17.

[188] Vgl. *H.-H. Trute*, in: von Münch/Kunig, GG Bd. 1, Art. 38 Rn. 17; *C. Hillgruber/C. Goos*, Verfassungsprozessrecht, Rn. 60a f.; *C. Tomuschat*, EuGRZ 1993, S. 489 (489 f.); *U. Häde*, BB 1993, S. 2457 (2458); *H. P. Ipsen*, EuR 1994, S. 1 (1 f.); *D. König*, ZaöRV 54 (1994), S. 17 (27 ff.); *W. Schroeder*, ZfRV 1994, S. 143 (146); *U. M. Gassner*, Der Staat 34 (1995), S. 429 (434 ff.); *M. Jestaedt*, Der Staat 48 (2009), S. 497 (503 f.); *C. Schönberger*, Der Staat 48 (2009), S. 535 (539 ff.); *V. Fiebelkorn/N. Janz*, NWVBl 2009, S. 449 (454); *A. Haratsch*, ZJS 2010, S. 122 (123 f.); *J. Ipsen*, in: FS Müller-Graff, S. 904 (908). Zustimmend hingegen *H. H. Klein*, in: Maunz/Dürig, GG, Art. 38 Rn. 146; *M. Morlok*, in: Dreier, GG Bd. II, Art. 38 Rn. 60; *S. Simon*, Grenzen des Bundesverfassungsgerichts im europäischen Integrationsprozess, S. 105 ff.; *K. F. Gärditz/C. Hillgruber*, JZ 2009, S. 872 (873).

[189] *J. Ipsen*, in: FS Müller-Graff, S. 904 (908); *D. König*, ZaöRV 54 (1994), S. 17 (27); *U. M. Gassner*, Der Staat 34 (1995), S. 429 (450); *U. Häde*, BB 1993, S. 2457 (2458); *C. Tomuschat*, EuGRZ 1993, S. 489 (489 f.); *C. Schönberger*, Der Staat 48 (2009), S. 535 (540).

[190] So *D. König*, ZaöRV 54 (1994), S. 17 (29); *E. Brok/M. Selmayr*, EuZW 2008, S. 487 (488); *J. P. Terhechte*, EuZW 2009, S. 724 (726); *J. Ipsen*, in: FS Heymanns Verlag (2015), S. 21 (28).

[191] *H.-H. Trute*, in: von Münch/Kunig, GG Bd. 1, Art. 38 Rn. 17, 17b; *U. Häde*, BB 1993, S. 2457 (2458); *W. Schroeder*, ZfRV 1994, S. 143 (146); *S. Hobe/B. Wiegand*, ThürVBl. 1994, S. 204 (206); *M. Jestaedt*, Der Staat 48 (2009), S. 497 (504); *C. Schönberger*, JZ 2010, S. 1160 (1161).

eröffnete es sich darüber hinaus eine aussichtsreiche Möglichkeit, zukünftige Integrationsakte auf ihre Vereinbarkeit mit dem Grundgesetz überprüfen zu können, denn selbst bei großer Zustimmung in der Politik dürfte sich in der Regel stets mindestens ein Bürger finden lassen, der das Zustimmungsgesetz vor das Bundesverfassungsgericht bringen will.[192]

Trotz der Einwände hat das Bundesverfassungsgericht Art. 38 GG im Lissabon-Urteil erneut fruchtbar gemacht. Die Verfassungsbeschwerden wurden nicht nur im Hinblick auf eine mögliche Verletzung des Demokratieprinzips für zulässig erklärt, sondern auch hinsichtlich einer Verletzung des Sozialstaatsprinzips sowie eines Verlusts der Staatlichkeit.[193] Die Bürgerinnen und Bürger haben demzufolge nach Auffassung des Bundesverfassungsgerichts nicht nur einen „Anspruch [...] auf Demokratie“[194] und Sozialstaatlichkeit, sondern auch ein „Individualrecht auf Staatlichkeit“[195]. In den Urteilen zu den Euro-Rettungsmaßnahmen hat das Bundesverfassungsgericht seine Auffassung erneut ausdrücklich bestätigt[196] und dahingehend konkretisiert, dass die Beschwerdeführer auch eine Verletzung des Budgetrechts des Bundestages rügen können[197]. Diese stetige Ausweitung der Kontrollmöglichkeiten, die sich immer weiter von dem Grundsatz entfernt, dass der Beschwerdeführer selbst, unmittelbar und gegenwärtig in einem subjektiven Recht verletzt sein muss, begegnet erheblichen Bedenken.[198]

II. Vorbeugender Rechtsschutz

Die besondere Problematik der verfassungsgerichtlichen Kontrolle von Zustimmungsgesetzen besteht darin, dass die völkerrechtlichen Verträge mit ihrer im Anschluss an die Zustimmung von Bundesrat und Bundestag vollzogenen Ratifizierung völkerrechtlich verbindlich werden.[199] Würde das Zustimmungsgesetz in einer anschließenden Überprüfung für verfassungswidrig erklärt werden, ließe sich die eingetretene völkerrechtliche Bindung nicht mehr ohne Weiteres beseitigen.[200] Die Bundesrepublik stünde in diesem Fall vor dem Dilemma, ihren völkerrechtlichen Pflichten nur durch Verstoß gegen das Grundgesetz nachkommen zu können. Es besteht deshalb ein besonderes Bedürfnis für eine frühzeitige Überprüfung der Verfassungsmäßigkeit von Vertragsgesetzen. Unter den in Frage kommenden

---

[192] *J.P. Terhechte*, EuZW 2009, S. 724 (726). Ähnlich *D. König*, ZaöRV 54 (1994), S. 17 (29); *E. Pache*, EuGRZ 2009, S. 285 (287); *C. Schönberger*, Der Staat 48 (2009), S. 535 (540); *J. Ipsen*, in: FS Müller-Graff, S. 904 (908 f.); *J.H. Klement*, ZG 2014, S. 169 (176).

[193] BVerfGE 123, 267 (328 ff.).

[194] So ausdrücklich BVerfGE 129, 124 (169); 135, 317 (386).

[195] So fragend der Titel des Aufsatzes von *M. Nettesheim*, NJW 2009, S. 2867.

[196] BVerfGE 129, 124 (169).

[197] BVerfGE 129, 124 (167 ff.); 132, 195 (235); 135, 317 (385).

[198] Vgl. auch *J. Ipsen*, in: FS Müller-Graff, S. 904 (908 f.).

[199] *D. Rauschning*, in: Bonner Kommentar, Art. 59 Rn. 186.

[200] *D. Rauschning*, in: Bonner Kommentar, Art. 59 Rn. 186.

Verfahrensarten bietet diese Möglichkeit dem Wortlaut nach nur das Organstreitverfahren, in dessen Rahmen gemäß § 64 Abs. 1 BVerfGG bereits eine unmittelbare Gefährdung des Antragstellers in seinen Rechten ausreicht. Gegenstand des Normenkontrollverfahrens ist demgegenüber „Recht", was zumindest erfordert, dass die Norm erlassen, also verkündet, worden ist.[201] Für eine Verfassungsbeschwerde besteht in der Regel keine Beschwerdebefugnis, solange die Norm nicht in Kraft getreten ist und daher noch keine für den Beschwerdeführer nachteiligen Wirkungen entfalten kann.[202]

Im Hinblick auf Zustimmungsgesetze zu völkerrechtlichen Verträgen macht das Bundesverfassungsgericht von diesen Grundsätzen eine Ausnahme, um das Eintreten der völkerrechtlichen Bindungswirkung rechtzeitig verhindern zu können. Zustimmungsgesetze können daher bereits vor ihrer Verkündung zum Gegenstand einer Normenkontrolle oder einer Verfassungsbeschwerde gemacht werden, sobald zumindest eine abschließende Entscheidung von Bundestag und Bundesrat vorliegt, mit der der Inhalt des Zustimmungsgesetzes festgelegt wird.[203] Eine rein vorbeugende Normenkontrolle gegen ein bisher lediglich geplantes Gesetz bleibt weiterhin unzulässig.[204]

Bis zum Abschluss des verfassungsgerichtlichen Verfahrens sollen die Verfassungsorgane die völkerrechtliche Ratifikation des Vertrages unterlassen.[205] Das Bundesverfassungsgericht kann die Ratifikation zudem auf entsprechenden Antrag hin im Rahmen einer einstweiligen Anordnung nach § 32 BVerfGG explizit untersagen.[206] Eine solche wird jedoch in der Regel nicht erforderlich sein, wenn der Bundespräsident erklärt hat, die Ratifizierung nicht vor der Entscheidung des Bundesverfassungsgerichts in der Hauptsache vorzunehmen.[207]

III. Gutachten des Bundesverfassungsgerichts

Von 1951[208] bis 1956[209] bestand über die genannten verfassungsgerichtlichen Verfahren hinaus vorübergehend eine weitere Möglichkeit, das Bundesverfassungsgericht bereits frühzeitig mit europäischen Integrationsakten zu befassen.

---

[201] *J. Ipsen*, Staatsrecht I, Rn. 916; *J. Rozek*, in: Maunz/Schmidt-Bleibtreu/Klein/Bethge, BVerfGG, § 76 Rn. 15 f.; *W. Meyer*, in: von Münch/Kunig, GG Bd. 2, Art. 93 Rn. 35.

[202] Vgl. *H. Bethge*, in: Maunz/Schmidt-Bleibtreu/Klein/Bethge, BVerfGG, § 90 Rn. 209.

[203] BVerfGE 1, 396 (413); 24, 33 (53 f.); 36, 1 (15); 123, 267 (329). Zustimmend u. a. *A. Voßkuhle*, in: von Mangoldt/Klein/Starck, GG Bd. 3, Art. 93 Rn. 122; *D. Rauschning*, in: Bonner Kommentar, Art. 59 Rn. 187; *J. Rozek*, in: Maunz/Schmidt-Bleibtreu/Klein/Bethge, BVerfGG, § 76 Rn. 17.

[204] BVerfGE 1, 396 (410, 413).

[205] Vgl. BVerfGE 36, 1 (15).

[206] *O. Rojahn*, in: von Münch/Kunig, GG Bd. 1, Art. 59 Rn. 93.

[207] Vgl. BVerfGE 89, 155 (164 f.); 123, 267 (304).

[208] BGBl. I 1951, S. 243 (252).

[209] BGBl. I 1956, S. 662 (664).

Nach § 97 BVerfGG a. F. konnten der Bundespräsident oder Bundestag, Bundesrat und Bundesregierung in einem gemeinsamen Antrag das Plenum des Bundesverfassungsgerichts um Erstattung eines Rechtsgutachtens über eine bestimmte verfassungsrechtliche Frage ersuchen. Dieser Weg wurde in der Auseinandersetzung um den EVG-Vertrag und die deutsche Wiederbewaffnung in äußerst fragwürdiger Art und Weise zu beschreiten versucht[210]: Am 10. Juni 1952, dem Tag der mündlichen Verhandlung über das von SPD-Abgeordneten eingeleitete Normenkontrollverfahren gegen den EVG-Vertrag und den deutschen Verteidigungsbeitrag, bat Bundespräsident Theodor Heuss auf Adenauers Veranlassung hin das Bundesverfassungsgericht um die Erstattung eines Rechtsgutachtens über die Vereinbarkeit des EVG-Vertrages mit dem Grundgesetz.[211] Adenauer verfolgte damit wohl das Ziel, eine Entscheidung des zur Hälfte mit Sozialdemokraten besetzten Ersten Senats in der Sache zu verhindern.[212] Im weiteren Verlauf wurde durch ein seitens der Regierungsfraktionen initiiertes Organstreitverfahren auch der Zweite Senat mit dem EVG-Vertrag befasst.[213] Das Bundesverfassungsgericht erkannte wohl die Gefahr seiner Instrumentalisierung für parteipolitische Zwecke.[214] Das Plenum verkündete daraufhin den Beschluss, dass sein auf Antrag des Bundespräsidenten zu erstattendes Gutachten beide Senate binden würde.[215] Einen Tag später zog Heuss das Gutachtenersuchen zurück, da ihm „der Charakter eines Gutachtens schlechthin und in seinem grundsätzlichen Wesen durch diesen Beschluß des Bundesverfassungsgerichts aufgehoben zu sein"[216] schien. Zur Erstattung des Gutachtens kam es daher nicht mehr. Keine zwei Jahre später wurde § 97 BVerfGG gestrichen.[217]

Seitdem wurde gelegentlich von vereinzelt gebliebenen Stimmen gefordert, das verfassungsgerichtliche Gutachtenverfahren zur frühzeitigen Überprüfung völkerrechtlicher Verträge wieder einzuführen.[218] Eine präventive verfassungsgerichtli-

---

[210] Ausführlich dazu und zur weiteren Befassung des Bundesverfassungsgerichts mit dem EVG-Vertrag unten 3. Teil B. III. m. w. N.

[211] *A. Baring*, Außenpolitik in Adenauers Kanzlerdemokratie, S. 224; *H. Laufer*, Verfassungsgerichtsbarkeit und politischer Prozeß, S. 398; *F. Burmeister*, Gutachten des Bundesverfassungsgerichts zu völkerrechtlichen Verträgen, S. 168 f.; *J. Ipsen*, Der Staat der Mitte, S. 76. *D. Hoffmann*, Historisches Jahrbuch 120 (2000), S. 227 (245), geht davon aus, dass *Heuss* auch selbst die Idee hatte, ein Gutachten zu beantragen.

[212] *A. Baring*, Außenpolitik in Adenauers Kanzlerdemokratie, S. 225.

[213] Die Klage ist abgedruckt in: Institut für Staatslehre und Politik, Der Kampf um den Wehrbeitrag, Ergänzungsband, S. 1 ff.

[214] *H. Laufer*, Verfassungsgerichtsbarkeit und politischer Prozeß, S. 400; *D. Hoffmann*, Historisches Jahrbuch 120 (2000), S. 227 (252).

[215] Die Erklärung des Präsidenten des Bundesverfassungsgerichts ist abgedruckt in: Institut für Staatslehre und Politik, Der Kampf um den Wehrbeitrag, 2. Halbband, S. 804.

[216] Zitat nach: Institut für Staatslehre und Politik, Der Kampf um den Wehrbeitrag, 2. Halbband, S. 811.

[217] BGBl. I 1956, S. 662 (664). Zur Abschaffung des Gutachtenverfahrens ausführlich *F. Burmeister*, Gutachten des Bundesverfassungsgerichts zu völkerrechtlichen Verträgen, S. 172 ff.; *I. von Münch*, NJW 1993, S. 2286 (2286).

[218] *F. Burmeister*, Gutachten des Bundesverfassungsgerichts zu völkerrechtlichen Verträgen, S. 178 ff.; *I. von Münch*, NJW 1993, S. 2286 (2286 f.); *M. Hilf*, ZRP 1997, S. 270 (272);

che Kontrolle des Vertragsgesetzes könnte zum einen zu einer Beschleunigung des Ratifikationsverfahrens führen[219], das zurzeit durch die dem Gesetzgebungsverfahren nachgelagerte gerichtliche Überprüfung erheblich verzögert werden kann. Gleichzeitig könnte eine frühzeitige Entscheidung des Bundesverfassungsgerichts zur Vereinbarkeit des Integrationsaktes mit dem Grundgesetz eine womöglich langwierige Debatte im Bundestag abkürzen und zudem verhindern, dass die Gesetzgebungsorgane einem verfassungswidrigen Vertrag aus politischen Gründen zustimmen.[220] Ingo von Münch hob hervor, dass die Rechtskunde des Gerichts für das Gesetzgebungsverfahren präventiv nutzbar gemacht und die Problematik der Prüfungskompetenz des Bundespräsidenten entschärft werden könnten.[221]

Dennoch sprechen erhebliche Gründe gegen die frühzeitige Erstattung von Gutachten durch das Bundesverfassungsgericht. Zwar mag der Gewaltenteilungsgrundsatz einer Befassung der Judikative vor Abschluss des Gesetzgebungsverfahrens nicht zwingend entgegenstehen, wenn der Inhalt des Gesetzes, wie im Falle der Zustimmung zu bereits geschlossenen völkerrechtlichen Verträgen, feststeht und von den Gesetzgebungsorganen nicht mehr geändert werden kann.[222] Dabei wird jedoch nicht berücksichtigt, dass die Zustimmungsgesetze häufig gemeinsam mit sogenannter Begleitgesetzgebung erlassen werden, deren Ausgestaltung dem nationalen Gesetzgeber obliegt. So erklärte z. B. das Bundesverfassungsgericht im Lissabon-Urteil nicht den Vertrag von Lissabon selbst für verfassungswidrig, sondern nur das begleitende sogenannte Ausweitungsgesetz.[223] Die in dem Urteil bereits in den Ausführungen zum Zustimmungsgesetz niedergelegten detaillierten Vorgaben für die nationale Ausgestaltung der im Vertrag vorgesehenen Beteiligungsrechte für Bundestag und Bundesrat würden sich im Falle einer Äußerung vor der abschließenden Beschlussfassung als Beeinflussung der Gestaltungsfreiheit des Gesetzgebers darstellen, die vor dem Hintergrund des Gewaltenteilungsgrundsatzes bedenklich erscheint. Zugleich scheint die Annahme, die Freiheit der Gesetzgebungsorgane, dem Vertrag zuzustimmen oder nicht, werde jedenfalls durch ein positives Gutachten des Bundesverfassungsgerichts nicht eingeschränkt[224], wirklichkeitsfremd. Die folgende Untersuchung wird zeigen, dass das Bundesverfassungsgericht zwar im Ergebnis bisher alle Integrationsakte hat passieren lassen, gleichwohl aber oftmals umfangreiche Bedenken geäußert hat, die nach hier ver-

s. auch *O. Rojahn*, in: von Münch/Kunig, GG Bd. 1, Art. 59 Rn. 92. Ablehnend mit ausführlicher Begründung *N. Holzer*, Präventive Normenkontrolle durch das Bundesverfassungsgericht, S. 172 ff.

[219] So wohl auch *M. Hilf*, ZRP 1997, S. 270 (272).

[220] Vgl. *F. Burmeister*, Gutachten des Bundesverfassungsgerichts zu völkerrechtlichen Verträgen, S. 187.

[221] *I. von Münch*, NJW 1993, S. 2286 (2287).

[222] *F. Burmeister*, Gutachten des Bundesverfassungsgerichts zu völkerrechtlichen Verträgen, S. 184 ff.

[223] BVerfGE 123, 267 (432 ff.).

[224] Vgl. *F. Burmeister*, Gutachten des Bundesverfassungsgerichts zu völkerrechtlichen Verträgen, S. 186.

tretener Ansicht mitunter über das verfassungsrechtlich Notwendige hinausgingen. Wären diese Stellungnahmen bereits vor der Beschlussfassung im Bundestag bekannt gewesen, hätte dies die Diskussion über das politische Für und Wider des jeweiligen Vertrages durchaus erheblich beeinflussen können. Dabei ist auch der Einfluss bundesverfassungsgerichtlicher Äußerungen auf die öffentliche Meinung zu berücksichtigen, die wiederum Auswirkungen auf die politische Willensbildung im Bundestag haben kann. Im Ergebnis würde die Erstattung von Gutachten durch das Bundesverfassungsgericht vor dem Beschluss des Gesetzes daher die Gefahr der Beeinflussung der grundsätzlich politischen Entscheidung über die Zustimmung zu dem Integrationsakt bergen. Der Verweis auf den vom Bundesverfassungsgericht vorgeblich angewandten Grundsatz des „judicial self-restraint“[225] kann diese Gefahr nicht beseitigen. Schon die vergangenen Urteile enthielten teilweise deutliche Äußerungen zu letztlich nicht entscheidungserheblichen Aspekten, wie z. B. der Gründung eines europäischen Bundesstaates, die nur noch wenig von richterlicher Zurückhaltung geprägt waren. Durch eine frühzeitige Gutachtenerstattung könnten möglicherweise noch bestehende Hemmschwellen, politisch konsentierte Regelungen für verfassungswidrig zu erklären, weiter abgesenkt werden. Solange das betreffende Gesetz noch nicht beschlossen ist, müsste sich das Gericht nicht in einen offenen Konflikt zum Gesetzgeber begeben. Die Möglichkeit der frühzeitigen Beeinflussung politischer Entscheidungen könnte die Gefahr bergen, dass sie über das verfassungsrechtlich zwingend Notwendige hinaus immer stärker in Anspruch genommen wird.

Im Ergebnis ist die Wiedereinführung des Gutachtenverfahrens wegen des damit verbundenen erheblichen Konfliktpotentials nicht zu empfehlen. Sie würde zu einer bedenklichen Überbetonung der Stellung des Gerichts gegenüber dem Gesetzgeber führen.[226]

D. Zusammenfassung

Zusammenfassend ist festzuhalten, dass sich die Zuständigkeit des Deutschen Bundestages zur Zustimmung zu europäischen Integrationsakten zunächst aus Art. 24 Abs. 1 GG ergab und seit Dezember 1992 aus Art. 23 Abs. 1 GG folgt. Nach Art. 24 Abs. 1 GG erfolgte die Zustimmung durch Gesetz mit einfacher Mehrheit, materielle Grenzen folgten aus Art. 79 Abs. 3 GG. Nach derzeitiger Rechtslage bedarf hingegen jeder europäische Integrationsakt, durch den das

---

[225] *F. Burmeister*, Gutachten des Bundesverfassungsgerichts zu völkerrechtlichen Verträgen, S. 189.

[226] Die Begrifflichkeit entstammt dem Urteil des Bundesverfassungsgerichts zur vorbeugenden Normenkontrolle, BVerfGE 1, 396 (409 f.): „Trotzdem trifft es zu, daß eine Entscheidung des Bundesverfassungsgerichts, die mit Gesetzeskraft die Unwirksamkeit von Recht feststellen würde, das die gesetzgebenden Körperschaften noch gar nicht beschlossen haben, die Stellung des Gerichts gegenüber der gesetzgebenden Gewalt bedenklich überbetonen würde.“

Grundgesetz geändert oder dessen Änderung ermöglicht wird, einer Zustimmung mit Zwei-Drittel-Mehrheit (Art. 23 Abs. 1 Satz 3 i. V. m. Art. 79 Abs. 2 GG), was nach hier vertretener Ansicht insbesondere jede Übertragung von Hoheitsrechten auf die Europäische Union umfasst. Hinsichtlich der materiellen Grenzen für die europäische Integration ergeben sich detaillierte Vorgaben aus Art. 23 Abs. 1 Satz 1 GG. Das Bundesverfassungsgericht kann die Einhaltung dieser Vorgaben im Rahmen eines Normenkontroll-, Organstreit- oder Verfassungsbeschwerdeverfahrens überprüfen.

3. Teil

Die europäischen Integrationsakte, ihre Behandlung im Bundestag und durch das Bundesverfassungsgericht

Die Geschichte der Behandlung der europäischen Integrationsakte durch das Parlament und das Bundesverfassungsgericht begann bereits kurze Zeit nach der Gründung der Bundesrepublik Deutschland. Nach dem Ende des Zweiten Weltkriegs lagen weite Teile Europas in Trümmern.[1] Zu dieser Zeit erhielten die bereits in den Zwischenkriegsjahren entstandenen Bestrebungen, Europa wirtschaftlich und politisch zu einen[2], neuen Aufwind.[3] Berühmtheit erlangte insbesondere die Rede des ehemaligen britischen Premierministers Winston Churchill, in der er am 19. September 1946 in der Universität Zürich seine Vision für den Weg aus der „europäischen Tragödie" präsentierte: „What is this sovereign remedy? It is to re-create the European Family, or as much of it as we can, and provide it with a structure under which it can dwell in peace, in safety and in freedom. We must build a kind of United States of Europe."[4]

Europäische Kooperationen entstanden tatsächlich schon kurze Zeit nach Kriegsende: Die im April 1948 gegründete „Organisation for European Economic Cooperation" (OEEC) zielte auf eine wirtschaftliche Zusammenarbeit[5], der „Brüsseler Pakt" von 1948 und die Gründung der „North Atlantic Treaty Organization" (NATO) im Jahr 1949 leiteten eine militärische Kooperation ein[6]. In politischer Hinsicht markierte die Gründung des Europarates am 5. Mai 1949 durch zehn westeuropäische Staaten einen wichtigen Meilenstein.[7]

Deutschland war an diesen ersten Einigungsbemühungen noch nicht unmittelbar beteiligt. Es war nach dem Krieg von den Siegermächten in vier Besatzungszonen

---

[1] *M. Görtemaker*, Kleine Geschichte der BRD, S. 9.

[2] Zu Einigungsbestrebungen vor 1945 ausführlich *G. Clemens/A. Reinfeldt/G. Wille*, Geschichte der europäischen Integration, S. 49 ff.; *G. Brunn*, Die Europäische Einigung, S. 22 ff.

[3] Zu den Einigungsplänen der frühen Nachkriegszeit ausführlich *G. Clemens/A. Reinfeldt/G. Wille*, Geschichte der europäischen Integration, S. 64 ff.

[4] Die Rede ist abgedruckt in: *R.R. James*, Churchill – his complete speeches Vol. VII, S. 7379 ff. (Zitat S. 7380). Dass *Churchill* damit wohl keinen Bundesstaat, sondern lediglich eine Konföderation gemeint hat, belegt *M. Seidel*, EuZW 2008, S. 1 (1).

[5] Vgl. *L. Herbst*, Option für den Westen, S. 43 f.

[6] *G. Brunn*, Die Europäische Einigung, S. 49.

[7] Ausführlich zur Gründung des Europarates und den vorangegangenen Auseinandersetzungen zwischen „Föderalisten" und „Unionisten" *K. Brummer*, Der Europarat, S. 21 ff.; *G. Brunn*, Die Europäische Einigung, S. 51 ff.

aufgeteilt worden, die einem Kontrollrat der Alliierten unterstellt waren.[8] Mit Verkündung des Grundgesetzes am 23. Mai 1949 entstand aus den drei westlichen Besetzungszonen die Bundesrepublik Deutschland, für die allerdings weiterhin ein Besatzungsstatut der Alliierten galt, in dem diese sich unter anderem außenpolitische Zuständigkeiten vorbehalten hatten.[9] Dennoch verfolgte Bundeskanzler Konrad Adenauer von Beginn an eigene außenpolitische Ziele, die sich vor allem auf eine gleichberechtigte Einbindung Deutschlands in die westliche Staatengemeinschaft richteten.[10] Die ersten Erfolge stellten sich bald ein und zeigten, dass die Bundesrepublik an Souveränität gewann, je mehr sie sich integrieren ließ.[11]

A. Europäische Gemeinschaft für Kohle und Stahl

Am 9. Mai 1950 präsentierte der französische Außenminister Robert Schuman den Vorschlag der französischen Regierung, die französische und deutsche Kohle- und Stahlproduktion unter eine gemeinsame Oberste Aufsichtsbehörde zu stellen, deren Entscheidungen für die Mitgliedstaaten bindend sein sollten, und in einer Organisation zusammenzulegen, die auch den anderen europäischen Ländern zum Beitritt offenstehen sollte.[12] Obwohl dieser Plan ursprünglich von Jean Monnet entwickelt worden war[13], ging er als „Schuman-Plan" in die Geschichte ein.[14] Neben dem Ziel, den Frieden zu sichern und Europa zu einen, lagen ihm allerdings wohl ebenfalls wesentliche nationale, sowohl politische als auch wirtschaftliche, Interessen Frankreichs zugrunde.[15] Die Idee einer internationalen Zusammenarbeit auf dem Kohle- und Stahlsektor kam jedoch Adenauers Vorstellungen und Zielen entgegen, so dass der Bundeskanzler die Chance ergriff und dem Schuman-Plan zustimmte.[16] In der deutschen Öffentlichkeit waren die Reaktionen geteilt. Während die Industrie und die Gewerkschaften positiv gestimmt waren, zeigte sich insbesondere die SPD ablehnend.[17]

---

[8] *U. Lappenküper*, Die Außenpolitik der Bundesrepublik Deutschland 1949 bis 1990, S. 1.

[9] *J. Ipsen*, Der Staat der Mitte, S. 65; *U. Lappenküper*, Die Außenpolitik der Bundesrepublik Deutschland 1949 bis 1990, S. 5.

[10] *M. Görtemaker*, Geschichte der BRD, S. 271; *H.-P. Schwarz*, Die Ära Adenauer 1949–1957, S. 55.

[11] *J. Ipsen*, in: FS Heymanns Verlag (2015), S. 21 (23).

[12] Vgl. *R. Schuman*, Europa-Archiv 5 (1950), S. 3091 f.

[13] Vgl. hierzu ausführlich *J. Monnet*, Erinnerungen eines Europäers, S. 373 ff.

[14] *G. Brunn*, Die Europäische Einigung, S. 77.

[15] Dazu *G. Brunn*, Die Europäische Einigung, S. 70 ff.; *H.-P. Schwarz*, Die Ära Adenauer 1949–1957, S. 98 ff. Zu den verschiedenen Deutungen der französischen Motive *G. Clemens/ A. Reinfeldt/G. Wille*, Geschichte der europäischen Integration, S. 99 f.

[16] *U. Lappenküper*, VfZ 42 (1994), S. 403 (411 ff.); *P. Graf Kielmansegg*, Das geteilte Land, S. 140.

[17] *G. Brunn*, Die Europäische Einigung, S. 79.

Die supranationale Ausrichtung der geplanten Organisation bewog Großbritannien dazu, sich nicht an der geplanten Gemeinschaft zu beteiligen.[18] Daraufhin nahmen Belgien, Deutschland, Frankreich, Italien, Luxemburg und die Niederlande Verhandlungen auf[19], die am 18. April 1951 mit der Unterzeichnung des „Vertrages über die Gründung der Europäischen Gemeinschaft für Kohle und Stahl"[20] ihren Abschluss fanden. Der Vertrag trat nach der Ratifikation durch die Mitgliedstaaten am 23. Juli 1952 in Kraft.[21] Seine Geltungsdauer war von vornherein auf 50 Jahre festgelegt (Art. 97 EGKSV), so dass die EGKS, die auch Montanunion genannt wurde, am 23. Juli 2002 beendet wurde.

I. Inhalte des Vertrages[22]

Die EGKS führte zu einer sektoralen Integration auf dem begrenzten wirtschaftlichen Gebiet des gemeinsamen Marktes für Kohle und Stahl. Ihr zentrales Organ war die Hohe Behörde, die aus neun von den Regierungen der Mitgliedstaaten im gegenseitigen Einvernehmen ernannten Mitgliedern bestand. Sie übte ihre Tätigkeit unabhängig von den Mitgliedstaaten aus und konnte Entscheidungen und Empfehlungen erlassen, die für die Mitgliedstaaten verbindlich waren (Art. 9f., 14 EGKSV). Daneben wurde ein Besonderer Ministerrat („der Rat") geschaffen, der sich aus jeweils einem Regierungsvertreter je Mitgliedstaat zusammensetzte (Art. 27 EGKSV). Seine Aufgabe bestand vor allem darin, die Politik der Hohen Behörde und der Mitgliedstaaten aufeinander abzustimmen (Art. 26 EGKSV). Er musste in den vertraglich bestimmten Fällen vor einer Entscheidung der Hohen Behörde angehört werden bzw. dieser seine Zustimmung erteilen, in Krisensituationen hatte er zudem ein Weisungsrecht gegenüber der Hohen Behörde.[23] Die Kompetenzen der Gemeinsamen Versammlung, deren Mitglieder von den nationalen Parlamenten entsandt wurden (Art. 21 EGKSV), beschränkten sich hingegen darauf, den von der Hohen Behörde vorgelegten Gesamtbericht zu erörtern und gegebenenfalls die Hohe Behörde durch einen Misstrauensantrag zum Rücktritt zu zwingen (Art. 24 EGKSV). Zur „Wahrung des Rechts" wurde ein Gerichtshof geschaffen (Art. 31 ff. EGKSV). Die Gründung der EGKS führte außerdem zur Aufhebung des Ruhrstatuts, das seit 1949 die Kohle-, Koks- und Stahlproduktion an der Ruhr der

---

[18] *W. Loth*, Der Weg nach Europa, S. 83.

[19] Zum Verlauf der Verhandlungen ausführlich *U. Lappenküper*, VfZ 42 (1994), S. 403 (418 ff.).

[20] Abgedruckt in: BGBl. II 1952, S. 447 ff.

[21] Vgl. Bekanntmachung über das Inkrafttreten des Vertrages über die Gründung der Europäischen Gemeinschaft für Kohle und Stahl vom 14. Oktober 1952, BGBl. II 1952, S. 978.

[22] Vgl. zum Folgenden u. a. *G. Brunn*, Die Europäische Einigung, S. 84 f.; *W. Loth*, Europas Einigung, S. 38 f.

[23] *W. Loth*, Europas Einigung, S. 38.

Aufsicht der internationalen Ruhrbehörde unterstellt hatte, in welcher Deutschland nur ein geringes Stimmgewicht zuerkannt worden war.[24]

II. Parlamentarische Behandlung

Der „Entwurf eines Gesetzes betreffend den Vertrag über die Gründung der Europäischen Gemeinschaft für Kohle und Stahl vom 18. April 1951“[25] wurde am 12. Juli 1951 in erster Lesung im Bundestag beraten[26], dem damals Abgeordnete neun verschiedener Fraktionen bzw. Gruppen sowie einige fraktionslose angehörten[27], wobei die Bundesregierung von der CDU/CSU, der FDP und der DP gestellt wurde[28]. Die zweite und dritte Beratung fand sechs Monate später statt und dürfte wohl zu den längsten Debatten in der Geschichte des Deutschen Bundestages gehören, denn die Abgeordneten diskutierten vom 9. bis 11. Januar 1952 drei Sitzungstage in Folge[29], zum Teil bis spät in die Nacht[30], über den Beitritt zur Montanunion.

Dass die Parlamentarierinnen und Parlamentarier ihrer Entscheidung eine große Bedeutung zumaßen, zeigte sich nicht nur an der Länge der Beratungen, sondern wurde auch in verschiedenen Wortbeiträgen deutlich: So sprach Bundeskanzler Adenauer unmittelbar zu Beginn der Debatten vom bedeutendsten Gesetzentwurf in der bisherigen Geschichte des Bundestages[31], der Berichterstatter Preusker von der schwerwiegendsten Entscheidung, vor der der Bundestag bisher gestanden habe[32]. Die dreitägige Beratung im Januar 1952 schloss Bundestagspräsident Ehlers mit der Erkenntnis, dass es eine so bedeutsame Woche in der Geschichte des Deutschen Bundestages kaum gegeben habe.[33]

Die Debatten waren geprägt von den gegensätzlichen Positionen der Regierung und Regierungsfraktionen einerseits und der oppositionellen SPD andererseits,

[24] *M. Görtemaker*, Kleine Geschichte der BRD, S. 118, 123.

[25] BT-Drucks. 1/2401.

[26] BT-Sten.Ber. 1/161, S. 6499 ff.

[27] Bei der ersten Bundestagswahl 1949 hatte die CDU/CSU 139 Sitze erreicht, die SPD 131, die FDP 52, die BP und die DP jeweils 17, die KPD 15, die WAV 12, die Zentrumspartei zehn, die DKP/DRP fünf und der SSW einen, hinzu kamen drei unabhängige Abgeordnete, vgl. *P. Schindler*, Datenhandbuch zur Geschichte des Deutschen Bundestages 1949 bis 1999, Bd. 1, S. 164.

[28] *P. Schindler*, Datenhandbuch zur Geschichte des Deutschen Bundestages 1949 bis 1999, Bd. 3, S. 3635.

[29] BT-Sten.Ber. 1/182, S. 7582 ff. bis 1/184, S. 7832.

[30] Die 182. Sitzung begann gegen 13.30 Uhr und wurde um 20.19 Uhr geschlossen. Am darauffolgenden Tag dauerten die Debatten von ca. 9.30 Uhr bis 4.42 Uhr des Folgetages, knapp 5,5 Stunden später wurde bereits die abschließende 184. Sitzung eröffnet, die um 16.13 Uhr endete.

[31] *K. Adenauer* (Bundeskanzler), BT-Sten.Ber. 1/161, S. 6499.

[32] *V.-E. Preusker* (FDP), BT-Sten.Ber. 1/182, S. 7583.

[33] *H. Ehlers* (Bundestagspräsident), BT-Sten.Ber. 1/184, S. 7832.

die den EGKS-Vertrag ablehnte. Vor diesem Hintergrund erklärte Adenauer die Entscheidung über den Gesetzentwurf zu einer Grundsatzentscheidung für oder gegen Europa[34], sein Parteikollege Henle verwies auf die „Verantwortung vor der Geschichte“[35]. Dagegen wandten die SPD-Abgeordneten ein, dass sie sehr wohl eine europäische Integration wünschten, aber nicht in der konkreten Form, die der EGKS-Vertrag vorsah.[36]

Die vorgebrachten Einwände waren zahlreich und richteten sich unter anderem gegen die geplanten Institutionen und ihre unzureichende Demokratisierung. So wurde nicht nur die starke Stellung der Hohen Behörde kritisch bewertet[37], sondern auch ihre Zusammensetzung. Es wurde vermutet, dass die gewählten Vertreter keine europäischen Interessen verfolgen würden, sondern vorrangig die Interessen ihres jeweiligen Heimatstaates.[38] Dabei wurde vor allem eine Überstimmung der deutschen Interessen befürchtet, da die Interessen der anderen Mitgliedstaaten häufig gegenläufig seien.[39] Der Berichterstatter Preusker verwies zwar auf die Vorschriften zur Unabhängigkeit und Weisungsfreiheit der Mitglieder der Hohen Behörde[40], es wurde allerdings zugegeben, dass der Auswahl der Vertreter eine große Bedeutung zukomme[41]. Diesbezüglich wandten SPD-Vertreter ein, dass es sich bei den Mitgliedern letztlich um Parteivertreter handeln werde, die entsprechend der Parteiinteressen handeln könnten.[42]

Als weiteres Problem wurde die mangelnde demokratische Kontrolle, insbesondere im Hinblick auf das Handeln der Hohen Behörde, identifiziert.[43] Die Gemeinsame Versammlung sei kein echtes Parlament, es mangele ihr an entsprechenden parlamentarischen Rechten.[44] Gegen die Forderungen der Opposition wandte der DP-Abgeordnete von Merkatz ein, dass ein supranationales Organ nicht an den

---

[34] *K. Adenauer* (Bundeskanzler), BT-Sten.Ber. 1/182, S. 7600; ebenso *F. Etzel* (CDU), BT-Sten.Ber. 1/182, S. 7605.

[35] *G. Henle* (CDU), BT-Sten.Ber. 1/182, S. 7604.

[36] *F. Henßler* (SPD), BT-Sten.Ber. 1/182, S. 7615; *E. Schoettle* (SPD), BT-Sten.Ber. 1/183, S. 7744; *E. Ollenhauer* (SPD), BT-Sten.Ber. 1/184, S. 7796, 7803.

[37] *H. Löfflad* (WAV), BT-Sten.Ber. 1/161, S. 6554; *F. Henßler* (SPD), BT-Sten.Ber. 1/182, S. 7613; *W. Fisch* (KPD), BT-Sten.Ber. 1/183, S. 7748.

[38] *C. Schmid* (SPD), BT-Sten.Ber. 1/161, S. 6513; *H. Veit* (SPD), BT-Sten.Ber. 1/183, S. 7727; *E. Fürst zu Oettingen-Wallerstein* (FU), BT-Sten.Ber. 1/183, S. 7754.

[39] *H. Veit* (SPD), BT-Sten.Ber. 1/183, S. 7727.

[40] *V.-E. Preusker* (FDP), BT-Sten.Ber. 1/182, S. 7587. Kritisch zur Unabhängigkeit, die die nationalen Regierungen und Parlamente ausschalte, *W. Fisch* (KPD), BT-Sten.Ber. 1/183, S. 7748.

[41] *J. Albers* (CDU), BT-Sten.Ber. 1/161, S. 6532; *G. Henle* (CDU), BT-Sten.Ber. 1/182, S. 7601.

[42] *F. Henßler* (SPD), BT-Sten.Ber. 1/182, S. 7613; *H. Veit* (SPD), BT-Sten.Ber. 1/183, S. 7727.

[43] *C. Schmid* (SPD), BT-Sten.Ber. 1/161, S. 6512 ff.; *F. Rische* (KPD), BT-Sten.Ber. 1/182, S. 7622; *E. Ollenhauer* (SPD), BT-Sten.Ber. 1/184, S. 7803.

[44] *C. Schmid* (SPD), BT-Sten.Ber. 1/161, S. 6513; *H. Löfflad* (WAV), BT-Sten.Ber. 1/161, S. 6554; *H. Veit* (SPD), BT-Sten.Ber. 1/183, S. 7728.

Maßstäben des Staatsrechts gemessen werden könne.[45] Die SPD wolle sofort den Idealzustand, ein demokratisches Parlament müsse sich aber entwickeln: „[...] das Bilden einer demokratischen Regierung auf der Grundlage einer demokratischen Kontrolle und eines demokratisch gewählten Parlaments [...] wäre die Krönung, der Schlußstein der europäischen Einigung."[46]

In ähnlicher Weise reagierten die Regierungsfraktionen auf die Kritik, aufgrund der Beteiligung von nur sechs Staaten könne von „Europa" nicht die Rede sein[47]: Mehr sei derzeit nicht zu erreichen gewesen, es bestehe aber Potential für künftige Fortentwicklungen und Erweiterungen der EGKS.[48]

Angesichts der festgestellten Mängel sahen es die Vertreter der Opposition auch als problematisch an, dass eine Revision der Vertragsbestimmungen praktisch nahezu unmöglich sei.[49] Demgegenüber hielten die Vertragsbefürworter die 50-jährige Bindung für erforderlich, damit der Vertrag seinen Zweck erreichen könne.[50]

Im Hinblick auf die Stellung Deutschlands in der Montanunion hoben Befürworter außerdem die Verwirklichung der Gleichberechtigung Deutschlands[51] sowie die Abschaffung der Ruhrbehörde[52] hervor. An beiden Aspekten äußerten die SPD-Abgeordneten allerdings Zweifel. Die Gleichberechtigung sei lediglich formal, materielle Ungleichheiten blieben bestehen.[53] Hinsichtlich der Ruhrbehörde bleibe abzuwarten, ob die Hohe Behörde der EKGS insoweit tatsächlich eine Verbesserung für Deutschland darstelle.[54] Auch an den prophezeiten wirtschaftlichen Aufschwung[55] glaubte die Opposition nicht.[56] Weitere Kritikpunkte richteten

---

45 *H.-J. von Merkatz* (DP), BT-Sten.Ber. 1/183, S. 7736.

46 *H.-J. von Merkatz* (DP), BT-Sten.Ber. 1/183, S. 7735.

47 So *C. Schmid* (SPD), BT-Sten.Ber. 1/161, S. 6519 f.; *E. Ollenhauer* (SPD), BT-Sten. Ber. 1/184, S. 7801.

48 *G. Henle* (CDU), BT-Sten.Ber. 1/161, S. 6507; *A.-M. Euler* (FDP), BT-Sten.Ber. 1/161, S. 6524.

49 *C. Schmid* (SPD), BT-Sten.Ber. 1/161, S. 6514; *F. Henßler* (SPD), BT-Sten.Ber. 1/161, S. 6535 f.; *H. Löfflad* (WAV), BT-Sten.Ber. 1/161, S. 6554; *E. Schoettle* (SPD), BT-Sten. Ber. 1/183, S. 7742 f.

50 *H.-J. von Merkatz* (DP), BT-Sten.Ber. 1/161, S. 6541; *V.-E. Preusker* (FDP), BT-Sten. Ber. 1/182, S. 7593 f.; *A.-M. Euler* (FDP), BT-Sten.Ber. 1/183, S. 7734.

51 *K. Adenauer* (Bundeskanzler), BT-Sten.Ber. 1/182, S. 7599 und 1/184, S. 7817; *F. Etzel* (CDU), BT-Sten.Ber. 1/182, S. 7606.

52 *G. Henle* (CDU), BT-Sten.Ber. 1/161, S. 6503 f. und 1/182, S. 7601 f.; *V.-E. Preusker* (FDP), BT-Sten.Ber. 1/182, S. 7594; *K. Adenauer* (Bundeskanzler), BT-Sten.Ber. 1/184, S. 7817.

53 *C. Schmid* (SPD), BT-Sten.Ber. 1/161, S. 6517; ähnlich *F. Henßler* (SPD), BT-Sten. Ber. 1/161, S. 6535, 6539 und 1/182, S. 7611.

54 *C. Schmid* (SPD), BT-Sten.Ber. 1/161, S. 6516 f.; *F. Henßler* (SPD), BT-Sten.Ber. 1/161, S. 6536; *F. Rische* (KPD), BT-Sten.Ber. 1/182, S. 7624; *E. Ollenhauer* (SPD), BT-Sten.Ber. 1/184, S. 7800.

55 *G. Seelos* (BP), BT-Sten.Ber. 1/161, S. 6542; *W. Hallstein* (Staatssekretär), BT-Sten. Ber. 1/183, S. 7653.

56 *F. Henßler* (SPD), BT-Sten.Ber. 1/182, S. 7615.

sich auf eine befürchtete Gefährdung der Wiedervereinigung[57] und die weiterhin ausstehende Lösung der sogenannten Saarfrage[58], die die deutsch-französischen Beziehungen belastete. Von Seiten der KPD wurde zudem eingewandt, der Schumanplan diene der Wiederaufrüstung und Vorbereitung eines neuen Krieges.[59]

Allen Einwänden zum Trotz konnte das Gesetz schließlich am 11. Januar 1952 mit 232 Ja-Stimmen der Abgeordneten der CDU/CSU, FDP und DP, der meisten Abgeordneten der FU und des BHE-DG sowie einiger fraktionsloser Abgeordneter gegenüber 143 Nein-Stimmen der SPD- und KPD-Abgeordneten, eines FU-Abgeordneten und mehrerer fraktionsloser Abgeordneter bei drei Enthaltungen (zwei Abgeordnete des BHE-DG sowie der Abgeordnete des SSW) beschlossen werden.[60] Zwar gaben auch Redner der Regierungsparteien zu, dass der Vertrag einen Kompromiss darstelle und als solcher nicht vollkommen den deutschen Vorstellungen entspreche.[61] Seine politische Bedeutung, die vor allem im europäischen Zusammenschluss und dem Ende des Nationalismus liege, sei aber erheblich.[62] Zugunsten dieses Ziels müssten alle Bedenken zurückgestellt werden.[63] Die EGKS sei schließlich kein Schlusspunkt, sondern könne den ersten, entscheidenden Grundstein für die europäische Einigung legen.[64]

---

[57] *F. Rische* (KPD), BT-Sten.Ber. 1/182, S. 7623; *H. Wehner* (SPD), BT-Sten.Ber. 1/183, S. 7763 ff.; *A. von Thadden* (fraktionslos), BT-Sten.Ber. 1/183, S. 7772; *G. Goetzendorff* (fraktionslos), BT-Sten.Ber. 1/183, S. 7777; *M. Reimann* (KPD), BT-Sten.Ber. 1/184, S. 7822.

[58] *O. Niebergall* (KPD), BT-Sten.Ber. 1/183, S. 7659; *K. Mommer* (SPD), BT-Sten.Ber. 1/183, S. 7755 ff.; *C. Schmid* (SPD), BT-Sten.Ber. 1/183, S. 7780.

[59] *M. Reimann* (KPD), BT-Sten.Ber. 1/161, S. 6547; *F. Rische* (KPD), BT-Sten.Ber. 1/182, S. 7621; *W. Fisch* (KPD), BT-Sten.Ber. 1/183, S. 7748; *G. Strohbach* (KPD), BT-Sten.Ber. 1/183, S. 7774.

[60] Vgl. das Ergebnis der namentlichen Abstimmung, BT-Sten.Ber. 1/184, S. 7833 ff.

[61] *K. Adenauer* (Bundeskanzler), BT-Sten.Ber. 1/161, S. 6499 f. und 1/184, S. 7817; *G. Henle* (CDU), BT-Sten.Ber. 1/161, S. 6510; *A.-M. Euler* (FDP), BT-Sten.Ber. 1/161, S. 6522; *J. Albers* (CDU), BT-Sten.Ber. 1/161, S. 6534.

[62] *K. Adenauer* (Bundeskanzler), BT-Sten.Ber. 1/161, S. 6501; *G. Henle* (CDU), BT-Sten. Ber. 1/161, S. 6502; *A.-M. Euler* (FDP), BT-Sten.Ber. 1/161, S. 6523; *H. Tichi* (BHE-DG), BT-Sten.Ber. 1/161, S. 6552.

[63] *K. Adenauer* (Bundeskanzler), BT-Sten.Ber. 1/161, S. 6500; *G. Henle* (CDU), BT-Sten. Ber. 1/161, S. 6502 und 1/182, S. 7601; *A.-M. Euler* (FDP), BT-Sten.Ber. 1/161, S. 6522; *J. Albers* (CDU), BT-Sten.Ber. 1/183, S. 7711; *H. von Brentano* (CDU), BT-Sten.Ber. 1/184, S. 7804; *H. Decker* (FU), BT-Sten.Ber. 1/184, S. 7812; *H.-J. von Merkatz* (FDP), BT-Sten. Ber. 1/184, S. 7813.

[64] *G. Henle* (CDU), BT-Sten.Ber. 1/161, S. 6510 und 1/182, S. 7603; *A.-M. Euler* (FDP), BT-Sten.Ber. 1/161, S. 6522; *G. Seelos* (BP), BT-Sten.Ber. 1/161, S. 6545; *F. Etzel* (CDU), BT-Sten.Ber. 1/182, S. 7605; *J. Albers* (CDU), BT-Sten.Ber. 1/183, S. 7714; *E. Fürst zu Oettingen-Wallerstein* (FU), BT-Sten.Ber. 1/183, S. 7755; *H. von Brentano* (CDU), BT-Sten.Ber. 1/184, S. 7810.

B. Europäische Verteidigungsgemeinschaft

Diese Hoffnung sollte sich bald bestätigen. Neben der wirtschaftlichen Anbindung Deutschlands an den Westen rückte eine militärische Zusammenarbeit in den Fokus. Insbesondere nach dem Ausbruch des Koreakrieges im Juni 1950 drängten die USA auf einen deutschen Verteidigungsbeitrag.[65] Adenauer erklärte sich – ohne vorherige Rücksprache mit seinem Kabinett – im Spätsommer 1950 grundsätzlich zur Bereitstellung eines deutschen Kontingents für eine westeuropäische Armee bereit, forderte allerdings eine gleichzeitige Revision des Besatzungsstatuts.[66] In dieser Situation ergriff schließlich Frankreich, das eine Wiederbewaffnung bisher strikt abgelehnt hatte, „die Flucht nach vorn"[67] und legte den sogenannten Pleven-Plan vor, der erneut auf Jean Monnet zurückging[68]. Darin schlug der französische Ministerpräsident René Pleven am 24. Oktober 1950 die Schaffung einer europäischen Armee zur gemeinsamen Verteidigung vor, die einem europäischen Verteidigungsminister unterstehen sollte.[69] Für die Bundesrepublik wäre der Plan mit erheblichen Benachteiligungen gegenüber den anderen Mitgliedstaaten verbunden gewesen: Zum einen sollten die Streitkräfte auf der Basis der kleinsten Einheit integriert werden, zum anderen sollten nur die anderen Mitgliedstaaten weiterhin eigene Nationalarmeen unterhalten können.[70] Nicht nur in Deutschland, sondern auch in den anderen europäischen Staaten wurde der Plan, nicht zuletzt wegen der zweifelhaften Praktikabilität und Effektivität[71], kritisch beurteilt.[72] Er gilt heute überwiegend als Versuch, die deutsche Wiederbewaffnung zu verzögern.[73]

In der westdeutschen Bevölkerung stieß ein deutscher Verteidigungsbeitrag, nur wenige Jahre nach dem Ende des Krieges, ebenfalls auf Ablehnung.[74] Unter Anführung der SPD als größter Oppositionspartei formierte sich im Bundestag ein erheblicher Widerstand gegen die europäischen Verteidigungspläne.[75] Wenngleich

---

[65] Vgl. *M. Görtemaker*, Geschichte der BRD, S. 296 f.; *H.-P. Schwarz*, Die Ära Adenauer 1949–1957, S. 106 f.

[66] *M. Görtemaker*, Geschichte der BRD, S. 298 f.; *H.-P. Schwarz*, Die Ära Adenauer 1949–1957, S. 116; *A. Baring*, Außenpolitik in Adenauers Kanzlerdemokratie, S. 89.

[67] So *E. Wolfrum*, Die geglückte Demokratie, S. 109.

[68] Ausführlich *J. Monnet*, Erinnerungen eines Europäers, S. 429 ff.

[69] Vgl. *R. Pleven*, Europa-Archiv 5 (1950), S. 3518 ff.

[70] *E. Wolfrum*, Die geglückte Demokratie, S. 110; *H.-P. Schwarz*, Die Ära Adenauer 1949–1957, S. 135; *W. Loth*, Europas Einigung, S. 43; *J. Ipsen*, Der Staat der Mitte, S. 74.

[71] *G. Clemens/A. Reinfeldt/G. Wille*, Geschichte der europäischen Integration, S. 110; *H.-P. Schwarz*, Die Ära Adenauer 1949–1957, S. 136.

[72] *L. Herbst*, Option für den Westen, S. 94.

[73] *E. Wolfrum*, Die geglückte Demokratie, S. 110; *P. Graf Kielmansegg*, Das geteilte Land, S. 142; *H.-P. Schwarz*, Die Ära Adenauer 1949–1957, S. 135.

[74] Ausführlich zu Haltungen in der Bevölkerung zur Wiederbewaffnung *H.-E. Volkmann*, in: Köllner/Maier/Meier-Dörenberg/Volkmann, Die EVG-Phase, S. 463 ff. Siehe auch *H.-P. Schwarz*, Die Ära Adenauer 1949–1957, S. 119 ff.

[75] Vgl. auch die bereits vor der Unterzeichnung der Verträge geführte intensive Bundestagsdebatte über die deutsche Wiederbewaffnung am 7. und 8. Februar 1952, BT-Sten.Ber. 1/190,

die SPD eine Wiederbewaffnung nicht kategorisch ablehnte, hielt sie sie seinerzeit für verfrüht und die aus ihrer Sicht notwendigen Voraussetzungen für noch nicht gegeben.[76]

Dennoch nahmen Belgien, Deutschland, Frankreich, Italien, Luxemburg und die Niederlande die Verhandlungen über eine europäische Verteidigungsgemeinschaft auf und schlossen schließlich am 27. Mai 1952 den „Vertrag über die Gründung der Europäischen Verteidigungsgemeinschaft“[77]. Einen Tag zuvor war bereits der Deutschlandvertrag[78], auch Generalvertrag genannt, unterzeichnet worden, der das Besatzungsrecht neu regeln, den Alliierten aber weiterhin erhebliche Vorbehaltsrechte sichern sollte.[79] Das Inkrafttreten des Deutschlandvertrages war an das Inkrafttreten des EVG-Vertrages gekoppelt (vgl. Art. 11 Abs. 2 des Vertrages).

I. Inhalte des Vertrages[80]

Der EVG-Vertrag hatte nur noch wenig mit dem ursprünglichen Pleven-Plan gemeinsam[81], insbesondere die Supranationalität der Gemeinschaft war erheblich abgeschwächt worden[82]. Die wesentlichen Entscheidungen sollten – in der Regel einstimmig – durch einen Ministerrat getroffen werden (Art. 39 EVGV), dem jeweils ein Mitglied der nationalen Regierung pro Mitgliedstaat angehören sollte (Art. 40 EVGV). Daneben wurden dem aus neun Personen bestehende Kommissariat einzelne Aufgaben zugewiesen, unter anderem die Ausbildung, Aufstellung und Verwaltung der Streitkräfte (Art. 74, 78 EVGV) sowie die Vorbereitung der Mobilmachung (Art. 75 EVGV). Die Versammlung (Art. 33 ff. EVGV) verfügte nur über wenige Rechte.

Die Streitkräfte der Mitgliedstaaten sollten miteinander verschmolzen werden (Art. 9 EVGV), wobei sich die Grundeinheiten noch aus Truppenteilen gleicher Nationalität zusammensetzen und erst in den Armeekorps zu multinationalen Streitkräften zusammengefasst werden sollten (Art. 68 EVGV). Einen europäischen Verteidigungsminister sollte es nicht mehr geben. Der Oberbefehl wurde stattdessen im Krisenfall dem NATO-Oberbefehlshaber zugewiesen (Art. 18 § 2 EVGV).

S. 8095 ff. und 1/191, S. 8149 ff. Inhalte der Debatte werden dargestellt bei *M. Lemke*, in: Leipziger Beiträge zur Revolutionsforschung, Parlamentsdebatten zur EVG, S. 22 (25 ff.).

[76] *H.-E. Volkmann*, in: Köllner/Maier/Meier-Dörenberg/Volkmann, Die EVG-Phase, S. 248 f.; *H. Laufer*, Verfassungsgerichtsbarkeit und politischer Prozeß, S. 385.

[77] Abgedruckt in: BGBl. II 1954, S. 343 ff.

[78] Vertrag vom 26. Mai 1952 über die Beziehungen zwischen der Bundesrepublik Deutschland und den Drei Mächten, abgedruckt in: BGBl. II 1954, S. 59 ff.

[79] Zum Generalvertrag ausführlich *H.-P. Schwarz*, Die Ära Adenauer 1949–1957, S. 144 ff.

[80] Vgl. zum Folgenden u. a. *W. Loth*, Europas Einigung, S. 45.

[81] *E. Wolfrum*, Die geglückte Demokratie, S. 110.

[82] *W. Loth*, Europas Einigung, S. 45; *G. Brunn*, Die Europäische Einigung, S. 94.

Art. 38 EVGV sah zudem vor, dass die Versammlung innerhalb von sechs Monaten nach der Aufnahme ihrer Tätigkeit Vorschläge für die Bildung einer endgültigen Organisation als Grundlage für eine politische Integration vorlegen sollte. Die Staaten zogen die Beratungen jedoch vor[83], so dass seit 9. März 1953 der „Entwurf eines Vertrages über die Satzung der Europäischen Gemeinschaft“, die im Folgenden als „Europäische Politische Gemeinschaft“ (EPG) bezeichnet wurde[84], vorlag.[85] Da der Satzungsentwurf kontrovers diskutiert wurde, wurde seine weitere Behandlung jedoch auf die Zeit nach dem Inkrafttreten des EVG-Vertrages verschoben.[86]

II. Parlamentarische Behandlung

Im Bundestag wurde der EVG-Vertrag gemeinsam mit dem Deutschlandvertrag sowie zwei begleitenden Abkommen behandelt. Adenauer hatte zunächst eine rasche Ratifizierung angestrebt.[87] Die erste Beratung der Zustimmungsgesetze fand am 9. und 10. Juli 1952 statt.[88] Die zweite Beratung, in der die Ausschüsse ihre Berichte vorstellten und anschließend intensiv über die Inhalte der Verträge diskutiert wurde, erstreckte sich über drei Sitzungstage Anfang Dezember 1952.[89] Nach einer Vielzahl von namentlichen Abstimmungen konnte die letzte Sitzung erst um 3.31 Uhr des Folgetages geschlossen werden.[90] Nachdem die Opposition vergeblich versucht hatte, die Beratung zu verschieben[91], beantragten schließlich die CDU/CSU- und FDP-Fraktion gemeinsam, die dritte Beratung der Vertragswerke auszusetzen[92], da sie Hinweise erhalten hatten, dass das ebenfalls mit Fragen des Vertragswerkes befasste Bundesverfassungsgericht nicht in ihrem Sinne entscheiden würde[93]. Die abschließende Beratung fand daher erst nach Beendigung der anhängigen Gerichtsverfahren am 19. März 1953 statt.[94] Das Zustimmungsgesetz wurde schließlich mit 224 Ja- gegenüber 166 Nein-Stimmen bei zwei Enthaltungen beschlossen.[95]

---

[83] *G. Brunn*, Die Europäische Einigung, S. 95.

[84] *G. Clemens/A. Reinfeldt/G. Wille*, Geschichte der europäischen Integration, S. 115.

[85] Abgedruckt in: Europa-Archiv 8 (1953), S. 5669 ff.

[86] *W. Loth*, Europas Einigung, S. 48 f.; *G. Brunn*, Die Europäische Einigung, S. 96.

[87] Vgl. *K. Adenauer*, Erinnerungen 1953–1955, S. 175; *A. Baring*, Außenpolitik in Adenauers Kanzlerdemokratie, S. 173, 233 f.

[88] BT-Sten.Ber. 1/221, S. 9788 ff. und 1/222, S. 9848 ff.

[89] Sitzungen vom 3., 4. und 5. Dezember 1952, BT-Sten.Ber. 1/240, S. 11101 ff. bis 1/242, S. 11497.

[90] BT-Sten.Ber. 1/242, S. 11497.

[91] Vgl. den Antrag des KPD-Abgeordneten *H. Renner*, BT-Sten.Ber. 1/240, S. 11101.

[92] Vgl. BT-Sten.Ber. 1/242, S. 11496.

[93] Vgl. *K. Adenauer*, Erinnerungen 1953–1955, S. 180. Zu möglichen Motiven auch *A. Baring*, Außenpolitik in Adenauers Kanzlerdemokratie, S. 237; *R. Häußler*, Der Konflikt zwischen Bundesverfassungsgericht und politischer Führung, S. 32.

[94] BT-Sten.Ber. 1/255, S. 12296 ff.

[95] Vgl. das Ergebnis der namentlichen Abstimmung, BT-Sten.Ber. 1/255, S. 12363 ff.

Vorangegangen waren hitzige und erbittert geführte Debatten über das Für und Wider eines deutschen Verteidigungsbeitrages im Allgemeinen und der Beteiligung an der EVG im Besonderen, in denen sich die politischen Gegner zum Teil gegenseitig scharf angriffen. Zu Beginn der ersten Beratung der Vertragswerke stellte Bundeskanzler Adenauer in einer einleitenden Rede die wesentlichen Linien dar, auf denen die Argumentation der Regierung und der sie tragenden Fraktionen in den folgenden Debatten beruhte. Mit einem seiner ersten Sätze betonte er zunächst die Bedeutung der Entscheidung – „Ihr Ja wie Ihr Nein wird entscheidend sein für das Schicksal Deutschlands und Europas“[96] – und formulierte sodann die aus seiner Sicht entscheidenden Antithesen: Wolle Deutschland sich an den Westen anschließen, sich den Schutz des atlantischen Verteidigungssystems sichern, die Integration Europas sowie eine Wiedervereinigung in Freiheit in einem freien Europa, oder wolle es dies alles nicht?[97] Bereits mit dieser anfänglichen Gegenüberstellung deklassierte Adenauer die Vertragsgegner und stellte sie implizit als Gegner der europäischen Einigung dar, im weiteren Verlauf wiederholte er diese Einschätzung mehrfach mit stärker werdender Polemik[98]. In seiner Erwiderung bezeichnete der Hauptredner der Sozialdemokraten, Carlo Schmid, die formulierten Antithesen als unschlüssig; es komme vielmehr darauf an, ob die erwähnten Ziele auf die in den Verträgen vorgesehene Weise und mit ihren Konsequenzen erreicht werden sollten.[99] Andere Vertragsgegner verwahrten sich ebenfalls gegen die zunächst unterschwelligen, später deutlicher werdenden Vorwürfe seitens der Koalitionsfraktionen.[100]

Die größten Bedenken machte die SPD mit Blick auf die deutsche Wiedervereinigung geltend. Nach ihrer Ansicht würde die Anbindung an den Westen die Spaltung Deutschlands und Europas noch vertiefen.[101] Da die Sowjetunion das Bündnis als gegen sich gerichtet ansehen werde, würden entsprechende Verhand-

---

[96] *K. Adenauer* (Bundeskanzler), BT-Sten.Ber. 1/221, S. 9789.

[97] *K. Adenauer* (Bundeskanzler), BT-Sten.Ber. 1/221, S. 9789, ebenso BT-Sten.Ber. 1/240, S. 11136.

[98] So u. a. folgende Äußerungen *Adenauers*: „Daher ist jedes Nein zu den Verträgen, wenn auch bei manchen, die es aussprechen, ungewollt, ja unbewußt, [...] ein Ja für Stalin und seine Politik der Unterwerfung Europas unter das bolschewistische Joch.“ (BT-Sten.Ber. 1/240, S. 11135) und „[...] verneint derjenige, der die Europäische Verteidigungsgemeinschaft verneint, dann auch Europa. Wer Europa verneint, liefert die Völker Westeuropas, insbesondere unser deutsches Volk, der Knechtschaft durch den Bolschewismus aus. [...] Wer Europa verneint, ist der Totengräber des deutschen Volkes [...]“ (BT-Sten.Ber. 1/240, S. 11140). *Adenauer* gab später selbst zu, seine Worte vielleicht „in der Hitze des Gefechts [...] etwas zu scharf gewählt“ zu haben, vgl. *K. Adenauer*, Erinnerungen 1953–1955, S. 178.

[99] *C. Schmid* (SPD), BT-Sten.Ber. 1/221, S. 9816.

[100] *H. Wehner* (SPD), BT-Sten.Ber. 1/222, S. 9871 f.; *B. Reismann* (FU), BT-Sten.Ber. 1/241, S. 11357; *G. Ribbeheger* (FU), BT-Sten.Ber. 1/255, S. 12337 f.; *A. von Thadden* (fraktionslos), BT-Sten.Ber. 1/255, S. 12349.

[101] *H. Wessel* (fraktionslos), BT-Sten.Ber. 1/241, S. 11361 und 1/255, S. 12344; *E. Ollenhauer* (SPD), BT-Sten.Ber. 1/242, S. 11449 und 1/255, S. 12319. Unter Bezugnahme auf die Einführung der Wehrpflicht auch *F. Erler* (SPD), BT-Sten.Ber. 1/242, S. 11479.

lungen erschwert.[102] Außerdem führe die Westanbindung angesichts fehlender Revisionsmöglichkeiten[103] dazu, dass die Wiedervereinigung nur noch in Form der Anbindung der sowjetischen Zone an den Westen möglich sei, womit sich die Sowjetunion kaum einverstanden erklären werde.[104] Demgegenüber propagierten die Vertragsbefürworter, dass die Westanbindung die Wiedervereinigung sogar fördere.[105] Auf diese Weise könne zumindest die Unterstützung der westlichen Besatzungsmächte gesichert werden.[106] Je stärker der Westen und mit ihm Deutschland werde, desto eher werde die Sowjetunion zudem zu Verhandlungen bereit sein.[107]

Eine „Politik der Stärke" vertrat Adenauer auch im Hinblick auf die Wiederbewaffnung. Während die SPD ein Wettrüsten und ein daraus resultierendes erhöhtes Kriegsrisiko befürchtete[108] und die KPD einen dritten Weltkrieg prophezeite[109], war der Bundeskanzler der Ansicht, dass militärische Schwäche die Sowjetunion eher zu Angriffen verleiten werde[110]. Dennoch betonte er mehrfach, dass die EVG in erster Linie der Befriedung Europas diene und nicht der Abwehr möglicher sowjetischer Aggressionen.[111]

Die SPD stand allerdings bereits einem deutschen Wehrbeitrag an sich kritisch gegenüber. Die Wiederbewaffnung war eine der umstrittensten Fragen in der noch jungen Bundesrepublik, die sowohl im Parlament als auch in der Öffentlichkeit über lange Zeit diskutiert wurde.[112] Insofern bilden die hier untersuchten Debatten nur einen kleinen Ausschnitt der Auseinandersetzung ab. Dabei führte insbesondere der Sozialdemokrat Arndt das juristische Argument an, dass das Grundgesetz einer Wiederbewaffnung entgegenstehe und deshalb eine Verfassungsänderung mit Zwei-Drittel-Mehrheit erforderlich sei.[113] Für einen entsprechenden Beschluss sei

[102] *C. Schmid* (SPD), BT-Sten.Ber. 1/221, S. 9813; *E. Ollenhauer* (SPD), BT-Sten.Ber. 1/242, S. 11449.

[103] *H. Wehner* (SPD), BT-Sten.Ber. 1/240, S. 11152; *F. Erler* (SPD), BT-Sten.Ber. 1/242, S. 11481.

[104] *C. Schmid* (SPD), BT-Sten.Ber. 1/221, S. 9815; *H. Wehner* (SPD), BT-Sten.Ber. 1/222, S. 9874; *F. Erler* (SPD), BT-Sten.Ber. 1/222, S. 9907.

[105] *K. Adenauer* (Bundeskanzler), BT-Sten.Ber. 1/221, S. 9799; *E. Gerstenmaier* (CDU), BT-Sten.Ber. 1/221, S. 9807; so auch die Mehrheitsauffassung im Auswärtigen Ausschuss, vgl. den Bericht von *W. Brandt* (SPD), BT-Sten.Ber. 1/240, S. 11113. Zurückhaltender *E. Lemmer* (CDU), BT-Sten.Ber. 1/222, S. 9879, der zwar nicht von einer sicheren Förderung der Wiedervereinigung ausgeht, sie aber jedenfalls nicht erschwert sieht.

[106] *K. Adenauer* (Bundeskanzler), BT-Sten.Ber. 1/221, S. 9799; *G. Henle* (CDU), BT-Sten. Ber. 1/240, S. 11121.

[107] *R. Tillmanns* (CDU), BT-Sten.Ber. 1/241, S. 11350; *K. Adenauer* (Bundeskanzler), BT-Sten.Ber. 1/242, S. 11460 und 1/255, S. 12306.

[108] *H. Wehner* (SPD), BT-Sten.Ber. 1/222, S. 9874; *F. Erler* (SPD), BT-Sten.Ber. 1/222, S. 9906.

[109] *M. Reimann* (KPD), BT-Sten.Ber. 1/241, S. 11136.

[110] *K. Adenauer* (Bundeskanzler), BT-Sten.Ber. 1/221, S. 9799 f.; ähnlich *F. J. Strauß* (CSU), BT-Sten.Ber. 1/222, S. 9857 und 1/242, S. 11442.

[111] *K. Adenauer* (Bundeskanzler), BT-Sten.Ber. 1/221, S. 9792; 1/222, S. 9909; 1/240, S. 11142.

[112] Vgl. dazu nur *H.-P. Schwarz*, Die Ära Adenauer 1949–1957, S. 119 ff.; *E. Wolfrum*, Die geglückte Demokratie, S. 112.

[113] *A. Arndt* (SPD), BT-Sten.Ber. 1/241, S. 11307, 11364, 11367 f.

dem derzeitigen Bundestag bei der Wahl 1949 jedoch kein Mandat erteilt worden, weshalb zunächst Neuwahlen erforderlich seien.[114] Vertragsgegner verwiesen weiterhin darauf, dass es an der Zustimmung und Unterstützung des Vorhabens durch das Volk fehle.[115] Strauß warf der SPD vor, mit ihrem Argument lediglich Neuwahlen zu ihren eigenen politischen Zwecken erreichen zu wollen.[116] Die Befürworter vertraten die Auffassung, dass der Parlamentarische Rat einen deutschen Wehrbeitrag nicht ausgeschlossen habe, so dass dieser bereits auf der Grundlage des geltenden Verfassungsrechts und ohne vorherige Verfassungsänderung zulässig sei.[117]

Abgesehen von der grundsätzlichen Frage des „Ob" eines Verteidigungsbeitrags erhob die Opposition auch Einwände gegen das „Wie". Insbesondere Angehörige der FU-Fraktion lehnten die geforderte Einführung einer allgemeinen Wehrpflicht ab.[118] Darüber hinaus wurde die fehlende Mitgliedschaft der Bundesrepublik in der NATO kritisiert.[119] Da die NATO in bestimmten Fällen den Oberbefehl über die europäische Armee ausübe, fehle es an der behaupteten[120] Gleichberechtigung Deutschlands in der Organisation.[121] Zudem werde Deutschland zur Zahlung eines hohen Verteidigungsbeitrags verpflichtet, den es nur durch eine Absenkung der sozialen Leistungen und des allgemeinen Lebensstandards aufbringen können werde.[122]

Weiterhin sei die parlamentarische Kontrolle in der EVG mangelhaft[123], während gleichzeitig der Einfluss der nationalen Parlamente auf wichtigen Gebieten

---

[114] *A. Arndt* (SPD), BT-Sten.Ber. 1/241, S. 11364.

[115] *M. Reimann* (KPD), BT-Sten.Ber. 1/222, S. 9869; *E. Ollenhauer* (SPD), BT-Sten.Ber. 1/255, S. 12318; *H. Wessel* (fraktionslos), BT-Sten.Ber. 1/255, S. 12344; *H. Bodensteiner* (fraktionslos), BT-Sten.Ber. 1/255, S. 12352.

[116] *F. J. Strauß* (CSU), BT-Sten.Ber. 1/242, S. 11439.

[117] *K. Adenauer* (Bundeskanzler), BT-Sten.Ber. 1/240, S. 11141; *E. Wahl* (CDU), BT-Sten. Ber. 1/241, S. 11304, 11306; *L. Schneider* (FDP), BT-Sten.Ber. 1/241, S. 11375 f.; *H. Kopf* (CDU), BT-Sten.Ber. 1/242, S. 11383 f.; *H. Ehlers* (CDU), BT-Sten.Ber. 1/242, S. 11466 f.

[118] *H. Decker* (FU), BT-Sten.Ber. 1/222, S. 9882; *H. Bertram* (FU), BT-Sten.Ber. 1/241, S. 11347; *A. Besold* (FU), BT-Sten.Ber. 1/241, S. 11355 und 1/255, S. 12345; *F. Erler* (SPD), BT-Sten.Ber. 1/242, S. 11479; *G. Ribbeheger* (FU), BT-Sten.Ber. 1/255, S. 12338; *M. Reimann* (KDP), BT-Sten.Ber. 1/255, S. 12340.

[119] *C. Schmid* (SPD), BT-Sten.Ber. 1/221, S. 9813; *A. von Thadden* (fraktionslos), BT-Sten. Ber. 1/222, S. 9870; *W. Brandt* (SPD), BT-Sten.Ber. 1/240, S. 11126; *A. Arndt* (SPD), BT-Sten. Ber. 1/241, S. 11367; *E. Ollenhauer* (SPD), BT-Sten.Ber. 1/242, S. 11451 und 1/255, S. 12320 f.; wohl auch *A. Besold* (FU), BT-Sten.Ber. 1/241, S. 11355; *F. Erler* (SPD), BT-Sten.Ber. 1/242, S. 11476.

[120] Vgl. z. B. *F. J. Strauß* (CSU), BT-Sten.Ber. 1/222, S. 9860; *E. Mende* (FDP), BT-Sten. Ber. 1/222, S. 9886; *H. Kopf* (CDU), BT-Sten.Ber. 1/242, S. 11381.

[121] *C. Schmid* (SPD), BT-Sten.Ber. 1/221, S. 9813; *W. Brandt* (SPD), BT-Sten.Ber. 1/240, S. 11126; *E. Ollenhauer* (SPD), BT-Sten.Ber. 1/242, S. 11451 und 1/255, S. 12320.

[122] *E. Schoettle* (SPD), BT-Sten.Ber. 1/241, S. 11327; *H.-G. Fröhlich* (fraktionslos), BT-Sten. Ber. 1/242, S. 11422; *E. Ollenhauer* (SPD), BT-Sten.Ber. 1/242, S. 11454. Vgl. auch den Bericht des Berichterstatters des Haushaltsausschusses *W. Hasemann* (FDP), BT-Sten.Ber. 1/241, S. 11324.

[123] *C. Schmid* (SPD), BT-Sten.Ber. 1/221, S. 9813; *F. Erler* (SPD), BT-Sten.Ber. 1/222, S. 9904; *A. Arndt* (SPD), BT-Sten.Ber. 1/241, S. 11366.

durch den Beitritt beschränkt werde[124]. Zwar bedauerten auch Vertragsbefürworter den fehlenden politischen Unterbau, wie z.B. eine gemeinsame Außenpolitik oder sogar eine europäische Verfassung.[125] Sie setzten ihre Hoffnungen insoweit allerdings in die in Art. 38 EVGV vorgesehenen Vorschläge der Versammlung für eine politische Gemeinschaft[126], von denen sich die SPD-Abgeordneten nicht viel erwarteten[127]. Die Redner der Regierungsfraktionen sahen in der EVG hingegen einen wichtigen Schritt auf dem Weg zur europäischen Einigung.[128] Gegen den von der Opposition erhobenen Vorwurf, eine Gemeinschaft aus lediglich sechs Staaten könne nicht mit Europa gleichgesetzt werden[129], führten sie ins Feld, dass eine größere Gemeinschaft derzeit nicht zu erreichen gewesen sei, der kleinere Anfang aber die Grundlage für weitere Entwicklungen bilden könne.[130]

Die zahlreichen Kritikpunkte der Opposition hielten die Koalitionsfraktionen im Ergebnis nicht für durchgreifend. Sie vertraten die Ansicht, dass die Verträge mit Blick auf die verfolgten Ziele als Ganzes und nicht nur in ihren Einzelheiten betrachtet werden müssten.[131] Die SPD habe jedoch keinerlei Alternativen zur Erreichung dieser Ziele aufgezeigt.[132] In der Tat beschränkten sich die Ausführungen der Sozialdemokraten insoweit auf nicht näher konkretisierte Visionen einer großen Wirtschafts- und Währungseinheit[133] oder eines kollektiven Weltsicherheitssystems auf internationaler Basis[134].

---

124 *C. Schmid* (SPD), BT-Sten.Ber. 1/221, S. 9813; *E. Schoettle* (SPD), BT-Sten.Ber. 1/221, S. 9834 und 1/241, S. 11327.

125 *F. J. Strauß* (CSU), BT-Sten.Ber. 1/222, S. 9858; *E. Mende* (FDP), BT-Sten.Ber. 1/222, S. 9885; *K. Adenauer* (Bundeskanzler), BT-Sten.Ber. 1/240, S. 11140; *R. Freudenberg* (FDP-Gast), BT-Sten.Ber. 1/242, S. 11400.

126 *H.-J. von Merkatz* (DP), BT-Sten.Ber. 1/221, S. 9826; *F. J. Strauß* (CSU), BT-Sten. Ber. 1/222, S. 9858.

127 *F. Erler* (SPD), BT-Sten.Ber. 1/222, S. 9904; *E. Schoettle* (SPD), BT-Sten.Ber. 1/241, S. 11327.

128 *K. Adenauer* (Bundeskanzler), BT-Sten.Ber. 1/221, S. 9798 und 1/255, S. 12311; *E. Gerstenmaier* (CDU), BT-Sten.Ber. 1/221, S. 9803; *H. Schäfer* (FDP), BT-Sten.Ber. 1/221, S. 9822; *F. J. Strauß* (CSU), BT-Sten.Ber. 1/222, S. 9863 und 1/242, S. 11441; *G. Henle* (CDU), BT-Sten.Ber. 1/240, S. 11122; *H. A. Freiherr von Rechenberg* (FDP), BT-Sten.Ber. 1/240, S. 11131; *A. Stegner* (FDP), BT-Sten.Ber. 1/242, S. 11413. Vgl. auch den Bericht des Berichterstatters *W. Brandt* (SPD), BT-Sten.Ber. 1/240, S. 11114.

129 *C. Schmid* (SPD), BT-Sten.Ber. 1/221, S. 9817; *F. Erler* (SPD), BT-Sten.Ber. 1/222, S. 9904; *W. Brandt* (SPD), BT-Sten.Ber. 1/240, S. 11127; *H. Wessel* (fraktionslos), BT-Sten. Ber. 1/241, S. 11360.

130 *H. Schäfer* (FDP), BT-Sten.Ber. 1/221, S. 9822; *F. J. Strauß* (CSU), BT-Sten.Ber. 1/222, S. 9863; *G. Henle* (CDU), BT-Sten.Ber. 1/240, S. 11122; *K. Adenauer* (Bundeskanzler), BT-Sten.Ber. 1/240, S. 11143; *A.-M. Euler* (FDP), BT-Sten.Ber. 1/241, S. 11364.

131 *K. Adenauer* (Bundeskanzler), BT-Sten.Ber. 1/221, S. 9789 f., 1/240, S. 11134 und 1/255, S. 12304; *E. Gerstenmaier* (CDU), BT-Sten.Ber. 1/221, S. 9801 f.; *F. J. Strauß* (CSU), BT-Sten. Ber. 1/222, S. 9853; *A. Besold* (FU), BT-Sten.Ber. 1/255, S. 12345.

132 *H.-J. von Merkatz* (DP), BT-Sten.Ber. 1/221, S. 9829; *K. Adenauer* (Bundeskanzler), BT-Sten.Ber. 1/222, S. 9910; *G. Henle* (CDU), BT-Sten.Ber. 1/240, S. 11123; *H. von Brentano* (CDU), BT-Sten.Ber. 1/255, S. 12315; *H. Schäfer* (FDP), BT-Sten.Ber. 1/255, S. 12329.

133 *F. Erler* (SPD), BT-Sten.Ber. 1/222, S. 9904 und 1/242, S. 11482.

134 *E. Ollenhauer* (SPD), BT-Sten.Ber. 1/242, S. 11455.

Im Ergebnis konnten die Kritiker die Regierungsfraktionen mit ihren Einwänden und einzelnen Alternativvorschlägen nicht überzeugen: Bei der letzten Abstimmung sprachen sich fast alle Abgeordneten der CDU/CSU-, FDP- und DP-Fraktion sowie einige FU- und fraktionslose Abgeordnete für den Beitritt zur EVG aus, während die SPD- und KPD-Abgeordneten geschlossen dagegen stimmten.[135] Mit 224 von 392 Stimmen wurde damit zwar die einfache Mehrheit der Stimmen erreicht, allerdings die Zwei-Drittel-Mehrheit, die nach Ansicht der SPD wegen der behaupteten Verfassungsänderung erforderlich gewesen wäre, verfehlt.

III. Die Entscheidungen des Bundesverfassungsgerichts

Parallel zur parlamentarischen Debatte versuchten die politischen Akteure, das Bundesverfassungsgericht in den Streit um den Wehrbeitrag einzuschalten. Am 31. Januar 1952, also noch vor der Unterzeichnung des EVG-Vertrages, reichten 145 Abgeordnete des Bundestages[136] – alle Mitglieder der SPD-Fraktion sowie einige weitere Abgeordnete[137] – beim Bundesverfassungsgericht den Antrag ein, „festzustellen, daß Bundesrecht, welches die Beteiligung Deutscher an einer bewaffneten Streitmacht regelt oder Deutsche zu einem Wehrdienst verpflichtet, ohne vorangegangene Ergänzung und Abänderung des Grundgesetzes weder förmlich noch sachlich mit dem Grundgesetz vereinbar ist“[138]. Gestellt war damit die abstrakte Frage, ob ein deutscher Verteidigungsbeitrag durch verfassungsänderndes Gesetz – und damit mit einer ohne Zustimmung der Oppositionsparteien nicht zu erreichenden Zwei-Drittel-Mehrheit – beschlossen werden musste, wie es die SPD im weiteren Verlauf auch in den Gesetzesberatungen vertrat. Den am 12. Mai 1952 eingereichten Antrag auf Erlass einer einstweiligen Anordnung, mittels derer der Bundesregierung die Unterzeichnung der Verträge bis zur Entscheidung des Bundesverfassungsgerichts in der Hauptsache untersagt werden sollte, lehnte das Gericht drei Tage später als unzulässig ab, da durch die bloße Unterzeichnung eines Vertrages noch keine rechtlichen Wirkungen entstünden.[139] Adenauer konnte daher wie geplant den EVG-Vertrag am 27. Mai 1952 unterzeichnen. Die Antragsteller stellten daraufhin ihren Antrag um und begehrten nunmehr die Feststellung, dass die Verträge ohne vorangegangene Ergänzung und Abänderung des Grundgesetzes weder förmlich noch sachlich mit dem Grundgesetz vereinbar seien.[140]

---

[135] Vgl. das Ergebnis der namentlichen Abstimmung, BT-Sten.Ber. 1/255, S. 12363 ff.

[136] BVerfGE 1, 396 (398).

[137] Vgl. Institut für Staatslehre und Politik, Der Kampf um den Wehrbeitrag, 1. Halbband, S. 3.

[138] Institut für Staatslehre und Politik, Der Kampf um den Wehrbeitrag, 1. Halbband, S. 4.

[139] BVerfGE 1, 281 (283).

[140] BVerfGE 1, 396 (399).

Besondere Brisanz erlangte das Verfahren spätestens, als die Entscheidung dem Ersten Senat zugewiesen wurde[141]. Dieser bestand damals zur Hälfte aus SPD-Mitgliedern, nur ein Drittel gehörte der CDU an.[142] Demgegenüber galt der Zweite Senat als „schwarzer Senat", dessen Mitglieder überwiegend mit den Regierungsparteien sympathisierten.[143] Die Regierung musste nun befürchten, dass der „rote" Erste Senat sich der Ansicht der Sozialdemokraten anschließen und die Ratifikation der Verträge untersagen könnte.[144] Adenauer bewog daher den Bundespräsidenten Theodor Heuss, das Bundesverfassungsgericht um die Erstattung eines Rechtsgutachtens über die Vereinbarkeit des EVG-Vertrages mit dem Grundgesetz zu bitten.[145] Für ein solches Gutachten war gemäß § 97 Abs. 3 BVerfGG a. F. das Plenum zuständig. Das Ersuchen verfolgte daher wohl auch das Ziel, dem Ersten Senat die Entscheidungskompetenz zu entziehen.[146] Für einen Versuch, das Verfahren zu stören, spricht auch, dass das Ersuchen vom 10. Juni 1952 stammt[147], dem Tag der mündlichen Verhandlung über den SPD-Antrag.[148]

Nachdem die SPD sich geweigert hatte, das noch zu erstattende Gutachten als verbindlich anzuerkennen und das Normenkontrollverfahren anschließend für erledigt zu erklären[149], erklärte der Erste Senat den SPD-Antrag mit Urteil vom 30. Juli 1952 für unzulässig[150]. Gegenstand der Normenkontrolle könne nur bestehendes Recht sein, eine vorbeugende Normenkontrolle sei grundsätzlich unzulässig.[151] In Bezug auf Zustimmungsgesetze zu völkerrechtlichen Verträgen komme wegen der Gefahr völkerrechtlicher Bindungen zwar eine präventive Kontrolle be-

---

[141] Das Plenum des Bundesverfassungsgerichts hatte gemäß § 16 Abs. 3 BVerfGG a. F. festgestellt, dass zur Entscheidung über den als Normenkontrolle eingereichten Antrag der Erste Senat zuständig ist, vgl. BVerfGE 1, 396 (398).

[142] Vgl. die Übersicht über Bundesverfassungsrichterinnen und -richter und Parteizugehörigkeit bei *C. Landfried*, in: van Ooyen/Möllers, Handbuch Bundesverfassungsgericht im politischen System, S. 369 (376).

[143] *H. Laufer*, Verfassungsgerichtsbarkeit und politischer Prozeß, S. 392; *A. Baring*, Außenpolitik in Adenauers Kanzlerdemokratie, S. 222. Allerdings gehörten von den zwölf Richtern des Senats nur zwei der CDU und einer der DP an, während drei Richter SPD-Mitglieder waren. Die anderen sechs Richter waren parteilos, vgl. *C. Landfried*, in: van Ooyen/Möllers, Handbuch Bundesverfassungsgericht im politischen System, S. 369 (378).

[144] *H. Laufer*, Verfassungsgerichtsbarkeit und politischer Prozeß, S. 397; *R. Häußler*, Der Konflikt zwischen Bundesverfassungsgericht und politischer Führung, S. 30.

[145] *A. Baring*, Außenpolitik in Adenauers Kanzlerdemokratie, S. 224; *H. Laufer*, Verfassungsgerichtsbarkeit und politischer Prozeß, S. 398; *F. Burmeister*, Gutachten des Bundesverfassungsgerichts zu völkerrechtlichen Verträgen, S. 168 f.; *J. Ipsen*, Der Staat der Mitte, S. 76. *D. Hoffmann*, Historisches Jahrbuch 120 (2000), S. 227 (245), geht davon aus, dass *Heuss* auch selbst die Idee hatte, ein Gutachten zu beantragen.

[146] *A. Baring*, Außenpolitik in Adenauers Kanzlerdemokratie, S. 225; *F. Burmeister*, Gutachten des Bundesverfassungsgerichts zu völkerrechtlichen Verträgen, S. 168 f.

[147] Vgl. die Schilderung in BVerfGE 2, 79 (81).

[148] *J. Ipsen*, Der Staat der Mitte, S. 76.

[149] BVerfGE 2, 79 (81 f.); *D. Hoffmann*, Historisches Jahrbuch 120 (2000), S. 227 (242).

[150] BVerfGE 1, 396 (397).

[151] BVerfGE 1, 396 (406 ff.).

reits vor der Verkündung in Betracht, Voraussetzung sei aber zumindest das Vorliegen der abschließenden Entscheidungen von Bundestag und Bundesrat.[152] Daran fehlte es im Juli 1952 noch, der Bundestag hatte bis dahin nur die erste Beratung des Gesetzes abgehalten. Nach Abschluss der dritten Beratung wäre der Weg damit aber grundsätzlich frei gewesen für einen, von der SPD bereits angekündigten[153], neuen Normenkontrollantrag und in der Folge eine inhaltliche Entscheidung des Bundesverfassungsgerichts.[154]

Vom 3. bis 5. Dezember 1952 fand im Bundestag die zweite Beratung der Verträge statt. Am folgenden Tag reichten nunmehr die drei Regierungsfraktionen sowie die meisten der ihnen angehörenden Abgeordneten als Mehrheit des Bundestages[155] einen weiteren Antrag beim Bundesverfassungsgericht ein: Es möge feststellen, dass die Antragsgegner, die SPD-Fraktion sowie insgesamt 128 Abgeordnete des Bundestages, dadurch gegen das Grundgesetz verstoßen, „daß sie dem Deutschen Bundestag und der antragstellenden Mehrheit des Bundestages das Recht bestreiten, die Gesetze über den Deutschlandvertrag und den EVG-Vertrag mit der in Art. 42 Abs. 2 Satz 1 GG vorgeschriebenen Mehrheit zu verabschieden", und dass der Bundestag die beiden Gesetze mit einfacher Mehrheit beschließen könne.[156] Für dieses Organstreitverfahren war gemäß §§ 14 Abs. 1, 13 Nr. 5 BVerfGG a. F. der Zweite Senat zuständig. Damit war nun auch das dritte Gremium des Bundesverfassungsgerichts mit der Frage der Verfassungsmäßigkeit des EVG-Vertrages befasst.

Angesichts der Gefahr, dass das Gericht auf diese Weise von den Beteiligten für ihre jeweiligen parteipolitischen Zwecke instrumentalisiert werden könnte[157], beschloss das Plenum des Bundesverfassungsgerichts, dass sein auf Antrag des Bundespräsidenten zu erstattendes Gutachten beide Senate binden würde, und gab diesen Beschluss zu Beginn der mündlichen Verhandlung am 9. Dezember 1952 bekannt[158]. Am Tag nach der Bekanntgabe dieses Beschlusses zog Heuss daraufhin sein Gutachtenersuchen zurück, „da mir der Charakter eines Gutachtens schlechthin und in seinem grundsätzlichen Wesen durch diesen Beschluß des Bundes-

[152] BVerfGE 1, 396 (413).

[153] *H. Laufer*, Verfassungsgerichtsbarkeit und politischer Prozeß, S. 400.

[154] Vgl. auch *J. Ipsen*, Der Staat der Mitte, S. 77.

[155] *H. Laufer*, Verfassungsgerichtsbarkeit und politischer Prozeß, S. 405. Die Antragsschrift ist abgedruckt in: Institut für Staatslehre und Politik, Der Kampf um den Wehrbeitrag, Ergänzungsband, S. 1 ff.

[156] Zitiert nach: Institut für Staatslehre und Politik, Der Kampf um den Wehrbeitrag, Ergänzungsband, S. 5.

[157] *H. Laufer*, Verfassungsgerichtsbarkeit und politischer Prozeß, S. 400; *D. Hoffmann*, Historisches Jahrbuch 120 (2000), S. 227 (252); *R. Häußler*, Der Konflikt zwischen Bundesverfassungsgericht und politischer Führung, S. 33; *F. Burmeister*, Gutachten des Bundesverfassungsgerichts zu völkerrechtlichen Verträgen, S. 170.

[158] Die Erklärung des Präsidenten des Bundesverfassungsgerichts ist wiedergegeben in: Institut für Staatslehre und Politik, Der Kampf um den Wehrbeitrag, 2. Halbband, S. 804.

verfassungsgerichts aufgehoben zu sein scheint"[159]. Es ist bis heute nicht geklärt, ob er dabei wiederum auf Drängen der Bundesregierung[160] oder nunmehr aus primär eigenem Entschluss handelte[161].

Damit war nur noch das von den Regierungsfraktionen initiierte Organstreitverfahren anhängig, dessen Intention allerdings fragwürdig zu sein schien. Jutta Limbach, die spätere Präsidentin des Bundesverfassungsgerichts, bezeichnete den Antrag knapp 60 Jahre später als „eine[n] der kuriosesten, die vor dem Bundesverfassungsgericht je gestellt worden sind"[162]. Heinz Laufer war gar der Ansicht, einem solchen Antrag könne „nur mangelndes Demokratieverständnis zugrunde liegen", er könne nur von einer Regierung bzw. Parlamentsmehrheit gestellt werden, „deren Selbstverständnis von der irrigen Annahme bestimmt wird, daß ihre Konzeption die allein richtige sei"[163]. Im Vordergrund habe nicht das Ziel gestanden, die Verfassungsmäßigkeit der Gesetze zu klären, sondern durch ein verfassungsgerichtliches Urteil den politischen Widerstand endgültig zu unterbinden.[164]

Auch der Zweite Senat verstand es allerdings, sich möglichen politischen Instrumentalisierungen zu entziehen, und wies den Antrag mit Urteil vom 7. März 1953 nur wenige Tage vor der abschließenden dritten Beratung der Vertragsgesetze als unzulässig ab[165]. Die Antragsgegner könnten mit ihrem Verhalten keine Rechte des Bundestages beeinträchtigten, die die Antragsteller im Organstreitverfahren geltend machen könnten.[166] Es sei nicht nur Recht, sondern sogar Pflicht der Opposition, ihre verfassungsrechtlichen Bedenken geltend zu machen.[167] „Es geht den Antragstellern eben in Wahrheit nicht um die Beurteilung eines Verhaltens der Antragsgegner am Maßstabe des Grundgesetzes, sondern allein um die objektive Feststellung, ob die Vertragsgesetze mit dem Grundgesetz vereinbar sind oder nicht"[168], stellte der Senat fest. Hierzu könne das Bundesverfassungsgericht vor der Verabschiedung des Gesetzes weder im Organstreitverfahren noch im Rahmen einer Normenkontrolle Stellung nehmen.[169]

Damit hatte sich das Bundesverfassungsgericht in allen anhängigen Verfahren einer inhaltlichen Stellungnahme zur Vereinbarkeit des EVG-Vertrages mit dem

[159] Zitat nach: Institut für Staatslehre und Politik, Der Kampf um den Wehrbeitrag, 2. Halbband, S. 811.

[160] So *F. Burmeister*, Gutachten des Bundesverfassungsgerichts zu völkerrechtlichen Verträgen, S. 170. In diese Richtung auch *H. Laufer*, Verfassungsgerichtsbarkeit und politischer Prozeß, S. 404.

[161] So *A. Baring*, Außenpolitik in Adenauers Kanzlerdemokratie, S. 244 ff.

[162] *J. Limbach*, Das Bundesverfassungsgericht, S. 26.

[163] *H. Laufer*, Verfassungsgerichtsbarkeit und politischer Prozeß, S. 407.

[164] *H. Laufer*, Verfassungsgerichtsbarkeit und politischer Prozeß, S. 407.

[165] BVerfGE 2, 143 (145).

[166] BVerfGE 2, 143 (168).

[167] BVerfGE 2, 143 (170 f.).

[168] BVerfGE 2, 143 (172).

[169] BVerfGE 2, 143 (180 f.).

Grundgesetz sowie einer Bewertung der im Bundestag vertretenen Positionen enthalten. Die Entscheidung blieb den Gesetzgebungsorganen überlassen.

IV. Das Scheitern der EVG

Zu einer nachträglichen Überprüfung der Verfassungsmäßigkeit des zwischenzeitlich verabschiedeten Zustimmungsgesetzes zum EVG-Vertrag, die 147 SPD- und FU-Abgeordnete am 11. Mai 1953 als Normenkontrolle beantragt hatten[170], kam es ebenfalls nicht mehr. Zum einen beschloss der Bundestag, in dem Adenauer und seine Regierungskoalition seit der Bundestagswahl im September 1953 über eine Zwei-Drittel-Mehrheit verfügten, Anfang 1954 eine Verfassungsänderung, die die Vereinbarkeit der Verträge mit dem Grundgesetz klarstellte und dem Bund die Verteidigungskompetenz einschließlich der Entscheidung über die Wehrpflicht zuwies.[171] Zum anderen hatte sich die politische Lage in Frankreich geändert, die Zahl der Gegner der Europäischen Verteidigungsgemeinschaft wuchs stetig.[172] Nachdem Versuche der französischen Regierung, Änderungen der Verträge bei den Partnern durchzusetzen, weitgehend erfolglos blieben[173], stimmte die Mehrheit des französischen Parlaments schließlich am 30. August 1954 dem Antrag zu, die Beratung des EVG-Vertrages von der Tagesordnung abzusetzen.[174] Damit war das ehrgeizige Projekt endgültig gescheitert. Es kann als Ironie der Geschichte bezeichnet werden[175], dass letztlich Frankreich als Initiator des Pleven-Plans der militärischen Einigung Europas im Weg stand.

C. Europäische Wirtschaftsgemeinschaft

Nach dem Scheitern der Europäischen Verteidigungsgemeinschaft wurde nach anderen Wegen gesucht, die Integration Europas voranzutreiben. Nachdem Vorschläge zur Ausweitung der sektoralen Integration auf weitere Wirtschaftszweige, die erneut auf Monnet zurückgingen, zunächst skeptisch aufgenommen wurden[176],

---

[170] *H. Laufer*, Verfassungsgerichtsbarkeit und politischer Prozeß, S. 413. Die Antragsschriftsätze sind abgedruckt in: Institut für Staatslehre und Politik, Der Kampf um den Wehrbeitrag, Ergänzungsband, S. 166 ff.

[171] Art. 73 Nr. 1, 79 Abs. 1 Satz 2, 142a GG a. F., BGBl. I 1954, S. 45 ff.; vgl. auch *D. Hoffmann*, Historisches Jahrbuch 120 (2000), S. 227 (268); *H. Laufer*, Verfassungsgerichtsbarkeit und politischer Prozeß, S. 414 f.

[172] *W. Loth*, Der Weg nach Europa, S. 108. Ausführlich zu französischen Standpunkten zur EVG *G. Latte*, Die französische Europapolitik im Spiegel der Parlamentsdebatten (1950–1965), S. 40 ff.

[173] *G. Clemens/A. Reinfeldt/G. Wille*, Geschichte der europäischen Integration, S. 129.

[174] *K. A. Maier*, in: Köllner/Maier/Meier-Dörenberg/Volkmann, Die EVG-Phase, S. 229.

[175] *J. Ipsen*, Der Staat der Mitte, S. 81.

[176] *H.-P. Schwarz*, Die Ära Adenauer 1949–1957, S. 339; *H.-J. Küsters*, Die Gründung der Europäischen Wirtschaftsgemeinschaft, S. 73 ff.

schlugen die Benelux-Staaten auf Initiative des niederländischen Außenministers Beyen eine umfassende Wirtschaftsintegration durch die Errichtung einer Zollunion vor[177]. Obwohl ein gemeinsamer Markt in den potentiellen Mitgliedstaaten verschiedenen wirtschaftlichen und politischen Bedenken ausgesetzt war[178], beschlossen die Außenminister der EGKS-Staaten auf ihrer Konferenz in Messina im Juni 1955, die Errichtung eines vereinigten Europas durch die Weiterentwicklung gemeinsamer Institutionen, die schrittweise Fusion der nationalen Wirtschaften, die Errichtung eines gemeinsamen Marktes und die schrittweise Harmonisierung ihrer Sozialpolitiken fortzusetzen[179]. Zur Vorbereitung setzten sie ein Komitee ein, das in seinem abschließenden Bericht umfangreiche Vorschläge zur Errichtung eines Gemeinsamen Marktes und einer Atomgemeinschaft unterbreitete.[180]

Die folgenden Vertragsverhandlungen erwiesen sich wegen der unterschiedlichen Vorstellungen – unter anderem stand Frankreich dem Gemeinsamen Markt, Deutschland der Atomgemeinschaft kritisch gegenüber – zunächst als schwierig.[181] Es wird der Annäherung Deutschlands und Frankreichs in Folge der Lösung der Saarfrage sowie des Ausbruchs des Suez-Konflikts im Herbst 1956 zugeschrieben, dass sie nicht endgültig scheiterten.[182] In dem nunmehr verbesserten Klima konnten die verbleibenden Streitpunkte einem Kompromiss zugeführt werden, so dass die Verträge zur Gründung der Europäischen Wirtschaftsgemeinschaft (EWG) und der Europäischen Atomgemeinschaft (EAG)[183] von Belgien, Deutschland, Frankreich, Italien, Luxemburg und den Niederlanden am 25. März 1957 in Rom unterzeichnet werden konnten.

I. Inhalte der Verträge[184]

Ziel der Europäischen Wirtschaftsgemeinschaft war die schrittweise Verwirklichung eines Gemeinsamen Marktes innerhalb von zwölf Jahren (Art. 2, 8 EWGV-R), der auf einer Zollunion ohne Binnenzölle oder sonstige den freien Warenverkehr beeinträchtigende Maßnahmen sowie einem gemeinsamen Außenzoll basierte (Art. 9, 12 ff. EWGV-R). Die Zollunion wurde um die sogenannten Grundfreiheiten ergänzt, die die Warenverkehrs- (Art. 30 ff. EWGV-R), Niederlassungs- (Art. 52 ff. EWGV-R), Dienstleistungs- (Art. 59 ff. EWGV-R) und Ka-

---

[177] *M. Görtemaker*, Geschichte der BRD, S. 350.

[178] Hierzu *W. Loth*, Europas Einigung, S. 58 f.; *G. Brunn*, Die Europäische Einigung, S. 102 f.

[179] *Konferenz von Messina*, Schlusskommuniqué der Konferenz von Messina vom 3. Juni 1955, Europa-Archiv 10 (1955), S. 7974 f.

[180] Der Bericht ist abgedruckt bei *J. Schwarz* (Hrsg.), Der Aufbau Europas, S. 278 ff.

[181] *G. Clemens/A. Reinfeldt/G. Wille*, Geschichte der europäischen Integration, S. 128. Ausführlich zum Verlauf der Verhandlungen *W. Loth*, Europas Einigung, S. 64 ff.

[182] *W. Loth*, Europas Einigung, S. 67 f.; *G. Brunn*, Die Europäische Einigung, S. 112 f.; *G. Clemens/A. Reinfeldt/G. Wille*, Geschichte der europäischen Integration, S. 129.

[183] Abgedruckt in: BGBl. II 1957, S. 755 ff.

[184] Vgl. zum Folgenden u. a. *G. Brunn*, Die Europäische Einigung, S. 119 ff.

pitalverkehrsfreiheit (Art. 67 ff. EWGV-R) sowie die Arbeitnehmerfreizügigkeit (Art. 48 ff. EWGV-R) umfassten. In die Zuständigkeit der neuen Gemeinschaft fielen unter anderem die Koordinierung und Harmonisierung der Wirtschafts- (Art. 103 ff., 145 EWGV-R), Währungs- (Art. 104 ff. EWGV-R) und Sozialpolitik (Art. 117 ff. EWGV-R) sowie die Etablierung einer gemeinsamen Handels- (Art. 110 ff. EWGV-R), Agrar- (Art. 38 ff. EWGV-R), Verkehrs- (Art. 74 ff. EWGV-R) und Wettbewerbspolitik (Art. 85 ff. EWGV-R). Die Beantragung der Mitgliedschaft stand allen europäischen Staaten offen (Art. 237 EWGV-R).

Das Hauptrechtsetzungsorgan der EWG war der Ministerrat, der aus einem Vertreter je Mitgliedstaat bestand (Art. 145 f. EWGV-R). Seine Entscheidungen[185] traf er überwiegend einstimmig, nach einer Übergangszeit sollte jedoch vermehrt mit qualifizierter Mehrheit entschieden werden können (vgl. auch Art. 148 Abs. 1 EWGV-R).[186] Anders als die Hohe Behörde der EGKS hatte die Kommission, die als supranationales Organ aus neun unabhängigen, von den Mitgliedstaaten ernannten Mitgliedern bestand (Art. 157 f. EWGV-R), kaum Entscheidungsbefugnisse. Sie sollte die Beschlüsse des Rates umsetzen und auf die Einhaltung der Verträge achten (Art. 155 EWGV-R). Darüber hinaus hatte sie allerdings das wichtige Initiativmonopol inne.[187] Die Kompetenzen der Versammlung, die für alle drei Gemeinschaften (EGKS, EWG und EAG) zuständig war[188], waren ebenfalls begrenzt. Sie konnte den jährlichen Gesamtbericht der Kommission erörtern (Art. 143 EWGV-R), Änderungen am Entwurf des Haushaltsplans vorschlagen (Art. 203 Abs. 3 EWGV-R) und die Kommission zum Rücktritt zwingen (Art. 144 EWGV-R). Die Wahrung des Rechts bei der Anwendung und Auslegung der Verträge oblag dem Gerichtshof (Art. 164 EWGV-R).

Gegenüber der EWG geriet die EAG in den Hintergrund.[189] Ihre Zuständigkeit beschränkte sich auf die friedliche Nutzung der Kernenergie.[190] Sie hatte unter anderem die Aufgabe, die Forschung zu fördern (Art. 2 lit. b), 4 ff. EAGV-R), einheitliche Sicherheitsnormen aufzustellen (Art. 2 lit. b), 30 ff. EAGV-R), die gerechte Versorgung der Benutzer sicherzustellen (Art. 2 lit. d), 52 ff. EAGV-R) und die Verwendung der Kernstoffe zu überwachen (Art. 2 lit e), 77 ff. EAGV-R). Dazu erhielt sie das Eigentumsrecht an den besonderen spaltbaren Stoffen (Art. 86 EAGV-R). Neben der bereits angesprochenen Versammlung und dem Gerichtshof standen ihr als Organe ein Ministerrat (Art. 115 ff. EAGV-R) sowie eine aus fünf Mitgliedern bestehende Kommission (Art. 124 ff. EAGV-R) zur Verfügung.

---

185 In allen Teilen verbindliche Verordnungen, hinsichtlich des Ziels verbindliche Richtlinien, Entscheidungen, Empfehlungen oder Stellungnahmen (vgl. Art. 189 EWGV-R).

186 *H.-J. Küsters*, Die Gründung der Europäischen Wirtschaftsgemeinschaft, S. 402 ff.

187 *I. Härtel*, Handbuch Europäische Rechtsetzung, § 18 Rn. 1. Vgl. auch Art. 149 EWGV-R.

188 Vgl. das Abkommen über gemeinsame Organe für die europäischen Gemeinschaften, abgedruckt in: BGBl. II 1957, S. 1156 ff.

189 *G. Brunn*, Die Europäische Einigung, S. 124.

190 *G. Brunn*, Die Europäische Einigung, S. 124.

II. Parlamentarische Behandlung

Die Zustimmung des CDU/CSU-dominierten Bundestages[191] zu den Verträgen erwies sich, im Gegensatz zu den erbitterten Debatten der Vorjahre, als eher unproblematisch. Sowohl die Medien und die deutsche Öffentlichkeit als auch der Bundestag hatten dem europäischen Projekt im Vorfeld kaum Beachtung geschenkt.[192] Dies kann wohl nicht zuletzt darauf zurückgeführt werden, dass die SPD ihre Fundamentalopposition aufgegeben hatte und erstmals einem europäischen Integrationsakt ihre Zustimmung erteilte.[193] Die Debatten zur EWG markierten daher einen Wendepunkt in der parlamentarischen Behandlung der europäischen Integrationsakte, die seitdem wesentlich von einem parteiübergreifenden Konsens zur Unterstützung geprägt ist.

Die Verträge wurden vier Tage vor ihrer Unterzeichnung, am 21. März 1957, durch den Staatssekretär im Auswärtigen Amt Hallstein im Bundestag vorgestellt und diskutiert.[194] Der „Entwurf eines Gesetzes zu den Verträgen vom 25. März 1957 zur Gründung der Europäischen Wirtschaftsgemeinschaft und der Europäischen Atomgemeinschaft"[195] wurde sodann bereits kurze Zeit später, am 9. Mai 1957[196] und 5. Juli 1957[197], beraten und schließlich beschlossen. Das parlamentarische Zustimmungsverfahren wurde somit im Vergleich zu den vorangegangen Gesetzgebungsverfahren sehr schnell abgeschlossen, zwischen Unterzeichnung der Verträge und abschließender Zustimmung des Bundestages lagen lediglich rund 100 Tage. Die Debatten selbst dauerten nicht mehr mehrere Tage, sondern nur noch wenige Stunden. Dabei stand die EWG im Vordergrund, der Euratom-Vertrag wurde nur am Rande behandelt[198]. Bundeskanzler Adenauer, der die vorangegangenen Integrationsakte im Bundestag nachdrücklich befürwortet hatte, meldete sich diesmal überhaupt nicht zu Wort. Seine Rolle übernahm neben dem Bundesminister des Auswärtigen von Brentano auch Bundeswirtschaftsminister Ludwig Erhard, der den Gemeinsamen Markt stets äußerst kritisch beurteilt hatte[199], sich nun aber

[191] Bei den Bundestagswahlen 1953 hatte die CDU/CSU 243 Mandate errungen und bildete eine Koalition mit der FDP/DVP (48 Sitze), dem GB/BHE (27 Sitze) und der DP (15 Sitze), vgl. *J. Ipsen*, Der Staat der Mitte, S. 22. Demgegenüber hatte die SPD nur 151 Mandate erlangt, das Zentrum drei. Zu den Ergebnissen der Wahl *P. Schindler*, Datenhandbuch zur Geschichte des Deutschen Bundestages 1949 bis 1999, Bd. 1, S. 165.

[192] *H.-P. Schwarz*, Die Ära Adenauer 1949–1957, S. 336, 342; *M. Görtemaker*, Geschichte der BRD, S. 354.

[193] *H.-P. Schwarz*, Die Ära Adenauer 1949–1957, S. 336.

[194] BT-Sten.Ber. 2/200, S. 11327 ff.

[195] BT-Drucks. 2/3440.

[196] BT-Sten.Ber. 2/208, S. 11999 ff.

[197] BT-Sten.Ber. 2/224, S. 13314 ff.

[198] Vgl. hierzu die Reden von *W. Drechsel* (FDP), BT-Sten.Ber. 2/200, S. 11375 ff. sowie *H. Geiger* (CDU/CSU), *L. Ratzel* (SPD), *A.-M. Euler* (DP [FVP]) und *W. Drechsel* (FDP), BT-Sten.Ber. 2/208, S. 12019 ff.

[199] *H.-P. Schwarz*, Die Ära Adenauer 1949–1957, S. 346 f.

unter Berücksichtigung der Vor- und Nachteile entschieden für die Zustimmung aussprach[200].

Die Regierungsvertreter stellten die Verträge als weiteren Schritt auf dem Weg zu einer politischen Einigung Europas dar[201], was seitens der Opposition kaum angezweifelt wurde[202]. Die wirtschaftlichen Auswirkungen wurden demgegenüber kritischer beurteilt.[203] Bundeswirtschaftsminister Erhard gab zu, dass er die EWG aus rein ökonomischer Sicht für nicht erforderlich halte, die Zustimmung aber wegen der politischen Aspekte befürworte.[204] Der SPD gingen die Regelungen nicht weit genug, sie bemängelte die geringe Koordinierung der Wirtschaftspolitik auf europäischer Ebene.[205] Erhard verwies jedoch darauf, dass eine gemeinsame Wirtschaftspolitik eine engere politische Einigung voraussetzen würde.[206] Die Regierungsvertreter stimmten allerdings zu, sich eine schnellere Verwirklichung des Gemeinsamen Marktes gewünscht zu haben.[207] Darüber hinaus wurden allgemeine Preiserhöhungen in Folge des gemeinsamen Außenzolltarifs befürchtet[208], aus Sicht der Koalitionsfraktionen zu Unrecht[209].

Großbritannien, das sich an der EWG nicht beteiligen wollte, hatte bereits im Juli 1956 den Vorschlag unterbreitet, eine umfassendere Freihandelszone aller OEEC-Staaten zu errichten.[210] Dieser Idee standen alle Redner positiv gegenüber.[211] Lediglich über die zeitliche Reihenfolge bestand Uneinigkeit: Während die meisten Mitglieder der Regierungsfraktionen die erfolgreiche Gründung der EWG als Vor-

---

200 *L. Erhard* (Bundesminister), BT-Sten.Ber. 2/200, S. 11342 ff.

201 *W. Hallstein* (Staatssekretär), BT-Sten.Ber. 2/200, S. 11328, 11334; *H. von Brentano* (Bundesminister), BT-Sten.Ber. 2/208, S. 12004; *H. Furler* (CDU/CSU), BT-Sten.Ber. 2/208, S. 12006.

202 Lediglich *R. Margulies* (FDP), BT-Sten.Ber. 2/200, S. 11350 und 2/224, S. 13322, bezeichnete sie als falschen Weg zur Erreichung der europäischen Einigung.

203 Nur *F. Hellwig* (CDU/CSU), BT-Sten.Ber. 2/200, S. 11366, erklärte ausdrücklich seine Zustimmung auch hinsichtlich der wirtschaftlichen Gesichtspunkte.

204 *L. Erhard* (Bundesminister), BT-Sten.Ber. 2/200, S. 11342.

205 *H. Deist* (SPD), BT-Sten.Ber. 2/200, S. 11337; *W. Birkelbach* (SPD), BT-Sten.Ber. 2/208, S. 12007 f.

206 *L. Erhard* (Bundesminister), BT-Sten.Ber. 2/200, S. 11344.

207 *L. Erhard* (Bundesminister), BT-Sten.Ber. 2/200, S. 11343; *H. Furler* (CDU/CSU), BT-Sten.Ber. 2/200, S. 11346.

208 *H. Deist* (SPD), BT-Sten.Ber. 2/200, S. 11340 und 2/224, S. 13341; *R. Margulies* (FDP), BT-Sten.Ber. 2/200, S. 11354; *A. Stegner* (GB/BHE), BT-Sten.Ber. 2/200, S. 11368.

209 *W. Hallstein* (Staatssekretär), BT-Sten.Ber. 2/200, S. 11330; *A. Elbrächter* (DP [FVP]), BT-Sten.Ber. 2/200, S. 11359; *H. Furler* (CDU/CSU), BT-Sten.Ber. 2/208, S. 12005 und 2/224, S. 13315; *F. Hellwig* (CDU/CSU), BT-Sten.Ber. 2/224, S. 13342.

210 *G. Clemens/A. Reinfeldt/G. Wille*, Geschichte der europäischen Integration, S. 139.

211 *H. Deist* (SPD), BT-Sten.Ber. 2/200, S. 11340; *L. Erhard* (Bundesminister), BT-Sten. Ber. 2/200, S. 11343; *R. Margulies* (FDP), BT-Sten.Ber. 2/200, S. 11352 und 2/208, S. 12016; *A. Elbrächter* (DP [FVP]), BT-Sten.Ber. 2/200, S. 11360; *H. von Brentano* (Bundesminister), BT-Sten.Ber. 2/208, S. 12002; *W. Birkelbach* (SPD), BT-Sten.Ber. 2/208, S. 12011 f.; *H. Furler* (CDU/CSU), BT-Sten.Ber. 2/224, S. 13317; *F. Hellwig* (CDU/CSU), BT-Sten.Ber. 2/224, S. 13342.

aussetzung für eine Freihandelszone ansahen[212], forderten andere das gleichzeitige Inkrafttreten mit dem Gemeinsamen Markt[213]. Selbst Abgeordnete der Regierungsfraktionen äußerten die Befürchtung, dass die EWG zu einer Abschottung ihrer Mitglieder vom Weltmarkt führen könne.[214] Die Befürworter betonten allerdings, dass die Gemeinschaft für den Beitritt weiterer Staaten offen sei.[215]

An der Organisation der EWG bemängelten Redner aller Parteien vor allem die schwache Rechtsstellung der Versammlung[216] und die unzureichende demokratische Kontrolle auf europäischer Ebene[217]. Der Sozialdemokrat Arndt behauptete sogar, die EWG sei demokratisch „eine Stümperei"[218]. Vereinzelt wurden daher Bedenken geäußert, Kompetenzen des Bundestages an eine solche Organisation abzugeben.[219]

Wie bereits in den vorangegangenen Debatten spielten die Auswirkungen der Verträge auf die deutsche Wiedervereinigung eine wichtige Rolle. Einige Politiker gingen davon aus, dass die Spaltung Deutschlands durch die Verträge und die damit verbundene Orientierung nach Westen weiter vertieft und die Wiedervereinigung erschwert würden.[220] Sie kritisierten zudem, dass der Vorbehalt bezüglich der Bindung eines wiedervereinigten Deutschlands nicht ausdrücklich im Vertrag festgehalten wurde.[221] Aus den Reihen der Regierungsfraktionen wurde hingegen

---

212 *F. Hellwig* (CDU/CSU), BT-Sten.Ber. 2/200, S. 11362; *H. von Brentano* (Bundesminister), BT-Sten.Ber. 2/208, S. 12003 und 2/224, S. 13333; *H. Furler* (CDU/CSU), BT-Sten.Ber. 2/208, S. 12005 und 2/224, S. 13317; *A. Elbrächter* (DP [FVP]), BT-Sten.Ber. 2/224, S. 13331. Aus den Reihen der SPD auch *W. Birkelbach* (SPD), BT-Sten.Ber. 2/208, S. 12011.

213 *R. Margulies* (FDP), BT-Sten.Ber. 2/200, S. 11352 und 2/224, S. 13325; *A. Stegner* (GB/BHE), BT-Sten.Ber. 2/200, S. 11366 und 2/224, S. 13326.

214 *H. Deist* (SPD), BT-Sten.Ber. 2/200, S. 11340; *L. Erhard* (Bundesminister), BT-Sten.Ber. 2/200, S. 11343 f.; *R. Margulies* (FDP), BT-Sten.Ber. 2/200, S. 11350; *A. Elbrächter* (DP [FVP]), BT-Sten.Ber. 2/208, S. 12013.

215 *H. Furler* (CDU/CSU), BT-Sten.Ber. 2/200, S. 11349 und 2/224, S. 13317; *H. von Brentano* (Bundesminister), BT-Sten.Ber. 2/208, S. 12002 und 2/224, S. 13333; *A. Elbrächter* (DP [FVP]), BT-Sten.Ber. 2/224, S. 13331.

216 *H. Furler* (CDU/CSU), BT-Sten.Ber. 2/200, S. 11347; *R. Margulies* (FDP), BT-Sten.Ber. 2/200, S. 11352 und 2/208, S. 12015; *A. Stegner* (GB/BHE), BT-Sten.Ber. 2/200, S. 11369; *A. Arndt* (SPD), BT-Sten.Ber. 2/200, S. 11371; *K. Mommer* (SPD), BT-Sten.Ber. 2/224, S. 13321; *A. Elbrächter* (DP [FVP]), BT-Sten.Ber. 2/224, S. 13330; *W. Mellies* (SPD), BT-Sten.Ber. 2/224, S. 13349.

217 *R. Margulies* (FDP), BT-Sten.Ber. 2/200, S. 11352 und 2/224, S. 13323; *A. Arndt* (SPD), BT-Sten.Ber. 2/200, S. 11371; *W. Birkelbach* (SPD), BT-Sten.Ber. 2/208, S. 12012.

218 *A. Arndt* (SPD), BT-Sten.Ber. 2/200, S. 11370.

219 *K. Mommer* (SPD), BT-Sten.Ber. 2/224, S. 13321; *R. Margulies* (FDP), BT-Sten.Ber. 2/224, S. 13323 f.

220 *R. Margulies* (FDP), BT-Sten.Ber. 2/200, S. 11352 und 2/224, S. 13324; *W. Birkelbach* (SPD), BT-Sten.Ber. 2/208, S. 12012; *K. Mommer* (SPD), BT-Sten.Ber. 2/224, S. 13319; *A. Stegner* (GB/BHE), BT-Sten.Ber. 2/224, S. 13328; *H. Deist* (SPD), BT-Sten.Ber. 2/224, S. 13341.

221 *A. Arndt* (SPD), BT-Sten.Ber. 2/200, S. 11371 f.; *W. Birkelbach* (SPD), BT-Sten.Ber. 2/208, S. 12012; *K. Mommer* (SPD), BT-Sten.Ber. 2/224, S. 13322. Aus Regierungssicht war eine solche ausdrückliche Regelung nicht erforderlich, vgl. *W. Hallstein* (Staatssekretär), BT-Sten.

die Ansicht vertreten, dass die Verträge und die europäische Einigung sich sogar positiv auf eine Wiedervereinigung und die Haltung der Sowjetunion auswirken könnten.[222] In diesem Zusammenhang wurde zudem besonderer Wert darauf gelegt, dass der innerdeutsche Handel durch die Verträge nicht beeinträchtigt werde.[223]

Im Ergebnis wurde das Zustimmungsgesetz schließlich „mit sehr großer Mehrheit"[224] im Bundestag angenommen. Auch in den anderen Mitgliedstaaten traten bei der Ratifikation keine gravierenden Probleme auf.[225] Die Verträge über die Europäische Wirtschaftsgemeinschaft und die Europäische Atomgemeinschaft traten daher am 1. Januar 1958 in Kraft.[226]

D. Europäische Integrationsakte der 1960er- bis 1980er-Jahre

Nach den stürmischen Anfangsjahren verlief die europäische Integration in den folgenden Jahren und Jahrzehnten in ruhigeren Bahnen[227], auch wenn die Gemeinschaften durchaus Krisen zu überwinden hatten[228]. Die Gründungsverträge blieben jedoch weitgehend unangetastet. Zwar wurde bereits seit 1961 über die Fusion der drei Gemeinschaften verhandelt, einigen konnten sich die Mitgliedstaaten schließlich aber nur auf die Fusion der Exekutiven, also der Hohen Behörde der EGKS und der Kommissionen von EWG und EAG zur Kommission der Europäischen Gemeinschaften sowie der drei Räte zu einem Ministerrat.[229] Der am 8. April 1965 unterzeichnete „Vertrag zur Einsetzung eines gemeinsamen Rates und einer gemeinsamen Kommission der Europäischen Gemeinschaften"[230] trat am 1. Juli 1967

Ber. 2/200, S. 11332; *H. Furler* (CDU/CSU), BT-Sten.Ber. 2/200, S. 11350; auch *R. Margulies* (FDP), BT-Sten.Ber. 2/200, S. 11352.

[222] *A. Elbrächter* (DP [FVP]), BT-Sten.Ber. 2/200, S. 11360, 2/208, S. 12014 und 2/224, S. 13330; *H. von Brentano* (Bundesminister), BT-Sten.Ber. 2/208, S. 12004; *H. Prinz zu Löwenstein* (DP [FVP]), BT-Sten.Ber. 2/224, S. 13347.

[223] *H. Deist* (SPD), BT-Sten.Ber. 2/200, S. 11340; *H. Furler* (CDU/CSU), BT-Sten.Ber. 2/200, S. 11350; *H. von Brentano* (Bundesminister), BT-Sten.Ber. 2/208, S. 12001; *K. Mommer* (SPD), BT-Sten.Ber. 2/224, S. 13320 f.; *A. Stegner* (GB/BHE), BT-Sten.Ber. 2/224, S. 13327.

[224] BT-Sten.Ber. 2/224, S. 13349. Eine namentliche Abstimmung fand nicht statt.

[225] *M. Görtemaker*, Geschichte der BRD, S. 354.

[226] Vgl. die Bekanntmachung über das Inkrafttreten der Verträge zur Gründung der Europäischen Wirtschaftsgemeinschaft und der Europäischen Atomgemeinschaft, BGBl. II 1958, S. 1.

[227] Ausführliche Darstellungen der Geschichte der europäischen Einigung in den 1960er bis 1980er-Jahren finden sich u. a. bei *W. Loth*, Europas Einigung, S. 75 ff., und *G. Brunn*, Die Europäische Einigung, S. 129 ff.

[228] Z. B. die Auseinandersetzungen um den Beitritt Großbritanniens (dazu *G. Brunn*, Die Europäische Einigung, S. 149 ff.) oder Frankreichs sogenannte Politik des leeren Stuhls (dazu *W. Loth*, Europas Einigung, S. 134 ff.).

[229] *G. Clemens/A. Reinfeldt/G. Wille*, Geschichte der europäischen Integration, S. 153.

[230] ABl. EG 1967 Nr. P 152, S. 2 ff.

in Kraft[231]. 1976 wurde zudem die Einführung der Direktwahl der Abgeordneten der Versammlung beschlossen.[232]

Weitere Vertragsänderungen betrafen den Haushalt der Gemeinschaften. Im April 1970 beschloss der Rat die „Ersetzung der Finanzbeiträge der Mitgliedstaaten durch eigene Mittel der Gemeinschaften“[233], wonach sich die Gemeinschaften künftig durch Agrarabschöpfungen, Zölle sowie Mehrwertsteuereinnahmen selbst finanzieren sollten. Durch den „Vertrag zur Änderung bestimmter Haushaltsvorschriften“ vom 22. April 1970[234] wurden der Versammlung neue Befugnisse im Haushaltsverfahren zuerkannt[235], weitere Rechte erhielt sie durch den „Vertrag zur Änderung bestimmter Finanzvorschriften“ vom 22. Juli 1975[236]. Darüber hinaus wurde das Protokoll über die Satzung der Europäischen Investitionsbank mehrfach geändert.[237]

Die Gründungsverträge erfuhren zudem Änderungen durch die Aufnahme neuer Mitglieder in die Gemeinschaften. Zum 1. Januar 1973 traten Großbritannien, Irland und Dänemark bei[238], zum 1. Januar 1981 Griechenland und zum 1. Januar 1986 Spanien und Portugal[239]. Demgegenüber schied Grönland zum 1. Januar 1985 aus den Gemeinschaften aus, wurde aber – ebenso wie zuvor die Niederländischen Antillen[240] – assoziiert.[241]

---

[231] Vgl. Bekanntmachung über das das Inkrafttreten des Vertrages zur Einsetzung eines gemeinsamen Rates und einer gemeinsamen Kommission der Europäischen Gemeinschaften, BGBl. II 1967, S. 2156.

[232] Akt zur Einführung allgemeiner unmittelbarer Wahlen der Abgeordneten der Versammlung, ABl. EG 1976 Nr. L 278, S. 5 ff.

[233] ABl. EG 1970 Nr. L 94, S. 19 ff.

[234] ABl. EG 1971 Nr. L 2, S. 1 ff.

[235] Dazu *B. Suski*, Das Europäische Parlament, S. 149 ff.

[236] ABl. EG 1977 Nr. L 359, S. 1 ff.; hierzu *B. Suski*, Das Europäische Parlament, S. 152 ff.

[237] Vgl. BGBl. II 1971, S. 157 ff.; ABl. EG 1978 Nr. L 91, S. 1 ff.; ABl. EG 1994 Nr. L 173, S. 14 ff.

[238] *G. Clemens/A. Reinfeldt/G. Wille*, Geschichte der europäischen Integration, S. 183 ff. Vgl. auch den Beitrittsvertrag, ABl. EG 1972 Nr. L 73, S. 5 ff.

[239] Zur Süderweiterung ausführlich *W. Loth*, Europas Einigung, S. 230 ff. Die Beitrittsverträge sind veröffentlicht in: ABl. EG 1979 Nr. L 291, S. 1 ff., und ABl. EG 1985 Nr. L 302, S. 1 ff.

[240] Abkommen über die Änderung des Vertrages zur Gründung der Europäischen Wirtschaftsgemeinschaft mit dem Ziel, daß die in Teil IV dieses Vertrages festgelegte besondere Assoziationsregelung auf die Niederländischen Antillen Anwendung findet, ABl. EG 1964 Nr. P 150, S. 2414 f.

[241] Vertrag zur Änderung der Verträge zur Gründung der Europäischen Gemeinschaften bezüglich Grönlands, ABl. EG 1985 Nr. L 29, S. 1 ff.; vgl. auch *G. Brunn*, Die Europäische Einigung, S. 236.

E. Einheitliche Europäische Akte

Während der ersten Jahrzehnte nach der Aufnahme ihrer Tätigkeit hatte sich in verschiedenen Punkten Reformbedarf gezeigt, dessen sich die Gemeinschaften schließlich in den 1980er-Jahren annahmen. Auf der Grundlage der Ergebnisse zweier Reform-Kommissionen zu institutionellen Fragen sowie zur Einbeziehung der Bürger in den Integrationsprozess[242] erarbeitete eine Regierungskonferenz die „Einheitliche Europäische Akte" (EEA)[243], die am 17. und 28. Februar 1986 unterzeichnet wurde und am 1. Juli 1987 in Kraft trat[244].[245]

I. Inhalte des Vertrages[246]

Mit der Einheitlichen Europäischen Akte bekräftigten die Mitgliedstaaten ihren Willen, die Gemeinschaft in eine Europäische Union umzuwandeln (Präambel, Art. 1 EEA) und den Binnenmarkt schrittweise bis zum 31. Dezember 1992 zu verwirklichen (Art. 13 EEA). Sie baute die Mehrheitsentscheidungen im Ministerrat aus (vgl. insbesondere Art. 18 EEA bzw. Art. 100a EWGV-EEA) und erweiterte die Rechte des Parlaments, indem sie das Verfahren der Zusammenarbeit einführte, in dem das Parlament gegenüber dem Anhörungsverfahren stärker beteiligt wurde (vgl. Art. 6, 7 EEA), und es in die Entscheidung über Beitrittsanträge und Assoziationsverträge mit Drittstaaten einband (Art. 237 Abs. 1, 238 Abs. 2 EWGV-EEA). Neue Kompetenzen wurden insbesondere auf den Gebieten des wirtschaftlichen und sozialen Zusammenhalts (Art. 23 EEA bzw. Art. 130a ff. EWGV-EEA), der Forschung und technologischen Entwicklung (Art. 24 EEA bzw. Art. 130f ff. EWGV-EEA) sowie der Umwelt (Art. 25 EEA bzw. Art. 130r ff. EWGV-EEA) begründet. Zudem wurde die bisher außerhalb der Verträge stehende Europäische Politische Zusammenarbeit als „Europäische Zusammenarbeit in der Außenpolitik" in das Primärrecht der Gemeinschaften integriert (Art. 30 EEA).

---

[242] *G. Brunn*, Die Europäische Einigung, S. 240f.

[243] ABl. EG 1987 Nr. L 169, S. 1ff.

[244] Vgl. Unterrichtung über das Inkrafttreten der Einheitlichen Europäischen Akte, die am 17. Februar 1986 in Luxemburg bzw. am 28. Februar 1986 in Den Haag unterzeichnet wurde, ABl. EG 1987 Nr. L 169, S. 29.

[245] *G. Brunn*, Die Europäische Einigung, S. 240ff.

[246] Vgl. zum Folgenden u. a. *G. Brunn*, Die Europäische Einigung, S. 244ff.

II. Parlamentarische Behandlung

Das „Gesetz zur Einheitlichen Europäischen Akte vom 28. Februar 1986“[247] wurde im Bundestag, der von einer schwarz-gelben Koalition regiert wurde[248], in zwei kurzen Beratungen, in denen jeweils nur ein Redner pro Fraktion sprach, am 13. November 1986[249] und 4. Dezember 1986[250] beraten. Es wurde schließlich „mit großer Mehrheit“ bei sechs Gegenstimmen angenommen.[251]

In den Debatten herrschte gleichwohl Enttäuschung angesichts des erzielten Ergebnisses, das hinter den Erwartungen zurückbleibe.[252] Insbesondere von Seiten der SPD wurde betont, dass die Fortschritte äußerst gering seien.[253] Dennoch wurde die EEA im Ergebnis nahezu einhellig als wichtiger Zwischenschritt auf dem Weg zur Europäischen Union verstanden.[254] Lediglich der grüne Abgeordnete Auhagen sprach sich gegen ein Europa der Regierungen aus, das einen Rückschritt darstelle, weshalb die Grünen die EEA ablehnen würden.[255]

Vor allem im Hinblick auf die Rechtsstellung des Europäischen Parlaments hatten sich die Parlamentarier eine deutlichere Verbesserung gewünscht.[256] Kritisiert wurde eine Entparlamentarisierung der Politik: Der Rat habe wesentlich größere Gestaltungsmöglichkeiten als das Parlament[257], zudem würden im Rahmen der Europäisierung von Aufgaben Befugnisse vom Bundestag auf den Rat übergehen und damit auf ein Exekutivorgan[258]. Dennoch regte sich im Bundestag nur wenig Widerstand gegen solche Rechtsverluste.[259] Vielmehr forderte lediglich der Bundes-

---

[247] BT-Drucks. 10/6392.

[248] Bei der Bundestagswahl 1983 hatte die CDU/CSU 244 Sitze erreicht, ihr Koalitionspartner FDP 34. Die Opposition bildeten die SPD mit 193 Sitzen und die Grünen mit 27 Sitzen, vgl. *Bundeswahlleiter*, Ergebnisse früherer Bundestagswahlen, S. 98 f.

[249] BT-Sten.Ber. 10/246, S. 18974 ff.

[250] BT-Sten.Ber. 10/253, S. 19716 ff.

[251] BT-Sten.Ber. 10/253, S. 19725. Eine namentliche Abstimmung fand nicht statt.

[252] *H.-D. Genscher* (Bundesminister), BT-Sten.Ber. 10/246, S. 18974; *A. Brück* (SPD), BT-Sten.Ber. 10/246, S. 18976 f.

[253] *H.-J. Vogel* (SPD), BT-Sten.Ber. 10/253, S. 19721.

[254] *H.-D. Genscher* (Bundesminister), BT-Sten.Ber. 10/246, S. 18974; *A. Brück* (SPD), BT-Sten.Ber. 10/246, S. 18977; *G. Pfennig* (CDU/CSU), BT-Sten Ber. 10/246, S. 18977; *P. M. Schmidhuber* (Bayern), BT-Sten.Ber. 10/246, S. 18979; *T. Wolfgramm* (FDP), BT-Sten. Ber. 10/246, S. 18983; *H. Schwarz* (CDU/CSU), BT-Sten.Ber. 10/253, S. 19717; *W. Rumpf* (FDP), BT-Sten.Ber. 10/253, S. 19722; *L. G. Stavenhagen* (Staatsminister im Auswärtigen Amt), BT-Sten.Ber. 10/253, S. 19724.

[255] *H. Auhagen* (GRÜNE), BT-Sten.Ber. 10/253, S. 19723.

[256] *H.-D. Genscher* (Bundesminister), BT-Sten.Ber. 10/246, S. 18975; *A. Brück* (SPD), BT-Sten.Ber. 10/246, S. 18976; *T. Wolfgramm* (FDP), BT-Sten.Ber. 10/246, S. 18983; *H. Schwarz* (CDU/CSU), BT-Sten.Ber. 10/253, S. 19717; *H.-J. Vogel* (SPD), BT-Sten.Ber. 10/253, S. 19719; *L. G. Stavenhagen* (Staatsminister im Auswärtigen Amt), BT-Sten.Ber 10/253, S. 19724.

[257] *H. Auhagen* (GRÜNE), BT-Sten.Ber. 10/246, S. 18982.

[258] *H.-J. Vogel* (SPD), BT-Sten.Ber. 10/253, S. 19720; *H. Auhagen* (GRÜNE), BT-Sten. Ber. 10/253, S. 19723.

[259] Vgl. aber *T. Wolfgramm* (FDP), BT-Sten.Ber. 10/246, S. 18984.

rat, vertreten durch den bayerischen Staatsminister Schmidhuber, vehement verstärkte Mitwirkungsrechte in europäischen Angelegenheiten, um die Kompetenzverluste der Länder zu kompensieren.[260] Bei den Bundestagsabgeordneten fand er hierfür überwiegend Unterstützung[261], der Liberale Rumpf warnte allerdings vor einer „Nebenaußenpolitik“ der Bundesländer[262].

F. Vertrag von Maastricht

Wenig später nahm die EWG eine erneute Reform in Angriff. Bereits Anfang der 1970er-Jahre waren Pläne zur Errichtung einer Wirtschafts- und Währungsunion entwickelt worden, die letztlich jedoch nicht erfolgreich umgesetzt wurden.[263] Ende der 1980er-Jahre nahm insbesondere Frankreichs Präsident François Mitterrand die Überlegungen wieder auf, worin er bald durch Deutschlands Außenminister Genscher unterstützt wurde.[264] In Deutschland stand man der Aufgabe der D-Mark zugunsten einer europäischen Währung allerdings überwiegend skeptisch gegenüber, die Bundesregierung arbeitete vielmehr vorrangig auf eine politische Union hin.[265] Dennoch setzte der Europäische Rat 1988 einen Ausschuss ein[266], der einen Drei-Stufen-Plan für die Verwirklichung einer Wirtschafts- und Währungsunion vorschlug[267].

Die politischen Entwicklungen im Osten Europas und schließlich der Fall der Mauer im November 1989 beschleunigten die Einigungsbemühungen erheblich.[268] Insbesondere Deutschland und Frankreich zeigten sich als treibende Kräfte und arbeiteten teilweise eng zusammen.[269] Dabei gelang es Helmut Kohl, neben der Wirtschafts- und Währungsunion auch die politische Einigung auf die Agenda zu setzen.[270] Auf die gemeinsame Initiative von Kohl und Mitterand hin berief der Europäische Rat schließlich zwei Regierungskonferenzen zur politischen Union und zur Wirtschafts- und Währungsunion ein, die im Dezember 1990 begannen.[271] Angesichts der unterschiedlichen Interessen der Teilnehmerstaaten führten die Verhandlungen zu zahlreichen Kompromissen, die letztlich nicht nur hinter den

[260] *P. M. Schmidhuber* (Bayern), BT-Sten.Ber. 10/246, S. 18979 ff.
[261] *T. Wolfgramm* (FDP), BT-Sten.Ber. 10/246, S. 18985; *H. Schwarz* (CDU/CSU), BT-Sten. Ber. 10/253, S. 19718.
[262] *W. Rumpf* (FDP), BT-Sten.Ber. 10/253, S. 19722.
[263] Vgl. dazu *G. Brunn*, Die Europäische Einigung, S. 216 ff.
[264] *W. Loth*, Europas Einigung, S. 277 ff.
[265] *G. Clemens/A. Reinfeldt/G. Wille*, Geschichte der europäischen Integration, S. 226.
[266] *G. Brunn*, Die Europäische Einigung, S. 264.
[267] Der Bericht des Ausschusses ist abgedruckt bei *H. Krägenau/W. Wetter*, Europäische Wirtschafts- und Währungsunion, S. 146 ff.
[268] *G. Clemens/A. Reinfeldt/G. Wille*, Geschichte der europäischen Integration, S. 226.
[269] Ausführlich *W. Loth*, Europas Einigung, S. 297 ff.; *ders.*, VfZ 2013, S. 455 ff.
[270] *W. Loth*, Europas Einigung, S. 286 f., 298.
[271] *G. Brunn*, Die Europäische Einigung, S. 269 f.

Vorstellungen der deutschen Regierung zurückblieben.[272] Als Ergebnis wurde am 10. Dezember 1991 der sogenannte „Vertrag von Maastricht“[273] beschlossen und am 7. Februar 1992 unterzeichnet.

I. Inhalte des Vertrages[274]

Der Vertrag von Maastricht änderte die Struktur der Gemeinschaften grundlegend: Durch ihn wurde die „Europäische Union“ (EU) gegründet, die „eine neue Stufe bei der Verwirklichung einer immer engeren Union der Völker Europas“ darstellte (Art. A EUV-M). Sie wurde bildlich oft als „Dach“ des europäischen „Tempels“ bezeichnet[275], welches die drei Säulen, nämlich die Europäischen Gemeinschaften (1. Säule), die Gemeinsame Außen- und Sicherheitspolitik (2. Säule) und die Zusammenarbeit in den Bereichen Justiz und Inneres (3. Säule), verband. Der Erweiterung der Kompetenzen der bisherigen EWG wurde durch die Umbenennung in „Europäische Gemeinschaft“ (EG) Rechnung getragen.[276] Die zur „Gemeinsamen Außen- und Sicherheitspolitik“ (GASP) erweiterte Europäische Politische Zusammenarbeit behielt ihren intergouvernementalen Charakter (Art. J ff. EUV-M). Auf längere Sicht sollte die GASP insbesondere auch eine gemeinsame Verteidigungspolitik umfassen (vgl. Art. B, J.4 Abs. 1 EUV-M). Die neue dritte Säule, die Vorschriften zur „Zusammenarbeit in den Bereichen Justiz und Inneres“ (Art. K ff. EUV-M), betraf vor allem die polizeiliche und justizielle Zusammenarbeit in Zivil- und Strafsachen sowie die Ausländerpolitik (vgl. Art. K.1 EUV-M). Sie basierte ebenfalls auf einer Zusammenarbeit der Mitgliedstaaten und wurde nicht vergemeinschaftet.

Im Zuge der Gründung der EU führte der Vertrag eine Unionsbürgerschaft ein (Art. 8 ff. EGV-M), die jedoch keine eigenständige Staatsbürgerschaft darstellte[277], sondern diese akzessorisch zur Staatsbürgerschaft eines Mitgliedstaates definierte (Art. 8 Abs. 1 EGV-M). Ein Unionsbürger konnte unter anderem gemeinschaftsweite Reise- und Aufenthaltsfreiheit (Art. 8a EGV-M) sowie das kommunale Wahlrecht und das Wahlrecht zum Europäischen Parlament an seinem jeweiligen Wohnort beanspruchen (Art. 8b EGV-M).

---

[272] *W. Loth*, Europas Einigung, S. 300 ff.

[273] Vertrag über die Europäische Union, unterzeichnet zu Maastricht am 7. Februar 1992, ABl. EG 1992 Nr. C 191, S. 1 ff.

[274] Vgl. zum Folgenden u. a. *G. Brunn*, Die Europäische Einigung, S. 277 ff.; *T. Oppermann/C. D. Classen*, NJW 1993, S. 5 (7 ff.).

[275] Vgl. nur *A. Haratsch/C. Koenig/M. Pechstein*, Europarecht, Rn. 53; *M. Herdegen*, Europarecht, § 4 Rn. 12 f.

[276] *T. Oppermann/C. D. Classen*, NJW 1993, S. 5 (7).

[277] *C. Schönberger*, in: Grabitz/Hilf/Nettesheim, Recht der EU, Art. 20 AEUV Rn. 2; *S. Magiera*, in: Streinz, EUV/AEUV, Art. 20 AEUV Rn. 23; *M. Haag*, in: von der Groeben/Schwarze/Hatje, Unionsrecht Bd. 1, Art. 20 AEUV Rn. 11; *K. Hailbronner*, in: Hailbronner/Maaßen/Hecker/Kau, Staatsangehörigkeitsrecht, S. 123; *S. Hobe*, Der Staat 32 (1993), S. 245 (258, 267).

Durch die Einführung des Mitentscheidungsverfahrens (Art. 189b EGV-M) wurde die Stellung des Europäischen Parlaments verbessert, da die Rechtsakte in seinem Anwendungsbereich nun nicht mehr gegen den Willen des Parlaments erlassen werden konnten.[278] Zusätzlich erhielt das Parlament das Recht, die neue Kommission zu bestätigen (Art. 158 Abs. 2 EGV-M) und Untersuchungsausschüsse einzusetzen (Art. 138c EGV-M). Neben dieser Ausweitung der supranationalen Elemente wurden die Organe der Gemeinschaft auf das Subsidiaritätsprinzip verpflichtet (Art. 3b EGV-M), wonach die EG nur tätig werden darf, sofern und soweit ein Ziel auf der Ebene der Mitgliedstaaten nicht ausreichend erreicht werden kann (Art. 3b Abs. 2 EGV-M). Art. 3b EGV-M regelte das Prinzip der begrenzten Einzelermächtigung (Abs. 1) sowie die Bindung an das Verhältnismäßigkeitsprinzip (Abs. 3).

Bezüglich der Wirtschafts- und Währungsunion wurde ein Drei-Stufen-Plan aufgestellt: Nachdem die erste Stufe bereits am 1. Juli 1990 begonnen hatte, sollte die zweite Stufe am 1. Januar 1994 beginnen (Art. 109e Abs. 1 EGV-M). Sie umfasste die Gründung eines Europäischen Wirtschaftsinstituts, das unter anderem die Zusammenarbeit zwischen den nationalen Zentralbanken sowie die Koordinierung der nationalen Geldpolitiken verstärken sowie das Funktionieren des Europäischen Währungssystems überwachen sollte (Art. 109f EGV-M). Die dritte Stufe, die Währungsunion, sollte spätestens am 1. Januar 1999 beginnen (Art. 109j Abs. 4 EGV-M). Dann sollten in den Staaten, die die Konvergenz-Kriterien (vgl. 109j Abs. 1 EGV-M[279]) erfüllen, die einheitliche Währung eingeführt werden (Art. 109l Abs. 4 EGV-M) und eine Europäische Zentralbank (EZB) sowie ein Europäisches System der Zentralbanken (ESZB), bestehend aus der EZB und den nationalen Zentralbanken, eingerichtet werden (Art. 109l Abs. 1 EGV-M). Dänemark und Großbritannien hatten sich im Hinblick auf die dritte Stufe der Währungsunion ein Opting-out vorbehalten.[280]

Angesichts der weitreichenden Änderungen durch den Vertrag von Maastricht war im Vorfeld auf nationaler Ebene bezweifelt worden, dass der Integrationsakt noch auf Art. 24 Abs. 1 GG gestützt werden kann.[281] Die Frage musste letztlich je-

---

[278] *T. Oppermann/C. D. Classen*, NJW 1993, S. 5 (7).

[279] Dazu auch das Protokoll über die Konvergenzkriterien nach Artikel 109 j des Vertrages zur Gründung der Europäischen Gemeinschaft, ABl. EG 1992 Nr. C 191, S. 85.

[280] Protokoll über einige Bestimmungen betreffend das Vereinigte Königreich Großbritannien und Nordirland, Nr. 1, sowie Protokoll über einige Bestimmungen betreffend Dänemark, ABl. EG 1992 Nr. C 191, S. 87 ff.

[281] Vgl. die Gesetzesbegründung, BT-Drucks. 12/3338, S. 3, sowie den Bericht des Sonderausschusses „Europäische Union (Vertrag von Maastricht)", BT-Drucks. 12/3896, S. 16 f. Die Gemeinsame Verfassungskommission hatte unter anderem zu diesem Aspekt die Sachverständigen *Bieber*, *Hölzer*, *Isensee*, *Lepsius*, *Lerche*, *Randelzhofer*, *Scharpf*, *Stern* und *Tomuschat* befragt, vgl. hierzu den Stenographischen Bericht der 1. Öffentlichen Anhörung „Grundgesetz und Europa" vom 22. Mai 1992, abgedruckt in: Deutscher Bundestag (Hrsg.), Materialien zur Verfassungsdiskussion und zur Grundgesetzänderung in der Folge der deutschen Einigung,

doch nicht entschieden werden: „[J]edenfalls aus integrations- und verfassungspolitischen Gründen“[282] sollte mit einer begleitenden Verfassungsänderung ein neuer „Europa-Artikel“ als Art. 23 in das Grundgesetz eingefügt werden, der fortan die Grundlage für die Integration in die Europäische Union bilden sollte.

II. Parlamentarische Behandlung

In dem von CDU/CSU und FDP dominierten Bundestag[283] waren die Ergebnisse des Europäischen Rates von Maastricht bereits am 13. Dezember 1991[284] Gegenstand einer Aussprache. Die erste Beratung des „Entwurfs eines Gesetzes zum Vertrag vom 7. Februar 1992 über die Europäische Union“[285] fand am 8. Oktober 1992[286], die zweite Beratung und Schlussabstimmung am 2. Dezember 1992[287] statt. Gleichzeitig wurde die begleitend eingebrachte Änderung des Grundgesetzes[288] behandelt. Für die Aussprachen waren sechs bzw. fünf Stunden vorgesehen[289], damit handelte es sich im Vergleich um eine der längeren Debatten in der Geschichte der europäischen Integration.

Trotz der Bedeutung des Vertragswerks fehlten weitgehend inhaltliche Streitpunkte zwischen den Fraktionen, wie sie die Debatten der 1950er-Jahre beherrscht hatten. Es wurde zwar mitunter Kritik an den Ergebnissen des Gipfels geübt, im Wesentlichen bestand jedoch ein großer parteiübergreifender Konsens dahingehend, dem Vertrag zuzustimmen. Er wurde im Ergebnis überwiegend als Fortschritt auf dem Weg zu einem vereinten Europa anerkannt[290], mitunter jedoch auch

Band 2, S. 1 ff. (insbes. S. 8, 12, 13, 16, 17 f., 24, 25) sowie die schriftlichen Stellungnahmen, abgedruckt in: Deutscher Bundestag (Hrsg.), Materialien zur Verfassungsdiskussion und zur Grundgesetzänderung in der Folge der deutschen Einigung, Band 3, Arbeitsunterlagen Nr. 24, 25, 28, 29, 31–35. Zur Diskussion ausführlich *K. Schmalenbach*, Der neue Europartikel 23, S. 38 ff.

[282] So die Stellungnahme des Sonderausschusses „Europäische Union (Vertrag von Maastricht)“, BT-Drucks. 12/3896, S. 17.

[283] Bei den vorangegangenen Wahlen 1990 hatten CDU und CSU zusammen 319 Sitze errungen, ihr Koalitionspartner FDP 79, die Oppositionsparteien SPD 239, PDS/Linke Liste 17 und BÜNDNIS 90/DIE GRÜNEN acht, vgl. *Bundeswahlleiter*, Ergebnisse früherer Bundestagswahlen, S. 98 f.

[284] BT-Sten.Ber. 12/68, S. 5797 ff.

[285] BT-Drucks. 12/3334.

[286] BT-Sten.Ber. 12/110, S. 9314 ff.

[287] BT-Sten.Ber. 12/126, S. 10809 ff.

[288] BT-Drucks. 12/3338.

[289] Vgl. BT-Sten.Ber. 12/110, S. 9316 und 12/126, S. 10811.

[290] *I. Matthäus-Meier* (SPD), BT-Sten.Ber. 12/68, S. 5806; *O. Graf Lambsdorff* (FDP), BT-Sten.Ber. 12/68, S. 5810 und 12/110, S. 9333; *C. von Teichmann* (FDP), BT-Sten.Ber. 12/68, S. 5833; *G. Thalheim* (SPD), BT-Sten.Ber. 12/110, S. 9378; *A. Schockenhoff* (CDU/CSU), BT-Sten.Ber. 12/110, S. 9383; *H. Wieczorek-Zeul* (SPD), BT-Sten.Ber. 12/126, S. 10814; *G. Verheugen* (SPD), BT-Sten.Ber. 12/126, S. 10833.

als „kleineres Übel“[291] gegenüber den negativen Auswirkungen einer Ablehnung. Dementsprechend wurde der Gesetzentwurf schließlich mit der großen Mehrheit von 543 Ja-Stimmen gegenüber 16 Nein-Stimmen (darunter alle Stimmen der Abgeordneten der PDS/Linke Liste sowie der Hälfte der Abgeordneten von Bündnis 90/DIE GRÜNEN) und acht Enthaltungen angenommen.[292]

Bemerkenswert ist zunächst, dass die Rechtsnatur der neuen EU sowie die Einführung der Unionsbürgerschaft in den Debatten kaum Beachtung fanden. Stattdessen beschäftigten sich die Redner vor allem intensiv mit der Wirtschafts- und Währungsunion. Besonders kam es ihnen dabei auf die Stabilität der neuen Währung bzw. die Ausgestaltung der Währungsunion als Stabilitätsunion an.[293] Mehrfach wurde die Befürchtung geäußert, dass die Stabilitätskriterien für den Eintritt in die Währungsunion im Laufe der Frist aufgeweicht werden könnten, um mehr Mitgliedstaaten die Teilnahme an der gemeinsamen Währung zu ermöglichen.[294] Angehörige der Koalitionsparteien traten dem zwar entgegen und stellten die Stabilitätskriterien als strikt einzuhaltende Grenzen dar.[295] Dennoch wurde von Seiten der Abgeordneten darauf bestanden, dass es für den Eintritt in die dritte Stufe keinen Automatismus geben dürfe[296], sondern Bundestag und Bundesrat zuvor erneut beteiligt werden müssten. Uneinig war man sich hinsichtlich der Art der gewünschten Beteiligung, die Bezeichnungen reichten von einer bloßen Rückkoppelung[297] über eine Zustimmung[298], eine bindende Entscheidung[299] oder einen Parlamentsvorbehalt[300] bis hin zu einer „erneuten politischen Bewertung“[301]. Demgegenüber wurde

---

[291] In diese Richtung *W. Schulz* (Bündnis 90/DIE GRÜNEN), BT-Sten.Ber. 12/110, S. 9344; *G. Poppe* (Bündnis 90/DIE GRÜNEN), BT-Sten.Ber. 12/126, S. 10823. Kritik an dieser Einstellung übte *H. Haussmann* (FDP), BT-Sten.Ber. 12/126, S. 10847.

[292] Vgl. das Ergebnis der namentlichen Abstimmung, BT-Sten.Ber. 12/126, S. 10880 ff.

[293] *H. Kohl* (Bundeskanzler), BT-Sten.Ber. 12/68, S. 5798; *I. Matthäus-Maier* (SPD), BT-Sten. Ber. 12/68, S. 5805; *K. Faltlhauser* (CDU/CSU), BT-Sten.Ber. 12/68, S. 5829; *T. Waigel* (Bundesminister), BT-Sten.Ber. 12/110, S. 9320 f.; *H. Wieczorek-Zeul* (SPD), BT-Sten.Ber. 12/110, S. 9329; *C. Schmidt* (CDU/CSU), BT-Sten.Ber. 12/110, S. 9357.

[294] *I. Matthäus*-Maier (SPD), BT-Sten.Ber. 12/68, S. 5804; *O. Graf Lambsdorff* (FDP), BT-Sten. Ber. 12/68, S. 5811 und BT-Sten.Ber. 12/110, S. 9336 f.; *W. Schulz* (Bündnis 90/DIE GRÜNEN), BT-Sten.Ber. 12/110, S. 9343; *C. Schmidt* (CDU/CSU), BT-Sten.Ber. 12/110, S. 9357; *W. Roth* (SPD), BT-Sten.Ber. 12/110, S. 9366; *N. Wieczorek* (SPD), BT-Sten.Ber. 12/126, S. 10844 f.

[295] *T. Waigel* (Bundesminister), BT-Sten.Ber. 12/68, S. 5819, 12/110, S. 9322 und 12/126, S. 10841; *R. Hellwig* (CDU/CSU), BT-Sten.Ber. 12/110, S. 9346; *H. Kohl* (Bundeskanzler), BT-Sten.Ber. 12/126, S. 10826.

[296] *O. Graf Lambsdorff* (FDP), BT-Sten.Ber. 12/68, S. 5811; *W. Roth* (SPD), BT-Sten.Ber. 12/110, S. 9366; *G. Thalheim* (SPD), BT-Sten.Ber. 12/110, S. 9378; *H. Wieczorek-Zeul* (SPD), BT-Sten.Ber. 12/126, S. 10816.

[297] *R. Hellwig* (CDU/CSU), BT-Sten.Ber. 12/110, S. 9346.

[298] *O. Graf Lambsdorff* (FDP), BT-Sten.Ber. 12/110, S. 9337; *W. Schulz* (Bündnis 90/DIE GRÜNEN), BT-Sten.Ber. 12/110, S. 9343.

[299] *H. Wieczorek-Zeul* (SPD), BT-Sten.Ber. 12/110, S. 9329 und 12/126, S. 10816; *G. Verheugen* (SPD), BT-Sten.Ber. 12/110, S. 9347.

[300] *N. Wieczorek* (SPD), BT-Sten.Ber. 12/68, S. 5822; *H. Wieczorek-Zeul* (SPD), BT-Sten. Ber. 12/110, S. 9329; *F. Gerster* (Rheinland-Pfalz), BT-Sten.Ber. 12/110, S. 9358.

[301] *W. Seibel* (CDU/CSU), BT-Sten.Ber. 12/110, S. 9377.

jedoch von mehreren Rednern eingewandt, dass die Beteiligung des Bundestages keine zweite Ratifizierung oder gar ein Opting-out bedeuten dürfe[302], sondern es sich lediglich um eine zwar eigenständige, aber objektive Prüfung handeln könne, ob die Kriterien erfüllt seien[303]. Der Bundestag fasste letztlich eine Entschließung, nach der für die Stimmabgabe der Bundesregierung bei Ratsbeschlüssen nach Art. 109j Abs. 3 und 4 EUV das zustimmende Votum des Bundestages erforderlich sei.[304] Zuvor hatte Außenminister Kinkel bereits betont, dass keine Bundesregierung eine Entscheidung von solcher Tragweite ohne Rückendeckung des Parlaments treffen würde.[305]

Vereinzelt wurden Bedenken im Hinblick auf den geplanten Kohäsionsfonds und seine Auswirkungen zu Lasten Deutschlands geäußert.[306] Die EU dürfe nicht zu einer Umverteilungsunion werden[307], was Finanzminister Waigel ebenso zusagte[308] wie den Umstand, dass die EG keinesfalls für die Schulden ihrer Mitgliedstaaten hafte[309]. Darüber hinaus wurde positiv hervorgehoben, dass die Festschreibung der Unabhängigkeit der Europäischen Zentralbank erreicht werden konnte.[310]

Als wesentliches Problem der Wirtschafts- und Währungsunion wurde jedoch ihre mangelnde Verknüpfung mit einer politischen Union identifiziert, die ursprünglich beabsichtigt gewesen war. Nunmehr hinke die Entwicklung der politischen Union derjenigen der wirtschaftlichen zu weit hinterher.[311] Das Anliegen der politischen Absicherung der Wirtschafts- und Währungsunion wurde auch von Bundeskanzler Kohl unterstützt.[312]

---

[302] *T. Waigel* (Bundesminister), BT-Sten.Ber. 12/110, S. 9322 und 12/126, S. 10842; *H. Haussmann* (FDP), BT-Sten.Ber. 12/110, S. 9352; *C. Schmidt* (CDU/CSU), BT-Sten.Ber. 12/110, S. 9357; *F. Gautier* (SPD), BT-Sten.Ber. 12/110, S. 9374; *K. Faltlhauser* (CDU/CSU), BT-Sten. Ber. 12/126, S. 10846.

[303] *U. Irmer* (FDP), BT-Sten.Ber. 12/126, S. 10817.

[304] Zustimmung zum entsprechenden Entschließungsantrag der Fraktionen der CDU/CSU, SPD und FDP (BT-Drucks. 12/3906, S. 2), BT-Sten.Ber. 12/126, S. 10879, 10885. Diese Zustimmung erteilte der Bundestag am 23. April 1998, BT-Sten.Ber. 13/230, S. 21114.

[305] *K. Kinkel* (Bundesminister), BT-Sten.Ber. 12/110, S. 9318.

[306] *O. Graf Lambsdorff* (FDP), BT-Sten.Ber. 12/68, S. 5812; *N. Wieczorek* (SPD), BT-Sten. Ber. 12/68, S. 5821.

[307] *K. Faltlhauser* (CDU/CSU), BT-Sten.Ber. 12/68, S. 5830.

[308] *T. Waigel* (Bundesminister), BT-Sten.Ber. 12/110, S. 9322.

[309] *T. Waigel* (Bundesminister), BT-Sten.Ber. 12/126, S. 10841.

[310] *T. Waigel* (Bundesminister), BT-Sten.Ber. 12/68, S. 5817, 5819, 12/110, S. 9321 und 12/126, S. 10840; *K. Faltlhauser* (CDU/CSU), BT-Sten.Ber. 12/68, S. 5829; *W. Roth* (SPD), BT-Sten.Ber. 12/110, S. 9366; *H. Kohl* (Bundeskanzler), BT-Sten.Ber. 12/126, S. 10825.

[311] *I. Matthäus-Maier* (SPD), BT-Sten.Ber. 12/68, S. 5803; *H. Modrow* (PDS/Linke Liste), BT-Sten.Ber. 12/68, S. 5813; *N. Wieczorek* (SPD), BT-Sten.Ber. 12/68, S. 5821 und 12/126, S. 10843; *H. Wieczorek-Zeul* (SPD), BT-Sten.Ber. 12/68, S. 5826 und 12/126, S. 10815; *W. Clement* (Nordrhein-Westfalen), BT-Sten.Ber. 12/68, S. 5831; *W. Schulz* (Bündnis 90/DIE GRÜNEN), BT-Sten. Ber. 12/110, S. 9342.

[312] *H. Kohl* (Bundeskanzler), BT-Sten.Ber. 12/126, S. 10825.

Abseits der wirtschaftlichen Aspekte richtete sich die Kritik vor allem auf die aus Sicht der Abgeordneten weiterhin unzureichenden Rechte des Europäischen Parlaments, insoweit sei der Vertrag hinter den Erwartungen zurückgeblieben.[313] Insbesondere sei problematisch, dass dem Europäischen Rat weiterhin die stärkere Stellung zukomme und das Parlament nicht gleichberechtigt sei.[314] Vor allem Oppositionspolitiker wurden in diesem Zusammenhang deutlich und bezeichneten die derzeitige Situation als Demokratiedefizit.[315] Außerdem hoben die Mitglieder der Regierungsfraktionen die primärrechtliche Verankerung des Subsidiaritätsprinzips hervor[316], dessen Ausgestaltung allerdings von der Opposition kritisiert wurde[317]. Darüber hinaus bemängelten deren Rednerinnen und Redner unter anderem die aus ihrer Sicht unzureichende soziale Dimension des Vertrages.[318]

---

[313] *H. Kohl* (Bundeskanzler), BT-Sten.Ber. 12/68, S. 5801 und 12/126, S. 10827; *I. Matthäus-Maier* (SPD), BT-Sten.Ber. 12/68, S. 5805; *H. Modrow* (PDS/Linke Liste), BT-Sten. Ber. 12/68, S. 5814; *G. Poppe* (Bündnis 90/GRÜNE), BT-Sten.Ber. 12/68, S. 5815; *H.-D. Genscher* (Bundesminister), BT-Sten.Ber. 12/68, S. 5824; *W. Clement* (Nordrhein-Westfalen), BT-Sten.Ber. 12/68, S. 5830; *C. von Teichmann* (FDP), BT-Sten.Ber. 12/68, S. 5832; *K. Kinkel* (Bundesminister), BT-Sten.Ber. 12/110, S. 9317; *H. Wieczorek-Zeul* (SPD), BT-Sten.Ber. 12/110, S. 9329; *O. Graf Lambsdorff* (FDP), BT-Sten.Ber. 12/110, S. 9337; *F. Gerster* (Rheinland-Pfalz), BT-Sten.Ber. 12/110, S. 9358; *U. Irmer* (FDP), BT-Sten.Ber. 12/126, S. 10818; *K.D. Voigt* (SPD), BT-Sten.Ber. 12/126, S. 10839.

[314] *H. Modrow* (PDS/Linke Liste), BT-Sten.Ber. 12/68, S. 5814; *H. Wieczorek-Zeul* (SPD), BT-Sten.Ber. 12/68, S. 5826; *G. Poppe* (BÜNDNIS 90/DIE GRÜNEN), BT-Sten.Ber. 12/126, S. 10822; *H. Scheer* (SPD), BT-Sten.Ber. 12/126, S. 10868.

[315] *H. Modrow* (PDS/Linke Liste), BT-Sten.Ber. 12/68, S. 5814; *N. Wieczorek* (SPD), BT-Sten. Ber. 12/68, S. 5821; *H. Wieczorek-Zeul* (SPD), BT-Sten.Ber. 12/68, S. 5828; *C. von Teichmann* (FDP), BT-Sten.Ber. 12/68, S. 5832; *O. Graf Lambsdorff* (FDP), BT-Sten.Ber. 12/110, S. 9338; *W. Schulz* (BÜNDNIS 90/DIE GRÜNEN), BT-Sten.Ber. 12/110, S. 9342; *G. Verheugen* (SPD), BT-Sten.Ber. 12/110, S. 9349; *H. Helmrich* (Mecklenburg-Vorpommern), BT-Sten.Ber. 12/110, S. 9359; *P. Conradi* (SPD), BT-Sten.Ber. 12/110, S. 9385 und 12/126, S. 10854; *H. Wieczorek-Zeul* (SPD), BT-Sten.Ber. 12/126, S. 10815; *I. Köppe* (BÜNDNIS 90/DIE GRÜNEN), BT-Sten. Ber. 12/126, S. 10856; *O. Schily* (SPD), BT-Sten.Ber. 12/126, S. 10874; relativierend und die Verbesserungen durch den Vertrag von Maastricht im Hinblick auf das bestehende Demokratiedefizit hervorhebend *W. Ullmann* (BÜNDNIS 90/DIE GRÜNEN), BT-Sten.Ber. 12/126, S. 10872.

[316] *H. Kohl* (Bundeskanzler), BT-Sten.Ber. 12/68, S. 5800; *C. von Teichmann* (FDP), BT-Sten. Ber. 12/68, S. 5832; *R. Süssmuth* (CDU/CSU), BT-Sten.Ber. 12/110, S. 9331; *H. Helmrich* (Mecklenburg-Vorpommern), BT-Sten.Ber. 12/110, S. 9360; *M. Mayer* (CDU/CSU), BT-Sten. Ber. 12/110, S. 9379; *P. Kittelmann* (CDU/CSU), BT-Sten.Ber. 12/126, S. 10812; *T. Waigel* (Bundesminister), BT-Sten.Ber. 12/126, S. 10841.

[317] *G. Gysi* (PDS/Linke Liste), BT-Sten.Ber. 12/110, S. 9341; *P. Conradi* (SPD), BT-Sten. Ber. 12/110, S. 9386; *H. Soell* (SPD), BT-Sten.Ber. 12/110, S. 9388; *H. Modrow* (PDS/Linke Liste), BT-Sten.Ber. 12/126, S. 10820; *O. Lowack* (fraktionslos), BT-Sten.Ber. 12/126, S. 10860. Skeptisch im Hinblick auf das Subsidiaritätsprinzip auch *W. Clement* (Nordrhein-Westfalen), BT-Sten.Ber. 12/68, S. 5831; *W. Ullmann* (BÜNDNIS 90/DIE GRÜNEN), BT-Sten.Ber. 12/110, S. 9355.

[318] *I. Matthäus-Meier* (SPD), BT-Sten.Ber. 12/68, S. 5805 f.; *H. Modrow* (PDS/Linke Liste), BT-Sten.Ber. 12/68, S. 5814 und 12/126, S. 10820; *G. Poppe* (Bündnis 90/DIE GRÜNEN), BT-Sten.Ber. 12/68, S. 5816; *G. Gysi* (PDS/Linke Liste), BT-Sten.Ber. 12/110, S. 9341; *P. Bläss* (PDS/Linke Liste), BT-Sten.Ber. 12/110, S. 9363 ff.; *F. Gautier* (SPD), BT-Sten.Ber. 12/110, S. 9375; *H. Wieczorek-Zeul* (SPD), BT-Sten.Ber. 12/126, S. 10815.

III. Das Maastricht-Urteil des Bundesverfassungsgerichts

Nachdem das Zustimmungsgesetz den Bundestag erfolgreich passiert hatte, stimmte der Bundesrat ihm am 18. Dezember 1992 einstimmig zu.[319] Mit der politischen Entscheidung war die deutsche Debatte um den Vertrag von Maastricht allerdings noch nicht beendet. Vier (grüne) Abgeordnete des Europäischen Parlaments[320] sowie der Rechtsanwalt Manfred Brunner, ehemaliger Kabinettschef Binnenmarkt der Europäischen Kommission,[321] legten Verfassungsbeschwerde gegen das Zustimmungsgesetz ein, über die das Bundesverfassungsgericht nach der mündlichen Verhandlung am 1. und 2. Juli 1993[322] mit dem sogenannten Maastricht-Urteil vom 12. Oktober 1993[323] entschied.

Brunner hatte mit seiner Verfassungsbeschwerde unter anderem eine Verletzung in seinem Recht aus Art. 38 GG geltend gemacht. Infolge der Übertragung von Kompetenzen auf die Europäischen Gemeinschaften werde die Staatsgewalt in Deutschland nicht mehr wesentlich vom Bundestag bzw. dem deutschen Volk ausgeübt, wodurch sein Recht auf Teilhabe an der Ausübung der Staatsgewalt verletzt werde.[324] Zudem liege in dem europäischen Demokratiedefizit ein Verstoß gegen Art. 38 GG.[325]

Im Hinblick auf die Zulässigkeit der Verfassungsbeschwerde schloss sich das Bundesverfassungsgericht dieser Argumentation im Grundsatz an. Art. 38 GG gewährleiste auch den „grundlegenden demokratischen Gehalt" des Wahlrechts, mithin das Recht auf Mitwirkung an der Legitimation der Staatsgewalt und Einflussnahme auf ihre Ausübung.[326] Dieses Recht dürfe nicht durch Kompetenzübertragungen auf die europäische Ebene so weit entleert werden, dass die Mindestanforderungen des Demokratieprinzips im Sinne der Art. 23 Abs. 1, 79 Abs. 3, 20 Abs. 1 und 2 GG nicht mehr eingehalten werden.[327] Die „Subjektivierung" des Demokratieprinzips ist in der Literatur vielfach kritisiert worden.[328] Es war allerdings der einzige Anknüpfungspunkt für die Zulässigkeit der Verfassungsbeschwerde,

---

[319] Vgl. Bundesrat, Plenarprotokoll der 650. Sitzung vom 18. Dezember 1993, S. 653.

[320] Die Beschwerdeschrift der vier Abgeordneten, die durch *Hans-Christian Ströbele* vertreten wurden, ist abgedruckt bei *I. Winkelmann*, Das Maastricht-Urteil, S. 77 ff.

[321] Vgl. zur Verfassungsbeschwerde *Brunners* den Bericht von *H. Wagner*, FOCUS Magazin Nr. 21/1993. *Brunners* Antragsschrift, die von *K.A. Schachtschneider* verfasst wurde, ist abgedruckt bei *I. Winkelmann*, Das Maastricht-Urteil, S. 102 ff.

[322] Vgl. die Dokumente zur mündlichen Verhandlung bei *I. Winkelmann*, Das Maastricht-Urteil, S. 521 ff.

[323] BVerfGE 89, 155.

[324] Vgl. die Antragsschrift, abgedruckt bei *I. Winkelmann*, Das Maastricht-Urteil, S. 102 (115 ff.).

[325] Vgl. die Antragsschrift, abgedruckt bei *I. Winkelmann*, Das Maastricht-Urteil, S. 102 (116).

[326] BVerfGE 89, 155 (171 f.).

[327] BVerfGE 89, 155 (172).

[328] Vgl. dazu bereits oben 2. Teil C. I. 3.

die darüber hinaus erhobenen Rügen erklärte das Bundesverfassungsgericht für unzulässig.[329]

Im Ergebnis hielt der Senat jedoch eine Verletzung des Beschwerdeführers in seinem Recht aus Art. 38 GG nicht für gegeben und wies die Verfassungsbeschwerde als unbegründet ab. Die Zustimmung zum Vertrag von Maastricht sei mit dem Grundgesetz vereinbar.

Ein wesentlicher Aspekt dieses Ergebnisses war der Umstand, dass der Vertrag keinen europäischen Staat begründe, sondern lediglich einen europäischen Staatenverbund, in dem die Mitgliedstaaten die „Herren der Verträge" blieben.[330] Der Neologismus des Staatenverbundes, der auf den Berichterstatter Paul Kirchhof zurückging[331], bestimmt seitdem das deutsche Verständnis der Europäischen Union.[332]

Im Hinblick auf das Demokratieprinzip betonte das Bundesverfassungsgericht, dass die Ausübung von Hoheitsgewalt sich zwingend auf das Staatsvolk zurückführen lassen müsse.[333] Insoweit müsse ein hinreichendes Legitimationsniveau erreicht werden, das allerdings in einer supranationalen Organisation nicht dasselbe Niveau erreichen müsse wie in einem Staat.[334] Die Europäische Union sei ein Verbund demokratischer Staaten, der zuvörderst durch die Staatsvölker der Mitgliedstaaten und die nationalen Parlamente legitimiert werden müsse.[335] Die Legitimation durch das Europäische Parlament habe lediglich ergänzende abstützende Wirkung, die allerdings mit zunehmender Integration an Bedeutung gewinne.[336] Solange die Staatsvölker über die nationalen Parlamente demokratische Legitimation vermittelten, müssten jedoch den Mitgliedstaaten, im Speziellen dem Deutschen Bundestag, hinreichend bedeutsame eigene Aufgabenfelder verbleiben, auf denen sich das jeweilige Staatsvolk entfalten und artikulieren könne.[337] Weiterhin fordere Art. 38 GG, dass der Bundestag über die Mitgliedschaft Deutschlands in der Europäischen Union, ihren Fortbestand und ihre Entwicklung bestimmen könne, insbesondere müssten die damit verbundenen Rechte und Pflichten im Vertrag für den Gesetzgeber voraussehbar beschrieben und durch das Zustimmungsgesetz hinreichend bestimmt worden sein.[338] Unbestimmte Hoheitsrechtsübertragungen

---

[329] BVerfGE 89, 155 (174 ff.).

[330] BVerfGE 89, 155 (181, 188, 190).

[331] *R. Scholz*, in: Maunz/Dürig, GG, Art. 23 Rn. 45. Vgl. *P. Kirchhof*, in: HdStR Bd. VII (1. Aufl.), § 183 Rn. 38, 50 ff., 69.

[332] Vgl. nur *C. Calliess*, in: Calliess/Ruffert, EUV/AEUV, Art. 1 EUV Rn. 41 ff.; *H. D. Jarass*, in: Jarass/Pieroth, GG, Art. 23 Rn. 2; *W. Heintschel von Heinegg*, in: Epping/Hillgruber, BeckOK GG, Art. 23 Rn. 7; *W. Heyde*, in: Umbach/Clemens, GG Bd. I, Art. 23 Rn. 12; *P. Kirchhof*, in: HdStR Bd. X, § 214 Rn. 1 ff.; *R. Streinz*, Europarecht, Rn. 137; *J. Ipsen*, Staatsrecht I, Rn. 58.

[333] BVerfGE 89, 155 (182, 184).

[334] BVerfGE 89, 155 (182).

[335] BVerfGE 89, 155 (184, 185).

[336] BVerfGE 89, 155 (184, 185 f.).

[337] BVerfGE 89, 155 (186).

[338] BVerfGE 89, 155 (187 f.).

kämen hingegen einer Generalermächtigung und damit einer unzulässigen Entäußerung gleich.[339]

Der Vertrag von Maastricht genügte aus Sicht des Senats diesen Anforderungen. Er betonte, dass das Prinzip der begrenzten Einzelermächtigung fortgelte und dem Tätigwerden der Gemeinschaften eine strikte Grenze setze.[340] Dieses Prinzip werde durch Art. F Abs. 3 EUV-M, demzufolge die Union sich mit den Mitteln ausstattet, die zum Erreichen ihrer Ziele und zur Durchführung ihrer Politiken erforderlich sind, nicht gefährdet, da die Norm keine Kompetenz-Kompetenz begründe.[341] Art. 235 EGV-M dürfe ebenfalls nicht als „Vertragsabrundungskompetenz" zur Erweiterung der Verträge in Anspruch genommen werden. Eine weitere Grenze setze das Subsidiaritätsprinzip[342], das im Bundestag ebenfalls bereits überwiegend positiv beurteilt worden war. Bundesregierung und Bundestag seien im Übrigen durch Art. 23 Abs. 1 Satz 1 GG verpflichtet, auf eine strikte Einhaltung des Prinzips der begrenzten Einzelermächtigung hinzuwirken.[343]

Parallel zur parlamentarischen Behandlung bildete die Europäische Währungsunion einen weiteren Schwerpunkt des Urteils.[344] Insgesamt sei das Zustimmungsgesetz in dieser Hinsicht parlamentarisch verantwortbar, auch wenn die weitere Entwicklung der Währungsunion noch nicht voraussehbar sei.[345] Das Bundesverfassungsgericht wies darauf hin, dass die Konzeption der Währungsunion als Stabilitätsgemeinschaft „Grundlage und Gegenstand des deutschen Zustimmungsgesetzes"[346] sei. Den im Bundestag geäußerten Befürchtungen, die Konvergenzkriterien könnten aufgeweicht werden, entgegnete der Senat, dass zu einer solchen Änderung stets die Zustimmung Deutschlands, und damit auch die Mitwirkung des Bundestages, erforderlich sei.[347] Zudem verstand es den avisierten Zeitpunkt für den Eintritt in die dritte Stufe der Wirtschafts- und Währungsunion nicht als rechtlich verbindliches Datum, sondern als bloße Zielvorgabe.[348] Der Vorbehalt einer weiteren zustimmenden Parlamentsentscheidung könne im Rahmen der Mitwirkung des Bundestages nach Art. 23 Abs. 3 GG zur Geltung gebracht werden.[349] Die im Bundestag kritisierte fehlende Verknüpfung der Wirtschafts- und Währungsunion mit einer politischen Union bezeichnete der Senat ausdrücklich als politische, nicht als verfassungsrechtliche Frage.[350]

---

339 BVerfGE 89, 155 (187).
340 BVerfGE 89, 155 (192 f., 209).
341 BVerfGE 89, 155 (194 ff.). Zur Integrationsverantwortung bei Anwendung der Flexibilitätsklausel s. u. 4. Teil C. III.
342 BVerfGE 89, 155 (193, 210 f.).
343 BVerfGE 89, 155 (211 f.).
344 Vgl. BVerfGE 89, 155 (199 ff.).
345 BVerfGE 89, 155 (200).
346 BVerfGE 89, 155 (205).
347 BVerfGE 89, 155 (203).
348 BVerfGE 89, 155 (201).
349 BVerfGE 89, 155 (203).
350 BVerfGE 89, 155 (207).

Im Ergebnis behandelte das Bundesverfassungsgericht im Maastricht-Urteil damit im Wesentlichen Fragen, die bereits Bestandteil der parlamentarischen Behandlung waren. Widersprüche zwischen beiden Behandlungen traten kaum zutage. Es zeichnete sich allerdings bereits ab, dass das Bundesverfassungsgericht den nationalen Parlamenten eine wichtige Rolle im Integrationsprozess zuschrieb und weitreichenden Übertragungen nationaler Kompetenzen auf die EU kritisch gegenüberstand. Dies wird unter anderem in der Beschreibung der EU als Staatenverbund deutlich, während die Rechtsnatur im Bundestag kaum hinterfragt wurde. Im Hinblick auf die Währungsunion ähnelten sich die geäußerten Bedenken hingegen weitgehend, wobei beide Organe schließlich eine Zustimmung für vertretbar hielten.

IV. Inkrafttreten

Der Vertrag von Maastricht war nicht nur in Deutschland umstritten. In Dänemark entschied sich die Bevölkerung im Juni 1992 mit knapper Mehrheit von 50,7 % gegen den Vertrag.[351] Diese Ablehnung löste auch in anderen Mitgliedstaaten Debatten über den Vertrag und die europäische Integration im Allgemeinen aus, letztlich ratifizierten ihn jedoch alle Mitgliedstaaten.[352] Nach einigen Klarstellungen durch den Europäischen Rat[353] stimmte schließlich auch die dänische Bevölkerung in einer zweiten Volksabstimmung am 18. Mai 1993 zu.[354] Nachdem die Bundesrepublik Deutschland nach dem Urteil des Bundesverfassungsgerichts ebenfalls die Ratifikationsurkunde hinterlegen konnte, trat der Vertrag am 1. November 1993 in Kraft.[355]

G. Vertrag von Amsterdam

Nur wenige Monate später wurde die neue EU bereits erweitert: Zum 1. Januar 1995 traten ihr Finnland, Österreich und Schweden bei, so dass sie nunmehr 15 Staaten umfasste.[356] Eine weitere Ausdehnung nach Osten war ebenfalls ins Auge gefasst. Der Europäische Rat hatte 1993 beschlossen, dass die mittel- und

---

[351] *W. Loth*, Europas Einigung, S. 310.

[352] *G. Brunn*, Die Europäische Einigung, S. 274 ff.; *W. Loth*, Europas Einigung, S. 310 ff. Vgl. zum Ratifikationsprozess in den anderen Mitgliedstaaten auch *I. Winkelmann*, Das Maastricht-Urteil, S. 16 ff.

[353] Vgl. *Europäischer Rat* (11.–12. Dezember 1992), Schlussfolgerungen, Bulletin der Europäischen Gemeinschaften 12/1992, S. 9 (9, 25 ff.).

[354] *W. Loth*, Europas Einigung, S. 313.

[355] Vgl. Bekanntmachung über das Inkrafttreten des Vertrages über die Europäische Union vom 19. Oktober 1993, BGBl. II 1993, S. 1947.

[356] Ausführlich zur Norderweiterung *W. Loth*, Europas Einigung, S. 323 ff. Vgl. auch die Beitrittsdokumente, ABl. EG 1994 Nr. C 241, S. 1 ff.

osteuropäischen Länder auf ihren Wunsch Mitglieder der EU werden können, und hatte entsprechende Beitrittskriterien aufgestellt.[357]

Nicht nur die Erwartung einer erheblichen Vergrößerung der Union ließ erneute Anpassungen ihrer Strukturen und Institutionen erforderlich erscheinen.[358] Da es in Maastricht nicht gelungen war, alle Reformvorhaben politisch durchzusetzen[359], hatte der Vertrag selbst die Einberufung einer Regierungskonferenz zu seiner teilweisen Revision im Jahr 1996 vorgesehen (Art. N Abs. 2 EUV-M). Die Ergebnisse der Verhandlungen, der am 2. Oktober 1997 unterzeichnete „Vertrag von Amsterdam"[360], blieben jedoch hinter den zuvor formulierten Zielen und Erwartungen zurück.[361]

I. Inhalte des Vertrages[362]

Im Hinblick auf die für notwendig erachteten Reformen der europäischen Organe wurden einige Fortschritte erreicht. So wurde der Anwendungsbereich des Mitentscheidungsverfahrens gemäß Art. 251 EGV-A ausgeweitet, so dass das Europäische Parlament nunmehr in ca. 70 % der Gesetzgebung, statt zuvor in ca. 30 %, mitentscheiden konnte.[363] Die Zahl seiner Mitglieder wurde auf 700 begrenzt (Art. 189 EGV-A), eine detaillierte Regelung zur Sitzverteilung nach einer Erweiterung fehlte jedoch.

Die Möglichkeit von Mehrheitsentscheidungen im Rat wurde hingegen nur geringfügig auf wenige weitere Politikbereiche ausgedehnt.[364] Hinsichtlich der Stimmengewichtung im Rat, die nach der geltenden Rechtslage die großen Mitgliedstaaten gegenüber den kleinen benachteiligte, konnte kein Kompromiss erzielt werden.[365] In Bezug auf die Kommission blieben das Problem der Anzahl ihrer Mitglieder nach den Erweiterungen und die Frage einer möglichen Verkleinerung ungeklärt.[366] Die Entscheidungen wurden daher vertagt. Spätestens ein Jahr, be-

---

[357] Vgl. *Europäischer Rat* (21.–22. Juni 1993), Schlussfolgerungen, Bulletin der Europäischen Gemeinschaften 6/1993, S. 8 (13).

[358] Zu diesem Aspekt *W. Weidenfeld/C. Giering*, in: Weidenfeld, Amsterdam in der Analyse, S. 19 (25 f.).

[359] *R. Streinz*, EuZW 1998, S. 137 (137).

[360] „Vertrag von Amsterdam zur Änderung des Vertrags über die Europäische Union, der Verträge zur Gründung der Europäischen Gemeinschaften sowie einiger damit zusammenhängender Rechtsakte", ABl. EG 1997 Nr. C 340, S. 1 ff.

[361] *G. Brunn*, Die Europäische Einigung, S. 312; *R. Streinz*, EuZW 1998, S. 137 (137 f.).

[362] Vgl. zum Folgenden u. a. *R. Streinz*, EuZW 1998, S. 137 (138 ff.); *M. Hilf/E. Pache*, NJW 1998, S. 705 (706 ff.).

[363] *W. Loth*, Europas Einigung, S. 336.

[364] *M. Hilf/E. Pache*, NJW 1998, S. 705 (710).

[365] *W. Loth*, Europas Einigung, S. 338.

[366] *W. Loth*, Europas Einigung, S. 338.

vor die EU die Schwelle von 20 Mitgliedstaaten erreicht, sollte eine erneute Regierungskonferenz zur umfassenden Überprüfung der Zusammensetzung und der Arbeitsweise der Organe einberufen werden.[367]

Erstmalig wurde zudem ausdrücklich geregelt, dass einzelne Mitgliedstaaten im Rahmen der EU ohne Beteiligung anderer Mitgliedstaaten enger zusammenarbeiten können (vgl. Art. 43–45 EUV-A). Ziel dieser Regelung war es, mögliche Blockaden durch einzelne Mitgliedstaaten zu verhindern, den integrationswilligen Staaten eine schnellere Fortentwicklung zu ermöglichen und auf diese Weise womöglich auch zunächst ablehnende Staaten zu einer späteren Teilnahme zu bewegen.[368]

Aus der Zusammenarbeit in den Bereichen Justiz und Inneres wurden wesentliche Bereiche in die erste Säule überführt und somit vergemeinschaftet[369], so dass die dritte Säule nun nur noch als „Bestimmungen über die polizeiliche und justitielle Zusammenarbeit in Strafsachen“ (PJZS) bezeichnet wurde (vgl. Titel VI EUV-A). In der zweiten Säule wurde der Anwendungsbereich der GASP erweitert, indem Art. 17 Abs. 2 EUV-A die sogenannten „Petersberg-Aufgaben“[370] in das Unionsrecht übernahm, die mit Hilfe der WEU als „integraler Bestandteil der Entwicklung der Union“ (Art. 17 Abs. 1 EUV-A) sowie der schrittweisen Festlegung einer gemeinsamen Verteidigungspolitik erfüllt werden sollten. Die Entscheidungen im Rahmen der GASP mussten zwar weiterhin grundsätzlich einstimmig getroffen werden (vgl. Art. 23 Abs. 1 EUV-A), in bestimmten Fällen waren nun aber Mehrheitsentscheidungen möglich, wobei allerdings ein Vetorecht aus wichtigen Gründen der nationalen Politik bestand (vgl. Art. 23 Abs. 2 EUV-A). Der Rat sollte in Angelegenheiten der GASP durch den Generalsekretär des Rates als „Hoher Vertreter für die Gemeinsame Außen- und Sicherheitspolitik“ unterstützt werden, der die GASP zudem gegenüber Drittstaaten repräsentieren konnte (vgl. Art. 18 Abs. 3, 26 EUV-A).

---

[367] Art. 2 des Protokolls über die Organe im Hinblick auf die Erweiterung der Europäischen Union, ABl. EG 1997 Nr. C 340, S. 111.

[368] *M. Hilf/E. Pache*, NJW 1998, S. 705 (711).

[369] Vgl. Art. 61 ff. EGV-A über „Visa, Asyl, Einwanderung und andere Politiken betreffend den freien Personenverkehr“.

[370] Der Ministerrat der WEU hatte bei einer Tagung auf dem Petersberg bei Bonn 1992 die Aufgaben der WEU näher definiert: humanitäre Aufgaben und Rettungseinsätze, friedenserhaltende Aufgaben, Kampfeinsätze bei der Krisenbewältigung einschließlich friedensschaffender Maßnahmen, vgl. hierzu *N. von Ondarza*, in: Bergmann, Handlexikon der EU, S. 766. Die Erklärung ist abgedruckt bei *G. Brandstetter*, Die Westeuropäische Union, S. 180 ff.

II. Parlamentarische Behandlung

Das „Gesetz zum Vertrag von Amsterdam vom 2. Oktober 1997“[371] wurde im Bundestag, in dem CDU/CSU und FDP über eine Mehrheit verfügten[372], am 11. Dezember 1997[373] und am 5. März 1998[374] beraten. Für die Aussprachen waren zwei bzw. vier Stunden vorgesehen[375]. Inhaltlich wurde der Vertrag kaum kontrovers diskutiert, die Einschätzungen der Abgeordneten ähnelten sich weitgehend. Erneut herrschte der Grundtenor vor, dass der Vertrag zwar keinen „großen Meilenstein“ darstelle[376], aber zumindest gewisse Fortschritte bewirke, aufgrund derer ihm zuzustimmen sei[377]. Die Abgeordneten waren sich allerdings ebenfalls einig, dass weitere Reformen in der Zukunft notwendig seien.[378]

Redner der Fraktion BÜNDNIS 90/DIE GRÜNEN hielten den Vertrag von Amsterdam hingegen für eine falsche Weichenstellung[379], wobei sie gleichwohl betonten, dass es für sie keine Alternative zur europäischen Integration gebe, sondern nur zum konkreten Integrationsschritt.[380] Von Seiten der PDS wurden ebenfalls mehrere Mängel aufgezählt, insbesondere das andauernde Demokratiedefizit.[381] In der Folge enthielten sich die meisten Angehörigen der Fraktion BÜNDNIS 90/DIE GRÜNEN bei der Schlussabstimmung, die PDS-Abgeordneten stimmten gegen das Gesetz.[382]

Ein wichtiges Thema der Debatten, das von vielen Rednern angesprochen wurde, war die geplante Osterweiterung der EU. Diese wurde von den Rednern zwar als Herausforderung für die EU, gleichzeitig aber auch als notwendige Fortentwicklung der europäischen Integration angesehen[383], die nicht zuletzt für Deutschland

---

[371] BT-Drucks. 13/9339.

[372] Bei der Bundestagswahl 1994 hatte die CDU/CSU 294 Mandate gewonnen, ihr Koalitionspartner FDP 47. Die SPD erlangte 252 Sitze, BÜNDNIS 90/DIE GRÜNEN 49 und die PDS 30, vgl. *Bundeswahlleiter*, Ergebnisse früherer Bundestagswahlen, S. 98 f.

[373] BT-Sten.Ber. 13/210, S. 19108 ff.

[374] BT-Sten.Ber. 13/222, S. 20240 ff.

[375] Vgl. BT-Sten.Ber. 13/210, S. 19109 und 13/222, S. 20241.

[376] So *R. Scharping* (SPD), BT-Sten.Ber. 13/222, S. 20267.

[377] *H. Wieczorek-Zeul* (SPD), BT-Sten.Ber. 13/210, S. 19115; *S. Leutheusser-Schnarrenberger* (FDP), BT-Sten.Ber. 13/210, S. 19133; *R. Scharping* (SPD), BT-Sten.Ber. 13/222, S. 20267; *J. Meyer* (SPD), BT-Sten.Ber. 13/222, S. 20285.

[378] *S. Leutheusser-Schnarrenberger* (FDP), BT-Sten.Ber. 13/210, S. 19133; *C. Schmidt* (CDU/CSU), BT-Sten.Ber. 13/210, S. 19137; *R. Seiters* (CDU/CSU), BT-Sten.Ber. 13/222, S. 20250; *T. Waigel* (Bundesminister), BT-Sten.Ber. 13/222, S. 20259.

[379] Vgl. *C. Sterzing* (BÜNDNIS 90/DIE GRÜNEN), BT-Sten.Ber. 13/210, S. 19132 und 13/222, S. 20251.

[380] *C. Sterzing* (BÜNDNIS 90/DIE GRÜNEN), BT-Sten.Ber. 13/210, S. 19132 und 13/222, S. 20253; *J. Fischer* (BÜNDNIS 90/DIE GRÜNEN), BT-Sten.Ber. 13/222, S. 20277.

[381] *G. Gysi* (PDS), BT-Sten.Ber. 13/222, S. 20255.

[382] Vgl. das endgültige Ergebnis der Abstimmung, BT-Sten.Ber. 13/222, S. 20292 ff.

[383] *K. Kinkel* (Bundesminister), BT-Sten.Ber. 13/210, S. 19112; *R. Seiters* (CDU/CSU), BT-Sten.Ber. 13/210, S. 19117; *H. Haussmann* (FDP), BT-Sten.Ber. 13/210, S. 19123.

auch wirtschaftliche Chancen biete[384]. Entsprechend wurde betont, dass der Vertrag von Amsterdam die Voraussetzungen für eine solche Erweiterung schaffe.[385] Die Abgeordneten legten Wert darauf, dass der Beitritt für alle Kandidaten, die die Kriterien erfüllen, möglich sein müsse[386], wenngleich der Verlauf des Erweiterungsprozesses im Einzelnen streitig war[387]. Einzig eine mögliche EU-Mitgliedschaft der Türkei stieß auf geteiltes Echo: Während einige Abgeordnete die langfristige Beitrittsperspektive hervorhoben[388], äußerten andere Zweifel an ihrer Beitrittsfähigkeit[389].

In diesem Zusammenhang sowie angesichts hoher Arbeitslosenzahlen wurde zudem die Kompetenz der EU für Beschäftigungspolitik diskutiert. Titel VIII des EGV behandelte zwar erstmals die Beschäftigungspolitik, allerdings waren Maßnahmen zur Harmonisierung der nationalen Vorschriften ausdrücklich ausgeschlossen (vgl. Art. 129 EGV-A). Ein Teil der Abgeordneten hatte sich weitergehende Regelungen gewünscht[390], andere befürworteten den grundsätzlichen Verbleib der Kompetenz bei den Mitgliedstaaten[391]. Angesichts der Osterweiterung wurde zudem eine Reform der Agrarpolitik gefordert.[392]

Demgegenüber wurde einigen Themen, die in den Maastricht-Debatten noch beherrschend waren, gemessen an der Zahl der Wortbeiträge nur noch eine gerin-

---

[384] *K. Kinkel* (Bundesminister), BT-Sten.Ber. 13/222, S. 20243.

[385] *K. Kinkel* (Bundesminister), BT-Sten.Ber. 13/210, S. 19110 und 13/222, S. 20241; *R. Seiters* (CDU/CSU), BT-Sten.Ber. 13/210, S. 19119 und 13/222, S. 20248; *G. Pfennig* (CDU/CSU), BT-Sten.Ber. 13/210, S. 19127; *H. Haussmann* (FDP), BT-Sten.Ber. 13/222, S. 20254.

[386] *K. Kinkel* (Bundesminister), BT-Sten.Ber. 13/210, S. 19111 f.; *H. Wieczorek-Zeul* (SPD), BT-Sten.Ber. 13/210, S. 19114; *R. Seiters* (CDU/CSU), BT-Sten.Ber. 13/210, S. 19119; *H. Lippelt* (BÜNDNIS 90/DIE GRÜNEN), BT-Sten.Ber. 13/210, S. 19121; *M. Müller* (PDS), BT-Sten. Ber. 13/210, S. 19124.

[387] Die Regierungsfraktionen sowie die SPD befürworteten das sogenannte Gruppenmodell, d.h. die Aufnahme konkreter Verhandlungen nur mit solchen Staaten, die die Beitrittskriterien am ehesten erfüllen, während die Fraktion BÜNDNIS 90/DIE GRÜNEN einen gleichzeitigen Verhandlungsbeginn mit allen Kandidaten forderte (sogenanntes Startlinienmodell), vgl. einerseits *H. Wieczorek-Zeul* (SPD), BT-Sten.Ber. 13/210, S. 19122; *N. Wieczorek* (SPD), BT-Sten.Ber. 13/210, S. 19129; anderseits *H. Lippelt* (BÜNDNIS 90/DIE GRÜNEN), BT-Sten. Ber. 13/210, S. 19121.

[388] *K. Kinkel* (Bundesminister), BT-Sten.Ber. 13/210, S. 19112 und 13/222, S. 20243; *R. Seiters* (CDU/CSU), BT-Sten.Ber. 13/210, S. 19119 f.; *C. Schmidt* (CDU/CSU), BT-Sten.Ber. 13/210, S. 19137.

[389] *H. Wieczorek-Zeul* (SPD), BT-Sten.Ber. 13/210, S. 19117; *M. Müller* (PDS), BT-Sten. Ber. 13/210, S. 19124.

[390] *H. Wieczorek-Zeul* (SPD), BT-Sten.Ber. 13/210, S. 19114; *C. Sterzing* (BÜNDNIS 90/DIE GRÜNEN), BT-Sten.Ber. 13/210, S. 19132; *J. Meyer* (SPD), BT-Sten.Ber. 13/222, S. 20287.

[391] So *K. Kinkel* (Bundesminister), BT-Sten.Ber. 13/210, S. 19111; *R. Seiters* (CDU/CSU), BT-Sten.Ber. 13/222, S. 20249; *T. Waigel* (Bundesminister), BT-Sten.Ber. 13/222, S. 20259; *J. Fischer* (BÜNDNIS 90/DIE GRÜNEN), BT-Sten.Ber. 13/222, S. 20276.

[392] *H. Wieczorek-Zeul* (SPD), BT-Sten.Ber. 13/210, S. 19116 f.; *R. Seiters* (CDU/CSU), BT-Sten.Ber. 13/210, S. 19119 und 13/222, S. 20250; *S. Leutheusser-Schnarrenberger* (FDP), BT-Sten.Ber. 13/210, S. 19133 f.

gere Bedeutung beigemessen. So wurde zwar weiterhin ein Demokratiedefizit erkannt[393], das durch den Vertrag von Amsterdam nur geringfügig verringert worden sei[394]. Viele Abgeordnete sahen das Europäische Parlament aber aufgrund seiner neu hinzugewonnenen Rechte, insbesondere der Ausweitung des Mitentscheidungsverfahrens, als einen Gewinner des Vertrages.[395] Weitere institutionelle Reformen, insbesondere im Hinblick auf die Stimmengewichtung im Europäischen Rat sowie die Größe der Kommission[396], wurden allerdings für notwendig gehalten.[397] Im Hinblick auf die bevorstehende Einführung des Euro wurde unter anderem auf die Skepsis und die Ängste der Bürger eingegangen[398], aber auch auf die wirtschaftlichen Chancen hingewiesen[399].

In der Schlussabstimmung am 5. März 1998 wurde das Gesetz schließlich mit einer Mehrheit von 561 Ja-Stimmen gegenüber 35 Nein-Stimmen und 49 Enthaltungen angenommen.[400] Nach Abschluss der Ratifikationsverfahren in den anderen Mitgliedstaaten trat der Vertrag von Amsterdam am 1. Mai 1999 in Kraft.[401]

H. Vertrag von Nizza

Der Vertrag von Amsterdam hatte die Voraussetzungen für eine erfolgreiche Erweiterung der EU noch nicht vollständig geschaffen.[402] Die Mitgliedstaaten hatten jedoch Ende 1999 beschlossen, den 1997 begonnenen Beitrittsprozess auf insgesamt 13 Bewerberstaaten auszuweiten.[403] Die nötigen Anpassungen mussten daher

---

393 *C. Sterzing* (BÜNDNIS 90/DIE GRÜNEN), BT-Sten.Ber. 13/210, S. 19132; *G. Gysi* (PDS), BT-Sten.Ber. 13/222, S. 20255; *J. Fischer* (BÜNDNIS 90/DIE GRÜNEN), BT-Sten.Ber. 13/222, S. 20275; *P. Conradi* (SPD), BT-Sten.Ber. 13/222, S. 20283; *L. Hartenstein* (SPD), BT-Sten. Ber. 13/222, S. 20290.

394 *J. Fischer* (BÜNDNIS 90/DIE GRÜNEN), BT-Sten.Ber. 13/222, S. 20276.

395 *K. Kinkel* (Bundesminister), BT-Sten.Ber. 13/210, S. 19111 und 13/222, S. 20244; *N. Wieczorek* (SPD), BT-Sten.Ber. 13/210, S. 19115; *G. Pfennig* (CDU/CSU), BT-Sten.Ber. 13/210, S. 19127 f.; *H. Wieczorek-Zeul* (SPD), BT-Sten.Ber. 13/222, S. 20244; *H. Haussmann* (FDP), BT-Sten.Ber. 13/222, S. 20254; *R. Scharping* (SPD), BT-Sten.Ber. 13/222, S. 20266; *J. Meyer* (SPD), BT-Sten.Ber. 13/222, S. 20285; dagegen *C. Sterzing* (BÜNDNIS 90/DIE GRÜNEN), BT-Sten.Ber. 13/210, S. 19132.

396 *G. Pfennig* (CDU/CSU), BT-Sten.Ber. 13/210, S. 19128.

397 *K. Kinkel* (Bundesminister), BT-Sten.Ber. 13/210, S. 19111; *S. Leutheusser-Schnarrenberger* (FDP), BT-Sten.Ber. 13/210, S. 19133; *R. Scharping* (SPD), BT-Sten.Ber. 13/222, S. 20267.

398 *U. Hiksch* (SPD), BT-Sten.Ber. 13/210, S. 19134; *K. Kinkel* (Bundesminister), BT-Sten. Ber. 13/222, S. 20242; *H. Wieczorek-Zeul* (SPD), BT-Sten.Ber. 13/222, S. 20246.

399 *R. Seiters* (CDU/CSU), BT-Sten.Ber. 13/222, S. 20248; *T. Waigel* (Bundesminister), BT-Sten.Ber. 13/222, S. 20262.

400 Vgl. das endgültige Ergebnis der Abstimmung, BT-Sten.Ber. 13/222, S. 20292 ff.

401 Vgl. Information über den Zeitpunkt des Inkrafttretens des Vertrags von Amsterdam, ABl. EG 1999 Nr. L 114, S. 56.

402 *T. Wiedmann*, EuR 2001, S. 185 (190).

403 Vgl. *Europäischer Rat* (10.–11. Dezember 1999), Schlussfolgerungen, Bulletin der Europäischen Union 12/1999, S. 7 (8).

kurzfristig erarbeitet und umgesetzt werden.[404] Die für Anfang 2000 einberufene Regierungskonferenz sollte sich insbesondere mit der Größe und Zusammensetzung der Kommission, der Stimmengewichtung im Rat sowie der Ausweitung von Mehrheitsentscheidungen befassen.[405] Nach teilweise harten Verhandlungen[406] konnte der „Vertrag von Nizza"[407] schließlich am 26. Februar 2001 unterzeichnet werden.

I. Inhalte des Vertrages[408]

Auch wenn der Vertrag von Nizza zu keiner grundlegenden Reform der Verträge führte, brachte er durchaus wichtige Verbesserungen im Hinblick auf die Handlungsfähigkeit der EU sowie die Verwirklichung demokratischer Prinzipien mit sich.[409] Das Europäische Parlament gewann mit der Bestimmung zum privilegierten Kläger im Rahmen der Nichtigkeitsklage (Art. 230 EGV-N) an Rechten, seine Stellung wurde zudem durch die Ausweitung des Mitentscheidungsverfahrens auf sechs weitere Rechtsgrundlagen[410] geringfügig gestärkt. Die Zahl seiner Abgeordneten wurde auf 732 begrenzt (vgl. Art. 189 Abs. 2 EGV-N), sollte aber nach der Erweiterung entsprechend angepasst werden (vgl. Art. 2 des Protokolls über die Erweiterung der Europäischen Union).

Weiterhin erfolgte in einigen wenigen Bereichen ein Übergang von einstimmigen zu Mehrheitsentscheidungen im Rat, in anderen Bereichen beharrten die Verhandlungsführer hingegen auf ihrem Vetorecht.[411] Die Stimmengewichtung im Rat geriet zum großen Streitpunkt, insbesondere zwischen Deutschland und Frankreich.[412] Schließlich konnte jedoch ein Kompromiss gefunden werden. Hinsichtlich der Stimmenverteilung wurde eine stärkere Orientierung an der Bevölkerungszahl beschlossen, die die Verhältnisse allerdings weiterhin nicht genau widerspiegelte und die größeren Mitgliedstaaten, insbesondere Deutschland, benachteiligte.[413] Darüber hinaus wurde eine qualifizierte Mehrheit eingeführt: In Fällen, in denen der Rat auf Vorschlag der Kommission entscheidet, waren 169 von 237 Stimmen

---

[404] Vgl. *T. Wiedmann*, EuR 2001, S. 185 (187).

[405] Vgl. *Europäischer Rat* (10.–11. Dezember 1999), Schlussfolgerungen, Bulletin der Europäischen Union 12/1999, S. 7 (9).

[406] Zu den Vertragsverhandlungen ausführlich *T. Wiedmann*, EuR 2001, S. 185 (185 ff.).

[407] Vertrag von Nizza zur Änderung des Vertrages über die Europäische Union, der Verträge zur Gründung der Europäischen Gemeinschaften sowie einiger damit zusammenhängender Rechtsakte, ABl. EG 2001 Nr. C 80, S. 1 ff.

[408] Vgl. zum Folgenden u. a. *A. Hatje*, EuR 2001, S. 143 (148 ff.).

[409] *W. Loth*, Europas Einigung, S. 357.

[410] Vgl. die Auflistung bei *T. Wiedmann*, EuR 2001, S. 185 (211, Fn. 67).

[411] *A. Hatje*, EuR 2001, S. 143 (155 f., eine Auflistung der neuen Anwendungsbereiche der Mehrheitsentscheidungen findet sich in Fn. 42).

[412] *W. Loth*, Europas Einigung, S. 356; *A. Hatje*, EuR 2001, S. 143 (157 f.).

[413] *T. Wiedmann*, EuR 2001, S. 185 (205).

sowie die Zustimmung der Mehrheit der Mitgliedstaaten für das Zustandekommen einer qualifizierten Mehrheit erforderlich; in allen anderen Fällen war neben der genannten Stimmenzahl die Zustimmung von zwei Dritteln der Mitgliedstaaten notwendig (vgl. Art. 3 des Protokolls über die Erweiterung der Europäischen Union). Außerdem konnte jedes Ratsmitglied überprüfen lassen, ob die qualifizierte Mehrheit mindestens 62% der Gesamtbevölkerung repräsentierte. War dies nicht der Fall, kam der Beschluss nicht zustande (vgl. Art. 3 des Protokolls über die Erweiterung der Europäischen Union).

Hinsichtlich der Größe der Kommission konnte erneut keine endgültige Einigung erzielt werden. Konsensfähig war lediglich, dass der Kommission künftig nur noch je ein Staatsangehöriger jedes Mitgliedstaats – also auch der großen Mitgliedstaaten, die bisher je zwei Kommissare stellen konnten – angehören sollte (vgl. Art. 4 Abs. 1 des Protokolls über die Erweiterung der Europäischen Union).[414]

Die verstärkte Zusammenarbeit wurde dadurch erleichtert, dass die Zahl der Mitgliedstaaten, die an ihr teilnehmen, auf mindestens acht festgelegt wurde, so dass die prozentuale Beteiligungsgrenze mit jedem weiteren Beitritt sank (vgl. Art. 43 lit. g EUV-N).[415] Gleichzeitig wurde eine verstärkte Zusammenarbeit auch im Rahmen der GASP ermöglicht (Art. 27a-27e EUV-N), während in der ersten und dritten Säule das Vetorecht einzelner Mitgliedstaaten (Art. 11 Abs. 2 EGV-A, Art. 40 Abs. 2 EUV-A) beseitigt wurde.[416]

II. Parlamentarische Behandlung

Die Zustimmung des Bundestages, der von einer rot-grünen Koalition angeführt wurde[417], zum „Gesetz zum Vertrag von Nizza vom 26. Februar 2001“[418] war unproblematisch zu erlangen. Die erste Beratung am 28. Juni 2001[419] und die zweite und dritte Beratung am 18. Oktober 2001[420] wurden mit ein bzw. zwei Stunden für die Aussprachen[421] im Vergleich sehr kurz veranschlagt. Entsprechend einmütig waren die Beratungen sowie das Abstimmungsergebnis: Mit 571 Ja-Stimmen gegen die Stimmen von 32 PDS-Abgeordneten bei zwei Enthaltungen wurde der Gesetzentwurf angenommen.[422]

---

[414] *A. Hatje*, EuR 2001, S. 143 (148ff.).
[415] *A. Hatje*, EuR 2001, S. 143 (161).
[416] *A. Hatje*, EuR 2001, S. 143 (162f.).
[417] Bei den Bundestagswahlen 1998 hatte die SPD 298 Sitze errungen, BÜNDNIS 90/DIE GRÜNEN 47. CDU/CSU erreichten 245 Sitze, die FDP 43 und die PDS 36, vgl. *Bundeswahlleiter*, Ergebnisse früherer Bundestagswahlen, S. 98f.
[418] BT-Drucks. 14/6146.
[419] BT-Sten.Ber. 14/179, S. 17613ff.
[420] BT-Sten.Ber. 14/195, S. 18980ff.
[421] BT-Sten.Ber. 14/179, S. 17614 und 14/195, S. 18981.
[422] Vgl. das endgültige Ergebnis der Abstimmung, BT-Sten.Ber. 14/195, S. 19010ff.

Der größte Streitpunkt in den Debatten war die Frage nach der Mehrheit, mit der das Gesetz beschlossen werden musste.[423] Neben dieser nur für das innerstaatliche Zustimmungsverfahren relevanten Frage fand eine inhaltliche Auseinandersetzung mit dem Vertrag von Nizza kaum statt. Stattdessen konzentrierten sich viele Redner auf die Betonung der Möglichkeiten, die der Vertrag für die Zukunft eröffnet, indem er die Voraussetzungen für die Osterweiterung schaffe[424] und den sogenannten Post-Nizza-Prozess ermögliche, insbesondere die Diskussion über eine europäische Verfassung[425]. Im Übrigen sei der Vertrag hinter den Erwartungen zurückgeblieben[426], der Liberale Haussmann bezeichnete ihn sogar als schlechtesten, miserabelsten Vertragsentwurf seit 1949[427]. Mehrere Abgeordnete äußerten daher, dass sie letztlich vor allem die Aussichten auf die durch den Vertrag ermöglichten Fortentwicklungen zur Zustimmung bewogen hätten.[428]

III. Inkrafttreten

Anders als der Bundestag lehnte die irische Bevölkerung den Vertrag von Nizza im Juni 2001 zunächst ab, erteilte in einem zweiten Referendum im Oktober 2002 aber schließlich doch ihre Zustimmung[429], so dass der Vertrag am 1. Februar 2003 in Kraft treten konnte[430]. Damit wurden die Änderungen noch rechtzeitig vor der Osterweiterung der EU umgesetzt: Zum 1. Mai 2004 traten Estland, Malta, Lettland, Litauen, Polen, die Slowakei, Slowenien, Tschechien, Ungarn und Zypern der EU bei.[431] Zum 1. Januar 2007 wurden zudem Bulgarien und Rumänien, zum 1. Juli 2013 Kroatien in die Union aufgenommen.[432]

---

423 Vgl. dazu bereits oben 2. Teil A. III.

424 *G. Gloser* (SPD), BT-Sten.Ber. 14/179, S. 17615 und 14/195, S. 18989; *P. Hintze* (CDU/CSU), BT-Sten.Ber. 14/179, S. 17617; *C. Sterzing* (BÜNDNIS 90/DIE GRÜNEN), BT-Sten.Ber. 14/179, S. 17619; *G. Schröder* (Bundeskanzler), BT-Sten.Ber. 14/195, S. 18984; *J. Fischer* (Bundesminister), BT-Sten.Ber. 14/195, S. 18992; *M. Roth* (SPD), BT-Sten.Ber. 14/195, S. 18997.

425 *G. Gloser* (SPD), BT-Sten.Ber. 14/179, S. 17616 und 14/195, S. 18990; *C. Sterzing* (BÜNDNIS 90/DIE GRÜNEN), BT-Sten.Ber. 14/179, S. 17619; *J. Meyer* (SPD), BT-Sten.Ber. 14/179, S. 17627 und 14/195, S. 19004; *H. Haussmann* (FDP), BT-Sten.Ber. 14/195, S. 18992.

426 *G. Gloser* (SPD), BT-Sten.Ber. 14/179, S. 17614; *C. Sterzing* (BÜNDNIS 90/DIE GRÜNEN), BT-Sten.Ber. 14/179, S. 17619.

427 *H. Haussmann* (FDP), BT-Sten.Ber. 14/195, S. 18992.

428 So *P. Hintze* (CDU/CSU), BT-Sten.Ber. 14/179, S. 17617 f.; *H. Haussmann* (FDP), BT-Sten.Ber. 14/195, S. 18992; *P. Hintze* (CDU/CSU), BT-Sten.Ber. 14/195, S. 19000; *S. Leutheusser-Schnarrenberger* (FDP), BT-Sten.Ber. 14/195, S. 19003.

429 *W. Loth*, Europas Einigung, S. 357.

430 Vgl. Unterrichtung über den Zeitpunkt des Inkrafttretens des Vertrags von Nizza zur Änderung des Vertrags über die Europäische Union, der Verträge zur Gründung der Europäischen Gemeinschaften sowie einiger damit zusammenhängender Rechtsakte, unterzeichnet in Nizza am 26. Februar 2001, ABl. EG 2003 Nr. C 24, S. 11.

431 *G. Clemens/A. Reinfeldt/G. Wille*, Geschichte der europäischen Integration, S. 233. Vgl. auch die Beitrittsakte, ABl. EU 2003 Nr. L 236, S. 1 ff.

432 *W. Loth*, Europas Einigung, S. 365, 367. Die Beitrittsdokumente sind veröffentlicht in ABl. EU 2005 Nr. L 157, S. 1 ff., und ABl. EU 2012 Nr. L 112, S. 1 ff.

I. Verfassungsvertrag

Nachdem die Voraussetzungen für die Erweiterung geschaffen waren, konnte sich die EU einer grundlegenderen Reform zuwenden. Im Dezember 2001 fasste der Europäische Rat den Entschluss, eine Verfassung ausarbeiten zu lassen.[433] Die Aufgabe übertrug er dieses Mal jedoch nicht einer Regierungskonferenz, sondern berief einen Konvent unter Leitung des ehemaligen französischen Staatspräsidenten Giscard d'Estaing ein, der seine Ergebnisse[434] im Juni 2003 präsentierte.[435] Auf dieser Grundlage begannen die Regierungen ihre Verhandlungen, die jedoch im Dezember 2003 vor allem wegen unterschiedlicher Auffassungen bezüglich der Abstimmungsmehrheiten im Rat zunächst scheiterten.[436] Erst durch Vermittlungen der irischen Ratspräsidentschaft erfolgte eine Einigung[437], so dass der „Vertrag über eine Verfassung für Europa"[438] am 29. Oktober 2004 unterzeichnet werden konnte.

I. Inhalte des Vertrages[439]

Der Vertrag sah nicht nur zahlreiche inhaltliche Änderungen des Primärrechts vor, sondern beinhaltete auch diverse symbolhafte Bestimmungen. Zunächst sollten die bisherigen Rechtsgrundlagen, der EGV und der EUV, aufgehoben und durch einen einheitlichen Vertrag, der als „Verfassung für Europa" bezeichnet wurde, ersetzt werden (vgl. Art. IV-437 VV)[440]. Die neu geschaffene EU sollte Rechtsnachfolgerin der bisherigen EU und EG sein (vgl. Art. IV-438 VV) und Rechtspersönlichkeit besitzen (Art. I-7 VV). Die bereits zuvor verwendeten Symbole der Union wurden in das Primärrecht aufgenommen (Flagge, Hymne, Leitspruch, Währung und Europatag, vgl. Art. I-8 VV). Der Verfassungscharakter wurde durch die Implementierung der bisher nicht bindenden Grundrechtecharta in den Vertrag (Teil II VV) sowie eine ausdrückliche Abgrenzung von Kompetenzen verstärkt. Erstmals wurden verschiedene Arten von Zuständigkeiten (ausschließliche, geteilte sowie solche zur Unterstützung, Koordinierung oder Ergänzung der Maßnahmen der Mitgliedstaaten, vgl. Art. I-12 VV) definiert und einzelne Politikbereiche einer bestimmten Kompetenz zugewiesen (Art. I-13 ff. VV). Weiterhin sollte jedoch das

---

433 Vgl. *Europäischer Rat* (14.–15. Dezember 2001), Erklärung von Laeken zur Zukunft der Europäischen Union, Bulletin der Europäischen Union 12/2001, S. 21 ff.

434 Entwurf eines Vertrages über eine Verfassung für Europa, ABl. EU 2003 Nr. C 169, S. 1 ff.

435 *G. Brunn*, Die Europäische Einigung, S. 319 f.

436 *J. J. Hesse*, Vom Werden Europas, S. 137.

437 *G. Brunn*, Die Europäische Einigung, S. 320.

438 ABl. EU 2004 Nr. C 310, S. 1 ff.

439 Vgl. zum Folgenden u. a. *R. Streinz/C. Ohler/C. Herrmann*, Die neue Verfassung für Europa, S. 18 ff.; *dies.*, Vertrag von Lissabon, S. 38 f.; *W. Heintschel von Heinegg/C. Vedder*, in: Vedder/Heintschel von Heinegg, EVV, Einführung, S. 38.

440 Der EAGV und damit auch die EAG sollten jedoch bestehen bleiben, vgl. das „Protokoll zur Änderung des Vertrages zur Gründung der Europäischen Atomgemeinschaft", ABl. EU 2004 Nr. C 310, S. 391 ff.

Subsidiaritätsprinzip (Art. I-11 Abs. 3 VV) gelten, das durch ein „Protokoll über die Anwendung der Grundsätze der Subsidiarität und der Verhältnismäßigkeit" gestärkt werden sollte. Dessen Art. 6 führte die sogenannte Subsidiaritätsrüge ein, die nationale Parlamente innerhalb von sechs Wochen nach der Übermittlung eines Gesetzentwurfs erheben konnten. Auch die Prinzipien der begrenzten Einzelermächtigung und der Verhältnismäßigkeit wurden bestätigt (Art. I-11 VV). Daneben schrieb Art. I-6 VV allerdings ausdrücklich den Vorrang des Unionsrechts vor dem nationalen Recht fest.

Art. I-19 Abs. 1 VV erhob den Europäischen Rat zum offiziellen Organ der EU. Den Vorsitz sollte ein Präsident führen, der für die Dauer von zweieinhalb Jahren gewählt werden sollte (Art. I-22 Abs. 1 VV). Die Entscheidungen sollten im Rat grundsätzlich mit qualifizierter Mehrheit getroffen werden (Art. I-23 Abs. 3 VV)[441], deren Berechnung vereinfacht wurde: Erforderlich war die Zustimmung von 55 % der Mitglieder des Rates, gebildet aus mindestens 15 Mitgliedern, die mindestens 65 % der Gesamtbevölkerung repräsentieren mussten; eine Sperrminorität setzte eine Teilnahme von mindestens vier Staaten voraus (Art. I-25 Abs. 1 VV).

Hinsichtlich der Zusammensetzung der Kommission konnten sich die Mitgliedstaaten – trotz anderslautender Vorschläge des Konvents – nur darauf einigen, dass weiterhin jeder Mitgliedstaat einen Kommissar stellen und erst nach Ablauf der fünfjährigen Amtszeit der ersten nach diesem Vertrag ernannten Kommission die Zahl der Kommissare verringert werden sollte (Art. I-26 Abs. 5, 6 VV).[442]

Die Zahl der Mitglieder des Europäischen Parlaments wurde auf maximal 750 begrenzt, die Zusammensetzung sollte durch einstimmigen Beschluss des Europäischen Rates festgelegt werden (Art. I-20 Abs. 2 VV). Neben der Ausweitung seiner Rechte im Haushaltsverfahren (Art. III-404 VV) und bezüglich der Wahl des Kommissionspräsidenten (Art. I-27 VV) wurde das Parlament zudem durch die Bestimmung des Mitentscheidungsverfahrens zum ordentlichen Gesetzgebungsverfahren (Art. I-34 Abs. 1, III-396 VV) gestärkt, das nun in doppelt so vielen Fällen wie bisher Anwendung finden sollte[443]. Die Bezeichnung der Rechtsakte der Union wurde der staatlichen Terminologie angenähert, sie sollte nunmehr Europäische (Rahmen-)Gesetze, Verordnungen, Beschlüsse, Empfehlungen und Stellungnahmen erlassen (Art. I-33 Abs. 1 VV). Die Bürgerinnen und Bürger beteiligte der Verfassungsvertrag unter anderem über die Möglichkeit einer Bürgerinitiative (Art. I-47 Abs. 3 VV).

Das „Auswärtige Handeln der Union" wurde in Teil III, Titel V, zusammengefasst und enthielt unter anderem Regelungen zur „Gemeinsamen Sicherheits- und

---

[441] In 181 Fällen, davon 44 neue, sollte nun eine qualifizierte Mehrheit erforderlich sein, vgl. *V. Epping*, in: Vedder/Heintschel von Heinegg, EVV, Art. I-25 Rn. 5.

[442] *V. Epping*, in: Vedder/Heintschel von Heinegg, EVV, Art. I-26 Rn. 10 ff.

[443] Vgl. *V. Epping*, in: Vedder/Heintschel von Heinegg, EVV, Art. III-396 Rn. 3; vgl. auch die Aufstellung in: BR-Drucks. 983/04, S. 237 ff.

Verteidigungspolitik" (Art. III-309 ff. VV). Die Gemeinsame Außen- und Sicherheitspolitik sollte von einem „Außenminister der Union" geleitet werden, der gleichzeitig den Vorsitz im Ministerrat für Auswärtige Angelegenheiten innehaben und Vizepräsident der Kommission sein sollte (vgl. Art. I-28 VV).

Der zuvor umstrittene freiwillige Austritt von Staaten war in Art. I-60 VV geregelt. Eine Änderung der Verträge, die bisher in allen Mitgliedstaaten nach deren verfassungsrechtlichen Vorschriften ratifiziert werden musste (vgl. Art. 48 EUV-N), wurde vereinfacht: Neben dem „ordentlichen Änderungsverfahren" (Art. IV-443 VV), das nach der Einberufung eines Konvents die Vereinbarung durch eine Regierungskonferenz sowie die Ratifikation in den Mitgliedstaaten voraussetzte, konnte der Europäische Rat in einem „vereinfachten Änderungsverfahren" (Art. IV-444 VV, auch Brückenklausel oder Passerelle genannt) beschließen, von Einstimmigkeits- zu Mehrheitsentscheidungen oder vom besonderen zum ordentlichen Gesetzgebungsverfahren überzugehen. Ein solcher Beschluss konnte jedoch nur gefasst werden, wenn er innerhalb von sechs Monaten von keinem nationalen Parlament abgelehnt wurde (Art. IV-444 Abs. 3 VV).

II. Parlamentarische Behandlung

Der Entwurf eines „Gesetzes zu dem Vertrag vom 29. Oktober 2004 über eine Verfassung für Europa"[444] wurde im Bundestag, in dem die Fraktionen der SPD und BÜNDNIS 90/DIE GRÜNEN über die Mehrheit verfügten[445], am 24. Februar 2005[446] und 12. Mai 2005[447] beraten. Angesichts der vorangegangenen Diskussionen über den Vertrag und der sowohl in der Öffentlichkeit als auch in der Wissenschaft geäußerten Kritik[448] erscheinen die angesetzten zwei bzw. zweieinhalb Stunden für die Aussprachen[449] äußerst kurz.

Anders als in früheren Debatten zu den europäischen Integrationsakten wurde am Verfassungsvertrag, abgesehen von der Monierung des fehlenden Gottesbezugs durch christlich-demokratische und -soziale Rednerinnen und Redner[450], wenig Kritik geübt, sondern die Ergebnisse des Konvents wurden weit überwiegend

---

[444] BT-Drucks. 15/4900.

[445] Bei den Wahlen 2002 hatten die Koalitionspartner SPD und BÜNDNIS 90/DIE GRÜNEN 251 bzw. 55 Sitze erreichte. Die CDU/CSU erlangte 248 Sitze, die FDP 47 und die PDS 2, vgl. *Bundeswahlleiter*, Ergebnisse früherer Bundestagswahlen, S. 98 f.

[446] BT-Sten.Ber. 15/160, S. 14902 ff.

[447] BT-Sten.Ber. 15/175, S. 16347 ff.

[448] Vgl. zur Kritik zusammenfassend z. B. den Artikel von *D. Hipp*, Spiegel Online vom 10. Mai 2005.

[449] BT-Sten.Ber. 15/160, S. 14903 und 15/175, S. 16348.

[450] *P. Altmaier* (CDU/CSU), BT-Sten.Ber. 15/160, S. 14925; *G. Müller* (CDU/CSU), BT-Sten.Ber. 15/160, S. 14926; *A. Merkel* (CDU/CSU), BT-Sten.Ber. 15/175, S. 16352; *E. Stoiber* (Bayern), BT-Sten.Ber. 15/175, S. 16365; *M. Hohmann* (fraktionslos), BT-Sten.Ber. 15/175, S. 16380; *M. Carstens* (CDU/CSU), BT-Sten.Ber. 15/175, S. 16383.

positiv beurteilt: So insbesondere die Aufnahme der Grundrechtecharta in den Vertragstext[451], die neue Kompetenzzuordnung[452] sowie die Gemeinsame Außen- und Sicherheitspolitik[453]. Weiterhin wurde vielfach auf die Verbesserung der Rechte des Europäischen Parlaments hingewiesen[454] und die Ausweitung der Mehrheitsentscheidungen im Rat befürwortet[455]. Eine sehr große Zahl der Rednerinnen und Redner war zudem der Ansicht, dass die Demokratie auf europäischer Ebene gestärkt werde.[456] Das in den vorangegangenen Debatten festgestellte Demokratiedefizit fand hingegen kaum noch Erwähnung.[457]

Stattdessen zeigte sich eine gewisse Rückbesinnung auf die nationale Ebene, indem die Stärkung der nationalen Parlamente durch den Verfassungsvertrag betont wurde[458]. Der CSU-Abgeordnete Müller rief in diesem Zusammenhang das Maastricht-Urteil des Bundesverfassungsgerichts in Erinnerung, demzufolge die demo-

---

[451] *M. Roth* (SPD), BT-Sten.Ber. 15/160, S. 14904; *E. Teufel* (Baden-Württemberg), BT-Sten. Ber. 15/160, S. 14908; *J. Fischer* (Bundesminister), BT-Sten.Ber. 15/160, S. 14912 und 16/175, S. 16361 f.; *F. Müntefering* (SPD), BT-Sten.Ber. 15/175, S. 16356; *W. Gerhardt* (FDP), BT-Sten. Ber. 15/175, S. 16359; *E. Stoiber* (Bayern), BT-Sten.Ber. 15/175, S. 16365.

[452] *E. Teufel* (Baden-Württemberg), BT-Sten.Ber. 15/160, S. 14908; *P. Altmaier* (CDU/CSU), BT-Sten.Ber. 15/160, S. 14925.

[453] *M. Roth* (SPD), BT-Sten.Ber. 15/160, S. 14904; *J. Fischer* (Bundesminister), BT-Sten. Ber. 15/160, S. 14910f.; *W. Schäuble* (CDU/CSU), BT-Sten.Ber. 15/160, S. 14917; *A. Merkel* (CDU/CSU), BT-Sten.Ber. 15/175, S. 16353; *W. Gerhardt* (FDP), BT-Sten.Ber. 15/175, S. 16359.

[454] *M. Roth* (SPD), BT-Sten.Ber. 15/160, S. 14905 und 16/175, S. 16369; *E. Teufel* (Baden-Württemberg), BT-Sten.Ber. 15/160, S. 14909; *J. Fischer* (Bundesminister), BT-Sten. Ber. 15/160, S. 14912; *T. Silberhorn* (CDU/CSU), BT-Sten.Ber. 15/160, S. 14930; *A. Merkel* (CDU/CSU), BT-Sten.Ber. 15/175, S. 16353; *W. Gerhardt* (FDP), BT-Sten.Ber. 15/175, S. 16359; *A. Schäfer* (SPD), BT-Sten.Ber. 15/175, S. 16381.

[455] *M. Tritz* (BÜNDNIS 90/DIE GRÜNEN), BT-Sten.Ber. 15/160, S. 14919; *E. Teufel* (Baden-Württemberg), BT-Sten.Ber. 15/160, S. 14909; *E. Stoiber* (Bayern), BT-Sten.Ber. 15/175, S. 16364.

[456] *M. Roth* (SPD), BT-Sten.Ber. 15/160, S. 14904; *E. Teufel* (Baden-Württemberg), BT-Sten. Ber. 15/160, S. 14906; *M. Tritz* (Bündnis 90/DIE GRÜNEN), BT-Sten.Ber. 15/160, S. 14918; *P. Altmaier* (CDU/CSU), BT-Sten.Ber. 15/160, S. 14925; *G. Schröder* (Bundeskanzler), BT-Sten.Ber. 15/175, S. 16349; *A. Merkel* (CDU/CSU), BT-Sten.Ber. 15/175, S. 16353; *F. Müntefering* (SPD), BT-Sten.Ber. 15/175, S. 16356; *J. Fischer* (Bundesminister), BT-Sten.Ber. 15/175, S. 16362; *E. Stoiber* (Bayern), BT-Sten.Ber. 15/175, S. 16364; *R. Steenblock* (Bündnis 90/DIE GRÜNEN), BT-Sten.Ber. 15/175, S. 16373.

[457] Lediglich *W. Hoyer* (FDP), BT-Sten.Ber. 15/160, S. 14912 („Legitimationslücke"), *G. Müller* (CDU/CSU), BT-Sten.Ber. 15/160, S. 14927 und 15/175, S. 16371 („Entparlamentarisierung") und *E. Stoiber* (Bayern). BT-Sten.Ber. 15/175, S. 16367 („zu einem Abbau des Demokratiedefizits beitragen") wiesen am Rande auf fortbestehende Probleme der europäischen Demokratie hin.

[458] *E. Teufel* (Baden-Württemberg), BT-Sten.Ber. 15/160, S. 14906; *H. M. Bury* (Staatsminister für Europa), BT-Sten.Ber. 15/160, S. 14914; *T. Silberhorn* (CDU/CSU), BT-Sten.Ber. 15/160, S. 14931; *F. Müntefering* (SPD), BT-Sten.Ber. 15/175, S. 16357; *M. Roth* (SPD), BT-Sten. Ber. 15/175, S. 16369; *P. Hintze* (CDU/CSU), BT-Sten.Ber. 15/175, S. 16377.

kratische Legitimation der EU zuvörderst über die nationalen Parlamente erfolge.[459] Es wurde daher angemahnt, dass der Bundestag seine Möglichkeiten künftig besser nutzen müsse.[460] Eine Bindung der Bundesregierung, die ihre Handlungsfähigkeit einschränken würde, wurde aber von mehreren Seiten – entgegen entsprechender Forderungen[461] – ausdrücklich abgelehnt.[462] Umstritten war zudem, inwieweit der Bundestag bei der Anwendung der sogenannten Brückenklauseln zu beteiligen ist.[463] Insbesondere das neue Instrument der Subsidiaritätsrüge und -klage sowie ihre nationale Ausgestaltung als Minderheitenrecht wurden als wichtiges neues Recht der nationalen Parlamente angesehen.[464] Über die Einhaltung des Subsidiaritätsgrundsatzes hinaus regte die Vorsitzende der CDU/CSU-Fraktion Merkel eine künftige Diskussion über eine mögliche Rückübertragung von Kompetenzen auf die Nationalstaaten an.[465] Befürchtungen, dass die Nationalstaaten bereits zu viele Rechte an die EU abgetreten haben könnten, wurden allerdings nicht laut. Trotz der Bezeichnung des Vertrages als „Verfassung" und der enthaltenen Verfassungssymbolik sowie der Verleihung der Rechtspersönlichkeit an die EU schien kaum jemand eine Staatswerdung oder einen Bedeutungsverlust der Nationalstaaten ernsthaft zu befürchten. So betonte lediglich der bayerische Ministerpräsident Stoiber in seinem Redebeitrag, dass die EU nur einen Staatenverbund darstelle und keinen Staat.[466] Für die Aussage, dass die EU nach dem Willen der Bürger auch kein Staat werden sollte, erhielt er Beifall von Abgeordneten der CDU/CSU und der FDP.[467]

Dennoch äußerten Abgeordnete fast aller Fraktionen ihr Bedauern darüber, dass der Verfassungsvertrag nicht Gegenstand einer Volksabstimmung war.[468] Leutheus-

---

[459] *G. Müller* (CDU/CSU), BT-Sten.Ber. 15/160, S. 14927. Ähnlich auch *W. Schäuble* (CDU/CSU), BT-Sten.Ber. 15/160, S. 14917.

[460] *M. Roth* (SPD), BT-Sten.Ber. 15/160, S. 14905; *W. Schäuble* (CDU/CSU), BT-Sten.Ber. 15/160, S. 14917; *G. Gloser* (SPD), BT-Sten.Ber. 15/160, S. 14929; *T. Silberhorn* (CDU/CSU), BT-Sten.Ber. 15/160, S. 14930; *F. Müntefering* (SPD), BT-Sten.Ber. 15/175, S. 16357; *H.-C. Ströbele* (BÜNDNIS 90/DIE GRÜNEN), BT-Sten.Ber. 15/175, S. 16367; *S. Leutheusser-Schnarrenberger* (FDP), BT-Sten.Ber. 15/175, S. 16372.

[461] *G. Müller* (CDU/CSU), BT-Sten.Ber. 15/160, S. 14927.

[462] *M. Roth* (SPD), BT-Sten.Ber. 15/160, S. 14905; *J. Fischer* (Bundesminister), BT-Sten.Ber. 15/160, S. 14911; *S. Leutheusser-Schnarrenberger* (FDP), BT-Sten.Ber. 15/160, S. 14920; *F. Müntefering* (SPD), BT-Sten.Ber. 15/175, S. 16357.

[463] Dazu ausführlich unten 4. Teil C. II. 3. a).

[464] *G. Müller* (CDU/CSU), BT-Sten.Ber. 15/160, S. 14927; *T. Silberhorn* (CDU/CSU), BT-Sten.Ber. 15/160, S. 14930; *A. Merkel* (CDU/CSU), BT-Sten.Ber. 15/175, S. 16353; *J. Fischer* (Bundesminister), BT-Sten.Ber. 15/175, S. 16362; *E. Stoiber* (Bayern), BT-Sten.Ber. 15/175, S. 16364; *S. Leutheusser-Schnarrenberger* (FDP), BT-Sten.Ber. 15/175, S. 16372.

[465] *A. Merkel* (CDU/CSU), BT-Sten.Ber. 15/175, S. 16354.

[466] *E. Stoiber* (Bayern), BT-Sten.Ber. 15/175, S. 16363 f.

[467] BT-Sten.Ber. 15/175, S. 16364.

[468] *M. Roth* (SPD), BT-Sten.Ber. 15/160, S. 14906 und 15/175, S. 16370; *W. Hoyer* (FDP), BT-Sten.Ber. 15/160, S. 14913; *A. Schäfer* (SPD), BT-Sten.Ber. 15/160, S. 14922; *G. Lötzsch* (fraktionslos), BT-Sten.Ber. 15/160, S. 14925 und 15/175, S. 16375; *G. Müller* (CDU/CSU), BT-Sten.Ber. 15/175, S. 16371; *M. Hohmann* (fraktionslos), BT-Sten.Ber. 15/175, S. 16380; *P. Gauweiler* (CDU/CSU), BT-Sten.Ber. 15/175, S. 16382.

ser-Schnarrenberger warf den Abgeordneten allerdings Heuchelei vor[469], da bereits 2003 ein entsprechender Gesetzentwurf der FDP-Fraktion[470] vorgelegen habe, der mit großer Mehrheit abgelehnt worden sei[471].

In der parlamentarischen Abstimmung fand der Verfassungsvertrag schließlich eine große Mehrheit: Das Vertragsgesetz wurde mit 569 Ja- zu 23 Nein-Stimmen (20 Abgeordnete der CDU/CSU sowie drei fraktionslose Abgeordnete) bei zwei Enthaltungen angenommen.[472]

III. Das Scheitern des Verfassungsvertrages

Der CSU-Bundestagsabgeordnete Peter Gauweiler hatte bereits frühzeitig versucht, den Beschluss des Zustimmungsgesetzes zu verhindern. Er hatte sich zunächst mit einer Organklage gegen den Beschluss des Ältestenrates des Bundestages zur Festlegung des Termins für die zweite und dritte Lesung des Zustimmungsgesetzes gewandt und zudem Verfassungsbeschwerde erhoben.[473] Das Bundesverfassungsgericht verwarf die Organklage allerdings mit Beschluss vom 28. April 2005, da die Terminierung noch keine Rechte des Antragstellers verletzen könne[474], die Verfassungsbeschwerde war aus gleichem Grund unzulässig[475].

Nach der Verabschiedung des Zustimmungsgesetzes durch Bundestag und Bundesrat am 27. Mai 2005 legte Gauweiler umgehend erneut Verfassungsbeschwerde und Organklage gegen das Gesetz ein.[476] Zu einer inhaltlichen Auseinandersetzung des Bundesverfassungsgerichts mit dem Verfassungsvertrag kam es jedoch nicht mehr.[477] Am 29. Mai 2005 stimmten in einem Referendum in Frankreich ca. 55 % der Wähler gegen den Vertrag, ebenso fiel das niederländische Referendum am 1. Juni 2005 mit 61,6 % Nein-Stimmen negativ aus.[478] Für die Ablehnungen werden zwar auch innenpolitische Aspekte und Unzufriedenheit mit der jeweiligen Regierung verantwortlich gemacht[479], eine allgemeine Skepsis gegenüber der EU, die Verfassungssymbolik und die Ablehnung einer weiteren Ausdehnung der

---

469 *S. Leutheusser-Schnarrenberger* (FDP), BT-Sten.Ber. 15/175, S. 16371.

470 BT-Drucks. 15/1112.

471 Vgl. das endgültige Ergebnis der namentlichen Abstimmung, BT-Sten.Ber. 15/72, S. 6185 ff.

472 Vgl. das endgültige Ergebnis der namentlichen Schlussabstimmung, BT-Sten.Ber. 15/175, S. 16384 ff.

473 Vgl. *P. Gauweiler*, Presseerklärung: Ratifizierung des EU-Verfassungsvertrages unzulässig.

474 BVerfGE 112, 363 (366).

475 BVerfGE 112, 363 (366 f.).

476 Vgl. *P. Gauweiler*, Presseerklärung: Seit heute vor dem Bundesverfassungsgericht: MdB Dr. Gauweiler legt Verfassungsbeschwerde und Organklage gegen den EU-Verfassungsvertrag.

477 Mit Beschluss vom 13. Oktober 2010 (zitiert nach juris) wurde festgestellt, dass sich die beiden Verfahren 2 BvE 2/05 und 2 BvR 839/05 wegen der Ablösung des Verfassungsvertrages durch den Vertrag von Lissabon erledigt hatten.

478 Vgl. *J. J. Hesse*, Vom Werden Europas, S. 163, 166.

479 *J. Wuermeling*, ZRP 2005, S. 149 (150); *W. Loth*, Europas Einigung, S. 389 f.

Union, insbesondere eines Beitritts der Türkei, werden aber ebenso als maßgebliche Faktoren betrachtet[480].

J. Vertrag von Lissabon

Nach diesen Rückschlägen im Ratifizierungsprozess beschlossen die Staats- und Regierungschefs der Mitgliedstaaten zunächst eine „Zeit der Reflexion“[481] und schließlich, gut zwei Jahre nach den negativen Volksentscheidungen, die Ausarbeitung eines neuen Vertrages durch eine Regierungskonferenz[482]. Den Großteil der strittigen Punkte hatten die Staats- und Regierungschefs der Mitgliedstaaten bereits vorab verhandelt, so dass das Mandat detaillierte Vorgaben für die Regierungskonferenz enthielt.[483] Wenige Wochen später konnte bereits der endgültige Entwurf verabschiedet und am 13. Dezember 2007 als „Vertrag von Lissabon“[484] unterzeichnet werden.

I. Inhalte des Vertrages[485]

Inhaltlich entsprachen die Bestimmungen des „neuen“ Vertrages weitgehend denjenigen des gescheiterten Verfassungsvertrages[486], so dass insoweit auf die bereits dargestellten Inhalte des Verfassungsvertrages verwiesen werden kann[487]. Auf die Verfassungssymbolik und -rhetorik wurde jedoch verzichtet.[488] Der Vertrag trug nicht mehr die Bezeichnung „Verfassung“, die Regelung über die Symbole der Union wurde gestrichen[489]. Die Verträge enthielten keinen eigenständigen

---

480 *R. Streinz/C. Ohler/C. Herrmann*, Vertrag von Lissabon, S. 15; *G. Clemens/A. Reinfeldt/G. Wille*, Geschichte der europäischen Integration, S. 236; *J. Wuermeling*, ZRP 2005, S. 149 (150).

481 *Europäischer Rat* (16.–17. Juni 2005), Erklärung zur Ratifizierung des Vertrags über eine Verfassung für Europa, Bulletin der Europäischen Union 6/2005, S. 17 (28).

482 Vgl. *Europäischer Rat* (21.–22. Juni 2007), Schlussfolgerungen, Bulletin der Europäischen Union 6/2007, S. 8 (9).

483 Ausführlich zu den Vorgaben für die Regierungskonferenz *F. C. Mayer*, ZaöRV 67 (2007), S. 1141 (1148 ff.).

484 Vertrag von Lissabon zur Änderung des Vertrags über die Europäische Union und des Vertrags zur Gründung der Europäischen Gemeinschaft vom 13. Dezember 2007, ABl. EU 2007 Nr. C 306, S. 1 ff.

485 Vgl. zum Folgenden u. a. *R. Streinz/C. Ohler/C. Herrmann*, Vertrag von Lissabon, S. 40 ff.; *A. Haratsch/C. Koenig/M. Pechstein*, Europarecht, Rn. 38 f.

486 *F. C. Mayer*, ZaöRV 67 (2007), S. 1141 (1184); *R. Streinz/C. Ohler/C. Herrmann*, Vertrag von Lissabon, S. 40.

487 Dazu oben 3. Teil I. I.

488 *R. Streinz/C. Ohler/C. Herrmann*, Vertrag von Lissabon, S. 40; *A. Haratsch/C. Koenig/M. Pechstein*, Europarecht, Rn. 37.

489 16 Mitgliedstaaten haben jedoch die Erklärung abgegeben, dass die umstrittenen Symbole „für sie auch künftig als Symbole die Zusammengehörigkeit der Menschen in der Europäischen Union und ihre Verbundenheit mit dieser zum Ausdruck bringen“, Erklärung Nr. 52 zum Vertrag von Lissabon.

Grundrechtskatalog mehr, die Grundrechtecharta wurde allerdings dennoch über den Verweis in Art. 6 Abs. 1 EUV-L rechtsverbindlich.[490] Die Handlungsformen der EU entsprachen denen der zuvor geltenden Verträge (vgl. Art. 288 AEUV), auf die Bezeichnung als „Gesetze“ wurde verzichtet. Auf den Vorrang des Unionsrechts wurde nur noch in einer Erklärung, nicht mehr im Vertragstext selbst hingewiesen.

Wie es bereits der Verfassungsvertrag vorsah, verschmolz der Vertrag von Lissabon EU und EG zu einer einheitlichen Union, die Rechtsnachfolgerin der EG ist (Art. 1 EUV-L) und Rechtspersönlichkeit besitzt (Art. 47 EUV-L).[491] Die EAG blieb daneben bestehen. Der neue „Vertrag über die Arbeitsweise der Europäischen Union“ (AEUV) ersetzte den EGV. Obwohl damit die Drei-Säulen-Struktur aufgehoben wurde, unterlag die Gemeinsame Außen- und Sicherheitspolitik weiterhin besonderen Bestimmungen (Art. 23 ff. EUV-L), insbesondere blieb es bei grundsätzlich einstimmigen Entscheidungen (Art. 31 Abs. 1 EUV-L).

Die Änderungen im Hinblick auf die Organe der EU wurden im Wesentlichen aus dem Verfassungsvertrag übernommen.[492] Die neue Stimmgewichtung im Rat sollte allerdings erst ab 1. November 2014 gelten (Art. 16 Abs. 4 EUV-L), auf Antrag sogar erst ab 1. April 2017 (vgl. Art. 3 Abs. 2 des Protokolls über die Übergangsbestimmungen).

II. Parlamentarische Behandlung

In Deutschland konnte das parlamentarische Zustimmungsverfahren zügig abgeschlossen werden. Der von einer großen Koalition angeführte Bundestag[493] hatte unter anderem einen Tag vor seiner Unterzeichnung über den Vertrag von Lissabon diskutiert.[494] Die erste Beratung des „Entwurfs eines Gesetzes zum Vertrag von Lissabon vom 13. Dezember 2007“[495] fand am 13. März 2008[496], die zweite Beratung und Schlussabstimmung am 24. April 2008[497] statt. Für die Aussprachen waren lediglich 90 Minuten bzw. zwei Stunden vorgesehen.[498]

---

[490] Für Großbritannien und Polen gelten Sonderregelungen, vgl. das „Protokoll über die Anwendung der Charta der Grundrechte der Europäischen Union auf Polen und das Vereinigte Königreich“, ABl. EU 2007 Nr. C 306, S. 156 f.

[491] *A. Haratsch/C. Koenig/M. Pechstein*, Europarecht, Rn. 54 ff.

[492] Siehe zu den neuen Regelungen ausführlich oben 3. Teil I. I.

[493] Bei den Bundestagswahlen 2005 hatten CDU und CSU zusammen 226 Sitze erreicht, ihr Koalitionspartner SPD 222, die Oppositionsparteien FDP 61, DIE LINKE 54 und BÜNDNIS 90/DIE GRÜNEN 51, vgl. *Bundeswahlleiter*, Ergebnisse früherer Bundestagswahlen, S. 98 f.

[494] BT-Sten.Ber. 16/132, S. 13797 ff.

[495] BT-Drucks. 16/8300.

[496] BT-Sten.Ber. 16/151, S. 15836 ff.

[497] BT-Sten.Ber. 16/157, S. 16450 ff.

[498] BT-Sten.Ber. 16/151, S. 15837 und 16/157, S. 16451.

Ebenso wie sich die Inhalte von Verfassungsvertrag und Vertrag von Lissabon nur geringfügig unterschieden, ähnelten sich auch die parlamentarischen Behandlungen der beiden Verträge. Fast alle Rednerinnen und Redner, mit Ausnahme der Abgeordneten der Fraktion DIE LINKE, bewerteten den Vertrag positiv und äußerten kaum Kritik an seinem Inhalt. Vielfach wurden die Schlagworte verwendet, die Europäische Union werde durch den Vertrag von Lissabon handlungsfähiger[499] und demokratischer[500]. Ersteres wurde unter anderem mit der Ausweitung der Mehrheitsentscheidungen im Rat sowie der Verkleinerung der Kommission begründet[501], letzteres sowohl auf die Stärkung des Europäischen Parlaments[502] als auch auf die erweiterten Mitspracherechte der nationalen Parlamente[503] zurückgeführt. Diese müssten allerdings vom Bundestag entsprechend in Anspruch genommen werden.[504] Lediglich der Linke Dehm verwies auf andauernde Demokratiedefizite, die er unter anderem im fehlenden Initiativrecht des Europäischen Parlaments sowie der fehlenden parlamentarischen Wahl und Kontrolle der Kommission, des Ratspräsidenten und des europäischen „Außenministers" begründet sah.[505]

---

[499] *A. Merkel* (Bundeskanzlerin), BT-Sten.Ber. 16/132, S. 13798 und 16/157, S. 16452; *F.-W. Steinmeier* (Bundesminister), BT-Sten.Ber. 16/151, S. 15837; *M. Löning* (FDP), BT-Sten. Ber. 16/151, S. 15838; *A. Schockenhoff* (CDU/CSU), BT-Sten.Ber. 16/151, S. 15840; *F. Toncar* (FDP), BT-Sten.Ber. 16/151, S. 15846; *G. Krichbaum* (CDU/CSU), BT-Sten.Ber. 16/151, S. 15847; *C.-C. Dressel* (SPD), BT-Sten.Ber. 16/151, S. 15852; *T. Silberhorn* (CDU/CSU), BT-Sten.Ber. 16/151, S. 15853; *K. Beck* (Rheinland-Pfalz), BT-Sten.Ber. 16/157, S. 16457; *G. Beckstein* (Bayern), BT-Sten.Ber. 16/157, S. 16467; *R. Steenblock* (BÜNDNIS 90/DIE GRÜNEN), BT-Sten.Ber. 16/157, S. 16470; *M. Stübgen* (CDU/CSU), BT-Sten.Ber. 16/157, S. 16473.

[500] *A. Merkel* (Bundeskanzlerin), BT-Sten.Ber. 16/132, S. 13798; *A. Schwall-Düren* (SPD), BT-Sten.Ber. 16/132, S. 13803; *V. Kauder* (CDU/CSU), BT-Sten.Ber. 16/132, S. 13806; *J. Trittin* (BÜNDNIS 90/DIE GRÜNEN), BT-Sten.Ber. 16/132, S. 13809 und 16/157, S. 16463; *M. Löning* (FDP), BT-Sten.Ber. 16/151, S. 15838; *R. Steenblock* (BÜNDNIS 90/DIE GRÜNEN), BT-Sten.Ber. 16/151, S. 15843 und 16/157, S. 16470; *C.-C. Dressel* (SPD), BT-Sten.Ber. 16/151, S. 15852; *T. Silberhorn* (CDU/CSU), BT-Sten.Ber. 16/151, S. 15854; *G. Beckstein* (Bayern), BT-Sten.Ber. 16/157, S. 16467; *M. Stübgen* (CDU/CSU), BT-Sten.Ber. 16/157, S. 16473.

[501] *A. Schwall-Düren* (SPD), BT-Sten.Ber. 16/132, S. 13803; *M. Löning* (FDP), BT-Sten. Ber. 16/151, S. 15838; *A. Schockenhoff* (CDU/CSU), BT-Sten.Ber. 16/151, S. 15840; *T. Silberhorn* (CDU/CSU), BT-Sten.Ber. 16/151, S. 15853; *A. Merkel* (Bundeskanzlerin), BT-Sten. Ber. 16/157, S. 16452.

[502] *A. Merkel* (Bundeskanzlerin), BT-Sten.Ber. 16/132, S. 13798; *A. Schwall-Düren* (SPD), BT-Sten.Ber. 16/132, S. 13803; *J. Trittin* (BÜNDNIS 90/DIE GRÜNEN), BT-Sten.Ber. 16/132, S. 13809; *M. Löning* (FDP), BT-Sten.Ber. 16/151, S. 15838; *T. Silberhorn* (CDU/CSU), BT-Sten. Ber. 16/151, S. 15854; *M. Stübgen* (CDU/CSU), BT-Sten.Ber. 16/157, S. 16473.

[503] *A. Merkel* (Bundeskanzlerin), BT-Sten.Ber. 16/132, S. 13798; *A. Schwall-Düren* (SPD), BT-Sten.Ber. 16/132, S. 13803; *J. Trittin* (BÜNDNIS 90/DIE GRÜNEN), BT-Sten.Ber. 16/132, S. 13809; *G. Krichbaum* (CDU/CSU), BT-Sten.Ber. 16/151, S. 15847; *T. Silberhorn* (CDU/CSU), BT-Sten.Ber. 16/151, S. 15854; *M. Stübgen* (CDU/CSU), BT-Sten.Ber. 16/157, S. 16474.

[504] *J. Trittin* (BÜNDNIS 90/DIE GRÜNEN), BT-Sten.Ber. 16/132, S. 13809; *M. Roth* (SPD), BT-Sten.Ber. 16/132, S. 13810 und 16/151, S. 15845; *M. Löning* (FDP), BT-Sten.Ber. 16/132, S. 13811 und 16/151, S. 15839; *T. Silberhorn* (CDU/CSU), BT-Sten.Ber. 16/151, S. 15854.

[505] *D. Dehm* (DIE LINKE); BT-Sten.Ber. 16/132, S. 13814 f.

Erneut wurden zudem das Subsidiaritätsprinzip und das Prinzip der begrenzten Einzelermächtigung hervorgehoben. Vor allem aus den Reihen der CDU/CSU wurde gefordert, stärker darauf zu achten, dass die EU keine Kompetenzen in Anspruch nehme, die ihr nicht zustünden.[506] Entscheidungen sollten so weit wie möglich dezentral getroffen werden.[507] Bundeskanzlerin Merkel betonte außerdem die Möglichkeit der Rückübertragung von Kompetenzen.[508] In diesem Zusammenhang stellte sie eine Entwicklung fest: Während der Weg der EU in den letzten Jahrzehnten stets ein Weg zu mehr Integration und mehr gemeinsamen Handeln gewesen sei, müsse es in Zukunft vermehrt um das richtige Gleichgewicht zwischen nationalen und europäischen Aufgaben gehen.[509]

Bei der Schlussabstimmung erreichte der Vertrag von Lissabon eine große Zustimmung: Bei einer Enthaltung stimmten von den 574 anwesenden Abgeordneten 515 mit Ja, während die Vertragsgegner, die aus den Abgeordneten der Fraktion DIE LINKE, einigen CDU/CSU- und fraktionslosen Abgeordneten bestanden, lediglich auf 58 Stimmen kamen.[510]

III. Das Lissabon-Urteil des Bundesverfassungsgerichts

Trotz der großen Zustimmung im Bundestag und der schnellen parlamentarischen Behandlung konnte Deutschland jedoch keine Vorreiterrolle bei der Ratifikation des Vertrages einnehmen. Unter anderem wandten sich die Fraktion DIE LINKE sowie der CSU-Bundestagsabgeordnete Peter Gauweiler[511] mittels Verfassungsbeschwerde und Organstreitverfahren gegen das Zustimmungsgesetz zum Vertrag von Lissabon sowie die gleichzeitig beschlossenen Gesetze zur Änderung des Grundgesetzes[512] und über die Ausweitung und Stärkung der Rechte des Bundestages und des Bundesrates in Angelegenheiten der Europäischen Union (sogenanntes Ausweitungsgesetz)[513], die die neuen Mitwirkungsrechte von Bundestag und Bundesrat gegenüber den Organen der EU ausgestalten sollten. Am 30. Juni 2009 verkündete der Zweite Senat sein mit Spannung erwartetes „Lissabon-Urteil“[514]. Im Ergebnis wurden das Zustimmungsgesetz zum Vertrag von Lis-

---

[506] *A. Merkel* (Bundeskanzlerin), BT-Sten.Ber. 16/132, S. 13799; *V. Kauder* (CDU/CSU), BT-Sten.Ber. 16/132, S. 13806; *T. Silberhorn* (CDU/CSU), BT-Sten.Ber. 16/132, S. 13813.

[507] *W. Hoyer* (FDP), BT-Sten.Ber. 16/132, S. 13802; *A. Schockenhoff* (CDU/CSU), BT-Sten. Ber. 16/151, S. 15840; *F. Toncar* (FDP), BT-Sten.Ber. 16/151, S. 15846; *J. Trittin* (BÜNDNIS 90/ DIE GRÜNEN), BT-Sten.Ber. 16/151, S. 15851; *G. Beckstein* (Bayern), BT-Sten.Ber. 16/157, S. 16468.

[508] *A. Merkel* (Bundeskanzlerin), BT-Sten.Ber. 16/132, S. 13799 und 16/157, S. 16452.

[509] *A. Merkel* (Bundeskanzlerin), BT-Sten.Ber. 16/157, S. 16452.

[510] Vgl. das Ergebnis der namentlichen Abstimmung, BT-Sten.Ber. 16/157, S. 16483 ff.

[511] *E. Brok/M. Selmayr*, EuZW 2008, S. 487 (487).

[512] BT-Drucks. 16/8488.

[513] BT-Drucks. 16/8489.

[514] BVerfGE 123, 267.

sabon sowie die begleitende Grundgesetzänderung für verfassungskonform erklärt. Das Ausweitungsgesetz regelte allerdings nach Ansicht des Bundesverfassungsgerichts die Beteiligungsrechte von Bundestag und Bundesrat nur unzureichend und musste vor der Ratifizierung des Vertrages von Lissabon zunächst neu gefasst werden.[515] Dieses auf den ersten Blick für den Fortschritt der europäischen Integration positive Ergebnis erfuhr durch die fast 170 Druckseiten umfassenden Entscheidungsgründe allerdings erhebliche Einschränkungen, die in der Öffentlichkeit und insbesondere der Rechtswissenschaft auf ein geteiltes Echo stießen.

Ausgangspunkt war erneut, wie bereits im Maastricht-Verfahren, die von den Beschwerdeführern geltend gemachte Verletzung ihres Wahlrechts aus Art. 38 GG. Das Bundesverfassungsgericht hielt die Verfassungsbeschwerden für zulässig, soweit eine Verletzung des Demokratie- oder Sozialstaatsprinzips sowie ein Verlust der Staatlichkeit Deutschlands gerügt worden waren.[516] Das Organstreitverfahren erachtete es hingegen nur im Hinblick auf die gerügte Verletzung des wehrverfassungsrechtlichen Parlamentsvorbehalts für zulässig.[517]

Inhaltlich bildete das Demokratieprinzip den Schwerpunkt der Prüfung. Im Ergebnis stellte das Bundesverfassungsgericht fest, dass das Wahlrecht durch die Zustimmung zum Vertrag von Lissabon nicht verletzt sei, weil zum einen das deutsche Volk durch die Wahlen zum Bundestag und den Landtagen weiterhin über die wesentlichen politischen Sachverhalte bestimme und zum anderen die Europäische Union ausreichend demokratisch legitimiert sei.[518] Allerdings stellte der Senat unmittelbar zu Beginn seiner Ausführungen klar, dass die Europäische Union nicht zu einem Staat weiterentwickelt werden dürfe. Das Grundgesetz setze die souveräne Staatlichkeit Deutschlands nicht nur voraus, sondern garantiere sie auch.[519] Einen Weg zu einem europäischen Bundesstaat eröffne allenfalls die Verfassungsablösung durch Volksabstimmung gemäß Art. 146 GG.[520] Damit wurde das in der Vergangenheit mehrfach im Bundestag geäußerte Ziel der Vereinigten Staaten von Europa[521] für verfassungswidrig erklärt. Allerdings ohne konkreten Anlass, denn die Gründung eines europäischen Staates war mit dem Vertrag von Lissabon weder beabsichtigt[522] noch führte der Vertrag in tatsächlicher Hinsicht zu einer Verstaatlichung der EU.[523]

---

[515] BVerfGE 123, 267 (432 ff.).

[516] BVerfGE 123, 267 (328, 330 ff., 335 f.). Zum Vorbringen der Beschwerdeführer im Einzelnen ausführlich BVerfGE 123, 267 (305 ff.). Die Schriftsätze der Antragsteller und Beschwerdeführer sind abgedruckt bei *K. Kaiser*, Vertrag von Lissabon vor dem BVerfG, S. 1 ff.

[517] BVerfGE 123, 267 (328, 336 ff.).

[518] BVerfGE 123, 267 (370).

[519] BVerfGE 123, 267 (343).

[520] BVerfGE 123, 267 (343).

[521] Ausführlich zu den Ansichten zur Zulässigkeit eines europäischen Bundesstaates unten 4. Teil A. II.

[522] Dies stellte das Bundesverfassungsgericht selbst fest, vgl. BVerfGE 123, 267 (371).

[523] *C. D. Classen*, JZ 2009, S. 881 (881).

Nach Ansicht des Bundesverfassungsgerichts richten sich die Art. 23 Abs. 1, 24 Abs. 1 GG nur auf die Integration in eine Europäische Union, die als Staatenverbund konzipiert ist.[524] Die Mitgliedstaaten müssten daher dauerhaft die Herren der Verträge und die Völker Europas die Quelle der Gemeinschaftsgewalt bleiben.[525] Damit korrespondierte für die nationale Ebene die Forderung, dass dem Bundestag eigene Aufgaben und Befugnisse von hinreichendem Gewicht verbleiben oder die Bundesregierung maßgeblichen Einfluss auf europäische Entscheidungsverfahren ausüben können müsse.[526] Das Bundesverfassungsgericht wiederholte insoweit seine Argumentation aus dem Maastricht-Urteil, dass das Demokratieprinzip verletzt sein könne, wenn der Bundestag als unmittelbar volksgewähltes Organ wesentlich an Rechten einbüße und damit einen Substanzverlust demokratischer Gestaltungsmacht erleide.[527] Entscheidungen müssten sich auf den Willen des Volkes zurückführen lassen, der sich durch den Wahlakt bilde.[528] Unzulässig sei insbesondere die Übertragung der Kompetenz-Kompetenz.[529] Deshalb müssten Zuständigkeitsübertragungen sachlich begrenzt und prinzipiell widerruflich sein und das Prinzip der begrenzten Einzelermächtigung fortgelten.[530] Weiterhin müsse das Integrationsprogramm hinreichend bestimmt sein, Blankettermächtigungen seien unzulässig.[531] In diesem Zusammenhang begründete das Bundesverfassungsgericht eine besondere Integrationsverantwortung der gesetzgebenden Körperschaften bei Vertragsänderungen ohne Ratifikationsverfahren.[532] Dazu gehöre auch die Möglichkeit gerichtlichen Rechtsschutzes im Falle von Kompetenzüberschreitungen der Unionsorgane durch eine Ultra-vires- oder Identitätskontrolle durch das Bundesverfassungsgericht, in deren Rahmen Unionsrecht für unanwendbar erklärt werden könne.[533]

Im Rahmen der Subsumtion beschäftigte sich das Bundesverfassungsgericht zunächst mit der europäischen Demokratie. Es betonte mehrfach, dass die Demokratie in der als Staatenverbund ausgestalteten Europäischen Union staatlichen Anforderungen nicht genügen müsse[534] und kam schließlich zu dem Ergebnis, dass der Vertrag von Lissabon gerade deshalb mit dem Demokratieprinzip vereinbar sei, weil die EU nicht staatsanalog aufgebaut sei[535]. Dennoch legte der Senat im Folgenden ausführlich dar, dass die EU – würde man sie an staatlichen Demokratieanforde-

---

[524] BVerfGE 123, 267 (348).
[525] BVerfGE 123, 267 (349).
[526] BVerfGE 123, 267 (356).
[527] BVerfGE 123, 267 (341).
[528] BVerfGE 123, 267 (341, 343).
[529] BVerfGE 123, 267 (349).
[530] BVerfGE 123, 267 (350).
[531] BVerfGE 123, 267 (351).
[532] BVerfGE 123, 267 (351, 353, 355 f., 387 f., 390). Vgl. zur Integrationsverantwortung bei Vertragsänderungen ausführlich unten 4. Teil C. II.
[533] BVerfGE 123, 267 (353 f.).
[534] BVerfGE 123, 267 (344, 365 f., 368 f.).
[535] BVerfGE 123, 267 (371).

rungen messen[536] – insbesondere angesichts der mangelnden Gleichheit der Wahl zum Europäischen Parlament ein nicht zu rechtfertigendes demokratisches Defizit aufweisen würde.[537]

Weiter stellte das Bundesverfassungsgericht fest, dass die Bundesrepublik Deutschland auch nach Inkrafttreten des Vertrags von Lissabon ein souveräner Staat bleibe.[538] Sie verfüge weiterhin über Staatsgebiet[539], Staatsvolk[540] und Staatsgewalt[541]. Letzterem Punkt widmete sich das Bundesverfassungsgericht allerdings ausführlich. Diesbezüglich stellte es fest, dass das fortgeltende Prinzip der begrenzten Einzelermächtigung, gemeinsam mit weiteren Regelungen, wie unter anderem dem Subsidiaritätsgrundsatz, die mitgliedstaatlichen Zuständigkeiten schütze.[542] Auch die neuen Verfahren zur Änderung der europäischen Verträge gefährdeten die deutsche Staatsgewalt im Ergebnis nicht.[543] Voraussetzung sei allerdings, dass der deutsche Gesetzgeber auch solchen Änderungen, die im vereinfachten Verfahren oder im allgemeinen Brückenverfahren beschlossen werden, durch ein Gesetz im Sinne des Art. 23 Abs. 1 Satz 2 GG zustimme.[544] Weiterhin bestätige die neue ausdrückliche Normierung eines Austrittsrechts die fortbestehende Souveränität der Mitgliedstaaten.[545] Dieser stehe schließlich auch nicht die Erklärung Nr. 17 zum Vorrang entgegen, die lediglich die bereits geltende Rechtslage wiedergebe.[546] In diesem Zusammenhang bekräftigte das Bundesverfassungsgericht seinen Anspruch, die Einhaltung des Integrationsprogramms zu überprüfen und gegebenenfalls einen europäischen Rechtsakt, der mit dem Zustimmungsgesetz nicht vereinbar ist oder die durch Art. 79 Abs. 3 GG geschützte Verfassungsidentität verletzt, für unanwendbar zu erklären.[547]

Das Gericht rückte einige Bereiche in die Nähe dieser Verfassungsidentität. Es erklärte zwar, dass eine politische Union grundsätzlich zulässig sei, sogar bis in die Kernbereiche des staatlichen Kompetenzraums[548], formulierte aber gleichzeitig Bereiche, die besonders sensibel für die demokratische Selbstgestaltungsfähigkeit eines Verfassungsstaates seien und in denen die Übertragung und Ausübung von Hoheitsrechten auf die Europäische Union sachlich begrenzt werden müsse. Hierzu zählte es das Strafrecht, das zivile und militärische Gewaltmonopol, die fiskalischen Grundentscheidungen über Einnahmen und Ausgaben des Staates, die sozialstaat-

---

[536] BVerfGE 123, 267 (377).
[537] BVerfGE 123, 267 (371 ff.). Ausführlich dazu unten 4. Teil B.
[538] BVerfGE 123, 267 (381).
[539] BVerfGE 123, 267 (402 f.).
[540] BVerfGE 123, 267 (404 ff.).
[541] BVerfGE 123, 267 (381).
[542] BVerfGE 123, 267 (381 ff.).
[543] BVerfGE 123, 267 (384 ff.).
[544] BVerfGE 123, 267 (387 f., 390). Vgl. dazu auch ausführlich unten 4. Teil C. II.
[545] BVerfGE 123, 267 (395 f.).
[546] BVerfGE 123, 267 (396).
[547] BVerfGE 123, 267 (398, 400).
[548] BVerfGE 123, 267 (357).

liche Gestaltung von Lebensverhältnissen sowie kulturell besonders bedeutsame Entscheidungen.[549] Im Ergebnis belasse der Vertrag von Lissabon den Mitgliedstaaten in diesen Bereichen trotz einiger neu übertragener Zuständigkeiten jedoch noch Aufgaben von hinreichendem Gewicht und führe nicht zu einer Entleerung der Rechte des Bundestages.[550] Teilweise forderte das Bundesverfassungsgericht allerdings eine besondere Mitwirkung des Bundestages sowie des Bundesrates, so in den Fällen des sogenannten Notbremsemechanismus, durch dessen Inanspruchnahme Gesetzgebungsverfahren in den Bereichen des Strafrechts und der sozialen Sicherheit ausgesetzt werden können, sowie hinsichtlich des bewaffneten Einsatzes der Streitkräfte, des sogenannten wehrverfassungsrechtlichen Parlamentsvorbehalts.[551]

IV. Inkrafttreten des Vertrages

Da das Bundesverfassungsgericht das Ausweitungsgesetz wegen der unzureichenden Ausgestaltung der Beteiligungsrechte der Gesetzgebungsorgane in Teilen für verfassungswidrig erklärt hatte[552], änderte der Gesetzgeber umgehend die Begleitgesetze entsprechend der verfassungsgerichtlichen Vorgaben[553]. Eine dagegen gerichtete Verfassungsbeschwerde nahm das Bundesverfassungsgericht nicht zur Entscheidung an[554], so dass die Gesetze am 25. September 2009 bzw. 2. Dezember 2009 in Kraft treten konnten[555]. Damit war aus deutscher Sicht der Weg für den Vertrag von Lissabon frei. Der Vertrag sah sich jedoch nicht nur in Deutschland Hindernissen gegenüber. Die Form als neuer Vertrag ermöglichte es zwar, trotz der weitgehenden materiellen Übereinstimmungen mit dem Verfassungsvertrag bei der Ratifikation weitgehend auf Referenden zu verzichten.[556] In Irland war eine Volksabstimmung jedoch obligatorisch, die im Juni 2008 ein „Nein“ hervorbrachte.[557] Erneut stand die Reform damit vor dem Scheitern. Nachdem Irland einige Zugeständnisse gemacht wurden, fiel ein zweites Referendum im Oktober 2009 positiv aus.[558] Der Vertrag konnte schließlich am 1. Dezember 2009 in Kraft treten.[559]

---

549 BVerfGE 123, 267 (358 ff.). Vgl. dazu auch unten 4. Teil D.

550 BVerfGE 123, 267 (406 ff.).

551 BVerfGE 123, 267 (414, 422, 430 f.). Zum wehrverfassungsrechtlichen Parlamentsvorbehalt auch unten 4. Teil D. III.

552 BVerfGE 123, 267 (432 ff.).

553 Vgl. die Gesetzentwürfe, BT-Drucks. 16/13923, 16/13924, 16/13925 und 16/13926. Der Bundestag stimmte den Gesetzen in dritter Lesung am 8. September 2009 zu (BT-Sten. Ber. 16/233, S. 26358), der Bundesrat am 18. September 2009 (Plenarprotokoll der 861. Sitzung, S. 359).

554 BVerfG, Beschluss vom 22. September 2009, NJW 2009, S. 3778 f.

555 BGBl. I 2009, S. 3022 ff., 3822.

556 Zum Ratifikationsprozess *R. Streinz/C. Ohler/C. Herrmann*, Vertrag von Lissabon, S. 27 ff.

557 *W. Hummer*, in: Hummer/Obwexer, Der Vertrag von Lissabon, S. 471 (477 ff.).

558 *W. Loth*, Europas Einigung, S. 396.

559 Vgl. Bekanntmachung über das Inkrafttreten des Vertrags von Lissabon vom 13. Dezember 2007, BGBl. II 2009, S. 1223 f.

K. Die „Eurokrise“

Mit dem Inkrafttreten des Vertrags von Lissabon kehrte jedoch keine Ruhe in den europäischen Integrationsprozess ein, denn die EU stand bereits vor einer neuen Herausforderung: Der sogenannten „Eurokrise“[560]. In ihrem Zuge wurden zahlreiche Maßnahmen beschlossen, um die nicht nur auf europäischer Ebene, sondern auch im Deutschen Bundestag sowie vor dem Bundesverfassungsgericht mehrfach gerungen wurde.

I. Griechenland-Hilfe und Euro-Rettungsschirm

Die Krise zeigte sich zunächst vor allem in Griechenland, dessen Neu- und Staatsverschuldung im Jahr 2009 erhebliche Ausmaße annahm.[561] Jene EU-Mitgliedstaaten, die ebenfalls den Euro als Währung eingeführt hatten (sog. Euro-Gruppe), beschlossen daraufhin nach harten Verhandlungen[562] im Frühjahr 2010, Griechenland – auch zur Sicherung der finanziellen Stabilität im gesamten Euro-Währungsgebiet – bilaterale staatliche Darlehen zu gewähren.[563] Im Rahmen eines auf drei Jahre angelegten gemeinsamen Programms mit dem Internationalen Währungsfonds (IWF) wollten die Staaten der Euro-Zone hierfür bis zu 80 Milliarden Euro zur Verfügung stellen.[564]

1. Währungsunion-Finanzstabilitätsgesetz

Zur Umsetzung dieser Vereinbarung beschloss der Bundestag, in dem sich eine Koalition aus CDU/CSU und FDP gebildet hatte[565], das sogenannte „Gesetz zur Übernahme von Gewährleistungen zum Erhalt der für die Finanzstabilität in der Währungsunion erforderlichen Zahlungsfähigkeit der Hellenischen Republik (Währungsunion-Finanzstabilitätsgesetz – WFStG)“, mit dem das Bundesministerium

---

[560] Vgl. zur Kritik am Begriff *A. Thiele*, Das Mandat der EZB und die Krise des Euro, S. 2 Fn. 10.

[561] Vgl. die Sachverhaltsschilderung in BVerfGE 129, 124 (128 ff.); *G. Brunn*, Die Europäische Einigung, S. 328 f.

[562] Dazu *W. Loth*, Europas Einigung, S. 405.

[563] Vgl. *Staats- und Regierungschefs der Mitgliedstaaten des Euro-Währungsgebiet*, Erklärung vom 25. März 2010; *Mitgliedstaaten des Euro-Währungsgebiets*, Statement on the support to Greece by Euro area Members States vom 11. April 2010, MEMO/10/123; *Eurogruppe*, Statement by the Eurogroup vom 2. Mai 2010; vgl. auch BVerfGE 129, 124 (129 ff.).

[564] *Eurogruppe*, Statement by the Eurogroup vom 2. Mai 2010.

[565] Bei der Bundestagswahl 2009 hatte die CDU/CSU 239 Sitze erreicht, ihr Koalitionspartner FDP 93. In der Opposition befanden sich die SPD mit 146, DIE LINKE mit 76 und BÜNDNIS 90/DIE GRÜNEN mit 68 Mandaten, vgl. *Bundeswahlleiter*, Ergebnisse früherer Bundestagswahlen, S. 98 f.

der Finanzen ermächtigt wurde, Gewährleistungen für Kredite an Griechenland bis zu einer Höhe von insgesamt 22,4 Milliarden Euro zu übernehmen. Vor einer Gewährleistungsübernahme war grundsätzlich der Haushaltsausschuss des Bundestages zu unterrichten (§ 1 Abs. 3 WFStG).

Der Gesetzentwurf vom 3. Mai 2010[566] wurde am 5. Mai 2010 in erster Lesung im Bundestag behandelt[567], noch am selben Tag berieten die Ausschüsse und hörten Sachverständige an[568]. Zwei Tage später fanden die zweite und dritte Beratung statt[569], bei der Schlussabstimmung wurde das Gesetz gegen 12 Uhr[570] mit den Stimmen der meisten CDU/CSU-, FDP- und grünen Abgeordneten, gegen die Stimmen der Linken und einiger Koalitions-Abweichler, beschlossen. Die SPD-Abgeordneten enthielten sich weit überwiegend.[571] Unmittelbar nach dem Beschluss des WFStG durch den Bundestag legten fünf Professoren[572] Verfassungsbeschwerde gegen die Hilfsmaßnahmen für Griechenland ein[573] und beantragten den Erlass einer einstweiligen Anordnung zur Verhinderung der Ausfertigung und des Vollzugs des Gesetzes[574]. Diesen Antrag lehnte das Bundesverfassungsgericht noch am selben Tag mit der Begründung ab, dass ein Unterbleiben der Hilfsmaßnahmen – nach der insoweit nicht angreifbaren Einschätzung der Bundesregierung – die Stabilität der gesamten Europäischen Währungsunion gefährde und daher gegenüber den geringen Gefahren einer Gewährleistungsübernahme überwiege.[575] Das WFStG trat daraufhin am folgenden Tag in Kraft.[575]

Die Kritik von Martin Pagenkopf, das Gesetz sei in einem „beispiellosen ‚Blitzverfahren‘ von wenigen Stunden, ohne gründliche Vorbereitung oder Prüfung von Alternativen – ohne jede Anhörung, Beteiligung von Europaausschuss und Europakammer oder die üblichen drei Lesungen“[577] beschlossen worden, trifft daher zwar in Teilen objektiv nicht zu, ist aber im Kern sicherlich nicht völlig unberechtigt. Ob ein längerer Gesetzgebungsprozess allerdings zu einem anderen Ergebnis geführt hätte, vermag an dieser Stelle nicht beurteilt zu werden. Festzuhalten bleibt, dass das WFStG im Bundestag und seinen Ausschüssen trotz des sehr kurzen Ra-

---

566 BT-Drucks. 17/1544.

567 BT-Sten.Ber. 17/39, S. 3721 ff.

568 Vgl. die Schilderung im Bericht des Haushaltsausschusses, BT-Drucks. 17/1562.

569 BT-Sten.Ber. 17/41, S. 3989 ff.

570 Vgl. die Schilderung in BVerfGE 125, 385 (391).

571 Vgl. das Ergebnis der namentlichen Abstimmung, BT-Sten.Ber. 17/41, S. 4019 ff.

572 *W. Hankel/W. Nölling/K.A. Schachtschneider/D. Spethmann/J. Starbatty*, Verfassungsbeschwerde und Antrag auf einstweilige Anordnungen vom 7. Mai 2010, S. 1.

573 Dazu unten 3. Teil K. I. 3.

574 *W. Hankel/W. Nölling/K.A. Schachtschneider/D. Spethmann/J. Starbatty*, Verfassungsbeschwerde und Antrag auf einstweilige Anordnungen vom 7. Mai 2010, S. 4 f.; vgl. auch BVerfGE 125, 385 (391).

575 BVerfGE 125, 385 (393 f.).

576 BGBl. I 2010, S. 537.

577 *M. Pagenkopf*, NVwZ 2011, S. 1473 (1474).

tifikationsprozesses durchaus kontrovers diskutiert worden ist[578], was nicht zuletzt das Abstimmungsergebnis und die Enthaltungen der SPD-Abgeordneten zeigen.

2. Euro-Rettungsschirm

Parallel zur Griechenland-Hilfe beschloss der Rat der Europäischen Union stabilisierende Maßnahmen in Form des sogenannten Euro-Rettungsschirms, bestehend aus dem europäischen Finanzstabilisierungsmechanismus (EFSM) als EU-Maßnahme und der zwischenstaatlichen europäischen Finanzstabilisierungsfazilität (EFSF).[579] Der EFSM wurde daraufhin umgehend durch eine EU-Verordnung[580] eingerichtet, die die Bedingungen und Verfahren für finanzielle Hilfe seitens der Europäischen Union an einen Mitgliedstaat regelte. Die EFSF basierte demgegenüber auf einer zwischenstaatlichen Vereinbarung der Euro-Staaten.[581] Diese schufen am 7. Juni 2010 eine Gesellschaft nach luxemburgischem Recht, für die sie bis zu einem Volumen von 440 Milliarden Euro, entsprechend ihrem Anteil am eingezahlten EZB-Kapital, bürgten.[582]

Zuvor hatte der Bundestag in einem erneut zügig durchgeführten Verfahren das „Gesetz zur Übernahme von Gewährleistungen im Rahmen eines europäischen Stabilisierungsmechanismus“ (StabMechG) beschlossen[583]. Der Gesetzentwurf vom 11. Mai 2010[584] wurde am 19.[585] und 21. Mai 2010[586] im Bundestag beraten.[587] Der Haushaltsausschuss hatte vor der Beschlussfassung am 19. Mai 2010 eine öffentliche Anhörung durchgeführt[588] und die Annahme einer geänderten Fassung vorgeschlagen, die unter anderem eine stärkere Beteiligung des Haushaltsausschusses vor der Übernahme von Gewährleistungen vorsah[589]. Das Gesetz trat am 23. Mai 2010

[578] Die Debatten wurden im Rahmen dieser Arbeit im Einzelnen nicht näher untersucht, da es sich bei der Gewährleistungsübernahme nicht um einen Integrationsakt im Sinne dieser Arbeit handelt.

[579] Vgl. die Sachverhaltsschilderung in BVerfGE 129, 124 (133).

[580] Verordnung (EU) Nr. 407/2010 des Rates vom 11. Mai 2010 zur Einführung eines europäischen Finanzstabilisierungsmechanismus, ABl. EU 2010 Nr. L 118, S. 1 ff.

[581] *D. Thym*, EuZW 2011, S. 167 (168).

[582] Beschluss der im Rat der Europäischen Union vereinigten Vertreter der Regierungen der dem Euro-Währungsgebiet angehörenden Mitgliedstaaten vom 9. Mai 2010, Dokument des Europäischen Rates Nr. 9614/10; *N. Bandilla*, in: Grabitz/Hilf/Nettesheim, Recht der EU, Art. 122 AEUV Rn. 29 ff.

[583] BT-Sten.Ber. 17/44, S. 4443.

[584] BT-Drucks. 17/1685.

[585] BT-Sten.Ber. 17/42, S. 4125 ff.

[586] BT-Sten.Ber. 17/44, S. 4412 ff.

[587] Die Debatten wurden im Rahmen dieser Arbeit im Einzelnen nicht näher untersucht, da es sich bei der Gewährleistungsübernahme nicht um einen Integrationsakt im Sinne dieser Arbeit handelt.

[588] Vgl. die Schilderung im Bericht des Haushaltsausschusses, BT-Drucks. 17/1741.

[589] BT-Drucks. 17/1740.

in Kraft.[590] Es ermächtigte das Bundesministerium der Finanzen, Gewährleistungen für Kredite, die die EFSF zur Finanzierung von Notmaßnahmen aufnimmt, bis zu einer Höhe von 123 Milliarden Euro zu übernehmen. Vor der Übernahme von Gewährleistungen sollte sich die Bundesregierung um das Einvernehmen des Haushaltsausschusses bemühen, auf das „aus zwingenden Gründen" jedoch verzichtet und das durch eine nachträgliche Unterrichtung ersetzt werden konnte, § 1 Abs. 4 StabMechG. Die EFSF vergab im Folgenden Kredite an Irland, Portugal und Griechenland.[591]

3. Die Entscheidungen des Bundesverfassungsgerichts

Gegen das StabMechG sowie weitere Handlungen legte der CSU-Bundestagsabgeordnete Gauweiler Verfassungsbeschwerde ein.[592] Den Antrag auf Erlass einer einstweiligen Anordnung, mit dem die Übernahme von Gewährleistungen im Rahmen der Griechenland-Hilfe und des Rettungsschirms verhindert werden sollte, lehnte das Bundesverfassungsgericht mit Beschluss vom 9. Juni 2010 aufgrund einer Folgenabwägung, die zugunsten der Rettungsmaßnahmen ausfiel, ab.[593]

Im Hauptsacheverfahren blieben die zur gemeinsamen Entscheidung verbundenen Verfassungsbeschwerden gegen das WFStG und das StabMechG ebenfalls erfolglos.[594] Das Bundesverfassungsgericht entwickelte jedoch bei seiner Überprüfung des WFStG und des StabMechG[595] weitreichende Maßstäbe für die Euro-Rettungspolitik. Nachdem es bereits im Lissabon-Urteil das Budgetrecht des Bundestages als besonders integrationssensibel erachtet hatte, betonte es erneut, dass die „Grundentscheidungen über Einnahmen und Ausgaben der öffentlichen Hand" zu den wesentlichen Rechten des Bundestages zählten.[596] Europarechtliche finanzielle Bindungen der Bundesrepublik würden zwar nicht grundsätzlich das Budgetrecht des Bundestages verletzen, dieser müsse allerdings vor dem Hintergrund des Demokratieprinzips weiterhin eigenverantwortlich über Einnahmen und Ausgaben entscheiden können.[597] Deshalb seien die Übertragung unbestimmter haushalts-

[590] BGBl. I 2010, S. 627.

[591] Vgl. *ESM*, The programmes. Zur Mitwirkung des Bundestages an der Zustimmung zur Kreditvergabe vgl. *B. Daiber*, DÖV 2014, S. 809 (812 ff.).

[592] Vgl. *D. Murswiek*, Verfassungsbeschwerde des Beschwerdeführers Peter Gauweiler vom 21. Mai 2010.

[593] BVerfGE 126, 158 (168 ff.). Zum Antrag des Beschwerdeführers BVerfGE 126, 158 (166 f.).

[594] Urteil vom 7. September 2011, BVerfGE 129, 124.

[595] Die Beschwerdeführer hatten sich nicht nur gegen diese beiden Gesetze, sondern auch gegen weitere Handlungen und Maßnahmen gerichtet. Insoweit waren die Verfassungsbeschwerden allerdings unzulässig: Die Mitwirkungshandlungen der Bundesregierung bei Beschlüssen der EU-Organe seien ebenso wenig beschwerdefähige „Akte öffentlicher Gewalt" wie die jeweiligen Beschlüsse selbst, vgl. BVerfGE 129, 124 (174 ff.).

[596] BVerfGE 129, 124 (170, 177).

[597] BVerfGE 129, 124 (178 f.).

politischer Kompetenzen und insbesondere der Beitritt zu Mechanismen, die – ohne vorherige konstitutive Beteiligung des Bundestages – zu unüberschaubaren haushaltsbedeutsamen Belastungen führen könnte, unzulässig.[598]

Das Bundesverfassungsgericht erkannte zwar an, dass der Bundestag grundsätzlich selbst entscheiden könne, inwieweit er Gewährleistungen noch für verantwortbar halte.[599] Er dürfe aber keinem Automatismus zustimmen, den er anschließend nicht mehr kontrollieren könne.[600] Insbesondere dürften keine dauerhaften Mechanismen etabliert werden, mittels derer Haftung für das Handeln anderer Staaten übernommen werde.[601] Der Bundestag müsse vielmehr jeder finanzrelevanten Unterstützung Deutschlands vorab zustimmen.[602] Das Bundesverfassungsgericht zog an dieser Stelle eine Parallele zur Integrationsverantwortung des Bundestages.[603]

Angesichts der Konzeption der Währungsunion als Stabilitätsgemeinschaft verhindere das deutsche Zustimmungsgesetz zu den Gründungsverträgen derzeit einen solchen Haftungsautomatismus.[604] Die Höhe der übernommenen Gewährleistungen beanstandete das Bundesverfassungsgericht ebenfalls nicht.[605] Insoweit erkannte es eine Einschätzungsprärogative des Gesetzgebers hinsichtlich des Risikos des Eintritts des Gewährleistungsfalls an, so dass die Entscheidung nur auf evidente Verletzungen der Haushaltsautonomie überprüft werden könne.[606] Das WFStG bestimme jedoch hinreichend Höhe, Zweck und weitere Voraussetzungen der Gewährleistungsübernahme, so dass eine weitere Beteiligung des Bundestags über die vorgesehene Unterrichtung hinaus nicht erforderlich sei.[607] Das StabMechG sei hinsichtlich Zweck, Grundmodalitäten und Gesamtvolumen der Gewährleistungen ebenfalls hinreichend bestimmt, die Übernahme von Gewährleistungen setze zudem eine einvernehmliche Entscheidung der Euro-Gruppe voraus.[608] Die in § 1 Abs. 4 StabMechG vorgesehene bloße Pflicht der Bundesregierung, sich im Vorhinein ihrer Stimmabgabe um das Einvernehmen des Haushaltsausschusses zu bemühen, genügte dem Bundesverfassungsgericht allerdings nicht. Der Bundestag müsse zur Wahrung seiner Haushaltsautonomie dauerhaft Einfluss auf die Gewährleistungsentscheidungen haben.[609] § 1 Abs. 4 StabMechG sei daher verfassungskonform auszulegen, so dass die Bundesregierung sich vor der Übernahme

---

598 BVerfGE 129, 124 (179).
599 BVerfGE 129, 124 (180).
600 BVerfGE 129, 124 (180).
601 BVerfGE 129, 124 (180).
602 BVerfGE 129, 124 (180).
603 BVerfGE 129, 124 (181).
604 BVerfGE 129, 124 (184 f.) unter Bezugnahme auf BVerfGE 89, 155 (204); 97, 350 (372 f.); 123, 267 (356).
605 BVerfGE 129, 124 (183 f.).
606 BVerfGE 129, 124 (182).
607 BVerfGE 129, 124 (185).
608 BVerfGE 129, 124 (185).
609 BVerfGE 129, 124 (180 f., 186).

von Gewährleistungen nicht nur um das Einvernehmen des Haushaltsausschusses bemühen, sondern grundsätzlich dessen Zustimmung einholen müsse.[610]

Wie bereits im Lissabon-Urteil kam das Bundesverfassungsgericht somit zu dem Schluss, dass der Bundestag sich selbst nur unzureichende Rechte im Hinblick auf europäische Entscheidungsprozesse eingeräumt hatte. Die wenig später erfolgte Änderung des StabMechG[611] sah daraufhin einen Parlamentsvorbehalt für die Zustimmung oder Enthaltung der Bundesregierung zu einem EFSF-Beschluss, der die haushaltspolitische Gesamtverantwortung des Bundestages berührte, vor. In bestimmten Fällen besonderer Eilbedürftigkeit oder Vertraulichkeit konnte die Zustimmung allerdings von einem sogenannten Sondergremium, das aus wenigen Mitgliedern des Haushaltsausschusses bestand, erteilt werden (§ 3 Abs. 1, 3 StabMechG). Diese Regelung hielt einer verfassungsgerichtlichen Überprüfung wiederum nicht stand: Der Senat untersagte zunächst im Oktober 2011 mittels einstweiliger Anordnung die Anwendung des § 3 Abs. 3 StabMechG[612] und gab den Antragstellern, zwei Bundestagsabgeordneten, auch im Hauptsacheverfahren im Februar 2012 überwiegend Recht. Sie würden durch die Entscheidungskompetenzen des Sondergremiums in unzulässiger Weise von wesentlichen Entscheidungen ausgeschlossen, die die haushaltspolitische Gesamtverantwortung des Bundestages berührten.[613] Dies sei zwar grundsätzlich im Rahmen des Selbstorganisationsrechts des Bundestages nicht ausgeschlossen, im konkreten Fall sei die Kompetenzübertragung jedoch zu weitreichend und nicht auf wenige Ausnahmefälle beschränkt, so dass sie das Verhältnismäßigkeitsprinzip nicht mehr wahre.[614]

II. Europäischer Stabilitätsmechanismus und Fiskalpakt

Da ESFM und EFSF nur zeitlich begrenzte Instrumente sein sollten, beschloss der Europäische Rat Ende 2010, einen ständigen Mechanismus zur Wahrung der Finanzstabilität des gesamten Euro-Währungsgebiets einzurichten.[615] Hierzu sollte Art. 136 AEUV im Wege des vereinfachten Änderungsverfahrens nach Art. 48 Abs. 6 EUV um einen Absatz 3 ergänzt werden, der die Euro-Staaten zur Einrichtung eines Stabilitätsmechanismus ermächtigte.[616] Diese Vertragsänderung wurde

[610] BVerfGE 129, 124 (186). Kritisch zur Vereinbarkeit der verfassungskonformen Auslegung mit dem Wortlaut *A. Götz/L. Schneider*, DVBl. 2012, S. 145 (147 f.); *C. Calliess*, VVDStRL 71 (2012), S. 113 (161); *J. H. Klement*, ZG 2014, S. 169 (176).

[611] BGBl. I 2011, S. 1992.

[612] BVerfGE 129, 284.

[613] BVerfGE 130, 318 (356 ff.).

[614] BVerfGE 130, 318 (357 ff.).

[615] Vgl. *Europäischer Rat* (28.–29. Oktober 2010), Schlussfolgerungen, EUCO 25/1/10, S. 2; *Europäischer Rat* (16.–17. Dezember 2010), Schlussfolgerungen, EUCO 30/1/10, S. 1 f.

[616] *Europäischer Rat* (16.–17. Dezember 2010), Schlussfolgerungen, EUCO 30/1/10, S. 4 ff.

am 25. März 2011 vom Europäischen Rat beschlossen[617]; der Bundestag hatte hierzu wenige Tage zuvor sein Einvernehmen erteilt[618].

Die Vertreter der Euro-Staaten verhandelten zudem über einen Vertrag zur Einrichtung des Europäischen Stabilitätsmechanismus (ESMV), der im Februar 2012 unterzeichnet wurde.[619] Das Stammkapital des ESM beträgt ca. 700 Milliarden Euro und wird von den Mitgliedstaaten entsprechend ihrer Anteile am Kapital der EZB gezeichnet, wobei der deutsche Anteil – nach den Beitritten Lettlands und Litauens[620] – 26,9616 % bzw. rund 190 Milliarden Euro beträgt (Art. 8, 11 ESMV i. V. m. den Anhängen I und II). Er kann zur Wahrung der Finanzstabilität des Euro-Währungsgebiets und seiner Mitgliedstaaten unter strengen Auflagen Stabilitätshilfen gewähren (Art. 12 ESMV), die sowohl in der Einräumung einer Kreditlinie oder Gewährung von Darlehen, gegebenenfalls auch speziell zur Rekapitalisierung von Finanzinstituten, als auch im Ankauf von Staatsanleihen auf dem Primär- oder Sekundärmarkt bestehen können (Art. 14–18 ESMV). Die wesentlichen Entscheidungen, insbesondere die Entscheidungen über die Gewährung von Stabilitätshilfen, trifft der Gouverneursrat, der aus den Finanzministern der Euro-Staaten besteht, grundsätzlich einstimmig (Art. 5, 13 i. V. m. Art. 4 Abs. 3 ESMV). Finanzhilfen der EFSF können auf den ESM übertragen werden (Art. 40 ESMV). Ein Austritt ist vertraglich nicht geregelt.

Einen Monat später schlossen die Euro-Staaten sowie die damaligen weiteren Mitgliedstaaten der EU, mit Ausnahme Großbritanniens und Tschechiens, zudem den sogenannten Fiskalpakt bzw. Fiskalvertrag (Vertrag über Stabilität, Koordinierung und Steuerung in der Wirtschafts- und Währungsunion – SKSV), in dem sie sich vor allem zur Einführung nationaler Schuldenbremsen (Art. 3 SKSV) sowie zu einer verstärkten wirtschaftspolitischen Koordinierung verpflichteten (Art. 9 SKSV).[621]

---

[617] Beschluss des Europäischen Rates vom 25. März 2011 zur Änderung des Artikels 136 des Vertrags über die Arbeitsweise der Europäischen Union hinsichtlich eines Stabilitätsmechanismus für die Mitgliedstaaten, deren Währung der Euro ist, ABl EU 2011 Nr. L 91, S. 1 f.

[618] BT-Sten.Ber. 17/96, S. 11015.

[619] Der „Vertrag zur Einrichtung des Europäischen Stabilitätsmechanismus zwischen dem Königreich Belgien, der Bundesrepublik Deutschland, der Republik Estland, Irland, der Hellenischen Republik, dem Königreich Spanien, der Französischen Republik, der Italienischen Republik, der Republik Zypern, dem Großherzogtum Luxemburg, Malta, dem Königreich der Niederlande, der Republik Österreich, der Portugiesischen Republik, der Republik Slowenien, der Slowakischen Republik und der Republik Finnland“ ist abgedruckt in BT-Drucks. 17/9045, S. 6 ff. Die konsolidierte Fassung des Vertrags nach den Beitritten Lettlands und Litauens, auf die im Folgenden Bezug genommen wird, ist abrufbar unter https://www.esm.europa.eu/sites/default/files/20150203_-_esm_treaty_-_de.pdf (zuletzt abgerufen am 31. Oktober 2019).

[620] Nachdem die Republiken Lettland und Litauen den Euro als Währung eingeführt hatten, traten sie zum 13. März 2014 (Lettland) bzw. 3. Februar 2015 (Litauen) auch dem ESM bei, vgl. *ESM*, Accession of new ESM members.

[621] Der „Vertrag über Stabilität, Koordinierung und Steuerung in der Wirtschafts- und Währungsunion zwischen dem Königreich Belgien, der Republik Bulgarien, dem Königreich Dänemark, der Bundesrepublik Deutschland, der Republik Estland, Irland, der Hellenischen Repu-

Bereits die Geschehnisse rund um den Abschluss des ESMV sowie des sog. Euro-Plus-Paktes[622] waren Gegenstand eines verfassungsgerichtlichen Verfahrens, in dem die Fraktion BÜNDNIS 90/DIE GRÜNEN eine unzureichende und mangelhafte Unterrichtung des Bundestages durch die Bundesregierung gerügt hatte.[623] Mit Urteil vom 19. Juni 2012[624] stellte das Bundesverfassungsgericht fest, dass parlamentarische Informationsrechte tatsächlich verletzt worden waren.

1. Parlamentarische Behandlung

Der Bundestag beschloss die Zustimmungsgesetze zur Änderung des Art. 136 AEUV[625], zum ESMV[626] und zum SKSV[627] nach der ersten, für zwei Stunden angesetzten Beratung am 29. März 2012[628] in zweiter und dritter Beratung am 29. Juni 2012[629] jeweils mit Zwei-Drittel-Mehrheit.[630] Die Höhe der Beteiligung am ESM wurde durch das am selben Tag beschlossene[631] „Gesetz zur finanziellen Beteiligung am Europäischen Stabilitätsmechanismus (ESM-Finanzierungsgesetz – ESMFinG)“[632] bestimmt, das zudem einen Parlamentsvorbehalt für Entscheidungen in solchen Angelegenheiten des Europäischen Stabilitätsmechanismus statuierte, die die haushaltspolitische Gesamtverantwortung des Bundestages betreffen (§ 4 ESMFinG).

---

blik, dem Königreich Spanien, der Französischen Republik, der Italienischen Republik, der Republik Zypern, der Republik Lettland, der Republik Litauen, dem Großherzogtum Luxemburg, Ungarn, Malta, dem Königreich der Niederlande, der Republik Österreich, der Republik Polen, der Portugiesischen Republik, Rumänien, der Republik Slowenien, der Slowakischen Republik, der Republik Finnland und dem Königreich Schweden“ ist abgedruckt in BT-Drucks. 17/9046, S. 6 ff.

[622] Mit diesem im März 2011 geschlossenen Pakt wollen die Mitgliedstaaten (die Euro-Staaten sowie Bulgarien, Dänemark, Litauen, Polen und Rumänien) eine neue Qualität der wirtschaftspolitischen Koordinierung erreichen, die Wettbewerbsfähigkeit verbessern und dadurch einen höheren Grad an Konvergenz erreichen, vgl. *Europäischer Rat* (24./25. März 2011), Schlussfolgerungen, EUCO 10/1/11, S. 13 ff.

[623] Vgl. zu den einzelnen Rügen der Antragstellerin BVerfGE 131, 152 (177 ff.).

[624] BVerfGE 131, 152.

[625] BT-Drucks. 17/9047.

[626] BT-Drucks. 17/9045.

[627] BT-Drucks. 17/9046.

[628] BT-Sten.Ber. 17/172, S. 20208 ff.

[629] BT-Sten.Ber. 17/188, S. 22697 ff.

[630] Für die Vertragsänderung stimmten 504 von 602 anwesenden Abgeordneten (die gesetzliche Mitgliederzahl betrug zu dem Zeitpunkt 620) bei einer Enthaltung, von jeweils 604 Abgeordneten stimmten 493 für den ESMV (bei fünf Enthaltungen) und 488 für den SKSV (bei sechs Enthaltungen), BT-Sten.Ber. 17/188, S. 22736, 22740, 22747. Die Abgeordneten der Fraktion DIE LINKE stimmten jeweils geschlossen mit „Nein“, darüber hinaus votierten mehrere weitere Abgeordnete aus allen Fraktionen gegen die Gesetzentwürfe.

[631] Von 603 anwesenden Abgeordneten stimmten 497 mit Ja, 101 mit Nein, fünf enthielten sich, BT-Sten.Ber. 17/188, S. 22744.

[632] BT-Drucks. 17/9048.

In den Aussprachen bildete die angemessene Beteiligung des Bundestages einen Schwerpunkt der parlamentarischen Behandlung. So wurde gerügt, dass die Bundesregierung in der Vergangenheit ihre Unterrichtungspflichten gegenüber dem Bundestag nur unzureichend beachtet habe.[633] In diesem Zusammenhang wurde mehrfach auf die diesbezügliche Rechtsprechung des Bundesverfassungsgerichts Bezug genommen[634] und auf die Möglichkeit weiterer Befassungen des Gerichts im Falle fortwährender Verletzungen der Mitwirkungsrechte hingewiesen[635]. Für die Zukunft wurden daher eine ausreichende Unterrichtung sowie eine angemessene Beteiligung des Bundestages bei weiteren Entscheidungen gefordert.[636] Besonderer Wert wurde von vielen Abgeordneten darauf gelegt, dass der Bundestag künftig jeder Rettungsmaßnahme aus dem ESM zustimmen müsse.[637] Der grüne Abgeordnete Jürgen Trittin wies darauf hin, dass eine Übertragung von Entscheidungsrechten nur in Betracht komme, wenn die Beteiligung des Europäischen Parlaments und damit eine parlamentarische Kontrolle sichergestellt sei: „Solange das Ganze nicht im Europäischen Parlament landet, muss es im Deutschen Bundestag verbleiben.“[638]

Gegen die intergouvernementalen Regelungen außerhalb der europäischen Verträge wurde von weiteren Abgeordneten Kritik geübt.[639] Bundeskanzlerin Merkel begründete dieses Vorgehen in Bezug auf den Fiskalvertrag mit dem Widerstand eines Mitgliedstaates und äußerte den Wunsch, den Vertrag möglichst bald in Unionsrecht zu überführen.[640]

Mehrere Abgeordnete hielten darüber hinaus „mehr Europa“[641] für erforderlich, um die Krise zu überwinden. Die Sprache war insoweit von einer europäischen

[633] *M. Roth* (SPD), BT-Sten.Ber. 17/96, S. 11006f.; *M. Sarrazin* (BÜNDNIS 90/DIE GRÜNEN), BT-Sten.Ber. 17/96, S. 11012; *S. Gabriel* (SPD), BT-Sten.Ber. 17/188, S. 22705; *P. Danckert* (SPD), BT-Sten.Ber. 17/188, S. 22723.

[634] *M. Link* (FDP), BT-Sten.Ber. 17/96, S. 11005; *S. Gabriel* (SPD), BT-Sten.Ber. 17/188, S. 22705; *P. Danckert* (SPD), BT-Sten.Ber. 17/188, S. 22723.

[635] *J. Trittin* (BÜNDNIS 90/DIE GRÜNEN), BT-Sten.Ber. 17/172, S. 20222.

[636] *M. Roth* (SPD), BT-Sten.Ber. 17/96, S. 11007 und 17/172, S. 20232; *T. Silberhorn* (CDU/CSU), BT-Sten.Ber. 17/96, S. 11013f.; *M. Meister* (CDU/CSU), BT-Sten.Ber. 17/96, S. 11009f.; *R. Brüderle* (FDP), BT-Sten.Ber. 17/188, S. 22708; *C. Schneider* (SPD), BT-Sten.Ber. 17/188, S. 22717.

[637] *M. Link* (FDP), BT-Sten.Ber. 17/96, S. 11005; *B. Kudla* (CDU/CSU), BT-Sten.Ber. 17/96, S. 11015; *R. Brüderle* (FDP), BT-Sten.Ber. 17/188, S. 22708; *N. Barthle* (CDU/CSU), BT-Sten.Ber. 17/188, S. 22732. *P. Gauweiler* (CDU/CSU) bezweifelte hingegen die Durchsetzbarkeit des Parlamentsvorbehalts, BT-Sten.Ber. 17/188, S. 22725.

[638] *J. Trittin* (BÜNDNIS 90/DIE GRÜNEN), BT-Sten.Ber. 17/188, S. 22715. In eine ähnliche Richtung auch *W. Gehrcke* (DIE LINKE), BT-Sten.Ber. 17/188, S. 22736, der die Abgabe von Souveränität an „Bürokraten“ als undemokratisch bezeichnete.

[639] *M. Sarrazin* (BÜNDNIS 90/DIE GRÜNEN), BT-Sten.Ber. 17/96, S. 11011; *M. Roth* (SPD), BT-Sten.Ber. 17/172, S. 20232; *L. Paus* (BÜNDNIS 90/DIE GRÜNEN), BT-Sten.Ber. 17/188, S. 22721.

[640] *A. Merkel* (Bundeskanzlerin), BT-Sten.Ber. 17/188, S. 22699.

[641] So *G. Westerwelle* (Bundesminister), BT-Sten.Ber. 17/172, S. 20227, 20228. Ähnlich *R. Brinkhaus* (CDU/CSU), BT-Sten.Ber. 17/188, S. 22734.

Wirtschaftsregierung[642], einer gemeinsamen Wirtschafts- und Finanzpolitik[643] oder einer politischen Union[644] – wenngleich oftmals offenblieb, was die Redner damit genau meinten[645]. Vereinzelt wurde angedeutet, dass sich in der Folge die Verfasstheit der Bundesrepublik Deutschland ändern würde[646], weshalb letztlich eine Volksabstimmung erforderlich werden würde[647].

Mit Steinmeier und Brüderle gaben zudem führende Politiker ihrer jeweiligen Fraktionen zu, dass mit den vorliegenden Verträgen „verfassungsrechtliches Neuland" betreten werde.[648] Demgegenüber bewirkten die Verträge aus Sicht ihrer Gegner sogar eine – unzulässige – Änderung des Grundgesetzes.[649] Insbesondere der linke Abgeordnete Gysi zählte zahlreiche (vermeintliche) Verfassungsverstöße auf[650]: Zum einen greife die Pflicht zum Schuldenabbau tief in die durch Art. 79 Abs. 3 i.V.m. Art. 20 GG geschützte Budgethoheit des Bundestages ein. Die Unkündbarkeit des Fiskalvertrages führe zudem zu einer dauerhaften Festschreibung der Schuldenbremse, obwohl die Änderung der betreffenden Vorschriften des Grundgesetzes nach Art. 79 GG zulässig sei. Schließlich werde durch eine Fiskalunion die Gründung der Vereinigten Staaten von Europa eingeleitet, wofür ein Beschluss des Volkes nach Art. 146 GG erforderlich sei. Diesen Vorwürfen stellte sich Trittin entgegen und betonte, dass kein Putsch gegen die Verfassung vorliege.[651]

Im Hinblick auf notwendige Schritte zur Euro-Rettung bestand letztlich zwischen den Fraktionen weitgehende Einigkeit. So wurde übereinstimmend betont, dass die no-bail-out-Klausel eingehalten werden müsse und keine Transferunion geschaffen werden dürfe[652], zumindest solange es keine Finanzunion gebe und damit auch die Entscheidungen vergemeinschaftet seien[653]. Die Sicherung der

---

[642] *A. Ulrich* (DIE LINKE), BT-Sten.Ber. 17/96, S. 11010.

[643] *J. Trittin* (BÜNDNIS 90/DIE GRÜNEN), BT-Sten.Ber. 17/172, S. 20223; *C. Schneider* (SPD), BT-Sten.Ber. 17/172, S. 20226; in diese Richtung wohl auch *W. Schäuble* (Bundesminister), BT-Sten.Ber. 17/188, S. 22719.

[644] *R. Brüderle* (FDP), BT-Sten.Ber. 17/172, S. 20218; *S. Gabriel* (SPD), BT-Sten.Ber. 17/188, S. 22706.

[645] Hierauf wies auch *P. Gauweiler* (CDU/CSU), BT-Sten.Ber. 17/188, S. 22724, hin.

[646] *C. Schneider* (SPD), BT-Sten.Ber. 17/172, S. 20226.

[647] *S. Gabriel* (SPD), BT-Sten.Ber. 17/188, S. 22706. *G. Gysi* (DIE LINKE), BT-Sten. Ber. 17/172, S. 20220, hielt die Schwelle bereits mit den zur Abstimmung stehenden Verträgen für überschritten, ebenso wohl auch *F. Schäffler* (FDP), BT-Sten.Ber. 17/188, S. 22722; *P. Gauweiler* (CDU/CSU), BT-Sten.Ber. 17/188, S. 22724.

[648] *F.-W. Steinmeier* (SPD), BT-Sten.Ber. 17/172, S. 20216; *R. Brüderle* (FDP), BT-Sten. Ber. 17/188, S. 22707.

[649] *P. Danckert* (SPD), BT-Sten.Ber. 17/188, S. 22724; *G. Gysi* (DIE LINKE), BT-Sten. Ber. 17/172, S. 20219 f. und 17/188, S. 22720. In eine ähnliche Richtung (Schwächung des Grundgesetzes) *W. Gehrcke* (DIE LINKE), BT-Sten.Ber. 17/188, S. 22736.

[650] Zum Folgenden *G. Gysi* (DIE LINKE), BT-Sten.Ber. 17/172, S. 20219 f. und 17/188, S. 22720.

[651] *J. Trittin* (BÜNDNIS 90/DIE GRÜNEN), BT-Sten.Ber. 17/188, S. 22713.

[652] *M. Link* (FDP), BT-Sten.Ber. 17/96, S. 11004; *M. Meister* (CDU/CSU), BT-Sten.Ber. 17/96, S. 11008; *T. Silberhorn* (CDU/CSU), BT-Sten.Ber. 17/96, S. 11013; *R. Brüderle* (FDP), BT-Sten. Ber. 17/172, S. 20217; *K.-P. Willsch* (CDU/CSU), BT-Sten.Ber. 17/188, S. 22730.

[653] *W. Schäuble* (Bundesminister), BT-Sten.Ber. 17/188, S. 22719.

Stabilität wurde als eines der vorrangigen Ziele herausgestellt[654], wobei Redner der Regierungsfraktionen mehrmals auf den „Fehler" der damaligen rot-grünen Regierung hinwiesen, den Stabilitätspakt 2005 gelockert zu haben[655]. Schließlich konnte sogar im Hinblick auf den Streitpunkt der Finanztransaktionssteuer eine weitgehend einhellige Befürwortung erreicht werden[656], der sich letztlich auch die vormals ablehnende FDP-Fraktion anschloss[657]. CDU-Abgeordnete bezweifelten allerdings, dass das Ziel auf europäischer Ebene erreicht werden könne.[658]

2. Die Entscheidungen des Bundesverfassungsgerichts

Die vier Gesetze waren Gegenstand mehrerer Verfassungsbeschwerden und eines Organstreitverfahrens, über die das Bundesverfassungsgericht im September 2012 zunächst im Verfahren des einstweiligen Rechtsschutzes[659], im März 2014 schließlich in der Hauptsache[660] entschied.

In seinen Entscheidungen rekurrierte das Bundesverfassungsgericht vielfach auf seine vorangegangenen Urteile zur Euro-Rettung sowie zu den Verträgen von Maastricht und Lissabon und wiederholte die dort aufgestellten Maßstäbe. Insbesondere hob es erneut die Bedeutung der parlamentarischen Haushaltsverantwortung des Bundestages hervor, aufgrund derer dieser weiterhin eigenverantwortlich über Einnahmen und Ausgaben entscheiden können müsse und insbesondere keinen Haftungsautomatismus akzeptieren dürfe.[661]

---

654 *W. Schäuble* (Bundesminister), BT-Sten.Ber. 17/172, S. 20211; *R. Brüderle* (FDP), BT-Sten. Ber. 17/172, S. 20217, 20218 und 17/188, S. 22708; *J. Trittin* (BÜNDNIS 90/DIE GRÜNEN), BT-Sten.Ber. 17/172, S. 20222 f.; *G. Hasselfeldt* (CDU/CSU), BT-Sten.Ber. 17/172, S. 20230; *A. Merkel* (Bundeskanzlerin), BT-Sten.Ber. 17/188, S. 22699 f.; *V. Kauder* (CDU/CSU), BT-Sten. Ber. 17/188, S. 22712; *P. Rösler* (Bundesminister), BT-Sten.Ber. 17/188, S. 22716.

655 *M. Meister* (CDU/CSU), BT-Sten.Ber. 17/96, S. 11009; *O. Fricke* (FDP), BT-Sten. Ber. 17/172, S. 20233; *V. Kauder* (CDU/CSU), BT-Sten.Ber. 17/188, S. 22711; *C. Schmidt* (CDU/CSU), BT-Sten.Ber. 17/188, S. 22729.

656 *M. Roth* (SPD), BT-Sten.Ber. 17/96, S. 11007; *A. Ulrich* (DIE LINKE), BT-Sten.Ber. 17/96, S. 11011; *W. Schäuble* (Bundesminister), BT-Sten.Ber. 17/172, S. 20213; *F.-W. Steinmeier* (SPD), BT-Sten.Ber. 17/172, S. 20216; *J. Trittin* (BÜNDNIS 90/DIE GRÜNEN), BT-Sten. Ber. 17/172, S. 20223 und 17/188, S. 22715; *P. Hinz* (BÜNDNIS 90/DIE GRÜNEN), BT-Sten. Ber. 17/172, S. 20229; *A. Merkel* (Bundeskanzlerin), BT-Sten.Ber. 17/188, S. 22700; *S. Gabriel* (SPD), BT-Sten.Ber. 17/188, S. 22702; *C. Schneider* (SPD), BT-Sten.Ber. 17/188, S. 22718; *C. Schmidt* (CDU/CSU), BT-Sten.Ber. 17/188, S. 22729.

657 Kritisch noch *R. Brüderle* (FDP), BT-Sten.Ber. 17/172, S. 20218. Auf die nunmehrige Zustimmung der FPD wies *J. Trittin* (BÜNDNIS 90/DIE GRÜNEN), BT-Sten.Ber. 17/188, S. 22715, hin.

658 *W. Schäuble* (Bundesminister), BT-Sten.Ber. 17/172, S. 20213; *V. Kauder* (CDU/CSU), BT-Sten.Ber. 17/172, S. 20224.

659 Urteil vom 12. September 2012, BVerfGE 132, 195.

660 Urteil vom 18. März 2014, BVerfGE 135, 317.

661 BVerfGE 132, 195 (239 ff.); 135, 317 (399 ff.).

Die Änderungen der Stabilitätsgemeinschaft durch den neuen Art. 136 Abs. 3 AEUV hielt das Bundesverfassungsgericht im Ergebnis für verfassungskonform.[662] Zwar relativiere der neue Hilfsmechanismus den bisherigen Grundsatz der Eigenständigkeit der nationalen Haushalte[663], wesentliche stabilitätssichernde Elemente, wie z. B. die Unabhängigkeit der EZB, die Verpflichtung auf Preisstabilität und Haushaltsdisziplin sowie das Verbot monetärer Haushaltsfinanzierung blieben jedoch erhalten[664]. Zudem ermögliche Art. 136 Abs. 3 AEUV nur Finanzhilfen zu bestimmten Zwecken und bei Erfüllung bestimmter Voraussetzungen.[665] Insoweit stehe den zuständigen Verfassungsorganen im Hinblick auf die stabilitätssichernde Wirkung dieser Maßnahmen eine Einschätzungsprärogative zu, die das Bundesverfassungsgericht achten müsse.[666] Da Art. 136 Abs. 3 AEUV den ESM zudem noch nicht selbst schaffe, sondern dessen Errichtung und Ausgestaltung einer – innerstaatlich zu ratifizierenden – Entscheidung der Mitgliedstaaten überlasse, werde die nationale Haushaltsautonomie durch die Vertragsänderung nicht unzulässig beeinträchtigt.[667]

In Bezug auf den ESM-Vertrag beschäftigte sich das Bundesverfassungsgericht vor allem mit dessen Auslegung im Hinblick auf Haftungsobergrenzen und Schweigepflichten. Zwar legte der Senat den Vertrag im Verfahren des einstweiligen Rechtsschutzes so aus, dass dieser eine verbindliche Haftungsobergrenze für Deutschland normiere[668] und eine ausreichende Unterrichtung des Bundestages zulasse[669]. Um eine anderweitige Auslegung zu verhindern, forderte er allerdings die Erklärung eines entsprechenden Vorbehalts der Bundesrepublik im Rahmen des Ratifikationsverfahrens.[670] Nachdem die Bundesrepublik bei der Hinterlegung der Ratifikationsurkunde am 27. September 2012 eine solche einseitige Erklärung abgegeben und die Vertragsstaaten ebenfalls eine gleichlautende gemeinsame Auslegungserklärung angenommen hatten[671], konnten die Bedenken des Bundesverfassungsgerichts für das Hauptsacheverfahren beseitigt werden[672].

Das Bundesverfassungsgericht betonte weiterhin, dass ein ununterbrochener Legitimationszusammenhang zwischen Bundestag und ESM gesichert sein müsse.[673] Ein solcher sei hier gegeben, da die relevanten Entscheidungen des ESM Stimmenmehrheiten erforderten, die nur bei Zustimmung Deutschlands erreicht werden

[662] BVerfGE 132, 195 (247); 135, 317 (406).
[663] BVerfGE 132, 195 (247 f.); 135, 317 (407); beide unter Verweis auf BVerfGE 129, 124 (181 f.).
[664] BVerfGE 132, 195 (248); 135, 317 (407).
[665] BVerfGE 132, 195 (249).
[666] BVerfGE 132, 195 (249); 135, 317 (407 f.).
[667] BVerfGE 132, 195 (249 f.).
[668] BVerfGE 132, 195 (252 ff.).
[669] BVerfGE 132, 195 (258 ff.).
[670] BVerfGE 132, 195 (257, 260).
[671] BGBl. II 2012, S. 1086 f.
[672] BVerfGE 135, 317 (410 f., 420 f.).
[673] BVerfGE 135, 317 (411).

könnten.[674] Daher könnten durch nationales Recht Instrumente zur ausreichenden Wahrung des Einflusses des Bundestages geschaffen werden.[675]

Soweit die Rechtmäßigkeit der Ankäufe von Staatsanleihen durch die EZB (sog. Outright Monetary Transactions – OMT) in Frage stand, hatte das Bundesverfassungsgericht das Verfahren abgetrennt[676] und mit Beschluss vom 14. Januar 2014[677] dem EuGH zur Vorabentscheidung vorgelegt. Dieser entschied am 16. Juni 2015, dass der geplante Ankauf von Staatsanleihen an den Sekundärmärkten mit dem Unionsrecht vereinbar sei.[678] Mit Urteil vom 21. Juni 2016[679] wies das Bundesverfassungsgericht daraufhin die Verfassungsbeschwerden und die Anträge im Organstreitverfahren zurück.

III. Inkrafttreten des Europäischen Stabilitätsmechanismus

Im Anschluss an das Urteil des Bundesverfassungsgerichts im einstweiligen Rechtsschutz hinterlegte die Bundesrepublik die jeweiligen Ratifikationsurkunden. Der ESMV, ergänzt um die bereits beschriebenen Erklärungen zu seiner Auslegung, trat daraufhin am 27. September 2012 in Kraft[680], der Fiskalpakt bzw. SKSV am 1. Januar 2013[681]. Die Ergänzung des Art. 136 Abs. 3 AEUV wurde zum 1. Mai 2013 wirksam.[682] Zuvor hatte der EuGH am 27. November 2012 entschieden, dass die Änderung des Art. 136 AEUV sowie der ESMV mit dem Unionsrecht vereinbar sind.[683]

Während die EFSF noch bis zum 30. Juni 2013 finanzielle Unterstützung gewähren konnte, nahm der ESM bereits im Oktober 2012 seine Arbeit auf und hat seitdem Finanzhilfen an Spanien, Zypern und Griechenland vergeben[684]. Gegen die Zustimmung des Bundestages zur Zypern-Hilfe wurde – im noch anhängigen ESM-Verfahren – beim Bundesverfassungsgericht der Erlass einer einstweiligen Anordnung beantragt, der jedoch wegen der mangelnden Beschwerdebefugnis der Antragsteller abgelehnt wurde.[685]

---

[674] BVerfGE 135, 317 (411 ff.).

[675] BVerfGE 135, 317 (412).

[676] Beschluss vom 17. Dezember 2013, BVerfGE 134, 357.

[677] BVerfGE 134, 366.

[678] EuGH, Urteil vom 16. Juni 2015 – Rs. C-62/14, NJW 2015, S. 2013 ff.

[679] BVerfGE 142, 123.

[680] Bekanntmachung über das Inkrafttreten des Vertrags zur Einrichtung des Europäischen Stabilitätsmechanismus, BGBl. II 2012, S. 1086.

[681] Bekanntmachung über das Inkrafttreten des Vertrags über Stabilität, Koordinierung und Steuerung in der Wirtschafts- und Währungsunion, BGBl. II 2013, S. 162

[682] Bekanntmachung über das Inkrafttreten des Beschlusses des Europäischen Rates vom 25. März 2011 zur Änderung des Artikels 136 des Vertrags über die Arbeitsweise der Europäischen Union hinsichtlich eines Stabilitätsmechanismus für die Mitgliedstaaten, deren Währung der Euro ist, BGBl. II 2013, S. 1047.

[683] EuGH, Urteil vom 27. November 2012 – Rs. C-370/12, NJW 2013, S. 29 ff.

[684] Vgl. *ESM*, The programmes.

[685] BVerfG, Urteil vom 17. April 2013, NVwZ 2013, S. 858 ff.

L. Zusammenfassung

Nicht nur die europäische Integration selbst, sondern auch ihre parlamentarische und bundesverfassungsgerichtliche Behandlung in Deutschland blicken auf eine jahrzehntelange Geschichte mit Höhen und Tiefen zurück. Während die Integration in den 1950er-Jahren mit großen ambitionierten Schritten begann, herrschte zuletzt auf europäischer Ebene eher eine auf zahlreichen Kompromissen beruhende Politik der kleinen Schritte vor. Parallel dazu waren die ersten Integrationsschritte im Bundestag zwischen den Vertretern der verschiedenen Fraktionen hoch umstritten, in langen Debatten wurde um die erforderlichen Mehrheiten gerungen. Nachdem sich die Europäischen Gemeinschaften etabliert hatten, bestand hingegen fortan zwischen den großen Fraktionen der wesentliche Konsens, die Integration kontinuierlich zu vertiefen. Die Bundestagsabgeordneten stimmten den Integrationsakten der vergangenen 30 Jahren jeweils mit großer Mehrheit zu und brachten auch in den Redebeiträgen ihre Integrationsbereitschaft zum Ausdruck. Die „Rolle" des Integrationskritikers, die in den Anfangsjahren engagiert von der politischen Opposition wahrgenommen wurde, füllte nunmehr das Bundesverfassungsgericht aus. Hatte es sich 1952/1953 noch inhaltlicher Äußerungen zur Vereinbarkeit des EVG-Vertrages mit dem Grundgesetz enthalten, nahm es in den Verfahren zu den Verträgen von Maastricht und Lissabon sowie zu den Eurorettungsmaßnahmen ausführlich nicht nur zum aktuellen Stand der europäischen Integration, sondern auch zu ihrem möglichen Fortgang Stellung.

Der Konflikt zwischen Bundestag und Bundesverfassungsgericht könnte sich womöglich künftig verschärfen, denn die Europäische Union steht derzeit erneut vor einer Zerreißprobe: Am 23. Juni 2016 stimmten im Vereinigten Königreich in einem Referendum 51,9 % der Wählerinnen und Wähler für den Austritt aus der Europäischen Union, den sogenannten „Brexit".[686] Am 29. März 2017 hat die damalige britische Premierministerin das förmliche Austrittsverfahren nach Art. 50 EUV-L eingeleitet[687], die Frist nach Art. 50 Abs. 3 EUV-L zum Vollzug des Austritts wurde zuletzt (Stand: 31. Oktober 2019) bis zum 31. Januar 2020 verlängert[688]. Auch im Übrigen wurde zuletzt wieder vermehrt über die Zukunft Europas diskutiert.[689] Ob das Ergebnis ein Mehr oder ein Weniger an europäischer Integration sein wird, bleibt abzuwarten.

---

686 *R. Bieber/M. Kotzur*, in: Bieber/Epiney/Haag/Kotzur, Die Europäische Union, § 1 Rn. 32.

687 *G. Brunn*, Die Europäische Einigung, S. 340. Das Schreiben ist in übersetzter Fassung abgedruckt im Dokument des Europäischen Rates Nr. XT 20001/17.

688 Vgl. *Europäischer Rat*, Brexit.

689 Vgl. z. B. die Rede des damaligen Präsidenten der Europäischen Kommission *J.-C. Juncker*, Rede zur Lage der Union 2017, Brüssel, 13. September 2017, oder die Rede des französischen Staatspräsidenten *E. Macron*, Initiative für Europa, Sorbonne, Paris, 26. September 2017.

4. Teil

Vergleich der Rechtsauffassungen von Bundestag und Bundesverfassungsgericht zur europäischen Integration

Die Auswertung der Bundestagsdebatten und der Rechtsprechung des Bundesverfassungsgerichts hat zahlreiche Themen ergeben, die im Laufe der europäischen Integration in den beiden Staatsorganen diskutiert wurden. Viele Aspekte haben nur auf der politischen Ebene eine Rolle gespielt und waren für die Entscheidung des Bundesverfassungsgerichts, ob das jeweilige Zustimmungsgesetz mit dem Grundgesetz vereinbar ist, nicht erheblich. Demgegenüber beschäftigte sich das Gericht teilweise ausführlich mit Fragen, die im Bundestag nur am Rande behandelt wurden. Aus dieser Vielzahl von möglichen Themenbereichen erscheinen einige in besonderem Maße geeignet, um die Gemeinsamkeiten und Unterschiede der parlamentarischen Behandlung der Integrationsakte und ihrer Prüfung durch das Bundesverfassungsgericht zu analysieren und zu bewerten. Die folgende Untersuchung beschäftigt sich daher zunächst mit der verfassungsrechtlichen Zulässigkeit eines europäischen Bundesstaates (A.). Dieses (Fern-)Ziel trat in den Bundestagsdebatten seit den 1950er-Jahren immer wieder zutage und wurde von den Rednerinnen und Rednern weit überwiegend positiv beurteilt. Demgegenüber äußerte sich das Bundesverfassungsgericht im Lissabon-Urteil deutlich dahingehend, dass ein Beitritt der Bundesrepublik Deutschland zu einem europäischen Bundesstaat unter der Geltung des Grundgesetzes nicht zulässig sei und allenfalls durch eine Verfassungsablösung nach Art. 146 GG erfolgen könne. Der darauffolgende Abschnitt (B.) wird aufzeigen, dass Bundestag und Bundesverfassungsgericht zwar beide von einem Demokratiedefizit der EG bzw. EU ausgingen, dieses aber auf unterschiedliche Gründe zurückführten: Während die Bundestagsabgeordneten unter Demokratiedefizit überwiegend die schwache Stellung des Europäischen Parlaments gegenüber dem Rat verstanden, sah das Bundesverfassungsgericht das demokratische Defizit gerade im Europäischen Parlament und insbesondere der ungleichen Wahl seiner Abgeordneten begründet. Als eine Konsequenz aus dem demokratischen Defizit der europäischen Ebene stärkte das Bundesverfassungsgericht im Lissabon-Urteil die Beteiligungsrechte der deutschen Gesetzgebungsorgane bei der Änderung der europäischen Verträge – wohl gegen den Willen des Bundestages, der sich in den Begleitgesetzen gerade keine besonderen Beteiligungsrechte eingeräumt hatte. Ob die Intervention des Bundesverfassungsgerichts insoweit berechtigt war, ist Gegenstand des Abschnitts C. Der Abschnitt D. beschäftigt sich sodann mit den sogenannten integrationssensiblen Bereichen, die das Bundesverfassungsgericht im

Lissabon-Urteil benannt hat. Von diesen sind im Bundestag vor allem der Einsatz der deutschen Streitkräfte, zunächst als Teil der (gescheiterten) Europäischen Verteidigungsgemeinschaft, später im Rahmen einer gemeinsamen europäischen Verteidigung, sowie das Budgetrecht des Parlaments ausführlicher behandelt worden. Im letzten Abschnitt (E.) der Untersuchung werden die Haltungen von Bundestag und Bundesverfassungsgericht zu Volksabstimmungen über europäische Integrationsakte miteinander verglichen.

A. Europäischer Staat als Integrationsziel?

Einem fortschreitenden Prozess wie der europäischen Integration ist stets unterschwellig die Frage immanent, zu welchem Ziel er letztlich führen soll. Ob „Europa" langfristig ein (Bundes-)Staat werden oder lediglich eine mehr oder weniger lose Verbindung von souveränen Staaten bleiben soll, beschäftigte in den vergangenen Jahrzehnten regelmäßig sowohl Politik als auch Rechtswissenschaft. Berühmt geworden ist vor allem die sogenannte Humboldt-Rede des damaligen Außenministers Joschka Fischer, in der er im Mai 2000 seine Vision einer europäischen Föderation formulierte.[1] Die Euro-Krise gab der Diskussion zuletzt erneuten Aufschwung, hochrangige deutsche Politiker sprachen sich öffentlich für einen europäischen Bundesstaat aus.[2] Auf europäischer Ebene haben sich inzwischen mehr als 110 Abgeordnete des Europäischen Parlaments der 2010 gegründeten Spinelli Gruppe angeschlossen, deren Ziel ein föderales Europa ist.[3]

Dennoch ist zu bezweifeln, dass die EU in absehbarer Zeit zu einem Staat fortentwickelt wird.[4] Die Finalität Europas hängt in erster Linie vom Willen der Mitgliedstaaten ab, deren Staats- und Regierungschefs eine Einigung über die notwendigen Vertragsänderungen erzielen müssten. Ein solcher mitgliedstaatenübergreifender Konsens ist derzeit nicht zu erkennen, im Gegenteil: Insbesondere im Zusammenhang mit der Euro-Krise und der sogenannten Flüchtlingskrise sind erhebliche Differenzen zwischen den Mitgliedstaaten zutage getreten, die Medien bereits über ein drohendes Zerbrechen der Europäischen Union spekulieren ließen.[5] Das Votum der britischen Bevölkerung für einen Austritt aus der Union stellt die

---

[1] *J. Fischer*, „Vom Staatenverbund zur Föderation – Gedanken über die Finalität der europäischen Integration", Rede vom 12. Mai 2000, gehalten an der Humboldt-Universität zu Berlin, abgedruckt in: Bulletin der Bundesregierung Nr. 29-1 vom 24. Mai 2000.

[2] So z. B. die damalige Bundesministerin für Arbeit und Soziales und designierte Präsidentin der Europäischen Kommission *Ursula von der Leyen* (CDU) in einem Interview von *M. Dettmer/M. Sauga*, Der Spiegel 35/2011, S. 23 (24): „Mein Ziel sind die Vereinigten Staaten von Europa – nach dem Muster der föderalen Staaten Schweiz, Deutschland oder USA.", sowie der damalige Staatsminister im Auswärtigen Amt *Michael Link* (FDP), Cicero Online vom 19. August 2013.

[3] Vgl. *The Spinelli Group*, About us.

[4] So auch *G. Brunn*, Die Europäische Einigung, S. 340.

[5] Vgl. nur *H. Kafsack*, FAZ Online vom 16. Januar 2016.

EU vor weitere Herausforderungen, die sie in den kommenden Jahren bewältigen muss. Insbesondere müssen die verbleibenden Mitgliedstaaten zusammengehalten werden, in denen teilweise bereits Forderungen nach weiteren Volksabstimmungen über den Verbleib in der EU laut geworden sind[6]. Angesichts dessen scheint eine Vertiefung der Union jedenfalls in näherer Zukunft kaum konsensfähig.

Trotz der derzeit schlechten Prognose für einen europäischen Bundesstaat hat die Diskussion um das Endziel der europäischen Integration ihre Bedeutung nicht verloren.[7] In Deutschland hat vor allem das Bundesverfassungsgericht mit seinem Lissabon-Urteil den Blick auf die verfassungsrechtliche Zulässigkeit der Mitgliedschaft Deutschlands in einem europäischen Staat gelenkt. Der Kontrast zwischen den politischen Äußerungen und der verfassungsgerichtlichen Rechtsprechung gibt Anlass zu einer näheren Untersuchung der verschiedenen Positionen anhand des Grundgesetzes.

I. Rechtsnatur der Europäischen Union

Die Diskussionen über die Rechtsnatur der Europäischen Union bewegen sich zumeist innerhalb des Begriffspaares Staatenbund und Bundesstaat als klassische Staatenverbindungen im Sinne des Völkerrechts. Ein Staatenbund, auch als Konföderation bezeichnet, ist ein völkerrechtlicher, vertraglicher Zusammenschluss mehrerer Staaten, die selbst souveräne Völkerrechtssubjekte bleiben.[8] Ob dem Staatenbund daneben eine eigene Völkerrechtssubjektivität zuerkannt werden kann, ist umstritten.[9] Der Staatenbund ist, anders als die meisten internationalen Organisationen, auf eine umfassende, nicht nur auf einzelne Gebiete beschränkte Zusammenarbeit angelegt.[10] Durchgriffsbefugnisse des Staatenbundes auf die Bürger der Mitgliedstaaten bestehen in der Regel nicht, seine an die Mitgliedstaaten gerichteten Rechtsakte bedürfen der Umsetzung in nationales Recht.[11] Im Gegensatz dazu ist der föderale Bundesstaat als staatsrechtliche Verbindung selbst Staat im Sinne des Völkerrechts; die Gliedstaaten sind keine Staaten im Sinne des Völker-

---

[6] Vgl. dazu z. B. *S. Bigalke/T. Kirchner*, Süddeutsche Zeitung Online vom 24. Juni 2016.

[7] Ebenso *W. Kahl*, in: FS Merten, S. 23 (34 f.).

[8] *M. Rafii*, in: Schöbener, Völkerrecht, S. 419; *G. Dahm/J. Delbrück/R. Wolfrum*, Völkerrecht Bd. I/2, S. 199; *K. Doehring*, Völkerrecht, Rn. 128, 134; *M. Kau*, in: Graf Vitzthum/Proelß, Völkerrecht, 3. Abschnitt Rn. 165; *V. Epping*, in: Ipsen, Völkerrecht, § 8 Rn. 17; *S. Hobe*, Einführung in das Völkerrecht, S. 122; *A. von Arnauld*, Völkerrecht, Rn. 91; *G. Robbers*, in: Bonner Kommentar, Art. 20 Rn. 1014.

[9] Für Völkerrechtsfähigkeit *M. Herdegen*, Völkerrecht, § 8 Rn. 29; *M. Kau*, in: Graf Vitzthum/Proelß, Völkerrecht, 3. Abschnitt Rn. 165; für partielle Völkerrechtsfähigkeit *W. Rudolf*, in: Seidl-Hohenveldern, Lexikon des Rechts – Völkerrecht, S. 383; gegen Völkerrechtssubjektivität *K. Doehring*, Völkerrecht, Rn. 128, 134; *S. Hobe*, Einführung in das Völkerrecht, S. 122.

[10] *T. Stein/C. von Buttlar/M. Kotzur*, Völkerrecht, Rn. 292; ähnlich *M. Herdegen*, Völkerrecht, § 8 Rn. 29.

[11] *B. Grzeszick*, in: Maunz/Dürig, GG, Art. 20 IV. Rn. 32; *C. Gröpl*, Staatsrecht I, Rn. 537.

rechts mehr, sondern können allenfalls partielle Völkerrechtssubjekte sein.[12] Den Gliedstaaten wird aber dennoch eine gewisse eigene Staatsqualität zuerkannt.[13] Im Bundesstaat können sowohl der Bund als auch die Gliedstaaten Befugnisse unmittelbar gegenüber dem Bürger ausüben.[14] Im Einheitsstaat gibt es hingegen nur eine zentrale Staatsgewalt, während eventuellen dezentralen Untergliederungen des Staates keine Staatlichkeit zukommt.[15]

Die Europäische Union lässt sich in dieses Schema nicht eindeutig einordnen. Zwar können die Mitgliedstaaten weiterhin als „Herren der Verträge" bezeichnet werden[16], denen nach Art. 48 EUV die sogenannte Kompetenz-Kompetenz zukommt und die ihre völkerrechtliche Souveränität nicht aufgegeben haben[17]. Von Beginn an unterschied sich aber bereits die EWG durch die ihr eingeräumten Durchgriffsbefugnisse von einem herkömmlichen Staatenbund. Andererseits herrscht in der Rechtsprechung und der rechtswissenschaftlichen Literatur weitgehende Einigkeit, dass sich die EU auch durch den Vertrag von Lissabon noch nicht zu einem Staat entwickelt hat.[18] Nach der Drei-Elemente-Lehre Georg Jellineks würde dies voraussetzen, dass ein Staatsvolk auf einem Staatsgebiet unter der Herrschaft seiner Staatsgewalt lebt.[19] Jedenfalls an letzterer mangelt es der Europä-

---

[12] *M. Rafii*, in: Schöbener, Völkerrecht, S. 419; *V. Epping*, in: Ipsen, Völkerrecht, § 8 Rn. 16; *A. von Arnauld*, Völkerrecht, Rn. 91; *M. Kau*, in: Graf Vitzthum/Proelß, Völkerrecht, 3. Abschnitt Rn. 161; *M. Herdegen*, Völkerrecht, § 8 Rn. 30; *T. Stein/C. von Buttlar/M. Kotzur*, Völkerrecht, Rn. 293.

[13] Vgl. für die Bundesländer der Bundesrepublik Deutschland nur BVerfGE 1, 14 (34); *W. Löwer*, in: von Münch/Kunig, GG Bd. 1, Art. 28 Rn. 1; *S. Huster/J. Rux*, in: Epping/Hillgruber, BeckOK GG, Art. 20 Rn. 7 ff.

[14] *B. Grzeszick*, in: Maunz/Dürig, GG, Art. 20 IV. Rn. 33; *R. Zippelius*, Allgemeine Staatslehre, § 9 IV.

[15] *C. Gröpl*, Staatsrecht I, Rn. 536; *S. Korioth*, Staatsrecht I, Rn. 229 f.; *B. Grzeszick*, in: Maunz/Dürig, GG, Art. 20 IV. Rn. 31; *K.-P. Sommermann*, in: von Mangoldt/Klein/Starck, GG Bd. 2, Art. 20 Rn. 22.

[16] BVerfGE 123, 267 (349, 350, 368, 381, 398); *H.-J. Cremer*, in: Calliess/Ruffert, EUV/AEUV, Art. 48 EUV Rn. 19; *W. Heintschel von Heinegg*, in: Vedder/Heintschel von Heinegg, Unionsrecht, Art. 1 EUV Rn. 4; *A. Haratsch/C. Koenig/M. Pechstein*, Europarecht, Rn. 57.

[17] BVerfGE 123, 267 (392 ff.); *C. Ohler*, in: Grabitz/Hilf/Nettesheim, Recht der EU, Art. 48 EUV Rn. 11; *J. Isensee*, in: FS Everling Bd. I, S. 567 (575).

[18] BVerfGE 123, 267 (370 f.); *M. Nettesheim*, in: Grabitz/Hilf/Nettesheim, Recht der EU, Art. 1 EUV Rn. 66; *C. Calliess*, in: Calliess/Ruffert, EUV/AEUV, Art. 1 EUV Rn. 29; *M. Pechstein*, in: Streinz, EUV/AEUV, Art. 1 EUV Rn. 10; *W. Heintschel von Heinegg*, in: Vedder/Heintschel von Heinegg, Unionsrecht, Art. 1 EUV Rn. 3; *C. D. Classen*, in: von Mangoldt/Klein/Starck, GG Bd. 2, Art. 23 Rn. 19; *ders./M. Nettesheim*, in: Oppermann/Classen/Nettesheim, Europarecht, § 4 Rn. 21; *M. Herdegen*, Völkerrecht, § 8 Rn. 32; *C. Gröpl*, Staatsrecht I, Rn. 833; *J. Ipsen*, Staatsrecht I, Rn. 58 f.; *E.-M. Tieke*, Subjekt demokratischer Legitimation in der EU, S. 136. A. A. *H. H. Rupp*, NJW 1993, S. 38 (40) („staatsähnliches Gemeinwesen"); *D. Murswiek*, Der Staat 32 (1993), S. 161 (179) („sehr staatsähnliche[r] Charakter"); im Hinblick auf den (nicht in Kraft getretenen) Verfassungsvertrag *J. Sack*, Der Staat 44 (2005), S. 67 (67 f., 74); wohl auch *F. Ossenbühl*, DVBl. 1993, S. 629 (632).

[19] *G. Jellinek*, Allgemeine Staatslehre, S. 183, 394 ff. Im Anschluss daran ebenso *T. Stein/C. von Buttlar/M. Kotzur*, Völkerrecht, Rn. 250; *K. Doehring*, Völkerrecht, Rn. 49; *S. Hobe*, Ein-

ischen Union aber, da sie nicht über die Kompetenz-Kompetenz verfügt, sich also selbst grundsätzlich keine neuen Befugnisse verschaffen kann.[20]

Diese Einschätzung wurde in den untersuchten Bundestagsdebatten geteilt[21], wenngleich explizite Äußerungen zur Rechtsnatur der Europäischen Gemeinschaften bzw. Europäischen Union rar waren[22]. In den Anfangsjahren wurden zwar vereinzelt Parallelen zu einem Bundesstaat gezogen[23], vorherrschend war jedoch eine Unsicherheit hinsichtlich der Rechtsnatur der neuen europäischen Gemeinschaft. Bereits 1952 sprach sich der DP-Abgeordnete von Merkatz dafür aus, den alten begrifflichen Dogmatismus hinter sich zu lassen und es der Rechtswissenschaft zu überlassen, im Nachhinein den richtigen neuen Begriff, „ob Staatenbund oder Bundesstaat oder Commonwealth oder Gemeinschaft oder wie man es nennen mag“[24], zu finden. Es blieb zunächst bei diesem Vorsatz, bis in die 1990er-Jahre wurde die Rechtsnatur der EG nicht geklärt. In der Debatte um den Vertrag von Maastricht, mit dem die neue EU geschaffen wurde, stellte der Sozialdemokrat Schily die Frage in den Raum, ob die EU ein Bundesstaat sei, ein solcher werden solle oder ob sie ein Staatenbund werde oder gar ein Zwitter sei.[25] Sein Fraktionskollege Verheugen legte sich dahingehend fest, dass die EU noch kein Staat sei, sie nehme allerdings Aufgaben wahr, die gemeinhin von Nationalstaaten erfüllt würden und nach dem Grundgesetz dem Bundestag zustünden.[26] Folglich sei die EU jedenfalls mehr als eine zwischenstaatliche Einrichtung im Sinne des Art. 24 GG[27], nach Ansicht des grünen Abgeordneten Ullmann handelte es sich um einen neuen Verfassungstyp, jenseits von Bundesstaat und Staatenbund[28].

Das Bundesverfassungsgericht kam in seinem Maastricht-Urteil zu einem ähnlichen Ergebnis und ordnete die EU weder als Staat noch als Staatenbund ein. Stattdessen wählte es den Neologismus des „Staatenverbundes“[29], der auf den

führung in das Völkerrecht, S. 72; *M. Kau*, in: Graf Vitzthum/Proelß, Völkerrecht, 3. Abschnitt Rn. 76; *V. Epping*, in: Ipsen, Völkerrecht, § 7 Rn. 1; *M. Herdegen*, Völkerrecht, § 8 Rn. 3. Vgl. auch BVerfGE 36, 1 (16).

[20] *M. Pechstein*, in: Streinz, EUV/AEUV, Art. 1 EUV Rn. 10; *C. Calliess*, in: Calliess/Ruffert, EUV/AEUV, Art. 1 EUV Rn. 29; *M. Herdegen*, Europarecht, § 5 Rn. 16; *C. Gröpl*, Staatsrecht I, Rn. 833; *E.-M. Tieke*, Subjekt demokratischer Legitimation in der EU, S. 136.

[21] Ausdrücklich gegen die Einordnung der EU als Staat *G. Verheugen* (SPD), BT-Sten. Ber. 12/110, S. 9348; *E. Stoiber* (Bayern), BT-Sten.Ber. 15/175, S. 16364; *A. Merkel* (Bundeskanzlerin), BT-Sten.Ber. 16/157, S. 16452.

[22] Vgl. im Hinblick auf die Debatten zum Vertrag von Maastricht auch *M. Müller-Härlin*, Parlamentsdebatten, S. 366.

[23] *H.-J. von Merkatz* (DP) bezeichnete die EGKS als „teilweise[n] Bundesstaat“ (BT-Sten. Ber. 1/161, S. 6540), *H. Löfflad* (WAV) sah im Ministerrat ein „bundesstaatliche[s] Element“ (BT-Sten.Ber. 1/161, S. 6554).

[24] *H.-J. von Merkatz* (DP), BT-Sten.Ber. 1/183, S. 7738.

[25] *O. Schily* (SPD), BT-Sten.Ber. 12/126, S. 10875.

[26] *G. Verheugen* (SPD), BT-Sten.Ber. 12/110, S. 9348.

[27] *G. Verheugen* (SPD), BT-Sten.Ber. 12/110, S. 9348.

[28] *W. Ullmann* (Bündnis 90/DIE GRÜNEN), BT-Sten.Ber. 12/126, S. 10872.

[29] BVerfGE 89, 155 (LS 8, 181, 183 ff., 188, 190, 207, 212).

Berichterstatter Paul Kirchhof zurückgeht[30], ohne den Begriff jedoch genauer zu definieren. Insoweit erschöpfte sich das Urteil in einer Beschreibung des konkreten Staatenverbundes, über den zu entscheiden war. In diesem leite sich die Gemeinschaftsgewalt von den Mitgliedstaaten ab, entfalteten Hoheitsakte nur kraft des deutschen Rechtsanwendungsbefehls Wirkung und bestünde zudem für die Mitgliedstaaten als „Herren der Verträge" die Möglichkeit, ihre Mitgliedschaft zu beenden.[31] Erst im Lissabon-Urteil erfolgte eine Definition, wonach ein Staatenverbund „eine enge, auf Dauer angelegte Verbindung souverän bleibender Staaten [ist], die auf vertraglicher Grundlage öffentliche Gewalt ausübt, deren Grundordnung jedoch allein der Verfügung der Mitgliedstaaten unterliegt und in der die Völker – das heißt die staatsangehörigen Bürger – der Mitgliedstaaten die Subjekte demokratischer Legitimation bleiben"[32]. Nach anfänglicher Kritik am Erkenntniswert des neuen Begriffs des Staatenverbundes[33] und trotz vereinzelter Ansätze für andere Modelle[34] hat sich dieser inzwischen durchgesetzt und wird heute allgemein zur Charakterisierung der Europäischen Union herangezogen[35].

Ausgehend von der – weitgehend unstreitigen – derzeitigen Rechtsnatur stellt sich die hochstreitige Frage, welche Perspektiven sich aus deutscher Sicht für den Fortgang der europäischen Integration bieten, insbesondere ob sich die Europäische Union auf Dauer zu einem europäischen Staat entwickeln dürfte.

II. Zielvorstellungen im Bundestag

Im Bundestag war dieses Thema stets präsent, wenngleich die einzelnen Integrationsschritte je nach Intensität der Weiterentwicklung der vertraglichen Grundlagen in unterschiedlichem Umfang Anlass zur Diskussion über die Finalität Europas gaben. Die untersuchten Debatten waren von Beginn an vom Wunsch der Parlamentarierinnen und Parlamentarier nach einem vereinten Europa geprägt. In welcher Form diese Einigung letztendlich erfolgen sollte, wurde jedoch selten deutlich artikuliert. Sofern dies geschah, zielten die Äußerungen allerdings zumeist auf

---

30 *R. Scholz*, in: Maunz/Dürig, GG, Art. 23 Rn. 45. Vgl. *P. Kirchhof*, in: HdStR Bd. VII (1. Aufl.), § 183 Rn. 38, 50 ff., 69.

31 BVerfGE 89, 155 (190).

32 BVerfGE 123, 267 (348).

33 Vgl. z. B. *K. Doehring*, in: FS Everling Bd. I, S. 263 (263 f.); *B. Kahl*, Der Staat 33 (1994), S. 241 (256 f.); *R. Bieber/M. Kotzur*, in: Bieber/Epiney/Haag/Kotzur, Die Europäische Union, § 3 Rn. 2.

34 Vgl. hierzu den Überblick bei *C. Calliess*, in: Calliess/Ruffert, EUV/AEUV, Art. 1 EUV Rn. 32 ff. Siehe auch *C. Schönberger*, AöR 129 (2004), S. 81 ff.

35 Vgl. nur *C. Calliess*, in: Calliess/Ruffert, EUV/AEUV, Art. 1 EUV Rn. 41 ff.; *W. Heintschel von Heinegg*, in: Vedder/Heintschel von Heinegg, Unionsrecht, Art. 1 EUV Rn. 3; *ders.*, in: Epping/Hillgruber, BeckOK GG, Art. 23 Rn. 7; *H. D. Jarass*, in: Jarass/Pieroth, GG, Art. 23 Rn. 2; *W. Heyde*, in: Umbach/Clemens, GG Bd. I, Art. 23 Rn. 12; *P. Kirchhof*, in: HdStR Bd. X, § 214 Rn. 1 ff.; *R. Streinz*, Europarecht, Rn. 137; *J. Ipsen*, Staatsrecht I, Rn. 58.

das Endziel eines europäischen Bundesstaates, während sich kritische Stimmen zu diesem Ziel kaum finden ließen.

Zu Beginn der europäischen Integration sprach Bundeskanzler Adenauer im Zusammenhang mit dem Schuman-Plan von einem „Anfang zu einem föderativen Aufbau Europas“[36]. Weitere Abgeordnete bekundeten im Folgenden ihre Sympathie für eine europäische Föderation.[37] Besonders deutlich wurde der FDP-Abgeordnete Euler, als er im Januar 1952 die Hoffnung formulierte, dass der Schuman-Plan dazu führen werde, dass „die Völker in zwei, drei oder fünf Jahren zu einer totalen Vereinigung, einer Vereinigung in einem bündischen Staat, in einem Bundesstaat bereit sein werden“[38].

In den Beratungen zum EVG-Vertrag wurde dieses Ziel des europäischen Bundesstaates nahezu einhellig bestätigt. Zwar sprach Bundeskanzler Adenauer zunächst noch davon, dass die Entwicklung „sehr bald zu einer europäischen Föderation oder Konföderation führen“ werde.[39] Die Präferenz für die bundesstaatliche Variante äußerte sich dann aber sowohl in der Prophezeiung, dass die europäische Föderation bereits 1953 da sein werde[40], als auch in der Wortwahl, dass die europäische Föderation mit der Verteidigungsgemeinschaft beginne[41] und Europa zu einer föderativen Einheit zusammengefasst werde[42]. Der CDU-Abgeordnete Gerstenmaier, der an prominenter Stelle als erster Redner der Regierungsfraktionen direkt im Anschluss an die Begründung der Gesetzentwürfe durch den Bundeskanzler sprach, bestätigte dieses Ziel: „Sie [die europäische Bewegung, Anm. der Verf.] entstammt der geschichtlich weitaus wichtigsten und bedeutsamsten politischen Idee des 20. Jahrhunderts: der Schaffung der Vereinigten Staaten von Europa. Was wir auch im ganzen und im einzelnen zu dem Vertragswerk kritisch zu bemerken haben werden, zu diesem Thema und zu diesem Leitbild des Vertragswerks sagen wir ja.“[43] Er bezeichnete es als das höchste Ziel der EVG, zu einer europäischen Föderation zu führen.[44] Auch die Bundesregierung vertrat in den Ausschussberatungen die Auffassung, dass die Europäische Verteidigungsgemeinschaft ein Baustein zu den Vereinigten Staaten von Europa sei.[45] Der Christdemokrat Lemmer sprach gar vom Wunsch, Deutschland nach erfolgter Wiedervereinigung in der

[36] *K. Adenauer* (Bundeskanzler), BT-Sten.Ber. 1/68, S. 2460.

[37] *H. Bertram* (Zentrum), BT-Sten.Ber. 1/161, S. 6529 (der jedoch im weiteren Verlauf auch vom Ziel einer europäischen Staatengemeinschaft sprach, vgl BT-Sten.Ber. 1/183, S. 7669); *A.-M. Euler* (FDP), BT-Sten.Ber. 1/183, S. 7732; *E. Wahl* (CDU), BT-Sten.Ber. 1/183, S. 7724.

[38] *A.-M. Euler* (FDP), BT-Sten.Ber. 1/183, S. 7734.

[39] *K. Adenauer* (Bundeskanzler), BT-Sten.Ber. 1/221, S. 9792; ähnlich uneindeutig auch *H. von Brentano* (CDU), BT-Sten.Ber. 1/255, S. 12315.

[40] *K. Adenauer* (Bundeskanzler), BT-Sten.Ber. 1/240, S. 11134.

[41] *K. Adenauer* (Bundeskanzler), BT-Sten.Ber. 1/221, S. 9798.

[42] *K. Adenauer* (Bundeskanzler), BT-Sten.Ber. 1/240, S. 11134.

[43] *E. Gerstenmaier* (CDU), BT-Sten.Ber. 1/221, S. 9802.

[44] *E. Gerstenmaier* (CDU), BT-Sten.Ber. 1/221, S. 9803.

[45] Vgl. den Bericht von *W. Brandt* (SPD), BT-Sten.Ber. 1/240, S. 11114.

europäischen Gemeinschaft „aufgehen" zu lassen.[46] Mehrere Abgeordnete waren der Ansicht, dass das bisherige Souveränitätsdogma überwunden werden müsse.[47] „[D]ie Zeit der Nationalstaaten ist vorbei", betonte der FDP-Abgeordnete Freiherr von Rechenberg.[48] Wenngleich all diese Äußerungen nicht zwingend als Plädoyer für einen europäischen Bundesstaat unter Aufgabe der deutschen Staatlichkeit verstanden werden können[49], belegen sie zumindest die Bereitschaft, die (zu diesem Zeitpunkt noch nicht vollständig wiedererlangte) Souveränität der Bundesrepublik einzuschränken.

Anerkennung fand zudem die Regelung des Art. 38 EVGV.[50] Danach sollte die Versammlung Vorschläge zur Bildung einer Versammlung der EVG und deren Befugnissen vorlegen und sich dabei von dem Grundsatz leiten lassen, dass die endgültige Organisation so beschaffen sein soll, dass sie den Bestandteil eines späteren bundesstaatlichen oder staatenbündischen Gemeinwesens bilden kann. Es wurde bedauert, dass dieser politische Unterbau der EVG noch fehle.[51] Strauß konkretisierte diese Kritik dahingehend, dass seine Fraktion sich zunächst einen staatlichen Unterbau mit einer gemeinsamen Verfassung, einer gemeinsamen europäischen Regierung und gemeinsamer Außenpolitik gewünscht hätte.[52] Mithilfe des Art. 38 EVGV müsse der Unterbau eines europäischen Staatswesens vorbereitet werden.[53]

Während der Beratungen des EVG-Vertrages überwogen somit deutlich die Assoziierungen der europäischen Integration mit der Bildung einer Föderation bzw. eines Staates. Mit dem Scheitern der Europäischen Verteidigungsgemeinschaft und damit auch der Europäischen Politischen Gemeinschaft erlitten die Bestrebungen der deutschen Abgeordneten zu einem europäischen Staat jedoch einen erheblichen Dämpfer. Dies zeigte sich unter anderem daran, dass dieses Ziel in den Debatten zur Europäischen Wirtschaftsgemeinschaft im Jahr 1957 kaum thematisiert wurde. Der EWG-Vertrag wurde allenfalls noch als Fortschritt für das Fernziel einer künftigen politischen Einigung Europas bezeichnet[54], ohne deren Ausgestaltung jedoch näher zu konkretisieren. Zwar ging der Abgeordnete Stegner davon aus, dass alle Beteiligten immer noch eine Staatenföderation anstrebten.[55] Der SPD-Abgeordnete Mommer führte aber aus, dass eine europäische Verfassung sowie die Gründung

---

[46] *E. Lemmer* (CDU), BT-Sten.Ber. 1/222, S. 9878 f.

[47] Vgl. *C. Schmid* (SPD), BT-Sten.Ber. 1/221, S. 9814; *H.-J. von Merkatz* (DP), BT-Sten. Ber. 1/221, S. 9826; *E. Mende* (FDP), BT-Sten.Ber. 1/222, S. 9884.

[48] *H. A. Freiherr von* Rechenberg (FDP), BT-Sten.Ber. 1/240, S. 11131.

[49] Vgl. auch *M. Müller-Härlin*, Nation und Europa, S. 174 ff.

[50] Vgl. *H.-J. von Merkatz* (DP), BT-Sten.Ber. 1/221, S. 9826.

[51] *E. Mende* (FDP), BT-Sten.Ber. 1/222, S. 9885

[52] *F. J.* Strauß (CSU), BT-Sten.Ber. 1/222, S. 9858.

[53] *F. J.* Strauß (CSU), BT-Sten.Ber. 1/222, S. 9858.

[54] *W. Hallstein* (Staatssekretär), BT-Sten.Ber. 2/200, S. 11334; *H. von Brentano* (Bundesminister), BT-Sten.Ber. 2/208, S. 11999 und S. 12004;

[55] *A. Stegner* (BG/BHE), BT-Sten.Ber. 1/224, S. 13328.

der Vereinigten Staaten von Europa auf viele Jahre hinaus nicht zu verwirklichen sein würden[56], womit er Recht behalten sollte.

30 Jahre später, in den Debatten zur EEA, richteten sich die Zielvorstellungen der Redner vor allem auf die nähere Zukunft, in der die Gründung der Europäischen Union angestrebt war.[57] Lediglich der Sozialdemokrat Brück betonte, dass die Vereinigten Staaten von Europa weiterhin das Ziel seiner Partei seien.[58] Demgegenüber warnte der bayerische Staatsminister Schmidhuber vor einem europäischen Zentralstaat.[59]

Als die Europäische Union mit dem Vertrag von Maastricht geschaffen wurde, nahmen die Forderungen nach einer weitergehenden Einigung zu. In dieser Zeit erlebte der Begriff der „Vereinigten Staaten von Europa", deren Bildung bereits 1925 im „Heidelberger Programm" der SPD als Ziel festgelegt worden war[60], bei sozialdemokratischen Politikerinnen und Politikern eine Renaissance.[61] Aber auch christdemokratische Redner standen einer solchen Entwicklung positiv gegenüber. Der Abgeordnete Stübgen sah Europa bereits „vor einem qualitativen Sprung […] zu einer Völkergemeinschaft mit bundesstaatlichem Charakter"[62], sein Fraktionskollege Schockenhoff erblickte im Vertrag von Maastricht ebenfalls einen wichtigen Schritt auf dem Weg zum europäischen Bundesstaat[63]. Obwohl der SPD-Abgeordnete Verheugen der Meinung war, das Grundgesetz erlaube mit dem neuen Art. 23 GG die Gründung eines europäischen Bundesstaates[64], warnte er gleichzeitig vor der expliziten Formulierung dieses Ziels, da es in anderen Mitgliedstaaten Angst und Misstrauen auslösen könne.[65] Auch Bundeskanzler Kohl, der in einer Rede im April 1992 noch vom bald verwirklichten Traum der „Vereinigten Staaten von Europa" gesprochen hatte[66], verwendete diesen Begriff in den Debatten nicht mehr. Stattdessen betonte er mehrfach, dass kein zentralistischer Überstaat entstehen werde und dürfe, sondern eine föderale Ordnung und eine „Einheit in Vielfalt" angestrebt werde.[67]

---

[56] *K. Mommer* (SPD), BT-Sten.Ber. 2/224, S. 13320.

[57] Vgl. *H.-D. Genscher* (Bundesminister), BT-Sten.Ber. 10/246, S. 18974; *H. Schwarz* (CDU/CSU), BT-Sten.Ber. 10/253, S. 19718; *H.-J. Vogel* (SPD), BT-Sten.Ber. 10/253, S. 19719; *W. Rumpf* (FDP), BT-Sten.Ber. 10/253, S. 19722.

[58] *A. Brück* (SPD), BT-Sten.Ber. 10/246, S. 18977.

[59] *P.M. Schmidhuber* (Bayern), BT-Sten.Ber. 10/246, S. 18981.

[60] *P. Kampffmeyer* (Hrsg.), Das Heidelberger Programm, S. 65.

[61] Vgl. *P. Conradi* (SPD), BT-Sten.Ber. 12/110, S. 9386 und BT-Sten.Ber. 12/126, S. 10854; *H. Wieczorek-Zeul* (SPD), BT-Sten.Ber. 12/126, S. 10814; *H. Scheer* (SPD), BT-Sten.Ber. 12/126, S. 10869.

[62] *M. Stübgen* (CDU/CSU), BT-Sten.Ber. 12/110, S. 9372.

[63] *A. Schockenhoff* (CDU/CSU), BT-Sten.Ber. 12/110, S. 9383.

[64] *G. Verheugen* (SPD), BT-Sten.Ber. 12/110, S. 9348.

[65] *G. Verheugen* (SPD), BT-Sten.Ber. 12/126, S. 10832.

[66] *H. Kohl*, „Zielvorstellungen und Chancen für die Zukunft Europas", Rede vor dem Bertelsmann-Forum im Gästehaus Petersberg am 3. April 1992, abgedruckt in: Bulletin der Bundesregierung Nr. 38 vom 8. April 1992.

[67] *H. Kohl* (Bundeskanzler), BT-Sten.Ber. 12/126, S. 10828, 10851.

In den folgenden Debatten verzichteten die meisten Abgeordneten sodann auf die Artikulierung eines Endziels der europäischen Integration. Die FDP-Abgeordnete Leutheusser-Schnarrenberger bekannte sich allerdings in den Beratungen des Vertrags von Amsterdam zum „visionären“ Ziel eines europäischen Bundesstaates.[68] Die Sozialdemokraten hielten an den seit Jahrzehnten angestrebten „Vereinigten Staaten von Europa“ fest.[69] Kritische Stimmen zum Fernziel der europäischen Integration waren jedoch noch rarer. Eine ausdrückliche Ablehnung eines künftigen europäischen Bundesstaates formulierte der bayerische Ministerpräsident Beckstein in der Debatte zum Vertrag von Lissabon[70], während sein Amtsvorgänger Stoiber 2005 ohne genauere Differenzierung erklärte, ein europäischer Staat sei verfassungswidrig[71]. Der Sozialdemokrat Schäfer wollte hingegen – neben der Propagierung der „Vereinigten Staaten von Europa“ – lediglich zentralstaatlichen Bestrebungen Einhalt gebieten.[72] Auch Bundeskanzlerin Merkel äußerte sich zurückhaltend und erwähnte ihr „Verständnis von Europa als einer engen politischen Gemeinschaft, die aber kein Staat ist und auch kein Staat sein wird, sondern ein Gebilde sui generis, ein einzigartiges Gebilde“[73].

Die Vorbehalte gegenüber einem europäischen Staat wurden im Rahmen der Euro-Krise größer. Lediglich einzelne SPD-Abgeordnete nahmen wiederum Bezug auf das Ziel der Vereinigten Staaten von Europa.[74] Demgegenüber verwies der Abgeordnete der LINKEN Gysi darauf, dass das Grundgesetz nach dem Lissabon-Urteil eine solche Entwicklung nicht zulasse, die nun aber seiner Ansicht nach durch die Gründung einer Fiskalunion eingeleitet werde.[75] Die ablehnende Haltung gegenüber einem europäischen Staat wurde von anderen Abgeordneten geteilt.[76]

Zusammenfassend ist daher festzustellen, dass in den untersuchten Bundestagsdebatten überwiegend eine pro-bundesstaatliche Haltung im Hinblick auf das Endziel der europäischen Integration eingenommen wurde. Sehr ausgeprägt war diese vor allem in der Diskussion um die Europäische Verteidigungsgemeinschaft, aber auch in den jüngeren Debatten findet sich dieses Ziel gelegentlich wieder. Gleichzeitig wird diesen Äußerungen äußerst selten widersprochen oder das Ziel gar ausdrücklich abgelehnt. Im Ergebnis spricht daher vieles dafür, dass der Bundes-

---

[68] *S. Leutheusser-Schnarrenberger* (FDP), BT-Sten.Ber. 13/210, S. 19133.

[69] Vgl. *H. Wieczorek-Zeul* (SPD), BT-Sten.Ber. 13/210, S. 19114; *H. M. Bury* (Staatsminister für Europa), BT-Sten.Ber. 15/160, S. 14914; *A. Schäfer* (SPD), BT-Sten.Ber. 15/160, S. 14921; *M. Roth* (SPD), BT-Sten.Ber. 15/175, S. 16369; *G. Weisskirchen* (SPD), BT-Sten.Ber. 16/132, S. 13816; *K. Beck* (Rheinland-Pfalz), BT-Sten.Ber. 16/157, S. 16456f.

[70] *G. Beckstein* (Bayern), BT-Sten.Ber. 16/157, S. 16467.

[71] *E. Stoiber* (Bayern), BT-Sten.Ber. 15/175, S. 16364.

[72] *A. Schäfer* (SPD), BT-Sten.Ber. 15/160, S. 14921.

[73] *A. Merkel* (Bundeskanzlerin), BT-Sten.Ber. 16/157, S. 16452.

[74] *H. Heil* (SPD), BT-Sten.Ber. 17/188, S. 22727; positiv im Hinblick auf eine neue Europäische Union auch *C. Schneider* (SPD), BT-Sten.Ber. 17/172, S. 20226.

[75] *G. Gysi* (DIE LINKE), BT-Sten.Ber. 17/172, S. 20220.

[76] *F. Schäffler* (FDP), BT-Sten.Ber. 17/188, S. 22722; *C. Schmidt* (CDU/CSU), BT-Sten. Ber. 17/188, S. 22728.

tag zu jedem Zeitpunkt der Integrationsschritte den europäischen Bundesstaat im Blick hatte und einer solchen langfristigen Entwicklung stets überwiegend positiv gegenüberstand. Der Weg zu einem solchen europäischen Staat, insbesondere eine womöglich erforderliche Ablösung des Grundgesetzes, wurde jedoch kaum diskutiert. Diese mangelnde Auseinandersetzung deutet darauf hin, dass ein Beitritt im Bundestag weniger als verfassungsrechtliches Problem, sondern als vorrangig politische Entscheidung erachtet wurde.

III. Die Absage des Bundesverfassungsgerichts an den europäischen Bundesstaat

Die Finalität des europäischen Integrationsprozesses beschäftigte auch das Bundesverfassungsgericht. In seinem Maastricht-Urteil wollte es sich allerdings explizit nicht zur Zulässigkeit eines europäischen Staates äußern. Da die EU keinen Staat, sondern einen Staatenverbund darstelle, stelle sich diese Frage nicht.[77] Auch wenn die neue Bezeichnung als „Europäische Union" für die Absicht einer weiteren Integration sprechen möge, sei die Gründung der „Vereinigten Staaten von Europa" jedenfalls derzeit nicht beabsichtigt, so der Senat.[78] Damit enthielt sich das Bundesverfassungsgericht einer eindeutigen Aussage[79] und setzte künftigen Entwicklungen keine endgültigen Schranken. Zwar wurde der Vertrag von Maastricht im Ergebnis deshalb für verfassungsmäßig erklärt, weil er gerade keinen europäischen Staat schaffe.[80] Dies beinhaltete jedoch nur eine Aussage über den derzeitigen Integrationsstand. Eine andere Einschätzung im Fall des ausreichenden Ausbaus der demokratischen Grundlagen der EU[81] war dadurch nicht ausgeschlossen.

Seine Zurückhaltung gab das Bundesverfassungsgericht im Lissabon-Urteil 2009 auf. Zwar war die Frage der Zulässigkeit eines europäischen Bundesstaates erneut nicht entscheidungserheblich, da, wie der Senat selbst ausdrücklich bemerkte, ein Wille zur Staatsgründung im Vertrag von Lissabon nicht feststellbar war[82] und

---

[77] BVerfGE 89, 155 (188).

[78] BVerfGE 89, 155 (189). Angesichts der bereits dargestellten positiven Äußerungen im Hinblick auf einen europäischen Bundesstaat im Rahmen der parlamentarischen Behandlung des Vertrages von Maastricht bestehen allerdings Zweifel daran, dass diese These in ihrer Pauschalität zutrifft. *S. Hölscheidt/T. Schotten* (VR 1994, S. 183 [188]) und *W. Schroeder* (ZfRV 1994, S. 143 [148]) legen zudem mithilfe weiterer außerparlamentarischer Äußerungen sowie Zitaten aus Parteiprogrammen dar, dass es im Vorfeld der Urteilsverkündung durchaus parteiübergreifend beabsichtigt war, einen europäischen Bundesstaat bzw. die Vereinigten Staaten von Europa zu schaffen.

[79] *S. Hölscheidt/T. Schotten*, VR 1994, S. 183 (187); *W. Schroeder*, ZfRV 1994, S. 143 (148); *H. P. Ipsen*, EuR 1994, S. 1 (9); *R. Streinz*, EuZW 1994, S. 329 (332).

[80] *D. König*, Übertragung von Hoheitsrechten, S. 491 f.; *B. Kahl*, Der Staat 33 (1994), S. 241 (245 f.).

[81] Dazu BVerfGE 89, 155 (186),

[82] BVerfGE 123, 267 (371).

der Vertrag auch faktisch keinen europäischen Staat begründete[83]. Dennoch bezog das Gericht zu diesem potentiellen Ziel deutlich Stellung: „Das Grundgesetz setzt [...] die souveräne Staatlichkeit Deutschlands nicht nur voraus, sondern garantiert sie auch."[84] Es lasse nicht zu, dass die Verfassungsorgane durch einen Eintritt in einen europäischen Bundesstaat das Selbstbestimmungsrecht des deutschen Volkes in Gestalt der völkerrechtlichen Souveränität Deutschlands aufgeben.[85] Die Ewigkeitsgarantie des Art. 79 Abs. 3 GG verwehre dem verfassungsändernden Gesetzgeber die Verfügung über die Identität der Verfassungsordnung; die Staatsstrukturprinzipien des Art. 20 GG, mithin „die Demokratie, die Rechts- und Sozialstaatlichkeit, die Republik, der Bundesstaat sowie die für die Achtung der Menschenwürde unentbehrliche Substanz elementarer Grundrechte", seien unabänderlich.[86] Die Umbildung Deutschlands zu einem Gliedstaat eines europäischen Bundesstaates würde einen Identitätswechsel bewirken, mit dem eine Ablösung des Grundgesetzes einhergehe. Hierüber könne allein die verfassungsgebende Gewalt entscheiden.[87] Abgesehen von diesen Feststellungen ließ das Urteil jedoch eine nähere Begründung vermissen.[88]

Im Ergebnis erteilte das Bundesverfassungsgericht damit den politischen Bestrebungen der letzten 60 Jahre eine deutliche Absage: Das Ziel des europäischen Bundesstaates wurde für verfassungswidrig erklärt. Dies führt in der Konsequenz dazu, dass es den Organen der Bundesrepublik untersagt ist, eine entsprechende Entwicklung anzustreben und zu fördern.[89] Befürwortende Aussagen im Bundestag könnten sich dem Vorwurf ausgesetzt sehen, sich gegen die verfassungsmäßige Ordnung zu wenden. Das Lissabon-Urteil steht daher nicht nur der Entstehung eines europäischen Staates entgegen. Es kann sich vielmehr auf jede politische Diskussion um künftige Vertiefungen der europäischen Integration auswirken, da der Grat zwischen Staatenverbund und Staatlichkeit schmal ist. Das Damoklesschwert der Verfassungswidrigkeit kann die politischen Akteure in ihrem Integrationswillen erheblich hemmen und auf diese Weise womöglich Integrationsschritte verhindern, die mit der verfassungsgerichtlichen Rechtsprechung noch in Einklang zu bringen wären.

Es ist daher zu erwarten, dass das Lissabon-Urteil die künftige Integrationspolitik der Bundesrepublik Deutschland insoweit nachhaltig beeinflussen und dazu führen wird, dass die Abgeordneten und Fraktionen des Bundestages von dem in der Vergangenheit mehrfach artikulierten Ziel eines europäischen Bundesstaates

---

[83] *C. D. Classen*, JZ 2009, S. 881 (881); *P. Hector*, ZEuS 2009, S. 599 (601).
[84] BVerfGE 123, 267 (343).
[85] BVerfGE 123, 267 (347 f.).
[86] BVerfGE 123, 267 (343).
[87] BVerfGE 123, 267 (331 f.).
[88] Dies bemängeln auch *C. Schönberger*, Der Staat 48 (2009), S. 535 (556), und *D. Thym*, Der Staat 48 (2009), S. 559 (560).
[89] *K. F. Gärditz/C. Hillgruber*, JZ 2009, S. 872 (876).

abrücken. Eine solche Entwicklung deutete sich bereits in den Debatten zu den Euro-Rettungsmaßnahmen an, in denen die kritischen Äußerungen zunahmen und auch explizit auf das Lissabon-Urteil Bezug genommen wurde. Angesichts dieses deutlichen Konflikts zwischen Verfassungsrechtsprechung und parlamentarischer Behandlung der Integrationsakte ist im Rahmen dieser Untersuchung der Frage nachzugehen, ob das Grundgesetz tatsächlich einem Beitritt der Bundesrepublik Deutschland zu einem europäischen Staat entgegensteht. Dabei ist die Vereinbarkeit eines Beitritts zu einem europäischen Bundesstaat mit dem Grundgesetz von anderen wesentlichen Aspekten eines solchen Schritts zu trennen. An dieser Stelle soll insbesondere nicht beurteilt werden, welche Folgen die Errichtung eines solchen Staates unter Beteiligung der Bundesrepublik Deutschland hätte und inwieweit er vor diesem Hintergrund zu befürworten wäre. Hierüber haben grundsätzlich nur die politischen Akteure zu entscheiden. Das Verfassungsrecht kann insoweit nur Auskunft über die äußersten Grenzen der Integration geben. Die entscheidende Rolle kommt daher der Auslegung der Integrationsgrenzen des Art. 79 Abs. 3 GG zu.

IV. Verfassungsrechtliche Zulässigkeit des Beitritts zu einem europäischen Bundesstaat

Für die Beurteilung der verfassungsrechtlichen Zulässigkeit des Beitritts zu einem europäischen Bundesstaat sind insbesondere die Art. 23 Abs. 1, 24 Abs. 1 und 79 Abs. 3 GG maßgeblich.

1. Art. 23 Abs. 1, 24 Abs. 1 GG als Rechtsgrundlage

Insoweit stellt sich zunächst die Frage, ob bereits Art. 23 Abs. 1 GG oder Art. 24 Abs. 1 GG eine hinreichende Rechtsgrundlage für den Beitritt zu einem europäischen Bundesstaat bieten.

Art. 24 Abs. 1 GG ermächtigt den Bund zur Übertragung von Hoheitsrechten auf zwischenstaatliche Einrichtungen. Ob ein europäischer Bundesstaat noch als „zwischenstaatliche Einrichtung" bezeichnet werden kann, ist allerdings fraglich.[90] Dem natürlichen Wortsinn nach können beide Begriffe nicht deckungsgleich sein. Der Wortlaut legt nahe, dass es sich um eine Einrichtung handeln muss, an der mehrere Staaten im völkerrechtlichen Sinne beteiligt sind. In einem Bundesstaat behalten die Mitglieder aber lediglich eine Gliedstaatlichkeit und verzichten auf die volle völkerrechtliche Souveränität.[91] Eine Auslegung, die Vereinbarungen zwischen Gliedstaaten ausreichen lässt, würde zu der merkwürdigen und wohl kaum beabsichtigten Konsequenz führen, dass sich auch von den deutschen Bundeslän-

[90] Vgl. auch *O. Rojahn*, in: von Münch/Kunig, GG Bd. 1, Art. 24 Rn. 21.
[91] S. zur Definition des Bundesstaates oben 4. Teil A. I.

dern geschaffene Einrichtungen und sogar die Bundesrepublik selbst als zwischenstaatliche Einrichtungen in diesem Sinne verstehen ließen. Weiterhin lässt sich die Begründung umfassender Hoheitsgewalt, wie sie einem Staat zukommt, schwerlich noch als bloße „Übertragung von Hoheitsrechten" begreifen.[92] Mit der herrschenden Meinung[93] ist daher davon auszugehen, dass Art. 24 Abs. 1 GG keine Rechtsgrundlage für einen Beitritt zu einem europäischen Bundesstaat darstellt.

Die neue Integrationsgrundlage des Art. 23 Abs. 1 GG ermächtigt ebenfalls nur zu einer Übertragung von einzelnen bzw. bestimmten Hoheitsrechten, so dass die Übertragung der gesamten Hoheitsgewalt hierin keine Grundlage finden kann.[94] Dieses Ergebnis wird durch die Gesetzesbegründung unterstrichen: Die Bundesregierung ging davon aus, dass Art. 23 GG nicht zu einer Ablösung des Grundgesetzes ermächtige.[95] Sie ließ angesichts unterschiedlicher Auffassungen der angehörten Sachverständigen offen, ob ein Beitritt zu einem europäischen Bundesstaat durch eine *weitere* Verfassungsänderung möglich sei oder einen besonderen Akt der verfassungsgebenden Gewalt erfordere.[96] Daraus folgt, dass der neu geschaffene Art. 23 GG für diesen Schritt jedenfalls nicht ausreichen sollte. Es wird daher zu Recht von der herrschenden Auffassung[97] angenommen, dass ein Beitritt zu einem europäischen Bundesstaat auch nicht auf Art. 23 GG gestützt werden kann.

2. Schutz der „Staatlichkeit" durch Art. 79 Abs. 3 GG?

Dass das Grundgesetz derzeit keine Ermächtigung für den Beitritt zu einem europäischen Bundesstaat vorhält, bedeutet aber nicht, dass ein solcher zwingend unzulässig wäre. Wie bereits dargelegt[98], könnte eine neue Rechtsgrundlage grund-

---

[92] *C. D. Classen*, in: von Mangoldt/Klein/Starck, GG Bd. 2, Art. 24 Rn. 9, 29; *J. Isensee*, in: FS Everling Bd. I, S. 567 (586).

[93] *O. Rojahn*, in: von Münch/Kunig, GG Bd. 1, Art. 24 Rn. 60; *O. Rüß*, Vereintes Europa, S. 47; *S. Jeckel*, Die Staatlichkeit Deutschlands in der EU, S. 116; *S. Uhrig*, Schranken des GG für die europäische Integration, S. 88 f.; *U. di Fabio*, Der Staat 32 (1993), S. 191 (192); *J. Isensee*, in: FS Everling Bd. I, S. 567 (586). A. A. *K. Stern*, Staatsrecht I, S. 521.

[94] *F. Wollenschläger*, in: Dreier, GG Bd. II, Art. 23 Rn. 39, 89; *C. D. Classen*, in: von Mangoldt/Klein/Starck, GG Bd. 2, Art. 23 Rn. 10; *C. Hillgruber*, in: Schmidt-Bleibtreu/Hofmann/Henneke, GG, Art. 23 Rn. 38; *S. Jeckel*, Die Staatlichkeit Deutschlands in der EU, S. 120, 123; *S. Uhrig*, Schranken des GG für die europäische Integration, S. 134; *K. F. Gärditz/C. Hillgruber*, JZ 2009, S. 872 (875).

[95] BT-Drucks. 12/3338, S. 7.

[96] BT-Drucks. 12/3338, S. 7.

[97] *H. D. Jarass*, in: Jarass/Pieroth, GG, Art. 23 Rn. 37; *F. Schorkopf*, in: Bonner Kommentar, Art. 23 Rn. 88; *C. Hillgruber*, in: Schmidt-Bleibtreu/Hofmann/Henneke, GG, Art. 23 Rn. 39; *S. Schmahl*, in: Sodan, GG, Art. 23 Rn. 18; *F. Wollenschläger*, in: Dreier, GG Bd. II, Art. 23 Rn. 39; *K.-P. Sommermann*, in: von Bogdandy/Cruz Villalón/Huber, HIPE Bd. II, § 14 Rn. 35; *ders.*, DÖV 1994, S. 596 (599); *K. F. Gärditz/C. Hillgruber*, JZ 2009, S. 872 (875). A. A. *D. H. Scheuing*, in: Schwarze/Müller-Graff, 17. FIDE-Kongress, S. 7 (20, 24).

[98] S. o. 2. Teil B. III.

sätzlich durch eine Verfassungsänderung in das Grundgesetz eingefügt werden.[99] Die Diskussion verlagert sich daher auf die Grenzen einer solchen Verfassungsänderung und damit insbesondere auf die Frage, ob die Ewigkeitsgarantie des Art. 79 Abs. 3 GG die in diesem Zusammenhang vielzitierte „Staatlichkeit" der Bundesrepublik erfasst und daher ihrer Aufgabe durch den Beitritt zu einem europäischen Staat entgegensteht. Bejaht man sie in Übereinstimmung mit dem Bundesverfassungsgericht[100] und einem Teil des Schrifttums[101], wäre das politische Ziel der Vereinigten Staaten von Europa als verfassungswidrig einzuordnen.

Insofern weist Pernice allerdings zu Recht darauf hin, dass der Begriff der „Staatlichkeit" offen ist.[102] Im deutschen Verfassungsrecht wird nahezu einhellig nicht nur dem Bund, sondern auch den Bundesländern als Gliedern eine eigene Staatlichkeit zuerkannt.[103] Die Frage, ob Art. 79 Abs. 3 GG die „Staatlichkeit" der Bundesrepublik Deutschland schützt, ist daher nicht eindeutig gestellt. Es muss differenziert werden zwischen dem vollständigen Verlust jeglicher Staatlichkeit, zu der der Beitritt zu einem europäischen Einheitsstaat führen würde, einer grundsätzlichen Staatlichkeit, die auch als Gliedstaat eines europäischen Bundesstaates fortbestehen würde, und der sogenannten souveränen Staatlichkeit, wie sie derzeit

---

99 So auch *K.-P. Sommermann*, in: von Bogdandy/Cruz Villalón/Huber, HIPE Bd. II, § 14 Rn. 36; *ders.*, in: Hill/Sommermann/Wieland/Ziekow, Brauchen wir eine neue Verfassung?, S. 201 (205); vgl. auch die Begründung zur Einfügung des Art. 23 GG, BT-Drucks. 12/3338, S. 7, die ausdrücklich offenlässt, ob eine Verfassungsänderung für diesen Schritt ausreicht.

100 BVerfGE 123, 267 (343).

101 *P. Kirchhof*, in: HdStR Bd. X, § 214 Rn. 52; *ders.*, Brauchen wir ein erneuertes Grundgesetz?, S. 37 ff.; *S. Huster/J. Rux*, in: Epping/Hillgruber, BeckOK GG, Art. 20 Rn. 219; *R. Streinz*, in: Sachs, GG, Art. 23 Rn. 93; *M. Sachs*, in: Sachs, GG, Art. 79 Rn. 60; *K.-E. Hain*, in: von Mangoldt/Klein/Starck, GG Bd. 2, Art. 79 Rn. 135 f.; *A. Haratsch*, in: Sodan, GG, Art. 79 Rn. 43; *W. Heyde*, in: Umbach/Clemens, GG Bd. I, Art. 23 Rn. 64; *C. Hillgruber*, in: Schmidt-Bleibtreu/Hofmann/Henneke, GG, Art. 23 Rn. 39; *ders.*, in: HdStR Bd. II, § 32 Rn. 41; *S. Uhrig*, Schranken des GG für die europäische Integration, S. 89; *P. M. Huber*, Maastricht – Ein Staatsstreich?, S. 22 f.; *M. Kaufmann*, Europäische Integration und Demokratieprinzip, S. 416; *T. Schilling*, AöR 116 (1991), S. 32 (54 f., 65); *D. Murswiek*, Der Staat 32 (1993), S. 161 (162 ff.); *ders.*, in: FS Wahl, S. 779 (782 f.); *K. F. Gärditz/C. Hillgruber*, JZ 2009, S. 872 (875); *H. Grefrath*, AöR 135 (2010), S. 221 (248); *J. Isensee*, ZRP 2010, S. 33 (36).
A. A. *K.-P. Sommermann*, in: von Mangoldt/Klein/Starck, GG Bd. 2, Art. 20 Rn. 60; *ders.*, in: Hill/Sommermann/Wieland/Ziekow, Brauchen wir eine neue Verfassung?, S. 201 (209); *I. Pernice*, in: Dreier, GG Bd. II (2. Aufl.), Art. 23 Rn. 36; *M. Zuleeg*, in: Denninger/Hoffmann-Riem/Schneider/Stein, AK-GG, Art. 23 Rn. 51 ff.; *B.-O. Bryde*, in: von Münch/Kunig, GG Bd. 2, Art. 79 Rn. 53; *G. Robbers*, in: Bonner Kommentar, Art. 20 Rn. 179 f.; *C. Möllers*, Staat als Argument, S. 405 f.; *H. Siekmann*, in: FS Stern, S. 341 (359); *D. Zacharias*, in: Thiel, Wehrhafte Demokratie, S. 57 (81 ff.); *M. Jestaedt*, Der Staat 48 (2009), S. 497 (506 f.); *C. Schönberger*, Der Staat 48 (2009), S. 535 (555 f.); wohl auch *S. Hobe*, in: Friauf/Höfling, GG, Art. 23 Rn. 22, 53.

102 *I. Pernice*, in: Dreier, GG Bd. II (2. Aufl.), Art. 23 Rn. 36 m. w. N.

103 St. Rspr., vgl. nur BVerfGE 1, 14 (34); 34, 9 (19); 36, 342 (360); 116, 327 (380); *W. Löwer*, in: von Münch/Kunig, GG Bd. 1, Art. 28 Rn. 1; *S. Huster/J. Rux*, in: Epping/Hillgruber, BeckOK GG, Art. 20 Rn. 7 ff.; *W. G. Leisner*, in: Sodan, GG, Art. 20 Rn. 14; *K.-P. Sommermann*, in: von Mangoldt/Klein/Starck, GG Bd. 2, Art. 20 Rn. 26. Ausführlich zur Staatlichkeit der Länder auch *C. Möllers*, Staat als Argument, S. 350 ff.

konkret durch das Grundgesetz geschaffen und ausgestaltet wird.[104] Nur wenn letztere durch den verfassungsändernden Gesetzgeber unaufgebbar sein sollte, wäre ein Beitritt zu einem europäischen Bundesstaat auf verfassungslegalem Wege ausgeschlossen. Ob dies der Fall ist, gilt es zu untersuchen.

a) Der Staat als Gewährleistungsgehalt des Art. 79 Abs. 3 GG

Die Ewigkeitsgarantie des Art. 79 Abs. 3 GG erklärt Änderungen des Grundgesetzes für unzulässig, durch welche die Gliederung des Bundes in Länder, die grundsätzliche Mitwirkung der Länder bei der Gesetzgebung oder die in den Art. 1 und 20 GG niedergelegten Grundsätze berührt werden. Die Reichweite dieses Schutzes in Bezug auf den Fortbestand der Bundesrepublik Deutschland als souveräner Staat ist durch Auslegung zu ermitteln.

aa) Wortlaut des Art. 79 Abs. 3 GG

Zunächst ist festzustellen, dass die Norm weder von Staatlichkeit noch von Souveränität spricht. Anklänge an diese Begriffe sind allenfalls in der Erwähnung des „Bundes" sowie dem Verweis auf die in Art. 20 GG niedergelegten Grundsätze – und damit insbesondere auch auf die Bundesrepublik Deutschland als demokratischen und sozialen Bundes*staat* (Art. 20 Abs. 1 GG) – zu erblicken.[105]

Teile der Literatur folgern aus Art. 20 Abs. 1 GG sodann, dass die Bundesrepublik Deutschland ein Staat ist.[106] Dieses Ergebnis ist wenig überraschend, trifft aber nicht den Kern des Problems: Fraglich ist nicht primär, *ob* die Bundesrepublik Deutschland ein Staat ist (und bleiben muss), sondern *was für einen* Staat das Grundgesetz dauerhaft gewährleisten will. Auf diesen Schutzumfang kommt es maßgeblich an.

Wenn eine Verfassungsänderung, die den Rechtsstaat, Sozialstaat oder Bundesstaat betrifft, unzulässig ist, schwingt dabei sicherlich ein gewisser Bezug zur Staatlichkeit an sich mit. Ihr konkret geschützter Umfang kann daraus aber noch nicht gefolgert werden. Ein „Staat" muss nicht zwingend souverän nach außen sein, andere Auslegungen sind denkbar. So werden auch die Bundesländer als Gliedstaaten bezeichnet und ihnen wird eine Staatlichkeit zuerkannt.[107] Es soll nicht bezweifelt

---

[104] Vgl. auch *R. Uerpmann-Wittzack*, in: von Münch/Kunig, GG Bd. 1, Art. 23 Rn. 60; *I. Pernice*, in: Dreier, GG Bd. II (2. Auf.), Art. 23 Rn. 36; *G. Robbers*, in: Bonner Kommentar, Art. 20 Rn. 179f.

[105] Vgl. *O. Rüß*, Vereintes Europa, S. 97.

[106] *P. Kirchhof*, in: HdStR Bd. II, § 21 Rn. 84; *C. Hillgruber*, in: HdStR Bd. II, § 32 Rn. 41; *H. Möller*, Verfassungsgebende Gewalt, S. 240; *S. Uhrig*, Schranken des GG für die europäische Integration, S. 89; *T. Schilling*, AöR 116 (1991), S. 32 (54f.); *D. Murswiek*, in: FS Wahl, S. 779 (783).

[107] Vgl. die Nachweise in 4. Teil, Fn. 103.

werden, dass ein „Bundesstaat" sowohl nach heutigem als auch dem zur Zeit der Entstehung des Grundgesetzes herrschenden Verständnis grundsätzlich Souveränität nach außen aufweist.[108] Dass dieses Verständnis allerdings zu kurz greift, zeigt sich bereits daran, dass die Bundesrepublik in den ersten Jahren ihres Bestehens selbst kein souveräner Staat war, sondern die einem Staat eigene umfassende und uneingeschränkte Hoheitsgewalt erst mit Aufhebung des Besatzungsstatuts 1955 erreichte[109]. Dennoch ist nicht ersichtlich, dass an ihrer (Bundes-)Staatlichkeit zu dieser Zeit Zweifel bestanden hätten.[110] Den Staatsbegriff bereits dem Wortlaut nach mit äußerer Souveränität gleichzusetzen, ist daher aus verfassungshistorischer Sicht zweifelhaft. Allein aus dem Wortlaut „...staat" können noch keine abschließenden Ergebnisse für einen Staatlichkeitsschutz gezogen werden.[111]

Der weitere Befund, dass das Grundgesetz, wenn es von „Staat" spricht, entweder den völkerrechtlich souveränen Staat oder das durch die Verfassung etablierte Gesamtgefüge der Hoheitsgewalt meint und nicht z. B. die Gliedstaatlichkeit der Länder[112], muss ebenfalls nicht bedeuten, dass die souveräne Staatlichkeit von Art. 79 Abs. 3 GG geschützt wird.[113] Insoweit lässt sich von einer *petitio principii* sprechen: Denn wenn das vom Grundgesetz geschaffene „Gesamtgefüge der Hoheitsgewalt" sich offen für eine Eingliederung in einen europäischen Bundesstaat zeigen sollte, müsste folgerichtig der Staatsbegriff des Grundgesetzes ebenso offen für eine entsprechende Interpretation zu verstehen sein und den entstehenden Gliedstaat Deutschland meinen können. Die bloße Begrifflichkeit des Staates muss daher von solchen Prämissen befreit und mit unvoreingenommenem Blick betrachtet werden.

Festzuhalten bleibt, dass der Wortlaut der Art. 79 Abs. 3, 20 GG den Schutz der souveränen Staatlichkeit noch nicht hergibt, sondern insoweit einer weiteren Auslegung bedarf.

bb) Entstehungsgeschichte des Art. 79 Abs. 3 GG

Um den Inhalt einer Verfassungsnorm zu bestimmen, kann ergänzend ihre Historie herangezogen werden.[114] Vor diesem Hintergrund wird ein Staatlichkeitsschutz

---

[108] So *K.-E. Hain*, in: von Mangoldt/Klein/Starck, GG Bd. 2, Art. 79 Rn. 136 m. w. N.

[109] Dazu *R. Mußgnug*, in: HdStR Bd. I, § 8 Rn. 94; *O. Luchterhandt*, in: HdStR Bd. I, § 10 Rn. 25; *J. Ipsen*, NdsVBl. 2009, S. 153 (153).

[110] Vgl. auch *T. Rademacher*, EuR 2018, S. 140 (154). So beschäftigte sich das Bundesverfassungsgericht z. B. bereits 1951 ausführlich mit der Auslegung des bundesstaatlichen Prinzips, vgl. BVerfGE 1, 14.

[111] Im Ergebnis ebenso *C. Möllers*, Staat als Argument, S. 384 f.

[112] *S. Haack*, Verlust der Staatlichkeit, S. 400 f.

[113] So aber *S. Haack*, Verlust der Staatlichkeit, S. 401.

[114] Vgl. BVerfGE 11, 126 (130); *C. Starck*, in: HdStR Bd. XII, § 271 Rn. 21, 23; *U. Battis/C. Gusy*, Einführung in das Staatsrecht, Rn. 27; *I. von Münch/U. Mager*, Staatsrecht I, Rn. 14.

durch Art. 79 Abs. 3 GG vor allem unter Verweis auf dessen Entstehungsgeschichte abgelehnt. Mit der Vorschrift habe eine verfassungslegale Machtergreifung durch ein diktatorisches Regime verhindert werden sollen.[115] Ein Schutz vor Europa sei hingegen in keiner Weise beabsichtigt gewesen.[116]

In der Tat kann sich diese Ansicht auf Äußerungen im Parlamentarischen Rat stützen[117]: Bereits der Allgemeine Redaktionsausschuss wies in seinem Vorschlag vom 16. Dezember 1948 darauf hin, dass die Vorschrift (damals noch Art. 108) eine Revolution zwar nicht verhindern könne und solle, eine revolutionäre Bewegung solle aber nicht eine ihr fehlende Legitimität und Rechtsqualität durch die Berufung auf ihr äußerlich „legales" Zustandekommen ersetzen können.[118] Im weiteren Verlauf erklärte der FDP-Abgeordnete Dehler: „Auf jeden Fall halte ich es für notwendig, daß wir diese Barriere aufrichten, nicht in dem Glauben, daß wir dadurch einer Revolution begegnen können, aber doch in dem Willen, einer Revolution die Maske der Legalität zu nehmen."[119] Der Sozialdemokrat Katz stimmte dem Anliegen zwar im Grunde zu, hielt die Regelung aber für zwecklos, denn sie „besagt nicht mehr und nicht weniger als: Staatsstreiche und Revolutionen sind unzulässig"[120] und werde niemanden von der Durchführung abhalten. Dem trat Carlo Schmid entgegen: „Es ist schon ein Unterschied, ob jemand gezwungen wird, offen Revolution zu machen, oder ob man ihm die Möglichkeit gibt, unter dem Schutz einer Scheinlegalität effektiv Revolution zu machen, ohne sich dazu bekennen zu müssen. Er wird in diesem Fall die Dummen im Volk eher hinter sich bekommen, als wenn er von vornherein klipp und klar sagen muß: Ich will eine Tyrannei errichten

---

[115] Vgl. *M. Jestaedt*, Der Staat 48 (2009), S. 497 (506); *A. von Bogdandy*, NJW 2010, S. 1 (2); *D. Halberstam/C. Möllers*, GLJ 10 (2009), S. 1241 (1254); *C. Schönberger*, GLJ 10 (2009), S. 1201 (1203, 1208); *M. Kottmann/C. Wohlfahrt*, ZaöRV 69 (2009), S. 443 (448, Fn. 41); *P. Hector*, ZEuS 2009, S. 599 (606); *T. Herbst*, Ad Legendum 2013, S. 98 (104); ähnlich *C. Tomuschat*, ZaöRV 70 (2010), S. 251 (278).
In diesem Zusammenhang sei zudem angemerkt, dass auch das Bundesverfassungsgericht im Jahr 1970 den Sinn der Schranken des Art. 79 Abs. 3 GG darin erblickte, „zu verhindern, daß die geltende Verfassungsordnung in ihrer Substanz, in ihren Grundlagen auf dem formal-legalistischen Weg eines verfassungsändernden Gesetzes beseitigt und zur nachträglichen Legalisierung eines totalitären Regimes mißbraucht werden kann", BVerfGE 30, 1 (24).

[116] *M. Jestaedt*, Der Staat 48 (2009), S. 497 (507); *D. Halberstam/C. Möllers*, GLJ 10 (2009), S. 1241 (1254); *P. Hector*, ZEuS 2009, S. 599 (606); *E. Röper*, ZRP 2010, S. 194 (195); *T. Herbst*, Ad Legendum 2013, S. 98 (104); *ders.*, ZRP 2012. S. 33 (35).

[117] *O. Rüß*, Vereintes Europa, S. 91; vgl. ausführlich zur Entstehungsgeschichte *H. Möller*, Verfassungsgebende Gewalt, S. 126 ff.

[118] Anm. 1 zu Art. 108 des Entwurfs zum Grundgesetz in der vom Allgemeinen Redaktionsausschuss redigierten Fassung, Stand vom 13. bis 18. Dezember 1948, in: Deutscher Bundestag/Bundesarchiv, Parlamentarischer Rat – Akten und Protokolle Bd. 7, S. 173.

[119] *T. Dehler* (FDP), Protokoll der 36. Sitzung des Hauptausschusses vom 12. Januar 1949, in: Deutscher Bundestag/Bundesarchiv, Parlamentarischer Rat – Akten und Protokolle Bd. 14/II, S. 1118.

[120] *R. Katz* (SPD), Protokoll der 36. Sitzung des Hauptausschusses vom 12. Januar 1949, in: Deutscher Bundestag/Bundesarchiv, Parlamentarischer Rat – Akten und Protokolle Bd. 14/II, S. 1118.

und die Demokratie abschaffen."[121] Diesen Stellungnahmen ist anzumerken, dass insbesondere eine „Machtergreifung", wie sie 1933 stattgefunden hat, verhindert oder zumindest wesentlich erschwert werden sollte. Es liegt daher der Schluss nahe, dass der heutige Art. 79 Abs. 3 GG von den Mitgliedern des Parlamentarischen Rates tatsächlich vor allem als Schutz gegen ähnliche Revolutionen gedacht war. Dass die europäische Integration eine Bedrohung für die Bundesrepublik und das Grundgesetz darstellen könnte, schien hingegen niemand in Erwägung zu ziehen.

Die mutmaßliche Zielsetzung hat allerdings im Text des Grundgesetzes keinen unmittelbaren Niederschlag gefunden. Vielmehr erfasst Art. 79 Abs. 3 GG dem Wortlaut nach jegliche Verfassungsänderung, die die geschützten Grundsätze berührt, unabhängig von ihrer Intention.[122] Zudem wurde Art. 79 Abs. 3 GG im Ergebnis weiter gefasst, als es die Abwehr einer neuerlichen Diktatur erfordert hätte.[123] Insbesondere die Erstreckung auf das Sozialstaatsprinzip, die in den ersten Entwürfen noch nicht enthalten war und erst im Laufe der Beratungen vorgenommen wurde[124], lässt sich kaum mit dem Schutz gegen eine Diktatur erklären. Dass spätere Versuche im Parlamentarischen Rat, den Sozialstaat vom Anwendungsbereich des Art. 79 Abs. 3 GG wieder auszunehmen, scheiterten[125], spricht zudem für eine bewusste weite Fassung der Vorschrift.

Die Entstehungsgeschichte ist daher für die Bestimmung der Reichweite der Ewigkeitsgarantie im Hinblick auf einen Schutz der Staatlichkeit nicht ergiebig. Es lässt sich zwar belegen, dass durch Art. 79 Abs. 3 GG vorrangig eine erneute Diktatur verhindert werden sollte, darauf wurde der Schutz aber durch den Wortlaut nicht beschränkt. Eine Anwendung auf die Zustimmung zu europäischen Integrationsakten, insbesondere den Beitritt zu einem europäischen Staat, ist deshalb nicht von vornherein ausgeschlossen.

cc) Der integrationsoffene Staat des Grundgesetzes

Um die Anforderungen des Grundgesetzes an den deutschen Staat zu bestimmen, ist daher eine systematische Betrachtung unter Einordnung in das Gesamtgefüge der Verfassung unerlässlich. Herausragende Bedeutung kommt dabei der Präambel des Grundgesetzes zu, daneben ist die Öffnungsklausel des Art. 24 GG zu berücksichtigen.

---

[121] *C. Schmid* (SPD), Protokoll der 36. Sitzung des Hauptausschusses vom 12. Januar 1949, in: Deutscher Bundestag/Bundesarchiv, Parlamentarischer Rat – Akten und Protokolle Bd. 14/II, S. 1118.

[122] So im Ergebnis auch *R. Häußler*, Der Konflikt zwischen Bundesverfassungsgericht und politischer Führung, S. 86; *D. Grimm*, Der Staat 48 (2009), S. 475 (489); *J. Isensee*, ZRP 2010, S. 33 (36).

[123] *J. Isensee*, ZRP 2010, S. 33 (36).

[124] Vgl. hierzu *H. Dreier*, in: Dreier, GG Bd. II, Art. 79 III Rn. 6.

[125] Hierzu *H. Dreier*, in: Dreier, GG Bd. II, Art. 79 III Rn. 6 mit Fn. 30.

(1) Präambel

Nach der ursprünglichen Fassung der Präambel des Grundgesetzes von 1949 hat das deutsche Volk das Grundgesetz „von dem Willen beseelt, [...] als gleichberechtigtes Glied in einem vereinten Europa dem Frieden der Welt zu dienen“[126], beschlossen.

(a) Rechtliche Bedeutung der Präambel

Es entspricht inzwischen herrschender Meinung, dass der Präambel nicht nur politische, sondern auch eine rechtliche Bedeutung zukommt.[127] Die Präambel beinhaltet Grundentscheidungen des historischen Verfassungsgebers, die bei der Auslegung des Grundgesetzes zu beachten sind.[128] Vor diesem Hintergrund wird die zitierte Passage als Staatszielbestimmung verstanden.[129] Aus ihr folgt somit der Auftrag an die deutschen Staatsorgane, auf die Verwirklichung eines vereinten Europas hinzuwirken.[130]

(b) Auslegung der Präambel

Das Ziel des „vereinten Europas“ ist allerdings offen gehalten.[131] Zunächst muss sich der Interpret von den Inhalten der tatsächlich erfolgten europäischen Integration bis hin zur heutigen Europäischen Union lösen, denn zum Zeitpunkt des Inkrafttretens der Präambel waren die konkreten Integrationsschritte noch in keiner Weise absehbar.[132] Der Begriff muss unvoreingenommen ausgelegt werden.

---

[126] BGBl. 1949, S. 1.

[127] BVerfGE 5, 85 (127); 36, 1 (17); *P. Kunig*, in: von Münch/Kunig, GG Bd. 1, Präambel Rn. 7; *H. D. Jarass*, in: Jarass/Pieroth, GG, Präambel Rn. 1; *C. Hillgruber*, in: Epping/Hillgruber, BeckOK GG, Präambel vor Rn. 1.

[128] *C. Hillgruber*, in: Epping/Hillgruber, BeckOK GG, Präambel Rn. 22; *P. Kunig*, in: von Münch/Kunig, GG Bd. 1, Präambel Rn. 11; *P. M. Huber*, in: Sachs, GG, Präambel Rn. 12.

[129] Vgl. *H. Dreier*, in: Dreier, GG Bd. I, Präambel Rn. 43; *C. Starck*, in: von Mangoldt/Klein/Starck, GG Bd. 1, Präambel Rn. 31; *P. M. Huber*, in: Sachs, GG, Präambel Rn. 43; *O. Rüß*, Vereintes Europa, S. 19; *S. Magiera*, Jura 1994, S. 1 (2); *R. Graf Kerssenbrock*, Die Vereinigten Staaten von Europa, S. 50; *M. Tischendorf*, Integrationsverantwortung, S. 123.

[130] *O. Rüß*, Vereintes Europa, S. 20; *R. Graf Kerssenbrock*, Die Vereinigten Staaten von Europa, S. 50; *A. Hopfauf*, in: Schmidt-Bleibtreu/Hofmann/Henneke, GG, Präambel Rn. 51.

[131] BVerfGE 123, 267 (347); *P. Kunig*, in: von Münch/Kunig, GG Bd. 1, Präambel Rn. 24; *H. Dreier*, in: Dreier, GG Bd. I, Präambel Rn. 45; *H. D. Jarass*, in: Jarass/Pieroth, GG, Präambel Rn. 4; *A. Hopfauf*, in: Schmidt-Bleibtreu/Hofmann/Henneke, GG, Präambel Rn. 52; *M. Herdegen*, in: Maunz/Dürig, GG, Präambel Rn. 70; *C. Starck*, in: von Mangoldt/Klein/Starck, GG Bd. 1, Präambel Rn. 41; *C. O. Lenz*, FAZ Nr. 182 vom 8. August 2009, S. 7.

[132] Vgl. *P. Kunig*, in: von Münch/Kunig, GG Bd. 1, Präambel Rn. 24; *H. Dreier*, in: Dreier, GG Bd. I, Präambel Rn. 45.

Der Duden definiert das Verb „vereinen" als „zu einer größeren Einheit zusammenfassen, zusammenführen".[133] *Vereint* könnte Europa dem Wortverständnis nach nicht nur als Bundesstaat sein, sondern ebenso als Staatenbund oder in anderweitiger Rechtsform.[134] Dies zeigt sich z. B. an den Vereinten Nationen (United Nations)[135], die als internationale Organisation auf einer Zusammenarbeit ihrer souveränen Mitgliedstaaten basieren und damit nicht annähernd das Integrationsniveau eines Bundesstaates erreichen. Andererseits weist das Adjektiv „vereint" in der deutschen Geschichte auch einen bedeutenden bundesstaatlichen Bezug auf, schließlich war die Wiedererlangung der Einheit Deutschlands, die gleichbedeutend auch als Wiedervereinigung[136] bezeichnet wurde, bis zu ihrer Verwirklichung ein herausragendes Ziel und zentrales Thema deutscher Politik. Die Präambel von 1949 nennt die deutsche Einheit und das vereinte Europa sogar in einem Atemzug.

In diesem vereinten Europa soll Deutschland „als gleichberechtigtes Glied" tätig werden. Selbst wenn grundsätzlich auch die Mitglieder eines Staatenbundes als „Glieder" bezeichnet werden könnten[137], wird der Begriff meistens zur Bezeichnung der untergeordneten Einheiten eines Bundesstaates verwendet[138]. Die Formulierung weist deutliche Parallelen zu mehreren ungefähr zur selben Zeit erlassenen Landesverfassungen auf, die das jeweilige Bundesland als „Glied"[139] oder „Gliedstaat"[140] Deutschlands bezeichnen. Ebenso spricht das Grundgesetz selbst in seinem Art. 79 Abs. 3 von der *Gliederung* des Bundes in Länder und statuiert in Art. 29 ein Verfahren zur Neu*gliederung* des Bundesgebietes. Die damalige Verwendung des Begriffs kann daher, insbesondere in Zusammenschau mit dem „vereinten Europa", als weiterer Hinweis für die Offenheit des Grundgesetzes gegenüber einer bundesstaatlichen Entwicklung verstanden werden.

---

[133] Duden, Das Bedeutungswörterbuch, Stichwort „vereinen" (S. 1015).

[134] *O. Rüß*, Vereintes Europa, S. 24; *M. Zuleeg*, in: Denninger/Hoffmann-Riem/Schneider/Stein, AK-GG, Präambel Rn. 24.

[135] *H. A. Stöcker*, KritV 74 (1991), S. 87 (100); *O. Rüß*, Vereintes Europa, S. 24; *M. Zuleeg*, in: Denninger/Hoffmann-Riem/Schneider/Stein, AK-GG, Präambel Rn. 24.

[136] Die beiden Begriffe „vereint" und „vereinigt" sind im deutschen Sprachgebrauch synonym zu verstehen, vgl. *O. Rüß*, Vereintes Europa, S. 24; *M. Zuleeg*, in: Denninger/Hoffmann-Riem/Schneider/Stein, AK-GG, Präambel Rn. 24; Duden, Das Bedeutungswörterbuch, Stichwort „vereinen" (S. 1015).

[137] Vgl. *R. Graf Kerssenbrock*, Die Vereinigten Staaten von Europa, S. 58.

[138] *O. Rüß*, Vereintes Europa, S. 24 f. m. w. N.

[139] So Art. 43 der Verfassung für Württemberg-Baden vom 28. November 1946 (Regierungsblatt der Regierung Württemberg-Baden, S. 277 [282]), der Vorspruch der Verfassung des Landes Baden-Württemberg vom 11. November 1953 (GBl. Bad.-Württ., S. 173 [173]), Art. 64 der Landesverfassung der Freien Hansestadt Bremen vom 21. Oktober 1947 (Brem. GBl., S. 251 [253]), Art. 64 der Verfassung des Landes Hessen vom 1. Dezember 1946 (Hess. GVBl., S. 229 [234]) und Art. 1 der Landessatzung für Schleswig-Holstein vom 13. Dezember 1949 (GVBl. 1950, S. 3 [3]).

[140] So Art. 1 der Verfassung für das Land Nordrhein-Westfalen vom 28. Juni 1950 (GVBl. NRW, S. 127 [127]), die Präambel der Verfassung des Landes Hessen vom 1. Dezember 1946 (Hess. GVBl., S. 229 [229]) und Art. 74 der Verfassung für Rheinland-Pfalz vom 18. Mai 1947 (VOBl. der Landesregierung Rheinland-Pfalz, S. 209 [218]).

Gleichzeitig kommt dem Ziel, gleichberechtigtes Glied in einem vereinten Europa zu sein, aber auch eine einschränkende Wirkung zu. Denn eine solche Stellung setzt zwingend voraus, dass Deutschland als selbstständige Einheit fortbesteht und nicht völlig in einem europäischen Staat aufgeht.[141] Andernfalls gäbe es kein „Glied" Deutschland mehr[142], das gleichberechtigt mit den anderen Gliedern seine Kompetenzen innerhalb des neuen Staates ausüben könnte.[143] Einen Beitritt Deutschlands zu einem europäischen Zentral- bzw. Einheitsstaat schließt das Grundgesetz daher aus.[144] Indem die Präambel eine solche Grenze statuiert und sich nicht lediglich in Grundsätzen verliert, die in jede Richtung interpretierbar sind, unterstreicht sie ebenfalls ihre Bedeutung für die Verfassungsinterpretation. Dem Vorwurf, die Präambel sei im Hinblick auf das vereinte Europa zu unbestimmt[145], kann daher nicht gefolgt werden. Sie ist vielmehr offen für verschiedene Entwicklungen, solange Europa sich nicht zu einem Einheitsstaat entwickelt.

Die Betonung der Gleichberechtigung steht einem europäischen Bundesstaat ebenfalls nicht entgegen.[146] Vielmehr ist diese als Adjektiv zur Gliedstellung formuliert worden, betrifft also das Verhältnis der Glieder zueinander und nicht das zur übergeordneten Ebene.[147] Es ist Ausfluss der Bestrebung deutscher Politik, Deutschland nach dem verlorenen Krieg wieder als gleichberechtigten Partner im internationalen Gefüge zu etablieren und das Besatzungsregime und seine Folgen zu beseitigen.[148] Dieses Ziel kam wenig später auch in den Parlamentsdebatten zu den ersten Integrationsakten zum Ausdruck.[149]

Schließlich spricht das ursprünglich in der Präambel enthaltene Ziel, die „nationale und staatliche Einheit zu wahren"[150], nicht gegen einen europäischen Bundesstaat.[151] Zwar spiegelte sich in den Debatten der 1950er-Jahre zur europäischen Integration tatsächlich die Befürchtung wider, die Eingliederung in europäische Organisationen könne die Wiedervereinigung Deutschlands erschweren oder gar unmöglich machen.[152] Diese gründeten sich aber vor allem auf die möglichen Auswirkungen der Westintegration auf die Verhandlungsbereitschaft der Sowjetunion und damit auf tatsächliche – und nicht rechtliche – Aspekte. Das Wiedervereini-

---

[141] Vgl. *O. Rüß*, Vereintes Europa, S. 25.

[142] Vgl. *I. Pernice*, in: Dreier, GG Bd. II (2. Aufl.), Art. 23 Rn. 36.

[143] *O. Rüß*, Vereintes Europa, S. 25.

[144] Allgemeine Meinung, vgl. *H. Dreier*, in: Dreier, GG Bd. II, Art. 79 III Rn. 55 mit Fn. 174; *I. Pernice*, in: Dreier, GG Bd. II (2. Aufl.), Art. 23 Rn. 36; *O. Rüß*, Vereintes Europa, S. 25; *T. Schilling*, AöR 116 (1991), S. 32 (65); *K. Stern*, Staatsrecht I, S. 521.

[145] So *T. Schilling*, AöR 116 (1991), S. 32 (55).

[146] A. A. *D. Murswiek*, in: Bonner Kommentar, Präambel Rn. 243, 251.

[147] *O. Rüß*, Vereintes Europa, S. 25.

[148] *O. Rüß*, Vereintes Europa, S. 25.

[149] S. zur parlamentarischen Behandlung des EGKS- und EVG-Vertrages oben 3. Teil A. II. und 3. Teil B. II.

[150] BGBl. 1949, S. 1.

[151] A. A. *D. Murswiek*, in: FS Wahl, S. 779 (783).

[152] Vgl. oben 3. Teil A. II., 3. Teil B. II. und 3. Teil C. II.

gungsgebot war hingegen vor allem nach innen gerichtet und enthielt das Ziel, die deutsche Teilung zu überwinden und die staatliche Einheit wiederherzustellen.[153] Diese Einheit kann grundsätzlich ebenso als Gliedstaat eines europäischen Bundesstaates gewahrt bleiben.[154] Im Hinblick auf die europäische Integration ist das Wiedervereinigungsgebot daher ebenfalls nur dahingehend zu verstehen, dass Deutschland als eigenständiges Glied innerhalb Europas fortbestehen muss und keinem Zentralstaat beitreten darf.[155]

(c) Zwischenergebnis

Die Präambel bekundet das Ziel der Teilnahme Deutschlands am europäischen Integrationsprozess. Konkrete Vorgaben im Hinblick auf dessen Endergebnis enthält sie hingegen kaum: Ihr ist zu entnehmen, dass ein europäischer Einheitsstaat nicht gewollt ist. Wie Europa darüber hinaus organisiert sein soll, lässt die Präambel offen. Damit schließt sie insbesondere einen europäischen Bundesstaat nicht aus.[156] Vielmehr zeigt sie sich einer solchen Entwicklung gegenüber offen. Es lassen sich sogar deutliche Parallelen zwischen dem von der Präambel angestrebten „gleichberechtigten Glied in einem vereinten Europa“ und bundesstaatlichen Begrifflichkeiten feststellen, die auf eine intendierte europäische Bundesstaatlichkeit hindeuten.

(2) Integrationsoffenheit nach Art. 24 GG

Einen weiteren Beleg für die Integrationsoffenheit des Grundgesetzes bietet Art. 24 Abs. 1 GG. Zwar wird dadurch noch nicht der Beitritt zu einem europäischen Staat ermöglicht.[157] Die Norm bestimmt allerdings keine absoluten Grenzen der Integration, wie nicht zuletzt die Erweiterung des vereinfachten Integrationsverfahrens durch die Neufassung des Art. 23 Abs. 1 GG für die von Art. 24 GG möglicherweise nicht mehr gedeckte Integration in die EU gezeigt hat.[158] Der ver-

[153] *O. Rüß*, Vereintes Europa, S. 28; *M. Herdegen*, in: Maunz/Dürig, GG, Präambel Rn. 76.

[154] *I. Pernice*, in: Dreier, GG Bd. II (2. Aufl.), Art. 23 Rn. 36; *O. Rüß*, Vereintes Europa, S. 28.

[155] *O. Rüß*, Vereintes Europa, S. 28.

[156] Ebenso *P. Kunig*, in: von Münch/Kunig, GG Bd. 1, Präambel Rn. 24; *M. Selmayr*, ZEuS 2009, S. 637 (644); *I. Pernice*, AöR 136 (2011), S. 185 (219); *C. Starck*, in: von Mangoldt/Klein/Starck, GG Bd. 1, Präambel Rn. 41; *C. O. Lenz*, FAZ Nr. 182 vom 8. August 2009, S. 7. A. A. *P. M. Huber*, in: Sachs, GG, Präambel Rn. 45.

[157] S. o. 4. Teil A. IV. 1.

[158] Bei der Neufassung des Art. 23 GG war der verfassungsändernde Gesetzgeber, anders als der Parlamentarische Rat 1949, an die Schranken des Art. 79 Abs. 3 GG gebunden. Im Gegensatz zu gleichzeitig erlassenem Verfassungsrecht kann sie daher zwar die Reichweite der Ewigkeitsgarantie nicht maßgeblich beeinflussen, sie belegt aber zumindest, dass aus Sicht des verfassungsändernden Gesetzgebers von 1992 Art. 79 Abs. 3 GG einer neuen, weiteren Integrationsermächtigung nicht entgegenstand.

fassungsändernde Gesetzgeber kann sich grundsätzlich neue, weitere Integrationsermächtigungen schaffen.[159] Art. 24 Abs. 1 GG kann daher auf den Staatlichkeitsbegriff der Art. 79 Abs. 3, 20 GG keine einschränkende Wirkung haben.[160] Mit der Möglichkeit der Übertragung von Hoheitsrechten auf zwischenstaatliche Einrichtungen markiert die Norm vielmehr die Abkehr vom geschlossenen Nationalstaat und die Entscheidung für eine offene Staatlichkeit.[161]

(3) Die Aufgeschlossenheit gegenüber einem europäischen Bundesstaat in den Nachkriegsjahren

Bei Berücksichtigung der historischen Diskussion spricht ebenfalls viel für die Offenheit gegenüber einem europäischen Bundesstaat. Auch wenn die Beratungen im Parlamentarischen Rat kaum Aussagen über den gewünschten Endzustand der europäischen Einigung enthielten[162], hat die Analyse der Debatten der Anfangsjahre der europäischen Integration gezeigt, dass die Mitglieder des ersten Bundestages, von denen einige bereits dem Parlamentarischen Rat angehört hatten, einer bundesstaatlichen Entwicklung grundsätzlich positiv gegenüberstanden[163]. Insbesondere im Hinblick auf die EVG waren sie bereits drei Jahre nach Inkrafttreten des Grundgesetzes zu einem wesentlichen Schritt der europäischen Einigung bereit und mehrere Abgeordnete formulierten in diesem Zusammenhang ihren Wunsch nach weitergehender Integration bis hin zu einer europäischen Föderation.[164] Auch wenn aus dieser Diskussion keine belastbaren Schlüsse für den Willen des historischen Verfassungsgebers gezogen werden können, verdeutlicht sie doch die Wünsche und Vorstellungen der politischen Akteurinnen und Akteure hinsichtlich der europäischen Einigung in den Anfangsjahren der Bundesrepublik. Es ist anzunehmen, dass diese Ansichten bereits den Beratungen des Grundgesetzes zugrunde lagen, jedenfalls fehlen Hinweise auf einen grundlegenden Sinneswandel innerhalb der deutschen Außenpolitik zwischen 1948/49 und 1952/53. Vor diesem Hintergrund spricht vieles für die Aussage, ein europäischer Bundesstaat sei ein, wenngleich fernes, Ziel der Verfassungsväter und -mütter gewesen.[165]

---

[159] S. o. 2. Teil B. III.

[160] *O. Rüß*, Vereintes Europa, S. 107.

[161] Dazu grundlegend *K. Vogel*, Die Verfassungsentscheidung des Grundgesetzes für eine internationale Zusammenarbeit, S. 42; ihm folgend O. *Rojahn*, in: von Münch/Kunig, GG Bd. 2, Art. 24 Rn. 1; *C. Calliess*, in: Maunz/Dürig, GG, Art. 24 Abs. 1 Rn. 17; *C. Tomuschat*, in: HdStR Bd. XI, § 226 Rn. 3; *K. Stern*, Staatsrecht I, S. 516; vgl. auch *O. Rüß*, Vereintes Europa, S. 107; *H. D. Jarass*, in: Jarass/Pieroth, GG, Art. 24 Rn. 1; *U. Schliesky*, Souveränität und Legitimität von Herrschaftsgewalt, S. 467.

[162] Hierzu ausführlich *O. Rüß*, Vereintes Europa, S. 29 f.; *M. Bermanseder*, Die europäische Idee im Parlamentarischen Rat, insbes. S. 191, 195.

[163] S. o. 3. Teil A. II., 3. Teil B. II. und 3. Teil C. II.

[164] S. o. 3. Teil B. II.

[165] So *B.-O. Bryde*, in: von Münch/Kunig, GG Bd. 2, Art. 79 Rn. 53.

Einschränkend werden dagegen Aussagen Carlo Schmids im Parlamentarischen Rat angeführt, der die Hoffnung formulierte, dass nach dem Beschluss des Volkes über eine neue Verfassung nach Art. 146 GG a. F. unmittelbar der Gründungstag der „Vereinigten Staaten von Europa“ folgen werde[166]. Daraus folgerte Hauke Möller, dass Schmid, der einem europäischen Staat grundsätzlich positiv gegenüberstand, einen Beitritt auf der Grundlage des Grundgesetzes nicht für möglich gehalten, sondern einen Akt der verfassungsgebenden Gewalt des Volkes für notwendig erachtet habe.[167] Dieser Schluss ist aber keineswegs zwingend. Die Äußerungen verdeutlichen vielmehr den Wunsch, zuerst die Wiedervereinigung (durch Verfassungsgebung nach Art. 146 GG a. F.) und anschließend die europäische Einigung zu verwirklichen. Die Frage, ob bereits nach dem (provisorischen) Grundgesetz ein Beitritt zulässig wäre, stellte sich für Schmid folglich nicht. Eine inhaltliche Aussage über die Integrationsfähigkeit des Grundgesetzes ist den Zitaten daher nicht zu entnehmen.

Es bleibt festzuhalten, dass den positiven Stellungnahmen im Hinblick auf die Integration in einen europäischen Bundesstaat in den Nachkriegsjahren, soweit ersichtlich, keine eindeutigen Aussagen entgegenstehen, die hierfür eine Ablösung des Grundgesetzes durch die verfassungsgebende Gewalt des Volkes für zwingend erforderlich gehalten hätten. Es spricht mehr dafür, dass das Grundgesetz seinerzeit nicht als Hinderungsgrund erachtet wurde.

(4) Zwischenergebnis

Es konnte gezeigt werden, dass das Grundgesetz darauf ausgerichtet ist, den von ihm geschaffenen Staat in ein vereintes Europa zu integrieren. Auch wenn insoweit keine detaillierte Festlegung erfolgen konnte, finden sich insbesondere in der Präambel und ihrem historischen Kontext Anhaltspunkte, die darauf hinweisen, dass ein europäischer Bundesstaat als Fernziel angestrebt war, zumindest jedoch nicht ausgeschlossen sein sollte.

dd) Ergebnis

Art. 79 Abs. 3 i. V. m. Art. 20 GG beinhaltet einen gewissen „Staatlichkeitsschutz“, indem die Norm unter anderem gewährleistet, dass die Bundesrepublik Deutschland als Bundesstaat fortbesteht. Allerdings kann das Grundgesetz die Staatlichkeit nur soweit schützen, wie es sie selbst geschaffen hat. Wie die Aus-

---

166 *C. Schmid* (SPD), Protokoll der 9. Sitzung des Plenums vom 6. Mai 1949, in: Deutscher Bundestag/Bundesarchiv, Parlamentarischer Rat – Akten und Protokolle Bd. 9, S. 444. Ähnlich bereits *ders.*, Protokoll der 6. Sitzung des Plenums vom 20. Oktober 1948, ebd., S. 183.

167 *H. Möller*, Verfassungsgebende Gewalt, S. 241.

legung der Norm im Zusammenhang mit der Präambel sowie Art. 24 GG ergeben hat, liegt der deutschen Verfassung jedoch eine Konzeption zugrunde, die offen ist für eine fortschreitende Integration bis hin zu einem europäischen Bundesstaat. Folglich kann die Ewigkeitsgarantie sich nur auf diesen integrationswilligen Staat beziehen.[168] Sie kann daher dem Beitritt zu einem europäischen Bundesstaat nicht entgegenstehen.

b) Souveräne Staatlichkeit als immanenter Gewährleistungsgehalt des Grundgesetzes?

Nach der hier vertretenen Ansicht beinhaltet Art. 79 Abs. 3 GG keinen ausdrücklichen Schutz der souveränen Staatlichkeit. Zahlreiche Stimmen sehen die souveräne Staatlichkeit allerdings als dem Grundgesetz immanent an und halten sie aus diesem Grund für unaufgebbar.

aa) Überblick über das Meinungsspektrum

Innerhalb des Meinungsspektrums sind im Wesentlichen drei Aspekte zu untersuchen: Die Staatlichkeit als Bestandteil der Identität der Verfassung, als ihre Voraussetzung und ihr Gewährträger sowie der „Unverbrüchlichkeitsanspruch" der Verfassung.

(1) Souveräne Staatlichkeit als Bestandteil der Identität des Grundgesetzes

Das Bundesverfassungsgericht hatte den Staatlichkeitsschutz im Lissabon-Urteil aus der durch die Ewigkeitsgarantie geschützten „Identität der freiheitlichen Verfassungsordnung"[169] gefolgert. Zwar setzte das Bundesverfassungsgericht die Verfassungsidentität mehrmals mit Art. 79 Abs. 3 GG gleich.[170] Zur Begründung des Staatlichkeitsschutzes nahm es jedoch keinen unmittelbaren Bezug auf die Schutzgüter des Art. 79 Abs. 3 i. V. m. Art. 20 Abs. 1 GG[171], sondern stellte darauf ab, dass das Grundgesetz „einen universellen Grund besitzt, der durch positives Recht nicht

---

[168] Ähnlich *U. Schliesky*, Souveränität und Legitimität von Herrschaftsgewalt, S. 454. Vgl. auch *J. Ipsen*, in: FS Heymanns Verlag (2015), S. 21 (31 f.); *G. Robbers*, in: Bonner Kommentar, Art. 20 Rn. 180; *S. Simon*, Grenzen des Bundesverfassungsgerichts im europäischen Integrationsprozess, S. 141 f.

[169] BVerfGE 123, 267 (343).

[170] Vgl. BVerfGE 123, 267 (340, 343 f., 350, 413).

[171] Das Bundesverfassungsgericht benennt in diesem Zusammenhang zwar die einzelnen Staatsstrukturprinzipien des Art. 20 GG, die innerhalb der grundgesetzlichen Ordnung Änderungen entzogen seien (BVerfGE 123, 267 [343]). Welcher Zusammenhang zwischen den Staatsstrukturprinzipien und der Verfassungsidentität besteht, bleibt jedoch unklar.

veränderbar sein soll"[172]. Diese Argumentation legt nahe, dass das Bundesverfassungsgericht allgemeine, der Verfassung vorgelagerte oder übergeordnete Grundsätze anerkannte, aus denen es den Schutz der Staatlichkeit folgerte, und diesen nicht unmittelbar am Wortlaut des Art. 79 Abs. 3 GG festmachte.[173]

(2) *Staat als Voraussetzung und Gewährträger der Verfassung*

Ähnliche Annahmen finden sich in der Literatur, die z. T. ebenfalls auf die Identität der Verfassung rekurriert.[174] Der Staatlichkeitsschutz wird nicht unmittelbar aus dem Wortlaut und den Gewährleistungen des Art. 79 Abs. 3 GG abgeleitet, sondern die Existenz des Staates wird als Voraussetzung der Verfassung sowie ihr Gewährträger angesehen.[175] Demzufolge bestünden bestimmte Verfassungsvoraussetzungen, die wegen ihrer Selbstverständlichkeit keiner expliziten Regelung bedürften, und daher zwar nicht Inhalt, aber Geltungsvoraussetzung des Verfassungsgesetzes (Grundgesetzes) seien.[176] Um ein Verfassungsgesetz entwickeln und beschließen zu können, müssten sich ein Staatsvolk und ein Staatsgebiet zumindest abzeichnen und damit ein Mindestmaß an Staatlichkeit vorhanden sein, die verfasst werden könne.[177] Gleichzeitig setze die Schranke des Art. 79 Abs. 3 GG voraus, dass ein Gewährträger existiere, der ihre Einhaltung zuverlässig sicherstellen könne.[178]

(3) *„Unverbrüchlichkeitsanspruch" der Verfassung*

Über diesen Gesichtspunkt hinaus näherte sich Stefan Haack der Fragestellung aus rechtstheoretischer Sicht unter dem Blickwinkel der von ihm als „ordnungstranszendierenden Verfassungsdogmatik"[179] bezeichneten Lesart des Grundgesetzes. Dem liegt – verkürzt und vereinfacht – die Überlegung zugrunde, dass die

---

[172] BVerfGE 123, 267 (343).

[173] Vgl. auch *S. Haack*, Rechtstheorie 43 (2012), S. 325 (325 f.), der im Lissabon-Urteil ein Verlassen der üblichen Auslegungsmethoden und ein Bekenntnis zu einer anderen Art des juristischen Denkens (der „ordnungstranszendierenden Rechtsdogmatik") erkennt.

[174] Vgl. *P. Kirchhof*, in: HdStR Bd. II, § 21, insbes. Rn. 69 ff.; *H. Dreier*, in: Dreier, GG Bd. II, Art. 79 III Rn. 58.

[175] *U. Fink*, DÖV 1998, S. 133 (139); *J. Isensee*, ZRP 2010, S. 33 (36); *P. Kirchhof*, in: HdStR Bd. II, § 21 Rn. 64 ff. (insbes. Rn. 69); *D. Murswiek*, Der Staat 32 (1993), S. 161 (162); *K. F. Gärditz/C. Hillgruber*, JZ 2009, S. 872 (875); *U. Di Fabio*, Der Staat 32 (1993), S. 191 (200); *A. Haratsch*, in: Sodan, GG, Art. 79 Rn. 46. Ähnlich *P. Cramer*, Artikel 146 Grundgesetz, S. 135, für den die Garantie souveräner Staatlichkeit „mit zwingender immanenter Logik aus Art. 79 Abs. 3 GG selbst" folgt.

[176] *P. Kirchhof*, in: HdStR Bd. II, § 21 Rn. 65.

[177] *P. Kirchhof*, in: HdStR Bd. II, § 21 Rn. 69.

[178] *U. Fink*, DÖV 1998, S. 133 (139); *K. F. Gärditz/C. Hillgruber*, JZ 2009, S. 872 (875).

[179] *S. Haack*, Rechtstheorie 43 (2012), S. 325.

Grenzen des Rechts und seiner Auslegung in seinem Wesen und seinem Seinsgrund liegen.[180] Eine Auslegung, die dies missachte, orientiere sich allein an Zweckmäßigkeitserwägungen und sei letztlich beliebig.[181] Ohne im Einzelnen detailliert auf die dogmatischen Hintergründe eingehen zu müssen, sind an dieser Stelle vor allem die Ergebnisse Haacks hinsichtlich der Auslegung des Art. 79 Abs. 3 GG relevant: Er kommt zu dem Schluss, dass der Verfassungsstruktur eines Staates stets der Anspruch zugrunde liege, „die öffentliche Sphäre innerhalb des von ihr zu erfassenden Raumes frei und letztmaßgeblich zu ordnen"[182]. Eine Verfassung, die ihre eigene Ablösung zulasse, würde demgegenüber diesen Anspruch und somit sich selbst in Frage stellen.[183] Diesen „Unverbrüchlichkeitsanspruch und damit zugleich das axiomatische Geltungsverlangen einer jeden verfassungsrechtlichen Ordnung"[184] bestätige Art. 79 Abs. 3 GG. Das Bundesverfassungsgericht als Organ der Bundesrepublik Deutschland müsse daher einen Verlust der Staatlichkeit Deutschlands in Form von Regelungen, die für den Geltungsbereich des Grundgesetzes Ausdruck einer anderen als der von ihm eingerichteten Staatlichkeit sind, zwingend für verfassungswidrig erklären.[185]

bb) Einwände gegen einen immanenten Staatlichkeitsschutz

Diese Begründungen für einen verfassungsimmanenten Staatlichkeitsschutz können allerdings im Ergebnis aus mehreren Gründen nicht überzeugen.

(1) Problematik ungeschriebener Schranken

Die Konstruktion ungeschriebener Schranken der Verfassungsänderung begegnet bereits grundsätzlichen Bedenken. Zu denken ist dabei nicht nur an Probleme im Hinblick auf die Bestimmtheit der Schranken.[186] Vielmehr trifft Art. 79 Abs. 3 GG bereits eine präzise Regelung, welche Grundsätze der Disposition des verfassungsändernden Gesetzgebers entzogen sein sollen. Ihr gingen Diskussionen im Parlamentarischen Rat voraus[187], im Zuge derer unter anderem Anträge auf Ergänzung um weitere Schutzgüter, wie z. B. die Wesensgehalts- (Art. 19 Abs. 2 GG)

---

[180] *S. Haack*, Rechtstheorie 43 (2012), S. 325 (332).
[181] *S. Haack*, Rechtstheorie 43 (2012), S. 325 (332 f.).
[182] *S. Haack*, Rechtstheorie 43 (2012), S. 325 (342).
[183] *S. Haack*, Rechtstheorie 43 (2012), S. 325 (342 f.), *ders.*, Verlust der Staatlichkeit, S. 396.
[184] *S. Haack*, Rechtstheorie 43 (2012), S. 325 (342); siehe auch *ders.*, Verlust der Staatlichkeit, S. 397.
[185] *S. Haack*, Rechtstheorie 43 (2012), S. 325 (344 f.).
[186] Dazu *O. Rüß*, Vereintes Europa, S. 85.
[187] Vgl. zur Entstehungsgeschichte des Art. 79 Abs. 3 GG *K.-E. Hain*, in: von Mangoldt/Klein/Starck, GG Bd. 2, Art. 79 Rn. 30; *H. Dreier*, in: Dreier, GG Bd. II, Art. 79 III Rn. 4 ff.

und Rechtsschutzgarantie (Art. 19 Abs. 4 GG), abgelehnt wurden.[188] Dies spricht dafür, dass die Schutzgüter bewusst eingegrenzt und abschließend aufgezählt sein sollten[189], so dass kein weiterer Raum für eine Ausweitung des Anwendungsbereichs besteht.

Zudem stammt die Idee ungeschriebener Schranken vor allem aus der Zeit der Weimarer Republik[190], denn die Weimarer Verfassung setzte dem verfassungsändernden Gesetzgeber keinerlei materielle Schranken.[191] So ging seinerzeit z. B. Carl Schmitt davon aus, dass eine Verfassungsänderung nur zulässig sei, wenn Identität und Kontinuität der Verfassung als eines Ganzen gewahrt blieben.[192] Mit Art. 79 Abs. 3 GG liegt nun aber eine ausdrückliche Begrenzung der Kompetenzen des verfassungsändernden Gesetzgebers vor, so dass kein vergleichbares Bedürfnis mehr besteht, ungeschriebene Schranken zu etablieren.[193]

Aus diesen Gründen ist die „Identität des Grundgesetzes" als ungeschriebene Grenze der Verfassungsänderung abzulehnen.

(2) Integrationsoffenheit als Bestandteil der deutschen Verfassung

Inhaltlich kann der Auffassung, die souveräne Staatlichkeit Deutschlands gehöre zur Identität des Grundgesetzes, zunächst die Integrationsoffenheit des Grundgesetzes entgegengehalten werden. Die bereits dargelegten Argumente[194] finden entsprechende Anwendung. Diese Integrationsoffenheit bestimmt ebenso wie andere Aspekte die „Identität" der Bundesrepublik Deutschland.[195]

---

[188] Vgl. Protokoll der 9. Sitzung des Plenums vom 6. Mai 1949, in: Deutscher Bundestag/Bundesarchiv, Parlamentarischer Rat – Akten und Protokolle Bd. 9, S. 470; *K.-E. Hain*, in: von Mangoldt/Klein/Starck, GG Bd. 2, Art. 79 Rn. 30; *M. Herdegen*, in: Maunz/Dürig, GG, Art. 79 Rn. 68.

[189] *O. Rüß*, Vereintes Europa, S. 76. Vgl. auch *J. Dietlein*, in: Epping/Hillgruber, BeckOK GG, Art. 79 Rn. 16, und *B. Pieroth*, ZRP 2008, S. 90 (90), die die Aufzählung der Schutzgüter unter Berufung auf BVerfGE 94, 12 (34) ebenfalls als abschließend bezeichnen.

[190] Vgl. hierzu *M. Herdegen*, in: Maunz/Dürig, GG, Art. 79 Rn. 64 f.; *O. Rüß*, Vereintes Europa, S. 70 ff.

[191] Vgl. *M. Herdegen*, in: Maunz/Dürig, GG, Art. 79 Rn. 64; *K.-E. Hain*, in: von Mangoldt/Klein/Starck, GG Bd. 2, Art. 79 Rn. 28; *H. Dreier*, in: Dreier, GG Bd. II, Art. 79 III Rn. 2.

[192] *C. Schmitt*, Verfassungslehre, S. 103.

[193] *O. Rüß*, Vereintes Europa, S. 76; vgl. auch *R. Häußler*, Der Konflikt zwischen Bundesverfassungsgericht und politischer Führung, S. 85.

[194] S. o. 4. Teil A. IV. 2. a) cc).

[195] *I. Pernice*, AöR 136 (2011), S. 185 (203); *H. Steiger*, EuR 2010, Beiheft 1, S. 57 (65); vgl. auch *J. Ipsen*, in: FS Heymanns Verlag (2015), S. 21 (32).

(3) Souveräne Staatlichkeit als notwendige Voraussetzung einer Verfassung

Der Ausgangspunkt der These vom Staat als Voraussetzung der Verfassung trifft hingegen insoweit zu, als zum Zeitpunkt der Verfassungsgebung häufig bereits ein (künftiges) Staatsvolk vorhanden ist, das sich für ein bestimmtes Staatsgebiet eine Verfassung und dadurch der Staatsgewalt einen Rahmen gibt. Mit der Verallgemeinerung, der Staat sei die Voraussetzung der Verfassung, werden aber andere Formen der Staatswerdung außer Acht gelassen, wie z. B. die Fusion zweier Staaten oder die Abspaltung eines neuen Staates von einem bestehenden.[196] Dies wird besonders deutlich, wenn Kirchhof davon ausgeht, dass im Falle des Außerkrafttretens einer Verfassung der Staat fortbesteht.[197] Auf welche Weise dann aber eine Staatenfusion oder -separation erfolgen kann, bleibt unklar. Diese tatsächlich stattfindenden Vorgänge kann die dargestellte Ansicht nicht überzeugend erklären.

Neben dieser Schwäche der Auffassung spricht noch ein entscheidender Punkt gegen sie: Eine Verfassung kann durchaus ohne einen souveränen Staat als Anknüpfungspunkt bestehen. Das zeigt sich bereits daran, dass das Grundgesetz 1949 in Kraft getreten ist, bevor Deutschland seine volle Souveränität wiedererlangt hatte.[198] Es konnte daher nicht den Anspruch haben, die Verfassung eines souveränen Staates zu sein.[199] Wenn Deutschland seine souveräne Staatlichkeit durch Eingliederung in einen europäischen Bundesstaat verlieren sollte, der „Staat" in diesem Sinne also wegfiele, könnte das Grundgesetz mit seinen Anforderungen an die Organisation des (nunmehr Glied-)Staates grundsätzlich fortgelten und die Grundordnung für die Ausübung der verbleibenden Zuständigkeiten bilden.[200] Die meisten Normen könnten unverändert in eine gliedstaatliche Verfassung übernommen werden. Dies bestätigen nicht zuletzt die Verfassungen der deutschen Bundesländer, die für die Landesebene weitgehend ähnliche Bereiche regeln wie das Grundgesetz für die Bundesebene.

Die souveräne Staatlichkeit Deutschlands kann daher nicht als notwendige Voraussetzung des Grundgesetzes angesehen werden. Es könnte als Verfassung eines Gliedstaates Deutschland fortgelten.

---

[196] *O. Rüß*, Vereintes Europa, S. 83 f.

[197] *P. Kirchhof*, in: HdStR Bd. II, § 21 Rn. 70.

[198] *S. Jeckel*, Die Staatlichkeit Deutschlands in der EU, S. 135.

[199] *I. Pernice*, AöR 136 (2011), S. 185 (201). So aber *K. F. Gärditz/C. Hillgruber*, JZ 2009, S. 872 (875).

[200] Vgl. *C. Möllers*, Staat als Argument, S. 384; *D. Zacharias*, in: Thiel, Wehrhafte Demokratie, S. 57 (83).

(4) *Europäischer Staat als Gewährträger*

Demgegenüber ist anzuerkennen, dass das Grundgesetz fordert, dass unter seiner Geltung die Grenzen des Art. 79 Abs. 3 GG dauerhaft gewahrt bleiben müssen. Damit ist aber noch keine Aussage getroffen, auf welche Weise dies sicherzustellen ist. Die Einhaltung kann, nach hier vertretener Ansicht, effektiv nicht nur durch den souveränen Staat, sondern auch durch ein Zusammenwirken des europäischen Bundesstaates mit dem Gliedstaat Deutschland gewährleistet werden.[201]

Auf der Ebene des europäischen Staates müsste allerdings sichergestellt werden, dass dieser den gleichen Grundsätzen dauerhaft verpflichtet ist.[202] Derzeit sind hierzu allenfalls Ansätze vorhanden, z. B. durch die Bestimmung der „grundlegenden Werte" der EU in Art. 2 EUV-L, die unter anderem die Achtung der Menschenwürde, Demokratie und Rechtsstaatlichkeit umfassen. Neben einer umfassenden gleichwertigen Formulierung der Gewährleistungsinhalte müsste ihre dauerhafte Unabänderlichkeit festgeschrieben werden. Die Verfassung des europäischen Staates müsste also eine dem Art. 79 Abs. 3 GG entsprechende eigene Ewigkeitsklausel enthalten.

Übernehmen damit europäische Organe die Gewährträgerstellung, ist sicherlich nicht völlig auszuschließen, dass der Einfluss der Rechtstraditionen der anderen Mitgliedstaaten sowie die sich entwickelnde eigenständige Rechtskultur des europäischen Staates zu einer anderen Interpretation der Inhalte der europäischen Ewigkeitsgarantie führen können, als Art. 79 Abs. 3 GG derzeit in Deutschland verstanden wird.[203] Diese Bedenken greifen jedoch nicht durch: Art. 79 Abs. 3 GG schützt ohnehin nur „Grundsätze", also einen näher zu bestimmenden Kerngehalt der jeweiligen Prinzipien.[204] Damit eröffnet sich eine gewisse Flexibilität der Norm[205], die im Einzelfall der Auslegung durch ihren Anwender bedarf. Es ist nicht zu erwarten, dass der dadurch eröffnete Spielraum durch den Einfluss anderer Rechtstraditionen überschritten würde. Bereits heute wird die Rechtsvergleichung als Mittel zur Bestimmung des Schutzniveaus angesehen.[206] Die Grundsätze des Art. 79 Abs. 3 GG

---

[201] Ähnlich *M. Jestaedt*, Der Staat 48 (2009), S. 497 (507); *T. Herbst*, Legitimation durch Verfassunggebung, S. 268.

[202] *K.-P. Sommermann*, in: von Mangoldt/Klein/Starck, GG Bd. 2, Art. 20 Rn. 61. A. A. *S. Jeckel*, Die Staatlichkeit Deutschlands in der EU, S. 185 f., der eine europäische Ewigkeitsklausel nicht für erforderlich hält, da bereits die Einbindung Deutschlands in den europäischen Einigungsprozess deutschen Hegemoniebestrebungen und totalitären Strukturen entgegenwirke und damit den Zweck des Art. 79 Abs. 3 GG erfüllen könne.

[203] Aus diesem Grund lehnt *U. Fink*, DÖV 1998, 133 (140), einen Schutz auf europäischer Ebene als unzureichend ab, da dann ein „deutlich geschiedener Regelungsgehalt" geschützt werde.

[204] Ausführlich zum Grundsatzcharakter des Art 79 Abs. 3 GG *K.-E. Hain*, in: von Mangoldt/Klein/Starck, GG Bd. 2, Art. 79 Rn. 43 ff.; vgl. auch *M. Sachs*, in: Sachs, GG, Art. 20 Rn. 3.

[205] *M. Herdegen*, in: Maunz/Dürig, GG, Art. 79 Rn. 62.

[206] *K.-E. Hain*, in: von Mangoldt/Klein/Starck, GG Bd. 2, Art. 79 Rn. 58; *M. Herdegen*, in: Maunz/Dürig, GG, Art. 79 Rn. 113; *B.-O. Bryde*, in: von Münch/Kunig, GG Bd. 2, Art. 79 Rn. 29.

sind im Wesentlichen nicht spezifisch deutsche, sondern resultieren auch aus der Entwicklung in anderen Staaten.[207] Dieses gemeinsame Erbe insbesondere der europäischen Staaten verdeutlicht nicht zuletzt der bereits genannte Art. 2 EUV-L.

Die zweite Komponente der neuen Ewigkeitsgarantie würde der fortgeltende Schutz auf gliedstaatlicher Ebene bilden. Denn mit der Eingliederung in einen europäischen Staat würde Art. 79 Abs. 3 GG seine Bedeutung für den Gliedstaat Deutschland nicht einbüßen. Dies zeigen nicht zuletzt die zahlreichen vergleichbaren Regelungen in den Verfassungen der deutschen Bundesländer: Eine Vielzahl sieht ebenfalls Bestimmungen vor, die bestimmte Grundsätze für unabänderlich erklären.[208] Art. 79 Abs. 3 GG könnte folglich nach einem Beitritt zu einem europäischen Bundesstaat die Grenze für Änderungen der gliedstaatlichen Verfassung bilden und in Bezug auf die Ausübung der verbleibenden Kompetenzen eine Gewährträgerstellung der Organe begründen.

---

[207] *O. Rüß*, Vereintes Europa, S. 94.

[208] Vgl. Art. 64 Abs. 1 Satz 2 der Verfassung des Landes Baden-Württemberg: „Ein Änderungsantrag darf den Grundsätzen des republikanischen, demokratischen und sozialen Rechtsstaats nicht widersprechen.“;

Art. 75 Abs. 1 Satz 2 der Verfassung des Freistaates Bayern: „Anträge auf Verfassungsänderungen, die den demokratischen Grundgedanken der Verfassung widersprechen, sind unzulässig.“;

Art. 20 der Landesverfassung der Freien Hansestadt Bremen: „(1) Verfassungsänderungen, die die in diesem Abschnitt enthaltenen Grundgedanken der allgemeinen Menschenrechte verletzen, sind unzulässig. […] (3) Artikel 1 und Artikel 20 sind unabänderlich.“;

Art. 150 der Verfassung des Landes Hessen: „(1) Keinerlei Verfassungsänderung darf die demokratischen Grundgedanken der Verfassung und die republikanisch-parlamentarische Staatsform antasten. Die Errichtung einer Diktatur, in welcher Form auch immer, ist verboten. […] (3) Auch dieser Artikel selbst kann nicht Gegenstand einer Verfassungsänderung sein.“;

Art. 56 Abs. 3 der Verfassung des Landes Mecklenburg-Vorpommern: „Eine Änderung der Verfassung darf der Würde des Menschen und den in Artikel 2 niedergelegten Grundsätzen nicht widersprechen.“;

Art. 46 Abs. 2 der Niedersächsischen Verfassung: „Verfassungsänderungen, die den in Artikel 1 Abs. 2 und Artikel 2 niedergelegten Grundsätzen widersprechen, sind unzulässig.“;

Art. 69 Abs. 1 Satz 2 der Verfassung für das Land Nordrhein-Westfalen: „Änderungen der Verfassung, die den Grundsätzen des republikanischen, demokratischen und sozialen Rechtsstaates im Sinne des Grundgesetzes für die Bundesrepublik Deutschland widersprechen, sind unzulässig.“;

Art. 129 Abs. 2 und 3 der Verfassung für Rheinland-Pfalz: „(2) Unzulässig sind jedoch verfassungsändernde Gesetze, welche die im Vorspruch, in Artikel 1 und Artikel 74 niedergelegten Grundsätze verletzen. (3) Die Vorschriften dieses Artikels sind unabänderlich.“;

Art. 101 Abs. 2 der Verfassung des Saarlandes: „Die Änderung darf den Grundsätzen des demokratischen und sozialen Rechtsstaates nicht widersprechen.“;

Art. 74 Abs. 1 Satz 2 der Verfassung des Freistaates Sachsen: „Die Änderung darf den Grundsätzen der Artikel 1, 3, 14 und 36 dieser Verfassung nicht widersprechen.“;

Art. 78 Abs. 3 der Verfassung des Landes Sachsen-Anhalt: „Eine Änderung der Verfassung darf den in Artikel 2 und 4 niedergelegten Grundsätzen dieser Verfassung nicht widersprechen.“;

Art. 83 Abs. 3 der Verfassung des Freistaats Thüringen: „Eine Änderung dieser Verfassung, durch welche die in den Artikeln 1, 44 Abs. 1, Artikeln 45 und 47 Abs. 4 niedergelegten Grundsätze berührt werden, ist unzulässig.“

(5) „Unverbrüchlichkeitsanspruch" jeder Verfassung?

Gleichzeitig machen die angesprochenen landesverfassungsrechtlichen Bestimmungen deutlich, dass der von Haack geltend gemachte Unverbrüchlichkeitsanspruch im Sinne einer endgültigen Geltung einer verfassungsrechtlichen Ordnung[209] auch gliedstaatlichen Verfassungen zugrunde liegen kann. Es besteht ein Anwendungsbereich, innerhalb dessen Landesverfassungen letztmaßgebliche Regeln aufstellen können.

Trotz dieses scheinbaren Widerspruchs wurde bisher, soweit ersichtlich, nicht behauptet, dass ein Konflikt zwischen dem Anspruch der landesrechtlichen Ewigkeitsklauseln und der Stellung als Gliedstaat der Bundesrepublik Deutschland bestehe.[210] Teilweise bestanden solche Regelungen sogar bereits vor Inkrafttreten des Grundgesetzes[211], ohne dass aus diesem Grund die Unterordnung unter die neue deutsche Verfassung gescheitert wäre. Daraus kann zwar nicht geschlossen werden, dass entsprechend auch Art. 79 Abs. 3 GG die Mitgliedschaft Deutschlands in einem europäischen Bundesstaat zulassen müsste. Denn die Landesverfassungen verfolgten zu keiner Zeit das Ziel, eigenständige Staaten zu konstituieren.[212] Soweit die Verfassungen erst nach der Gründung der Bundesrepublik und dem Beitritt des jeweiligen Landes erlassen wurden, was insbesondere auf die Verfassungen der ostdeutschen Länder zutrifft, konnten sie zwangsläufig nur den Anspruch erheben, im Rahmen der bestehenden Kompetenzordnung des bereits geltenden Grundgesetzes eine Grundordnung für ein Bundesland zu schaffen. Im Übrigen lag auch den vor 1949 erlassenen Landesverfassungen die Vorstellung zugrunde, dass Deutschland fortbesteht und die Länder lediglich Gliedstaaten der noch zu gründenden Bundesrepublik sein sollten.[213] Diese Vorstellung fand zum Teil bereits Ausdruck in den jeweiligen Verfassungstexten, die das Land als „Glied der deutschen Republik" verfassten.[214]

---

[209] Vgl. *S. Haack*, Rechtstheorie 43 (2012), S. 325 (342).

[210] Vgl. auch *T. Oppermann/C. D. Classen*, APuZ 1993, B 28, S. 11 (19 f.).

[211] So die bereits in 4. Teil, Fn. 208, zitierten Art. 75 Abs. 1 Satz 2 der Verfassung des Freistaates Bayern vom 2. Dezember 1946 (Bay. GVBl., S. 333 [338]), Art. 20 der Landesverfassung der Freien Hansestadt Bremen vom 21. Oktober 1947 (Brem. GBl., S. 251 [252]), Art. 150 der Verfassung des Landes Hessen vom 1. Dezember 1946 (Hess. GVBl., S. 229 [239]) und Art. 129 Abs. 2 und 3 der Verfassung für Rheinland-Pfalz vom 18. Mai 1947 (VOBl. der Landesregierung Rheinland-Pfalz, S. 209 [222]) sowie Art. 85 Abs. 1 Satz 2 der Verfassung für Württemberg-Baden vom 28. November 1946 (Regierungsblatt der Regierung Württemberg-Baden, S. 277 [286]: „Abänderungsanträge, die dem Geist der Verfassung widersprechen, sind unzulässig.").

[212] Vgl. *O. Rüß*, Vereintes Europa, S. 99.

[213] Vgl. *O. Rüß*, Vereintes Europa, S. 100; vgl. auch *S. Huster/J. Rux*, in: Epping/Hillgruber, BeckOK GG, Art. 20 Rn. 219.1.

[214] So Art. 43 der Verfassung für Württemberg-Baden vom 28. November 1946 (Regierungsblatt der Regierung Württemberg-Baden, S. 277 [282]), Art. 64 der Landesverfassung der Freien Hansestadt Bremen vom 21. Oktober 1947 (Brem. GBl., S. 251 [253]), Art. 64 der Verfassung des Landes Hessen vom 1. Dezember 1946 (Hess. GVBl., S. 229 [234]). Ähnlich („Gliedstaat Deutschlands") Art. 74 der Verfassung für Rheinland-Pfalz vom 18. Mai 1947 (VOBl. der Landesregierung Rheinland-Pfalz, S. 209 [218]). Vgl. auch *O. Rüß*, Vereintes Europa, S. 99 f.

Andererseits kann es vor diesem Hintergrund nicht überzeugen, den Anwendungsbereich der landesverfassungsrechtlichen Ewigkeitsklauseln auf die deklaratorische Bestätigung des Art. 79 Abs. 3 GG zu beschränken.[215] Zum einen wurden einige Landesverfassungen bereits vor der Verabschiedung des Grundgesetzes erlassen, so dass zu diesem Zeitpunkt noch keine Kenntnis über die konkreten Inhalte der künftigen deutschen Verfassung bestand, die hätten bestätigt werden können. Zum anderen gehen die landesrechtlichen Klauseln teilweise über den Schutzgehalt des Art. 79 Abs. 3 GG hinaus. So beziehen z. B. einige Landesverfassungen die Verpflichtung auf den Schutz der natürlichen Lebensgrundlagen mit ein.[216] Der jeweilige Landesverfassungsgesetzgeber hat sich insoweit entschieden, für das Landesrecht strengere Maßstäbe aufzustellen als das Grundgesetz. Der Erlass von Bundesrecht, der mit den landesrechtlichen Maßstäben nicht im Einklang steht, kann dadurch zwar nicht verhindert werden. Der Anspruch der landesverfassungsrechtlichen Regelungen, „die öffentliche Sphäre innerhalb des von ihr zu erfassenden Raumes frei und letztmaßgeblich zu ordnen"[217], richtet sich in diesem Fall nur an den Landesgesetzgeber und ihm untergeordnete Ebenen. Darin liegt gleichwohl ein berechtigtes Interesse einer Ewigkeitsklausel.

Die landesverfassungsrechtlichen Regelungen lassen zwar aus den benannten Gründen keine zwingenden Rückschlüsse auf die Integrationsfähigkeit des Grundgesetzes zu. Sie können aber als Indiz dienen, dass der von Haack dargestellte Unverbrüchlichkeitsanspruch im Sinne einer endgültigen Geltung einer verfassungsrechtlichen Ordnung[218] durchaus Anwendung finden kann, wenn dem Gliedstaat eine weitere staatliche Ebene übergeordnet ist. Inhaltliche Anforderungen lassen sich auch an Gliedstaaten stellen. Die Existenz einer Ewigkeitsklausel lässt daher keinen zwingenden Schluss auf einen immanenten Schutz der souveränen Staatlichkeit zu.

(6) Zeitlich und inhaltlich eingeschränkte Geltung des Grundgesetzes

Schließlich darf nicht vernachlässigt werden, dass der verfassungsgebende Gesetzgeber selbst den Geltungsanspruch des Grundgesetzes eingeschränkt hat.[219]

---

[215] So aber *S. Haack*, Verlust der Staatlichkeit, S. 151 f.

[216] Art. 56 Abs. 3 der Verfassung des Landes Mecklenburg-Vorpommern, Art. 46 Abs. 2 der Niedersächsischen Verfassung, Art. 74 Abs. 1 Satz 2 der Verfassung des Freistaates Sachsen, Art. 78 Abs. 3 der Verfassung des Landes Sachsen-Anhalt und Art. 83 Abs. 3 der Verfassung des Freistaats Thüringen. Dazu *J. Ipsen*, Niedersächsische Verfassung, Art. 1 Rn. 18; *M. Sauthoff*, in: Classen/Litten/Wallerath, Verfassung des Landes Mecklenburg-Vorpommern, Art. 56 Rn. 10; *M. Wallerath*, in: Classen/Litten/Wallerath, Verfassung des Landes Mecklenburg-Vorpommern, Art. 2 Rn. 14 ff.; *J. Linck*, in: Linck/Jutzi/Hopfe, Die Verfassung des Freistaats Thüringen, Art. 44 Rn. 45 ff.

[217] *S. Haack*, Rechtstheorie 43 (2012), S. 325 (342).

[218] Vgl. *S. Haack*, Rechtstheorie 43 (2012), S. 325 (342).

[219] *O. Rüß*, Vereintes Europa, S. 100.

Indem Art. 24 Abs. 1 GG die Übertragung von Hoheitsrechten auf zwischenstaatliche Einrichtungen zulässt, öffnet er die deutsche Rechtsordnung für die Anwendung solchen Rechts, das nicht durch den deutschen Gesetzgeber gesetzt wurde.[220] Das Grundgesetz akzeptierte also von Beginn an, dass verbindliches Recht auch aus anderen Quellen stammen kann. Spezielle Einschränkungen für die Übertragung der Hoheitsrechte[221] enthält die Norm hingegen nicht, so dass sich ein weites Feld außerstaatlichen Einflusses auf die deutsche Rechtsordnung eröffnet. Selbst wenn damit nicht zwingend der Anspruch des Grundgesetzes als letztverbindliche Ordnung in Frage gestellt wird, resultieren aus dieser Öffnung doch Zweifel am absoluten und dauerhaften Geltungswillen der Verfassung.

In zeitlicher Hinsicht ist die Einschränkung des Geltungsanspruchs deutlicher. Art. 146 GG bestimmte in seiner Ursprungsfassung[222]: „Dieses Grundgesetz verliert seine Gültigkeit an dem Tage, an dem eine Verfassung in Kraft tritt, die von dem deutschen Volke in freier Entscheidung beschlossen worden ist.“ Das Grundgesetz zog also von Beginn an sein Außerkrafttreten nicht nur in Betracht, sondern wollte dieses, sofern die (geringen) Voraussetzungen eingehalten waren[223], sogar auf legalem Wege ermöglichen. Wenn eine Verfassung aber ausdrücklich eine Rechtsgrundlage für ihre Ablösung enthält, kann sie gleichzeitig kaum von ihrer dauerhaften Unverbrüchlichkeit ausgehen. Daher ist Haack zu widersprechen, der Ausnahmen vom Unverbrüchlichkeitsanspruch lediglich in den Fällen sogenannter Interimsverfassungen, also in Zeiten des politischen Umbruchs und neuer Ordnungsfindung, anerkennen will[224]. Art. 146 GG a. F. zeigt deutlich das Gegenteil in Form eines Ablösungsvorbehalts, der nicht an besondere Bedingungen geknüpft ist.

Haack nimmt zwar an, dass Art. 146 GG a. F. nur auf eine Bestätigung des von Anfang an unverbrüchlichen Grundgesetzes durch das gesamtdeutsche Volk gerichtet gewesen sei.[225] Die Auslegung der Norm führt aber zu einem anderen Ergebnis.[226] Wäre eine bloße Bestätigung des Grundgesetzes das Ziel gewesen, müsste das Grundgesetz hierzu nicht außer Kraft treten.[227] Es bestand vielmehr Einigkeit, dass die Verfassungsablösung nach Art. 146 GG a. F. nicht an die Grenzen des Art. 79 Abs. 3 GG gebunden war[228], also auch eine umfassende Neukonzeption zulässig gewesen wäre. Das Volk sollte gerade darüber entscheiden können, ob das Grundgesetz fortgelten oder durch eine andere Verfassungsordnung ersetzt werden

---

220 *C. Calliess*, in: Maunz/Dürig, GG, Art. 24 Abs. 1 Rn. 22.

221 Zu den Grenzen s. o. 2. Teil B. I.

222 BGBl. 1949, S. 1 (19).

223 Ausführlich zum Anwendungsbereich des Art. 146 GG unten 4. Teil E. III.

224 So *S. Haack*, Rechtstheorie 43 (2012), S. 325 (351).

225 So *S. Haack*, Rechtstheorie 43 (2012), S. 325 (354).

226 Vgl. zur Auslegung des Art. 146 GG a. F. ausführlich unten 4. Teil E. III. 2.

227 *M. Kirn*, in: von Münch/Kunig, GG Bd. 2, Art. 146 Rn. 18.

228 Vgl. *M. Herdegen*, in: Maunz/Dürig, GG, Art. 146 Rn. 29; *C. Hillgruber*, in: Epping/Hillgruber, BeckOK GG, Art. 146 Rn. 1.2; *P. M. Huber*, in: Sachs, GG, Art. 146 Rn. 2; *H. Moelle*, Der Verfassungsbeschluß nach Artikel 146 Grundgesetz, S. 61; *J. Isensee*, Braucht Deutschland eine neue Verfassung?, S. 17; *K. Stern*, Staatsrecht I, S. 176.

soll.[229] Art. 146 GG a. F. kann nur als zeitliche Einschränkung des Geltungswillens des Grundgesetzes verstanden werden. Das Grundgesetz wollte also gerade nicht dauerhaft „unverbrüchlich“ sein.

cc) Zwischenergebnis

Die verschiedenen Thesen zu einem immanenten Schutz der souveränen Staatlichkeit können im Ergebnis alle nicht überzeugen. Ungeschriebene Schranken für Verfassungsänderungen über den Wortlaut des Art. 79 Abs. 3 GG hinaus begegnen durchgreifenden Bedenken. Der Verfassungsgeber entschied sich zudem für eine Konzeption des Grundgesetzes, der kein dauerhafter Unverbrüchlichkeitsanspruch zugrunde liegt, wie die Art. 24, 146 a.F. GG zeigen. Schließlich muss die Bundesrepublik auch nicht als souveräner Staat fortbestehen, um die Einhaltung der Grenzen des Art. 79 Abs. 3 GG gewährleisten zu können. Sie könnte diese Aufgabe auf den entstehenden europäischen Staat übertragen, sofern dieser unabänderlich auf gleichwertige Grundsätze verpflichtet wird. Art. 79 Abs. 3 GG könnte sodann als Anforderung an die innere Ordnung des Gliedstaates Deutschland fortgelten.

c) Fazit

Nach hier vertretener Auffassung ist die souveräne Staatlichkeit weder ausdrücklich von Art. 79 Abs. 3 GG geschützt noch ist ein solcher Staatlichkeitsschutz dem Grundgesetz immanent. Das Grundgesetz geht von einer offenen Staatlichkeit aus, die auf europäische und internationale Integration ausgerichtet ist. Diese Konzeption liegt auch Art. 79 Abs. 3 GG zugrunde, der insoweit nur einem Aufgehen in einem europäischen Einheitsstaat entgegensteht. Sollte Deutschland hingegen zu einem „Glied“ eines europäischen Bundesstaates werden, wäre dies mit dem vom Grundgesetz gewährleisteten Staatlichkeitsschutz grundsätzlich vereinbar.

3. Vereinbarkeit mit den einzelnen Gewährleistungen des Art. 79 Abs. 3 GG

Das Bundesverfassungsgericht hatte seine ablehnende Haltung gegenüber einem europäischen Bundesstaat maßgeblich auf die „Identität der freiheitlichen Verfassungsordnung“ gestützt[230], sich jedoch mit den einzelnen Gewährleistungen der Ewigkeitsgarantie, mithin der Gliederung des Bundes in Länder, der grundsätzlichen Mitwirkung der Länder bei der Gesetzgebung und den in Art. 1 und 20 GG

[229] BVerfGE 5, 85 (131).
[230] BVerfGE 123, 267 (343).

niedergelegten Grundsätzen, nicht explizit auseinandergesetzt[231]. Diese spielten allerdings auch in den untersuchten Bundestagsdebatten keine wesentliche Rolle, was nahelegt, dass die politischen Akteure insoweit jedenfalls keine unüberwindbaren Hindernisse für einen europäischen Bundesstaat sahen.

Aufgrund dieser mangelnden parlamentarischen oder bundesverfassungsgerichtlichen Auseinandersetzung mit den einzelnen Elementen der Ewigkeitsgarantie soll eine vertiefte Untersuchung, die bereits Gegenstand einer 2003 von Oliver Rüß vorgelegten Dissertation gewesen ist[232], an dieser Stelle ebenfalls unterbleiben, da sie keine wesentlichen Erkenntnisse für die in dieser Arbeit untersuchten Konfliktlinien zwischen Parlament und Bundesverfassungsgericht erbringen könnte. Im Folgenden soll daher nur im Überblick dargelegt werden, dass Art. 79 Abs. 3 GG auch im Übrigen einem europäischen Bundesstaat nicht entgegensteht.

Insoweit ist zunächst festzuhalten, dass sowohl die durch Art. 79 Abs. 3 i. V. m. Art. 1 GG geschützte Menschenwürde als auch die von Art. 79 Abs. 3 i. V. m. Art. 20 GG erfassten Prinzipien des Rechtsstaats, des Sozialstaats und der Republik den Beitritt zu einem europäischen Bundesstaat grundsätzlich zulassen.[233] Sicherzustellen wäre lediglich, dass der europäische Bundesstaat dauerhaft auf die Einhaltung dieser Grundsätze verpflichtet wird.

Im Ergebnis kann ein europäischer Bundesstaat zudem so ausgestaltet werden, dass er nicht in Konflikt mit dem Demokratieprinzip steht.[234] Wie Rüß in seiner Dissertation ausführlich dargelegt hat[235], kann den verschiedenen Ausprägungen des Prinzips, soweit sie von Art. 79 Abs. 3 GG umfasst sind, auf der übergeordneten europäischen Ebene ausreichend Geltung verschafft werden. Der Grundsatz der Volkssouveränität, der in Art. 20 Abs. 2 Satz 1 GG zum Ausdruck kommt und die demokratische Legitimation jedes staatlichen Handelns fordert[236], wird zwar zurzeit allgemein so verstanden, dass das „Volk" sich allein aus den deutschen Staatsangehörigen im Sinne des Art. 116 GG zusammensetzt.[237] Der verfassungsändernde Gesetzgeber hat den Volksbegriff allerdings bereits in Bezug auf Kommunalwahlen mit Billigung des Bundesverfassungsgerichts erweitert[238]: Art. 8b

---

231 Der Senat zählte zwar die Staatsstrukturprinzipien des Art. 20 GG auf, der Bezug zum Schutz der souveränen Staatlichkeit blieb aber unklar, vgl. BVerfGE 123, 267 (343).

232 Vgl. *O. Rüß*, Vereintes Europa, S. 109 ff.

233 Vgl. ausführlich *O. Rüß*, Vereintes Europa, S. 213 ff.

234 Vgl. dazu ausführlich *O. Rüß*, Vereintes Europa, S. 124 ff. Vgl. zu einzelnen Aspekten des Demokratieprinzips auch unten 4. Teil B. Wohl a. A. *A. Haratsch*, in: Sodan, GG, Art. 79 Rn. 45.

235 *O. Rüß*, Vereintes Europa, S. 134 ff.

236 *J. Dietlein*, in: Epping/Hillgruber, BeckOK GG, Art. 79 Rn. 34.; *B.-O. Bryde*, in: von Münch/Kunig, GG Bd. 2, Art. 79 Rn. 41; *H. Dreier*, in: Dreier, GG Bd. II, Art. 79 III Rn. 37; *F. E. Schnapp*, in: von Münch/Kunig, GG Bd. 1, Art. 20 Rn. 23.

237 BVerfGE 83, 37 (50 f.); *B. Grzeszick*, in: Maunz/Dürig, GG, Art. 20 II. Rn. 79; *S. Huster/J. Rux*, in: Epping/Hillgruber, BeckOK GG, Art. 20 Rn. 66; *B. Pieroth*, in: Jarass/Pieroth, GG, Art. 20 Rn. 6; *R. Grawert*, in: HdStR Bd. II, § 16 Rn. 20; *C. Gröpl*, Staatsrecht I, Rn. 253.

238 Vgl. dazu auch *M. Tischendorf*, Integrationsverantwortung, S. 50 f.

Abs. 1 EGV-M sah vor, dass Unionsbürgerinnen und -bürger in dem Staat, in dem sie ihren Wohnsitz haben, das aktive und passive Wahlrecht bei Kommunalwahlen haben. In Art. 28 Abs. 1 Satz 3 GG wurde daher eine entsprechende Regelung aufgenommen.[239] Zuvor hatte das Bundesverfassungsgericht zu erkennen gegeben, dass ein Kommunalwahlrecht für Ausländer durch eine nach Art. 79 Abs. 3 GG zulässige Verfassungsänderung eingeführt werden könnte.[240] Außerdem stünde eine enge Auslegung des Volksbegriffs im Konflikt mit jeglicher europäischer Integration, da supranationale Hoheitsgewalt grundsätzlich nie allein auf das deutsche Volk zurückgeführt werden kann. Vor diesem Hintergrund lässt bereits Art. 24 Abs. 1 GG für den Bereich der internationalen Integration eine Ausnahme von dem Grundsatz der Legitimation durch das deutsche Volk zu, indem er die Ausübung von Staatsgewalt ermöglicht, die nicht allein auf das deutsche Volk zurückzuführen ist.[241] Die insbesondere in dieser Norm und der Präambel zum Ausdruck kommende Integrationsoffenheit des Grundgesetzes spricht dafür, den Volksbegriff des Grundgesetzes – in ähnlicher Weise wie dessen Staatsbegriff[242] – zu modifizieren, soweit die Ausübung europäischer Hoheitsgewalt betroffen ist.[243] In diesem Kontext würde Volkssouveränität daher bedeuten, dass die europäische Hoheitsgewalt auf die Staatsangehörigen des europäischen Bundesstaates zurückzuführen sein müsste.[244]

Aus dem Bundesstaatsprinzip folgen ebenfalls besondere Anforderungen an den europäischen Bundesstaat. Das Bundesstaatsprinzip nimmt eine hervorgehobene Stellung ein, da es nicht nur durch den Verweis auf Art. 20 GG gewährleistet wird, sondern in Art. 79 Abs. 3 GG eine besondere Ausprägung findet, demzufolge die Gliederung des Bundes in Länder sowie die grundsätzliche Mitwirkung der Länder bei der Gesetzgebung nicht geändert werden dürfen. Daraus folgt eine Bestandsgarantie für mehrere[245] Bundesländer, womit allerdings nicht die derzeitigen 16 Bundesländer in ihrem Bestand geschützt werden[246]. Da die Länder Untergliederungen des Bundes sein sollen, wird gleichzeitig gewährleistet, dass die Bundesrepublik Deutschland als den Bundesländern übergeordnete Ebene ebenfalls fortbestehen

---

[239] Vgl. auch die Gesetzesbegründung, BT-Drucks. 12/3338, S. 10f.

[240] BVerfGE 83, 37 (59).

[241] *H. Möller*, Verfassungsgebende Gewalt, S. 231, 239.

[242] S.o. 4. Teil A. IV. 2. a) cc).

[243] Eine ähnliche, „integrationsoffene Auslegung" vertritt *R. Graf Kerssenbrock*, Die Vereinigten Staaten von Europa, passim, insbesondere S. 46ff., 158f.

[244] Im Ergebnis ebenso, wenngleich mit anderer Herleitung, *O. Rüß*, Vereintes Europa, S. 219.

[245] Die Mindestzahl ist umstritten, in Betracht gezogen werden mindestens zwei (so *J. Dietlein*, in: Epping/Hillgruber, BeckOK GG, Art. 79 Rn. 24) oder drei Länder (so *H. Dreier*, in: Dreier, GG Bd. II, Art. 79 III Rn. 21; *B. Pieroth*, in: Jarass/Pieroth, GG, Art. 79 Rn. 12; *B.-O. Bryde*, in: von Münch/Kunig, GG Bd. 2, Art. 79 Rn. 31). Demgegenüber gehen andere Stimmen davon aus, dass die Anzahl abstrakt nicht zu bestimmen sei, und sprechen daher nur von mehreren Ländern (*M. Herdegen*, in: Maunz/Dürig, GG, Art. 79 Rn. 97; *K.-E. Hain*, in: von Mangoldt/Klein/Starck, GG Bd. 2, Art. 79 Rn. 132).

[246] BVerfGE 1, 14 (48); 5, 34 (38); *H. Dreier*, in: Dreier, GG Bd. II, Art. 79 III Rn. 21; *B.-O. Bryde*, in: von Münch/Kunig, GG Bd. 2, Art. 79 Rn. 31; *B. Pieroth*, in: Jarass/Pieroth, GG, Art. 79 Rn. 13; *J. Isensee*, in: HdStR Bd. VI, § 126 Rn. 295.

muss.[247] Es wäre daher unzulässig, eine der beiden Ebenen zugunsten eines zweistufigen europäischen Bundesstaates völlig abzuschaffen.[248] Einer Abschaffung käme es faktisch gleich, wenn den Bundesländern der wesentliche Teil ihrer Befugnisse entzogen würde. Das Bundesstaatsprinzip verlangt daher auch, dass den Ländern ein Kernbestand eigener Aufgaben verbleibt[249], was dauerhaft in der Verfassung des europäischen Bundesstaates verankert werden müsste[250]. Sofern dies erfolgt, kann ein dreistufiges Bundesstaatsmodell mit den Ebenen Europäischer Bundesstaat – Bundesrepublik Deutschland – Bundesländer mit dem Grundgesetz vereinbar sein.

Freilich müsste weiterhin die grundsätzliche Mitwirkung der Länder an der Gesetzgebung gesichert sein. Derzeit bezieht sich diese Gewährleistung auf die Beteiligung an der Gesetzgebung des Bundes[251], bei Eingliederung in einen europäischen Bundesstaat müsste konsequenterweise darüber hinaus auch eine Mitwirkung an der übergeordneten Gesetzgebung des europäischen Staates gewährleistet sein[252]. Art und Umfang der Mitwirkung würden von der Organisation des europäischen Bundesstaates abhängen und lassen sich daher abstrakt nicht näher bestimmen.

Abschließend ist daher festzuhalten, dass Art. 79 Abs. 3 GG zwar gewisse Anforderungen statuiert, die ein europäischer Bundesstaat erfüllen müsste, seiner Gründung aber nicht grundsätzlich entgegensteht.

V. Zusammenfassung

In der parlamentarischen Behandlung der europäischen Integrationsakte ist immer wieder das Fernziel eines europäischen Bundesstaates im Sinne der „Vereinigten Staaten von Europa" zum Ausdruck gekommen. Im Lissabon-Urteil erteilte das Bundesverfassungsgericht diesen politischen Vorstellungen eine deutliche Absage und erklärte die souveräne Staatlichkeit Deutschlands zur unabänderlichen Verfassungsidentität. Es konnte jedoch gezeigt werden, dass das Grundgesetz einem Beitritt zu einem europäischen Bundesstaat nicht grundsätzlich entgegensteht, sofern dieser bestimmte Voraussetzungen erfüllt. Die Fortentwicklung der Europäischen Union hin zu einem Bundesstaat bleibt daher vorrangig eine rein politische Frage, über die zunächst die Vertreter der Mitgliedstaaten im Europäischen Rat und schließlich die deutschen Gesetzgebungsorgane zu entscheiden haben.

---

[247] Vgl. *O. Rüß*, Vereintes Europa, S. 113 f.

[248] Vgl. ausführlich *O. Rüß*, Vereintes Europa, S. 112 ff.

[249] BVerfGE 34, 9 (20); *M. Herdegen*, in: Maunz/Dürig, GG, Art. 79 Rn. 93; *B. Pieroth*, in: Jarass/Pieroth, GG, Art. 79 Rn. 12; *B.-O. Bryde*, in: von Münch/Kunig, GG Bd. 2, Art. 79 Rn. 32.

[250] *O. Rüß*, Vereintes Europa, S. 121 ff.

[251] *J. Dietlein*, in: Epping/Hillgruber, BeckOK GG, Art. 79 Rn. 25; *B.-O. Bryde*, in: von Münch/Kunig, GG Bd. 2, Art. 79 Rn. 33.

[252] Vgl. *O. Rüß*, Vereintes Europa, S. 117 f.

Die pauschale Ablehnung eines europäischen Bundesstaates durch das Bundesverfassungsgericht ist zu kritisieren, da sie die Grenzen der europäischen Integration nur unzureichend beschreibt. Die zu enge Auslegung des Grundgesetzes führt dazu, dass ein europäischer Bundesstaat das Etikett der Verfassungswidrigkeit erhält und aufgrund dessen von den Verfassungsorganen nicht angestrebt werden darf. Dieser Umstand kann den europäischen Integrationsprozess nachhaltig beeinflussen. Das Lissabon-Urteil steht nicht nur der Gründung eines europäischen Bundesstaates entgegen, sondern kann aufgrund der steten Gefahr, mit einem weiteren Integrationsakt die Grenze zur Staatlichkeit zu überschreiten, zu einer Zurückhaltung der politischen Akteure bei künftigen Integrationsschritten und einer Abkehr vom angestrebten Ziel eines europäischen Bundesstaates führen, die verfassungsrechtlich nicht erforderlich sind.

B. Demokratische Legitimation in der Europäischen Union

In engem Zusammenhang mit dem Schutz der deutschen Staatlichkeit durch das Bundesverfassungsgericht steht seine kritische Sicht auf die europäische Demokratie. Damit steht das Gericht allerdings nicht allein, denn zahlreiche Bundestagsabgeordnete attestierten den Europäischen Gemeinschaften bzw. der Europäischen Union im Laufe der Zeit ebenfalls ein „Demokratiedefizit“[253]. Die Schwierigkeiten einer Demokratie auf europäischer Ebene haben sowohl die Parlamentsdebatten als auch die Urteile des Bundesverfassungsgerichts beherrscht. Trotz einer in ähnlicher Weise skeptischen Grundhaltung ist allerdings festzustellen, dass die Einschätzungen im Einzelnen, insbesondere bezüglich der Rolle des Europäischen Parlaments, auseinandergingen. Im Hinblick auf die Verwirklichung des Demokratieprinzips eröffnet sich damit ein weiterer Konflikt zwischen parlamentarischer und bundesverfassungsgerichtlicher Behandlung.

I. Überblick über die Anforderungen an die europäische Demokratie

Die Anforderungen an die europäische Demokratie ergeben sich zum einen aus Art. 23 Abs. 1 Satz 1 GG, der die Europäische Union auf die Einhaltung demokratischer Grundsätze verpflichtet. Darüber hinaus verweist Art. 23 Abs. 1 Satz 3 i. V. m. Art. 79 Abs. 3, 20 GG für die Grenzen der Integration ebenfalls auf die Grundsätze des Demokratieprinzips. Es besteht allerdings weitgehende Einigkeit, dass die EU als Staatenverbund nicht denselben demokratischen Grundsätzen genügen muss, wie sie innerhalb eines Staates einzuhalten sind (sog. strukturangepasste Kongru-

253 Zu den Standpunkten im Bundestag ausführlich unten 4. Teil B. II. 1. und 4. Teil B. II. 3.

enz).[254] Andernfalls wäre eine europäische bzw. internationale Integration, wie sie das Grundgesetz vorsieht, nahezu unmöglich, da eine Übertragung von Hoheitsrechten zwangsläufig zu einem geringeren Einfluss der Bürger auf politische Entscheidungen führt.[255] Gefordert wird daher ein dem jeweiligen Stand der Integration angepasstes demokratisches Niveau.[256]

Wesentliches Element des Demokratieprinzips sind dabei die Volkssouveränität und das aus ihr folgende Erfordernis demokratischer Legitimation von Hoheitsgewalt, die einen ausreichenden Zurechnungszusammenhang zwischen Herrschaft und Beherrschten voraussetzen.[257] Der Herrschaftsgewalt der Europäischen Union liegt derzeit eine duale Legitimation zugrunde, denn sie beruht auf zwei Legitimationssträngen: einem unionsunmittelbaren Strang in Form des von den Unionsbürgerinnen und -bürgern direkt gewählten Europäischen Parlaments und einem mitgliedstaatlichen Strang in Form des Rates, der sich aus Vertretern bzw. Vertreterinnen der Regierungen der Mitgliedstaaten zusammensetzt.[258] Diese duale Legitimation ist seit dem Vertrag von Lissabon in Art. 10 Abs. 2 EUV-L (wortgleich bereits Art. I-46 Abs. 2 VV) ausdrücklich normiert, demzufolge die Bürgerinnen und Bürger auf Unionsebene unmittelbar im Europäischen Parlament vertreten sind, während die Mitgliedstaaten im Europäischen Rat von ihrem jeweiligen Staats- oder Regierungschef und im Rat von ihrer jeweiligen Regierung vertreten werden, die ihrerseits in demokratischer Weise gegenüber ihrem nationalen Parlament oder gegenüber ihren Bürgerinnen und Bürgern Rechenschaft ablegen müssen. Vor diesem Hintergrund werden derzeit das Europäische Parlament und der Rat gemäß Art. 14 Abs. 1 EUV-L gemeinsam als Gesetzgeber tätig, wobei der Rat weiterhin die stärkere Stellung innehat.[259] Nach Ansicht des Bundesverfassungsgerichts genügt dieses Legitimationsmodell beim derzeitigen Integrationsstand den grundgesetzlichen Anforderungen.[260] Mit einem Fortschreiten der europäischen Integration müsste allerdings die Demokratie auf europäischer Ebene weiter schritthaltend ausgebaut werden.[261]

Sollte es dabei schließlich zur Gründung eines europäischen Bundesstaates kommen, wäre es konsequent, an dessen Demokratie grundsätzlich die gleichen An-

---

[254] BVerfGE 89, 155 (182f.); 123, 267 (368f.); *S. Hobe*, in: Friauf/Höfling, GG, Art. 23 Rn. 20; *S. Schmahl*, in: Sodan, GG, Art. 23 Rn. 3; *R. Streinz*, in: Sachs, GG, Art. 23 Rn. 22.

[255] BVerfGE 89, 155 (182f.).

[256] *S. Hobe*, in: Friauf/Höfling, GG, Art. 23 Rn. 22; *H. D. Jarass*, in: Jarass/Pieroth, GG, Art. 23 Rn. 15.

[257] BVerfGE 89, 155 (184); *R. Uerpmann-Wittzack*, in: von Münch/Kunig, GG Bd. 1, Art. 23 Rn. 14; *C. D. Classen*, in: von Mangoldt/Klein/Starck, GG Bd. 2, Art. 23 Rn. 20.

[258] Ausführlich zur dualen Legitimation der EU *M. Ruffert*, in: Calliess/Ruffert, EUV/AEUV, Art. 10 EUV Rn. 5ff.; *P. M. Huber*, in: Streinz, EUV/AEUV, Art. 10 EUV Rn. 25ff.; *M. Nettesheim*, in: Grabitz/Hilf/Nettesheim, Recht der EU, Art. 10 EUV Rn. 65ff.; *W. Kaufmann-Bühler*, in: Lenz/Borchardt, EU-Verträge, Art. 10 EUV Rn. 5ff.

[259] *W. Obwexer*, in: Streinz, EUV/AEUV, Art. 16 EUV Rn. 5.

[260] BVerfGE 89, 155 (182ff.); 123, 267 (370ff.).

[261] BVerfGE 89, 155 (186).

forderungen zu stellen wie an die Demokratie im deutschen Staat. Elementarer Bestandteil der von Art. 79 Abs. 3 GG erfassten Grundsätze des Demokratieprinzips ist das Recht der Bürgerinnen und Bürger, in Freiheit und Gleichheit durch Wahlen und Abstimmungen die öffentliche Gewalt personell und sachlich zu bestimmen.[262] Dies beinhaltet vorrangig das bereits erwähnte Erfordernis demokratischer Legitimation der handelnden Organe.[263] Das Prinzip der Volkssouveränität ist, wie bereits dargelegt[264], einer integrationsoffenen Auslegung zugänglich und würde insofern die Rückführbarkeit der europäischen Hoheitsgewalt auf die Staatsangehörigen des europäischen Bundesstaates fordern. Besondere Anforderungen wären daher vor allem an die Wahlen zum Parlament des europäischen Staates zu stellen. Denn nach herrschender Meinung haben unter anderem die wesentlichen Wahlrechtsgrundsätze am Schutz der Ewigkeitsgarantie teil.[265]

II. Parlamentarische und bundesverfassungsgerichtliche Behandlung

Vor diesem Hintergrund ist nahezu unbestritten, dass die Demokratie auf europäischer Ebene noch nicht das gleiche Niveau wie eine Demokratie innerhalb eines Staates erreicht hat. Umstritten ist jedoch, wie sich dieser Umstand auf ihre demokratische Legitimation auswirkt. Auch im Parlament und in der Rechtsprechung spielten die Anforderungen des Art. 23 Abs. 1 GG an die europäische Demokratie sowie die demokratischen Grenzen für die Integration nach Art. 79 Abs. 3, 20 GG eine wichtige Rolle.

1. Einschätzungen in den Bundestagsdebatten vor dem Maastricht-Urteil

Wenngleich im Bundestag nur vereinzelt ausdrücklich das grundgesetzliche Demokratieprinzip erwähnt wurde, zeigte sich die Beschäftigung mit den entsprechenden Anforderungen vor allem an zahlreichen Auseinandersetzungen mit der

---

[262] So BVerfGE 123, 267 (341). Ähnlich *K.-P. Sommermann*, in: von Mangoldt/Klein/Starck, GG Bd. 2, Art. 20 Rn. 83.

[263] BVerfGE 47, 253 (275); 83, 60 (71 f.); 89, 155 (182); 93, 37 (66); 107, 59 (87); *M. Sachs*, in: Sachs, GG, Art. 79 Rn. 67; *B. Grzeszick*, in: Maunz/Dürig, GG, Art. 20 II. Rn. 117; *K.-P. Sommermann*, in: von Mangoldt/Klein/Starck, GG Bd. 2, Art. 20 Rn. 82; *F. E. Schnapp*, in: von Münch/Kunig, GG Bd. 1, Art. 20 Rn. 23; *W. Kluth*, Demokratische Legitimation der EU, S. 35.

[264] S. o. 4. Teil A. IV. 3.

[265] *R. Sannwald*, in: Schmidt-Bleibtreu/Hofmann/Henneke, GG, Art. 79 Rn. 60; *A. Haratsch*, in: Sodan, GG, Art. 79 Rn. 39; *F. E. Schnapp*, in: von Münch/Kunig, GG Bd. 1, Art. 20 Rn. 20. *M. Sachs*, in: Sachs, GG, Art. 79 Rn. 70, sieht die Wahlrechtsgrundsätze nur insoweit als geschützt an, als sie für eine freie und gleiche Willensbildung erforderlich sind, was er jedenfalls für die Allgemeinheit, Freiheit und Gleichheit der Wahl annimmt.

Rechtsstellung des Europäischen Parlaments. Dabei wurde der stetige Zuwachs an Rechten des Europäischen Parlaments stets positiv aufgenommen. Bis in die 1990er-Jahre zeigte sich der Bundestag zudem sehr auf die Stärkung des Parlamentarismus auf europäischer Ebene bedacht, worauf allerdings in den letzten Jahren kaum noch gedrängt wurde.

Zu Beginn der europäischen Integration bildete die parlamentarische Komponente zwar noch kein zentrales Thema der Debatten, sie gab aber Anlass zu einzelnen kritischen Äußerungen. So wurde bereits im Hinblick auf die Gemeinsame Versammlung der EGKS behauptet, diese sei kein „echtes" Parlament mit parlamentarischen Rechten.[266] Carlo Schmid bezeichnete sie sogar als „einen Bastard von Assemblée, der nichts kann und nichts darf"[267]. Andere Abgeordnete sahen zwar ebenfalls mangelnde parlamentarische Kompetenzen wie z. B. eine Gesetzgebungskompetenz, hoben aber die gleichwohl bestehenden Rechte der Versammlung sowie ihren politischen Einfluss hervor.[268] Der Versammlung der EVG wurde wenig später ebenfalls der Mangel echter parlamentarischer Kontrolle vorgeworfen[269], Willy Brandt bezeichnete ihre Rechte gar als „Demokratur"[270]. Im Hinblick auf die Versammlung der EWG herrschte weitgehende Einigkeit, dass „echte" Demokratie ein direkt und frei gewähltes Parlament erfordere[271] und die – aus Sicht der Abgeordneten sehr begrenzten[272] und zudem unzureichend umgesetzten[273] – Kompetenzen der Versammlung stetig erweitert werden müssten[274]. Von Seiten der Regierungskoalition wurden die Unzulänglichkeiten zwar ebenfalls zugegeben, sie sollten aber angesichts des Kompromisscharakters und des Entwicklungspotentials, welches dazu führen könne, dass die Versammlung künftig immer mehr Rechte an sich ziehen werde, nicht überbetont werden.[275]

---

[266] *C. Schmid* (SPD), BT-Sten.Ber. 1/161, S. 6512 f., 6515; *H. Löfflad* (WAV), BT-Sten. Ber. 1/161, S. 6554.

[267] *C. Schmid* (SPD), BT-Sten.Ber. 1/161, S. 6513.

[268] *G. Henle* (CDU), BT-Sten.Ber. 1/161, S. 6506; *H. Bertram* (Zentrum), BT-Sten.Ber. 1/161, S. 6529; *H.-J. von Merkatz* (DP), BT-Sten.Ber. 1/161, S. 6541; vgl. auch den Bericht des Berichterstatters *V.-E. Preusker* (FDP), BT-Sten.Ber. 1/182, S. 7587.

[269] *C. Schmid* (SPD), BT-Sten.Ber. 1/221, S. 9813; *F. Erler* (SPD), BT-Sten.Ber. 1/222, S. 9804; in eine ähnliche Richtung *H. Decker* (FU), BT-Sten.Ber. 1/222, S. 9882.

[270] *W. Brandt* (SPD), BT-Sten.Ber. 1/240, S. 11127.

[271] *W. Hallstein* (Staatssekretär), BT-Sten.Ber. 2/200, S. 11333; *L. Erhard* (Bundesminister), BT-Sten.Ber. 2/200, S. 11344; *R. Margulies* (FDP), BT-Sten.Ber. 2/224, S. 13323.

[272] Kritisiert wurde, dass keine parlamentarische Kontrolle vorhanden, sondern die Versammlung im Wesentlichen auf die Entgegennahme von Berichten – der SPD-Abgeordneter *Arndt* sprach sogar von einer bloßen „Berichtsannahmestelle" (BT-Sten.Ber. 2/200, S. 11371) – und die Abberufung der gesamten Kommission beschränkt sei und keine Entscheidungsbefugnisse habe, vgl. *R. Margulies* (FDP), BT-Sten.Ber. 2/200, S. 11352 und 2/208, S. 12015; *A. Stegner* (GB/BHE), BT-Sten.Ber. 2/200, S. 11369; *W. Drechsel* (FDP), BT-Sten.Ber. 2/200, S. 11376.

[273] *A. Arndt* (SPD), BT-Sten.Ber. 2/200, S. 11371; *W. Drechsel* (FDP), BT-Sten.Ber. 2/200, S. 11376.

[274] *H. Furler* (CDU/CSU), BT-Sten.Ber. 2/200, S. 11347.

[275] *A. Elbrächter* (DP [FVP]), BT-Sten.Ber. 2/224, S. 13329; *H. von Brentano* (Bundesminister), BT-Sten.Ber. 2/224, S. 13332 f.

Als das Europäische Parlament mit den folgenden Vertragsänderungen stetig weitere Rechte zuerkannt bekam, wurden diese Entwicklungen jeweils positiv hervorgehoben.[276] Gleichzeitig wurde aber bis einschließlich der Beratungen zum Vertrag von Amsterdam 1997/1998 stets betont, dass die Rechte noch nicht ausreichen würden und der Zuwachs im Laufe der Verhandlungen hinter den Wünschen und Erwartungen der deutschen Politik zurückgeblieben sei.[277]

Angesichts der weiterhin als unzureichend betrachteten Rechte des Parlaments nahm eine Vielzahl der Rednerinnen und Redner vor allem in der Debatte um

---

[276] Debatte zur EEA: *H.-D. Genscher* (Bundesminister), BT-Sten.Ber. 10/246, S. 18975; *T. Wolfgramm* (FDP), BT-Sten.Ber. 10/246, S. 18983; *H. Schwarz* (CDU/CSU), BT-Sten. Ber. 10/253, S. 19717; kritischer *H. Auhagen* (GRÜNE), BT-Sten.Ber. 10/246, S. 18982 (nur „Minirechte" hinzugewonnen); *H.-J. Vogel* (SPD), BT-Sten.Ber. 10/253, S. 19719; *A. Brück* (SPD), BT-Sten.Ber. 10/246, S. 18976.

Debatte zum Vertrag von Maastricht: *H. Kohl* (Bundeskanzler), BT-Sten.Ber. 12/68, S. 5801 und 12/126, S. 10827; *H.-D. Genscher* (Bundesminister), BT-Sten.Ber. 12/68, S. 5824; *M. Stübgen* (CDU/CSU), BT-Sten.Ber. 12/110, S. 9372; *M. Mayer* (CDU/CSU), BT-Sten.Ber. 12/110, S. 9379.

Debatte zum Vertrag von Amsterdam: *K. Kinkel* (Bundesminister), BT-Sten.Ber. 13/210, S. 19111 und 13/222, S. 20242; *H. Wieczorek-Zeul* (SPD), BT-Sten.Ber. 13/210, S. 19115 und 13/222, S. 20244; *G. Pfennig* (CDU/CSU), BT-Sten.Ber. 13/210, S. 19128; *H. Haussmann* (FDP), BT-Sten.Ber. 13/222, S. 20253; *R. Scharping* (SPD), BT-Sten.Ber. 13/222, S. 20266; *J. Meyer* (SPD), BT-Sten.Ber. 13/222, S. 20285.

Debatte zum Verfassungsvertrag: *M. Roth* (SPD), BT-Sten.Ber. 15/160, S. 14905 und 15/175, S. 16369; *E. Teufel* (Baden-Württemberg), BT-Sten.Ber. 15/160, S. 14909; *J. Fischer* (Bundesminister) BT-Sten.Ber. 15/160, S. 14911; *W. Schäuble* (CDU/CSU), BT-Sten.Ber. 15/160, S. 14917; *T. Silberhorn* (CDU/CSU), BT-Sten.Ber. 15/160, S. 14930; *G. Schröder* (Bundeskanzler), BT-Sten.Ber. 15/175, S. 16349; *A. Merkel* (CDU/CSU), BT-Sten.Ber. 15/175, S. 16353; *A. Schäfer* (SPD), BT-Sten.Ber. 15/175, S. 16380f.

Debatte zum Vertrag von Lissabon: *A. Merkel* (Bundeskanzlerin), BT-Sten.Ber. 16/132, S. 13798 und 16/157, S. 16453; *A. Schwall-Düren* (SPD), BT-Sten.Ber. 16/132, S. 13803; *V. Kauder* (CDU/CSU), BT-Sten.Ber. 16/132, S. 13806; *J. Trittin* (BÜNDNIS 90/DIE GRÜNEN), BT-Sten.Ber. 16/132, S. 13809; *L. Bisky* (DIE LINKE), BT-Sten.Ber. 16/151, S. 15842; *C.-C. Dressel* (SPD), BT-Sten.Ber. 16/151, S. 15853; *T. Silberhorn* (CDU/CSU), BT-Sten. Ber. 16/151, S. 15854.

[277] Debatte zur EEA: *H.-D. Genscher* (Bundesminister), BT-Sten.Ber. 10/246, S. 18975; *T. Wolfgramm* (FDP), BT-Sten.Ber. 10/246, S. 18983f.; *H. Schwarz* (CDU/CSU), BT-Sten. Ber. 10/253, S. 19717; *L. G. Stavenhagen* (Staatssekretär), BT-Sten.Ber. 10/253, S. 19724.

Debatte zum Vertrag von Maastricht: *H. Kohl* (Bundeskanzler), BT-Sten.Ber. 12/68, S. 5801 und 12/126, S. 10827; *I. Matthäus-Maier* (SPD), BT-Sten.Ber. 12/68, S. 5805; *H. Modrow* (PDS/Linke Liste), BT-Sten.Ber. 12/68, S. 5814; *G. Poppe* (Bündnis 90/GRÜNE), BT-Sten. Ber. 12/68, S. 5815; *H.-D. Genscher* (Bundesminister), BT-Sten.Ber. 12/68, S. 5824; *W. Clement* (Nordrhein-Westfalen), BT-Sten.Ber. 12/68, S. 5830; *C. von Teichmann* (FDP), BT-Sten. Ber. 12/68, S. 5832; *K. Kinkel* (Bundesminister), BT-Sten.Ber. 12/110, S. 9317; *H. Wieczorek-Zeul* (SPD), BT-Sten.Ber. 12/110, S. 9329; *O. Graf Lambsdorff* (FDP), BT-Sten.Ber. 12/110, S. 9337; *F. Gerster* (Rheinland-Pfalz), BT-Sten.Ber. 12/110, S. 9358; *U. Irmer* (FDP), BT-Sten. Ber. 12/126, S. 10818; *K. D. Voigt* (SPD), BT-Sten.Ber. 12/126, S. 10839.

Debatte zum Vertrag von Amsterdam: *H. Wieczorek-Zeul* (SPD), BT-Sten.Ber. 13/210, S. 19115; *S. Leutheusser-Schnarrenberger* (FDP), BT-Sten.Ber. 13/210, S. 19133; *R. Scharping* (SPD), BT-Sten.Ber. 13/222, S. 20266.

den Vertrag von Maastricht auf das „demokratische Defizit“ der EG bzw. EU Bezug.[278] Die Abgeordneten stellten fest, dass der Bundestag Rechte abgebe, die auf europäischer Ebene durch den Rat, also die Exekutive, und nicht durch das Parlament ausgeübt würden.[279] Insofern war die Rede von einer Aushöhlung des Parlamentarismus, einer Entparlamentarisierung bzw. Entdemokratisierung.[280] Der Sozialdemokrat Schily wies in diesem Zusammenhang auch auf einen Konflikt mit Art. 79 Abs. 3 i. V. m. Art. 20 GG hin.[281] Die Redner waren überwiegend der Meinung, dass das von ihnen attestierte Demokratiedefizit nur durch eine Stärkung des Europäischen Parlaments behoben werden könne, nicht hingegen allein durch eine erweiterte Mitwirkung des Bundestages in europäischen Angelegenheiten.[282] Es wurde gefordert, dass das Parlament in seiner Stellung und seinen Befugnissen einem nationalen Parlament angeglichen und insbesondere im Gesetzgebungsverfahren stärker beteiligt werde.[283]

---

[278] *H. Modrow* (PDS/Linke Liste), BT-Sten.Ber. 12/68, S. 5814; *N. Wieczorek* (SPD), BT-Sten. Ber. 12/68, S. 5821; *H. Wieczorek-Zeul* (SPD), BT-Sten.Ber. 12/68, S. 5828; *C. von Teichmann* (FDP), BT-Sten.Ber. 12/68, S. 5832; *O. Graf Lambsdorff* (FDP), BT-Sten.Ber. 12/110, S. 9338; *W. Schulz* (BÜNDNIS 90/DIE GRÜNEN), BT-Sten.Ber. 12/110, S. 9342; *G. Verheugen* (SPD), BT-Sten.Ber. 12/110, S. 9349; *H. Helmrich* (Mecklenburg-Vorpommern), BT-Sten. Ber. 12/110, S. 9359; *P. Conradi* (SPD), BT-Sten.Ber. 12/110, S. 9385 und 12/126, S. 10854; *H. Wieczorek-Zeul* (SPD), BT-Sten.Ber. 12/126, S. 10815; *I. Köppe* (BÜNDNIS 90/DIE GRÜNEN), BT-Sten.Ber. 12/126, S. 10856; *O. Schily* (SPD), BT-Sten.Ber. 12/126, S. 10874; relativierend und die Verbesserungen durch den Vertrag von Maastricht im Hinblick auf das bestehende Demokratiedefizit hervorhebend *W. Ullmann* (BÜNDNIS 90/DIE GRÜNEN), BT-Sten. Ber. 12/126, S. 10872.

[279] *H.-J. Vogel* (SPD), BT-Sten.Ber. 10/253, S. 19719; *H. Auhagen* (GRÜNE), BT-Sten. Ber. 10/253, S. 19723; *A. Brück* (SPD), BT-Sten.Ber. 10/246, S. 18976; *I. Matthäus-Maier* (SPD), BT-Sten.Ber. 12/68, S. 5805; *H. Modrow* (PDS/Linke Liste), BT-Sten.Ber. 12/68, S. 5814 und 12/126, S. 10820; *G. Poppe* (Bündnis 90/GRÜNE), BT-Sten.Ber. 12/68, S. 5815 und 12/126, S. 10822; *H. Wieczorek-Zeul* (SPD), BT-Sten.Ber. 12/68, S. 5826; *G. Gysi* (PDS/Linke Liste), BT-Sten.Ber. 12/110, S. 9341; *G. Verheugen* (SPD), BT-Sten.Ber. 12/110, S. 9350 f.; *P. Conradi* (SPD), BT-Sten.Ber. 12/126, S. 10855; *O. Lowack* (fraktionslos), BT-Sten.Ber. 12/126, S. 10859; *H. Scheer* (SPD), BT-Sten.Ber. 12/126, S. 10868; *O. Schily* (SPD), BT-Sten.Ber. 12/126, S. 10875; *G. Gysi* (PDS), BT-Sten.Ber. 13/222, S. 20255 f.

[280] *H.-J. Vogel* (SPD), BT-Sten.Ber. 10/253, S. 19719; *H. Auhagen* (GRÜNE), BT-Sten. Ber. 10/253, S. 19723; *W. Schulz* (BÜNDNIS 90/DIE GRÜNEN), BT-Sten.Ber. 12/110, S. 9342; ähnlich *A. Brück* (SPD), BT-Sten.Ber. 10/246, S. 18976; *G. Verheugen* (SPD), BT-Sten.Ber. 12/110, S. 9348.

[281] *O. Schily* (SPD), BT-Sten.Ber. 12/126, S. 10874.

[282] *L. G. Stavenhagen* (Staatssekretär), BT-Sten.Ber. 10/253, S. 19724; *U. Irmer* (FDP), BT-Sten.Ber. 12/110, S. 9389 und 12/126, S. 10818; *N. Wieczorek* (SPD), BT-Sten.Ber. 12/126, S. 10845; in eine ähnliche Richtung *G. Verheugen* (SPD), BT-Sten.Ber. 12/126, S. 10835; *L. Stiegler* (SPD), BT-Sten.Ber. 12/126, S. 10871.

[283] *K. Kinkel* (Bundesminister), BT-Sten.Ber. 12/110, S. 9319; *H. Wieczorek-Zeul* (SPD), BT-Sten.Ber. 12/110, S. 9329 und 12/126, S. 10815; *U. Irmer* (FDP), BT-Sten.Ber. 12/110, S. 9389; für ein starkes Europäisches Parlament auch *T. Waigel* (Bundesminister), BT-Sten.Ber. 12/110, S. 9323; *A. Schockenhoff* (CDU/CSU), BT-Sten.Ber. 12/110, S. 9384; kritisch gegenüber einem weiteren Ausbau der Parlamentsrechte, da Rat und Parlament wegen ihrer unterschiedlichen Aufgaben zwar gleichwertig, nicht aber gleichartig behandelt werden dürften: *M. Mayer* (CDU/CSU), BT-Sten.Ber. 12/110, S. 9379 f.

2. Beurteilung des Bundesverfassungsgerichts

In seinem Maastricht-Urteil äußerte sich das Bundesverfassungsgericht 1993 im Grundsatz ebenfalls positiv zu einer weiteren Parlamentarisierung der Europäischen Gemeinschaften. Zwar müsse demokratische Legitimation im Staatenverbund zuvörderst über die Staatsvölker der Mitgliedstaaten erfolgen, also durch die Rückkoppelung des Handelns an die mitgliedstaatlichen Parlamente.[284] Der Legitimation durch das Europäische Parlament erkannte der Senat hingegen nur eine ergänzende, stützende Funktion zu.[285] Je mehr Kompetenzen die Europäischen Gemeinschaften erhielten, desto notwendiger werde allerdings die Repräsentation der Staatsvölker durch das Europäische Parlament.[286] Nach Ansicht des Bundesverfassungsgerichts ließe sich diese durch ein einheitliches Wahlrecht sowie einen zunehmenden Einfluss auf die europäische Politik und Rechtsetzung stärken.[287]

Diese im Grundsatz parlamentsfreundliche Haltung wandelte sich im Lissabon-Urteil in Skepsis. Das Europäische Parlament wurde zwar nunmehr als eigenständige zusätzliche Quelle der demokratischen Legitimation anerkannt.[288] Zudem ging der Senat davon aus, dass die Wahlen zum Deutschen Bundestag sowie die ergänzende Mitwirkungsmöglichkeit der Bürgerinnen und Bürger durch die Wahlen zum Europäischen Parlament im Ergebnis noch ein ausreichendes Niveau der demokratischen Legitimation gewährleisteten.[289] Dies sei allerdings nur der Fall, weil die Europäische Union nicht staatsanalog aufgebaut sei; lege man die Anforderungen an Staaten zugrunde, bestünde hingegen ein Demokratiedefizit.[290] Dieses gründete das Bundesverfassungsgericht nicht nur auf eine allgemeine „erhebliche Überföderalisierung" der europäischen Demokratie[291], sondern insbesondere auf die nicht gleichheitsgerechte Zusammensetzung des Europäischen Parlaments[292]. Dessen Ausgestaltung stellte aus Sicht des Bundesverfassungsgerichts ein entscheidendes Hindernis für die demokratische Legitimation der Europäischen Union dar. Damit setzte der Senat sich in Kontrast zur überwiegend im Bundestag vertretenen Ansicht, dass das Demokratiedefizit gerade durch die zu schwache Rechtsstellung des Parlaments begründet werde und durch einen weiteren Ausbau seiner Rechte zu bekämpfen sei.

---

284 BVerfGE 89, 155 (184, 185).
285 BVerfGE 89, 155 (184, 185 f.).
286 BVerfGE 89, 155 (184).
287 BVerfGE 89, 155 (186).
288 BVerfGE 123, 267 (368). Zuvor bereits BVerfGE 113, 273 (301).
289 BVerfGE 123, 267 (370).
290 BVerfGE 123, 267 (371, 377).
291 BVerfGE 123, 267 (376).
292 BVerfGE 123, 267 (371 ff.).

3. Änderungen in der parlamentarischen Behandlung nach dem Maastricht-Urteil

Bereits nach dem Maastricht-Urteil, in dem die Bedeutung der nationalen Parlamente für die demokratische Legitimation der Europäischen Union dargelegt wurde, wurden die Debatten im Bundestag zunehmend selbstbezogener. Die Redner rekurrierten im Folgenden mehrfach darauf, dass die demokratische Legitimation nicht allein durch das Europäische Parlament geleistet werden könne, sondern sich auch auf die Mitwirkung der nationalen Parlamente stützen müsse[293], die zukünftig weiterhin eine wichtige Rolle spielen würden[294]. Vor diesem Hintergrund wurde angemahnt, dass der Bundestag seine bereits bestehenden Mitwirkungsmöglichkeiten besser nutzen müsse.[295]

Die Aufforderung, mehr Parlament bzw. Parlamentarismus zu wagen, bezog sich daher sowohl auf die europäische als auch die nationale Ebene.[296] In den Debatten wurde zwar weiterhin der Zuwachs an Rechten für das Europäische Parlament begrüßt[297], gleichermaßen aber auch die Stärkung der Rechte der nationalen Parlamente[298]. Die Forderungen nach mehr Rechten für das Europäische Parlament wurden nach dem Maastricht-Urteil des Bundesverfassungsgerichts und mit dem fortschreitenden Ausbau der Parlamentsrechte immer leiser. In den Debatten zum Vertrag von Lissabon fand das Demokratiedefizit nur noch bei dem linken Abgeordneten Dehm Erwähnung, der es weiterhin unter anderem an den unzureichenden Rechten des Europäischen Parlaments festmachte.[299]

---

[293] *G. Gloser* (SPD), BT-Sten.Ber. 14/179, S. 17616; *F. Merz* (CDU/CSU), BT-Sten.Ber. 14/195, S. 18987; *W. Schäuble* (CDU/CSU), BT-Sten.Ber. 15/160, S. 14917; *G. Müller* (CDU/CSU), BT-Sten.Ber. 15/160, S. 14927.

[294] *J. Fischer* (Bundesminister) BT-Sten.Ber. 15/160, S. 14911; *W. Schäuble* (CDU/CSU), BT-Sten.Ber. 15/160, S. 14917.

[295] *M. Roth* (SPD), BT-Sten.Ber. 15/160, S. 14905; *T. Silberhorn* (CDU/CSU), BT-Sten. Ber. 15/160, S. 14930; in eine ähnliche Richtung auch *P. Hintze* (CDU/CSU), BT-Sten. Ber. 15/175, S. 16380; *F. Müntefering* (SPD), BT-Sten.Ber. 15/175, S. 16357; *J. Fischer* (Bundesminister) BT-Sten.Ber. 15/175, S. 16362.

[296] *G. Gloser* (SPD), BT-Sten.Ber. 14/179, S. 17616 und 14/195, S. 18990; *M. Roth* (SPD), BT-Sten.Ber. 15/160, S. 14905.

[297] S. die Nachweise in 4. Teil, Fn. 276.

[298] *F. Merz* (CDU/CSU), BT-Sten.Ber. 14/195, S. 18987; *M. Roth* (SPD), BT-Sten.Ber. 15/160, S. 14905; *A. Merkel* (Bundeskanzlerin), BT-Sten.Ber. 16/132, S. 13798; *A. Schwall-Düren* (SPD), BT-Sten.Ber. 16/132, S. 13803; *J. Trittin* (BÜNDNIS 90/DIE GRÜNEN), BT-Sten. Ber. 16/132, S. 13809; *G. Krichbaum* (CDU/CSU), Sten.Ber, 16/151, S. 15847; *T. Silberhorn* (CDU/CSU), BT-Sten.Ber. 16/151, S. 15854.

[299] *D. Dehm* (DIE LINKE), BT-Sten.Ber. 16/132, S. 13814 f.

4. Zusammenfassung der Einschätzungen des demokratischen Defizits

Zusammenfassend lässt sich feststellen, dass im Bundestag lange Zeit eine sehr parlamentsfreundliche Haltung vorherrschte und eine fortschreitende Stärkung des Europäischen Parlaments beabsichtigt war. Kritische Stimmen finden sich bis zuletzt allenfalls vereinzelt. Das insbesondere in den 1990er-Jahren im Bundestag stark diskutierte Demokratiedefizit auf europäischer Ebene wurde damals vor allem auf die starke Stellung des Rates und die unzureichenden Mitwirkungsrechte des Parlaments gestützt. Die Betonung der Rolle der nationalen Parlamente durch das Bundesverfassungsgericht beeinflusste jedoch offensichtlich die parlamentarischen Debatten, die sich in der Folge vermehrt auf diesen Legitimationsstrang richteten, so dass in den letzten ca. 20 Jahren das zuvor identifizierte Demokratiedefizit kaum noch Erwähnung fand. Das Bundesverfassungsgericht nahm diese Diskussion in seinem Lissabon-Urteil wieder auf, positionierte sich aber entgegen der parlamentarischen Behandlung, indem es dem Europäischen Parlament selbst erhebliche demokratische Defizite bescheinigte und es damit zum Kern des Legitimationsproblems erklärte. In der Konsequenz würde daher eine Erweiterung der Rechte des Parlaments, anders als im Bundestag angenommen, nicht zu einer Verringerung, sondern vielmehr zu einer Vergrößerung des Demokratiedefizits führen.

Angesichts dieses deutlichen Gegensatzes der parlamentarischen und bundesverfassungsgerichtlichen Behandlung stellt sich die Frage, inwieweit die demokratische Legitimation der Europäischen Union tatsächlich defizitär ist und vor allem, worin die Defizite begründet liegen. In der Literatur finden sich zahlreiche Aspekte, die insoweit problematisch sein können.[300] Die folgende Betrachtung konzentriert sich auf den Aspekt, auf den Parlament und Bundesverfassungsgericht ihre Einschätzung vorrangig stützten: Den Legitimationsbeitrag des Europäischen Parlaments unter besonderer Berücksichtigung der Ungleichheit der Wahl seiner Mitglieder.

III. Die Legitimationskraft des Europäischen Parlaments

Dazu soll untersucht werden, ob das Demokratiedefizit bereits im Europäischen Parlament an sich begründet ist, wovon das Bundesverfassungsgericht ausgeht, oder ob es vielmehr auf seine unzureichende Rechtsstellung zurückzuführen ist, wie in den Bundestagsdebatten angenommen.

---

[300] Vgl. nur die Zusammenfassungen bei *M. Ruffert*, in: Calliess/Ruffert, EUV/AEUV, Art. 9 EUV Rn. 4 ff.; *A. Tiedtke*, Demokratie in der EU, S. 29 ff.; *M. Mayer*, Die Europafunktion der nationalen Parlamente in der Europäischen Union, S. 49 ff.

1. Rechtsstellung des Europäischen Parlaments

Die Kritik des Bundestages an der im Vergleich zum Rat schwachen Rechtsstellung des Europäischen Parlaments trifft in der Sache zu. Zwar werden Parlament und Rat inzwischen gemäß Art. 14 Abs. 1 EUV-L gemeinsam als Gesetzgeber tätig. Das bisherige Mitentscheidungsverfahren wurde mit dem Vertrag von Lissabon als „ordentliches Gesetzgebungsverfahren" (Art. 289, 194 AEUV) zur Regel[301] und ermöglicht dem Parlament, den Erlass eines Rechtsaktes zu verhindern. Dennoch kommt dem Rat weiterhin die stärkere Stellung zu, was sich bereits daran zeigt, dass es zum Erlass eines Rechtsaktes im ordentlichen Verfahren der aktiven Billigung des Rates bedarf, während das Parlament ihn nur durch ausdrücklichen Widerspruch verhindern kann (vgl. Art. 294 Abs. 7 AEUV). Sofern besondere Gesetzgebungsverfahren (Art. 289 Abs. 2 AEUV) zur Anwendung kommen, geht dies in den meisten Fällen mit einem Entscheidungsrecht des Rates bei bloßer Anhörung des Parlaments einher.[302] Weiterhin wird auf das fehlende Initiativrecht des Parlaments[303] hingewiesen.[304] Die Stellung des Europäischen Parlaments innerhalb der europäischen Institutionen bleibt daher hinter derjenigen staatlicher Parlamente[305], insbesondere hinter den Rechten des Deutschen Bundestages, zurück.

Die daraus im Bundestag gezogene Folgerung, dass die Rechte des Europäischen Parlaments stetig weiter ausgebaut werden müssten, ist jedoch nicht zwingend. Im Gegenteil könnte es einer solchen Entwicklung entgegenstehen, wenn das Europäische Parlament selbst demokratischen Anforderungen nicht genügen sollte, wie es das Bundesverfassungsgericht angenommen hat. In diesem Fall wäre es zur Absicherung des Demokratieprinzips zwingend erforderlich, wie bisher neben dem Europäischen Parlament weitere Organe in den Entscheidungsprozess einzubeziehen.

---

[301] Vgl. die Übersicht über die Anwendungsbereiche des ordentlichen Gesetzgebungsverfahrens bei *M. Gellermann*, in: Streinz, EUV/AEUV, Art. 294 AEUV Rn. 7.

[302] Vgl. hierzu die Übersichten über die Normen, die ein besonderes Gesetzgebungsverfahren vorsehen, bei *M. Krajewski/U. Rösslein*, in: Grabitz/Hilf/Nettesheim, Recht der EU, Art. 289 AEUV Rn. 53, und *M. Ruffert*, in: Calliess/Ruffert, EUV/AEUV, Art. 289 AEUV Rn. 4 ff. Demnach entscheidet nur in einzelnen Fällen das Europäische Parlament mit Zustimmung des Rates, in der Mehrzahl der Anwendungsfälle entscheidet hingegen der Rat nach Anhörung oder mit Zustimmung des Parlaments.

[303] Das Parlament kann nur im Einzelfall (Art. 14 Abs. 2 UAbs. 2 EUV-L, Art. 223, 226, 228 Abs. 4 AEUV) Gesetzgebungsinitiativen vorlegen, vgl. *S. Hölscheidt*, in: Grabitz/Hilf/Nettesheim, Recht der EU, Art. 225 AEUV Rn. 7. Dem Parlament steht allerdings gemäß Art. 225 AEUV ein sogenanntes indirektes Initiativrecht zu, mittels dessen es die Kommission zur Unterbreitung von Vorschlägen zur Ausarbeitung von Unionsakten auffordern kann.

[304] *M. Mayer*, Die Europafunktion der nationalen Parlamente in der Europäischen Union, S. 51; *M. Ruffert*, in: Calliess/Ruffert, EUV/AEUV, Art. 9 EUV Rn. 6

[305] *S. Hölscheidt*, in: Grabitz/Hilf/Nettesheim, Recht der EU, Art. 225 AEUV Rn. 5, weist darauf hin, dass das Initiativrecht des Parlaments in allen Mitgliedstaaten der EU, die über eine geschriebene Verfassung verfügen, in dieser verankert ist.

2. Das Europäische Parlament als Volks- oder Völkervertretung?

Die skeptische Haltung des Bundesverfassungsgerichts zur Legitimationsleistung des Europäischen Parlaments zeigte sich bereits darin, dass es ihm den Status einer „Volksvertretung", einem wesentlichen Element des deutschen Demokratieverständnisses[306], absprach. Das Europäische Parlament sei weiterhin „kein Repräsentationsorgan eines souveränen europäischen Volkes"[307], sondern bleibe eine Vertretung der „in ihren Staaten organisierten Völker Europas"[308].

Die im Hinblick auf die Legitimationsleistung des Europäischen Parlaments nicht unwichtige Frage nach dem Legitimationssubjekt wurde demgegenüber in den Bundestagsdebatten kaum diskutiert. Lediglich der CSU-Abgeordnete Müller stellte 2005 die Frage in den Raum, wer die europäische Gesetzgebung legitimiere, und stellte fest, dass der Verfassungsvertrag darauf keine Antwort gebe.[309] Drei Jahre später sprach der Sozialdemokrat Roth von einer „Union der Bürgerinnen und Bürger, der Parlamentarierinnen und Parlamentarier", die sich durch die Gleichberechtigung des Europäischen Parlaments mit dem Rat verwirkliche.[310] Selbst die grundlegendere Frage, ob es überhaupt ein europäisches Volk gibt, spielte in den Debatten so gut wie keine Rolle. Lediglich einzelne Abgeordnete bemerkten am Rande, dass dies noch nicht der Fall sei.[311]

a) Fehlen eines europäischen Volkes

Die Existenz eines europäischen (Staats-)Volkes als mögliches Legitimationssubjekt wird bis heute in der Literatur weit überwiegend verneint.[312] Die Ablehnung gründet sich vor allem auf fehlende außerrechtliche Voraussetzungen eines Volkes[313], zu denen unter anderem ein gemeinsamer sprachlicher, geschichtlicher

[306] Die Eigenschaft als Vertretung des Volkes ist im Grundgesetz für den Bundestag sowie die Landes- und kommunalen Parlamente ausdrücklich niedergelegt, vgl. Art. 38 Abs. 1 Satz 2 GG („Sie [die Abgeordneten des Deutschen Bundestages, Anm. der Verf.] sind Vertreter des ganzen Volkes [...]") und Art. 28 Abs. 1 Satz 2 GG („In den Ländern, Kreisen und Gemeinden muß das Volk eine Vertretung haben [...]").

[307] BVerfGE 123, 267 (372).

[308] BVerfGE 123, 267 (375).

[309] *G. Müller* (CDU/CSU), BT-Sten.Ber. 15/160, S. 14927.

[310] *M. Roth* (SPD), BT-Sten.Ber. 16/151, S. 15844.

[311] *W. Hoyer* (FDP), BT-Sten.Ber. 15/160, S. 14912; *H. Nitzsche* (fraktionslos), BT-Sten. Ber. 16/157, S. 16472; *C. Schmidt* (CDU/CSU), BT-Sten.Ber. 17/188, S. 22728.

[312] Vgl. nur *S. Hölscheidt*, in: Grabitz/Hilf/Nettesheim, Recht der EU, Art. 14 EUV Rn. 50; *M. Ruffert*, in: Calliess/Ruffert, EUV/AEUV, Art. 9 EUV Rn. 24; *P. M. Huber*, in: Streinz, EUV/AEUV, Art. 14 EUV Rn. 46; *A. Tiedtke*, Demokratie in der EU, S. 95; *C. Lenz*, Ein einheitliches Verfahren für die Wahl des Europäischen Parlaments, S. 223; *C. D. Classen*, AöR 119 (1994), S. 238 (241); *H. Steiger*, ZRP 2012, S. 13 (15); *W. Kluth*, ZAR 2009, S. 329 (334).

[313] *P. Kirchhof*, in: von Bogdandy/Bast, Europäisches Verfassungsrecht, S. 1009 (1020); *A. Tiedtke*, Demokratie in der EU, S. 95; *U. Di Fabio*, Der Staat 32 (1993), S. 191 (203); *F. Ossenbühl*, DVBl. 1993, S. 629 (634).

und kultureller Hintergrund, eine Kommunikationsgemeinschaft sowie eine kollektive Identität gezählt werden[314]. Der Schwerpunkt dürfte dabei angesichts der fortschreitenden Entwicklung hin zu multikulturellen Gesellschaften sowie der Existenz anderer Vielvölkerstaaten, wie z. B. der Schweiz, weniger auf den gemeinsamen Hintergründen liegen, sondern vielmehr auf gemeinsamen Werten, einer funktionierenden politischen Kommunikation sowie einem Zusammengehörigkeitsgefühl.[315] Die Probleme, die in der Europäischen Union lebenden Menschen zu einem homogenen „Volk" zusammenzufassen, lassen sich jedoch in der Tat insbesondere in der heutigen Union mit ihren inzwischen 28 Mitgliedstaaten kaum leugnen. Vor dem Hintergrund der fortbestehenden ethnischen, kulturellen und sprachlichen Vielfalt in der EU erscheint auch zweifelhaft, ob die genannten außerrechtlichen Voraussetzungen für ein europäisches Volk überhaupt ideal verwirklicht werden können.[316] Abgesehen von den offensichtlichen erheblichen sprachlichen Unterschieden – die EU hat 24 Amtssprachen[317] – und den daraus resultierenden Erschwernissen für eine europäische Kommunikationsgemeinschaft[318] bestehen auch im Hinblick auf weitere Merkmale Zweifel. So ist beispielsweise das Geschichtsverständnis weiterhin eher auf den Nationalstaat als auf eine gemeinsame europäische Geschichte konzentriert.[319] Insbesondere die seit 2004 beigetretenen osteuropäischen Staaten blicken angesichts ihrer vormaligen Zugehörigkeit zur Sowjetunion bzw. deren Satellitenstaaten auf eine jüngere Geschichte zurück, die sich von derjenigen der sechs Gründungsmitglieder und anderer westeuropäischer Staaten mitunter erheblich unterscheidet. Diese Zeit des sogenannten Kalten Krieges hat ein großer Teil der Unionsbürgerinnen und -bürger bewusst miterlebt. Es ist nicht auszuschließen, dass diese Erfahrungen die Herausbildung eines Zusammengehörigkeitsgefühls weiterhin negativ beeinflussen können. Dennoch erscheint eine europäische kollektive Identität zumindest im Werden: Bei der letzten Eurobarometer-Umfrage im Juni 2019 antworteten bereits 73 % der befragten Unionsbürgerinnen und -bürger, sie fühlten sich als Bürger der EU, während 26 % die Frage mit Nein beantworteten.[320] In der Gesamtbetrachtung spricht jedoch weiterhin einiges dafür, dass sich ein europäisches Volk im soziologischen Sinne bis heute noch nicht herausgebildet hat.

---

[314] Ausführlich zu außerrechtlichen Voraussetzungen *A. Augustin*, Volk der EU, S. 111 ff., die zu dem Ergebnis kommt, dass es wesentlich vom individuellen Verständnis des jeweiligen Kriteriums abhängt, ob das Vorliegen der Voraussetzung bejaht oder verneint werde und vor diesem Hintergrund allein die Schlussfolgerung eindeutig sei, dass eine Sprachgemeinschaft jedenfalls nicht bestehe (*A. Augustin*, Volk der EU, S. 193).

[315] Vgl. *E.-M. Tieke*, Subjekt demokratischer Legitimation in der EU, S. 274 ff.

[316] Vgl. *E.-M. Tieke*, Subjekt demokratischer Legitimation in der EU, S. 273.

[317] Vgl. Art. 1 der Verordnung Nr. 1 des Rates vom 15. April 1958 zur Regelung der Sprachenfrage für die Europäische Wirtschaftsgemeinschaft (ABl. EG 1958 Nr. 17, S. 385), zuletzt geändert durch Verordnung (EU) Nr. 517/2013 des Rates vom 13. Mai 2013 (ABl. EU 2013 Nr. L 158, S. 1 [71]).

[318] Hierzu auch unten 4. Teil D. II. 1. b).

[319] Vgl. *A. Augustin*, Volk der EU, S. 137.

[320] Europäische Kommission, Standard-Eurobarometer 91 – Erste Ergebnisse, S. 16.

Selbst wenn dem Volksbegriff ein rein formal-juristisches Verständnis zugrunde gelegt wird, so dass es entscheidend auf die Zuordnung der Menschen zu einem bestimmten Staat ankäme, die sich heute in der Regel in der Staatsangehörigkeit manifestiert[321], führt dies zu keinem anderen Ergebnis. Zwar wurde durch den Vertrag von Maastricht die Unionsbürgerschaft eingeführt (Art. 8 EGV-M). Diese leitet sich allerdings akzessorisch von der Staatsbürgerschaft eines Mitgliedstaates ab (Art. 8 Abs. 1 UAbs. 2 EGV-M, jetzt Art. 20 Abs. 1 Satz 2 AEUV), so dass nicht die Europäische Union selbst über die Zusammensetzung ihrer Unionsbürger entscheiden kann, sondern die Mitgliedstaaten im Rahmen des in ihrer Kompetenz verbleibenden Staatsangehörigkeitsrechts[322]. Die Unionsbürgerschaft tritt lediglich neben die nationale Staatsangehörigkeit, ersetzt diese aber nicht.[323] Zudem sind die durch sie vermittelten Rechtsbeziehungen zwischen Union und Unionsbürgern nicht vergleichbar intensiv wie diejenigen zwischen einem Staat und seinen Staatsangehörigen.[324] Nicht zuletzt steht einer europäischen Staatsbürgerschaft entgegen, dass die EU nach herrschender Meinung kein Staat ist.[325] Die Unionsbürgerschaft ist folglich keine eigenständige Staatsbürgerschaft[326] und kann daher nicht in gleicher Weise eine Verbindung zwischen ihren Inhabern begründen, die diese zu einem Volk zusammenführen könnte.

Es fehlt daher sowohl aus rechtlicher als auch aus soziologischer Sicht weiterhin an einem europäischen Volk, so dass der Feststellung des Bundesverfassungsgerichts, das Europäische Parlament sei „kein Repräsentationsorgan eines souveränen europäischen Volkes“[327], im Grundsatz zuzustimmen ist.

---

[321] *E.-W. Böckenförde*, in: HdStR Bd. II, § 24 Rn. 26; *T. Stein/C. von Buttlar/M. Kotzur*, Völkerrecht, Rn. 252; *A. von Arnauld*, Völkerrecht, Rn. 82.

[322] *A. Hatje*, in: Schwarze, EU-Kommentar, Art. 20 AEUV Rn. 5; *M. Haag*, in: von der Groeben/Schwarze/Hatje, Unionsrecht Bd. 1, Art. 20 AEUV Rn. 16.

[323] *M. Haag*, in: von der Groeben/Schwarze/Hatje, Unionsrecht Bd. 1, Art. 20 AEUV Rn. 11; *K. Hailbronner*, in: Hailbronner/Maaßen/Hecker/Kau, Staatsangehörigkeitsrecht, S. 125; *E.-M. Tieke*, Subjekt demokratischer Legitimation in der EU, S. 286.

[324] BVerfGE 89, 155 (184); *S. Magiera*, in: Streinz, EUV/AEUV, Art. 20 AEUV Rn. 23; *M. Haag*, in: von der Groeben/Schwarze/Hatje, Unionsrecht Bd. 1, Art. 20 AEUV Rn. 11; *P. Kirchhof*, in: HdStR Bd. X, § 214 Rn. 13; *S. Dettke*, Voranschreitende Demokratisierung der Europäischen Union, S. 119 f.; ausführlich zu den Kriterien *S. Hobe*, Der Staat 32 (1993), S. 245 (254 ff.).

[325] *C. Schönberger*, in: Grabitz/Hilf/Nettesheim, Recht der EU, Art. 20 AEUV Rn. 2; *M. Kaufmann*, Europäische Integration und Demokratieprinzip, S. 248.

[326] *C. Schönberger*, in: Grabitz/Hilf/Nettesheim, Recht der EU, Art. 20 AEUV Rn. 2; *S. Magiera*, in: Streinz, EUV/AEUV, Art. 20 AEUV Rn. 23; *M. Haag*, in: von der Groeben/Schwarze/Hatje, Unionsrecht Bd. 1, Art. 20 AEUV Rn. 11; *K. Hailbronner*, in: Hailbronner/Maaßen/Hecker/Kau, Staatsangehörigkeitsrecht, S. 123; *S. Hobe*, Der Staat 32 (1993), S. 245 (258, 267).

[327] BVerfGE 123, 267 (372).

b) Vertretung der Unionsbürgerinnen und Unionsbürger

Ob das Europäische Parlament wegen des fehlenden europäischen Volkes zwingend als Vertretung der Völker der Mitgliedstaaten zu klassifizieren ist[328], ist jedoch fraglich. Mit seiner Schlussfolgerung blendete das Bundesverfassungsgericht vielmehr andere mögliche Legitimationssubjekte völlig aus.

So ging das Primärrecht zwar zunächst selbst davon aus, dass die Versammlung bzw. das Europäische Parlament „aus Vertretern der Völker der in der Gemeinschaft zusammengeschlossenen Staaten" (Art. 20 EGKSV; Art. 137 EWGV-R; Art. 137 EGV-M; Art. 189 EGV-A; Art. 189 Abs. 1 EGV-N) bestand. Dies galt umso mehr, als die Versammlung sich bis zur ersten Direktwahl 1979 aus Abgeordneten zusammensetzte, die gleichzeitig den nationalen Parlamenten angehörten (vgl. Art. 138 Abs. 1 EWGV-R). Durch den Vertrag von Lissabon wurde diese Passage jedoch geändert, das Parlament setzt sich nunmehr dem Wortlaut nach „aus Vertretern der Unionsbürgerinnen und Unionsbürger" zusammen (Art. 14 Abs. 2 UAbs. 1 Satz 1 EUV-L, ebenso bereits Art. I-20 Abs. 2 Satz 1 VV). Zudem bestimmt Art. 10 Abs. 2 EUV-L, dass die Bürgerinnen und Bürger auf Unionsebene unmittelbar im Europäischen Parlament vertreten sind. Die Mitgliedstaaten als „Herren der Verträge" haben sich damit weder für die mitgliedstaatlichen Staatsvölker noch für ein europäisches Volk als Legitimationssubjekt entschieden, sondern wählten als Anknüpfungspunkt die einzelnen Unionsbürgerinnen und -bürger.[329]

Es scheint, dass diese dritte Möglichkeit für das Bundesverfassungsgericht unvorstellbar war[330], denn es verstand Art. 14 Abs. 2, 10 Abs. 2 EUV-L stattdessen als Ausdruck einer beabsichtigten Repräsentation eines souveränen europäischen Volkes[331]. Darüber hinaus maß es der Änderung des Wortlauts offensichtlich keinerlei inhaltliche Bedeutung zu.

Mit seiner Fixierung auf das Legitimationssubjekt Volk ignorierte das Bundesverfassungsgericht die seit längerem bestehenden Tendenzen in der Literatur, die demokratische Legitimation des Europäischen Parlaments auf eine andere Basis zu stellen. Während vereinzelt ein erweitertes Verständnis des Volksbegriffs propagiert wurde[332], wenden sich inzwischen zahlreiche Stimmen im Schrifttum einer indivi-

---

[328] BVerfGE 123, 267 (375). Dieser These des Bundesverfassungsgerichts zustimmend *J. Isensee*, ZRP 2010, S. 33 (35); *K.-P. Sommermann*, in: von Mangoldt/Klein/Starck, GG Bd. 2, Art. 20 Rn. 96 f.; *K. Ambos/P. Rackow*, ZIS 2009, S. 397 (397).

[329] Vgl. aber auch *E.-M. Tieke*, Subjekt demokratischer Legitimation in der EU, S. 299 ff., nach deren Auffassung sich das Legitimationssubjekt des Europäischen Parlaments aus dem Primärrecht nicht eindeutig ergebe.

[330] *W. Kluth*, ZAR 2009, S. 329 (334); ähnlich auch *R. Uerpmann-Wittzack*, in: von Münch/Kunig, GG Bd. 1, Art. 23 Rn. 18; *T. Schmitz*, in: Härtel, Handbuch Föderalismus Bd. IV, § 84 Rn. 32.

[331] BVerfGE 123, 267 (372).

[332] Vgl. insbesondere *T. Schmitz*, EuR 2003, S. 217 (221 ff.), der von der Pluralität der Völker ausgeht: Nach seinem „funktionalen Volksbegriff" hat jeder territoriale Herrschaftsverband ein

duellen Konzeption zu und sehen die einzelnen Unionsbürgerinnen und -bürger als Legitimationssubjekt an[333]. Diese Ansicht stimmt nicht nur mit dem derzeitigen Wortlaut der Verträge überein, sondern kann sich darüber hinaus auf das Verständnis von Demokratie als Selbstbestimmung der Bürger[334] stützen[335]. Das Demokratieprinzip gilt auch im Staat nicht um seiner selbst willen[336], sondern dient als Mittel, dem Einzelnen eine Einflussnahme auf politische Entscheidungen zu ermöglichen, um auf diese Weise seinen individuellen Lebensentwurf absichern zu können[337]. Es spricht vieles dafür, dass diese Demokratietheorie in Art. 10 Abs. 2 EUV-L Ausdruck finden sollte.[338]

Dieses angepasste Konzept einer Volkssouveränität steht mit den Anforderungen des Grundgesetzes im Einklang. Schließlich fordert es von der Europäischen Union als Staatenverbund nur eine „strukturangepasste" Verwirklichung demokratischer Grundsätze.[339] Die Rückbindung der Hoheitsgewalt an ein europäisches Volk ist, wie gesehen, derzeit nicht möglich. Insofern kommt die Bezugnahme auf die Unionsbürgerinnen und -bürger als Legitimationssubjekt dem Idealbild der Legitimation durch ein Volk, das sich letztlich ebenfalls aus seinen Bürge-

---

eigenes Volk, das „Unionsvolk" könne daher die Rechtsetzung der EU demokratisch legitimieren. Vgl. auch *S. Oeter*, in: von Bogdandy/Bast, Europäisches Verfassungsrecht, S. 73 (93 f.), der das Volk als „Gesamtheit der Herrschaftsunterworfenen" bzw. als „Gesamtheit der das Gemeinwesen bildenden Bürger" versteht.

[333] *A. Augustin*, Volk der EU, S. 388 ff.; *A. Peters*, Elemente einer Theorie der Verfassung Europas, S. 657 ff.; *M. Heintzen*, ZEuS 2000, S. 377 (384); *E. Peuker*, Bürokratie und Demokratie in Europa, S. 158 f.; *W. Kluth*, Demokratische Legitimation der EU, S. 43; *ders.*, in: Calliess/Ruffert, EUV/AEUV, Art. 14 EUV Rn. 42; *W. Kaufmann-Bühler*, in: Lenz/Borchardt, EU-Verträge, Art. 14 EUV Rn. 11; *F. Baach*, Parlamentarische Mitwirkung in Angelegenheiten der EU, S. 49 f.; *S. Dettke*, Voranschreitende Demokratisierung der Europäischen Union, S. 123 f.; *I. Pernice*, in: Dreier, GG Bd. II (2. Aufl.), Art. 23 Rn. 55; *P. M. Huber*, in: Drexl/Kreuzer/Scheuing/Sieber, Europäische Demokratie, S. 27 (33 f.); *O. Mross*, Bürgerbeteiligung am Rechtsetzungsprozess in der Europäischen Union, S. 221; *C. Calliess/M. Hartmann*, Zur Demokratie in Europa, S. 83.

[334] *I. Pernice*, in: Dreier, GG Bd. II (2. Aufl.), Art. 23 Rn. 52 unter Bezugnahme auf BVerfGE 44, 125 (142); 83, 37 (50); *R. Bieber*, in: von der Groeben/Schwarze/Hatje, Unionsrecht Bd. 1, Art. 14 EUV Rn. 50; *M. Zuleeg*, JZ 1993, S. 1069 (1072); *B.-O. Bryde*, in: FS Zuleeg, S. 131 (132). Ähnlich *S. Huster/J. Rux*, in: Epping/Hillgruber, BeckOK GG, Art. 20 Rn. 55.1, 57.

[335] Wohl mit gleicher Tendenz, wenngleich zweifelnd angesichts der Gemeinschaftsbezogenheit des Menschen, *C. Ohler*, AöR 135 (2010), S. 153 (177): „Man mag das als ideale Beschreibung von Legitimation ansehen, wenn man demokratische Teilhabe in erster Linie als Betroffenenpartizipation versteht." Ähnlich auch *A. Augustin*, Volk der EU, S. 388 f., die darauf hinweist, dass es auf die Selbstbestimmung der Menschen und Realisierung der individuellen Freiheit ankomme. Ebenfalls Freiheit und Selbstbestimmung betonend *S. Dettke*, Voranschreitende Demokratisierung der Europäischen Union, S. 125.

[336] *S. Huster/J. Rux*, in: Epping/Hillgruber, BeckOK GG, Art. 20 Rn. 55.

[337] *P. M. Huber*, in: Streinz, EUV/AEUV, Art. 10 EUV Rn. 11, unter Bezugnahme auf BVerfGE 5, 85 (197); 44, 125 (142); 89, 155 (187); 123, 267 (340); 129, 124 (169, 177); 132, 195 (238); 135, 317 (386).

[338] So auch *R. Bieber*, in: von der Groeben/Schwarze/Hatje, Unionsrecht Bd. 1, Art. 14 EUV Rn. 50.

[339] S. o. 4. Teil B. I.

rinnen und Bürgern bzw. einzelnen Individuen zusammensetzt, bereits ziemlich nahe. Sie verkennt zudem nicht den kollektiven Aspekt der Demokratie.[340] Denn die Unionsbürger haben sich in der Europäischen Union bereits zu einer Gemeinschaft zusammengeschlossen, die zwar noch keine Volksqualität erreicht, aber eine Grundlage für gemeinschaftsorientierte Entscheidungen und die Akzeptanz von Mehrheitsentscheidungen bildet.

Inwieweit die Bezugnahme auf die einzelnen Bürgerinnen und Bürger auch innerhalb eines europäischen Bundesstaates noch den Anforderungen des Art. 79 Abs. 3 i. V. m. Art. 20 GG entsprechen würde, kann dahingestellt bleiben. Mit der Gründung eines solchen Staates und der Einführung einer originären europäischen Staatsangehörigkeit würden die Bürgerinnen und Bürger jedenfalls zu einem Volk im juristischen Sinne verbunden, auf das sich die demokratische Legitimation fortan stützen könnte. Nach der hier vertretenen integrationsoffenen Auslegung des Volksbegriffes[341] wäre ein solches europäisches Volk zulässiges Legitimationssubjekt eines europäischen Staates.

c) Nationale Kontingente als Hindernis?

Gegen die Annahme der Unionsbürgerinnen und -bürger als Legitimationssubjekt ließe sich womöglich einwenden, dass gemäß Art. 14 Abs. 2 UAbs. 1 Satz 4 EUV-L nicht die Bürger, sondern die Mitgliedstaaten Sitze im Europäischen Parlament erhalten. Auch das Bundesverfassungsgericht stützt seine Argumentation für eine Völkervertretung auf die mitgliedstaatliche Kontingentierung.[342] Dabei ist jedoch zunächst festzuhalten, dass seine Annahme, die Repräsentation im Europäischen Parlament knüpfe an die Staatsangehörigkeit und damit an ein im Unionsrecht grundsätzlich unzulässiges Differenzierungskriterium an[343], fehlerhaft ist.[344] Denn primärrechtlich ist durch Art. 22 Abs. 2 AEUV gewährleistet, dass jeder Unionsbürger nicht nur in seinem Herkunftsstaat, sondern auch – alternativ[345] – in dem Mitgliedstaat, in dem er seinen Wohnsitz hat, aktiv und passiv wahlberechtigt ist. Sofern er von diesem Recht Gebrauch macht, stimmt der betroffene Unionsbürger folglich über die Abgeordneten aus seinem Wohnsitzstaat ab. Das beseitigt zwar

[340] Zur kollektiven Selbstbestimmung *S. Müller-Franken*, AöR 134 (2009), S. 542 (558).

[341] S. o. 4. Teil A. IV. 3.

[342] BVerfGE 123, 267 (373).

[343] BVerfGE 123, 267 (376).

[344] *C. D. Classen*, JZ 2009, S. 881 (883); *D. Halberstam/C. Möllers*, GLJ 10 (2009), S. 1241 (1249); *M. Selmayr*, ZEuS 2009, S. 637 (651); *P. Hector*, ZEuS 2009, S. 599 (605, Fn. 19); *M. Böse*, ZIS 2010, S. 76 (84); *M. Abels*, Das Bundesverfassungsgericht und die Integration Europas, S. 88.

[345] Vgl. Art. 4 der Richtlinie 93/109/EG des Rates vom 6. Dezember 1993 über die Einzelheiten der Ausübung des aktiven und passiven Wahlrechts bei den Wahlen zum Europäischen Parlament für Unionsbürger mit Wohnsitz in einem Mitgliedstaat, dessen Staatsangehörigkeit sie nicht besitzen, ABl. EG 1993 Nr. L 329, S. 34 ff., zuletzt geändert durch Richtlinie 2013/1/EU des Rates vom 20. Dezember 2012, ABl. EU 2013 Nr. L 26, S. 27 ff.

nicht die vom Bundesverfassungsgericht kritisierte nationale Kontingentierung an sich, weicht sie aber insoweit auf, als die Besetzung der Sitze nicht nur durch die jeweiligen Staatsangehörigen beeinflusst werden kann.[346] Die Abgeordneten können daher nicht das Volk des jeweiligen Mitgliedstaates im engeren Sinne repräsentieren, sondern nur die in ihm lebenden Unionsbürgerinnen und -bürger. Spiegelbildlich verhält es sich mit dem passiven Wahlrecht: In Deutschland sind gemäß § 6b EuWG nicht nur Deutsche im Sinne des Art. 116 Abs. 1 GG wählbar, sondern auch Unionsbürgerinnen und -bürger, die die Staatsangehörigkeit eines anderen Mitgliedstaates besitzen und in Deutschland eine Wohnung innehaben oder sich sonst gewöhnlich dort aufhalten. Somit ist es z. B. möglich, dass ein in Deutschland lebender Spanier seine Stimme für eine ebenfalls in Deutschland lebende Polin abgibt, die dann als Abgeordnete des deutschen Kontingents in das Europäische Parlament gewählt werden könnte.[347] Die Staatsangehörigkeit bzw. Volkszugehörigkeit sind damit für die Wahlen zum Europäischen Parlament nicht entscheidend, jedenfalls ein „entwicklungsfähige[r] Kern eines grenzüberschreitenden Demos“[348] ist vorhanden. Dieses Wahlrecht spricht daher nicht für die Völker der Mitgliedstaaten als Legitimationssubjekt, sondern unterstreicht im Gegenteil die Legitimation des Parlaments durch die Unionsbürgerinnen und -bürger.[349] Zutreffend spricht daher Art. 3 des aktuellen Ratsbeschlusses über die Zusammensetzung des Europäischen Parlaments[350] nicht von den Sitzen je Mitgliedstaat, sondern von der „Zahl der in jedem Mitgliedstaat gewählten Vertreter im Europäischen Parlament“. In diesem Zusammenhang stellt der Mitgliedstaat im Wesentlichen lediglich einen Wahlkreis dar, in dem die Unionsbürger ihre Stimme abgeben können.[351] Sitze im Parlament erhalten richtigerweise nicht „die Mitgliedstaaten“ bzw. ihre Staatsangehörigen, sondern die in ihnen lebenden Unionsbürgerinnen und -bürger.

Die nationale Kontingentierung wird überdies dadurch relativiert, dass sich die Abgeordneten im Europäischen Parlament nicht in nationalen Gruppierungen zusammenschließen (dürfen[352]), sondern aufgrund ihrer Parteizugehörigkeit kontin-

---

[346] Vgl. auch *E.-M. Tieke*, Subjekt demokratischer Legitimation in der EU, S. 316.

[347] Vgl. *M. Selmayr*, ZEuS 2009, S. 637 (651).

[348] So *M. Selmayr*, ZEuS 2009, S. 637 (651). Ähnlich *O. Dörr*, in: FS Rengeling, S. 205 (210); *E.-M. Tieke*, Subjekt demokratischer Legitimation in der EU, S. 246.

[349] Ähnlich *E.-M. Tieke*, Subjekt demokratischer Legitimation in der EU, S. 315.

[350] Beschluss des Europäischen Rates vom 28. Juni 2013 über die Zusammensetzung des Europäischen Parlaments, ABl. EU 2013 Nr. L 181, S. 57 f.

[351] *C. Lenz*, Ein einheitliches Verfahren für die Wahl des Europäischen Parlaments, S. 221. Dass dabei – im Gegensatz zum deutschen Wahlrecht (vgl. § 5 BWahlG) – nicht jeweils ein Abgeordneter pro Wahlkreis gewählt wird, sondern mehrere, ist in vielen demokratischen Staaten die Regel, vgl. nur den Überblick über die Wahlkreiseinteilung in westlichen europäischen Demokratien, den USA und Kanada im Gutachten des *Max-Planck-Instituts für ausländisches öffentliches Recht und Völkerrecht*, ZaöRV 57 (1997), S. 632 ff.

[352] Gemäß Art. 33 Abs. 2 der Geschäftsordnung des Europäischen Parlaments (Stand: Juli 2019, abrufbar unter http://www.europarl.europa.eu/doceo/document/RULES-9-2019-07-02_DE.pdf, zuletzt abgerufen am 31. Oktober 2019) müssen einer Fraktion mindestens 25 Mitglieder angehören, die in mindestens einem Viertel der Mitgliedstaaten gewählt wurden.

gentübergreifende Fraktionen bilden.[353] Das freie Mandat der Abgeordneten[354] und ein nur gering ausgeprägter Fraktionszwang[355] ermöglichen zwar grundsätzlich dennoch eine Abstimmung im Sinne nationaler Interessen.[356] Nicht zuletzt die Arbeit in den nationalitätenübergreifenden Fraktionen kann aber zu einem Abbau nationaler Denkweisen beitragen, zumal ein geschlossenes Auftreten der Fraktionen im europäischen Interesse sowohl die Rolle der Fraktionen und Parteien als auch diejenige des Europäischen Parlaments innerhalb der europäischen Institutionen zu stärken vermag[357]. Die Zugehörigkeit zu einem nationalen Kontingent tritt daher gegenüber der politischen Zugehörigkeit in den Hintergrund.

Schließlich ist es dogmatisch fragwürdig, wenn das Bundesverfassungsgericht die Einordnung des Parlaments als Vertretung der Völker mit der mangelnden Gleichheit der Wahl begründet[358].[359] Soweit die Unionsbürgerinnen und -bürger im Europäischen Parlament nicht gleich vertreten sind, mag dies zwar unter Umständen demokratischen Grundsätzen widersprechen.[360] Einer solchen Feststellung muss jedoch zunächst die grundlegende Bestimmung des Legitimationssubjekts vorangehen. Erst in einem zweiten Schritt kann entschieden werden, ob dieses womöglich unzureichend repräsentiert wird. Weshalb die Ausgestaltung der Wahl hingegen zu einer Änderung des Legitimationssubjekts führen soll, bleibt angesichts einer fehlenden Begründung des Bundesverfassungsgerichts unklar.[361] Dogmatisch überzeugender ist es, die beiden Fragen klar voneinander zu trennen und die Gleichheit der Wahl separat unter dem Blickwinkel des Demokratieprinzips zu betrachten.

d) Zwischenergebnis

Im Ergebnis bleibt daher festzuhalten, dass das Europäische Parlament zumindest seit Inkrafttreten des Vertrags von Lissabon das Repräsentationsorgan der Unionsbürgerinnen und -bürger darstellt. Diese wählen die Abgeordneten des Parlaments in den einzelnen Mitgliedstaaten, die insoweit organisatorisch betrachtet lediglich Wahlkreise bilden. Der Einschätzung des Bundesverfassungsgerichts,

---

[353] *C. Lenz*, Ein einheitliches Verfahren für die Wahl des Europäischen Parlaments, S. 219 f.; *H. Steiger*, ZRP 2012, S. 13 (15); *P. M. Huber*, in: Streinz, EUV/AEUV, Art. 14 EUV Rn. 51; *E.-M. Tieke*, Subjekt demokratischer Legitimation in der EU, S. 315.

[354] Hierzu *E. Uppenbrink*, Das Europäische Mandat, S. 49 ff.; *U. Böttger*, EuR 2002, S. 898 (899 ff.); *W. Kluth*, in: Calliess/Ruffert, EUV/AEUV, Art. 223 AEUV Rn. 10; *S. Hölscheidt*, in: Grabitz/Hilf/Nettesheim, Recht der EU, Art. 223 AEUV Rn. 65 f.

[355] Vgl. *P. M. Huber*, in: Streinz, EUV/AEUV, Art. 223 AEUV Rn. 20 mit Fn. 46; *E. Uppenbrink*, Das Europäische Mandat, S. 50 f.; *U. Böttger*, EuR 2002, S. 898 (900 f.).

[356] *W. Frenz*, Handbuch Europarecht Bd. 6, Rn. 758.

[357] In diesem Sinne *W. Frenz*, Handbuch Europarecht Bd. 6, Rn. 759; ähnlich *W. Kluth*, in: Calliess/Ruffert, EUV/AEUV, Art. 224 AEUV Rn. 17.

[358] So BVerfGE 123, 267 (373, 375).

[359] Ähnlich *T. Schmitz*, in: Härtel, Handbuch Föderalismus Bd. IV, § 84 Rn. 32.

[360] Zu dieser Frage sogleich 4. Teil B. III. 3.

[361] *T. Schmitz*, in: Härtel, Handbuch Föderalismus Bd. IV, § 84 Rn. 32

das Europäische Parlament stelle eine Vertretung der Völker der Mitgliedstaaten dar, ist daher zu widersprechen. Dass das Legitimationssubjekt im Bundestag kaum diskutiert worden ist, stellt vor diesem Hintergrund kein wesentliches Versäumnis dar.

3. Die mangelnde Wahlrechtsgleichheit

Als zentralen Aspekt des europäischen Demokratiedefizits behandelte das Bundesverfassungsgericht im Lissabon-Urteil die mangelnde Gleichheit der Wahl zum Europäischen Parlament[362] – einen Aspekt, der in den untersuchten Bundestagsdebatten zu den europäischen Integrationsakten so gut wie keine Rolle gespielt hat. Diesbezüglich finden sich nur sehr vereinzelte Wortmeldungen. So wies der FDP-Abgeordnete Hoyer in der Debatte zum Verfassungsvertrag auf eine „Legitimationslücke" hin, die sich daraus ergebe, dass in der Europäischen Union das Prinzip der Gleichgewichtigkeit der individuellen Wählerstimmen nicht gelte.[363] Gut drei Jahre später bemerkte der fraktionslose Abgeordnete Nitzsche, dessen Beitrag wegen seiner nationalistischen Tendenz von den nachfolgenden Rednern scharf kritisiert wurde, ebenfalls, dass das Europäische Parlament nicht nach einem gleichen Wahlrecht gewählt werde und Deutschland im Verhältnis zu seiner Bevölkerungsgröße erheblich unterrepräsentiert sei.[364]

Das Bundesverfassungsgericht legte hingegen im Lissabon-Urteil ausführlich die Verletzung der Gleichheit der Wahl durch die unterschiedlichen Repräsentationsverhältnisse zwischen den Abgeordneten und der Anzahl der von ihnen vertretenen Bürgerinnen und Bürger in den mitgliedstaatlichen Kontingenten dar.[365] In diesem Zusammenhang ist bemerkenswert, dass das Gericht im vorangegangenen Maastricht-Urteil gar nicht auf die – damals ebenfalls bestehende[366] – Wahlrechtsungleichheit einging[367], während es diese im Lissabon-Urteil zum zentralen Thema machte. Im Ergebnis hielt das Bundesverfassungsgericht die Ungleichheit der Wahl zum Europäischen Parlament zwar für akzeptabel, weil der Grundsatz der Gleichheit der Wahl nur innerhalb eines (Staats-)Volkes, nicht aber für das Europäische Parlament als bloße „Vertretung der miteinander vertraglich verbundenen Völker"[368]

---

[362] BVerfGE 123, 267 (371 ff.).

[363] *W. Hoyer* (FDP), BT-Sten.Ber. 15/160, S. 14912.

[364] *H. Nitzsche* (fraktionslos), BT-Sten.Ber. 16/157, S. 16472.

[365] BVerfGE 123, 267 (374 f.).

[366] Vgl. Art. 2 des „Beschlusses und Aktes zur Einführung allgemeiner unmittelbarer Wahlen der Mitglieder des Europäischen Parlaments" i. d. F. vom 9. Februar 1993 (ABl. EG 1993 Nr. L 33, S. 15), der für den größten Mitgliedstaat Deutschland 99 Sitze, für den kleinsten Mitgliedstaat Luxemburg sechs Sitze festlegte. Vgl. auch *S. Dettke*, Voranschreitende Demokratisierung der Europäischen Union, S. 155 f.

[367] Vgl. auch *M. Abels*, Das Bundesverfassungsgericht und die Integration Europas, S. 88.

[368] Zur Kritik an der Beurteilung, dass das Europäische Parlament die Völker der Mitgliedstaaten repräsentiere, s. o. 4. Teil B. III. 2.

Geltung beanspruche.[369] Darüber hinaus folgerte das Bundesverfassungsgericht aus der mangelnden Wahlrechtsgleichheit allerdings ein „Defizit der europäischen Hoheitsgewalt“, sofern man diese an staatlichen Demokratieanforderungen messe.[370]

a) Anforderungen an die Gleichheit der Wahl

Es ist nicht zu bestreiten, dass die Gleichheit der Wahl verfassungsrechtlich nicht nur durch Art. 38 Abs. 1 Satz 1 GG für die Wahl zum Deutschen Bundestag gefordert wird, sondern allgemein als Mittel, die Gleichheit der Staatsbürgerinnen und -bürger zu sichern, ein wichtiger Bestandteil des Demokratieprinzips des Art. 20 Abs. 2 GG ist.[371] Sie wird daher zu den Grundsätzen des Demokratieprinzips gezählt, die nach Art. 79 Abs. 3 i. V. m. Art. 20 GG unabänderlich sind.[372] Folglich muss sie im Grundsatz auch im europäischen Kontext ausreichende Berücksichtigung finden, insbesondere wenn die EU tatsächlich zu einem Bundesstaat fortentwickelt werden sollte. Inhaltlich erfordert die Wahlrechtsgleichheit nach deutschem Verständnis im Hinblick auf eine Verhältniswahl, wie sie für die Wahl zum Europäischen Parlament vorgeschrieben ist[373], dass den Stimmen grundsätzlich ein gleicher Zähl- und Erfolgswert zukommt, wobei letzterer im Sinne einer gleichen Erfolgschance zu verstehen ist.[374] Jeder Wähler muss folglich den gleichen Einfluss auf die Zusammensetzung des Parlaments haben können.[375]

In der Sache hat das Bundesverfassungsgericht daher zunächst Recht, dass das Europäische Parlament derzeit[376] nicht den Idealansprüchen an ein gleich gewähl-

---

369 BVerfGE 123, 267 (371). Für die frühere Rechtslage ebenso bereits BVerfG, NJW 1995, S. 2216 (2216).

370 BVerfGE 123, 267 (377).

371 St. Rspr., vgl. nur BVerfGE 41, 399 (413); 51, 222 (234); 99, 1 (13); 121, 266 (295); 135, 259 (284). Ebenso *B. Grzeszick*, in: Maunz/Dürig, GG, Art. 20 II. Rn. 37; *M. Sachs*, in: Sachs, GG, Art. 20 Rn. 19; *S. Huster/J. Rux*, in: Epping/Hillgruber, BeckOK GG, Art. 20 Rn. 70; *G. Robbers*, in: Bonner Kommentar, Art. 20 Rn. 557; *A. Guckelberger*, JA 2012, S. 641 (641).

372 *B. Grzeszick*, in: Maunz/Dürig, GG, Art. 20 II. Rn. 37; *S. Huster/J. Rux*, in: Epping/Hillgruber, BeckOK GG, Art. 20 Rn. 70, 132; *R. Sannwald*, in: Schmidt-Bleibtreu/Hofmann/Henneke, GG, Art. 79 Rn. 60; *M. Sachs*, in: Sachs, GG, Art. 79 Rn. 70; *K.-E. Hain*, in: von Mangoldt/Klein/Starck, GG Bd. 2, Art. 79 Rn. 82; *D. Zacharias*, in: Thiel, Wehrhafte Demokratie, S. 57 (87).

373 Vgl. Art. 1 Abs. 1 des sog. Direktwahlaktes (Akt zur Einführung allgemeiner unmittelbarer Wahlen der Mitglieder des Europäischen Parlaments vom 20. September 1976 [ABl. EG 1976 Nr. L 278, S. 5], zuletzt geändert durch Beschluss [EU, Euratom] 2018/994 des Rates vom 13. Juli 2018 [Abl. EU 2018 Nr. L 178, S. 1]).

374 St. Rspr., vgl. nur BVerfGE 95, 335 (353); 121, 266 (295); 124, 1 (18); 129, 300 (317 f.); 131, 316 (337 f.); *S. Magiera*, in: Sachs, GG, Art. 38 Rn. 95; *B. Grzeszick*, in: Stern/Becker, Grundrechte-Kommentar, Art. 38 Rn. 27; *J. Ipsen*, Staatsrecht I, Rn. 96.

375 BVerfGE 1, 208 (246); 121, 266 (296); *A. Guckelberger*, JA 2012, S. 641 (641).

376 Die Kritik einer ungleichen Wahl trifft auf alle bisherigen Wahlperioden zu. Die Sitzverteilung in der Versammlung bzw. im Europäischen Parlament war zu keinem Zeitpunkt proportional zur Bevölkerungszahl der Mitgliedstaaten, vgl. *B. Suski*, Das Europäische Parlament, S. 76 ff., 201 ff. (für die Sitzverteilungen der Jahre 1952–1994).

tes Parlament genügt.[377] Denn gemäß Art. 14 Abs. 2 UAbs. 1 EUV-L sind die Bürgerinnen und Bürger im Parlament degressiv proportional, mit mindestens sechs, höchstens aber 96 Sitzen pro Mitgliedstaat[378], vertreten. Das bedeutet im Ergebnis, dass bevölkerungsarmen Mitgliedstaaten im Verhältnis zu ihrer Bevölkerungszahl mehr Sitze zugewiesen werden als bevölkerungsreicheren Mitgliedstaaten, eine in einem großen Staat gewählte Abgeordnete also eine – mitunter wesentlich – größere Zahl an Bürgerinnen und Bürgern repräsentiert als ein Abgeordneter aus einem kleinen Staat.[379] Damit ist der Erfolgswert aller Stimmen nicht gleich, sondern hängt davon ab, in welchem Mitgliedstaat die Stimme abgegeben wurde. Anders als z. B. eine Sperrklausel, bei der sich der tatsächliche Erfolg einer Stimme erst durch das Wahlergebnis ergibt, führt die nationale Kontingentierung dazu, dass der unterschiedliche Erfolgswert von vornherein feststeht.[380] Sie beeinträchtigt daher bereits die gleiche Erfolgs*chance* der Stimmen.[381]

Diese Sitzverteilung ist auch aus unionsrechtlicher Sicht nicht unproblematisch. Zwar umfassen die in Art. 14 Abs. 3 EUV-L, Art. 39 Abs. 2 EU-GRC niedergelegten Wahlrechtsgrundsätze dem Wortlaut nach die Gleichheit der Wahl nicht, in der Literatur ist jedoch umstritten, ob dieser Grundsatz dennoch (ungeschriebener) Bestandteil des Unionsrechts ist[382]. Die Frage kann hier offenbleiben, denn für die

---

[377] BVerfGE 123, 267 (371 ff.); ebenso z.B. *S. Hölscheidt*, in: Grabitz/Hilf/Nettesheim, Recht der EU, Art. 14 EUV Rn. 76; *W. Kaufmann-Bühler*, in: Lenz/Borchardt, EU-Verträge, Art. 14 EUV Rn. 16; *S. Hobe*, in: Stern/Sachs, Europäische Grundrechte-Charta, Art. 39 Rn. 40; *H. D. Jarass*, EU-Grundrechtecharta, Art. 39 Rn. 16; *J. Ipsen*, Staatsrecht I, Rn. 139; *D. Halberstam/C. Möllers*, GLJ 10 (2009), S. 1241 (1247).

[378] Über die Verteilung der Sitze im Einzelnen beschließt der Europäische Rat, vgl. Art. 14 Abs. 2 UAbs. 2 EUV-L. Für die aktuelle Wahlperiode 2019–2024 ergibt sich die Zahl der in jedem Mitgliedstaat gewählten Abgeordneten bis zum Austritt Großbritanniens (vgl. Art. 3 Abs. 2 UAbs. 1 des „Beschlusses [EU] 2018/937 des Europäischen Rates vom 28. Juni 2018 über die Zusammensetzung des Europäischen Parlaments", ABl. EU 2018 Nr. L 165 I, S. 1) aus Art. 3 des „Beschlusses des Europäischen Rates vom 28. Juni 2013 über die Zusammensetzung des Europäischen Parlaments (2013/312/EU)", ABl. EU 2013 Nr. L 181, S. 57 f. Demnach werden z. B. in den kleinsten Mitgliedstaaten Estland, Luxemburg, Malta und Zypern jeweils sechs Vertreterinnen und Vertreter gewählt, in Deutschland als größtem Mitgliedstaat 96. Die nächstgrößeren Kontingente sind Frankreich (74) sowie Italien und dem Vereinigten Königreich (jeweils 73) zugewiesen. Nach dem Austritt Großbritanniens wird die Zahl der Sitze auf 705 reduziert, die Kontingente werden für einzelne Mitgliedstaaten erhöht (z. B. von sechs auf sieben für Estland, von 74 auf 79 für Frankreich oder von 73 auf 76 für Italien), vgl. Art. 3 des „Beschlusses [EU] 2018/937 des Europäischen Rates vom 28. Juni 2018 über die Zusammensetzung des Europäischen Parlaments", ABl. EU 2018 Nr. L 165 I, S. 1.

[379] Vgl. dazu die Erläuterung des Grundsatzes der degressiven Proportionalität bei *S. Hölscheidt*, in: Grabitz/Hilf/Nettesheim, Recht der EU, Art. 14 EUV Rn. 53.

[380] *A. Tiedtke*, Demokratie in der Europäischen Union, S. 119; *R. Fleuter*, Mandat und Status des Abgeordneten im Europäischen Parlament, S. 53 f.

[381] *C. Lenz*, Ein einheitliches Verfahren für die Wahl des Europäischen Parlaments, S. 241.

[382] Befürwortend z. B. *S. Magiera*, in: Meyer/Hölscheidt, EU-Grundrechtecharta, Art. 39 Rn. 22; *H. D. Jarass*, EU-Grundrechtecharta, Art. 39 Rn. 16; *S. Hölscheidt*, in: Grabitz/Hilf/Nettesheim, Recht der EU, Art. 14 EUV Rn. 74; *P. M. Huber*, in: Streinz, EUV/AEUV, Art. 14 EUV Rn. 77; *C. Lenz*, Ein einheitliches Verfahren für die Wahl des Europäischen Parlaments, S. 192;

vorliegende Untersuchung kommt es auf die Beurteilung aus Sicht des deutschen Verfassungsrechts an. Entscheidend ist daher, inwieweit die Ungleichheit der Wahl zum Europäischen Parlament mit den Anforderungen der Art. 23 Abs. 1, 79 Abs. 3, 20 GG zu vereinbaren ist.

b) Spielraum des Gesetzgebers hinsichtlich der Gleichheit der Wahl

In diesem Zusammenhang ist zunächst zu berücksichtigen, dass das Bundesverfassungsgericht, bezogen auf das deutsche Wahlsystem, aus dem Grundsatz der Wahlrechtsgleichheit in ständiger Rechtsprechung kein absolutes Differenzierungsverbot gefolgert hat, sondern einen – eng bemessenen – Spielraum des Gesetzgebers anerkennt, der insoweit aus besonderen, „zwingenden" Gründen differenzieren dürfe.[383] Akzeptiert werden nicht nur verfassungsrechtlich zwingende Gründe, sondern auch solche, die durch die Verfassung legitimiert und gegenüber der Wahlrechtsgleichheit grundsätzlich gleich zu gewichten sind.[384] Vor diesem Hintergrund hat das Bundesverfassungsgericht bereits mehrmals Regelungen für verfassungskonform gehalten, die die Gleichheit der Wahl zum Deutschen Bundestag einschränkten.[385] Diese ist nämlich auch im nationalen Kontext nicht uneingeschränkt gewährleistet.[386] Insbesondere die derzeitige 5 %-Sperrklausel (§ 6 Abs. 3 BWahlG) führt dazu, dass die Stimmen, die für an dieser Hürde scheiternde Parteien abgegeben wurden, ohne Erfolg bleiben.[387] Ebenso können die Regelungen zu Grund-[388] und Überhangmandaten[389], ein negatives Stimmgewicht[390]

F. Arndt, ZaöRV 68 (2008), S. 247 (251); ablehnend *C. Schönberger*, Unionsbürger, S. 502 f.; *S. Hobe*, in: Stern/Sachs, Europäische Grundrechte-Charta, Art. 39 Rn. 47; wohl auch *R. Bieber*, in: von der Groeben/Schwarze/Hatje, Unionsrecht Bd. 1, Art. 14 EUV Rn. 54; *V. Epping*, in: Vedder/Heintschel von Heinegg, Unionsrecht, Art. 14 EUV Rn. 7.

383 Vgl. BVerfGE 135, 259 (286) m. w. N. Vgl. auch *S. Magiera*, in: Sachs, GG, Art. 38 Rn. 98; *W. Kluth*, in: Schmidt-Bleibtreu/Hofmann/Henneke, GG, Art. 38 Rn. 28; *H. Butzer*, in: Epping/Hillgruber, BeckOK GG, Art. 38 Rn. 63.

384 BVerfGE 95, 408 (418); 129, 300 (320); 135, 259 (286).

385 Vgl. z. B. BVerfGE 1, 208 (247 ff.); 6, 84 (95 ff.); 82, 322 (337 ff.); 95, 408 (419).

386 Darauf weist auch *U. Everling*, EuR 2010, S. 91 (97), hin.

387 Dazu BVerfGE 82, 322 (337 ff.); *N. Achterberg/M. Schulte*, in: von Mangoldt/Klein/Starck, GG Bd. 2, Art. 38 Rn. 149 ff.; *H. H. Klein*, in: Maunz/Dürig, GG, Art. 38 Rn. 126; *J. Ipsen*, Staatsrecht I, Rn. 96, 100. Vgl. auch in Bezug auf Sperrklauseln im Europa- sowie Kommunalwahlrecht BVerfGE 120, 82 (105 ff.); 129, 300 (344 f.); 135, 259 (291 ff.).

388 Hierzu BVerfGE 6, 84 (95 ff.); 95, 408 (421 ff.); *S. Magiera*, in: Sachs, GG, Art. 38 Rn. 99 m. w. N.; *H.-H. Trute*, in: von Münch/Kunig, GG Bd. 1, Art. 38 Rn. 60; *H. Meyer*, in: HdStR Bd. III, § 46 Rn. 44; *M. Wild*, Die Gleichheit der Wahl, S. 231 ff.

389 Hierzu BVerfGE 95, 335 (349 ff.); 131, 316 (357 ff.); *H. Butzer*, in: Epping/Hillgruber, BeckOK GG, Art. 38 Rn. 71 ff.; *H.-H. Trute*, in: von Münch/Kunig, GG Bd. 1, Art. 38 Rn. 61; *H. Meyer*, in: HdStR Bd. III, § 46 Rn. 45 ff.; *M. Wild*, Die Gleichheit der Wahl, S. 244 ff.

390 Hierzu BVerfGE 121, 266 (298 ff.); 131, 316 (340 ff.); *H. Butzer*, in: Epping/Hillgruber, BeckOK GG, Art. 38 Rn. 73; *J. Ipsen*, Staatsrecht I, Rn. 119a.

sowie die Einteilung des Wahlgebiets in Wahlkreise[391] im Hinblick auf die Gleichheit der Wahl problematisch sein.

Bei der nationalen Kontingentierung der Sitze im Europäischen Parlament besteht zwar die Besonderheit, dass der ungleiche Erfolgswert der Stimmen bereits vor der Wahl feststeht. Bei einer Wahlkreiseinteilung ist allerdings ebenso bereits keine gleiche Erfolgschance gegeben. Nicht nur in diesem Punkt ähneln sich die Regelungen. Indem das Unionsrecht bestimmt, wie viele Abgeordnete in einem bestimmten Gebiet, nämlich dem jeweiligen Mitgliedstaat, gewählt werden, legt es gleichzeitig die Zahl der Wahlberechtigten und die Zahl der zu wählenden Abgeordneten fest und bestimmt damit das Repräsentationsverhältnis. Faktisch werden auf diese Weise die Mitgliedstaaten zu Wahlkreisen.[392]

Bezogen auf Bundestagswahlen hat das Bundesverfassungsgericht bisher keine exakt gleich großen Wahlkreise gefordert, sondern Abweichungen der Bevölkerungs- bzw. Wahlberechtigtenzahlen grundsätzlich für möglich gehalten.[393] Dabei lagen dem Bundesverfassungsgericht allerdings stets Fälle vor, in denen die Unterschiede zwischen den kleinsten und größten Wahlkreisen geringer waren als derzeit auf europäischer Ebene. 1963 akzeptierte das Bundesverfassungsgericht die damalige gesetzlich zulässige Abweichung von der durchschnittlichen Bevölkerungszahl der Wahlkreise in Höhe von maximal 33 1/3 vom Hundert[394], hielt diesen Spielraum allerdings in einer späteren Entscheidung für zu groß, ohne neue Grenzen festzulegen[395]. Aktuell hat der Gesetzgeber für Bundestagswahlen bestimmt, dass die Bevölkerungszahl eines Wahlkreises von der durchschnittlichen Bevölkerungszahl der Wahlkreise um nicht mehr als 15 % abweichen soll, die absolute Höchstgrenze liegt bei 25 % (§ 3 Abs. 1 Satz 1 Nr. 3 BWahlG). Größere Abweichungen würden dazu führen, dass einzelne Wahlkreise mehr als doppelt so groß sein könnten als andere, wodurch kaum mehr von einer „gleichen" Wahl gesprochen werden könnte.[396]

Übertragen auf die Wahl zum Europäischen Parlament, würden sich die Repräsentationsverhältnisse[397] nur in einigen Mitgliedstaaten in einem solchen Rahmen

---

[391] Hierzu BVerfGE 13, 127 (128); 16, 130 (135 ff.); 130, 212 (225 ff.); *H. H. Klein*, in: Maunz/Dürig, GG, Art. 38 Rn. 124; *H. Butzer*, in: Epping/Hillgruber, BeckOK GG, Art. 38 Rn. 66 f.; *H.-H. Trute*, in: von Münch/Kunig, GG Bd. 1, Art. 38 Rn. 64; *B. Grzeszick*, in: Stern/Becker, Grundrechte-Kommentar, Art. 38 Rn. 132 ff.; *M. Wild*, Die Gleichheit der Wahl, S. 236 ff.; *J. Ipsen*, Staatsrecht I, Rn. 98 f.

[392] *C. Lenz*, Ein einheitliches Verfahren für die Wahl des Europäischen Parlaments, S. 27.

[393] BVerfGE 13, 127 (128); 16, 130 (136); 95, 335 (364); 130, 212 (229).

[394] BVerfGE 16, 130 (141).

[395] BVerfGE 95, 335 (365).

[396] *M. Wild*, Die Gleichheit der Wahl, S. 242.

[397] Die 751 Abgeordneten des Europäischen Parlaments repräsentieren geschätzt 513.481.690 Einwohnerinnen und Einwohner (Stand: Jahreswechsel 2018/2019, Quelle: Eurostat, Bevölkerung). Damit repräsentiert ein Abgeordneter bzw. eine Abgeordnete rechnerisch durchschnittlich ca. 683.731 Einwohnerinnen und Einwohner.

Präziser müsste der Berechnung der Repräsentationsverhältnisse die Zahl der im jeweiligen Mitgliedstaat wahlberechtigten Unionsbürgerinnen und -bürger zugrunde gelegt werden, vgl.

bewegen.[398] In anderen Mitgliedstaaten würden die tolerierbaren Abweichungen hingegen zum Teil deutlich überschritten.[399] Es spricht daher einiges dafür, dass diese Ungleichheiten, sofern sie an den Anforderungen des Grundgesetzes an die innerstaatliche Demokratie gemessen würden, bereits aufgrund ihres erheblichen Ausmaßes den gesetzgeberischen Spielraum überschreiten.

Trotzdem ist zu bemängeln, dass im Lissabon-Urteil jeglicher Verweis auf die Rechtsprechung zu den Differenzierungsmöglichkeiten bei der Verwirklichung der Gleichheit der Wahl fehlt. Eine Auseinandersetzung mit möglichen Spielräumen des europäischen Gesetzgebers fand nicht statt. Eine Rechtfertigung des Demokratiedefizits wurde zwar kurz erörtert[400], allerdings unter dem Blickwinkel, ob die defizitäre Wahl zum Europäischen Parlament durch andere vertragliche Regelungen aufgewogen werden könnte, statt der vorgelagerten Frage nachzugehen, ob bereits zwingende Gründe die Ungleichheit der Wahl rechtfertigen und damit einen Verstoß gegen Art. 20, 79 Abs. 3 GG ausschließen könnten. Die insoweit lückenhaften Ausführungen des Senats erwecken daher den Eindruck, als wolle er an die Europäische Union und insbesondere an einen potentiellen europäischen Bundesstaat strengere Maßstäbe im Hinblick auf die Gleichheit der Wahl anlegen als an den deutschen Bundesstaat. Die zugrunde gelegten „staatlichen Demokratieanforde-

---

dazu in etwas anderem Zusammenhang (rechtmäßige Bezugsgröße der Sitzverteilung) *F. Arndt*, ZaöRV 68 (2008), S. 247 (255 ff.). Da diese Zahlen jedoch – soweit ersichtlich – nicht vom Statistischen Amt der Europäischen Union veröffentlicht werden, werden hier vereinfachend die Bevölkerungszahlen zugrunde gelegt. Das Bundesverfassungsgericht ist im Übrigen ebenfalls von den Bevölkerungszahlen ausgegangen, die es offensichtlich mit der Zahl der Unionsbürger gleichsetzt, vgl. BVerfGE 123, 267 (374 f.). Zu den mitunter erheblichen Unterschieden zwischen der Zahl der Staatsangehörigen und der Drittstaatsangehörige (sowohl Unionsbürger aus anderen Mitgliedstaaten als auch Staatsangehörige von Nicht-EU-Ländern) einschließenden Einwohnerzahl: *F. Arndt*, ZaöRV 68 (2008), S. 247 (255).

[398] So z. B. Niederlande: ca. 664.699 Einwohnerinnen und Einwohner pro Abgeordnetem bzw. Abgeordneter (26 Abgeordnete bei einer Einwohnerzahl von 17.282.163), entspricht einer Abweichung von ca. 2,8 %; Polen: ca. 744.565 Einwohnerinnen und Einwohner pro Abgeordnetem bzw. Abgeordneter (51 Abgeordnete bei einer Einwohnerzahl von 37.972.812), entspricht einer Abweichung von ca. 8,9 %; Rumänien: ca. 606.302 Einwohnerinnen und Einwohner pro Abgeordnetem bzw. Abgeordneter (32 Abgeordnete bei einer Einwohnerzahl von 19.401.658), entspricht einer Abweichung von ca. 11,3 %. In Deutschland beträgt die Abweichung ca. 26,5 % nach oben, auf einen in Deutschland gewählten Abgeordneten bzw. eine Abgeordnete kommen ca. 864.783 Einwohnerinnen und Einwohner (96 Abgeordnete bei einer Einwohnerzahl von 83.019.213) (Einwohnerzahlen teilweise vorläufig, jeweils Stand: Jahreswechsel 2018/2019, Quelle: Eurostat, Bevölkerung).

[399] Z. B. Malta: ca. 82.260 Einwohnerinnen und Einwohner pro Abgeordnetem bzw. Abgeordneter (sechs Abgeordnete bei einer Einwohnerzahl von 493.559), entspricht einer Abweichung von ca. 88,0 %; Lettland: 239.996 Einwohnerinnen und Einwohner pro Abgeordnetem bzw. Abgeordneter (acht Abgeordnete bei einer Einwohnerzahl von 1.919.968), entspricht einer Abweichung von ca. 64,9 %; Irland: ca. 445.839 Einwohnerinnen und Einwohner pro Abgeordnetem bzw. Abgeordneter (elf Abgeordnete bei einer Einwohnerzahl von 4.904 226), entspricht einer Abweichung von ca. 34,8 % (Einwohnerzahlen teilweise vorläufig, jeweils Stand: Jahreswechsel 2018/2019, Quelle: Eurostat, Bevölkerung).

[400] BVerfGE 123, 267 (377 ff.).

rungen“[401] müssten ihrer Bezeichnung nach aber gerade diejenigen sein, die auch in der Bundesrepublik Deutschland erfüllt sein müssen. Die absoluten Grenzen ergeben sich sowohl für die staatliche Demokratie als auch für die europäische Integration aus Art. 79 Abs. 3 GG. Es kann daher nicht überzeugen, wenn im nationalen Recht Einschränkungen der Wahlrechtsgleichheit zugelassen werden, die auf europäischer Ebene als demokratisch defizitär gerügt werden würden. Es wäre zu begrüßen, wenn das Bundesverfassungsgericht insoweit die Einheitlichkeit des Maßstabs klarstellen würde.

c) Wahlgleichheit in föderalen Staaten

Einschränkungen der Gleichheit der Wahl sind allerdings, wie bereits am Beispiel des Bundestages gesehen, keine Eigenheit der Wahl zum Europäischen Parlament, sondern treten in vielen staatlichen Wahlsystemen auf.

In der deutschen „zweiten Kammer“, dem Bundesrat, zeigen sich z. B. extreme Unterschiede in der Relation zwischen der Anzahl der Stimmen und der Einwohnerzahl des jeweiligen Bundeslandes, denn gemäß Art. 51 Abs. 2 GG hat ein Land mindestens drei und höchstens sechs Stimmen. Während das Stimmgewicht damit maximal um den Faktor zwei variiert, sind die Differenzen zwischen den Einwohnerzahlen um ein Vielfaches größer.[402] Im Ergebnis sind die Unterschiede in der Repräsentation im Bundesrat sogar ähnlich dimensioniert wie im Europäischen Parlament.[403] Einschränkungen des Demokratieprinzips im Hinblick auf den Bundesrat als Vertretungsorgan der Länder werden jedoch wegen des Bundesstaatsprinzips für zulässig erachtet.[404] Eine Übertragung dieses Grundgedankens

---

[401] BVerfGE 123, 267 (377).

[402] Die Bundesrepublik Deutschland hatte zum Stichtag 31. Dezember 2015 82.175.684 Einwohnerinnen und Einwohner, das bevölkerungsreichste Bundesland Nordrhein-Westfalen 17.865.516 und das bevölkerungsärmste Bundesland Bremen 671.489 (Quelle: Statistische Ämter des Bundes und der Länder, Fläche und Bevölkerung nach Ländern). Da der Bundesrat 69 Stimmen hat, repräsentiert eine Stimme durchschnittlich ca. 1.190.952 Einwohnerinnen und Einwohner. Dabei verfügt Bremen über eine Stimme je gerundet 223.830 Einwohnerinnen und Einwohner (entspricht einer Abweichung von ca. 81,2 %), während eine nordrhein-westfälische Stimme ca. 2.977.586 Einwohnerinnen und Einwohner repräsentiert (entspricht einer Abweichung von ca. 150,0 %).

[403] Ebenso *W. Frenz*, EWS 2009, S. 441 (442) unter Bezug auf *C. O. Lenz*, FAZ Nr. 182 vom 8. August 2009, S. 7; ähnlich *A. Tiedtke*, Demokratie in der Europäischen Union, S. 123.

[404] So bezüglich der Berechnung der Stimmenzahl anhand der Einwohnerzahl statt der Zahl der im Bundesland lebenden Deutschen i. S. d. Art. 116 GG, die das Staatsvolk darstellen: *O. Dörr*, in: Epping/Hillgruber, BeckOK GG, Art. 51 Rn. 12; *W. Krebs*, in: von Münch/Kunig, GG Bd. 1, Art. 51 Rn. 12; *S. Korioth*, in: von Mangoldt/Klein/Starck, GG Bd. 2, Art. 51 Rn. 16 mit Fn. 12; ähnlich auch *C. Thiele*, Regeln und Verfahren der Entscheidungsfindung innerhalb von Staaten und Staatenverbindungen, S. 228; *R. Müller-Terpitz*, in: Maunz/Dürig, GG, Art. 51 Rn. 54. Für die Verfassungswidrigkeit eines solchen Verstoßes gegen Art. 20 Abs. 2 GG sowie das Prinzip der demokratischen Gleichheit: *T. Maunz/R. Scholz*, in: Maunz/Dürig, GG, Stand: 32. Lieferung Oktober 1996, Art. 51 Rn. 3.

auf das Europäische Parlament als Vertretung der Unionsbürgerinnen und -bürger verbietet sich nicht von vornherein.[405] Es ist zwar soeben[406] festgestellt worden, dass das Europäische Parlament gerade keine Vertretung der Völker der Mitgliedstaaten mehr ist, insofern also nicht unmittelbar mit dem deutschen Bundesrat verglichen werden kann. Jedes föderal organisierte System sieht sich aber der Frage ausgesetzt, wie demokratische und föderale Grundsätze miteinander in Einklang gebracht werden können.[407] Ein Zwei-Kammer-System nach deutschem Vorbild bietet sich hierfür sicherlich an, es ist aber nicht ersichtlich, dass die gemeinsame Gesetzgebung durch eine gleich gewählte Vertretung der Bürgerinnen und Bürger und eine Länderkammer das einzige probate Mittel wäre. Vielmehr erscheint es nicht ausgeschlossen, dass Elemente des demokratischen sowie des Bundesstaatsprinzips im Sinne einer praktischen Konkordanz gleichzeitig in *einem* Gesetzgebungsorgan verwirklicht werden.[408] Dabei wird zwar wegen der herausragenden Bedeutung der Volkssouveränität im Zweifel dem Demokratieprinzip der Vorrang einzuräumen sein. Entscheidend muss es aber letztlich darauf ankommen, ob die Gesetzgebung insgesamt betrachtet demokratischen Anforderungen genügt.[409]

Im Übrigen weichen die Wahlsysteme anderer Staaten, insbesondere auch der föderal geprägten wie z. B. der USA oder der Schweiz, ebenfalls mitunter erheblich vom Idealbild der gleichen Wahl ab.[410] In der Literatur wird überdies darauf hingewiesen, dass sich diese Abweichungen nicht stets, wie vom Bundesverfassungs-

[405] In diese Richtung aber wohl BVerfGE 123, 267 (375): „Derartig ausgeprägte Ungleichgewichte werden in föderalen Staaten regelmäßig nur für die zweite Kammer neben dem Parlament – in Deutschland und Österreich entspricht dieser zweiten Kammer der Bundesrat, in Australien, Belgien und den Vereinigten Staaten von Amerika der Senat – toleriert. Sie werden aber nicht in der Volksvertretung selbst hingenommen, weil diese sonst das Volk nicht in einer vom personalen Freiheitsprinzip ausgehenden gleichheitsgerechten Weise repräsentieren kann."

[406] S. o. 4. Teil B. III. 2.

[407] *I. Härtel*, in: Härtel, Handbuch Föderalismus Bd. IV, § 86 Rn. 30.

[408] *M. Selmayr*, ZEuS 2009, S. 637 (653); *B.-O. Bryde*, in: FS Zuleeg, S. 131 (133); *I. Härtel*, in: Härtel, Handbuch Föderalismus Bd. IV, § 86 Rn. 30; wohl auch *R. Lehner*, Der Staat 52 (2013), S. 535 (556 f.). Für einen Ausgleich zwischen föderalem und demokratischem Prinzip innerhalb des Europäischen Parlaments ebenfalls *S. Magiera*, in: FS Everling Bd. I, S. 780 (797). A. A. *M. Kaufmann*, Europäische Integration und Demokratieprinzip, S. 254, 260; wohl auch *E. Peuker*, ZEuS 2008, S. 453 (463 f.), der eine klare Trennung zwischen einer gleich gewählten Bürgerkammer und einer Staatenkammer fordert.

[409] *M. Selmayr*, ZEuS 2009, S. 637 (653); *I. Härtel*, in: Härtel, Handbuch Föderalismus Bd. IV, § 86 Rn. 30. Dazu sogleich unten 4. Teil B. III. 4.

[410] *U. Everling*, EuR 2010, 91 (97); *C. Schönberger*, Der Staat 48 (2009), S. 535 (549 f.); *ders.*, GLJ 10 (2009), S. 1201 (1214); *E. Röper*, DÖV 2010, S. 285 (289); *W. Frenz*, EWS 2009, S. 441 (442 f.); *C. D. Classen*, JZ 2009, S. 881 (883); *J. Gieseler*, ZParl 2007, S. 617 (619 ff.); *P. Hector*, ZEuS 2009, S. 599 (604); *S. Oeter*, in: von Bogdandy/Bast, Europäisches Verfassungsrecht, S. 73 (108); *M. Selmayr*, ZEuS 2009, S. 637 (652); *D. Halberstam/C. Möllers*, GLJ 10 (2009), S. 1241 (1247); *C. Tomuschat*, GLJ 10 (2009), S. 1259 (1260); *R. Lehner*, Der Staat 52 (2013), S. 535 (555 f.). *Lehner*, a. a. O., kommt bei einer Gesamtbetrachtung beider Kammern des Parlaments der USA zu dem Ergebnis, dass die Stimme eines Bürgers aus Wyoming ca. 16,5-mal so viel wiegt wie die Stimme eines kalifornischen Bürgers.

gericht behauptet[411], auf die zweiten Kammern beschränken, sondern in einigen Staaten auch die (volksgewählten) ersten Kammern betreffen.[412] Legt man das bundesverfassungsgerichtliche Verständnis zugrunde, müssten somit auch diesen Staaten Demokratiedefizite attestiert werden. Die tatsächlichen Gegebenheiten in Deutschland und anderen Staaten lassen selbstverständlich keine zwingenden Schlüsse für eine abschließende Bewertung der konkreten Sitzverteilung im Europäischen Parlament zu. Sie verdeutlichen aber gleichwohl, dass Demokratie nach einem praxisgerechten Verständnis auch dort gewährleistet sein kann, wo die Repräsentationsorgane nicht nach einem gleichen Wahlrecht in idealer Ausprägung gewählt werden.

d) Rechtfertigungsgründe

Vor diesem Hintergrund stellt sich nunmehr die Frage, ob die Ungleichheit der Wahl zum Europäischen Parlament gerechtfertigt werden kann. Das Bundesverfassungsgericht hat in der Vergangenheit bereits mehrfach die Sicherung der Funktionsfähigkeit des Parlaments als Rechtfertigungsgrund für Einschränkungen der Wahlrechtsgleichheit anerkannt.[413] Zwar mag es zutreffen, dass die unzureichende Gleichheit der Wahl zum Europäischen Parlament derzeit nicht der Sicherung seiner Handlungsfähigkeit geschuldet ist.[414] Dennoch steht die Verwirklichung der Wahlrechtsgleichheit in einer Europäischen Union, in der die Bevölkerungszahlen der Mitgliedstaaten weit auseinander klaffen, vor erheblichen praktischen Schwierigkeiten. Selbst wenn im bevölkerungsärmsten Mitgliedstaat Malta mit 493.559 Einwohnerinnen und Einwohnern[415] statt sechs nur noch ein Abgeordneter gewählt werden sollte, müsste das Europäische Parlament bei einer annähernd gleichen Anwendung dieses Repräsentationsverhältnisses auf die Gesamtbevölkerung der 28 EU-Mitgliedstaaten von mehr als 513 Millionen[416] ungefähr 1.040 Sitze umfassen. An der Funktionsfähigkeit eines Parlaments von dieser

---

[411] BVerfGE 123, 267 (375). Ähnlich auch *J.-P. Eickhoff*, Das Funktionsrecht des Europäischen Parlaments, S. 83; *R. Fleuter*, Mandat und Status des Abgeordneten im Europäischen Parlament, S. 54.

[412] *M. Selmayr*, ZEuS 2009, S. 637 (653); *R. Lehner*, Der Staat 52 (2013), S. 535 (555 f.); *C. Schönberger*, Der Staat 48 (2009), S. 535 (549 f.); *ders.*, GLJ 10 (2009), S. 1201 (1215); *B.-O. Bryde*, in: FS Zuleeg, S. 131 (133); *E. Röper*, DÖV 2010, S. 285 (289); *I. Härtel*, in: Härtel, Handbuch Föderalismus Bd. IV, § 86 Rn. 30; *C. D. Classen*, JZ 2009, S. 881 (883); *J. Gieseler*, ZParl 2007, S. 617 (619 ff.); *M. Böse*, ZIS 2010, S. 76 (84). Insbesondere *Selmayr*, a. a. O., belegt diese Unterschiede mit anschaulichen Zahlen: Demnach repräsentiere z. B. ein Abgeordneter Montanas im US-Repräsentantenhaus rund 1,8-mal so viele Einwohnerinnen und Einwohner wie ein Abgeordneter aus Wyoming.

[413] Vgl. BVerfGE 1, 208 (248); 4, 31 (40); 51, 222 (236); 82, 322 (338); 95, 408 (418).

[414] So *M. Kaufmann*, Europäische Integration und Demokratieprinzip, S. 255.

[415] Stand: Jahreswechsel 2018/2019, Quelle: Eurostat, Bevölkerung. Zur Ungenauigkeit der Bezugnahme auf die Einwohnerzahl vgl. 4. Teil, Fn. 397.

[416] Stand: Jahreswechsel 2018/2019, Quelle: Eurostat, Bevölkerung.

Größe sind starke Zweifel angebracht[417], zumal bereits die bisherigen Begrenzungen auf zwischen 700 (Art. 189 EVG-A) bis heute 750 Abgeordnete (Art. 14 Abs. 2 UAbs. 1 Satz 2 EUV-L) mit der Sicherung der Arbeitsfähigkeit des Parlaments begründet wurden[418].

Eine geringere Abgeordnetenzahl wäre aber nur zu erreichen, wenn kleine Mitgliedstaaten auf die eigenständige Wahl von Abgeordneten verzichten und sich in größere Wahlkreise eingliedern lassen würden.[419] Mitgliedstaatsübergreifende Wahlkreise würden zwar die Idee der Repräsentation der Unionsbürgerinnen und -bürger durch das Parlament verstärken.[420] Faktisch wird sich eine solche Marginalisierung einzelner Mitgliedstaaten aber wohl kaum durchsetzen lassen.[421] Abgesehen von dem entgegenstehenden völkerrechtlichen Prinzip der Staatengleichheit, das im derzeitigen Staatenverbund ebenfalls Berücksichtigung finden muss[422], begegnete sie zudem sogar aus Sicht des Grundgesetzes Bedenken, das von der EU nach Art. 23 Abs. 1 Satz 1 GG die Wahrung föderativer Grundsätze verlangt, mithin die Achtung der nationalen Identitäten[423]. Wenn den Bürgerinnen und Bürgern eines Mitgliedstaates die Entsendung eigener Abgeordneter in das Europäische Parlament versagt werden soll, würde sich daran jedoch eine Geringschätzung ihrer nationalen Identität gegenüber denen der anderen Mitgliedstaaten zeigen. Im nationalen Kontext rechtfertigt das Bundesverfassungsgericht die Einhaltung der Ländergrenzen bei der Wahlkreiseinteilung gerade mit dem Bundesstaatsprinzip.[424] Die Wahlkreise sollten sich zugunsten einer territorialen Verankerung des im Wahlkreis gewählten Abgeordneten an historisch verwurzelten Verwaltungs-

---

[417] Ähnlich *S. Hölscheidt*, in: Grabitz/Hilf/Nettesheim, Recht der EU, Art. 14 EUV Rn. 53; *J. Schoo*, EuR 2009, Beiheft 1, S. 51 (58); *ders.*, in: Schwarze, EU-Kommentar, Art. 14 EUV Rn. 47; *S. Hobe*, in: Stern/Sachs, Europäische Grundrechte-Charta, Art. 39 Rn. 40; *U. Karpen*, ZParl 2013, S. 645 (654); *E.-M. Tieke*, Subjekt demokratischer Legitimation in der EU, S. 199 f., 214; *O. Rüß*, Vereintes Europa, S. 139.

[418] Vgl. dazu *S. Hölscheidt*, in: Grabitz/Hilf/Nettesheim, Recht der EU, Art. 14 EUV Rn. 51; *W. Kluth*, in: Calliess/Ruffert, EUV/AEUV, Art. 14 EUV Rn. 23; *P. M. Huber*, in: Streinz, EUV/AEUV, Art. 14 EUV Rn. 53; *W. Kaufmann-Bühler*, in: Lenz/Borchardt, EU-Verträge, Art. 14 EUV Rn. 13; *M. Ruffert*, EuR 2009, Beiheft 1, S. 31 (40). *M. Hilf/E. Pache*, NJW 1998, S. 705 (710), zweifelten sogar bereits an der Arbeitsfähigkeit eines Parlaments mit 700 Abgeordneten.

[419] Vgl. auch *J. Ukrow*, ZEuS 2009, S. 717 (725).

[420] Ähnlich *M. Abels*, Das Bundesverfassungsgericht und die Integration Europas, S. 90.

[421] *J. Ukrow*, ZEuS 2009, S. 717 (725); *W. Kluth*, ZAR 2009, S. 325 (333); *M. Mayer*, Die Europafunktion der nationalen Parlamente in der Europäischen Union, S. 52. Diese praktischen Aspekte und föderativen Gründe übersieht *E. Peuker*, ZEuS 2008, S. 453 (463), der davon ausgeht, dass eine Mindestsitzanzahl nicht gerechtfertigt sei und das Europäische Parlament seine Funktionsfähigkeit daher trotz einer stärker an den Bevölkerungszahlen orientieren Sitzverteilung behalten könne.

[422] BVerfGE 123, 267 (375).

[423] Vgl. zum Begriff der föderativen Grundsätze *R. Streinz*, in: Sachs, GG, Art. 23 Rn. 35; *W. Heintschel von Heinegg*, in: Epping/Hillgruber, BeckOK GG, Art. 23 Rn. 15; *R. Uerpmann-Wittzack*, in: von Münch/Kunig, GG Bd. I, Art. 23 Rn. 22.

[424] BVerfG, NVwZ 2002, S. 71 (72).

grenzen orientieren.[425] Selbst in einem potentiellen europäischen Bundesstaat wäre es daher schwerlich mit einem sich dann entwickelnden Prinzip des europäischen Föderalismus vereinbar, mehrere Länder zu einem Wahlkreis zusammenzufassen. Daraus ist zu folgern, dass einem Land mindestens ein Abgeordneter zugeordnet werden muss. Für die derzeitige Regelung, dass in einem Mitgliedstaat mindestens sechs Abgeordnete gewählt werden, sind hingegen keine zwingenden föderalen Gründe ersichtlich.

Sollen die föderalen Erfordernisse mit der Sicherung der Funktionsfähigkeit des Parlaments in Einklang gebracht werden, muss eine gewisse Ungleichheit der Wahl zwingend in Kauf genommen werden. Über ihr Ausmaß lässt sich sicherlich streiten. Nach hier vertretener Ansicht, dass jedem Mitgliedstaat lediglich mindestens ein Sitz zugeordnet werden muss, wäre selbst bei Beibehaltung der derzeitigen Abgeordnetenzahl noch ein erheblicher Spielraum vorhanden: Wenn die Kontingente für kleinere Mitgliedstaaten verringert und diejenigen für bevölkerungsstarke Mitgliedstaaten gleichzeitig erhöht werden würden, könnten die Ungleichheiten erheblich verringert werden, ohne dass das föderale Prinzip völlig zurückstecken müsste. Es mag zwar zweifelhaft sein, dass solche Änderungen bei allen Mitgliedstaaten tatsächlich durchsetzbar wären, dieser Umstand ist aber für die rechtliche Beurteilung nicht relevant. Festzuhalten bleibt, dass das föderale Prinzip die Einschränkungen der Gleichheit der Unionsbürgerinnen und -bürger in ihrem derzeitigen Ausmaß nicht nur nicht zwingend erfordert, sondern auch bei Anerkennung eines Spielraums des Gemeinschaftsgesetzgebers im Hinblick auf den Ausgleich beider Prinzipien das Demokratieprinzip – gemessen an staatlichen Anforderungen – zu wenig Ausdruck in der Kontingentierung der Sitze im Europäischen Parlament gefunden hat.

e) Zwischenergebnis

Das Europäische Parlament ist derzeit weder eine Volks- noch eine Völkervertretung, sondern repräsentiert die Unionsbürgerinnen und -bürger. Vor diesem Hintergrund ist es problematisch, dass die Abgeordneten weder nach einem einheitlichen Wahlverfahren[426] noch in gleicher Wahl gewählt werden. Einschränkungen der Gleichheit der Wahl zum Europäischen Parlament sind zwar aus föderativen Gründen und zur Sicherung der Funktionsfähigkeit des Parlaments nicht nur im derzeitigen Staatenverbund unumgänglich. Selbst in einem europäischen Bundesstaat ließe sich aus den benannten Gründen eine gleiche Wahl nicht in ihrer Idealform verwirklichen, wie im Übrigen in einer Vielzahl demokratischer Staaten Einschränkungen

---

[425] BVerfGE 95, 335 (364); 130, 212 (228); ähnlich BVerfG, NVwZ 2002, S. 71 (72); vgl. auch Niedersächsischer Staatsgerichtshof, LVerfGE 11, 355 (339); Staatsgerichtshof für das Land Baden-Württemberg, LVerfGE 23, 3 (12).

[426] Ausführlich zu den Problemen eines uneinheitlichen Wahlverfahrens *C. Lenz*, Ein einheitliches Verfahren für die Wahl des Europäischen Parlaments.

der Wahlrechtsgleichheit hingenommen werden. Nach hier vertretener Auffassung würde die aktuelle Sitzverteilung in einem potentiellen europäischen Bundesstaat jedoch den gesetzgeberischen Spielraum überschreiten und dem demokratischen Prinzip im Sinne der Art. 79 Abs. 3, 20 GG nicht ausreichend Geltung verschaffen.

Aus diesem Grund ist dem Bundesverfassungsgericht in der Grundaussage zuzustimmen, dass das Europäische Parlament derzeit ein demokratisches Defizit aufweist. Die demokratische Legitimation der europäischen Hoheitsgewalt darf sich daher aus Sicht des Grundgesetzes nicht allein auf den unionsunmittelbaren Strang stützen, sondern bedarf weiterhin zusätzlich der Legitimation durch die nationalen Parlamente.

Diese Problematik hat in den Bundestagsdebatten nicht genügend Berücksichtigung gefunden. Vielmehr wurde bis in die 1990er-Jahre stetig eine Ausweitung der Rechte des Europäischen Parlaments gefordert, ohne dass eine Auseinandersetzung mit dessen Legitimationskraft oder dem Gesamtniveau demokratischer Legitimation auf europäischer Ebene erfolgte. In diesem Punkt erfolgte die parlamentarische Behandlung zu unkritisch.

4. Möglichkeiten der Kompensation der ungleichen Wahl

Die festgestellte Ungleichheit der Wahl zum Europäischen Parlament begründet aber weder allein das behauptete Demokratiedefizit der Europäischen Union noch schließt sie zwingend die Übertragung weiterer Rechte und Kompetenzen auf das Parlament aus. Der Konflikt zwischen parlamentarischer Einschätzung und bundesverfassungsgerichtlicher Beurteilung ist daher noch nicht zugunsten einer Seite aufgelöst. Vielmehr kommt es für die Frage, wodurch ein Demokratiedefizit begründet wird und wie es beseitigt werden kann, auf eine Gesamtbetrachtung der Gesetzgebung auf europäischer Ebene an. Ihre demokratische Legitimation hängt nicht allein vom Europäischen Parlament ab, sondern vom Zusammenspiel der Gesetzgebungsorgane.[427] Auch das Bundesverfassungsgericht ging davon aus, dass die Ungleichheit der Wahl grundsätzlich durch andere primärrechtliche Regelungen aufgewogen werden könnte, wenngleich es eine Rechtfertigung im Ergebnis ablehnte.[428]

---

[427] *M. Selmayr*, ZEuS 2009, S. 637 (653). Vgl. auch *C. Schönberger*, GLJ 10 (2009), S. 1201 (1216): „Democratic legitimacy in federal systems is always a web of unitary and federal elements, and it is this specific mixture that must be described and assessed."

[428] BVerfGE 123, 267 (377 ff.).

a) Ausgleich durch die doppelt-qualifizierte Mehrheit im Rat

Im Rahmen der Gesetzgebung könnten die festgestellten Defizite des Europäischen Parlaments vor allem durch die Beteiligung des Rates ausgeglichen werden, denn die europäische Gesetzgebung erfolgt gemeinsam durch Parlament und Rat (Art. 14 Abs. 1 Satz 1 EUV-L). Dabei ist der Rat immer noch das wichtigste Gesetzgebungsorgan, ohne seine Zustimmung kann grundsätzlich kein Gesetzgebungsakt erlassen werden.[429] Er bezieht seine demokratische Legitimation aus der Rückkoppelung an die nationalen Parlamente: Er besteht aus je einem Vertreter jedes Mitgliedstaats auf Ministerebene, der für die Regierung des von ihm vertretenen Mitgliedstaats handelt (Art. 16 Abs. 2 EUV-L), die sich wiederum gegenüber dem nationalen Parlament verantworten muss (Art. 10 Abs. 2 UAbs. 2 EUV-L). Es handelt sich daher um eine mittelbare demokratische Legitimation.[430]

Die geringere Legitimationskraft des Parlaments resultiert, wie festgestellt, aus der ungleichen Wahl seiner Abgeordneten. Der Forderung nach Wahlrechtsgleichheit liegt der demokratische Gedanke des Rechts auf gleiche Teilhabe an der Ausübung der Staatsgewalt zugrunde.[431] Jede Bürgerin und jeder Bürger soll die gleiche Chance politischer Machtgewinnung[432] und des Einflusses auf Entscheidungen[433] haben. Dieser Grundsatz könnte neuerdings in der seit 1. November 2014 erforderlichen doppelt-qualifizierten Mehrheit bei Ratsentscheidungen Verwirklichung gefunden haben.

Bisher entschied der Rat, sofern nichts anderes bestimmt war, mit der einfachen Mehrheit seiner Mitglieder (Art. 148 Abs. 1 EWGV-R, zuletzt Art. 205 Abs. 1 EGV-N). Bereits mit den letzten Vertragsrevisionen hatte die Zahl der Entscheidungen mit qualifizierter Mehrheit jedoch stetig zugenommen.[434] Dabei berechnete sich die erforderliche Stimmenmehrheit allerdings auf der Grundlage eines primärrechtlich festgelegten Stimmenschlüssels (Art. 148 Abs. 2 EWGV-R, zuletzt Art. 205 Abs. 2 EGV-N). Den Mitgliedstaaten wurde – in Abhängigkeit von ihrer Bevölkerungszahl und wirtschaftlichen Bedeutung[435] – ein bestimmtes Stimmen-

---

[429] *W. Obwexer*, in: Streinz, EUV/AEUV, Art. 16 EUV Rn. 5; *C. Ziegenhorn*, in: Grabitz/Hilf/Nettesheim, Recht der EU, Art. 16 EUV Rn. 25.

[430] *W. Frenz*, Handbuch Europarecht Bd. 6, Rn. 204; *M. Mayer*, Die Europafunktion der nationalen Parlamente in der Europäischen Union, S. 61; *C. D. Classen*, AöR 119 (1994), S. 238 (252).

[431] *H.-H. Trute*, in: von Münch/Kunig, GG Bd. 1, Art. 38 Rn. 50; *E.-W. Böckenförde*, in: HdStR Bd. II, § 24 Rn. 41.

[432] *E.-W. Böckenförde*, in: HdStR Bd. II, § 24 Rn. 41; *B. Grzeszick*, in: Maunz/Dürig, GG, Art. 20 II. Rn. 37.

[433] *S. Huster/J. Rux*, in: Epping/Hillgruber, BeckOK GG, Art. 20 Rn. 72.

[434] *C. Ziegenhorn*, in: Grabitz/Hilf/Nettesheim, Recht der EU, Art. 16 EUV Rn. 40. Ausführlich zur Entwicklung der Anwendungsbereiche von Mehrheitsbeschlüssen seit den Gründungsverträgen *H. Wedemeyer*, Mehrheitsbeschlussfassung im Rat der Europäischen Union, S. 57 ff.

[435] *W. Obwexer*, in: Streinz, EUV/AEUV, Art. 16 EUV Rn. 54; *J.-P. Jacqué*, in: von der Groeben/Schwarze/Hatje, Unionsrecht Bd. 1, Art. 16 EUV Rn. 17 f.

gewicht zuerkannt, das zuletzt von drei (Malta) bis 29 Stimmen (Deutschland, Frankreich, Großbritannien und Italien) reichte. Im Vergleich zu ihrer Bevölkerungszahl wurde kleineren und mittelgroßen Mitgliedstaaten, insbesondere Polen und Spanien, damit ein größeres Gewicht beigemessen.[436] Für eine Beschlussfassung waren zum einen mindestens 255 Stimmen notwendig, zum anderen die Zustimmung der Mehrheit der Mitgliedstaaten, bzw. in bestimmten Fällen von mindestens zwei Dritteln, sowie auf besonderen Antrag die Repräsentation von mindestens 62 % der Bevölkerung der Union (Art. 205 Abs. 2 und 4 EGV-N).

Durch den Vertrag von Lissabon wurde diese Anknüpfung an die Unionsbevölkerung erheblich gestärkt. Ein qualifizierter Mehrheitsbeschluss des Rates, der nunmehr der Regelfall ist (Art. 16 Abs. 3 EUV-L), erfordert seit 1. November 2014[437] eine sogenannte doppelt-qualifizierte Mehrheit: Zustimmen müssen nicht nur 55 % der Ratsmitglieder[438], bei derzeit 28 Mitgliedstaaten also mindestens 16, sondern die zustimmenden Staaten müssen zusammen mindestens 65 % der Bevölkerung der Union repräsentieren[439], Art. 16 Abs. 4 EUV-L.

Dieses Bevölkerungskriterium bei Ratsentscheidungen wurde in den Bundestagsdebatten allgemein begrüßt.[440] Es wurde ausdrücklich als Stärkung der Demokratie

---

[436] *C. Calliess*, in: Calliess/Ruffert, EUV/AEUV, Art. 16 Rn. 16; *J.-P. Jacqué*, in: von der Groeben/Schwarze/Hatje, Unionsrecht Bd. 1, Art. 16 EUV Rn. 32.

[437] Der Vertrag von Lissabon enthielt Übergangsregelungen bis 2017, die auf den Widerstand Polens zurückzuführen waren, vgl. *M. Ruffert*, EuR 2009, Beiheft 1, S. 31 (41); *A. Weber*, EuZW 2008, S. 7 (10). Bis 31. Oktober 2014 galt das Nizza-System der qualifizierten Mehrheit fort, Art. 3 Abs. 3 des Protokolls (Nr. 36) zum Vertrag von Lissabon über die Übergangsbestimmungen. Seit dem 1. November 2014 gilt grundsätzlich das neue System, bis zum 31. März 2017 konnte ein Mitgliedstaat allerdings die Anwendung des bisherigen Systems beantragen, Art. 3 Abs. 2 des Protokolls (Nr. 36) zum Vertrag von Lissabon über die Übergangsbestimmungen. Zur Anwendung des sog. Kompromisses von Ioannina im Rahmen des neuen Systems vgl. den „Beschluss des Rates vom 13. Dezember 2007 über die Anwendung des Artikels 9c Absatz 4 des Vertrages über die Europäische Union und des Artikels 205 Absatz 2 des Vertrags über die Arbeitsweise der Europäischen Union zwischen dem 1. November 2014 und dem 31. März 2017 einerseits und ab dem 1. April 2017 andererseits", ABl. EU 2009 Nr. L 314 S. 73 f.

[438] Sofern der Rat nicht auf Vorschlag der Kommission oder des Hohen Vertreters der Union für Außen- und Sicherheitspolitik beschließt, müssen sogar mindestens 72 % der Ratsmitglieder, mithin mindestens 21, zustimmen, Art. 238 Abs. 2 AEUV.

[439] Insoweit besteht allerdings die Sonderregelung, dass eine Sperrminorität aus mindestens vier Mitgliedstaaten bestehen muss, Art. 16 Abs. 4 UAbs. 2 EUV-L. Sollten lediglich drei Mitgliedstaaten gegen die Entscheidung stimmen, kann daher der Beschluss auch dann erlassen werden, wenn infolgedessen die 65 %-Grenze nicht erreicht werden sollte, vgl. *J.-P. Jacqué*, in: von der Groeben/Schwarze/Hatje, Unionsrecht Bd. 1, Art. 16 EUV Rn. 35.

[440] *M. Tritz* (BÜNDNIS 90/DIE GRÜNEN), BT-Sten.Ber. 15/160, S. 14919; *A. Merkel* (CDU/CSU), BT-Sten.Ber. 15/175, S. 16353; *E. Stoiber* (Bayern), BT-Sten.Ber. 15/175, S. 16364; *A. Merkel* (Bundeskanzlerin), BT-Sten.Ber. 16/132, S. 13799 und 16/157, S. 16452; *W. Hoyer* (FDP), BT-Sten.Ber. 16/132, S. 13802; *M. Löning* (FDP), BT-Sten.Ber. 16/151, S. 15838; ebenfalls positiv gegenüber der Einführung der doppelten Mehrheit *E. Teufel* (Baden-Württemberg), BT-Sten.Ber. 15/160, S. 14909; *P. Altmaier* (CDU/CSU), BT-Sten.Ber. 15/160, S. 14923; zur Regelung im Vertrag von Nizza bereits *G. Gloser* (SPD), BT-Sten.Ber. 14/179, S. 17615.

und Legitimierung der Entscheidungen hervorgehoben.[441] Der damalige Bundeskanzler Schröder bezeichnete es sogar als Verwirklichung des „urdemokratischen Prinzip[s] ‚Ein Bürger, eine Stimme'"[442]. Dem widersprach das Bundesverfassungsgericht im Lissabon-Urteil. Es erkannte zwar an, dass der Grundsatz der Staatengleichheit bei Ratsentscheidungen durch das Erfordernis der doppelt-qualifizierten Mehrheit zugunsten einer Berücksichtigung der Einwohnerzahl relativiert wird. Wahlgleichheit werde dadurch jedoch nicht erreicht, diese sei eine Anforderung an den Wahlakt des Einzelnen.[443]

Es trifft zu, dass Wahlgleichheit sich primär auf die Wahl der Abgeordneten des Parlaments bezieht. Die Konzentration auf den Wahlakt liegt aber nicht zuletzt darin begründet, dass sich der Wählerwille oftmals nur im Rahmen dieses Wahlaktes unmittelbar artikulieren kann. Alle Entscheidungen des Parlaments beziehen letztlich ihre demokratische Legitimation daraus, dass die Entscheidungsträger vom Volk zu solchen bestimmt wurden. Deshalb ist es besonders wichtig, dass jeder Bürger und jede Bürgerin grundsätzlich die gleichen Chancen hat, die Zusammensetzung des Parlaments zu beeinflussen. In der Europäischen Union besteht jedoch die Besonderheit, dass – anders als z. B. in Deutschland – die Entscheidungen niemals allein vom Europäischen Parlament getroffen werden können, sondern stets eine aktive Zustimmung des Rates erforderlich ist (vgl. Art. 249 AEUV). Damit wirkt zwingend ein Organ an der Gesetzgebung mit, dessen Mitglieder (mittelbar) durch gleichheitsgerechte Wahlen in den Mitgliedstaaten demokratisch legitimiert worden sind, die jeweiligen Unionsbürgerinnen und -bürger auf EU-Ebene zu repräsentieren. Jeder Unionsbürger hat somit grundsätzlich die gleiche Möglichkeit, die Europapolitik seines Heimatstaates zu beeinflussen. Durch das neue Element der doppelt-qualifizierten Mehrheit könnte diese Gleichheit weiter in den europäischen Gesetzgebungsprozess hinein fortwirken: Das Bevölkerungskriterium könnte sicherstellen, dass eine Mehrheit der gleich repräsentierten Unionsbürgerinnen und -bürger der Entscheidung „zustimmt", zumindest in der Vermittlung über die demokratische Legitimation der Zustimmung des Mitgliedstaates. Eine solche Regelung erscheint grundsätzlich geeignet, die unzureichende Gleichheit der Wahl zum Europäischen Parlament auszugleichen.[444]

---

[441] *G. Schröder* (Bundeskanzler), Sten.Ber 15/175, S. 16349; *A. Merkel* (CDU/CSU), BT-Sten. Ber. 15/175, S. 16353; *E. Stoiber* (Bayern), BT-Sten.Ber. 15/175, S. 16364; *A. Merkel* (Bundeskanzlerin), BT-Sten.Ber. 16/132, S. 13799; *W. Hoyer* (FDP), BT-Sten.Ber. 16/132, S. 13802; *M. Löning* (FDP), BT-Sten.Ber. 16/151, S. 15838. Ähnlich zur Regelung im Vertrag von Nizza bereits *G. Gloser* (SPD), BT-Sten.Ber. 14/179, S. 17615.

[442] *G. Schröder* (Bundeskanzler), Sten.Ber 15/175, S. 16349; ebenso *M. Tritz* (BÜNDNIS 90/ DIE GRÜNEN), BT-Sten.Ber. 15/160, S. 14919.

[443] BVerfGE 123, 267 (378 f.).

[444] Vgl. auch *J. Schoo*, in: Schwarze, EU-Kommentar, Art. 14 EUV Rn. 47; *R. Geiger*, in: Geiger/Khan/Kotzur, EUV/AEUV, Art. 14 EUV Rn. 24, denen zufolge Entscheidungen auf europäischer Ebene durch die Berücksichtigung der Bevölkerungszahl in Rat und Parlament ausreichend demokratisch legitimiert werden.

An der derzeitigen Ausgestaltung der doppelt-qualifizierten Mehrheit ist jedoch die Bezugnahme auf die Bevölkerungszahl problematisch.[445] Zur Bevölkerung zählen nicht nur die im Mitgliedstaat lebenden Unionsbürger, sondern auch Nicht-EU-Ausländer. Demgegenüber knüpft demokratische Legitimation im Sinne des Art. 20 GG nach herrschender Meinung an das Volk als Gesamtheit der deutschen Staatsangehörigen an.[446] Hintergrund ist nicht nur die explizite Bezugnahme auf das deutsche Volk in anderen Vorschriften des Grundgesetzes[447], sondern vor allem der allen Staatsangehörigen gemeinsame, mit Rechten und Pflichten verbundene staatsbürgerliche Status[448]. Erst dieser schafft eine dauerhafte Verbindung der Bürger zum Staat und stellt den Grund sowie gleichzeitig die Notwendigkeit dar, Einfluss auf die Entscheidungen des Staates, insbesondere die Ausübung der Hoheitsgewalt, ausüben zu können.[449] Die Rückbindung an das deutsche Volk spiegelt den Verantwortungszusammenhang zwischen Staatsgewalt und Legitimationssubjekt wider.[450] Für eine integrationsoffene Auslegung des Volksbegriffs des Art. 20 GG folgt daraus, dass das Legitimationssubjekt der europäischen Hoheitsgewalt ein europäisches Volk bzw. die Summe der Unionsbürgerinnen und -bürger sein muss.[451]

Entsprechend muss auf europäischer Ebene die Gleichheit der Unionsbürgerinnen und -bürger verwirklicht sein. Diesbezüglich bringt das Bevölkerungskriterium im Rat jedoch keinen Mehrwert, denn die beiden Bezugsgrößen können sich mitunter erheblich voneinander unterscheiden[452]. Wenn Classen dies unter Verweis auf die ähnlich gelagerte Stimmengewichtung im deutschen Bundesrat für akzeptabel hält[453], wird nicht berücksichtigt, dass die Gleichheit der Bürger im deutschen Gesetzgebungsprozess bereits hinreichend durch die Wahlen zum Bundestag gewährleistet werden kann, so dass hinsichtlich der Repräsentation durch den Bundesrat größere Abweichungen eher hinnehmbar sein können. In der EU spiegelt

---

[445] In diesem Sinne wohl auch BVerfGE 123, 267 (378 f.): „[...] wobei nicht auf die Unionsbürger als Subjekte politischer Herrschaft, sondern auf die Einwohner als Ausdruck der Vertretungsmächtigkeit des Ratsvertreters des betreffenden Mitgliedstaates Bezug genommen wird. [...] Die demokratische Legitimation politischer Herrschaft wird bei der Wahlgleichheit und dem unmittelbaren parlamentarischen Repräsentationsmechanismus auch in Parteiendemokratien in der Kategorie des Wahlakts des Individuums gedacht und nicht am Maßstab der Summe Betroffener beurteilt."

[446] BVerfGE 83, 37 (50 f.); *B. Grzeszick*, in: Maunz/Dürig, GG, Art. 20 II. Rn. 79; *S. Huster/J. Rux*, in: Epping/Hillgruber, BeckOK GG, Art. 20 Rn. 66; *F. E. Schnapp*, in: von Münch/Kunig, GG Bd. 1, Art. 20 Rn. 23, 26; *B. Pieroth*, in: Jarass/Pieroth, GG, Art. 20 Rn. 6; *E.-W. Böckenförde*, in: HdStR Bd. II, § 24 Rn. 26.

[447] BVerfGE 83, 37 (51).

[448] BVerfGE 83, 37 (51).

[449] *R. Grawert*, in: HdStR Bd. II, § 16 Rn. 20; *E.-W. Böckenförde*, in: HdStR Bd. II, § 24 Rn. 26.

[450] *R. Grawert*, in: HdStR Bd. II, § 16 Rn. 30.

[451] Im Ergebnis ebenso *O. Rüß*, Vereintes Europa, S. 194, 219. Vgl. auch oben 4. Teil A. IV. 3.

[452] Vgl. dazu *F. Arndt*, ZaöRV 68 (2008), S. 247 (255).

[453] *C. D. Classen*, in: von Mangoldt/Klein/Starck, GG Bd. 2, Art. 23 Rn. 23 Fn. 108. Die unterschiedlichen Bezugsgrößen werden von *P.-C. Müller-Graff*, integration 2009, S. 331 (344) nicht thematisiert.

die Zusammensetzung des Europäischen Parlaments hingegen, wie festgestellt, die Gleichheit der Bürgerinnen und Bürger gerade nicht ausreichend wider, weshalb dieses Defizit im europäischen Gesetzgebungsprozess anderweitig ausgeglichen werden müsste. Die doppelt-qualifizierte Mehrheit im Rat knüpft jedoch ebenfalls nicht an die Gleichheit der Unionsbürger als Legitimationssubjekt an, weshalb sie die herabgesetzte Legitimationskraft des Parlaments nicht ausgleichen kann. Im europäischen Gesetzgebungsprozess ist derzeit nicht gewährleistet, dass jeder Bürger bzw. jede Bürgerin grundsätzlich gleichen Einfluss auf die Entscheidungen haben kann.

Insoweit ist daher festzustellen, dass das Bundesverfassungsgericht zutreffend beurteilt hat, dass die doppelt-qualifizierte Mehrheit in ihrer derzeitigen Ausgestaltung das Demokratiedefizit nicht beseitigen kann. Demgegenüber stellen sich die Einschätzungen im Bundestag als zu einseitig positiv dar. Zwar ist der Annahme zuzustimmen, dass das Erfordernis einer doppelt-qualifizierten Mehrheit zu einer Stärkung der Demokratie beiträgt. In der Anknüpfung an die Bevölkerungszahl statt an die Zahl der Unionsbürgerinnen und -bürger liegt aber die entscheidende Unzulänglichkeit der Regelung, die im Bundestag nicht thematisiert worden ist.

b) Europäische Bürgerinitiative

Als weiteres Instrument zur Stärkung der demokratischen Legitimation der Europäischen Union wird die Europäische Bürgerinitiative angeführt[454], die durch den Vertrag von Lissabon eingeführt wurde (Art. 11 Abs. 4 EUV-L, zuvor bereits nahezu wortgleich Art. I-47 Abs. 4 VV). Danach können mindestens eine Million Unionsbürgerinnen und -bürger, die aus einer erheblichen Zahl von Mitgliedstaaten stammen müssen, die Kommission auffordern, den Erlass eines Rechtsakts vorzuschlagen.

Obwohl die Etablierung der Bürgerinitiative als eine der wichtigsten Änderungen durch den Vertrag von Lissabon bezeichnet wird[455], hat sie im Bundestag und seitens des Bundesverfassungsgerichts wenig Beachtung gefunden. In den Parlamentsdebatten wurde sie von einigen Rednern als Beitrag zur Stärkung der europäischen Demokratie erwähnt.[456] Für den rheinland-pfälzischen Ministerpräsidenten Beck transportierte sie die Idee der europäischen Bürgerschaft.[457] Das Bundesverfassungsgericht erwähnte die Neuerung ebenfalls nur am Rande als Versuch, der Überföderalisierung der Union durch die Stärkung der Bürgerbeteiligung ent-

[454] *S. Cilo*, Europäische Bürgerinitiative und demokratische Legitimität der EU, S. 216.
[455] So *A. Maurer/S. Vogel*, Die Europäische Bürgerinitiative, S. 5.
[456] *F. Müntefering* (SPD), BT-Sten.Ber. 15/175, S. 16356; *A. Schäfer* (SPD), BT-Sten.Ber. 15/175, S. 16381; *A. Schwall-Düren* (SPD), BT-Sten.Ber. 16/132, S. 13803 und 16/157, S. 16464; *L. Bisky* (DIE LINKE), BT-Sten.Ber. 16/151, S. 15842.
[457] *K. Beck* (Rheinland-Pfalz), BT-Sten.Ber. 16/157, S. 16457.

gegenzuwirken.[458] Insofern erkannte es ihr eine ergänzende, aber keine tragende Funktion bei der Legitimation der Europäischen Union zu.[459]

Der Beitrag der Europäischen Bürgerinitiative zur demokratischen Legitimation der Europäischen Union richtet sich vor allem auf eine Stärkung der europäischen Öffentlichkeit, unter anderem durch die Förderung transnationaler Kommunikationsprozesse.[460] Im Hinblick auf die Gleichheit der Unionsbürgerinnen und -bürger[461] bringt sie hingegen keinerlei Verbesserungen. Denn die Mindestzahl der Unterzeichner pro Mitgliedstaat richtet sich nach der Anzahl der im jeweiligen Mitgliedstaat gewählten Mitglieder des Europäischen Parlaments, multipliziert mit 750 (Art. 7 Abs. 2 der Verordnung über die Bürgerinitiative)[462]. Damit wird der Grundsatz der degressiven Proportionalität auf die Bürgerinitiative übertragen.[463] Das Stimmgewicht eines Unionsbürgers hängt somit wiederum von seiner Staatsangehörigkeit bzw. seinem Wohnsitz ab. Auch wenn dieser Widerspruch zum Gleichheitsgrundsatz in der EU als Staatenverbund gerechtfertigt sein mag[464], vermag die Europäische Bürgerinitiative die ungleiche Wahl zum Europäischen Parlament nicht auszugleichen.

c) Zwischenergebnis

Das demokratische Defizit, das durch die Ungleichheit der Wahl zum Europäischen Parlament begründet wird, kann derzeit weder durch die Beteiligung des Rates an der Gesetzgebung noch durch die Einführung der Europäischen Bürgerinitiative vollständig ausgeglichen werden. Im Rat sowie im Rahmen einer Europäischen Bürgerinitiative werden die Unionsbürgerinnen und -bürger ebenfalls nicht gleich repräsentiert. Die von Art. 79 Abs. 3 i. V. m. Art. 20 GG geforderte Gleichheit der Bürger ist daher auf europäischer Ebene weitgehend eingeschränkt.

---

[458] BVerfGE 123, 267 (377).

[459] BVerfGE 123, 267 (379 f.).

[460] Vgl. *T. Hieber*, Die Europäische Bürgerinitiative nach dem Vertrag von Lissabon, S. 86; *R. Hrbek*, integration 2012, S. 35 (45 f.); *S. Cilo*, Europäische Bürgerinitiative und demokratische Legitimität der EU, S. 218 f.; *H. Piesbergen*, Europäische Bürgerinitiative, S. 94; *A. Guckelberger*, DÖV 2010, S. 745 (746).

[461] Zur Gleichheit bei der Ausübung von Beteiligungsrechten *O. Mross*, Bürgerbeteiligung am Rechtsetzungsprozess in der Europäischen Union, S. 237 f.

[462] Verordnung EU Nr. 211/2011 des Europäischen Parlaments und des Rates vom 16. Februar 2011 über die Bürgerinitiative, ABl. EU 2011 Nr. L 65, S. 1 ff.

[463] *R. Hrbek*, integration 2012, S. 35 (41); *A. Guckelberger*, DÖV 2010, S. 745 (751).

[464] So *P. M. Huber*, in: Streinz, EUV/AEUV, Art. 11 EUV Rn. 50; *S. Cilo*, Europäische Bürgerinitiative und demokratische Legitimität der EU, S. 101.

5. Zusammenfassende Bewertung

Die Legitimationskraft des Europäischen Parlaments als Vertretung der Unionsbürgerinnen und -bürger ist aufgrund der ungleichen Wahl seiner Abgeordneten, die im derzeitigen Ausmaß nicht durch das föderalistische Prinzip gerechtfertigt werden kann, als eher gering einzuschätzen. Sie genügt nicht den Anforderungen, die Art. 79 Abs. 3 i. V. m. Art. 20 GG an eine staatliche Demokratie stellen würde. Die Gleichheit der Bürger findet zudem weder durch die Einführung der doppelt-qualifizierten Mehrheit im Rat noch im Rahmen der Europäischen Bürgerinitiative ausreichend Verwirklichung.

Beim derzeitigen Integrationsstand können diese Einschränkungen jedoch als gerechtfertigt angesehen werden. In einem Staatenverbund, in dem die Mitgliedstaaten die „Herren der Verträge" bleiben, sind die föderalistischen Elemente naturgemäß stärker ausgeprägt als in einem (Bundes-)Staat. Damit sind nahezu zwangsläufig Einschränkungen des Demokratieprinzips verbunden, das im Sinne einer praktischen Konkordanz zum Ausgleich zu bringen ist. Vor dem Hintergrund der Forderung nach einer „strukturangepassten Kongruenz" kann die europäische Lösung als zwar weiter optimierungsfähiger, im Grundsatz aber gelungener Kompromiss zwischen Bürger- und Staatengleichheit betrachtet werden.[465]

Das Bundesverfassungsgericht hat allerdings zu Recht festgestellt, dass die Demokratie in der Europäischen Union schritthaltend mit der fortschreitenden Integration ausgebaut werden muss.[466] In einem europäischen Staat müsste daher dem Demokratieprinzip stärker Geltung verschafft werden. Die derzeitige Stimmengewichtung im Europäischen Parlament würde die dann zulässigen Einschränkungen der Gleichheit der Wahl nach hier vertretener Ansicht überschreiten, was auf der Grundlage des derzeitigen Primärrechts nicht anderweitig ausgeglichen werden könnte.

Im Grundsatz ist daher der Argumentation des Bundesverfassungsgerichts zu folgen, das das demokratische Defizit der Europäischen Union vor allem auf die ungleiche Repräsentation im Europäischen Parlament zurückführte. Die Übertragung weiterer Kompetenzen auf das Parlament ist dadurch zwar nicht ausgeschlossen. Jede Stärkung seiner Rechte muss aber von der Frage begleitet werden, ob sie noch demokratisch verantwortet werden kann oder ob zuvor das Parlament selbst demokratischer gestaltet werden muss. Solche kritischen Betrachtungen ließen die Parlamentsdebatten zu den europäischen Integrationsakten weitgehend vermissen. Die bis in die 1990er-Jahre vorherrschenden Forderungen nach mehr Rechten für das Europäische Parlament erschienen unreflektiert, die Legitimationsfähigkeit des Parlaments wurde nicht hinterfragt. Dennoch ist die im Bundestag verbreitete Annahme, das Demokratieprinzip sei in der zu starken Stellung des Rates gegen-

---

[465] Ebenso wohl auch *P. M. Huber*, in: Streinz, EUV/AEUV, Art. 14 EUV Rn. 75, 78.

[466] BVerfGE 89, 155 (186). Bestätigend im Hinblick auf die Wahlrechtsgleichheit *P. M. Huber*, in: Streinz, EUV/AEUV, Art. 14 EUV Rn. 79.

über dem Parlament begründet, ebenfalls nicht unberechtigt. Ein direkt gewähltes Parlament ist jedenfalls in der Theorie besser demokratisch legitimiert als der nur mittelbar über die nationalen Parlamente legitimierte Rat. Ein Ausbau der Rechte des Parlaments kann daher die Demokratie stärken, sofern das Parlament selbst über eine ausreichende demokratische Legitimation verfügt. Letzterer Aspekt sollte in künftigen Parlamentsdebatten allerdings stärker Berücksichtigung finden.

Im Hinblick auf die Legitimationskraft des Europäischen Parlaments ergänzen sich daher parlamentarische und bundesverfassungsgerichtliche Behandlung: Während das Gericht zu Recht die inneren demokratischen Defizite des Parlaments hervorhob, gab der Bundestag wichtige politische Impulse für die Stärkung des Parlamentarismus auf europäischer Ebene, deren Umsetzung freilich stets an den integrationsstandabhängigen Anforderungen des Demokratieprinzips zu messen ist.

C. Die Integrationsverantwortung des Bundestages

Die aus demokratischer Sicht verbesserungsbedürftige ungleiche Wahl zum Europäischen Parlament, auf der der unionsunmittelbare Legitimationsstrang der Europäischen Union basiert, lenkt den Blick auf den anderen, mitgliedstaatlichen Legitimationsstrang. Da das Europäische Parlament allein keine ausreichende Legitimation vermitteln kann, kommt der Legitimation durch die im Rat vertretenen Mitgliedstaaten weiterhin eine wichtige Bedeutung zu. Erst durch das Zusammenwirken der beiden Legitimationsstränge kann die Europäische Union derzeit ein hinreichendes Legitimationsniveau erreichen.[467] Beide bedingen sich gegenseitig: Je niedriger die Legitimationsleistung des Europäischen Parlaments ist, umso wichtiger wird die Legitimationsleistung des Rates und gegebenenfalls eine stärkere Beteiligung der nationalen Parlamente.[468]

Das Bundesverfassungsgericht hat daher im Grundsatz zu Recht sowohl im Maastricht- als auch im Lissabon-Urteil die Bedeutung der nationalen Parlamente für die demokratische Legitimation der Europäischen Union betont.[469] Die im Lissabon-Urteil begründete „Integrationsverantwortung" der Gesetzgebungsorgane ist in Deutschland zu einem zentralen Begriff des europäischen Integrationsprozesses geworden: Das Bundesverfassungsgericht erklärte das sogenannte Ausweitungsgesetz[470] für verfassungswidrig, da es die Beteiligungsrechte von Bundestag und Bundesrat nur unzureichend regele.[471] Detailliert schrieb es den Gesetzgebungs-

---

[467] *P. M. Huber*, in: Streinz, EUV/AEUV, Art. 10 EUV Rn. 34.

[468] *M. Ruffert*, in: Calliess/Ruffert, EUV/AEUV, Art. 10 EUV Rn. 5; *P. M. Huber*, in: Streinz, EUV/AEUV, Art. 10 EUV Rn. 36; *T. Oppermann*, NJW 2013, S. 6 (7); *S. Hölscheidt*, EuR 2013, Beiheft 2, S. 61 (63).

[469] BVerfGE 89, 155 (184, 190 f.); 123, 267 (364).

[470] Gesetz über die Ausweitung und Stärkung der Rechte des Bundestages und des Bundesrates in Angelegenheiten der Europäischen Union, BT-Drucks. 16/8489.

[471] BVerfGE 123, 267 (432 ff.).

organen vor, wie sie ihre eigenen Beteiligungsrechte auszugestalten haben. In der Folge schuf der Gesetzgeber anhand dieser Vorgaben[472] unter anderem das Integrationsverantwortungsgesetz[473], das nunmehr die Wahrnehmung der Integrationsverantwortung durch Bundestag und Bundesrat regelt (vgl. § 1 Abs. 1 IntVG). Ob diese verfassungsgerichtliche Einmischung in die ursprünglichen Entscheidungen des Gesetzgebers verfassungsrechtlich gefordert war, soll im Folgenden untersucht werden.

I. Die Bedeutung des Bundestages im europäischen Integrationsprozess

In Deutschland sieht Art. 20 Abs. 2 Satz 1 GG vor, dass alle Staatsgewalt vom Volk ausgeht. Deshalb muss jedes staatliche Handeln auf das Volk zurückgeführt werden können, mit anderen Worten: demokratisch legitimiert sein.[474] Art. 79 Abs. 3 GG erklärt diesen Grundsatz für unabänderlich.[475] Wie bereits erläutert[476], zeigt sich die Norm zwar offen für eine integrationsfreundliche Auslegung. Allerdings wurde ebenfalls bereits festgestellt, dass das Europäische Parlament die Unionsbürgerinnen und -bürger derzeit insbesondere wegen der unzureichenden Umsetzung der Wahlrechtsgleichheit noch nicht in ausreichendem Maße repräsentieren kann.[477] Aus diesem Grund rückt der Bundestag als unmittelbar durch das Volk gewähltes Organ der Bundesrepublik zu Recht ins Zentrum der Überlegungen.

Auf nationaler Ebene gehört die auswärtige Gewalt zwar grundsätzlich zum Kompetenzbereich der Bundesregierung.[478] Sie nimmt die Vertretung Deutschlands im Europäischen Rat und im Rat wahr. Die nationalen Parlamente bilden aber die Basis des mitgliedstaatlichen Legitimationsstranges, indem sie die Kontrolle über diejenigen Regierungsmitglieder ausüben, die den Mitgliedstaat im Rat vertreten (Art. 10 Abs. 2 UAbs. 2 EUV-L). Im deutschen Verfassungsrecht kommt dieser Zusammenhang darin zum Ausdruck, dass das Handeln der Bundesregierung innerhalb der EU-Organe demokratisch legitimiert werden muss.[479]

---

[472] *M. Nettesheim*, NJW 2010, 177 (177); *N. Sonder*, KritV 2011, S. 214 (219). Vgl. zum Gesetzgebungsverfahren auch *H. Baddenhausen/J. Schopp/C. Steinrück*, EuGRZ 2009, S. 534 ff.

[473] Gesetz über die Wahrnehmung der Integrationsverantwortung des Bundestages und des Bundesrates in Angelegenheiten der Europäischen Union (Integrationsverantwortungsgesetz – IntVG), BGBl. I 2009, S. 3022 ff.

[474] BVerfGE 47, 253 (275); 83, 60 (71 f.); *F. E. Schnapp*, in: von Münch/Kunig, GG Bd. 1, Art. 20 Rn. 23; *B. Grzeszick*, in: Maunz/Dürig, GG, Art. 20 II. Rn. 61; *W. G. Leisner*, in: Sodan, GG, Art. 20 Rn. 9.

[475] *J. Dietlein*, in: Epping/Hillgruber, BeckOK GG, Art. 79 Rn. 34; *B.-O. Bryde*, in: von Münch/Kunig, GG Bd. 2, Art. 79 Rn. 41; *H. Dreier*, in: Dreier, GG Bd. II, Art. 79 III Rn. 37.

[476] S. o. 4. Teil A. IV. 3.

[477] S. o. 4. Teil B. III.

[478] BVerfGE 68, 1 (87 f.); 104, 151 (207); *R. Scholz*, in: Maunz/Dürig, GG, Art. 23 Rn. 133; *C. Calliess*, in: HdStR Bd. IV, § 83 Rn. 22 f.

[479] BVerfGE 135, 317 (429).

Demokratische Legitimation setzt sich dabei im Wesentlichen aus zwei Aspekten zusammen, die in ihrem Zusammenwirken ein bestimmtes Legitimationsniveau begründen: Personelle demokratische Legitimation setzt voraus, dass sich die handelnden Personen auf eine ununterbrochene Legitimationskette zum Volk berufen können.[480] Diese Anforderung ist für die Mitglieder der Bundesregierung erfüllt, wenngleich die Legitimationskette länger ist als diejenige der direkt gewählten Bundestagsabgeordneten. Sachlich-inhaltliche demokratische Legitimation wird durch die Bindung der Handelnden an die vom unmittelbar demokratisch legitimierten Parlament beschlossenen Gesetze, die demokratische Verantwortlichkeit des Handelns einschließlich parlamentarischer Kontrollrechte sowie parlamentarische Einflussnahmen auf das Handeln der Exekutive erreicht.[481] In diesem Zusammenhang ist vorrangig auf die von den nationalen Parlamenten erteilte Zustimmung zu den europäischen Integrationsakten hinzuweisen, durch die sie Befugnisse, Rechte und Pflichten der Union und ihrer Organe festlegen.[482] Je schwächer der eine Legitimationsaspekt ausgeprägt ist, desto stärker muss der andere sein, um eine effektive demokratische Legitimation der Staatsgewalt begründen zu können.[483]

Seit Ende 1992 sind die Beteiligungsrechte des Bundestages im Grundgesetz festgeschrieben. Art. 23 GG bildet seitdem die Grundlage für die Mitwirkung der Gesetzgebungsorgane an der Verwirklichung der Europäischen Union. Der Gesetzesvorbehalt des Art. 23 Abs. 1 GG bei Hoheitsrechtsübertragungen und Änderungen der vertraglichen Grundlagen der Union ist oben[484] bereits ausführlich beschrieben worden. Gemäß Art. 23 Abs. 2 Satz 1 GG wirken der Bundestag und die Länder durch den Bundesrat darüber hinaus in Angelegenheiten der Europäischen Union mit. Diese Mitwirkung wird durch die folgenden Absätze ausgestaltet. Dazu gehört zunächst eine umfassende Pflicht der Bundesregierung, Bundestag und Bundesrat zum frühestmöglichen Zeitpunkt zu unterrichten (Art. 23 Abs. 2 Satz 2 GG). Vor dem Erlass von Sekundärrechtsakten muss dem Bundestag zudem Möglichkeit zur Stellungnahme eingeräumt werden, die die Bundesregierung bei den Verhandlungen zu berücksichtigen hat (Art. 23 Abs. 3 GG). Einfachgesetzlich sind die Beteiligungsrechte derzeit im Wesentlichen durch das Gesetz über die Zusammenarbeit von Bundesregierung und Deutschem Bundestag in Angelegenheiten

[480] BVerfGE 68, 1 (88); 77, 1 (40); 130, 76 (124); 135, 317 (429); *B. Grzeszick*, in: Maunz/Dürig, GG, Art. 20 II. Rn. 121; *F. E. Schnapp*, in: von Münch/Kunig, GG Bd. 1, Art. 20 Rn. 26; *S. Huster/J. Rux*, in: Epping/Hillgruber, BeckOK GG, Art. 20 Rn. 94; *C. Gröpl*, Staatsrecht I, Rn. 269.

[481] *E.-W. Böckenförde*, in: HdStR Bd. II, § 24 Rn. 21; *F. E. Schnapp*, in: von Münch/Kunig, GG Bd. 1, Art. 20 Rn. 26; *H. Dreier*, in: Dreier, GG Bd. II, Art. 20 (Demokratie) Rn. 112; vgl. auch BVerfGE 107, 59 (88); 135, 317 (429).

[482] BVerfGE 89, 155 (184); *F. Baach*, Parlamentarische Mitwirkung in Angelegenheiten der EU, S. 7; *R. Uerpmann-Wittzack*, in: von Münch/Kunig, GG Bd. 1, Art. 23 Rn. 14.

[483] *E.-W. Böckenförde*, in: HdStR Bd. II, § 24 Rn. 23; *B. Grzeszick*, in: Maunz/Dürig, GG, Art. 20 II. Rn. 127; vgl. auch BVerfGE 83, 60 (72); 93, 37 (66 f.); 107, 59 (87); 130, 76 (124); 135, 317 (429).

[484] S. o. 2. Teil A. III.

der Europäischen Union (EUZBBG), das Gesetz über die Zusammenarbeit von Bund und Ländern in Angelegenheiten der Europäischen Union (EUZBLG) und das Gesetz über die Wahrnehmung der Integrationsverantwortung des Bundestages und des Bundesrates in Angelegenheiten der Europäischen Union (Integrationsverantwortungsgesetz – IntVG) ausgestaltet.

1. Die Einschätzung der eigenen Rechte im Bundestag

In den Anfangsjahren der europäischen Integration wurde die Rolle des Bundestages im Integrationsprozess in den untersuchten Debatten selten reflektiert. Gelegentlich wurde zwar der Verlust an demokratischer Kontrolle durch den Bundestag infolge von Kompetenzübertragungen moniert.[485] Hinsichtlich der Ausübung der abgegebenen Kompetenzen wurde aber angenommen, dass das Stimmverhalten des deutschen Vertreters im Rat durch den Bundestag beeinflusst werden könne.[486] Demgegenüber bemerkte nur der FDP-Abgeordnete Margulies, dass wegen der fehlenden Ministerverantwortlichkeit in Deutschland kein solches Weisungsrecht bestehe.[487] Schärfere Kritik wurde allerdings an der unzureichenden Information und Beteiligung des Bundestages im Vorfeld der Unterzeichnung des EWG-Vertrages geübt.[488] In der Folge wurden auf Vorschlag des beratenden Ausschusses[489] in Art. 2 des Zustimmungsgesetzes[490] erstmals Beteiligungsrechte des Bundestages festgeschrieben, was in den Debatten positiv bemerkt wurde[491]. Die Bundesregierung wurde dadurch verpflichtet, Bundestag und Bundesrat über die Entwicklungen im Rat von EWG und EAG laufend zu unterrichten, in bestimmten Fällen sollte diese Unterrichtung bereits vor der Beschlussfassung im Rat erfolgen.

Mit dieser Regelung zeigte sich der Bundestag lange Zeit zufrieden. Als der Bundesrat im Gesetzgebungsverfahren zur Zustimmung zur Einheitlichen Europäischen Akte vehement stärkere Beteiligungsrechte forderte[492], weckte dies bei

---

[485] *C. Schmid* (SPD), BT-Sten.Ber. 1/161, S. 6514; *E. Schoettle* (SPD), BT-Sten.Ber. 1/221, S. 9834; *A. Arndt* (SPD), BT-Sten.Ber. 2/241, S. 11366; *R. Margulies* (FDP), BT-Sten.Ber. 2/200, S. 11353 und 2/208, S. 12015; *K. Mommer* (SPD), BT-Sten.Ber. 2/224, S. 13321.

[486] *F. Hellwig* (CDU/CSU), BT-Sten.Ber. 2/200, S. 11363; *W. Birkelbach* (SPD), BT-Sten. Ber. 2/208, S. 12007; *A. Stegner* (GB/BHE), BT-Sten.Ber. 2/208, S. 12018.

[487] *R. Margulies* (FDP), BT-Sten.Ber. 2/208, S. 12015.

[488] *A. Stegner* (GB/BHE), BT-Sten.Ber. 2/200, S. 11367; *W. Birkelbach* (SPD), BT-Sten. Ber. 2/208, S. 12006 f.; *R. Margulies* (FDP), BT-Sten.Ber. 2/208, S. 12015; *H. Deist* (SPD), BT-Sten.Ber. 2/224, S. 13337.

[489] BT-Drucks. 2/3660, S. 65.

[490] BGBl. II 1957, S. 753 (753).

[491] *H. Furler* (CDU/CSU), BT-Sten.Ber. 2/224, S. 13317; im Grundsatz auch *K. Mommer* (SPD), BT-Sten.Ber. 2/224, S. 13321, der die Regelung zwar als bestmöglichen, aber dennoch nur schwachen Ersatz für den Verlust an Rechten des Bundestages, die auf europäischer Ebene nicht mehr von einem Parlament ausgeübt würden, ansah.

[492] Vgl. die Rede des Staatsministers für Bundesangelegenheiten und Bevollmächtigten des Freistaates Bayern beim Bund *P. M. Schmidhuber*, BT-Sten.Ber. 10/246, S. 18979 ff.

den Bundestagsabgeordneten zunächst keine ähnlichen Begehrlichkeiten. Lediglich der SPD-Abgeordnete Brück regte an, dass die Abgeordneten sich angesichts der schwachen Stellung des Europäischen Parlaments Gedanken machen sollten, wie sie die europapolitischen Aktivitäten der Bundesregierung stärker kontrollieren könnten.[493] Der Christdemokrat Schwarz formulierte hingegen die Erwartung, dass die Bundesregierung den Bundestag auch ohne spezielle gesetzliche Regelung eigeninitiativ über europäische Vorgänge informieren werde.[494]

Im Zusammenhang mit dem nächsten Integrationsakt, dem Vertrag von Maastricht, zog der Bundestag jedoch nach.[495] Es bestand große Einigkeit, dass die Rechte des Bundestages in europäischen Angelegenheiten nunmehr geregelt und in der Verfassung sowie einem Begleitgesetz verankert werden sollten.[496] Rita Süssmuth sprach davon, dass das Europa der Regierungen vorbei sei.[497] Der SPD-Abgeordnete Stiegler sah die Stärkung der Beteiligungsrechte der nationalen Parlamente als Mittel, dem europäischen Demokratiedefizit entgegenzuwirken, solange das Europäische Parlament noch keine vollen Rechte habe.[498] Im Einzelnen wurden eine rechtzeitige Information des Bundestages über geplante europäische Rechtsakte[499], die frühzeitige Beteiligung an der Diskussion[500] sowie gegebenenfalls das Abwarten von Abstimmungen und die Berücksichtigung von Stellungnahmen des Bundestages gefordert[501]. Gleichzeitig wurde angemahnt, dass diese Rechte künftig mehr in Anspruch genommen werden müssten als bisher.[502] Im Ergebnis wurden die bereits erwähnten Beteiligungsrechte in Art. 23 GG verankert und durch das „Gesetz über die Zusammenarbeit von Bundesregierung und Deutschem Bundestag in Angelegenheiten der Europäischen Union"[503] ausgestaltet. Ein besonderes Beteiligungsrecht behielt sich der Bundestag im Hinblick auf den Eintritt in die 3. Stufe der Währungsunion vor, indem er die Stimmabgabe der Bundesregierung

---

[493] *A. Brück* (SPD), BT-Sten.Ber. 10/246, S. 18976.

[494] *H. Schwarz* (CDU/CSU), BT-Sten.Ber. 10/253, S. 19718.

[495] Der SPD-Abgeordnete *L. Stiegler*, BT-Sten.Ber. 12/126, S. 10871, ging von einer Vorreiterstellung des Bundesrates aus. Hätte dieser seine Rechte nicht eingefordert, hätte der Bundestag sich nicht getraut, seine Beteiligungsrechte geltend zu machen.

[496] *R. Süssmuth* (CDU/CSU), BT-Sten.Ber. 12/110, S. 9332; *O. Graf Lambsdorff* (FDP), BT-Sten.Ber. 12/110, S. 9338; *R. Hellwig* (CDU/CSU), BT-Sten.Ber. 12/110, S. 9346; *G. Verheugen* (SPD), BT-Sten.Ber. 12/110, S. 9351; *U. Irmer* (FDP), BT-Sten.Ber. 12/110, S. 9389; *H. Wieczorek-Zeul* (SPD), BT-Sten.Ber. 12/126, S. 10815.

[497] *R. Süssmuth* (CDU/CSU), BT-Sten.Ber. 12/110, S. 9332.

[498] *L. Stiegler* (SPD), BT-Sten.Ber. 12/126, S. 10871.

[499] *H. Wieczorek-Zeul* (SPD), BT-Sten.Ber. 12/110, S. 9329; *F. Möller* (CDU/CSU), BT-Sten. Ber. 12/126, S. 10867.

[500] *T. Goppel* (Bayern), BT-Sten.Ber. 12/110, S. 9361.

[501] *H. Wieczorek-Zeul* (SPD), BT-Sten.Ber. 12/110, S. 9329; *O. Graf Lambsdorff* (FDP), BT-Sten.Ber. 12/110, S. 9338.

[502] *G. Verheugen* (SPD), BT-Sten.Ber. 12/110, S. 9351; *L. Stiegler* (SPD), BT-Sten.Ber. 12/126, S. 10871; in eine ähnliche Richtung *M. Mayer* (CDU/CSU), BT-Sten.Ber. 12/110, S. 9380; *R. Hellwig* (CDU/CSU), BT-Sten.Ber. 12/126, S. 10873.

[503] BGBl. I 1993, S. 311 f.

bei Ratsbeschlüssen nach Art. 109j Abs. 3 und 4 EUV vom zustimmenden Votum des Bundestages abhängig machte.[504]

In den folgenden Debatten über den Vertrag von Amsterdam zeigte sich der Bundestag mit seinen bestehenden Rechten offenbar zufrieden. Der Christdemokrat Pfennig erwähnte ausdrücklich, dass er derzeit keinen Anlass sehe, die förmlichen Parlamentsrechte weiter auszubauen.[505] Entsprechende Forderungen wurden auch von anderer Seite nicht erhoben. Im Zusammenhang mit dem Vertrag von Nizza wurde nur allgemein auf die Rolle der nationalen Parlamente und ihre angestrebte Stärkung im Rahmen des Post-Nizza-Prozesses hingewiesen, ohne konkrete Verbesserungen einzufordern.[506]

Als die nationalen Parlamente durch den Verfassungsvertrag eine Stärkung erfahren sollten, wurde dies allseits begrüßt.[507] Innerstaatlich war vor allem der Umfang der Beteiligung des Bundestages bei der Anwendung der sogenannten Brückenklauseln streitig.[508] Von der Opposition wurden außerdem mehr Informations- und Kontrollrechte gegenüber der Bundesregierung gefordert.[509] Eine stärkere Bindung der Bundesregierung an Entscheidungen des Bundestages, z. B. ein Parlamentsvorbehalt vor Aufnahme von Beitrittsverhandlungen[510], wurde im Ergebnis jedoch überwiegend abgelehnt, da sie die Handlungsfähigkeit einschränken würde.[511] Vielmehr wurde erneut darauf hingewiesen, dass der Bundestag seine bestehenden Rechte besser nutzen müsse.[512] Die Begleitgesetzgebung[513] legte insbesondere das Verfahren für die Wahrnehmung der neuen unionsrechtlichen Beteiligungsrechte

[504] Zustimmung zum entsprechenden Entschließungsantrag der Fraktionen der CDU/CSU, SPD und FDP (BT-Drucks. 12/3906, S. 2), BT-Sten.Ber. 12/126, S. 10879, 10885. Zur vorangegangenen Auseinandersetzung um die Art der Beteiligung s. o. 3. Teil F. II.

[505] *G. Pfennig* (CDU/CSU), BT-Sten.Ber. 13/210, S. 19128.

[506] *G. Gloser* (SPD), BT-Sten.Ber. 14/179, S. 17616; *G. Schröder* (Bundeskanzler), BT-Sten. Ber. 14/195, S. 18984; *F. Merz* (CDU/CSU), BT-Sten.Ber. 14/195, S. 18987; *H. Haussmann* (FDP), BT-Sten.Ber. 14/195, S. 18991 f.; *C. Schmidt* (CDU/CSU), BT-Sten.Ber. 14/195, S. 19007.

[507] *E. Teufel* (Baden-Württemberg), BT-Sten.Ber. 15/160, S. 14906; *H. M. Bury* (Staatsminister für Europa), BT-Sten.Ber. 15/160, S. 14914; *T. Silberhorn* (CDU/CSU), BT-Sten.Ber. 15/160, S. 14931; *F. Müntefering* (SPD), BT-Sten.Ber. 15/175, S. 16357; *M. Roth* (SPD), BT-Sten. Ber. 15/175, S. 16369; *P. Hintze* (CDU/CSU), BT-Sten.Ber. 15/175, S. 16377.

[508] Dazu ausführlich unten 4. Teil C. II. 3. a).

[509] *T. Silberhorn* (CDU/CSU), BT-Sten.Ber. 15/160, S. 14931; *A. Merkel* (CDU/CSU), BT-Sten.Ber. 15/175, S. 16354.

[510] So *G. Müller* (CDU/CSU), BT-Sten.Ber. 15/160, S. 14927 f.; *T. Silberhorn* (CDU/CSU), BT-Sten.Ber. 15/160, S. 14931.

[511] *M. Roth* (SPD), BT-Sten.Ber. 15/160, S. 14905; *J. Fischer* (Bundesminister), BT-Sten. Ber. 15/160, S. 14911; *S. Leutheusser-Schnarrenberger* (FDP), BT-Sten.Ber. 15/160, S. 14920; *F. Müntefering* (SPD), BT-Sten.Ber. 15/175, S. 16357.

[512] *M. Roth* (SPD), BT-Sten.Ber. 15/160, S. 14905; *W. Schäuble* (CDU/CSU), BT-Sten. Ber. 15/160, S. 14917; *G. Gloser* (SPD), BT-Sten.Ber. 15/160, S. 14929; *T. Silberhorn* (CDU/CSU), BT-Sten.Ber. 15/160, S. 14930; *F. Müntefering* (SPD), BT-Sten.Ber. 15/175, S. 16357; *H.-C. Ströbele* (BÜNDNIS 90/DIE GRÜNEN), BT-Sten.Ber. 15/175, S. 16367; *S. Leutheusser-Schnarrenberger* (FDP), BT-Sten.Ber. 15/175, S. 16372.

[513] BGBl. I 2005, S. 3178 ff.

der nationalen Parlamente fest, z. B. im Hinblick auf Subsidiaritätsrüge und -klage und das Ablehnungsrecht im Rahmen der Brückenklauseln.

Diese begleitenden Gesetze wurden, mit den nötigen Anpassungen, hinsichtlich des in weiten Teilen inhaltsgleichen Vertrages von Lissabon übernommen.[514] Inhaltliche Auseinandersetzungen mit den Beteiligungsrechten fanden in den Parlamentsdebatten kaum noch statt. Lediglich die Stärkung der nationalen Parlamente durch den Vertrag wurde positiv hervorgehoben.[515] Weiterhin wurde vom Bundestag gefordert, dass er seine Rechte selbstbewusst wahrnehmen und sich stärker an der Gestaltung der Europapolitik beteiligen solle[516], unter Umständen auch durch konkrete Vorgaben an die Bundesregierung[517].

Nachdem das Bundesverfassungsgericht sowohl im Lissabon-Urteil als auch in den ersten Urteilen zur Euro-Rettung einen Schwerpunkt auf die Beteiligungsrechte des Bundestages gelegt hatte[518], spielten diese in den Debatten um die Änderung des Art. 136 AEUV ebenfalls eine große Rolle. Zum einen kritisierten die Abgeordneten die unzureichende Information des Bundestages durch die Bundesregierung in der Vergangenheit[519] und mahnten die Erfüllung der Informationspflichten an[520]. Zum anderen hoben sie hervor, dass der Bundestag jeder Aktivierung des Stabilitätsmechanismus zustimmen müsse.[521] Der Christdemokrat Silberhorn war der Ansicht, die erstmalige Formulierung eines Verhandlungsmandates für das Verhalten der Bundesregierung im Europäischen Rat stehe dem Bundestag gut zu Gesicht und mache deutlich, dass die Parlamentarier bewusst ihrer Verantwortung nachkämen.[522]

---

[514] Vgl. die Gesetzesbegründung, BT-Drucks. 16/8489, S. 6.

[515] *A. Merkel* (Bundeskanzlerin), BT-Sten.Ber. 16/132, S. 13798; *A. Schwall-Düren* (SPD), BT-Sten.Ber. 16/132, S. 13803; *J. Trittin* (BÜNDNIS 90/DIE GRÜNEN), BT-Sten.Ber. 16/132, S. 13809; *G. Krichbaum* (CDU/CSU), BT-Sten.Ber. 16/151, S. 15847; *T. Silberhorn* (CDU/CSU), BT-Sten.Ber. 16/151, S. 15854; *M. Stübgen* (CDU/CSU), BT-Sten.Ber. 16/157, S. 16474.

[516] *J. Trittin* (BÜNDNIS 90/DIE GRÜNEN), BT-Sten.Ber. 16/132, S. 13809; *M. Roth* (SPD), BT-Sten.Ber. 16/132, S. 13810 und 16/151, S. 15845; *M. Löning* (FDP), BT-Sten.Ber. 16/151, S. 15839; *A. Schockenhoff* (CDU/CSU), BT-Sten.Ber. 16/151, S. 15840; *T. Silberhorn* (CDU/CSU), BT-Sten.Ber. 16/151, S. 15854; *M. Link* (FDP), Sten.Ber, 16/157, S. 16466.

[517] *R. Steenblock* (BÜNDNIS 90/DIE GRÜNEN), BT-Sten.Ber. 16/132, S. 13816.

[518] Vgl. oben 3. Teil J. III, 3. Teil K. I. 3. und 3. Teil K. II. 2. Ausführlich zur „Budgetverantwortung" als besonderer Ausprägung der Integrationsverantwortung unten 4. Teil D. IV.

[519] *J. Trittin* (BÜNDNIS 90/DIE GRÜNEN), BT-Sten.Ber. 17/172, S. 20222; *S. Gabriel* (SPD), BT-Sten.Ber. 17/188, S. 22705; *P. Danckert* (SPD), BT-Sten.Ber. 17/188, S. 22723.

[520] *M. Roth* (SPD), BT-Sten.Ber. 17/96, S. 11006; *M. Sarrazin* (BÜNDNIS 90/DIE GRÜNEN), BT-Sten.Ber. 17/96, S. 11012.

[521] *M. Link* (FDP), BT-Sten.Ber. 17/96, S. 11005; *T. Silberhorn* (CDU/CSU), BT-Sten.Ber. 17/96, S. 11013; *M. Meister* (CDU/CSU), BT-Sten.Ber. 17/96, S. 11009; *B. Kudla* (CDU/CSU), BT-Sten.Ber. 17/96, S. 11015; *R. Brüderle* (FDP), BT-Sten.Ber. 17/188, S. 22708; *N. Barthle* (CDU/CSU), BT-Sten.Ber. 17/188, S. 22732. Positiv im Hinblick auf die parlamentarische Beteiligung auch *C. Schmidt* (CDU/CSU), BT-Sten.Ber. 17/188, S. 22729. *P. Gauweiler* (CDU/CSU) bezweifelte hingegen die Durchsetzbarkeit des Parlamentsvorbehalts, BT-Sten.Ber. 17/188, S. 22725.

[522] *T. Silberhorn* (CDU/CSU), BT-Sten.Ber. 17/96, S. 11013.

Zusammenfassend lässt sich feststellen, dass vom Bundestag selbst nur vereinzelte Initiativen zur Verbesserung der eigenen Rechtsstellung ausgingen. Oftmals zeigten sich die Abgeordneten hingegen mit den ihnen europarechtlich zugewiesenen neuen Rechten, die die Bundesregierung ausgehandelt hatte, zufrieden, so dass sich die Begleitgesetzgebung im Wesentlichen auf die innerstaatliche Ausgestaltung dieser Rechte beschränkte. Im Verhältnis zur Bundesregierung wurden die Informations-, Kontroll- und Entscheidungsrechte in der Regel wohl als ausreichend empfunden und nur die unzureichende tatsächliche Wahrnehmung dieser Rechte kritisiert. Eine stärkere Einmischung in die Europapolitik durch Weisungsrechte, Parlamentsvorbehalte oder ähnliches wurde nur gelegentlich angedacht und überwiegend abgelehnt. Der Bundesregierung wurde vom Bundestag in europäischen Angelegenheiten somit ein weiter Handlungsspielraum zuerkannt.

2. Integrationsverantwortung im Lissabon-Urteil

In diese etablierte Kooperation von Bundesregierung und Bundestag stieß das Lissabon-Urteil des Bundesverfassungsgerichts. Darin begründeten die Richterinnen und Richter eine besondere „Integrationsverantwortung“: „Den deutschen Verfassungsorganen obliegt eine dauerhafte Integrationsverantwortung. Sie ist darauf gerichtet, bei der Übertragung von Hoheitsrechten und bei der Ausgestaltung der europäischen Entscheidungsverfahren dafür Sorge zu tragen, dass in einer Gesamtbetrachtung sowohl das politische System der Bundesrepublik Deutschland als auch das der Europäischen Union demokratischen Grundsätzen im Sinne des Art. 20 Abs. 1 und Abs. 2 in Verbindung mit Art. 79 Abs. 3 GG entspricht.“[523] Diese Formel ist sehr weit gefasst, die Reichweite der Integrationsverantwortung der einzelnen Verfassungsorgane ist bisher noch nicht abschließend geklärt.[524] Es scheint jedenfalls nicht ausgeschlossen, dass dem Bundestag über seine unmittelbare Beteiligung an Vertragsänderungen hinaus weitere besondere Beteiligungsrechte bezüglich der Ausübung der übertragenen Kompetenzen zugewiesen werden könnten.[525]

Besondere Bedeutung soll die Integrationsverantwortung des Bundestages in den Fällen erlangen, in denen das Primärrecht durch die EU-Organe und ohne förmliches Ratifikationsverfahren in den Mitgliedstaaten geändert werden kann. Denn dann „obliegt neben der Bundesregierung den gesetzgebenden Körperschaften eine besondere Verantwortung im Rahmen der Mitwirkung, die in Deutschland innerstaatlich den Anforderungen des Art. 23 Abs. 1 GG genügen muss (Integrations-

---

523 BVerfGE 123, 267 (356).

524 *M. Spörer*, in: von Arnauld/Hufeld, Lissabon-Begleitgesetze, § 6 Rn. 2.

525 Vgl. z.B. zur Übertragbarkeit des Konzepts auf die Einrichtung einer europäischen Bankenaufsicht auf der Grundlage von Art. 127 Abs. 6 AEUV *R. Wernsmann/M. Sandberg*, DÖV 2014, S. 49 (54 ff.).

verantwortung) und gegebenenfalls in einem verfassungsgerichtlichen Verfahren eingefordert werden kann“[526]. Das Bundesverfassungsgericht forderte, dass der Bundestag in mehr Fällen, als dieser selbst beabsichtigt hatte, vor der Beschlussfassung im Rat seine ausdrückliche Zustimmung zu dem Unionsrechtsakt erteilen muss. Die daraus resultierenden Anforderungen an die innerstaatliche Willensbildung in Bezug auf Vertragsänderungen differenzierte das Bundesverfassungsgericht im Einzelnen aus. Vor diesem Hintergrund stellt sich die Frage, inwieweit diese Vorgaben verfassungsrechtlich zwingend sind oder ob es sich nicht vielmehr um politische Fragen handelt, die einer gerichtlichen Einmischung entzogen sind.[527]

II. Integrationsverantwortung bei Vertragsänderungen

Vor dem Inkrafttreten des Vertrags von Lissabon war die Beteiligung des Bundestages an den Änderungen der europäischen Gründungsverträge bzw. seine „Integrationsverantwortung“ im Grundsatz unproblematisch. Nach dem bis dahin europarechtlich vorgesehenen Verfahren zur Vertragsänderung[528] konnten dem Rat Änderungsvorschläge vorgelegt werden, der daraufhin eine Regierungskonferenz einberufen konnte, um die entsprechenden Änderungen zu vereinbaren. Diese traten jedoch erst in Kraft, nachdem sie von allen Mitgliedstaaten gemäß ihren verfassungsrechtlichen Vorschriften ratifiziert worden waren. In Deutschland setzt die Ratifikation eines solchen völkerrechtlichen Vertrages nach Art. 59 Abs. 2 Satz 1 GG sowie Art. 23 Abs. 1 bzw. Art. 24 Abs. 1 GG ein Gesetz, und damit zwingend die Zustimmung des Bundestages, voraus. Die Anforderungen an ein solches Gesetz sind bereits oben[529] ausführlich beschrieben worden.

Mit dem Verfassungsvertrag wurde erstmals der Versuch unternommen, in größerem Umfang gewisse eigenständige Vertragsänderungskompetenzen der EU zu etablieren. Neben dem bereits bekannten, nunmehr „ordentliches Änderungsverfahren“ genannten Verfahren (Art. IV-443 VV) sahen Art. IV-444 und IV-445 VV „vereinfachte Änderungsverfahren“ vor, die keine förmliche Ratifikation der auf ihrer Grundlage erfolgten Vertragsänderung durch die Mitgliedstaaten vorsahen. Nach dem Scheitern des Verfassungsvertrages wurden diese Regelungen durch den Vertrag von Lissabon in Art. 48 EUV-L nahezu unverändert in das nunmehr geltende Primärrecht überführt. Dadurch wurden neue verfassungsrechtliche Fragen im Hinblick auf die deutsche Zustimmung zu Änderungen der europäischen Verträge aufgeworfen. Im Ergebnis forderte das Bundesverfassungsgericht im Lissabon-Urteil eine stärkere Beteiligung des Bundestages und erklärte deswegen das

[526] BVerfGE 123, 267 (351).

[527] In letztere Richtung wohl *M. Spörer*, in: von Arnauld/Hufeld, Lissabon-Begleitgesetze, § 6 Rn. 15.

[528] Art. 96 EGKSV, Art. 236 EWGV-R, Art. N EUV-M, Art. 48 EUV-A, Art. 48 EUV-N.

[529] S. o. 2. Teil A.

begleitend verabschiedete „Gesetz über die Ausweitung und Stärkung der Rechte des Bundestages und des Bundesrates in Angelegenheiten der Europäischen Union“[530], das sogenannte Ausweitungsgesetz, für verfassungswidrig.[531]

1. Das ordentliche Vertragsänderungsverfahren

Das ordentliche Vertragsänderungsverfahren gemäß Art. 48 Abs. 2 bis 5 EUV-L stieß dabei aufgrund des Vorbehaltes der innerstaatlichen Ratifikation, wie bereits die Vorgängerregelung[532], seitens des Bundesverfassungsgerichts auf keine durchgreifenden Bedenken.[533] Die Änderungen werden weiterhin durch eine Regierungskonferenz vereinbart, nachdem zuvor im Regelfall ein Konvent bestehend aus Vertretern der nationalen Parlamente, der Staats- und Regierungschefs der Mitgliedstaaten, des Europäischen Parlaments und der Kommission entsprechende Vorschläge erarbeitet und der Regierungskonferenz vorgelegt hat. Die Beteiligung des Konvents beurteilte das Bundesverfassungsgericht als „verfassungsrechtlich unbedenklich“[534], solange die Mitgliedstaaten nicht an die Vorschläge des Konvents gebunden seien, sondern frei über die Änderungen entscheiden könnten.[535]

In diesem Vorbehalt schwingt eine gewisse Skepsis gegenüber der Konventmethode mit, die im Bundestag so nicht geteilt wurde. Die Abgeordneten werteten die Vorbereitung von Vertragsänderungen durch den Konvent fraktionsübergreifend als Fortschritt, insbesondere wegen der Beteiligung der mitgliedstaatlichen Parlamente.[536] Dabei ist jedoch zu berücksichtigen, dass sich diese Äußerungen auf den nach den Verträgen als unverbindlich vorgesehenen Konventsentwurf bezogen, eine stärkere Bindung der Regierungskonferenz oder gar deren Abschaffung wurde von keiner Seite gefordert.

Anders als vom Bundesverfassungsgericht impliziert, erscheint eine Ausweitung der Mitbestimmung des Konvents durch eine künftige Vertragsänderung jedoch

---

530 Gesetzentwurf der Fraktionen CDU/CSU, SPD und BÜNDNIS 90/DIE GRÜNEN, BT-Drucks. 16/8489.

531 BVerfGE 123, 267 (432 ff.).

532 Das Bundesverfassungsgericht verwies im Maastricht-Urteil mehrmals auf das Vertragsänderungsverfahren nach Art. N EUV-M, ohne daran Kritik zu üben, vgl. BVerfGE 89, 155 (199, 200, 206, 209 f.).

533 BVerfGE 123, 267 (384 f.).

534 BVerfGE 123, 267 (385).

535 BVerfGE 123, 267 (385).

536 *F. Merz* (CDU/CSU), BT-Sten.Ber. 14/195, S. 18987; *G. Gloser* (SPD), BT-Sten.Ber. 14/195, S. 18990; *M. Roth* (SPD), BT-Sten.Ber. 14/195, S. 18998 f.; *C. Sterzing* (BÜNDNIS 90/DIE GRÜNEN), BT-Sten.Ber. 14/195, S. 19002; *S. Leutheusser-Schnarrenberger* (FDP), BT-Sten. Ber. 14/195, S. 19003; *J. Meyer* (SPD), BT-Sten.Ber. 14/195, S. 19005; *C. Schmid* (CDU/CSU), BT-Sten.Ber. 14/195, S. 19006; *G. Schröder* (Bundeskanzler), BT-Sten.Ber. 15/175, S. 16349; *J. Fischer* (Bundesminister), BT-Sten.Ber. 15/175, S. 16362; *T. Silberhorn* (CDU/CSU), BT-Sten.Ber. 16/132, S. 13812 f.

nicht von vornherein aus verfassungsrechtlichen Gründen ausgeschlossen.[537] Die Mitglieder des Konvents sind als Mitglieder der nationalen Parlamente und Regierungen, des Europäischen Parlaments und der Kommission jeweils demokratisch legitimiert.[538] Gleichwohl ist nach geltendem Recht die demokratische Legitimation des Konvents, verglichen mit z. B. derjenigen eines Parlaments, eher niedrig.[539] Problematisch ist vor allem, dass das geltende Unionsrecht nichts über die konkrete Zusammensetzung des Konvents und die Gewichtung der einzelnen Gruppen aussagt.[540] Hier wären detailliertere, den Anforderungen des Demokratieprinzips genügende Regelungen erforderlich, um Entscheidungen eines Konvents aus Sicht des deutschen Verfassungsrechts hinreichend legitimieren zu können.

2. Das vereinfachte Vertragsänderungsverfahren

Das durch den Vertrag von Lissabon eingeführte vereinfachte Vertragsänderungsverfahren gemäß Art. 48 Abs. 6 EUV-L kann bei Änderungen der Bestimmungen des Dritten Teils des AEUV („Die internen Politiken und Maßnahmen der Union“, Art. 26 bis 197 AEUV) Anwendung finden. Diese Vorschriften können durch einen einstimmigen Beschluss des Europäischen Rates geändert werden, dem die Mitgliedstaaten nach ihren jeweiligen verfassungsrechtlichen Vorschriften zustimmen müssen. Die so beschlossenen Änderungen dürfen allerdings nicht zu einer Ausdehnung der Zuständigkeiten der EU führen (Art. 48 Abs. 6 UAbs. 3 EUV-L). Ähnliche Befugnisse zur Vertragsänderung mit Zustimmung der Mitgliedstaaten sind in den Verträgen an mehreren weiteren Stellen vorgesehen.[541]

Im Bundestag wurde das neue vereinfachte Vertragsänderungsverfahren offensichtlich nicht als problematisch erachtet, es fand in den untersuchten Bundestagsdebatten kaum Erwähnung. Lediglich der fraktionslose Abgeordnete Nitzsche brachte in seinem – von Polemik geprägten – Redebeitrag vor, dass der Europäische Rat durch das vereinfachte Änderungsverfahren ermächtigt werde, nahezu das gesamte Unionsrecht ohne Zustimmung des Europäischen Parlaments zu ändern.[542]

---

[537] Vgl. auch *H. Klinger*, Der Konvent, S. 183 ff., der die aus Sicht des Grundgesetzes geringe demokratische Legitimation der Vorschläge des Grundrechts- und des Verfassungskonvents vor allem auf die fehlende Regelung in den Verträgen und damit die nicht vorhandene Legitimation durch das deutsche Zustimmungsgesetz stützt.

[538] *H. Klinger*, Der Konvent, S. 178.

[539] *H. Klinger*, Der Konvent, S. 180; *F. Baach*, Parlamentarische Mitwirkung in Angelegenheiten der EU, S. 106; *A. Puttler*, EuR 2004, S. 669 (683).

[540] Vgl. auch *C. Ohler*, in: Grabitz/Hilf/Nettesheim, Recht der EU, Art. 48 EUV Rn. 35.

[541] Art. 42 Abs. 2 UAbs. 1 EUV-L (gemeinsame Verteidigung); Art. 25 Abs. 2 AEUV (Fortentwicklung der Unionsbürgerschaft); Art. 218 Abs. 8 UAbs. 2 Satz 2 AEUV (Beitritt zur EMRK); Art. 223 Abs. 1 UAbs. 2 AEUV (einheitliches Wahlverfahren zum Europäischen Parlament); Art. 262 AEUV (Rechtsstreitigkeiten im Bereich des geistigen Eigentums); Art. 311 Abs. 3 AEUV (Eigenmittelbeschluss).

[542] *H. Nitzsche* (fraktionslos), BT-Sten.Ber. 16/157, S. 16472.

Dabei hob er das Verb „ermächtigt" explizit hervor und sprach später allgemein vom Vertrag von Lissabon als einem „neuerliche[n] Ermächtigungsgesetz"[543], was unter anderem zu unmittelbarem Widerspruch bei SPD und BÜNDNIS 90/DIE GRÜNEN[544] und einer ausdrücklichen Gegenäußerung der Bundestagsvizepräsidentin Kastner führte[545]. Im Übrigen verwiesen die Begründungen zu den Zustimmungsgesetzen lediglich darauf, dass die Mitgliedstaaten und insbesondere die nationalen Parlamente im vereinfachten Änderungsverfahren die Herrschaft über die Verträge behalten würden[546], die Begleitgesetzgebung enthielt jedoch keine speziellen Regelungen für das Zustandekommen der mitgliedstaatlichen Zustimmung. Es blieb daher unklar, wie und aufgrund welcher Rechtsgrundlage die innerstaatliche Zustimmung aus Sicht des Bundestages erfolgen sollte.

Das Bundesverfassungsgericht machte hingegen im Lissabon-Urteil klare Vorgaben, indem es für die Zustimmung der Bundesrepublik nach Art. 48 Abs. 6 EUV-L sowie der ihm nachgebildeten Regelungen[547] „stets ein Gesetz im Sinne des Art. 23 Abs. 1 Satz 2 GG als lex specialis zu Art. 59 Abs. 2 GG" forderte.[548]

Nach der hier vertretenen Ansicht[549] kann der pauschale Verweis auf Art. 23 Abs. 1 Satz 2 GG verfassungsrechtlich nicht überzeugen.[550] Der Gesetzesvorbehalt nimmt ausdrücklich nur auf die Übertragung von Hoheitsrechten Bezug. Er kann daher auf die vereinfachten Vertragsänderungsverfahren nur Anwendung finden, soweit diese eine Grundlage für Kompetenzübertragungen bilden können. Insbesondere Art. 48 Abs. 6 UAbs. 3 EUV-L schließt aber in seinem Anwendungsbereich kompetenzerweiternde Vertragsänderungen gerade aus, so dass Art. 23 Abs. 1 Satz 2 GG hier dem Wortlaut nach nicht einschlägig sein kann.[551] Nach Ansicht des Bundesverfassungsgerichts zwingt jedoch der Bezug des Änderungsbeschlusses zur Zuständigkeitsordnung der Europäischen Union dazu, das vereinfachte Änderungsverfahren generell wie eine Übertragung von Hoheitsrechten zu behandeln.[552] Gegen diese Analogie spricht neben dem Wortlaut die fehlende Regelungslücke, da Art. 59 Abs. 2 Satz 1 GG insoweit eine Auffangfunktion zukommt.[553] Die Zustimmung zu Beschlüssen im vereinfachten Änderungsverfahren nach Art. 48 Abs. 6 EUV-L bedarf daher nach hiesiger Auffassung innerstaatlich grundsätzlich

---

[543] *H. Nitzsche* (fraktionslos), BT-Sten.Ber. 16/157, S. 16472.

[544] BT-Sten.Ber. 16/157, S. 16472.

[545] *S. Kastner* (Vizepräsidentin), BT-Sten.Ber. 16/157, S. 16474.

[546] BT-Drucks. 15/4900, S. 290, und 16/8300, S. 167.

[547] BVerfGE 123, 267 (387 f., 434).

[548] BVerfGE 123, 267 (387). Zustimmend *M. Selmayr*, ZEuS 2009, S. 637 (663).

[549] S. o. 2. Teil A. III. 1.

[550] Kritisch auch *J. F. Lindner*, BayVBl. 2010, S. 193 (199).

[551] Im Ergebnis ebenso *M. Tischendorf*, Integrationsverantwortung, S. 138.

[552] BVerfGE 123, 267 (387). Für eine analoge Anwendung des Art. 23 Abs. 1 Satz 2 GG auf das vereinfachte Vertragsänderungsverfahren auch *A. Puttler*, in: HdStR Bd. VI, § 142 Rn. 46; *I. Pernice*, in: Dreier, GG Bd. II (2. Aufl.), Art. 23 Rn. 86.

[553] Vgl. auch *R. Uerpmann-Wittzack*, in: von Münch/Kunig, GG Bd. 1, Art. 23 Rn. 46. Zur parallelen Anwendbarkeit von Art. 23 Abs. 1 und Art. 59 Abs. 2 GG oben 2. Teil A. I.

lediglich eines Gesetzes nach Art. 59 Abs. 2 Satz 1 GG.[554] Dem Gesetzgeber stünde es zwar grundsätzlich frei, sich selbst an strengere Voraussetzungen zu binden, für einen entsprechenden Willen fehlt es aber an Hinweisen. Anders verhält es sich nur, wenn die Vertragsänderung aus anderem Grund das Grundgesetz materiell ändert. Da der Anwendungsbereich des Art. 23 Abs. 1 Satz 3 GG nicht auf Hoheitsrechtsübertragungen beschränkt ist[555], ist in diesen Fällen stets ein Gesetz nach Art. 79 Abs. 2 GG erforderlich.

Die Vorgaben des Bundesverfassungsgerichts, die nunmehr in §§ 2, 3 IntVG mit dem Verweis auf ein Gesetz im Sinne des Art. 23 Abs. 1 GG umgesetzt worden sind, gehen damit im Hinblick auf Vertragsänderungen ohne verfassungsändernden Charakter nach hier vertretener Ansicht über das verfassungsrechtlich Geforderte hinaus. Zwar mag es in vielen Fällen praktisch keinen Unterschied machen, ob ein einfaches Zustimmungsgesetz nach Art. 59 Abs. 2 Satz 1 GG oder nach Art. 23 Abs. 1 Satz 2 GG zu beschließen ist. Strengere Anforderungen folgen aus Art. 23 Abs. 1 Satz 2 GG allerdings in den Fällen, in denen nach Art. 59 Abs. 2 Satz 1 GG die Zustimmung des Bundesrates nicht erforderlich wäre. Damit ergibt sich eine zusätzliche Vetomöglichkeit, die den Fortgang der europäischen Integration erschweren kann. Angesichts des aus der Präambel und Art. 23 Abs. 1 GG folgenden Verfassungsauftrages zur Mitwirkung an einem vereinten Europa erscheint dies bedenklich.

Vor diesem Hintergrund bleibt festzuhalten, dass die parlamentarische Behandlung der vereinfachten Vertragsänderungsverfahren berechtigter Kritik ausgesetzt ist. Das innerstaatliche Zustimmungsverfahren hätte in der Begleitgesetzgebung ausgestaltet werden sollen, zumindest wäre eine Willensäußerung des Gesetzgebers in der Gesetzesbegründung wünschenswert gewesen. Die Entscheidung des Bundesverfassungsgerichts hat jedoch im Ergebnis zu einer zu engen Auslegung des Gesetzesvorbehalts des Art. 23 Abs. 1 GG geführt.

3. Brückenklauseln

Weitere unzulänglich ausgestaltete Beteiligungsrechte des Bundestages erkannte das Bundesverfassungsgericht im Hinblick auf Änderungen der Verträge auf der Grundlage sogenannter Brücken- bzw. Passerelle-Klauseln. Nach Art. 48 Abs. 7 EUV-L kann der Europäische Rat nach Zustimmung des Europäischen Parlaments in weiten Teilen des Unionsrechts[556] einstimmig den Übergang von Einstimmig-

---

[554] Ebenso *R. Uerpmann-Wittzack*, in: von Münch/Kunig, GG Bd. 1, Art. 23 Rn. 46; *C. D. Classen*, JZ 2009, S. 881 (884).

[555] S. o. 2. Teil A. III. 2.

[556] Der Anwendungsbereich des Art. 48 Abs. 7 EUV-L erstreckt sich auf den gesamten AEUV sowie Titel V des EUV (auswärtiges Handeln/GASP, Art. 21–46 EUV-L), mit Ausnahme von Beschlüssen mit militärischen oder verteidigungspolitischen Bezügen (Art. 48 Abs. 7 UAbs. 1 Satz 2 EUV-L) und der Art. 311 Abs. 3 und 4 (Eigenmittelbeschluss), 312 Abs. 2 UAbs. 1 (Fest-

keits- zu Mehrheitsentscheidungen oder vom besonderen zum ordentlichen Gesetzgebungsverfahren – in dem der Rat regelmäßig ebenfalls mit qualifizierter Mehrheit entscheiden kann (vgl. Art. 294 Abs. 8, 13 AEUV) – beschließen. Eine Ratifikation oder Zustimmung durch die Mitgliedstaaten ist nicht vorgesehen, allerdings wird der Beschluss nicht erlassen, falls ein nationales Parlament die Initiative binnen sechs Monaten ab ihrer Übermittlung ablehnt (Art. 48 Abs. 7 UAbs. 4 EUV-L). Die Brückenklausel ermöglicht damit autonome Änderungen der Verträge durch die Unionsorgane.[557] Im Bereich des Familienrechts mit grenzüberschreitendem Bezug enthält Art. 81 Abs. 3 UAbs. 2, 3 AEUV eine ähnliche Regelung. Die weiteren besonderen Brückenklauseln[558] sehen hingegen keine Vetorechte der nationalen Parlamente vor.

a) Parlamentarische Behandlung

Begleitend zum Vertrag von Lissabon hatten Bundestag und Bundesrat im Ausweitungsgesetz Regelungen bezüglich der Ausübung des Ablehnungsrechts nach Art. 48 Abs. 7 UAbs. 4 EUV-L und Art. 81 Abs. 3 UAbs. 2, 3 AEUV getroffen, die insbesondere die Zuständigkeitsverteilung zwischen den beiden Organen betrafen.[559] Darüber hinaus waren keine besonderen Beteiligungsrechte der Gesetzgebungsorgane bei Beschlüssen im Rahmen der Brückenklauseln vorgesehen.

Im parlamentarischen Zustimmungsverfahren spielten die Brückenklauseln kaum eine Rolle. In den untersuchten Debatten erwähnte sie nur der SPD-Abgeordnete Roth am Rande.[560] Selbst im federführenden Ausschuss für die Angelegenheiten der Europäischen Union scheinen die autonomen Vertragsänderungen keine vertieften Diskussionen ausgelöst zu haben, lediglich der Vertreter der Linken Dehm übte Kritik an der Aufteilung der Kompetenzen zwischen Bundestag und Bundesrat.[561]

---

legung des mehrjährigen Finanzrahmens), 352 (Kompetenzergänzungsklausel) und 354 AEUV (Stimmrechtsaussetzung), vgl. Art. 353 AEUV.

[557] *M. Nettesheim*, NJW 2010, S. 177 (179).

[558] Art. 31 Abs. 3 EUV-L (auswärtiges Handeln und GASP); Art. 153 Abs. 2 UAbs. 4 AEUV (bestimmte Kompetenzen in der Sozialpolitik); Art. 192 Abs. 2 UAbs. 2 AEUV (bestimmte Kompetenzen in der Umweltpolitik); Art. 312 Abs. 2 UAbs. 2 AEUV (Festlegung des mehrjährigen Finanzrahmens); Art. 333 Abs. 1 und 2 AEUV (verstärkte Zusammenarbeit).

[559] Art. 1 § 4 des gemeinsamen Gesetzentwurfs der Fraktionen CDU/CSU, SPD und BÜNDNIS 90/DIE GRÜNEN eines Gesetzes über die Ausweitung und Stärkung der Rechte des Bundestages und des Bundesrates in Angelegenheiten der Europäischen Union, BT-Drucks. 16/8489, S. 3 f. Der federführende Ausschuss hatte die unveränderte Annahme des Entwurfs empfohlen (BT-Drucks. 16/8919, S. 3). Das Gesetz wurde daraufhin mit den Stimmen von CDU/CSU, SPD, FDP und BÜNDNIS 90/DIE GRÜNEN bei Enthaltung der Fraktion Die Linke angenommen, BT-Sten.Ber. 16/157, S. 16482. Der Bundesrat stimmte dem Gesetz mehrheitlich zu, vgl. das Plenarprotokoll der 844. Sitzung vom 23. Mai 2008, S. 136.

[560] *M. Roth* (SPD), BT-Sten.Ber. 16/157, S. 16471.

[561] Vgl. die Zusammenfassung des Beratungsverfahrens im Ausschussbericht, BT-Drucks. 16/8919, S. 5.

Diese wenigen Äußerungen lassen auf den ersten Blick auf eine mangelnde Beschäftigung des Parlaments mit der Thematik schließen.

Es darf allerdings nicht außer Acht gelassen werden, dass die Brückenklauseln bereits Bestandteil des Verfassungsvertrages waren. Dessen Art. IV-444 sah eine mit Art. 48 Abs. 7 EUV-L weitgehend wortgleiche Regelung vor. In der Begründung des neuen Entwurfs zur Lissabon-Begleitgesetzgebung nahmen die einbringenden Fraktionen der CDU/CSU, SPD und BÜNDNIS 90/DIE GRÜNEN ausdrücklich Bezug auf das 2005 beschlossene Begleitgesetz und erklärten, dass dieses mit den notwendigen Anpassungen an die Bestimmungen des Vertrags von Lissabon nunmehr erneut angenommen werden sollte.[562]

Die damalige Regelung zu den Brückenklauseln war im Bundestag ausgiebig diskutiert und kontrovers beurteilt worden. Der Entwurf der Regierungsfraktionen SPD und BÜNDNIS 90/DIE GRÜNEN[563] gestaltete lediglich das Ablehnungsrecht des Art. IV-444 Abs. 3 VV aus. Demnach sollten Bundestag und Bundesrat zur Beschlussfassung innerhalb von sechs Monaten nach der Übermittlung der Initiative verpflichtet sein. Die Initiative war abzulehnen, wenn beide Organe mit Mehrheit gegen die Initiative stimmten. Nach dem Gegenentwurf der CDU/CSU-Fraktion[564] hatte die Bundesregierung hingegen bereits vor der Beschlussfassung im Europäischen Rat das Einvernehmen des Bundestages einzuholen, für dessen Zustimmung wegen der politischen Bedeutung der Änderung des Gewichts Deutschlands in der Europäischen Union eine Zwei-Drittel-Mehrheit nach Art. 23 Abs. 1 Satz 3 GG erforderlich sein sollte.

Die unterschiedlichen Ansätze spiegelten sich in den parlamentarischen Debatten wider. In der ersten Beratung des Begleitgesetzes erläuterte der baden-württembergische Ministerpräsident Teufel, dass der Übergang von einstimmigen zu Mehrheitsentscheidungen als verfassungsändernde Vertragsänderung grundsätzlich einer Zwei-Drittel-Mehrheit in Bundestag und Bundesrat bedürfe. Aus diesem Grund müssten die nationalen Parlamente im Rahmen der Brückenklausel genauso befasst werden. Zudem sollte die Regierung bereits vor der Beschlussfassung die Haltung des Parlaments kennen.[565] Abgeordnete der CDU/CSU-Fraktion sprachen sich ebenfalls für eine Zustimmung des Bundestages bereits zur Aufnahme der Verhandlungen[566] sowie die Erforderlichkeit einer Zwei-Drittel-Mehrheit[567] aus. Die Vertreter der Regierung und der Regierungsfraktionen betonten demgegenüber, dass es stets ein deutsches Anliegen gewesen sei, in mehr Politikfeldern im Rat mit Mehrheit statt einstimmig entscheiden zu können.[568] Weder mit diesem Ziel

562 BT-Drucks. 16/8489, S. 6.

563 BT-Drucks. 15/4925, S. 3, 7.

564 BT-Drucks. 15/4716, S. 3, 6f.

565 *E. Teufel* (Baden-Württemberg), BT-Sten.Ber. 15/160, S. 14909.

566 *T. Silberhorn* (CDU/CSU), BT-Sten.Ber. 15/160, S. 14931.

567 *G. Müller* (CDU/CSU), BT-Sten.Ber. 15/160, S. 14927.

568 *M. Roth* (SPD), BT-Sten.Ber. 15/160, S. 14905; *J. Fischer* (Bundesminister), BT-Sten. Ber. 15/160, S. 14911; *H. M. Bury* (Staatsminister für Europa), BT-Sten.Ber. 15/160, S. 14915.

noch mit dem Geist der europäischen Verfassung sei die von der Opposition angestrebte Bindung des deutschen Vertreters an die vorab erteilte Zustimmung des Parlaments zu vereinbaren, so der Staatsminister für Europa im Auswärtigen Amt Bury.[569] Die Passerelle sei als Brücke angelegt, nicht als Grenze.[570] Bundesaußenminister Fischer vertrat die Ansicht, dass der Bundestag den Brückenklauseln und ihrer Anwendung bereits mit der Ratifikation des Verfassungsvertrages seine Zustimmung erteile, so dass es einer erneuten Vorabbefassung nicht bedürfe.[571] Dieser Prämisse schloss sich die FDP-Abgeordnete Leutheusser-Schnarrenberger an. Da die Kompetenz bereits mit dem Verfassungsvertrag übertragen werde, bedürfe es keiner Zwei-Drittel-Mehrheit im Bundestag mehr.[572] Im Übrigen stellte sich die Position der FDP-Fraktion jedoch widersprüchlich dar.[573] Während sie mit ihrem Antrag vom Vortag eine vorherige Zustimmung des Bundestages gefordert hatte[574], vertrat Leutheusser-Schnarrenberger nun ausdrücklich die Meinung, dass der Bundestag erst hinterher zustimmen solle[575]. Eine Vorabbindung schränke die Bundesregierung in ihren Handlungsspielräumen zu stark ein, so dass „ihre Vertreter in Verhandlungen nur noch zum Telefon laufen und im Bundestag nachfragen, ob sie das eine noch sagen dürfen, bei einem anderen Paket schon eine Meinung äußern dürfen oder sich erst rückversichern müssen“[576].

In den darauffolgenden Beratungen des federführenden Ausschusses für die Angelegenheiten der Europäischen Union war die Thematik zunächst weiterhin umstritten. Die Sachverständigenanhörung brachte keine abschließende Klärung. Während die Juristen Huber und Müller-Graff sich wegen der Unbestimmtheit und der möglichen Verfassungsrelevanz der Ratsbeschlüsse für eine vorherige Befassung des Bundestages mit Bindungswirkung aussprachen[577], standen die anderen Sachverständigen einer Vorabbindung grundsätzlich kritisch gegenüber[578]. Die Sachverständigen Maurer und Preuß betonten zudem, dass die Passerelle die Dynamik des Unionsrechts erhöhen und Vertragsänderungen erleichtern sollte, die angestrebte

---

[569] *H. M. Bury* (Staatsminister für Europa), BT-Sten.Ber. 15/160, S. 14915.

[570] *H. M. Bury* (Staatsminister für Europa), BT-Sten.Ber. 15/160, S. 14915.

[571] *J. Fischer* (Bundesminister), BT-Sten.Ber. 15/160, S. 14911.

[572] *S. Leutheusser-Schnarrenberger* (FDP), BT-Sten.Ber. 15/160, S. 14920.

[573] Darauf wies in den Debatten auch *G. Gloser* (SPD), BT-Sten.Ber. 15/160, S. 14930, hin.

[574] BT-Drucks. 15/4937, S. 2.

[575] *S. Leutheusser-Schnarrenberger* (FDP), BT-Sten.Ber. 15/160, S. 14920. In diese Richtung auch die Widersprüche von *S. Leutheusser-Schnarrenberger* und *W. Hoyer* gegen den Vorwurf des Sozialdemokraten *Gloser*, BT-Sten.Ber. 15/160, S. 14930.

[576] *S. Leutheusser-Schnarrenberger* (FDP), BT-Sten.Ber. 15/160, S. 14920.

[577] *P. M. Huber*, Protokoll der 66. Sitzung des Ausschusses für die Angelegenheiten der Europäischen Union vom 16. März 2005 (abrufbar unter http://webarchiv.bundestag.de/archive/2007/0206/ausschuesse/archiv15/a20/oeffentlichesitzungen/a20-prot_66.pdf, zuletzt abgerufen am 31. Oktober 2019), S. 45; *P.-C. Müller-Graff*, ebd., S. 46 f.

[578] *I. Pernice*, Protokoll der 66. Sitzung des Ausschusses für die Angelegenheiten der Europäischen Union vom 16. März 2005 (s. 4. Teil, Fn. 577), S. 47; *U. K. Preuß*, ebd., S. 49; *A. Maurer*, ebd., S. 51.

Ausweitung des Vetorechts sei daher widersprüchlich.[579] Der Sozialdemokrat Roth verwies zum Abschluss der Anhörung ebenfalls auf den Wortlaut des Verfassungsvertrages, der kein Zustimmungsrecht der nationalen Parlamente vorsehe, sondern lediglich ein Vetorecht.[580] In der folgenden Sitzung wiederholte er diese Argumentation.[581] Demgegenüber forderten die CDU/CSU-Abgeordneten weiterhin einen bindenden Vorabbeschluss des Bundestages, da die Brückenklausel die Stellung der Mitgliedstaaten als „Herren der Verträge" in Frage stelle.[582] Die endgültige Fassung der Vorschrift ging auf einen Vorschlag einer Bund-Länder-Arbeitsgruppe zurück, deren Änderungsvorschläge dem Ausschuss am 9. Mai 2005 präsentiert wurden.[583] Diese wurden allgemein begrüßt, eine Diskussion über eine Vorabbefassung des Bundestages fand anschließend nicht mehr statt.[584] Der geänderte Gesetzentwurf wurde im Ausschuss mit den Stimmen der Fraktionen SPD, CDU/CSU, BÜNDNIS 90/DIE GRÜNEN und FDP angenommen[585] und am 12. Mai 2005 im Bundestag einstimmig beschlossen[586]. Im Hinblick auf die Brückenklauseln enthielt der Entwurf Unterrichtungspflichten der Bundesregierung gegenüber den Gesetzgebungsorganen, außerdem wurden die Zuständigkeiten von Bundestag und Bundesrat bei der Ausübung des Vetorechts geregelt. Ein Zustimmungsgesetz war jedoch weder vor noch nach der Beschlussfassung im Rat vorgesehen.

Drei Jahre später wurde die seinerzeit beschlossene Regelung sodann, abgesehen von einigen redaktionellen Änderungen, bewusst unverändert in den Entwurf der Begleitgesetzgebung zum Vertrag von Lissabon übernommen[587] und wie beschrieben verabschiedet. Zwar war der Bundestag zwischenzeitlich neu gewählt worden, so dass nunmehr Abgeordnete an der Entscheidung beteiligt waren, die dem Bundestag 2005 noch nicht angehört hatten und entsprechend an dem damaligen Willensbildungsprozess nicht beteiligt waren. Dennoch sprechen keine durchgreifenden Bedenken gegen den Anschluss an die Erkenntnisse und Ergebnisse der vorangegangenen Erörterungen. Die ausdrückliche erneute Annahme der damaligen Regelungen sowie die mangelnde Thematisierung im Lissabon-Ratifikationsprozess trotz des zwischenzeitlichen Regierungswechsels lassen vielmehr darauf schließen, dass der 2005 geschlossene Kompromiss weiterhin den Interessen der Fraktionen und Abgeordneten entsprach und bei allen Beteiligten kein Änderungsbedarf gesehen wurde.

---

[579] *A. Maurer*, Protokoll der 66. Sitzung des Ausschusses für die Angelegenheiten der Europäischen Union vom 16. März 2005 (s. 4. Teil, Fn. 577), S. 50; *T. Fischer*, ebd., S. 52.

[580] *M. Roth* (SPD), Protokoll der 66. Sitzung des Ausschusses für die Angelegenheiten der Europäischen Union vom 16. März 2005 (s. 4. Teil, Fn. 577), S. 53.

[581] Vgl. den Bericht des Ausschusses für die Angelegenheiten der Europäischen Union, BT-Drucks. 15/5492, S. 19.

[582] BT-Drucks. 15/5492, S. 19, 20.

[583] BT-Drucks. 15/5492, S. 21.

[584] BT-Drucks. 15/5492, S. 21 f.

[585] BT-Drucks. 15/5492, S. 22.

[586] BT-Sten.Ber. 15/175, S. 16386.

[587] Vgl. die Gesetzesbegründung, BT-Drucks. 16/8489, S. 6.

b) Gesetzesvorbehalt des Bundesverfassungsgerichts

Die derart ausgestalteten Beteiligungsrechte genügten den Anforderungen des Bundesverfassungsgerichts jedoch nicht, weshalb es das Begleitgesetz im Ergebnis für verfassungswidrig erklärte.[588] Die Anwendung der allgemeinen sowie der familienrechtlichen Brückenklausel ordnete der Senat als Vertragsänderung im Sinne des Art. 23 Abs. 1 Satz 2 GG ein.[589] Der deutsche Vertreter im Rat bzw. im Europäischen Rat dürfe deshalb einem Änderungsbeschluss nur zustimmen, wenn Bundestag und Bundesrat zuvor ein entsprechendes Gesetz gemäß Art. 23 Abs. 1 GG erlassen haben.[590] Zur Begründung bezog sich das Gericht auf die bereits im Maastricht-Urteil festgehaltene[591] besondere Sensibilität der Integration im Bereich Innen- und Rechtspolitik, in dem bis dahin stets einstimmig zu entscheiden gewesen sei.[592] Die Gesetzgebungsorgane könnten ihre Integrationsverantwortung nur durch den Erlass eines Gesetzes ausüben und entscheiden, ob das aktuelle demokratische Legitimationsniveau den Verzicht auf das Einstimmigkeitserfordernis zulasse, das unionsrechtliche Ablehnungsrecht sei insoweit kein ausreichendes Äquivalent.[593]

Im Bereich der speziellen Brückenklauseln, die sich auf primärrechtlich hinreichend bestimmte Sachbereiche beziehen, sei zwar kein Zustimmungsgesetz erforderlich.[594] Dennoch obliege den Gesetzgebungsorganen auch in diesen Fällen eine Integrationsverantwortung, aufgrund derer ebenfalls eine vorherige ausdrückliche Zustimmung von Bundestag und gegebenenfalls Bundesrat Voraussetzung für die Zustimmung des deutschen Vertreters zum Änderungsbeschluss sei.[595]

c) Brückenklauseln und deutsches Verfassungsrecht

Aus Sicht des Bundesverfassungsgerichts hatte sich der Bundestag somit zu weitgehend seiner Rechte begeben. Die Ausführungen und detaillierten Vorgaben zur Stärkung der Rechtsstellung deuten zudem auf ein geringes Vertrauen des Senats in die Fähigkeit des Bundestages hin, seine Integrationsverantwortung eigenverantwortlich in verfassungsmäßiger Weise zu gestalten und wahrzunehmen. Die Analyse der vorangegangenen Debatten im Bundestag und dem federführenden Ausschuss hat allerdings gezeigt, dass eine stärkere Beteiligung des Bundestages im Zusammenhang mit dem Verfassungsvertrag durchaus diskutiert wurde.[596]

---

[588] BVerfGE 123, 267 (434 ff.).

[589] BVerfGE 123, 267 (390).

[590] BVerfGE 123, 267 (391, 435).

[591] BVerfGE 89, 155 (176).

[592] BVerfGE 123, 267 (390 f.).

[593] BVerfGE 123, 267 (391). Zustimmend *M. Selmayr*, ZEuS 2009, S. 637 (664 f.); wohl auch *D. Grimm*, Der Staat 48 (2009), S. 475 (491).

[594] BVerfGE 123, 267 (391).

[595] BVerfGE 123, 267 (392, 435 f.).

[596] S. o. 4. Teil C. II. 3. a).

Die Motive für den letztlichen Beschluss einer anderen Regelung sowie für den Sinneswandel der CDU/CSU-Fraktion ergeben sich zwar aus den untersuchten Dokumenten nicht. Dass der Streit offensichtlich beigelegt werden konnte, spricht jedoch dafür, dass der Bundestag jedenfalls 2005 bewusst auf eine Zustimmung vor jeder Beschlussfassung im Rat verzichtet hat. Im Hinblick auf den Gesetzgebungsprozess von 2008 weist Jürgen Schwarze zutreffend darauf hin, dass den Abgeordneten nicht unterstellt werden dürfe, sie hätten Vertrag und Ausweitungsgesetz zugestimmt, ohne die Reichweite der damit erteilten Ermächtigungen zu kennen.[597] Auszugehen ist vielmehr von einer bewussten politischen Entscheidung.

Das Bundesverfassungsgericht hatte den Gesetzesvorbehalt auf Art. 23 Abs. 1 Satz 2 GG gestützt. Dagegen sprechen die bereits oben dargelegten allgemeinen Einwände gegen die Ausweitung des Anwendungsbereichs der Norm[598], denn die Brückenklauseln ermöglichen nur Verfahrensänderungen und damit keine Hoheitsrechtsübertragungen. Art. 23 Abs. 1 Satz 3 GG greift nach hier vertretener Ansicht ebenfalls nicht, weil der Übergang zu Mehrheitsentscheidungen oder zum ordentlichen Gesetzgebungsverfahren keine Änderung des Grundgesetzes bewirkt.[599] In Betracht käme schließlich der Gesetzesvorbehalt des Art. 59 Abs. 2 Satz 1 GG. Die Anwendung dürfte nicht bereits daran scheitern, dass kein förmlicher Änderungsvertrag in Frage steht, da die Norm insoweit weit ausgelegt wird und z.B. auch konkludente Änderungen erfassen soll[600]. Allerdings ist die erneute Beteiligung des Gesetzgebers in der Regel nicht erforderlich, soweit die Fortentwicklung des Vertrages vom ursprünglichen Zustimmungsgesetz gedeckt ist.[601] Wenn der Gesetzgeber den Vertragsänderungen durch das Zustimmungsgesetz bereits antizipiert zugestimmt hat, bedarf es keiner neuerlichen Zustimmung in Gesetzesform mehr.[602] Dies ist für die betreffenden Vertragsänderungen zu bejahen, da sie in den Bestimmungen des Vertrages von Lissabon bereits angelegt sind und sich im Rahmen des akzeptierten Integrationsprogramms bewegen. Der Gesetzgeber hat zudem Vorschriften zur innerstaatlichen Begleitung dieser Vertragsänderungen geschaffen und somit seinen Willen zur Anwendung der Brückenklauseln ohne erneute gesetzliche Zustimmung bekundet. Somit verlangen weder Art. 23 Abs. 1 GG noch Art. 59 Abs. 2 GG, für sich betrachtet, ein weiteres Zustimmungsgesetz.

Das Bundesverfassungsgericht begründete seine Forderungen weiterhin mit der unzureichenden demokratischen Legitimation des Änderungsbeschlusses. Dieser muss zwar einstimmig getroffen werden, erfordert also zwingend die Zustimmung Deutschlands. Der deutsche Vertreter im Europäischen Rat oder Rat könne aber

---

597 *J. Schwarze*, EuR 2010, S. 108 (112).

598 S. o. 2. Teil A. III. 1.

599 S. o. 2. Teil A. III. 3. b). A. A. *M. Tischendorf*, Integrationsverantwortung, S. 143.

600 Vgl. dazu *O. Rojahn*, in: von Münch/Kunig, GG Bd. 1, Art. 59 Rn. 65.

601 *M. Nettesheim*, in: Maunz/Dürig, GG, Art. 59 Rn. 134, 138; *H. D. Jarass*, in: Jarass/Pieroth, Art. 59 Rn. 10. Vgl. auch BVerfGE 104, 151 (202 f.); 121, 135 (158).

602 Vgl. *T. Plate*, DÖV 2011, S. 606 (608), der einen Anwendungsbereich allerdings vor allem für rein redaktionelle Änderungen sieht und auf autonome Änderungsverfahren nicht eingeht.

womöglich nicht immer hinreichend erkennen, in welchem Umfang dadurch für zukünftige Fälle auf die mitgliedstaatliche Vetomöglichkeit verzichtet wird.[603] Eine vorverlagerte Zustimmung des Gesetzgebers zu einer späteren Vertragsänderung sei nur demokratisch legitimiert, wenn der mit der Ausübung der Brückenklauseln einhergehende Verlust des deutschen Einflusses im Rat auch für Einzelfälle vorhersehbar gewesen sei.[604]

Festzuhalten ist zunächst, dass Bundestag und Bundesrat mit dem Zustimmungsgesetz zum Vertrag von Lissabon der Einfügung der Brückenklauseln in das Primärrecht zugestimmt und sie auf diese Weise demokratisch legitimiert haben. Es ist nicht ersichtlich, warum diese demokratische Legitimation nicht grundsätzlich bei einer späteren Inanspruchnahme der erteilten Kompetenz fortwirken soll. Schließlich waren den deutschen Gesetzgebungsorganen die Klauseln sowie das vorgesehene Verfahren ohne erneute Ratifikation durch die nationalen Parlamente bekannt. Das Einverständnis muss sich folglich darauf erstreckt haben. Dem Bundesverfassungsgericht ist jedoch insoweit zuzustimmen, als es das Fortwirken und Ausstrahlen der demokratischen Legitimation auf den späteren Ratsbeschluss von der Vorhersehbarkeit der Folgen abhängig macht. Der Zustimmungsgesetzgeber kann nur solche Fortentwicklungen der Verträge in seinen Willen aufnehmen, die für ihn erkennbar sind. Wesentliche Abweichungen vom vertraglich vorgesehenen Integrationsprogramm können daher nicht mehr von der parlamentarischen Zustimmung gedeckt sein.[605] Die durch die Brückenklauseln ermöglichten Änderungen im Gesetzgebungsverfahren der EU sind jedoch im Vertrag von Lissabon ohne Weiteres erkennbar. Ermöglicht werden nur Übergänge von einstimmigen zu Mehrheitsentscheidungen sowie vom besonderen zum ordentlichen Gesetzgebungsverfahren. Sicherlich ist der Anwendungsbereich der Normen teilweise sehr weit, so bezieht sich die allgemeine Brückenklausel des Art. 48 Abs. 7 EUV-L auf alle Vorschriften des AEUV und des Titels V EUV-L, mit Ausnahme von Beschlüssen mit militärischen oder verteidigungspolitischen Bezügen sowie den in Art. 353 AEUV genannten Entscheidungen. Andererseits ist z. B. die spezielle Brückenklausel des Art. 333 AEUV, bei deren Anwendung das Bundesverfassungsgericht nur eine Zustimmung der Gesetzgebungsorgane und kein Zustimmungsgesetz fordert[606], mit der Erstreckung auf die Bestimmungen der Verträge, die im Rahmen einer Verstärkten Zusammenarbeit angewendet werden können, ähnlich (un-)bestimmt wie die allgemeine.[607] Schon die vom Bundesverfassungsgericht vorgenommene Differenzierung zwischen beiden Arten ist daher nicht überzeugend.[608] Zudem mag

[603] BVerfGE 123, 267 (390).
[604] BVerfGE 123, 267 (390).
[605] BVerfGE 58, 1 (37); 89, 155 (188); 104, 151 (195).
[606] BVerfGE 123, 267 (391 f.).
[607] Vgl. auch *C. D. Classen*, JZ 2009, S. 881 (885).
[608] *C. D. Classen*, JZ 2009, S. 881 (885), weist insofern auf die widersprüchliche Behandlung einzelner Klauseln hin und macht darauf aufmerksam, dass die Ergebnisse im Hinblick auf ihre Bestimmtheit „zufällig“ mit der unionsrechtlichen Zuerkennung eines Ablehnungsrechts korrespondierten.

der Anwendungsbereich der Brückenklauseln zwar weit sein, aber die in Betracht kommenden Normen ließen sich von vornherein genau bestimmen.[609] Als der deutsche Gesetzgeber seine Zustimmung erteilte, war für ihn vorhersehbar, dass in den aufgezählten Bereichen grundsätzlich *jede* Vorschrift entsprechend geändert werden könnte. Es gibt keine Hinweise darauf, dass er sich dessen nicht bewusst gewesen wäre; im Gegenteil sprechen die dargestellten Auseinandersetzungen um die Begleitregelung zum Verfassungsvertrag für ein Problembewusstsein der politischen Akteure.

Das Bundesverfassungsgericht stellte weiter darauf ab, dass der Gesetzgeber in Ausübung seiner Integrationsverantwortung jeweils entscheiden müsse, ob das demokratische Legitimationsniveau noch ausreichend hoch sei, um die Mehrheitsentscheidung zu akzeptieren.[610] Es fehlt jedoch an einer Begründung, warum diese Entscheidung nicht vorgelagert getroffen werden kann. Hätte der Vertrag von Lissabon statt der Brückenklauseln in den betreffenden Normen direkt das Verfahren geändert, hätte der Gesetzgeber schließlich auch nur auf der Grundlage des Legitimationsniveaus zum Zeitpunkt der Ratifikation des Vertrages seine Entscheidung treffen können. Dann muss er aber auf dieser Grundlage erst Recht über das „Minus" der Ermächtigung zu Verfahrensänderungen entscheiden können.[611] Dies gilt insbesondere, da die Beschlüsse des Europäischen Rates bzw. des Rates im Rahmen der Brückenklauseln nur einstimmig getroffen werden können, also nicht gegen die Stimme des deutschen Vertreters, der bei den Verhandlungen gemäß Art. 23 Abs. 3 GG mögliche Stellungnahmen des Bundestages berücksichtigen muss[612].

In den vom Bundesverfassungsgericht für besonders kritisch erachteten Fällen der Art. 48 Abs. 7 EUV-L und Art. 81 Abs. 3 UAbs. 2 AEUV steht den nationalen Parlamenten zudem sogar ein Ablehnungsrecht zu, mit dessen Hilfe sie eine geplante Verfahrensänderung verhindern können. Warum dieses Ablehnungsrecht „kein ausreichendes Äquivalent zum Ratifikationsvorbehalt"[613] sein soll, wurde vom Bundesverfassungsgericht nicht näher begründet.[614] Die Ablehnungsfrist dürfte mit sechs Monaten ausreichend bemessen sein[615], schließlich handelt es sich um eine einzelne, genau abgegrenzte Frage. Der Bundestag hat umfangreiche Integrationsakte bereits in kürzerer Zeit beschlossen.[616] Die parlamentarische Willensbildung, ob im konkreten Fall ein Verzicht auf die Einstimmigkeit vertret-

---

609 *D. Halberstam/C. Möllers*, GLJ 10 (2009), S. 1241 (1255); *A. Puttler*, DÖV 2005, S. 401 (405).

610 BVerfGE 123, 267 (391).

611 *D. Halberstam/C. Möllers*, GLJ 10 (2009), S. 1241 (1255).

612 Zu Art. 23 Abs. 3 GG auch *D. Halberstam/C. Möllers*, GLJ 10 (2009), S. 1241 (1253).

613 BVerfGE 123, 267 (391).

614 *J. F. Lindner*, BayVBl. 2010, S. 193 (199).

615 Ähnlich *M. Ruffert*, DVBl. 2009, S. 1197 (1201).

616 So lagen z. B. beim Vertrag von Amsterdam, dem Verfassungsvertrag sowie dem Vertrag von Lissabon zwischen Unterzeichnung und Schlussabstimmung im Bundestag jeweils nur ca. fünf Monate. Die Euro-Rettungsmaßnahmen wurden zum Teil innerhalb weniger Tage beschlossen. Zu den zeitlichen Abläufen ausführlich oben 3. Teil K.

bar ist, sollte daher innerhalb von sechs Monaten geleistet werden können. Das Erfordernis eines zustimmenden Gesetzes vor der Beschlussfassung würde hingegen – entgegen dem Wortlaut der Verträge[617] – zur doppelten Beteiligung der Gesetzgebungsorgane führen.[618]

Aus diesen Gründen ist die Inanspruchnahme der Brückenklauseln – sowohl der speziellen als auch der allgemeinen – bereits durch das Zustimmungsgesetz zum Vertrag von Lissabon hinreichend demokratisch legitimiert. Eine erneute Beteiligung der Gesetzgebungsorgane in Gesetzes- oder Beschlussform ist nicht erforderlich. Das Bundesverfassungsgericht hat die Integrationsgrenzen hier erneut zu eng gezogen und dem Bundestag Pflichten oktroyiert, die er zuvor in verfassungskonformer Weise delegiert hatte.[619] Der Bundestag hat seine Integrationsverantwortung gerade dadurch wahrgenommen, dass er den Brückenklauseln zugestimmt hat.[620]

III. Integrationsverantwortung bei Anwendung der Flexibilitätsklausel

Zuletzt übte das Bundesverfassungsgericht Kritik an der vorgesehenen parlamentarischen Begleitung der Inanspruchnahme der sogenannten Flexibilitätsklausel des Art. 352 AEUV. Sie ermöglicht der Europäischen Union in gewissem Umfang den Erlass von Vorschriften ohne eine entsprechende ausdrückliche primärrechtliche Befugnis, sofern ein Tätigwerden erforderlich erscheint, um eines der Ziele der Verträge zu verwirklichen. Damit führt sie zu einer Lockerung des in Art. 5 Abs. 1 Satz 1, Abs. 2 EUV-L niedergelegten Prinzips der begrenzten Einzelermächtigung.[621]

Diese Möglichkeit ist allerdings nicht neu, die Verträge enthielten von Beginn an ähnliche Normen.[622] In den Bundestagsdebatten fanden sie so gut wie keine Erwähnung. Obwohl in der Vergangenheit zahlreiche Rechtsakte der EG bzw. EU auf die Vorgängerbestimmungen gestützt wurden[623], rief dieses europäische Handeln

---

[617] *A. von Bogdandy*, NJW 2010, S. 1 (3); *C. D. Classen*, JZ 2009, S. 881 (885 f.).

[618] *C. D. Classen*, in: von Mangoldt/Klein/Starck, GG Bd. 2, Art. 23 Rn. 12; *J.-U. Hahn*, EuZW 2009, S. 758 (762).

[619] *H. Lecheler*, JZ 2009, S. 1156 (1159), spricht ebenfalls von einer „unbegründete[n] Überdehnung von Mitwirkungs*pflichten*" (Hervorhebung im Original).

[620] Ähnlich *A. von Bogdandy*, NJW 2010, S. 1 (3).

[621] *D. Winkler*, in: Grabitz/Hilf/Nettesheim, Recht der EU, Art. 352 AEUV Rn. 14; *C. Vedder*, in: Vedder/Heintschel von Heinegg, Unionsrecht, Art. 352 AEUV Rn. 7; *R. Streinz*, in: Streinz, EUV/AEUV, Art. 352 AEUV Rn. 6; *M. Rossi*, in: Calliess/Ruffert, EUV/AEUV, Art. 352 AEUV Rn. 12a.

[622] Art. 95 EGKSV; Art. 203 EAGV-R; Art. 235 EWGV-R; Art. 235 EGV-M; Art. 308 EGV-A; Art. 308 EGV-N; vgl. auch Art. I-18 VV.

[623] Auflistungen der auf die Flexibilitätsklauseln gestützten Rechtsakte finden sich bei *D.-W. Dorn*, Art. 235 EWGV – Prinzipien der Auslegung, S. 158 ff. (für die Zeit vom 4. April 1962

ohne vorherige ausdrückliche Kompetenzzuweisung bei den Abgeordneten offensichtlich zu keiner Zeit durchgreifende Bedenken hervor. Lediglich im Rahmen der Debatte um den Verfassungsvertrag äußerten sich einige Abgeordnete der CDU/CSU-Fraktion in schriftlichen Erklärungen kritisch zur Flexibilitätsklausel, die Eingriffe in mitgliedstaatliche Kompetenzen ermögliche.[624]

Demgegenüber hatte das Bundesverfassungsgericht bereits im Maastricht-Urteil auf die dauerhafte Einhaltung des Prinzips der begrenzten Einzelermächtigung bestanden[625] und im Hinblick auf die Flexibilitätsklausel betont, dass deren Anwendung nicht einer Vertragserweiterung gleichkommen dürfe[626]. Diese Mahnung war den Richterinnen und Richtern 2009 nicht mehr ausreichend. Aufgrund der Änderung des Wortlauts, der nun nicht mehr nur auf die Ziele im Rahmen des Gemeinsamen Marktes, sondern auf alle vertraglich festgelegten Politikbereiche mit Ausnahme der GASP Bezug nimmt, sei eine „Neubewertung der Vorschrift" erforderlich.[627] Der Senat sah den Anwendungsbereich erweitert[628] und befürchtete eine „Blankettermächtigung" oder gar eine „Übertragung der Kompetenz-Kompetenz", jedenfalls aber die „Unbestimmtheit möglicher Anwendungsfälle".[629] Aus diesem Grund dürfe der deutsche Vertreter im Rat einem auf Art. 352 AEUV gestützten Rechtsakt nur zustimmen, wenn Bundestag und Bundesrat zuvor ein Zustimmungsgesetz gemäß Art. 23 Abs. 1 Satz 2 und 3 GG erlassen haben.[630]

Dieser Gesetzesvorbehalt ist aus mehreren Gründen auf Kritik gestoßen.[631] Zum Teil wurde geltend gemacht, dass das Bundesverfassungsgericht die tatsächliche „Bedrohung" durch Art. 352 AEUV erheblich überschätze.[632] In der Tat wird davon ausgegangen, dass die Flexibilitätsklausel künftig nur noch selten Anwendung fin-

---

bis 20. Dezember 1985) und *M. Bungenberg*, Art. 235 EGV nach Maastricht, S. 293 ff. (für die Zeit vom 1. Dezember 1985 bis 31. Dezember 1998). Zu späteren Rechtsakten vgl. den Überblick bei *D. Winkler*, in: Grabitz/Hilf/Nettesheim, Recht der EU, Art. 352 AEUV Rn. 110 ff.

[624] Vgl. die Erklärungen nach § 31 der Geschäftsordnung der Abgeordneten *G. Müller*, *D. Meyer* und *R. Kraus* (CDU/CSU), BT-Sten.Ber. 15/175, S. 16499; *A. Dobrindt* (CDU/CSU), BT-Sten.Ber. 15/175, S. 16503; *H. Frankenhauser* (CDU/CSU), BT-Sten.Ber. 15/175, S. 16505; *G. Nüßlein* (CDU/CSU), BT-Sten.Ber. 15/175, S. 16514; *W. J. Sebastian* (CDU/CSU), BT-Sten. Ber. 15/175, S. 16518.

[625] BVerfGE 89, 155 (191 ff.).

[626] BVerfGE 89, 155 (210).

[627] BVerfGE 123, 267 (394).

[628] Zustimmend *C. D. Classen*, JZ 2009, S. 881 (884); *M. Ruffert*, DVBl. 2009, S. 1197 (1201). Nach anderer Ansicht waren die Vorgängervorschriften hingegen genauso weit auszulegen, so *D. Winkler*, EuR 2011, S. 384 (401 ff.); *M. Niedobitek*, in: Abels/Eppler, Auf dem Weg zum Mehrebenenparlamentarismus?, S. 159 (177 f.); *C. Ohler*, AöR 135 (2010), S. 153 (162 f.).

[629] BVerfGE 123, 267 (394 f.).

[630] BVerfGE 123, 267 (395, 436).

[631] Vgl. auch *M. Schröder*, in: von der Groeben/Schwarze/Hatje, Unionsrecht Bd. 4, Art. 352 AEUV Rn. 51 f.; *M. Selmayr*, ZEuS 2009, S. 637 (666 f.); *A. Haratsch*, ZJS 2010, S. 122 (125); *A. von Bogdandy*, NJW 2010, S. 1 (3).

[632] So *J. P. Terhechte*, EuZW 2009, S. 724 (727). Ähnlich *S. Schmahl*, in: FG Knemeyer, S. 765 (776 f.).

den wird.[633] Der Bedeutungsverlust habe sich bereits in den vergangenen Jahren im Zuge der stetigen Erweiterung der Unionskompetenzen abgezeichnet[634], die neuen Verfahrensvorschriften erschwerten die Inanspruchnahme zusätzlich[635]. Trotzdem kann dieser Einwand nicht überzeugen, denn nicht die Quantität der Inanspruchnahme, sondern deren Qualität muss maßgeblich für die verfassungsrechtliche Beurteilung sein.

Entscheidend ist vielmehr, dass die Inanspruchnahme der Flexibilitätsklausel nach nahezu einhelliger Meinung[636] nicht zu einer Vertragsänderung führen darf. Dieses Verständnis ist von den Mitgliedstaaten durch die Erklärung Nr. 42 zum Vertrag von Lissabon ausdrücklich bestätigt worden. Demnach kann die Norm „jedenfalls nicht als Rechtsgrundlage für den Erlass von Bestimmungen dienen, die der Sache nach, gemessen an ihren Folgen, auf eine Änderung der Verträge ohne Einhaltung des hierzu in den Verträgen vorgesehenen Verfahrens hinausliefen". Deshalb gewährt Art. 352 AEUV der EU auch keine „Kompetenz-Kompetenz".[637] Die entsprechenden Befürchtungen des Bundesverfassungsgerichts sind unbegründet. Zutreffend ist vielmehr, dass der EU durch Art. 352 AEUV die Befugnis zum Erlass der erforderlichen Maßnahmen bereits übertragen worden ist, dessen Anwendung bedeutet daher die Wahrnehmung dieser Kompetenz und keine Kompetenzerweiterung.[638]

Aus diesen Gründen kann der Gesetzesvorbehalt des Art. 23 Abs. 1 GG auf die Inanspruchnahme der Flexibilitätsklausel keine Anwendung finden. Weder kann eine zusätzliche Hoheitsrechtsübertragung im Sinne des Art. 23 Abs. 1 Satz 2 GG

---

633 *J. Gundel*, in: Schwarze, EU-Kommentar, Art. 352 AEUV Rn. 11; *M. Selmayr*, ZEuS 2009, S. 637 (666).

634 *J. P. Terhechte*, EuZW 2009, S. 724 (727); *D. Booß*, in: Lenz/Borchardt, EU-Verträge, Art. 352 AEUV Rn. 1. Zum Bedeutungsverlust auch *M. Rossi*, in: Calliess/Ruffert, EUV/AEUV, Art. 352 AEUV Rn. 19 f.

635 *R. Streinz*, in: Streinz, EUV/AEUV, Art. 352 AEUV Rn. 71; *A. Weber*, EuZW 2008, S. 7 (12).

636 EuGH, Gutachten 2/94 vom 28. März 1996 (Beitritt der EG zur EMRK), Slg. 1996, I-1759 (1788); *D. Winkler*, in: Grabitz/Hilf/Nettesheim, Recht der EU, Art. 352 AEUV Rn. 60; *M. Schröder*, in: von der Groeben/Schwarze/Hatje, Unionsrecht Bd. 4, Art. 352 AEUV Rn. 9, 42; *R. Streinz*, in: Streinz, EUV/AEUV, Art. 352 AEUV Rn. 1; *C. Vedder*, in: Vedder/Heintschel von Heinegg, Unionsrecht, Art. 352 AEUV Rn. 1; *D.-W. Dorn*, Art. 235 EWGV – Prinzipien der Auslegung, S. 148 ff. A. A. *J. Gundel*, in: Schwarze, EU-Kommentar, Art. 352 AEUV Rn. 34, der davon ausgeht, dass Art. 352 AEUV in begrenztem Umfang Vertragsänderungen zulasse, die Grenze aber überschritten sei, wenn die Folgen des Vorhabens grundlegende Strukturen der Verträge berührten.

637 *M. Schröder*, in: von der Groeben/Schwarze/Hatje, Unionsrecht Bd. 4, Art. 352 AEUV Rn. 11; *M. Rossi*, in: Calliess/Ruffert, EUV/AEUV, Art. 352 AEUV Rn. 12; *D. Booß*, in: Lenz/Borchardt, EU-Verträge, Art. 352 AEUV Rn. 2.

638 *M. Rossi*, in: Calliess/Ruffert, EUV/AEUV, Art. 352 AEUV Rn. 12; *C. Vedder*, in: Vedder/Heintschel von Heinegg, Unionsrecht, Art. 352 AEUV Rn. 2; *M. Schröder*, in: von der Groeben/Schwarze/Hatje, Unionsrecht Bd. 4, Art. 352 AEUV Rn. 11; *I. Pernice*, in: Dreier, GG Bd. II (2. Aufl.), Art. 23 Rn. 88; *M. Bungenberg*, Art. 235 EGV nach Maastricht, S. 36; *W. Frenz*, EWS 2009, S. 345 (350); *A. Haratsch*, ZJS 2010, S. 122 (125); *D. Winkler*, EuR 2011, S. 384 (395).

auf diesem Wege erfolgen[639] noch eine Änderung der vertraglichen Grundlagen im Sinne des Art. 23 Abs. 1 Satz 3 GG. Die Flexibilitätsklausel lässt sich nicht unter die „vergleichbaren Regelungen“ subsumieren, da mit ihrer Ausübung nur eine bereits übertragene Kompetenz in Anspruch genommen wird.[640] Aus demselben Grund scheidet ein Gesetzesvorbehalt nach Art. 59 Abs. 2 Satz 1 GG aus.

Der vom Bundesverfassungsgericht angenommene Gesetzesvorbehalt folgt schließlich auch nicht aus dem Demokratieprinzip. Insofern ist dem Bundesverfassungsgericht zwar im Grundsatz Recht zu geben, dass Art. 352 AEUV einen sehr weiten Anwendungsbereich hat und im Hinblick auf die Bestimmtheit durchaus auf Bedenken stoßen kann. Grenzen setzen jedoch zunächst das Verbot der Vertragsänderung, das Harmonisierungsverbot des Art. 352 Abs. 3 AEUV sowie das Subsidiaritäts- und Verhältnismäßigkeitsprinzip.[641] Daneben ist die Inanspruchnahme mehrfach demokratisch abgesichert: Der nationale Legitimationsstrang ist stark ausgeprägt, da der Rat den Beschluss einstimmig treffen muss (Art. 352 Abs. 1 Satz 1 AEUV).[642] Ein Handeln gegen den Willen des deutschen Vertreters ist damit ausgeschlossen. Im europäischen Legitimationsstrang setzt der Erlass der Vorschriften seit dem Vertrag von Lissabon die Zustimmung des Europäischen Parlaments voraus (Art. 352 Abs. 1 Satz 1 AEUV).[643] Darüber hinaus wird den nationalen Parlamenten eine besondere Stellung eingeräumt, indem diese von der Kommission auf alle geplanten Rechtsetzungsvorhaben im Rahmen des sogenannten „Frühwarnsystems“ ausdrücklich hingewiesen werden müssen (Art. 352 Abs. 2 AEUV). Auf diese Weise wird ihnen eine frühzeitige Überprüfung der Vorhaben ermöglicht, insbesondere auf die Vereinbarkeit mit dem Subsidiaritätsprinzip und die mögliche Erhebung der Subsidiaritätsrüge.[644] Angesichts dieser, vom Bundesverfassungsgericht nicht ausreichend berücksichtigten[645], Vorkehrungen erreichen die Beschlüsse auf der Grundlage des Art. 352 AEUV ein Legitimationsniveau, das aus Sicht des Demokratieprinzips als ausreichend anzusehen ist. Eine zusätzliche Beteiligung des Bundestages in Form eines Zustimmungsgesetzes ist daher verfassungsrechtlich nicht erforderlich.

---

639 *M. Rossi*, in: Calliess/Ruffert, EUV/AEUV, Art. 352 AEUV Rn. 94.

640 *I. Pernice*, in: Dreier, GG Bd. II (2. Aufl.), Art. 23 Rn. 88; *R. Streinz*, in: Sachs, GG, Art. 23 Rn. 84; *M. Zuleeg*, in: Denninger/Hoffmann-Riem/Schneider/Stein, AK-GG, Art. 23 Rn. 49.

641 *M. Rossi*, in: Calliess/Ruffert, EUV/AEUV, Art. 352 AEUV Rn. 86 ff.

642 *M. Schröder*, in: von der Groeben/Schwarze/Hatje, Unionsrecht Bd. 4, Art. 352 AEUV Rn. 46; *D. Winkler*, in: Grabitz/Hilf/Nettesheim, Recht der EU, Art. 352 AEUV Rn. 100; *M. Ruffert*, DVBl. 2009, S. 1197 (1201).

643 *M. Rossi*, in: Calliess/Ruffert, EUV/AEUV, Art. 352 AEUV Rn. 6; *D. Winkler*, in: Grabitz/Hilf/Nettesheim, Recht der EU, Art. 352 AEUV Rn. 101; *R. Streinz*, in: Streinz, EUV/AEUV, Art. 352 AEUV Rn. 51; *M. Schröder*, in: von der Groeben/Schwarze/Hatje, Unionsrecht Bd. 4, Art. 352 AEUV Rn. 47.

644 *M. Schröder*, in: von der Groeben/Schwarze/Hatje, Unionsrecht Bd. 4, Art. 352 AEUV Rn. 50; *D.-E. Khan*, in: Geiger/Khan/Kotzur, EUV/AEUV, Art. 352 AEUV Rn. 17; *M. Rossi*, in: Calliess/Ruffert, EUV/AEUV, Art. 352 AEUV Rn. 6a.

645 *M. Selmayr*, ZEuS 2009, S. 637 (667).

IV. Zusammenfassung

Die Untersuchung hat gezeigt, dass das Bundesverfassungsgericht die Integrationsverantwortung des Bundestages bei Vertragsänderungen und Anwendung der Flexibilitätsklausel mehrfach zu eng ausgelegt hat. Die von ihm statuierten Gesetzesvorbehalte bei der Anwendung der Brücken- und Flexibilitätsklauseln sind weder von Art. 23 Abs. 1, 59 Abs. 2 Satz 1 GG gedeckt noch vom Demokratieprinzip im Sinne der Art. 20, 79 Abs. 3 GG gefordert. Der politische Wille des Bundestages, die Entscheidungen auf europäischer Ebene im Wesentlichen dem deutschen Vertreter im Rat zu überlassen und keine besonderen Beteiligungsrechte zu etablieren, ist daher aus verfassungsrechtlicher Sicht nicht zu bemängeln. Mit der Zustimmung zum Vertrag von Lissabon hat er seine Integrationsverantwortung diesbezüglich ausreichend wahrgenommen.

Das Bundesverfassungsgericht ist zu weit gegangen, den Bundestag quasi vor sich selbst schützen zu wollen.[646] Es erscheint nicht nur im Hinblick auf den Grundsatz der Gewaltenteilung bedenklich, dass die zusätzlichen Mitwirkungsrechte und -pflichten, die der Gesetzgeber nach dem Urteilsspruch im IntVG geschaffen hat, nicht primär auf seinem eigenen Willen beruhen, sondern von der Judikative vorgegeben worden sind. Durch den Gesetzesvorbehalt eröffnen sich dem Bundesverfassungsgericht darüber hinaus mit jeder Anwendung der vereinfachten Änderungsverfahren oder der Flexibilitätsklausel neue Möglichkeiten, die geplanten Ratsbeschlüsse sowie das jeweils aktuelle Niveau der demokratischen Legitimation der Europäischen Union am Grundgesetz zu messen, wie Classen zutreffend angemerkt hat.[647] Das Urteil hat somit nicht nur die Rolle des Bundestages im europäischen Integrationsprozess gestärkt, sondern auch diejenige des Bundesverfassungsgerichts selbst. Die Frage muss daher gestattet sein, inwieweit dieser zweite Aspekt die Urteilsfindung beeinflusst haben könnte. Sie ist freilich nicht eindeutig zu beantworten, gewisse Zweifel verbleiben jedoch.

D. Integrationssensible Sachbereiche

Neben der Etablierung einer besonderen Integrationsverantwortung der deutschen Verfassungsorgane bei Änderungen des europäischen Primärrechts erfuhr die mitgliedstaatliche Ebene durch die Rechtsprechung des Bundesverfassungsgerichts eine weitere Stärkung: In seinem Lissabon-Urteil forderte das Gericht, dass der Bundestag und die von ihm getragene Bundesregierung einen gestaltenden Einfluss auf die politische Entwicklung in Deutschland behalten müssen.[648]

---

646 *J. Ipsen*, in: FS Heymanns Verlag (2015), S. 21 (29).

647 *C. D. Classen*, JZ 2009, S. 881 (886). Ähnlich auch *P.-C. Müller-Graff*, integration 2009, S. 331 (352); *M. Abels*, Das Bundesverfassungsgericht und die Integration Europas, S. 61 f.

648 BVerfGE 123, 267 (356).

Den Mitgliedstaaten müsse „ausreichender Raum zur politischen Gestaltung der wirtschaftlichen, kulturellen und sozialen Lebensverhältnisse“[649] verbleiben. Vor diesem Hintergrund bestimmte der Senat fünf Sachbereiche, die „besonders sensibel für die demokratische Selbstgestaltungsfähigkeit eines Verfassungsstaates“[650] seien und in denen deshalb die Übertragung und Ausübung von Hoheitsrechten auf die Europäische Union zu begrenzen sei. Dazu zählte er unter anderem das Strafrecht, den Einsatz der Bundeswehr, die Budgetverantwortung des Parlaments sowie sozialpolitische oder kulturelle Entscheidungen. Die Formulierung eines solchen Vorbehalts gegenüber weiteren Kompetenzübertragungen in bestimmten Bereichen bewegt sich auf einem schmalen Grat zwischen der primär politischen Entscheidung des Gesetzgebers, bestimmte Hoheitsrechte auf die Europäische Union zu übertragen, und den verfassungsrechtlichen Grenzen der europäischen Integration, deren Einhaltung das Bundesverfassungsgericht zu überprüfen hat. Sie eignet sich daher in besonderem Maße als Anknüpfungspunkt für die Untersuchung von Konfliktlinien zwischen Bundestag und Bundesverfassungsgericht.

I. Integrationsvorbehalte im Bundestag

In den untersuchten Bundestagsdebatten ist eine Aufzählung von Bereichen, in denen die Übertragung und Ausübung von Kompetenzen besonders begrenzt sein soll, allerdings ohne Vorbild. Die Analyse der Debatten hat keine bestimmten Politikfelder ergeben, die die Abgeordneten dauerhaft dem Nationalstaat zugeordnet wissen wollten. In die Zukunft gerichtete Vorbehalte gegenüber künftigen Hoheitsrechtsübertragungen, wie sie das Bundesverfassungsgericht formulierte, spielten in den untersuchten Bundestagsdebatten keine Rolle. Zwar wurden einzelne Kompetenzübertragungen durchaus kritischer beurteilt als andere, zu erinnern sei hier z. B. an die Diskussion über die Währungsunion[651]. Im Ergebnis stimmten die Abgeordneten den Verträgen und den in ihnen festgelegten Erweiterungen der Unionskompetenzen jedoch stets mit der erforderlichen Mehrheit zu.

Freilich lässt dieses Ergebnis nicht zwingend darauf schließen, dass die Bundestagsabgeordneten keinerlei Vorbehalte gegenüber der Übertragung bestimmter Politikbereiche in die Unionskompetenz hegten. In den Debatten zu Integrationsakten steht jeweils die Frage im Vordergrund, ob dem bereits ausgehandelten Vertrag und den darin vorgesehenen Hoheitsrechtsübertragungen zugestimmt werden kann. Bisher bestand daher wenig Anlass zur Auseinandersetzung mit den vom Bundesverfassungsgericht aufgezählten Sachbereichen, da diese noch überwiegend den Mitgliedstaaten zugeordnet sind[652]. Eine abstrakte, vom konkreten Vertrag

---

[649] BVerfGE 123, 267 (358).

[650] BVerfGE 123, 267 (359).

[651] Dazu oben 3. Teil F. II.

[652] Auf letzteren Aspekt machen aufmerksam: *C. Schönberger*, Der Staat 48 (2009), S. 535 (555); *D. Halberstam/C. Möllers*, GLJ 2009, S. 1241 (1251); *M. Böse*, ZIS 2010, S. 76 (81).

losgelöste Diskussion im Parlament über die Zulässigkeit möglicher zukünftiger Vertragsänderungen wäre zwar denkbar. Sie müsste allerdings mangels konkreter Vorlagen zum einen theoretisch bleiben, zum anderen könnte sie den Rahmen der Ratifikationsdebatte, die in der Regel zahlreiche andere Diskussionspunkte bietet, sprengen. Es ist daher nicht verwunderlich, wenn Äußerungen zur potentiellen Übertragung weiterer Sachbereiche auf die EU unterbleiben. Aus diesem Grund lassen sich keine eindeutigen Schlüsse ziehen, wie der Bundestag der Übertragung von Hoheitsrechten in den nunmehr als integrationssensibel einzuordnenden Bereichen gegenüberstand bzw. -steht.

Eine gewisse Tendenz lässt sich nur vereinzelt ausmachen. Insbesondere eine gemeinsame europäische Verteidigung sowie die Budgethoheit sind im Bundestag diskutiert worden, worauf im Folgenden näher einzugehen sein wird.[653] Darüber hinaus sind allerdings kaum Äußerungen aufzufinden, die sich mit den Vorbehalten des Bundesverfassungsgerichts decken. Festzuhalten bleibt daher nur, dass im Bundestag jedenfalls keine Integrationsvorbehalte in ähnlichem Ausmaß wie im Lissabon-Urteil artikuliert worden sind.

II. Die Bestimmung integrationssensibler Bereiche durch das Bundesverfassungsgericht

Das Bundesverfassungsgericht ging bei seinen Überlegungen vom Demokratieprinzip aus. Bereits im Maastricht-Urteil hatte das Gericht ausgeführt, dass die Aufgaben und Befugnisse der Europäischen Gemeinschaften nicht beliebig erweitert werden dürften, solange die demokratische Legitimation vorrangig über die nationalen Parlamente begründet werde.[654] Andernfalls werde die Demokratie auf staatlicher Ebene so sehr geschwächt, dass die nationalen Parlamente der europäischen Hoheitsgewalt keine ausreichende Legitimation mehr vermitteln könnten.[655] Den Mitgliedstaaten müssten deshalb hinreichend bedeutsame eigene Aufgabenfelder verbleiben, auf denen sich der politische Wille des jeweiligen Staatsvolks entfalten könne.[656] Entsprechend müsse auch der Bundestag Aufgaben und Befugnisse von substantiellem Gewicht behalten.[657] Bei diesen allgemeinen Aussagen beließ es der Senat seinerzeit. Welche Aufgaben in der Kompetenz der Mitgliedstaaten bleiben sollten, blieb offen.

Im Lissabon-Urteil verlieh das Gericht seiner Rechtsprechung stärkere Konturen. Es hielt zunächst fest, dass den Mitgliedstaaten nicht eine von vornherein bestimmbare Summe oder bestimmte Arten von Hoheitsrechten verbleiben müssten,

[653] S. u. 4. Teil D. III. 1. und 4. Teil D. IV. 2.
[654] BVerfGE 89, 155 (186).
[655] BVerfGE 89, 155 (186).
[656] BVerfGE 89, 155 (186).
[657] BVerfGE 89, 155 (186).

sondern Kompetenzübertragungen grundsätzlich die „herkömmlichen Kernbereiche des staatlichen Kompetenzraums" berühren dürften.[658] Den Mitgliedstaaten müsse jedoch ausreichend Raum zur politischen Gestaltung der wirtschaftlichen, kulturellen und sozialen Lebensverhältnisse bleiben, insbesondere in solchen Sachbereichen, die die Lebensumstände der Bürger sowie ihren grundrechtlich geschützten privaten Raum prägen, sowie im Hinblick auf Entscheidungen, die in besonderer Weise auf kulturelle, historische und sprachliche Vorverständnisse angewiesen sind und sich in einer politischen Öffentlichkeit diskursiv entfalten.[659] Zu diesen besonders sensiblen Bereichen zählte das Bundesverfassungsgericht unter anderem (1.) das materielle und formelle Strafrecht, (2.) die Verfügung über das polizeiliche und militärische Gewaltmonopol, (3.) die fiskalischen Grundentscheidungen über Einnahmen und Ausgaben der öffentlichen Hand, (4.) die sozialstaatliche Gestaltung von Lebensverhältnissen sowie (5.) kulturell besonders bedeutsame Entscheidungen, z. B. im Familienrecht, Schul- und Bildungssystem oder über den Umgang mit religiösen Gemeinschaften.[660] Insbesondere auf diesen Gebieten solle die Integration auf dasjenige beschränkt bleiben, was zur Koordinierung grenzüberschreitender Sachverhalte sachlich notwendig sei.[661]

Im Rahmen der Subsumtion kam das Bundesverfassungsgericht zu dem Ergebnis, dass der Vertrag von Lissabon den Anforderungen genüge und in den benannten Bereichen keine zu weitgehenden Kompetenzen auf die EU übertrage. Trotz einiger neu auf die EU übertragener Zuständigkeiten würden der Bundesrepublik, bei entsprechend enger Auslegung des Primärrechts[662], in den genannten Bereichen noch substantielle innerstaatliche Gestaltungsmöglichkeiten verbleiben.[663]

1. Demokratieprinzip als Integrationsgrenze

Eine Herleitung integrationsfester Bereiche aus dem Demokratieprinzip kann im Grundsatz überzeugen. Sie lässt sich zwar nicht damit begründen, dass die souveräne Staatlichkeit durch Art. 79 Abs. 3 GG geschützt sei und dem deutschen Staat deshalb ein gewisser Bestand an Aufgaben verbleiben müsse[664], da nach hier vertretener Ansicht bereits die Grundthese des Staatlichkeitsschutzes in diesem Sinne nicht zutrifft[665]. Wie bereits erläutert[666], fordert das Grundgesetz aber, dass

[658] BVerfGE 123, 267 (357, 406).
[659] BVerfGE 123, 267 (358).
[660] BVerfGE 123, 267 (359 ff.).
[661] BVerfGE 123, 267 (359).
[662] Vgl. insbesondere BVerfGE 123, 267 (410 ff., 416, 421, 423 f.). Zu Recht kritisch im Hinblick auf die mangelnde Kompetenz des Bundesverfassungsgerichts zur Interpretation des Unionsrechts *J. P. Terhechte*, EuZW 2009, S. 724 (730).
[663] BVerfGE 123, 267 (406 ff.).
[664] So aber *K. Dingemann*, in: Calliess/Paqué, Deutschland in der EU, S. 73 (77).
[665] Vgl. hierzu oben 4. Teil A. IV. 2.
[666] S. o. 2. Teil B. II. 1. und 4. Teil B. I.

die Ausübung hoheitlicher Gewalt durch europäische Organe demokratisch legitimiert sein muss, also hinreichend auf das „Volk“ im integrationsoffenen Sinne[667] zurückgeführt werden kann. Eine mangelhafte demokratische Legitimation berührt folglich den änderungsfesten Kern des Demokratieprinzips im Sinne der Art. 20, 79 Abs. 3 GG. Integrationsfeste Bereiche können daher begründet sein, soweit die demokratische Legitimation der europäischen Entscheidungsorgane in diesen Bereichen unzureichend wäre, während eine nationale Entscheidung hinreichend legitimiert wäre.[668]

a) Öffentlichkeit als Voraussetzung von Demokratie

Das Bundesverfassungsgericht nahm zur Begründung der nationalstaatlichen Vorbehalte Bezug auf den Zusammenhang von Demokratie und Öffentlichkeit.[669] Weil die öffentliche Wahrnehmung politischer Themen immer noch stark von nationalstaatlichen, sprachlichen, historischen und kulturellen Identifikationsmustern abhängig sei, müsse die Übertragung und Ausübung von Hoheitsrechten angesichts des verfassungsrechtlichen Demokratie- und Subsidiaritätsprinzips in bestimmten zentralen politischen Bereichen sachlich begrenzt werden.[670] Dem liegt die These zugrunde, dass „Demokratie, soll sie nicht lediglich formales Zurechnungskriterium bleiben, [...] vom Vorhandensein bestimmter vorrechtlicher Voraussetzungen abhängig“[671] sei. Dazu zählte das Bundesverfassungsgericht eine ständige freie Auseinandersetzung verschiedener Kräfte, Interessen und Ideen, die zu einer öffentlichen Meinungsbildung beiträgt, transparente Entscheidungsverfahren sowie die Möglichkeit, mit der Hoheitsgewalt in der Muttersprache zu kommunizieren.[672] Diese Voraussetzungen sah es weder 1993 noch 2009 als ausreichend erfüllt an.[673]

In den Parlamentsdebatten kam dieses Thema nur vereinzelt zur Sprache. So wies der SPD-Abweichler Conradi in den Debatten zum Vertrag von Amsterdam darauf hin, dass der EU die demokratische Legitimation durch eine europäische Öffentlichkeit fehle.[674] Sieben Jahre später identifizierte der bayerische Ministerpräsident Stoiber die fehlende europäische Öffentlichkeit als das entscheidende Problem und hob deshalb die Bedeutung der Mitwirkung der nationalen Parlamente hervor.[675] In den Debatten zum Vertrag von Lissabon bemerkte der Abgeordnete

---

[667] Dazu oben 4. Teil A. IV. 3.

[668] *B. Grzeszick*, Die Verwaltung, Beiheft 10 (2010), S. 95 (110).

[669] BVerfGE 123, 267 (358 f.). Ausführlich zur „‚Öffentlichkeitsthese‘ als demokratietheoretische[m] Ausgangspunkt des Lissabon-Urteils“ *G. Britz*, EuR 2010, Beiheft 1, S. 151 (152 ff.).

[670] BVerfGE 123, 267 (359).

[671] BVerfGE 89, 155 (185); ähnlich BVerfGE 123, 267 (358).

[672] BVerfGE 89, 155 (185).

[673] BVerfGE 89, 155 (185); 123, 267 (359).

[674] *P. Conradi* (SPD), BT-Sten.Ber. 13/222, S. 20283.

[675] *E. Stoiber* (Bayern), BT-Sten.Ber. 15/175, S. 16364.

der LINKEN Bisky, dass es ohne europäische Öffentlichkeit keine europäische Demokratie geben könne.[676]

In der Literatur wird die Ansicht geteilt, dass Demokratie das Vorliegen bestimmter tatsächlicher Bedingungen voraussetzt.[677] Dazu wird in Übereinstimmung mit dem Bundesverfassungsgericht und den dargestellten politischen Äußerungen eine öffentliche Meinungsbildung gezählt[678], deren Prozess den Bürgern ermöglicht, fortwährend aktiv Einfluss auf die Staatsgewalt ausüben zu können[679]. Voraussetzung für eine solche funktionierende Meinungsbildung sind vor allem eine umfassende Information der Bürgerinnen und Bürger über das öffentliche Geschehen sowie darauf aufbauende öffentliche Diskussionen, an denen sich grundsätzlich jeder Bürger beteiligen kann.[680]

b) Europäische Öffentlichkeit

Als größtes Hindernis für einen europaweiten Kommunikationsprozess werden insoweit die zahlreichen verschiedenen Muttersprachen der Unionsbürgerinnen und -bürger angesehen.[681] Mehrsprachigkeit schließt Demokratie allerdings nicht aus, wie die Beispiele der Schweiz oder Belgiens zeigen.[682] Die 24 Amtssprachen der EU übersteigen die dort herrschende Sprachenvielfalt zwar bei weitem[683] und es ist kaum zu leugnen, dass die europaweite öffentliche Meinungsbildung erheblich davon profitieren würde, wenn sich eine zentrale Sprache herausbilden würde, in der die Kommunikation gemeinhin geführt wird[684]. Eine solche Entwicklung ist in näherer Zukunft aber kaum zu erwarten und sie ist auch nicht erforderlich.

---

676 *L. Bisky* (DIE LINKE), BT-Sten.Ber. 16/151, S. 15842.

677 Vgl. *E.-W. Böckenförde*, in: HdStR Bd. II, § 24 Rn. 59 ff.; *D. Grimm*, JZ 1995, S. 581 (587 ff.); *G. Robbers*, in: Bonner Kommentar, Art. 20 Rn. 627; *H.-J. Papier*, in: FS Merten, S. 11 (15 f.); *H. Piesbergen*, Europäische Bürgerinitiative, S. 39; *C. D. Classen*, AöR 119 (1994), S. 238 (255 ff.); *M. Nettesheim*, in: Oppermann/Classen/Nettesheim, Europarecht, § 15 Rn. 37 ff.; *M. Kaufmann*, Europäische Integration und Demokratieprinzip, S. 261 ff.; *M. Mayer*, Die Europafunktion der nationalen Parlamente in der Europäischen Union, S. 55 ff.

678 *E.-W. Böckenförde*, in: HdStR Bd. II, § 24 Rn. 68; *W. Heun*, Das Mehrheitsprinzip in der Demokratie, S. 191; *M. Kaufmann*, Europäische Integration und Demokratieprinzip, S. 268 ff.; *G. Britz*, EuR 2010, Beiheft 1, S. 151 (156).

679 *O. Rüß*, Vereintes Europa, S. 151.

680 Vgl. *A. Peters*, Elemente einer Theorie der Verfassung Europas, S. 706.

681 *D. Grimm*, JZ 1995, S. 581 (588 f.); *M. Kaufmann*, Europäische Integration und Demokratieprinzip, S. 270; *U. Di Fabio*, Der Staat 32 (1993), S. 191 (204); *M. Böse*, ZIS 2010, S. 76 (84).

682 *I. Pernice*, Die Verwaltung 1993, S. 449 (479); *A. Peters*, Elemente einer Theorie der Verfassung Europas, S. 706; *U. Schliesky*, Souveränität und Legitimität von Herrschaftsgewalt, S. 414; *M. Mayer*, Die Europafunktion der nationalen Parlamente in der Europäischen Union, S. 57; *C. D. Classen*, AöR 119 (1994), S. 238 (256).

683 *O. Rüß*, Vereintes Europa, S. 156; *M. Kaufmann*, Europäische Integration und Demokratieprinzip, S. 271; *A. Tiedtke*, Demokratie in der EU, S. 96; *D. Grimm*, JZ 1995, S. 581 (589).

684 In diese Richtung auch *D. Grimm*, JZ 1995, S. 581 (588).

Eine einheitliche Sprache ist weder Garantie für eine hinreichende öffentliche Diskussion[685] noch zwingende Voraussetzung einer funktionierenden Demokratie[686]. So werden seitens der Europäischen Union bereits viele Informationen in allen 24 Amtssprachen zur Verfügung gestellt.[687] Zudem können sich die Unionsbürgerinnen und -bürger in jeder Amtssprache an die europäischen Institutionen wenden und erhalten eine Antwort in derselben Sprache (Art. 24 Abs. 4 AEUV).

Öffentliche Meinung wird jedoch nicht nur durch die von der Hoheitsgewalt zur Verfügung gestellten Informationen geprägt, sondern kann vielmehr erheblich durch Medienberichterstattung beeinflusst werden. Den Medien kommt daher die wichtige Aufgabe zu, die Bürger ausreichend über europäische Themen zu informieren.[688] Von einer funktionierenden gesamteuropäischen Meinungsbildung kann wohl erst gesprochen werden, wenn die vertretenen Meinungen nicht bzw. zumindest nicht vorrangig auf nationalen Interessen beruhen, sondern auf anderen Gemeinsamkeiten, wie z. B. politischen Einstellungen.[689] Um eine solche grenzüberschreitende Interessenbildung zu erreichen, wäre eine von nationalen Interessen losgelöste Medienberichterstattung wünschenswert.[690] Dem Bundesverfassungsgericht ist aber zuzustimmen, dass die Medienlandschaft noch überwiegend national geprägt ist.[691] Allerdings ermöglicht das Internet heutzutage Zugang zu einer Vielzahl von Berichterstattungen aus anderen Mitgliedstaaten, Sprachbarrieren können durch automatische Übersetzungen verringert werden.[692] Zudem nehmen über- und multinationale Informationsangebote stetig zu.[693] Der auf der

---

685 *A. Peters*, Elemente einer Theorie der Verfassung Europas, S. 707.

686 In diese Richtung aber wohl *D. Grimm*, JZ 1995, S. 581 (588 f.). So wie hier *O. Rüß*, Vereintes Europa, S. 157; *W. Kluth*, Demokratische Legitimation der EU, S. 62; *E. Brok*, in: Brandt, Verfassung und Krise, S. 163 (170); *C. Tomuschat*, DVBl. 1996, S. 1073 (1079, Fn. 29).

687 *E.-M. Tieke*, Subjekt demokratischer Legitimation in der EU, S. 230. So erscheint das Amtsblatt der Europäischen Union, in dem die Rechtsakte sowie andere offizielle Dokumente der Organe, Einrichtungen und sonstigen Stellen der EU veröffentlicht werden, in allen aktuellen Amtssprachen. Des Weiteren können Sitzungen des Europäischen Parlaments und seiner Ausschüsse online mit Übersetzungen in die Amtssprachen live verfolgt und als Aufzeichnungen angesehen werden, https://multimedia.europarl.europa.eu/de/home (zuletzt abgerufen am 31. Oktober 2019).

688 *A. Peters*, Elemente einer Theorie der Verfassung Europas, S. 707; *M. Kloepfer*, in: HdStR Bd. III, § 42 Rn. 38.

689 *A. Peters*, Elemente einer Theorie der Verfassung Europas, S. 715.

690 Vgl. auch *D. Grimm*, JZ 1995, S. 581 (588); *M. Abels*, Das Bundesverfassungsgericht und die Integration Europas, S. 95; *E. Brok*, in: Brandt, Verfassung und Krise, S. 163 (163).

691 So auch *M. Böse*, ZIS 2010, S. 76 (84); *S. Dettke*, Voranschreitende Demokratisierung der Europäischen Union, S. 128. Bereits 1993 positiver *M. Zuleeg*, JZ 1993, S. 1069 (1074); ähnlich *M. Mayer*, Die Europafunktion der nationalen Parlamente in der Europäischen Union, S. 58.

692 Vgl. auch *S. Dettke*, Voranschreitende Demokratisierung der Europäischen Union, S. 128 f.; *M. Mayer*, Die Europafunktion der nationalen Parlamente in der Europäischen Union, S. 57.

693 Neben den bereits seit mehreren Jahrzehnten etablierten Fernsehsendern, die ihr Programm in mehreren Sprachen anbieten, wie z. B. ARTE, euronews und Eurosport 1, sind in letzter Zeit vermehrt Online-Angebote etabliert worden, die sich an eine europäische Öffentlichkeit richten. Einige Portale konzentrieren sich dabei auf eigene Berichterstattung über europäische Themen, so z. B. http://www.euractiv.de (zuletzt abgerufen am 31. Oktober 2019), das Artikel in zwölf

Information aufbauende grenzüberschreitende Meinungsaustausch wird durch das Internet ebenfalls erleichtert. Den Sozialen Medien und dem sogenannten Web 2.0 wird darüber hinaus teilweise sogar die Wirkung zugesprochen, die demokratische Öffentlichkeit und letztlich das Demokratieverständnis nachhaltig verändern zu können.[694] Für eine Beurteilung dieser These ist es noch zu früh, es bleibt abzuwarten, wie sich die Öffentlichkeit und die Medienlandschaft in den kommenden Jahren entwickeln werden.

Festzuhalten bleibt, dass eine europäische Öffentlichkeit bereits nach dem herkömmlichen Verständnis auf einem guten Weg ist[695], wenngleich sie bisher sicherlich noch nicht das Niveau erreicht hat, das in nationalen Diskursen erreicht werden kann.

c) *Unzureichende Öffentlichkeit als Integrationshindernis*

Vor diesem Hintergrund kann eine unzureichende europäische Öffentlichkeit die demokratische Legitimation der europäischen Hoheitsgewalt mindern, der es insoweit an einer wesentlichen vorrechtlichen Voraussetzung mangelt. Im Grundsatz überzeugt es daher, wenn das Bundesverfassungsgericht als Kriterium zur Bestimmung der Vorbehaltsbereiche heranziehen will, inwieweit die betreffenden Themen „in besonderer Weise auf kulturelle, historische und sprachliche Vorverständnisse angewiesen sind, und […] sich im parteipolitisch und parlamentarisch organisierten Raum einer politischen Öffentlichkeit diskursiv entfalten“[696] und „die öffentliche Wahrnehmung von Sachthemen und politischem Führungspersonal in erheblichem Umfang an nationalstaatliche, sprachliche, historische und kulturelle Identifikationsmuster angeschlossen bleibt“[697]. Diese Merkmale umschreiben die Anforderungen an eine ausreichende europäische Öffentlichkeit.[698]

Sprachen veröffentlicht, die englisch-sprachige Website https://euobserver.com (zuletzt abgerufen am 31. Oktober 2019) und das zweisprachige Debatten-Portal http://www.theeuropean.de (zuletzt abgerufen am 31. Oktober 2019). Andere bieten Übersetzungen von Berichten nationaler Medien, so z. B. https://www.eurotopics.net/de/ (zuletzt abgerufen am 31. Oktober 2019), ein Angebot der deutschen Bundeszentrale für politische Bildung. Das Portal bietet eine Presseschau basierend auf mehr als 500 Zeitungen, Magazinen und Blogs aus den 28 EU-Mitgliedstaaten sowie Russland, der Schweiz, der Türkei und der Ukraine (vgl. https://www.eurotopics.net/de/149270/der-taegliche-blick-in-europas-presse, zuletzt abgerufen am 31. Oktober 2019). Die Einleitungen zu und Zitate aus den Originaltexten erscheinen in Deutsch, Englisch, Französisch, Russisch und Türkisch. In ähnlicher Weise werden auf https://voxeurop.eu/de (zuletzt abgerufen am 31. Oktober 2019) Medienbeiträge aus verschiedenen Ländern in bis zu zehn Sprachen übersetzt.

[694] So z. B. *J. Kerstens* Theorie der „Schwarmdemokratie“, JuS 2014, S. 673 ff.

[695] Ebenso *M. Mayer*, Die Europafunktion der nationalen Parlamente in der Europäischen Union, S. 59. Vgl. auch *G. Robbers*, in: Bonner Kommentar, Art. 20 Rn. 629.

[696] BVerfGE 123, 267 (358).

[697] BVerfGE 123, 267 (359).

[698] *B. Grzeszick*, Die Verwaltung, Beiheft 10 (2010), S. 95 (111).

Je stärker ein Themenbereich durch national bedingte Vorverständnisse geprägt ist, umso schwieriger gestaltet sich ein grenzüberschreitender Diskurs und damit eine europäische Öffentlichkeit. Es ist daher grundsätzlich vorstellbar, dass eine ausreichende öffentliche Meinungsbildung hinsichtlich bestimmter Fragen nur auf nationaler, nicht aber auf europäischer Ebene gegeben ist[699] und aus diesem Grund eine europäische Entscheidung nicht hinreichend demokratisch legitimiert wäre. In diesem Fall könnte es aus demokratischen Gründen gefordert sein, die entsprechenden Kompetenzen bei den Mitgliedstaaten zu belassen, zumindest aber die Ausübung übertragener Kompetenzen zu begrenzen.

Ist das Grundanliegen der Ausführungen im Lissabon-Urteil somit vom Grundgesetz gedeckt, erscheint die Pauschalisierung ganzer Sachbereiche problematisch. Ob und inwieweit Diskussionen entscheidend durch bestimmte Vorverständnisse geprägt werden, hängt nicht nur vom Sachbereich ab, sondern kann von Fragestellung zu Fragestellung variieren.[700] Zudem kann sich eine europäische Öffentlichkeit, soweit sie derzeit nicht ausreichend bestehen sollte, künftig entwickeln.[701] Nicht zuletzt können sich sogar die angeführten kulturellen, historischen und sprachlichen Vorverständnisse selbst im Laufe der Zeit wandeln, so dass eine europaweite Angleichung von Identifikationsmustern nicht auszuschließen ist, die die vom Bundesverfassungsgericht vorausgesetzten Unterschiede relativieren und gegen eine allein auf nationaler Ebene ausreichend zu gewährleistende Öffentlichkeit sprechen würde. Die „Integrationsfestigkeit" einer Entscheidung kann sich daher nicht aus der bloßen Zuordnung zu einem Sachbereich ergeben[702], sondern muss stets sorgfältig in Abhängigkeit von dem in Bezug auf diese Frage gewährleisteten Legitimationsniveau geprüft werden.

2. Integrationsfeste und integrationssensible Bereiche

Es ist hervorzuheben, dass das Bundesverfassungsgericht dieses Differenzierungserfordernis, trotz der Aufzählung einzelner Sachbereiche, im Wesentlichen berücksichtigt hat.[703] Lediglich der wehrverfassungsrechtliche Parlamentsvorbehalt sowie das strafrechtliche Schuldprinzip wurden als unverfügbar bzw. integrationsfest bezeichnet.[704] Darüber hinaus sollen Hoheitsrechtsübertragungen grundsätzlich weiterhin zulässig bleiben, wenngleich nur für bestimmte grenzüberschreitende Sachverhalte.[705] Der vom Bundesverfassungsgericht geforderte ausreichende Raum

---

[699] *B. Grzeszick*, Die Verwaltung, Beiheft 10 (2010), S. 95 (115).

[700] Vgl. *B. Grzeszick*, Die Verwaltung, Beiheft 10 (2010), S. 95 (112) mit Beispielen.

[701] Ähnlich *G. Britz*, EuR 2010, Beiheft 1, S. 151 (161).

[702] *C. Ohler*, AöR 135 (2010), S. 153 (175); *A. Guckelberger*, ZEuS 2012, S. 1 (37).

[703] *B. Grzeszick*, Die Verwaltung, Beiheft 10 (2010), S. 95 (112).

[704] BVerfGE 123, 267 (361, 413, 426).

[705] BVerfGE 123, 267 (359 ff.). So dürfe z. B. im Bereich des Strafrechts eine Hoheitsrechtsübertragung „nur für bestimmte grenzüberschreitende Sachverhalte unter restriktiven Voraussetzungen" (BVerfGE 123, 267 [360]) erfolgen, während im Hinblick auf das Budgetrecht des

zur politischen Gestaltung der wirtschaftlichen, kulturellen und sozialen Lebensverhältnisse[706] impliziert zwar, dass die Kompetenzen in den benannten Bereichen nicht vollständig auf die EU übertragen werden dürfen, sondern den Mitgliedstaaten ein gewisser Mindestbestand an Kompetenzen verbleiben muss. Insofern wird nicht nur eine besondere Rechtfertigungslast für Hoheitsrechtsübertragungen statuiert[707], sondern auch auf einen, wenngleich nicht näher definierten, integrationsfesten Kern[708] der Bereiche hingewiesen, in dem Kompetenzübertragungen unzulässig wären. Es bleibt aber ein weiter Auslegungsspielraum. Es wäre daher verfehlt, von der Bestimmung „integrationsfester" Bereiche durch das Bundesverfassungsgericht zu sprechen[709], zutreffender sollten diese vielmehr als „integrationssensibel" bezeichnet werden[710].

Kritiker sehen in der Aufzählung einzelner Sachbereiche als besonders integrationssensibel den Versuch, eine neue Staatsaufgabenlehre zu etablieren.[711] Wie bereits dargelegt, verbietet das Urteil jedoch nicht jegliche weitere Kompetenzübertragung in diesen Bereichen, sondern betont lediglich deren, vor allem aus dem Demokratieprinzip folgenden, Grenzen. Die Zuordnung zu einem integrationssensiblen Sachbereich kann nicht von der Prüfung der Vereinbarkeit mit Art. 23, 79 Abs. 3 GG befreien. Inhaltlich ist daher Ohler zuzustimmen, der die Ausführungen versteht als „Warn- und Gefahrenhinweis [...], in welchen Fällen ein Konflikt mit dem Grundgesetz drohen kann"[712]. Solange dessen äußerste Grenzen jedoch nicht überschritten sind, muss es weiterhin allein dem politischen Willen des Gesetzgebers obliegen, zu entscheiden, ob weitere Hoheitsrechte übertragen werden sollen oder nicht.[713]

Bundestages die Festlegung über Art und Höhe der den Bürger treffenden Abgaben nicht „in wesentlichem Umfang supranationalisiert" (BVerfGE 123, 267 [361]) werden dürfe, ebenso wenig wie „sozialpolitisch wesentliche[...] Entscheidungen" (BVerfGE 123, 267 [362]).

706 Vgl. BVerfGE 123, 267 (357f.).

707 So *B. Grzeszick*, Die Verwaltung, Beiheft 10 (2010), S. 95 (112).

708 *M. Herdegen*, in: Maunz/Dürig, GG, Art. 79 Rn. 177.

709 In diese Richtung aber z. B. *M. Nettesheim*, NJW 2009, S. 2867 (2868): „Bereiche der ‚integrationsfesten Verfassungsidentität'". Eingeschränkt *K. F. Gärditz/C. Hillgruber*, JZ 2009, S. 872 (879): „(relative) Integrationsfestigkeit".

710 Vgl. *M. Herdegen*, in: Maunz/Dürig, GG, Art. 79 Rn. 177: „Bestimmung besonders sensibler Bereiche".

711 *D. Halberstam/C. Möllers*, GLJ 2009, S. 1241 (1250); *J. P. Terhechte*, EuZW 2009, S. 724 (730); *M. Böse*, ZIS 2010, S. 76 (81); *W. Frenz*, EWS 2009, S. 345 (345 f.); *M. Abels*, Das Bundesverfassungsgericht und die Integration Europas, S. 45 Hingegen halten *R. Streinz/C. Ohler/C. Herrmann*, Vertrag von Lissabon, S. 31 f., eine Bestimmung der Essentialia der zu erhaltenden Staatlichkeit für notwendig. Ebenfalls positiv zur Staatsaufgabenlehre des Bundesverfassungsgerichts *M. Wiemers*, KritV 2011, S. 226ff.

712 *C. Ohler*, AöR 135 (2010), S. 153 (175). Ähnlich auch *D. Grimm*, Der Staat 48 (2009), S. 475 (490f.): „Warnung [...], dass hier eine Gefahr für die [...] Identität der Mitgliedstaaten lauert, die das Bundesverfassungsgericht zur Wachsamkeit nötigt".

713 Vgl. *D. Thym*, Der Staat 48 (2009), S. 559 (564): „Beurteilungsprärogative des Bundestages"; *C. Ohler*, AöR 135 (2010), S. 153 (175): „Abwägungs- und Entscheidungsspielräume" des Parlaments. In diese Richtung auch *M. Nettesheim*, NJW 2009, S. 2867 (2868).

Legt man dem Urteil das soeben beschriebene Verständnis zugrunde, kann der Verknüpfung zwischen Demokratieprinzip, europäischer Öffentlichkeit und integrationssensiblen Bereichen zugestimmt werden. Zu kritisieren ist allerdings die Ausführlichkeit der Ausführungen zu den einzelnen Bereichen[714], die über das für einen „Warnhinweis" nötige Maß hinausgeht und daher einen integrationsskeptischen Unterton vermittelt.[715]

3. Die Auswahl der integrationssensiblen Bereiche

Die konkrete Auswahl der integrationssensiblen Sachbereiche sieht sich allerdings berechtigter Kritik ausgesetzt. Das Lissabon-Urteil lässt bereits eine überzeugende Herleitung der ausgewählten Bereiche vermissen. Diese beschränkt sich im Wesentlichen auf die Feststellung, die Bereiche gälten „seit jeher"[716] als besonders sensibel für die demokratische Selbstgestaltung eines Verfassungsstaates. Es fehlt jedoch an einer Begründung, warum gerade diese Bereiche in besonderer Weise auf bestimmte Verständnisse angewiesen sein sollen.[717] Ansätze finden sich zwar in Bezug auf die Strafrechtspflege, hinsichtlich derer das Bundesverfassungsgericht davon ausging, dass die – neben allen Unterschieden – durchaus bestehenden europaweiten gemeinsamen Werte nicht ausreichten, um die Strafbarkeit von Verhalten zu bestimmen[718], sowie hinsichtlich der Gestaltung und Inhalte von Schule und Bildung, die stark von kulturellen Wurzeln, Traditionen, Überzeugungen und Wertvorstellungen abhingen[719]. Belege für beide Aussagen fehlen gleichwohl, obwohl sie keinesfalls selbstverständlich sind. So verweist Denninger auf die laufenden Entwicklungen im europäischen Strafrecht sowie die zunehmende europäische und rechtsvergleichende Orientierung der Strafrechtswissenschaft.[720] Auch Classen geht davon aus, dass die Verständigung über ethische Minima in einer Wertegemeinschaft kein prinzipielles Problem darstellen könne.[721]

Eine umfassende Beurteilung, inwieweit die aufgezählten Sachbereiche von bestimmten Vorverständnissen abhängig sind, muss an dieser Stelle dahinstehen. Es

---

714 BVerfGE 123, 267 (359–363, 406–430).

715 Ähnlich *J.P. Terhechte*, EuZW 2009, S. 724 (731). *C.D. Classen*, JZ 2009, S. 881 (887), hält die Detailschärfe der Überlegungen ebenfalls für verfehlt.

716 BVerfGE 123, 267 (359).

717 Aus diesem Grund kritisch *C. Schönberger*, Der Staat 48 (2009), S. 535 (554); *D. Thym*, Der Staat 48 (2009), S. 559 (562); *D. Halberstam/C. Möllers*, GLJ 2009, S. 1241 (1250); *O. Suhr*, ZEuS 2009, S. 687 (707); *A. von Bogdandy*, NJW 2010, S. 1 (3); *G. Britz*, EuR 2010, Beiheft 1, S. 151 (157f.); *A. Haratsch*, ZJS 2010, S. 122 (125); *E. Denninger*, JZ 2010, S. 969 (972); *K. Dingemann*, in: Calliess/Paqué, Deutschland in der EU, S. 73 (77); *N. Sonder*, KritV 2011, S. 214 (221); *A. Guckelberger*, ZEuS 2012, S. 1 (36f.); *S. Simon*, Grenzen des Bundesverfassungsgerichts im europäischen Integrationsprozess, S. 140.

718 BVerfGE 123, 267 (360). Im Grundsatz zustimmend *M. Selmayr*, ZEuS 2009, S. 637 (661).

719 BVerfGE 123, 267 (363).

720 *E. Denninger*, JZ 2010, S. 969 (973).

721 *C.D. Classen*, JZ 2009, S. 881 (887).

ist nicht Ziel dieser Arbeit, eine intensive Untersuchung gemeinsamer europäischer Werte vorzunehmen. Aus diesem Grund vermag nicht entschieden zu werden, ob die Sachbereiche zu Recht als integrationssensibel eingestuft wurden. Es ist aber jedenfalls aufzuzeigen, dass die Betonung eng auszulegender Grenzen der Integration in bestimmten Sachbereichen einer vertieften Beschäftigung mit dem insoweit gewährleisteten Legitimationsniveau der Europäischen Union bzw. der Mitgliedstaaten bedurft hätte, die im Lissabon-Urteil fehlt. Bereits aus diesem Grund kann die Auswahl der integrationssensiblen Bereiche daher nicht überzeugen.

Ließe man sich hingegen auf das Argument des Bundesverfassungsgerichts ein, die genannten Bereiche seien schließlich „seit jeher“ besonders integrationssensibel, muss selbst dies bezweifelt werden. Zu Recht wird z. B. darauf hingewiesen, dass die nicht benannte Währungshoheit traditionell ein elementarer Bestandteil staatlicher Hoheitsrechte war.[722] Die Mitgliedstaaten haben sie dennoch bereits 1993 mit dem Vertrag von Maastricht weitgehend auf die EG übertragen. Diese Entscheidung wurde im Bundestag durchaus kritisch begleitet, wie nicht zuletzt in den Debatten zum Vertrag von Maastricht deutlich wurde.[723] Das Bundesverfassungsgericht hatte gegen die europäische Währungsunion hingegen seinerzeit keine durchgreifenden Einwände.[724]

Es liegt daher tatsächlich der Schluss nahe, dass das Bundesverfassungsgericht vor allem Bereiche aufzählte, in denen bisher wenige Hoheitsrechte auf die EU übertragen wurden und die daher noch weitgehend in der Kompetenz der Mitgliedstaaten liegen.[725] Gleichzeitig ist auffällig, dass sich die integrationssensiblen Bereiche teilweise mit den Anwendungsbereichen der vereinfachten Vertragsänderungsverfahren und Brückenklauseln decken.[726] Es bleibt daher der – wenngleich nicht verifizierbare – Verdacht, dass die Auswahl der Bereiche vorrangig der Erwägung folgte, wo die aufgezeigten Grenzen für die Übertragung von Hoheitsrechten

---

[722] *C. Schönberger*, Der Staat 48 (2009), S. 535 (554); *M. Selmayr*, ZEuS 2009, S. 637 (658 f.); *M. Herdegen*, in: FS Hailbronner, S. 725 (727); *ders.*, in: Maunz/Dürig, GG, Art. 79 Rn. 178; *D. Halberstam/C. Möllers*, GLJ 2009, S. 1241 (1250); *P. Hector*, ZEuS 2009, S. 599 (607); *M. Böse*, ZIS 2010, S. 76 (81); *M. Abels*, Das Bundesverfassungsgericht und die Integration Europas, S. 46. Skeptisch wohl auch *M. Hahn*, ZEuS 2009, S. 583 (591). Vgl. auch *C. Möllers*, Staat als Argument, S. 390, der bereits im Jahr 2000 die Ansicht vertrat, dass eine Integrationsfestigkeit bestimmter materieller Kompetenztitel seit der Währungsunion und ihrer Akzeptanz durch das Bundesverfassungsgericht besonders problematisch sei, „da sich schwerlich eine einzelne staatliche Aufgabe finden läßt, die dem Kernbestand der Staatlichkeit nähersteht als die Währungshoheit“.

[723] Ausführlich zu den Inhalten der Debatten oben 3. Teil F. II.

[724] Vgl. BVerfGE 89, 155 (199 ff.); 97, 350 (368 ff.). Vgl. auch *S. Simon*, Grenzen des Bundesverfassungsgerichts im europäischen Integrationsprozess, S. 135.

[725] So *C. Schönberger*, Der Staat 48 (2009), S. 535 (555); *D. Halberstam/C. Möllers*, GLJ 2009, S. 1241 (1251); *P. Hector*, ZEuS 2009, S. 599 (607); *M. Böse*, ZIS 2010, S. 76 (81); wohl auch *M. Hahn*, ZEuS 2009, S. 583 (590 f.). *C. Möllers*, Staat als Argument, S. 390, vermutete bereits im Jahr 2000, dass eine „Aufgabentheorie um die faktische Integration herum“ gebaut werden könne, was systematisch nur schwer zu rechtfertigen sei.

[726] Hierauf weisen *D. Halberstam/C. Möllers*, GLJ 2009, S. 1241 (1251), hin.

überhaupt noch Wirkungen entfalten können und sich am einfachsten umsetzen lassen, ohne den Vertrag für verfassungswidrig erklären zu müssen.[727]

4. Zwischenergebnis

Integrationsfeste oder besonders integrationssensible Bereiche können unter bestimmten Voraussetzungen aus dem Demokratieprinzip im Sinne des Art. 20 GG hergeleitet und der Ewigkeitsgarantie des Art. 79 Abs. 3 GG zugeordnet werden. Das Bundesverfassungsgericht begründete seine Auswahl integrationssensibler Bereiche aber nicht mit den entsprechenden demokratietheoretischen Erwägungen und legte insbesondere nicht dar, warum insoweit auf europäischer Ebene keine ausreichende demokratische Legitimation erreicht werden kann. Aufgrund dessen ist die Aufzählung und ausführliche Beschreibung der Sachbereiche zu kritisieren, für die zudem überwiegend kein Anlass bestand, da der Vertrag von Lissabon insoweit zu keinen relevanten Änderungen führte.[728] Diese obiter dicta bergen die Gefahr, dass Bundesregierung und Bundestag die Integrationsgrenzen künftig zu eng ziehen und dadurch eine nach dem Grundgesetz zulässige weitere Integration verhindert wird.

III. Im Besonderen: Einsatz der Streitkräfte

Eine besondere Stellung innerhalb der integrationssensiblen Bereiche nimmt der Vorbehalt hinsichtlich des Einsatzes der Bundeswehr ein. Das Bundesverfassungsgericht zog hier eine deutliche Grenze und erklärte eine Supranationalisierung für unzulässig: „Der konstitutive Parlamentsvorbehalt für den Auslandseinsatz der Bundeswehr ist integrationsfest.“[729] Dennoch steht eine europäische Armee regelmäßig erneut auf der politischen Agenda: Im März 2015 sprach sich z. B. der damalige Präsident der Europäischen Kommission, Jean-Claude Juncker, für eine gemeinsame europäische Armee aus.[730] Bundeskanzlerin Merkel, der damalige Bundesaußenminister und heutige Bundespräsident Steinmeier sowie die damalige Bundesverteidigungsministerin und designierte Präsidentin der Europäischen Kommission von der Leyen signalisierten daraufhin ihre Unterstützung für ein solches, wenngleich langfristiges, Ziel.[731] Im Dezember 2017 beschloss der Rat der Europäischen Union die Begründung einer Ständigen Strukturierten Zusammenarbeit im

[727] Vgl. *D. Halberstam/C. Möllers*, GLJ 2009, S. 1241 (1251); *M. Tischendorf*, Integrationsverantwortung, S. 304.
[728] *P. Hector*, ZEuS 2009, S. 599 (602).
[729] BVerfGE 123, 267 (361).
[730] *J.-C. Juncker* in einem Interview von *B. Balzli/C. B. Schlitz/A. Tauber*, Welt am Sonntag Nr. 10 vom 8. März 2015, S. 6.
[731] Vgl. den Bericht der WeltN24 GmbH über die Reaktionen in Deutschland auf *Junckers* Vorschlag, Welt Online vom 9. März 2015.

Bereich Verteidigung[732], die als erster Schritt zu einer gemeinsamen Verteidigung angesehen wird[733]. Damit zeichnet sich womöglich ein weiterer Konflikt zwischen Politik und Rechtsprechung bereits ab.

1. Standpunkte im Bundestag zu einer europäischen Verteidigungspolitik

Das Projekt einer europäischen Armee hatte Anfang der 1950er-Jahre seinen bisherigen Höhepunkt erreicht. Im Rahmen der Europäischen Verteidigungsgemeinschaft sollten die Streitkräfte der Mitgliedstaaten miteinander verschmolzen (Art. 9, 68 ff. EVGV) und einem gemeinsamen Oberbefehl unterstellt werden (Art. 18 EVGV). Die Diskussion über die deutsche Beteiligung an einer gemeinsamen europäischen Verteidigung hatte damals die Gemüter erhitzt.[734] Bemerkenswert ist allerdings, dass die Idee einer europäischen Armee an sich kaum in Frage gestellt wurde. Redner der Regierungsfraktionen wiesen darauf hin, dass die Zeit der Nationalarmeen vorbei sei.[735] Diese Einschätzung wurde von der oppositionellen Minderheit in den Ausschussberatungen ausdrücklich geteilt.[736] Die Einwände richteten sich stattdessen gegen die Wiederbewaffnung an sich[737] sowie die konkrete Ausgestaltung der geplanten Verteidigungsgemeinschaft. Es handele sich um eine Fremdenlegion[738] mit mangelhaftem Kampfwert[739]. Zudem sei Deutschland, vor allem weil es noch nicht Mitglied der NATO war, in der Organisation nicht gleichberechtigt.[740] Kritisch wurde außerdem die unzureichende parlamentarische Kontrolle in der EVG betrachtet[741], während durch den Beitritt gleichzeitig der Einfluss der nationalen Parlamente auf wichtigen Gebieten beschränkt werde[742]. Demgegenüber verwiesen Mitglieder der Regierungsfraktionen darauf, dass der deutsche Vertreter im Rat zum einen parlamentarisch kontrolliert sei, zum anderen

---

[732] Beschluss (GASP) 2017/2315 des Rates vom 11. Dezember 2017 über die Begründung der Ständigen Strukturierten Zusammenarbeit (PESCO) und über die Liste der daran teilnehmenden Mitgliedstaaten, ABl. EU 2017 Nr. L 331, S. 57 ff., Berichtigung ABl. EU 2018 Nr. L 12, S. 63 ff.

[733] *C. Calliess*, in: Maunz/Dürig, GG, Art. 24 Abs. 2 Rn. 50.

[734] Vgl. zur Diskussion um den Beitritt zur EVG bereits ausführlich oben 3. Teil B. II.

[735] *E. Gerstenmaier* (CDU), BT-Sten.Ber. 1/221, S. 9803; *K. Adenauer* (Bundeskanzler), BT-Sten.Ber. 1/255, S. 12308.

[736] Vgl. den Bericht des Berichterstatters *W. Brandt* (SPD), BT-Sten.Ber. 1/240, S. 1113.

[737] S. o. 3. Teil B. II. m. w. N.

[738] *M. Reimann* (KPD), BT-Sten.Ber. 1/222, S. 9869.

[739] *A. von Thadden* (fraktionslos), BT-Sten.Ber. 1/222, S. 9870.

[740] *C. Schmid* (SPD), BT-Sten.Ber. 1/221, S. 9813; *W. Brandt* (SPD), BT-Sten.Ber. 1/240, S. 11126; *E. Ollenhauer* (SPD), BT-Sten.Ber. 1/242, S. 11451 und 1/255, S. 12320.

[741] *C. Schmid* (SPD), BT-Sten.Ber. 1/221, S. 9813; *M. Reimann* (KPD), BT-Sten.Ber. 1/222, S. 9868; *F. Erler* (SPD), BT-Sten.Ber. 1/222, S. 9904; *A. Arndt* (SPD), BT-Sten.Ber. 1/241, S. 11366.

[742] *C. Schmid* (SPD), BT-Sten.Ber. 1/221, S. 9813; *E. Schoettle* (SPD), BT-Sten.Ber. 1/221, S. 9834 und 1/241, S. 11327.

insbesondere eine Entscheidung über eine Kriegserklärung nicht ohne Zustimmung des Bundestages treffen werde.[743] Es bestand folglich ein Bewusstsein für die parlamentarische Rückbindung des Einsatzes der europäischen Armee. Ein expliziter Vorbehalt wurde allerdings nicht formuliert.

Nach dem Scheitern der EVG wurde die verteidigungspolitische Integration Europas zunächst nicht weiterverfolgt. Erst mit dem Vertrag von Maastricht wurde eine Gemeinsame Außen- und Sicherheitspolitik (GASP) in das EU-Recht aufgenommen (vgl. Art. J EUV-M). Diese sollte sämtliche Fragen umfassen, die die Sicherheit der EU betreffen, „wozu auf längere Sicht auch die Festlegung einer gemeinsamen Verteidigungspolitik gehört, die zu gegebener Zeit zu einer gemeinsamen Verteidigung führen könnte" (Art. J.4 Abs. 1 EUV-M). Diese beiden Elemente wurden dadurch zwar rechtlich vorbereitet, aber noch nicht konkret eingeführt.[744] Die GASP war intergouvernemental strukturiert, eine Übertragung von Hoheitsrechten fand nicht statt.[745] Die Westeuropäische Union (WEU), das 1954 gegründete Verteidigungsbündnis, wurde zum integralen Bestandteil der Entwicklung der EU erklärt und sollte die Entscheidungen und Aktionen der EU mit verteidigungspolitischem Bezug ausarbeiten und durchführen (Art. J.4 Abs. 2 EUV-M).

Die Regierungsfraktionen sowie die SPD-Fraktion nahmen die Änderungen positiv auf und sahen eine gemeinsame Außen- und Verteidigungspolitik als notwendig an.[746] Während sich die grüne Bundestagsfraktion diesbezüglich zurückhielt[747], zeigten sich die Rednerinnen und Redner der PDS/Linke Liste ablehnend und kritisierten, dass die EG durch den Vertrag von Maastricht zu einer militärischen Organisation ausgebaut werden solle[748]. Im Verlauf der Beratungen wurden jedoch auch von Seiten der SPD-Fraktion gewisse Bedenken und Befürchtungen deutlich. Die Mitglieder betonten den intergouvernementalen Charakter der Verteidigungspolitik, durch den die Bindung an das Grundgesetz sowie die demokratische Kontrolle und Entscheidung durch den Bundestag unberührt blieben.[749] Parlamentarische Beratungen über Auslandseinsätze der Bundeswehr dürften nicht „durch

---

[743] *E. Mende* (FDP), BT-Sten.Ber. 1/222, S. 9385; *F. J. Strauß* (CSU), BT-Sten.Ber. 1/242, S. 11444.

[744] *W. Kaufmann-Bühler*, in: Grabitz/Hilf/Nettesheim, Recht der EU, Art. 42 EUV Rn. 1.

[745] *M. Kuhn*, ESVP, S. 16 f.

[746] *I. Matthäus-Maier* (SPD), BT-Sten.Ber. 12/68, S. 5806; *H.-D. Genscher* (Bundesminister), BT-Sten.Ber. 12/68, S. 5823; *H. Kohl* (Bundeskanzler), BT-Sten.Ber. 12/126, S. 10825; *K. Lamers* (CDU/CSU), BT-Sten.Ber. 12/126, S. 10858 f.; wohl auch *H. Soell* (SPD), BT-Sten. Ber. 12/110, S. 9388; *U. Irmer* (FDP), BT-Sten.Ber. 12/126, S. 10819. Speziell auch die Verknüpfung mit der WEU befürwortend *H.-D. Genscher* (Bundesminister), BT-Sten.Ber. 12/68, S. 5823 f.; *H. Kohl* (Bundeskanzler), BT-Sten.Ber. 12/126, S. 10826; *K. Kinkel* (Bundesminister), BT-Sten.Ber. 12/126, S. 10836.

[747] Wohl eher kritisch *I. Köppe* (BÜNDNIS 90/DIE GRÜNEN), BT-Sten.Ber. 12/126, S. 10856.

[748] *H. Modrow* (PDS/Linke Liste), BT-Sten.Ber. 12/68, S. 5813 und 12/126, S. 10821; *G. Gysi* (PDS/Linke Liste), BT-Sten.Ber. 12/110, S. 9340; in diese Richtung auch *A. Lederer* (PDS/Linke Liste), BT-Sten.Ber. 12/110, S. 9353.

[749] *H. Wieczorek-Zeul* (SPD), BT-Sten.Ber. 12/110, S. 9330.

die Hintertür“ der WEU umgangen werden.[750] Auf die derzeitige demokratische Kontrolle der Verteidigungspolitik durch den Bundestag wolle man nicht um einer europäischen Verteidigungspolitik willen verzichten, solange nicht das Europäische Parlament vergleichbare Rechte erlangt habe.[751] Verteidigungspolitik sei ein sensibler Bereich, in dem Hoheitsrechtsübertragungen nur zugestimmt werden dürfe, wenn die EU demokratischer geworden sei und insbesondere die parlamentarischen Kontrollrechte in diesem Bereich weiter ausgebaut worden seien.[752]

Mit dem Vertrag von Amsterdam wurden einige Änderungen im Hinblick auf die GASP vorgenommen, die aber nicht zu grundlegenden Veränderungen führten, insbesondere nicht zu einer Supranationalisierung der Verteidigungspolitik.[753] Die Zielsetzung einer gemeinsamen Verteidigungspolitik wurde verdeutlicht[754] und eine gemeinsame Verteidigung erleichtert, indem sie ohne förmliche Vertragsänderung durch einen Beschluss des Europäischen Rates und dessen Annahme durch die Mitgliedstaaten eingerichtet werden konnte (Art. 17 Abs. 1 UAbs. 1 EUV-A). Zudem wurden die sogenannten Petersberg-Aufgaben der WEU[755] in die GASP aufgenommen und sollten mit Hilfe der WEU erfüllt werden.[756]

Diese Entwicklung wurde in den Debatten von Rednern der Regierungsfraktionen als wichtig für die langfristige sicherheitspolitische Handlungsfähigkeit der EU dargestellt.[757] Die bislang fehlende gemeinsame Verteidigungspolitik müsse in den kommenden Jahren weiter ausgebaut werden.[758] Von Seiten der Oppositionsfraktionen BÜNDNIS 90/DIE GRÜNEN und PDS wurde hingegen eine weitere Militarisierung der EU behauptet.[759] Diesem Vorwurf traten die anderen Fraktionen

---

[750] *K. D. Voigt* (SPD), BT-Sten.Ber. 12/126, S. 10838.

[751] *K. D. Voigt* (SPD), BT-Sten.Ber. 12/126, S. 10839.

[752] *H. Wieczorek-Zeul* (SPD), BT-Sten.Ber. 12/126, S. 10815; *K. D. Voigt* (SPD), BT-Sten. Ber. 12/126, S. 10838 f.

[753] Ausführlich zu den Änderungen durch den Vertrag von Amsterdam *M. Kuhn*, ESVP, S. 20 ff.; *R. Streinz*, EuZW 1998, S. 137 (140 f.).

[754] Die Festlegung einer gemeinsamen Verteidigungspolitik sollte nicht mehr bloß „auf längere Sicht“ zur GASP gehören, sondern schrittweise erfolgen, vgl. Art. 17 Abs. 1 UAbs. 1 EUV-A. *M. Kuhn*, ESVP, S. 25, spricht insoweit unter Bezugnahme auf *D. Kugelmann*, EuR 1998, Beiheft 2, S. 99 (110), von einem „klaren Bekenntnis zu einer Europäisierung der Verteidigungspolitik“.

[755] Der Ministerrat der WEU hatte bei einer Tagung auf dem Petersberg bei Bonn 1992 die Aufgaben der WEU näher definiert: humanitäre Aufgaben und Rettungseinsätze, friedenserhaltende Aufgaben, Kampfeinsätze bei der Krisenbewältigung einschließlich friedensschaffender Maßnahmen, vgl. hierzu *N. von Ondarza*, in: Bergmann, Handlexikon der EU, S. 766. Die Erklärung ist abgedruckt bei *G. Brandstetter*, Die Westeuropäische Union, S. 180 ff.

[756] *R. Streinz*, EuZW 1998, S. 137 (141).

[757] *H. Haussmann* (FDP), BT-Sten.Ber. 13/222, S. 20254; ähnlich *G. Pfennig* (CDU/CSU), BT-Sten.Ber. 13/222, S. 20284.

[758] *G. Pfennig* (CDU/CSU), BT-Sten.Ber. 13/210, S. 19127; *C. Schmidt* (CDU/CSU), BT-Sten. Ber. 13/210, S. 19135.

[759] *C. Sterzing* (BÜNDNIS 90/DIE GRÜNEN), BT-Sten.Ber. 13/210, S. 19132 und 13/222, S. 20251; *M. Müller* (PDS), BT-Sten.Ber. 13/222, S. 20289.

entschieden entgegen.[760] Die Sozialdemokratin Wieczorek-Zeul führte aus, dass die Aufnahme der Petersberg-Aufgaben ein Schritt zu einer politischen Union sei, der zu einer gemeinsamen Verteidigungsidentität und -politik führen könne und solle.[761] Sie betonte allerdings weiter, dass kein Mitgliedstaat zur Beteiligung an militärischen Aufgaben gezwungen werden könne und Entscheidungen nach den jeweiligen verfassungsrechtlichen Bestimmungen erfolgten.[762] Über den Einsatz der Bundeswehr entscheide folglich der Deutsche Bundestag.[763]

Im Folgenden wurden auf verschiedenen Tagungen des Europäischen Rates maßgebliche Fortschritte im Hinblick auf eine Europäische Sicherheits- und Verteidigungspolitik (ESVP) erreicht, im Rahmen derer die Aufgaben der Europäischen Union erweitert und ihr die zu ihrer Umsetzung erforderlichen Mittel eingeräumt werden sollten.[764] Mit dem Vertrag von Nizza wurden sodann nur noch geringfügige inhaltliche Änderungen bewirkt.[765] Diese fanden in den Plenardebatten nur geringe Beachtung, obwohl – vielleicht aber auch gerade *weil* – die zweite und dritte Beratung nur wenige Wochen nach den Terroranschlägen des 11. September 2001 stattfanden. Selbst die PDS-Fraktion hielt sich mit Kritik zurück und bemängelte lediglich, dass nur die Militärpolitik, im Gegensatz zu den anderen Politiken, immer weiter integriert werde.[766] Demgegenüber stellte der Sozialdemokrat Roth die Übertragung von Kompetenzen in der Verteidigungspolitik als letztlich alternativlos dar[767], während der Christdemokrat Hintze sogar den Wunsch äußerte, die europäischen Synergieeffekte stärker zu nutzen und innerhalb der nächsten zehn Jahre eine handlungsfähige europäische Armee zu schaffen[768].

Mit der nächsten verwirklichten Vertragsänderung, dem Vertrag von Lissabon, wurden die verteidigungsrelevanten Regelungen des gescheiterten Verfassungsvertrages im Wesentlichen übernommen.[769] Der nunmehr Gemeinsame Sicherheits- und Verteidigungspolitik (GSVP) benannte Bestandteil des Unionsrechts blieb intergouvernemental organisiert.[770] Den Mitgliedstaaten wurde aber die Möglichkeit verstärkter Zusammenarbeit eröffnet (Art. 20, 42 Abs. 5 und 6, 44–46 EUV-L; zuvor Art. I-41 Abs. 5 und 6, I-44, III-310–312 VV). Die bisherigen Petersberg-Auf-

---

[760] *H. Wieczorek-Zeul* (SPD), BT-Sten.Ber. 13/222, S. 20247; *R. Seiters* (CDU/CSU), BT-Sten. Ber. 13/222, S. 20250; *H. Haussmann* (FDP), BT-Sten.Ber. 13/222, S. 20254.

[761] *H. Wieczorek-Zeul* (SPD), BT-Sten.Ber. 13/222, S. 20247.

[762] *H. Wieczorek-Zeul* (SPD), BT-Sten.Ber. 13/222, S. 20247.

[763] *H. Wieczorek-Zeul* (SPD), BT-Sten.Ber. 13/222, S. 20247.

[764] Hierzu ausführlich *M. Kuhn*, ESVP, S. 26 ff.; *W. Kaufmann-Bühler*, in: Grabitz/Hilf/Nettesheim, Recht der EU, Art. 42 EUV Rn. 3.

[765] Ausführlich zu den Änderungen durch den Vertrag von Nizza *M. Kuhn*, ESVP, S. 38 ff.

[766] *U. Hiksch* (PDS), BT-Sten.Ber. 14/195, S. 19004.

[767] *M. Roth* (SPD), BT-Sten.Ber. 14/195, S. 18997.

[768] *P. Hintze* (CDU/CSU), BT-Sten.Ber. 14/195, S. 19001.

[769] Vgl. *W. Kaufmann-Bühler*, in: Grabitz/Hilf/Nettesheim, Recht der EU, Art. 42 EUV Rn. 8 f. Zu den Änderungen durch den Vertrag von Lissabon auch *M. Kuhn*, ESVP, S. 52 ff.; *R. Streinz/C. Ohler/C. Herrmann*, Vertrag von Lissabon, S. 147 ff.

[770] *E. Regelsberger/D. Kugelmann*, in: Streinz, EUV/AEUV, Art. 42 EUV Rn. 4.

gaben wurden um weitere Aufgaben, wie z. B. Konfliktverhütung und Bekämpfung des Terrors, ergänzt (Art. 43 Abs. 1 EUV-L; zuvor Art. III-309 VV). Ebenfalls neu war die Beistandspflicht des Art. 42 Abs. 7 EUV-L (zuvor Art. I-41 Abs. 7 VV), der zufolge die Mitgliedstaaten im Fall eines bewaffneten Angriffs auf das Hoheitsgebiet eines anderen Mitgliedstaats diesem alle in ihrer Macht stehende Hilfe und Unterstützung schulden. Weiterhin erhielt die bereits unter dem Vertrag von Nizza errichtete[771] Europäische Verteidigungsagentur, die die Mitgliedstaaten bei der Verbesserung ihrer militärischen Fähigkeiten unterstützen soll, eine primärrechtliche Regelung (vgl. Art. 42 Abs. 3 UAbs. 2, 45 EUV-L; zuvor Art. I-41 Abs. 3 UAbs. 2, III-311 VV).

Die Diskussion im Bundestag drehte sich allerdings sowohl in den Debatten zum Verfassungsvertrag als auch in denen zum Vertrag von Lissabon weniger um konkrete inhaltliche Fragen als um die generelle Ausrichtung der europäischen Politik: Während Abgeordnete des linken Spektrums beständig die Meinung vertraten, die EU sei militaristisch geprägt[772] und der Vertrag von Lissabon begründe eine Pflicht zur Aufrüstung[773], traten zahlreiche Rednerinnen und Redner der anderen Fraktionen dieser Sichtweise vehement entgegen[774]. Stattdessen wurde betont, dass eine Stärkung der GASP und ESVP wichtig und erforderlich sei, um den Einfluss Europas in der internationalen Gemeinschaft zu stärken.[775] Sie sei Ausdruck eines selbstbewussten Europas, das bereit sei, Verantwortung zu übernehmen.[776] Zudem könne sich heute kein Nationalstaat mehr allein verteidigen.[777]

---

[771] Vgl. die Gemeinsame Aktion 2004/551/GASP des Rates vom 12. Juli 2004 über die Einrichtung der Europäischen Verteidigungsagentur, ABl. EU 2004 Nr. L 245, S. 17 ff.

[772] *G. Lötzsch* (fraktionslos), BT-Sten.Ber. 15/160, S. 14926 und 15/175, S. 16375; *L. Bisky* (DIE LINKE), BT-Sten.Ber. 16/157, S. 16461.

[773] *M. Knoche* (DIE LINKE), BT-Sten.Ber. 16/132, S. 13805; *L. Bisky* (DIE LINKE), BT-Sten. Ber. 16/151, S. 15842 und 16/157, S. 16462; *A. Ulrich* (DIE LINKE), BT-Sten.Ber. 16/151, S. 15849. Zudem wurde die Europäische Verteidigungsagentur mehrfach als „Rüstungsagentur" bezeichnet, vgl. *G. Lötzsch* (fraktionslos), BT-Sten.Ber. 15/160, S. 14926; *D. Dehm* (DIE LINKE), BT-Sten.Ber. 16/132, S. 13814; ähnlich *M. Knoche* (DIE LINKE), BT-Sten. Ber. 16/132, S. 13805.

[774] Gegen den Vorwurf des Militarismus *G. Gloser* (SPD), BT-Sten.Ber. 15/160, S. 14929; *D. Nietan* (SPD), BT-Sten.Ber. 15/175, S. 16376; *J. Trittin* (BÜNDNIS 90/DIE GRÜNEN), BT-Sten.Ber. 16/132, S. 13809 und 16/151, S. 15850; *M. Stübgen* (CDU/CSU), BT-Sten. Ber. 16/132, S. 13818; *R. Steenblock* (BÜNDNIS 90/DIE GRÜNEN), BT-Sten.Ber. 16/151, S. 15844; *A. Schwall-Düren* (SPD), BT-Sten.Ber. 16/157, S. 16465; *M. Link* (FDP), BT-Sten. Ber. 16/157, S. 16465 f. Eine Aufrüstungspflicht verneinend *E. Stoiber* (Bayern), BT-Sten. Ber. 15/175, S. 16368; *S. Leutheusser-Schnarrenberger* (FDP), BT-Sten.Ber. 15/175, S. 16372; *G. Westerwelle* (FDP), BT-Sten.Ber. 16/157, S. 16456; *A. Schwall-Düren* (SPD), BT-Sten. Ber. 16/157, S. 16465.

[775] *M. Tritz* (BÜNDNIS 90/DIE GRÜNEN), BT-Sten.Ber. 15/160, S. 14918; ähnlich *S. Leutheusser-Schnarrenberger* (FDP), BT-Sten.Ber. 15/175, S. 16372; *A. Merkel* (Bundeskanzlerin), BT-Sten.Ber. 16/132, S. 13800.

[776] *H. M. Bury* (Staatsminister für Europa), BT-Sten.Ber. 15/160, S. 14914.

[777] *E. Teufel* (Baden-Württemberg), BT-Sten.Ber. 15/160, S. 14907.

Zusammenfassend lässt sich festhalten, dass die zunehmende Entwicklung einer gemeinsamen europäischen Verteidigung im Bundestag, mit Ausnahme der Abgeordneten des linken Spektrums, überwiegend positiv aufgenommen wurde, auch wenn die grundsätzliche Bereitschaft zu einer europäischen Armee nach dem Scheitern der EVG nur noch vereinzelt geäußert wurde. Gleichwohl bestand ein Bewusstsein für die demokratische Komponente der Verteidigungspolitik, das insbesondere von der SPD-Abgeordneten Wieczorek-Zeul zum Ausdruck gebracht wurde. Diese betonte in mehreren Debatten unwidersprochen, dass der Bundestag seine Kontrollrechte zumindest solange nicht aufgeben dürfe, wie auf europäischer Ebene keine vergleichbare Kontrolle durch das Europäische Parlament sichergestellt worden sei.

2. Verfassungsgerichtliche Beurteilung einer gemeinsamen europäischen Verteidigung

Dem Bundesverfassungsgericht bot sich ebenfalls bereits Anfang der 1950er-Jahre die Gelegenheit, zur gemeinsamen europäischen Verteidigung Stellung zu nehmen. Im Zusammenhang mit der Zustimmung zum EVG-Vertrag hatten die politischen Akteure mehrere Verfahren beim Bundesverfassungsgericht anhängig gemacht.[778] Im Gegensatz zu heute mitunter festzustellenden Tendenzen des Gerichts, zu Fragen Stellung zu nehmen, die nicht entscheidungserheblich sind, übte es sich damals jedoch in Zurückhaltung. Den vor der abschließenden Beschlussfassung im Bundestag eingereichten Antrag der Oppositionsabgeordneten auf Feststellung, dass die Verträge ohne vorangegangene Ergänzung und Abänderung des Grundgesetzes weder förmlich noch sachlich mit dem Grundgesetz vereinbar seien, erklärte der Erste Senat für unzulässig, da die Gesetzesberatungen noch nicht abgeschlossen waren.[779] Auch in den beiden folgenden Urteilen im Zusammenhang mit der Auseinandersetzung um den Wehrbeitrag[780] äußerte sich das Gericht nicht inhaltlich zur Vereinbarkeit einer europäischen Armee mit dem Grundgesetz. Die Frage blieb daher seinerzeit ungeklärt.

Von einer solchen richterlichen Zurückhaltung war im Lissabon-Urteil Jahrzehnte später nicht mehr viel zu spüren. Die antragstellende Fraktion DIE LINKE hatte in dem Verfahren geltend gemacht, durch den Vertrag von Lissabon werde der aus dem Demokratieprinzip folgende Grundsatz der Parlamentsarmee ausgehöhlt.[781] Obwohl der Senat diesen Vorwurf im Ergebnis für unberechtigt erachtete[782],

---

[778] Ausführlich zu den Verfahren vor dem Bundesverfassungsgericht oben 3. Teil B. III.

[779] BVerfGE 1, 396 (414).

[780] BVerfGE 2, 79; 2, 143.

[781] Vgl. die Antragsschrift, abgedruckt bei *K. Kaiser*, Vertrag von Lissabon vor dem BVerfG, S. 527 (578 ff.).

[782] Vgl. BVerfGE 123, 267 (422 ff.).

ergriff er diese Gelegenheit, um inhaltlich zur Beteiligung der Bundeswehr an europäischen Einsätzen Stellung zu nehmen.

Als Anknüpfungspunkt diente die Bestimmung der besonders integrationssensiblen, wesentlichen Bereiche demokratischer Gestaltung, zu denen das Bundesverfassungsgericht unter anderem das militärische Gewaltmonopol zählte.[783] Eine überzeugende Herleitung dieser Zuordnung fehlte allerdings, es findet sich lediglich ein Verweis auf die wesentliche Bedeutung eines Bundeswehreinsatzes für die individuellen Rechtsgüter der Soldaten[784]. Eine Auseinandersetzung mit dem Legitimationsniveau etwaiger europäischer Entscheidungen sowie der europäischen Öffentlichkeit im Hinblick auf diesen Sachbereich fand nicht statt.

Im weiteren Verlauf verwies das Bundesverfassungsgericht zunächst auf seine ständige Rechtsprechung zur Bundeswehr als Parlamentsheer[785] und erklärte den wehrverfassungsrechtlichen Parlamentsvorbehalt nunmehr für „integrationsfest"[786]. Damit ordnete es den Parlamentsvorbehalt der Ewigkeitsgarantie des Art. 79 Abs. 3 GG zu, so dass dieser selbst vom verfassungsändernden Gesetzgeber nicht mehr angetastet werden dürfte.[787] Gleichzeitig hielt das Bundesverfassungsgericht fest, dass diese absolute Integrationsgrenze einer technischen Integration über gemeinsame Führungsstäbe, der Bildung gemeinsamer Streitkräftedispositive oder einer Abstimmung und Koordinierung gemeinsamer europäischer Rüstungsbeschaffungen nicht grundsätzlich entgegenstehe.[788] Lediglich der konkrete Einsatz bedürfe zwingend der Zustimmung des Bundestages.[789]

Im Subsumtionsteil führte der Senat aus, dass der Vertrag von Lissabon keine Regelungen enthalte, die einen Einsatz der Streitkräfte ohne Zustimmung der Mitgliedstaaten ermöglichten.[790] Die EU sei noch kein „System gegenseitiger kollektiver Sicherheit".[791] Die neue kollektive Beistandspflicht des Art. 42 Abs. 7 UAbs. 1 Satz 1 EUV-L gehe nicht über diejenige nach Art. 5 des NATO-Vertrages hinaus, daher seien die Mitgliedstaaten nicht zur Bereitstellung ihrer Streitkräfte für militärische Einsätze verpflichtet.[792] Sofern auf der Grundlage des Art. 43 EUV-L der Einsatz militärischer Mittel geplant sei, bedürfe dieser stets eines einstimmigen Beschlusses des Rates, dem der deutsche Vertreter im Rat bei einem Konflikt mit dem wehrverfassungsrechtlichen Parlamentsvorbehalt seine Zustimmung verwei-

[783] BVerfGE 123, 267 (358 f.).
[784] BVerfGE 123, 267 (360 f.).
[785] BVerfGE 123, 267 (360) unter Bezugnahme auf BVerfGE 90, 286 (381 f.); 100, 266 (269); 104, 151 (208); 108, 34 (43); 121, 135 (153 f.).
[786] BVerfGE 123, 267 (361).
[787] *D. Thym*, EuR 2010, Beiheft 1, S. 171 (175); *V. Epping*, in: Epping/Hillgruber, BeckOK GG, Art. 87a Rn. 35.
[788] BVerfGE 123, 267 (361).
[789] BVerfGE 123, 267 (361).
[790] BVerfGE 123, 267 (422 ff.).
[791] BVerfGE 123, 267 (425).
[792] BVerfGE 123, 267 (423 f.).

gern müsse.[793] Gleiches gelte, falls der Rat nach Art. 42 Abs. 2 UAbs. 1 EUV-L eine gemeinsame Verteidigung beschließen wolle.[794] Insoweit könne auch kein Übergang vom derzeitigen Einstimmigkeitsprinzip zu Mehrheitsentscheidungen vollzogen werden, einer solchen Vertragsänderung dürfe der deutsche Vertreter aus verfassungsrechtlichen Gründen nicht zustimmen.[795]

Das Bundesverfassungsgericht zeigte sich folglich sehr darauf bedacht, den wehrverfassungsrechtlichen Parlamentsvorbehalt dauerhaft zu sichern. Im Hinblick auf den Vertrag von Lissabon bestand allerdings kein Anlass zur Sorge, dass der Parlamentsvorbehalt ernsthaft gefährdet sein könnte.[796] In den vorangegangenen Bundestagsdebatten war ebenfalls kein Wille zur Aufgabe der parlamentarischen Kontrollrechte zu erkennen.[797] Das Bundesverfassungsgericht nutzte somit an dieser Stelle erneut in fragwürdiger Weise ein obiter dictum, um Grenzen der Integration zu bestimmen.[798]

3. Die Begründung des wehrverfassungsrechtlichen Parlamentsvorbehalts

Damit ist ihm jedoch ein besonderer Coup gelungen: Die Verewigung seiner eigenen Rechtsprechung. Denn der Parlamentsvorbehalt für Einsätze der Streitkräfte ist verfassungsrechtlich nicht geregelt, sondern basiert allein auf der ständigen Rechtsprechung des Bundesverfassungsgerichts.[799] In seinem sog. AWACS-Urteil aus dem Jahr 1994 folgerte das Bundesverfassungsgericht aus den grundgesetzlichen Regelungen über die Wehrverfassung sowie der deutschen Verfassungstradition seit 1918, dass der Einsatz bewaffneter Streitkräfte der konstitutiven, grundsätzlich vorherigen Zustimmung des Bundestages bedürfe.[800] Unabhängig von der unterschiedlichen Beurteilung dieses Parlamentsvorbehalts aus verfassungspolitischer Sicht[801] sieht sich dessen Herleitung umfassender Kritik ausgesetzt. Auf

---

793 BVerfGE 123, 267 (424 f.).

794 BVerfGE 123, 267 (425 f.).

795 BVerfGE 123, 267 (426).

796 *M. Selmayr*, ZEuS 2009, S. 637 (661).

797 S. o. 4. Teil D. III. 1.

798 Ähnlich *D. Thym*, EuR 2010, Beiheft 1, S. 171 (175).

799 Deutlich *T. Stein*, ZEuS 2009, S. 681 (681): „Das ‚Parlamentsheer' ist eine Erfindung des Bundesverfassungsgerichts". Im Ergebnis ebenso *D. Thym*, EuR 2010, Beiheft 1, S. 171 (175); *M. Herdegen*, in: FS Hailbronner, S. 725 (731); *O. Depenheuer*, in: Maunz/Dürig, GG, Art. 87a Rn. 142 f.; *T. Stein/H. Kröninger*, Jura 1995, S. 254 (262); wohl auch *D. Wiefelspütz*, ZParl 2007, S. 3 (9).

800 BVerfGE 90, 286 (381 ff.). Bestätigt durch BVerfGE 100, 266 (269); 104, 151 (208); 108, 34 (42); 121, 135 (153 f.); 124, 267 (275); 126, 55 (69 f.); 140, 160 (187 f.).

801 Befürwortend z. B. *O. Depenheuer*, in: Maunz/Dürig, GG, Art. 87a Rn. 147; *W. Schroeder*, JuS 1995, S. 398 (404). Ablehnend *G. Roellecke*, Der Staat 34 (1995), S. 415 (424 ff.); *B. Fassbender*, in: HdStR Bd. XI, § 244 Rn. 98.

die wesentlichen Einwände ist an dieser Stelle einzugehen, denn wenn bereits der Parlamentsvorbehalt an sich abzulehnen sein sollte, muss dies erst recht für seine Integrationsfestigkeit gelten.[802]

a) Wehrverfassung und deutsche Verfassungstradition

In der rechtswissenschaftlichen Diskussion wird oftmals davon ausgegangen, dass das Grundgesetz keine ausdrückliche Regelung darüber enthält, wer über den Einsatz der Streitkräfte entscheidet.[803] Diese Annahme lag offensichtlich auch dem AWACS-Urteil des Bundesverfassungsgerichts zugrunde. Bereits an dieser Prämisse bestehen jedoch erhebliche Zweifel. Denn das Grundgesetz weist die Befehls- und Kommandogewalt über die Streitkräfte dem Bundesminister der Verteidigung zu (Art. 65a GG), im Verteidigungsfall dem Bundeskanzler selbst (Art. 115b GG). Diese Befehls- und Kommandogewalt umfasst nach vielfach vertretener und überzeugender Ansicht die Entscheidung über einen bewaffneten Einsatz.[804] Eine Beteiligung des Parlaments ist, zumindest dem Wortlaut der Verfassung nach, nicht vorgesehen.

Seine gegenteilige Ansicht gründete das Bundesverfassungsgericht darauf, dass das Grundgesetz von 1956 bis 1968 mit Art. 59a eine Vorschrift über die Feststellung des Verteidigungsfalles durch Bundestagsbeschluss enthielt, die im Sinne eines Parlamentsvorbehalts für den Einsatz der Streitkräfte ausgelegt worden sei.[805] Für seine Auffassung, dieser Parlamentsvorbehalt habe trotz der Aufhebung des Art. 59a GG fortgelten sollen[806], führte es jedoch keine überzeugenden Belege an.[807] Vielmehr blendete es Indizien für einen grundlegenden Änderungswillen des Gesetzgebers aus, so nämlich die Erhöhung des Quorums für die Feststellung des Verteidigungsfalles auf eine Zwei-Drittel-Mehrheit gemäß Art. 115a Abs. 1 GG

[802] Vgl. auch *M. Ruffert*, DVBl. 2009, S. 1197 (1203), der davon ausgeht, dass die Herleitung des Vorbehaltsbereichs mit der Herleitung der grundsätzlichen Zuordnung der Bundeswehr zum Parlament steht und fällt. Während dem zweiten Teil der These zuzustimmen ist, ist allerdings zweifelhaft, dass eine Bejahung des Parlamentsvorbehalts automatisch zu dessen Integrationsfestigkeit führen soll.

[803] *T. M. Wagner*, Parlamentsvorbehalt und Parlamentsbeteiligungsgesetz, S. 33; *R. Schmidt-Radefeldt*, Parlamentarische Kontrolle der internationalen Streitkräfteintegration, S. 151; *D. Blumenwitz*, BayVBl. 1994, S. 678 (679).

[804] *G. Roellecke*, Der Staat 34 (1995), S. 415 (423); *V. Epping*, AöR 124 (1999), S. 423 (445); *ders.*, in: Maunz/Dürig, GG, Art. 65a Rn. 31; *M. Oldiges/R. Brinktrine*, in: Sachs, GG, Art. 65a Rn. 19a; *O. Depenheuer*, in: Maunz/Dürig, GG, Art. 87a Rn. 142; *S. Müller-Franken/A. Uhle*, in: Schmidt-Bleibtreu/Hofmann/Henneke, GG, Art. 65a Rn. 15.

[805] BVerfGE 90, 286 (382) m. w. N.

[806] BVerfGE 90, 286 (382 f.). Ebenso *R. A. P. Glawe*, Organkompetenzen und Handlungsinstrumente auf dem Gebiet der nationalen Sicherheit, S. 121; *J. Kokott*, in: Sachs, GG, Art. 87a Rn. 41; *T. M. Wagner*, Parlamentsvorbehalt und Parlamentsbeteiligungsgesetz, S. 34 f.

[807] Ebenso *I. Fährmann*, Die Bundeswehr im Einsatz für Europa, S. 76.

gegenüber der einfachen Mehrheit des Art. 59a Abs. 1 GG a. F.[808] Es lässt sich daher nicht hinreichend sicher ermitteln, welches Ziel der Gesetzgeber bei der Neuregelung 1968 verfolgt hat.[809]

Die weiterhin vom Bundesverfassungsgericht zur Begründung herangezogenen Normen der Reichsverfassung von 1871 sowie der Weimarer Reichsverfassung[810] sind hingegen bereits nicht einschlägig. Sie betrafen die Beteiligung des Parlaments bei Kriegserklärungen, die gewisse innerstaatliche und völkerrechtliche Folgen auslösten, nicht aber den Einsatz der Streitkräfte.[811] Die behauptete „Verfassungstradition" für eine Beteiligung bei der Entscheidung über Militäreinsätze lässt sich daher nicht nachweisen. Sie sähe sich darüber hinaus einem prinzipiellen Einwand ausgesetzt, inwieweit sich der Verfassungsgeber mit der Schaffung des Grundgesetzes womöglich bewusst von früheren Traditionen abwenden wollte.[812]

Im Weiteren wies das Bundesverfassungsgericht zwar grundsätzlich zutreffend darauf hin, dass die Wehrverfassung einige spezielle parlamentarische Kontrollrechte enthält (z. B. Art. 45a, 45b und 87a Abs. 1 Satz 2 GG).[813] Im Hinblick auf militärische Einsätze hat der Bundestag aber nur das Recht, über das Vorliegen eines Verteidigungsfalles – als eine mögliche Voraussetzung für einen Einsatz der Streitkräfte[814] – zu entscheiden (Art. 115a Abs. 1 GG) sowie bei einem Einsatz im Inneren dessen Einstellung zu verlangen (Art. 87a Abs. 4 Satz 2 GG). Seine parlamentarische Kontrolle erstreckt sich folglich nicht auf konkrete Einsätze der Streitkräfte im Ausland.[815] Die Argumentation des Bundesverfassungsgerichts kann daher insoweit ebenfalls nicht überzeugen.

---

[808] Aus diesem Grund kritisch *G. Nolte*, ZaöRV 54 (1994), S. 652 (674); *I. Fährmann*, Die Bundeswehr im Einsatz für Europa, S. 76; *D. Sigloch*, Auslandseinsätze der deutschen Bundeswehr, S. 299; *P. Scherrer*, Das Parlament und sein Heer, S. 79.

[809] Vgl. auch die widersprüchlichen Aussagen zweier Zeitzeugen in der mündlichen Verhandlung zum AWACS-Urteil, wiedergegeben bei *P. Scherrer*, Das Parlament und sein Heer, S. 78, Fn. 283.

[810] BVerfGE 90, 286 (383).

[811] *V. Epping*, AöR 124 (1999), S. 423 (446 f.); *ders.*, in: Epping/Hillgruber, BeckOK GG, Art. 87a Rn. 25; *T. Stein*, ZEuS 2009, S. 681 (682); *ders./H. Kröninger*, Jura 1995, S. 254 (261); *R. A. P. Glawe*, Organkompetenzen und Handlungsinstrumente auf dem Gebiet der nationalen Sicherheit, S. 114; *D. Blumenwitz*, BayVBl. 1994, S. 678 (679); *O. Depenheuer*, in: Maunz/Dürig, GG, Art. 87a Rn. 145.

[812] Vgl. *I. Fährmann*, Die Bundeswehr im Einsatz für Europa, S. 76, der darauf hinweist, dass das Grundgesetz sich in vielerlei Hinsicht durch einen Bruch mit vorherigen Verfassungsordnungen auszeichne. Ebenso *R. A. P. Glawe*, Organkompetenzen und Handlungsinstrumente auf dem Gebiet der nationalen Sicherheit, S. 114.

[813] BVerfGE 90, 286 (385).

[814] *O. Depenheuer*, in: Maunz/Dürig, GG, Art. 87a Rn. 143; *G. Roellecke*, Der Staat 34 (1995), S. 415 (423).

[815] *O. Depenheuer*, in: Maunz/Dürig, GG, Art. 87a Rn. 145; *T. Stein*, ZEuS 2009, S. 681 (682); *ders./H. Kröninger*, Jura 1995, S. 254 (261); *V. Epping*, AöR 124 (1999), S. 423 (448); skeptisch auch *G. Nolte*, ZaöRV 54 (1994), S. 652 (674); *P. Scherrer*, Das Parlament und sein Heer, S. 75.

b) Demokratieprinzip

Es erstaunt, dass das Bundesverfassungsgericht seinerzeit den Parlamentsvorbehalt nur aus der Wehrverfassung und der Verfassungstradition herleitete, aber keinen Bezug auf das naheliegende Demokratieprinzip nahm.[816] In der Literatur wurde der Parlamentsvorbehalt demgegenüber bereits früh aus der Wesentlichkeitstheorie, nach der das Parlament alle „wesentlichen“ Entscheidungen selbst treffen muss[817], abgeleitet.[818] Im Lissabon-Urteil finden sich nunmehr ähnliche Anklänge[819], zudem stellte das Bundesverfassungsgericht durch die Zuordnung zu den integrationssensiblen Bereichen die Verknüpfung zwischen Demokratieprinzip und Parlamentsvorbehalt her[820].

Das Demokratieprinzip ist als Begründung für den wehrverfassungsrechtlichen Parlamentsvorbehalt jedenfalls weitaus überzeugender als die geschichtliche Herleitung. Es ist kaum zu bestreiten, dass die Entscheidung über den Einsatz der Streitkräfte eine bedeutende, „wesentliche“ Entscheidung darstellen kann.[821] Allein daraus kann aber noch kein Parlamentsvorbehalt folgen. Schließlich sind nicht nur parlamentarische Entscheidungen, sondern auch solche der Exekutive grundsätzlich demokratisch legitimiert.[822] Das Bundesverfassungsgericht hat sich selbst mehrmals gegen einen umfassenden Parlamentsvorbehalt ausgesprochen und das Prinzip der Gewaltenteilung betont.[823] Die Wesentlichkeitstheorie könne sich nicht über eine ausdrückliche Kompetenzverteilung hinweg setzen.[824] Der verfassungsändernde Gesetzgeber hat jedoch 1956 die Befehls- und Kommandogewalt dem Verteidigungsminister bzw. dem Bundeskanzler zugewiesen (Art. 65a GG a. F., jetzt Art. 65a, 115b GG) und eine Bundestagsentscheidung nur für die Feststellung des Verteidigungsfalles vorgesehen (Art. 59a Abs. 1 GG a. F., nunmehr geregelt in Art. 115a Abs. 1 GG). Nach hier vertretener Ansicht liegt die Entscheidung über den

---

[816] *W. Heun*, JZ 1994, S. 1073 (1074); *I. Fährmann*, Die Bundeswehr im Einsatz für Europa, S. 233, 235f.

[817] Vgl. zur Wesentlichkeitstheorie z. B. BVerfGE 41, 251 (260); 47, 46 (79); 98, 218 (251 f.).

[818] So *W. Heun*, JZ 1994, S. 1073 (1074); *J. Kokott*, in: Sachs, GG, Art. 87a Rn. 42; *A. L. Paulus*, in: Weingärtner, Einsatz der Bundeswehr im Ausland, S. 81 (96); *R. Streinz*, in: Sachs, GG, Art. 59 Rn. 27. Einschränkend *T. M. Wagner*, Parlamentsvorbehalt und Parlamentsbeteiligungsgesetz, S. 33, demzufolge Demokratie- und Rechtsstaatsprinzip den Parlamentsvorbehalt nicht zwingend vorschreiben, aber nahelegen, solange das Grundgesetz keine anderweitige Regelung trifft.

[819] Das Bundesverfassungsgericht wies darauf hin, dass der Einsatz von Streitkräften für individuelle Rechtsgüter der Soldaten sowie anderer von militärischen Maßnahmen Betroffener wesentlich sei, vgl. BVerfGE 123, 267 (360f.).

[820] BVerfGE 123, 267 (361).

[821] Vgl. *P. Scherrer*, Das Parlament und sein Heer, S. 90; *T. M. Wagner*, Parlamentsvorbehalt und Parlamentsbeteiligungsgesetz, S. 32.

[822] Vgl. hierzu allgemein *B. Grzeszick*, in: Maunz/Dürig, GG, Art. 20 VI. Rn. 108; *F. Ossenbühl*, in: HdStR Bd. V, § 101 Rn. 23; vgl. auch z. B. BVerfGE 49, 89 (125), 68, 1 (88, 109).

[823] BVerfGE 49, 89 (124ff.); 98, 218 (252).

[824] BVerfGE 49, 89 (125); 68, 1 (87, 108f.); *S. Huster/J. Rux*, in: Epping/Hillgruber, BeckOK GG, Art. 20 Rn. 177.

Streitkräfteeinsatz somit nach der Konzeption des Grundgesetzes in der Zuständigkeit der benannten Regierungsmitglieder. Für eine anderweitige Zuordnung bleibt kein Raum. Die demokratische Legitimation wird durch die mittelbare personelle Legitimation, die grundgesetzliche Kompetenzzuweisung sowie die verfassungsrechtlichen Grenzen für den Streitkräfteeinsatz ausreichend sichergestellt.

Im Ergebnis ist daher festzuhalten, dass sich der wehrverfassungsrechtliche Parlamentsvorbehalt verfassungsdogmatisch nicht überzeugend begründen lässt. Bereits aus diesem Grund bestehen erhebliche Bedenken gegen seine „Verewigung“ durch das Bundesverfassungsgericht.

4. Integrationsfestigkeit des Parlamentsvorbehalts

Die Einwände gegen die Herleitung des Bundesverfassungsgerichts ändern freilich nichts daran, dass die Entscheidung gemäß § 31 Abs. 1 BVerfGG bindend ist. Die Geltung des wehrverfassungsrechtlichen Parlamentsvorbehalts muss daher trotz aller Kritik akzeptiert werden: Jeder Einsatz bewaffneter Streitkräfte bedarf von Verfassungs wegen grundsätzlich der vorherigen konstitutiven Zustimmung des Bundestages. Damit findet der Parlamentsvorbehalt auch Anwendung, wenn die Bundeswehr im Rahmen einer militärischen Mission der EU eingesetzt werden soll.[825] Die deutsche Beteiligung ist in diesem Fall vom zustimmenden Votum des Bundestages abhängig.

Auf dem Weg zu einer weiteren Integration der Verteidigungspolitik stellt sich somit die Frage, ob die abschließende Entscheidung über den Einsatz der Streitkräfte auf die europäische Ebene übertragen werden dürfte. Vor der Begründung des Parlamentsvorbehalts durch das AWACS-Urteil zeigte sich in den Debatten zum Vertrag von Maastricht die Bereitschaft, weitere Kompetenzen zu übertragen, sofern die Rechte des Europäischen Parlaments ausreichend erweitert werden.[826] In den späteren Debatten ist die Europäisierung des Parlamentsvorbehalts zwar nicht ausdrücklich behandelt worden, es finden sich aber ebenso wenig Äußerungen, nach denen sie ausgeschlossen sein sollte. Erst das Bundesverfassungsgericht hat eine solche Entwicklung für verfassungswidrig erklärt, indem es den Parlamentsvorbehalt als integrationsfest einordnete.[827]

Inwieweit die Übertragung der Entscheidungsgewalt tatsächlich dauerhaft ausgeschlossen ist, folgt letztlich allein aus Art. 79 Abs. 3 GG.[828] Dort sind weder der Parlamentsvorbehalt noch Normen der Wehrverfassung ausdrücklich genannt. Das Bundesverfassungsgericht leitete die Integrationsfestigkeit des Parlaments-

---

[825] Zur Begründung ausführlich *I. Fährmann*, Die Bundeswehr im Einsatz für Europa, S. 243 ff.

[826] *H. Wieczorek-Zeul* (SPD), BT-Sten.Ber. 12/126, S. 10815; *K. D. Voigt* (SPD), BT-Sten. Ber. 12/126, S. 10838 f. S. auch 4. Teil D. III. 1.

[827] BVerfGE 123, 267 (361).

[828] Vgl. oben 2. Teil B. III.

vorbehalts denn auch aus dem Friedens- und Demokratiegebot her, das eine Supranationalisierung im Hinblick auf den konkreten Einsatz deutscher Streitkräfte nicht zulasse.[829]

Das verfassungsrechtliche Friedensgebot wird aus der Präambel sowie den Art. 1 Abs. 2, 9 Abs. 2, 24 bis 26 GG abgeleitet.[830] Insbesondere die Nennung des Friedens in Art. 1 Abs. 2 GG, dessen Grundsätze gemäß Art. 79 Abs. 3 GG unabänderlich sind, sowie der in der Präambel zum Ausdruck gekommene Wille des Volkes, „dem Frieden der Welt zu dienen", als Staatszielbestimmung[831] könnten dafür sprechen, das Friedensgebot als eine absolute Grenze der europäischen Integration gemäß Art. 79 Abs. 3 GG einzuordnen. Letztlich kann die Reichweite der Ewigkeitsgarantie jedoch dahingestellt bleiben, denn es ist nicht ersichtlich, warum aus dem Friedensgebot die Pflicht zur dauerhaften Beibehaltung des wehrverfassungsrechtlichen Parlamentsvorbehalts folgen sollte. Zunächst fordert es nicht den völligen Verzicht auf die Anwendung militärischer Gewalt, sondern lässt Einsätze der Streitkräfte zur Verteidigung (Art. 87a Abs. 2 GG) oder im Rahmen eines Systems gegenseitiger kollektiver Sicherheit (Art. 24 Abs. 2 GG) grundsätzlich zu.[832] Sodann bindet das Friedensgebot alle staatlichen Organe. Der deutsche Vertreter im Rat dürfte daher einem europäischen Einsatz der Streitkräfte, der mit dem deutschen Friedensgebot nicht vereinbar wäre, nicht zustimmen. Jedenfalls solange der Streitkräfteeinsatz eine einstimmige Entscheidung im Rat voraussetzt, kann das Friedensgebot daher zuverlässig gewahrt werden. Zudem hat sich die Europäische Union, ebenso wie die Bundesrepublik, zum Ziel gesetzt, den Frieden zu fördern (Art. 3 Abs. 1 EUV-L). Nach Etablierung einer Art. 79 Abs. 3 GG entsprechenden Ewigkeitsgarantie, die dieses Friedensgebot umfasst, wäre daher die Einhaltung der verfassungsrechtlichen Verpflichtungen ausreichend gesichert, so dass es spätestens dann keiner Wächterstellung des Bundestages mehr bedürfte.

Demgegenüber ist die Anknüpfung an das Demokratieprinzip überzeugender, wenn man mit dem Bundesverfassungsgericht – entgegen der hier vertretenen Ansicht[833] – die Zustimmung des Parlaments vor einem militärischen Einsatz für

---

[829] BVerfGE 123, 267 (361).

[830] *M. Herdegen*, in: Maunz/Dürig, GG, Präambel Rn. 66; *P. M. Huber*, in: Sachs, GG, Präambel Rn. 46; *K.-A. Hernekamp*, in: von Münch/Kunig, GG Bd. 1, Art. 26 Rn. 1; *D. Deiseroth*, in: Becker/Braun/Deiseroth, Frieden durch Recht?, S. 35 (41 ff.); *M. Haedrich*, in: Gießmann/Rinke, Handbuch Frieden, S. 336 (336 f.).

[831] *A. Proelß*, in: HdStR Bd. XI, § 227 Rn. 12.

[832] *H. Dreier*, in: Dreier, GG Bd. I, Präambel Rn. 53; *M. Herdegen*, in: Maunz/Dürig, GG, Art. 26 Rn. 2.

[833] Sieht man hingegen die verfassungsrechtliche Zuständigkeit für die Entscheidung über den Einsatz der Streitkräfte beim Bundesminister der Verteidigung (Art. 65a GG) bzw. beim Bundeskanzler (Art. 115b GG), würde sich eine Entscheidung auf europäischer Ebene bereits dann als ausreichend demokratisch legitimiert erweisen, wenn sie nicht gegen den Willen des Ministers/Kanzlers getroffen werden können. Denn auf diese Weise würden die grundgesetzlich vorgesehene Entscheidungszuständigkeit sowie die parlamentarische Verantwortbarkeit der Entscheidung gegenüber dem Bundestag gewahrt. Nach geltender Rechtslage wäre dies durch das in der GSVP herrschende Einstimmigkeitsprinzip (Art. 42 Abs. 4 EUV-L) gewährleistet.

zwingend erforderlich hält. Beim derzeitigen Integrationsstand wären die Bedenken gegenüber EU-Entscheidungen tatsächlich berechtigt, denn die GSVP ist vorrangig intergouvernemental geprägt und die Mitwirkungsrechte des Europäischen Parlaments sind gering[834]. Der unionsrechtliche Legitimationsstrang ist somit schwach ausgeprägt, weshalb die Hauptlegitimationsleistung durch den mitgliedstaatlichen Strang erfolgen muss. Die vom Bundesverfassungsgericht geforderte parlamentarische Entscheidung über den Streitkräfteeinsatz lässt sich zurzeit nur auf nationaler Ebene sicherstellen. Das Demokratieprinzip stünde demzufolge wegen der unzureichenden demokratischen Legitimation auf europäischer Ebene dem Verzicht auf den Parlamentsvorbehalt derzeit tatsächlich entgegen.

Dies spricht aber noch nicht zwingend dafür, dass der Parlamentsvorbehalt dauerhaft integrationsfest sein muss. Es ist kein durchgreifender Grund ersichtlich, warum der deutsche Parlamentsvorbehalt nicht auf lange Sicht durch ein gleichwertiges Äquivalent auf europäischer Ebene ersetzt werden könnte.[835] Die Schaffung eines europäischen Parlamentsvorbehalts würde zwar zur Diskussion um die Legitimationsleistung des Europäischen Parlaments[836] und die tatsächlichen Voraussetzungen einer ausreichenden Demokratie[837] zurückführen. Einer Übertragung dürfte daher zurzeit jedenfalls die fehlende Gleichheit der Wahl zum Europäischen Parlament entgegenstehen. Zudem erscheint zweifelhaft, ob in dem sensiblen und oft kontrovers diskutierten Bereich des Einsatzes der Streitkräfte bereits eine ausreichende europäische Öffentlichkeit besteht oder zumindest zeitnah erreicht werden kann. Wären die Bedingungen auf europäischer Ebene jedoch erfüllt, könnte das Demokratieprinzip der Übertragung des wehrverfassungsrechtlichen Parlamentsvorbehalts nicht mehr entgegenstehen. Schließlich kann auch die Konstruktion eines Schutzes der deutschen Staatlichkeit, wie gezeigt[838], nicht überzeugen, so dass daraus ebenfalls kein Integrationsvorbehalt gefolgert werden kann. Vor diesem Hintergrund ist die Aussage des Bundesverfassungsgerichts, der Parlamentsvorbehalt sei „integrationsfest", in ihrer Pauschalität abzulehnen.[839] Wie in den anderen integrationssensiblen Bereichen, ist auch diesbezüglich die Zulässigkeit der Integration abhängig vom jeweils gewährleisteten Demokratieniveau.[840]

---

[834] Vgl. zu den Rechten des Parlaments *R. Schmidt-Radefeldt*, ZParl 2009, S. 773 (776 ff.); *I. Fährmann*, Die Bundeswehr im Einsatz für Europa, S. 125 ff.

[835] *R. Schmidt-Radefeldt*, ZParl 2009, S. 773 (787), hält es darüber hinaus für erforderlich, dass sich das Europäische Parlament zuvor zu einem staatsanalogen Repräsentationsorgan eines konstitutionell verfassten europäischen Bundesvolkes weiterentwickelt.

[836] Dazu oben 4. Teil B. III.

[837] Dazu oben 4. Teil D. II. 1.

[838] S. o. 4. Teil A. IV. 2.

[839] Im Ergebnis ebenso *S. Simon*, Grenzen des Bundesverfassungsgerichts im europäischen Integrationsprozess, S. 135.

[840] In eine ähnliche Richtung *D. Thym*, EuR 2010, Beiheft 1, S. 171 (176 f.), der allerdings das Lissabon-Urteil insoweit als offen für spätere Änderungen der Einschätzung versteht. Diese Auslegung ist aber mit dem deutlichen, Absolutheit beanspruchenden Wortlaut des Urteils, der Parlamentsvorbehalt sei „integrationsfest", kaum vereinbar, zumal diese Bezeichnung im Zusammenhang mit den anderen integrationssensiblen Bereichen nicht verwendet wird.

5. Zulässigkeit einer europäischen Armee

Ähnlich gelagert ist die Frage, ob das Grundgesetz der Schaffung einer EU-Armee entgegensteht. Wie gesehen, ist die Idee einer europäischen Armee mit dem Scheitern der EVG nicht endgültig begraben worden, sondern heute wieder in der Diskussion. Zwar waren in den untersuchten Debatten die Forderungen nach der Schaffung einer EU-Armee rar[841], dies kann aber darauf zurückzuführen sein, dass die bisherigen Verträge keinen Anlass zu einer vertieften Diskussion dieser Frage boten. In ihren jeweiligen Regierungsprogrammen für die Legislaturperiode 2017 bis 2021 erklärten die FDP und die SPD jedenfalls, langfristig eine europäische Armee einrichten zu wollen[842], die CDU und die CSU gaben an, den Vorschlag für eine Europäische Verteidigungsunion und für einen Europäischen Verteidigungsfonds zu unterstützen[843]. Auch im Koalitionsvertrag der CDU, CSU und SPD für die laufende 19. Legislaturperiode findet sich die Aussage, die Partner würden „weitere Schritte auf dem Weg zu einer ‚Armee der Europäer' unternehmen"[844].

Der Begriff der europäischen Armee bleibt dabei häufig vage, er könnte sowohl meinen, dass die nationalen Armeen unter unmittelbaren europäischen Oberbefehl gestellt werden sollen als auch auf die Schaffung einer originären EU-Armee abzielen, die die nationalen Armeen ablöst.[845] Ähnlich des letzteren Modells sah bereits der gescheiterte EVG-Vertrag Anfang der 1950er-Jahre eine Verschmelzung der Streitkräfte vor, die sodann unmittelbar der EVG unterstehen sollten (Art. 9, 78a § 3 EVGV). Der Bundestag erklärte sich seinerzeit nach langen Debatten letztlich mehrheitlich mit diesem Integrationsschritt einverstanden.[846] Ob das Parlament einem ähnlichen Vertrag heute noch zustimmen dürfte, wird in der Literatur mit Blick auf das Lissabon-Urteil verneint.[847] Im Rahmen der Betrachtung von politischen Positionen und Verfassungsrechtsprechung drängt sich daher die Frage auf, inwieweit gemeinsame Streitkräfte unter alleinigem EU-Einsatzbefehl nach dem Grundgesetz zulässig wären.

Das Lissabon-Urteil steht einer solchen Entwicklung zwar nicht ausdrücklich entgegen. Der Senat sah eine technische Integration über gemeinsame Führungsstäbe, die Bildung gemeinsamer Streitkräftedispositive oder eine Abstimmung und Koordinierung gemeinsamer europäischer Rüstungsbeschaffungen als zulässig an.[848] Der für integrationsfest erklärte konstitutive Parlamentsvorbehalt für den Auslandseinsatz deutscher Streitkräfte ließe sich zudem theoretisch beibehalten, wenn

---

[841] S. o. 4. Teil D. III. 1.
[842] *FDP*, Denken wir neu, S. 111; *SPD*, Zeit für mehr Gerechtigkeit, S. 99.
[843] *CDU/CSU*, Für ein Deutschland, in dem wir gut und gerne leben, S. 56.
[844] *CDU/CSU/SPD*, Koalitionsvertrag 19. Legislaturperiode, S. 146.
[845] Vgl. zu den verschiedenen Szenarien *U. Hufeld*, in: FS Kirchhof, § 44 Rn. 16.
[846] Vgl. oben 3. Teil B. II.
[847] *M. Selmayr*, ZEuS 2009, S. 637 (661 f.); *J. Sack*, ZEuS 2009, S. 623 (627); *I. Fährmann*, Die Bundeswehr im Einsatz für Europa, S. 241.
[848] BVerfGE 123, 267 (361).

die nationalen Streitkräfte fortbestehen und lediglich einem gemeinsamen europäischen Oberbefehl unterstellt werden sollten. Dies wäre allerdings mit Sinn und Zweck einer europäischen Armee kaum vereinbar.[849] Das Urteil schafft damit faktisch ein nahezu unüberwindbares Hindernis für eine Übertragung des Oberbefehls.

Zu einer integrierten europäischen Armee äußerte sich das Bundesverfassungsgericht hingegen nicht unmittelbar, die Ausführungen beziehen sich nur auf den Einsatz der Bundeswehr[850]. Aus diesem Grund wird teilweise davon ausgegangen, dass der Parlamentsvorbehalt Einsätzen einer EU-Armee nicht entgegenstünde, da diese keine „deutschen" Streitkräfte seien und nicht mehr dem Geltungsbereich des Grundgesetzes unterlägen.[851] Diese Einschätzung verdient zwar Zustimmung, beantwortet aber nicht die vorgelagerte Frage, ob sich Deutschland überhaupt an einer solchen EU-Armee beteiligen dürfte.[852] Hierzu nimmt das Lissabon-Urteil keine Stellung.[853]

Beide in Erwägung gezogenen Varianten einer europäischen Armee würden jedenfalls wegen der bewirkten inhaltlichen Änderungen des Grundgesetzes zunächst ein Zustimmungsgesetz mit Zwei-Drittel-Mehrheit in Bundestag und Bundesrat gemäß Art. 23 Abs. 1 Sätze 2 und 3 GG erfordern, unabhängig von der unionsrechtlichen Frage, ob integrierte Streitkräfte bereits auf der Grundlage der Evolutivklausel des Art. 42 Abs. 2 UAbs. 1 Satz 2 EUV-L durch einstimmigen Beschluss des Europäischen Rates geschaffen werden können[854] oder ob hierzu eine ordentliche Ver-

---

[849] *I. Fährmann*, Die Bundeswehr im Einsatz für Europa, S. 250.

[850] BVerfGE 123, 267 (360, 422). Demgegenüber geht *C. D. Classen*, JZ 2009, S. 881 (887), davon aus, dass wegen der Bezugnahme auf deutsche Soldaten sowie der Spezialität des Art. 24 Abs. 2 GG gegenüber Art. 23 GG auch eine integrierte Armee gemeint sei. Dies überzeugt nicht, denn mit den „deutschen Soldaten" dürften Angehörige der Bundeswehr, die im Übrigen bereits im nachfolgenden Satz wieder erwähnt wird, gemeint sein, Angehörige einer integrierten Armee wären jedoch wohl eher als „europäische Soldaten" zu bezeichnen, selbst wenn sie deutsche Staatsangehörige wären. Zweifelnd im Hinblick auf die Anwendbarkeit der Vorgaben des Lissabon-Urteils auf eine aus europäischen Soldaten bestehende europäische Armee auch *I. Pernice*, AöR 136 (2011), S. 185 (191, Fn. 20).

[851] In diese Richtung *I. Fährmann*, Die Bundeswehr im Einsatz für Europa, S. 241, 251. Ähnlich *T. Rademacher*, EuR 2018, S. 140 (154 f.).

[852] Dies bemerkt auch *I. Fährmann*, Die Bundeswehr im Einsatz für Europa, S. 255.

[853] Angesichts seines Bestrebens, trotz mangelnder grundgesetzlicher Regelung einerseits die deutsche Staatlichkeit zu schützen und andererseits die militärischen Einsätze der Bundeswehr im Ausland zwingend von einer Zustimmung des Parlaments abhängig zu machen, ist allerdings zu erwarten, dass das Bundesverfassungsgericht, sofern es eine integrierte EU-Armee nicht von vornherein für verfassungswidrig halten sollte, den Einsatz der EU-Armee ebenfalls unter Parlamentsvorbehalt stellen würde. Bleibt es bei seiner negativen Einschätzung der Legitimationsleistung des Europäischen Parlaments, könnte es die Ausübung des Parlamentsvorbehalts wohl weiterhin dem Deutschen Bundestag zuweisen.

[854] So *W. Kaufmann-Bühler*, in: Grabitz/Hilf/Nettesheim, Recht der EU, Art. 42 EUV Rn. 2, 72. Vgl. zur Integrationsverantwortung des Bundestages bei Vertragsänderungen im vereinfachten Verfahren ausführlich oben 4. Teil C. II. 2.

tragsänderung gemäß Art. 48 EUV-L erforderlich wäre[855]. Durch die Übertragung der Entscheidungshoheit über einen gemeinsamen Einsatz der nationalen Streitkräfte auf die EU würde die grundgesetzliche Zuständigkeitszuweisung (Art. 65a, 115b GG) berührt, während die völlige Übertragung der Wehrhoheit unter Auflösung der Bundeswehr z. B. im Konflikt mit der aus Art. 87a Abs. 1 Satz 1 GG folgenden Pflicht des Bundes stünde, Streitkräfte aufzustellen.

Fraglich ist, inwieweit die Integrationsgrenzen des Art. 79 Abs. 3 GG einer europäischen Armee entgegenstünden. Die Wehrhoheit ist dort jedenfalls nicht genannt. Es ist zwar nicht zu bezweifeln, dass sie gleichwohl als wichtiges Hoheitsrecht jedes souveränen Staates anzusehen sein wird.[856] Wie bereits ausgeführt[857], ist aber weder die Staatlichkeit Schutzgut des Art. 79 Abs. 3 GG noch lassen sich andere ungeschriebene Grenzen der Verfassungsänderung herleiten. Aus den Garantien des Art. 79 Abs. 3 GG kommt daher an dieser Stelle erneut vor allem dem Friedensgebot, sofern dieses von der Ewigkeitsgarantie umfasst sein sollte[858], und dem Demokratieprinzip Bedeutung zu, deren Einhaltung auf europäischer Ebene sichergestellt werden müssten. In diesem Rahmen nimmt die Verteidigungspolitik keine besondere Stellung ein, es gelten die allgemeinen Anforderungen. Mithin wäre vor allem eine ausreichende demokratische Legitimation der Entscheidungen der EU-Organe in Bezug auf die europäische Armee und insbesondere ihre Einsätze erforderlich. Die derzeitige vorrangig intergouvernementale Organisation würde diesen Anforderungen nicht genügen. Denn die nationalen Parlamente sind nicht in der Lage, eine europäische Armee, erst recht nicht eine vollständig integrierte Armee, hinreichend demokratisch zu kontrollieren.[859] Ihre Kontrolle erstreckt sich nur noch auf die Beteiligung der Regierungsvertreter an den europäischen Entscheidungen.[860] Aufgrund des nationalen Blickwinkels fehlt es an einer Ausrichtung an europäischen Interessen. Aus diesem Grund wird der derzeit in der GSVP kaum zum Tragen kommende unionsunmittelbare Legitimationsstrang ausgebaut werden müssen. Eine erhebliche Ausweitung der Beteiligungsrechte des Europäischen Parlaments wird unumgänglich sein.[861] Zuvor müssten allerdings die bestehenden Defizite hinsichtlich der Legitimationsleistung des Europäischen

---

[855] So *I. Fährmann*, Die Bundeswehr im Einsatz für Europa, S. 175; *S. Graf von Kielmansegg*, Die Verteidigungspolitik der Europäischen Union, S. 135 f.; *H.-J. Cremer*, in: Calliess/Ruffert, EUV/AEUV, Art. 42 EUV Rn. 12.

[856] Vgl. nur Art. 51 der Charta der Vereinten Nationen, demzufolge die Charta nicht „das naturgegebene Recht zur individuellen oder kollektiven Selbstverteidigung“ jedes Mitgliedstaates beeinträchtige.

[857] S. o. 4. Teil A. IV. 2.

[858] Vgl. dazu oben 4. Teil D. III. 4.

[859] Zu den bereits beim jetzigen Integrationsstand bestehenden Defiziten der Kontrolle durch die nationalen Parlamente *R. Schmidt-Radefeldt*, ZParl 2009, S. 773 (775 f.).

[860] Vgl. auch *R. Schmidt-Radefeldt*, ZParl 2009, S. 773 (775 f.).

[861] Ähnlich bereits *R. Schmidt-Radefeldt*, ZParl2009, S. 773 (786); *S. Graf von Kielmansegg*, Die Verteidigungspolitik der Europäischen Union, S. 481 f.

Parlaments[862] beseitigt werden, da der mitgliedstaatliche Legitimationsstrang in dieser Konstellation keinen hinreichenden Ausgleich mehr bietet. Auch in Bezug auf die europäische Öffentlichkeit besteht noch Verbesserungsbedarf. Wenn auf diese Weise eine ausreichende demokratische Legitimation verwirklicht wird, ist jedoch kein Grund mehr ersichtlich, der einer europäischen Armee verfassungsrechtlich zwingend entgegenstehen würde.

6. Zusammenfassung

Es konnte gezeigt werden, dass weder der wehrverfassungsrechtliche Parlamentsvorbehalt absolut „integrationsfest" ist noch die Gewährleistungen des Art. 79 Abs. 3 GG einer Übertragung der Entscheidungsgewalt über den Einsatz der Streitkräfte auf die Europäische Union oder der Gründung einer europäischen Armee dauerhaft entgegenstehen. Das Lissabon-Urteil formulierte insoweit zu enge Integrationsgrenzen. Die weitere Integration der Streitkräfte steht weitgehend im Ermessen der Politik, so dass das Ziel einer europäischen Armee, das bereits Anfang der 1950er-Jahre im Bundestag verfolgt wurde, weiterhin angestrebt werden kann. Es ist allerdings darauf hinzuweisen, dass dessen Verwirklichung zuvor eine erhebliche Stärkung der demokratischen Legitimation auf europäischer Ebene voraussetzt.

IV. Im Besonderen: Budgetrecht

Während die Integrationsfestigkeit des wehrverfassungsrechtlichen Parlamentsvorbehalts derzeit nicht akut bedroht erscheint, hat ein anderer integrationssensibler Bereich bereits praktische Bedeutung erlangt. Die „fiskalischen Grundentscheidungen über Einnahmen und [...] Ausgaben der öffentlichen Hand"[863] und das damit einhergehende Budgetrecht des Bundestages rückten im Zuge der Eurokrise und der europäischen Rettungsmaßnahmen in den Fokus der Öffentlichkeit und beschäftigten sowohl Bundestag als auch Bundesverfassungsgericht mehrfach.

1. Die Bedeutung des Budgetrechts

Dass das Bundesverfassungsgericht im Bereich des Finanzwesens besonders auf die Sicherung mitgliedstaatlicher Kompetenzen bedacht war, verwundert nicht. Schließlich ist das Budgetrecht ein zentrales Element politischer Gestaltungsmacht im Staat: Wer über die Einnahmen und Ausgaben des Staates entscheidet, kann auf diese Weise durch Bestimmung der finanziellen Rahmenbedingungen Einfluss auf die Entscheidungen der politischen Akteure ausüben. In heutigen Verfas-

---

[862] Dazu ausführlich oben 4. Teil B. III.
[863] BVerfGE 123, 267 (359).

sungsstaaten steht dieses Recht gemeinhin dem Parlament zu.[864] In Deutschland ergibt sich das Budgetrecht des Bundestages aus Art. 110 Abs. 2 Satz 1 GG, dem zufolge der von der Bundesregierung erstellte Haushaltsplan durch das Haushaltsgesetz festgestellt wird.[865] Das Bundesverfassungsgericht bezeichnet den Haushaltsplan daher als „staatsleitende[n] Hoheitsakt in Gesetzesform“[866]. Er legt nicht nur das politische Handlungsprogramm für seine Geltungsdauer fest[867], sondern dient auch als Grundlage für die Kontrolle der Regierung durch das Parlament[868]. Zudem stellt erst das Haushaltsgesetz die Ermächtigung an die Bundesregierung dar, die Mittel entsprechend den Festlegungen im Haushaltsplan auszugeben.[869] Somit ermöglicht das Budgetrecht dem Bundestag, wirtschaftliche Grundsatzentscheidungen zu treffen[870] und so steuernden Einfluss auf die Politik der Bundesregierung zu nehmen[871].

2. Parlamentarische Behandlung

Trotz dieser herausragenden Bedeutung hat das Budgetrecht in den Parlamentsdebatten zu den europäischen Integrationsakten bis zum Ausbruch der Eurokrise so gut wie keine Rolle gespielt. Lediglich in den Debatten zur Europäischen Verteidigungsgemeinschaft wurden seitens der SPD vereinzelt Bedenken geäußert, dass die finanziellen Verpflichtungen aus dem Vertrag einen umfangreichen Teil des deutschen Haushaltsvolumens umfassen würden[872] und nur durch eine Erhöhung der nationalen Einnahmen oder eine Senkung der nationalen Ausgaben zu

---

864 *W. Heun*, in: Dreier, GG Bd. III, Art. 110 Rn. 5; *C. Waldhoff*, in: HdStR Bd. V, § 116 Rn. 122; *H. Pünder*, in: Friauf/Höfling, GG, Art. 110 Rn. 17. Vgl. auch die Zusammenstellung der entsprechenden Vorschriften anderer Staaten bei *C. Gröpl*, in: Bonner Kommentar, Art. 110 Rn. 7 ff.

865 *H. Kube*, in: Maunz/Dürig, GG, Art. 110 Rn. 1; *H. Siekmann*, in: Sachs, GG, Art. 110 Rn. 13; *C. Gröpl*, Staatsrecht I, Rn. 755; *D. Diehm*, in: Becker/Lange, Linien der Rechtsprechung des BVerfG, Bd. 3, S. 525 (528).

866 BVerfGE 45, 1 (32); 70, 324 (355); 79, 311 (328); 129, 124 (178); 130, 318 (343); 135, 317 (416).

867 *M. Heintzen*, in: HdStR Bd. V, § 120 Rn. 18; *ders.*, in: von Münch/Kunig, GG Bd. 2, Art. 110 Rn. 4; *H. Kube*, in: Maunz/Dürig, GG, Art. 110 Rn. 22.

868 BVerfGE 70, 324 (356); *W. Heun*, in: Dreier, GG Bd. III, Art. 110 Rn. 12; *H. Kube*, in: Maunz/Dürig, GG, Art. 110 Rn. 23; *G. F. Schuppert*, in: Umbach/Clemens, GG Bd. II, Art. 110 Rn. 16.

869 BVerfGE 20, 56 (90); *E. Reimer*, in: Epping/Hillgruber, BeckOK GG, Art. 110 Rn. 77 f.; *M. Heintzen*, in: HdStR Bd. V, § 120 Rn. 56; *C. Hillgruber/K.-D. Drüen*, in: von Mangoldt/Klein/Starck, GG Bd. 3, Art. 110 Rn. 67; *H. Siekmann*, in: Sachs, GG, Art. 110 Rn. 12.

870 BVerfGE 45, 1 (32); 70, 324 (355); 130, 318 (342); *D. Diehm*, in: Becker/Lange, Linien der Rechtsprechung des BVerfG, Bd. 3, S. 525 (534 f.); *G. F. Schuppert*, in: Umbach/Clemens, GG Bd. II, Art. 110 Rn. 18.

871 Vgl. *C. Hillgruber/K.-D. Drüen*, in: von Mangoldt/Klein/Starck, GG Bd. 3, Art. 110 Rn. 65; *H. Kube*, in: Maunz/Dürig, GG, Art. 110 Rn. 35; *C. Gröpl*, in: Gröpl/Windthorst/von Coelln, GG, Art. 110 Rn. 9; *W. Heun*, in: Dreier, GG Bd. III, Art. 110 Rn. 12.

872 *E. Schoettle* (SPD), BT-Sten.Ber. 1/221, S. 9835. Vgl. auch den Bericht des Berichterstatters des Auswärtigen Ausschusses, *W. Hasemann* (FDP), BT-Sten.Ber. 1/241, S. 11324.

erfüllen seien[873]. Kritisiert wurde weiterhin, dass der Bundestag einen wesentlichen Teil seiner Haushalts- und Kontrollrechte verliere[874], der Haushalt der EVG aber nicht demokratisch kontrolliert werde[875]. In späteren Debatten sind ähnliche Vorbehalte nicht mehr geäußert worden. Erst mit der Eurokrise trat das Budgetrecht in den Fokus der parlamentarischen Behandlung.[876] Zuvor bestand allerdings auch kein Anlass, sich intensiv mit dem Budgetrecht des Bundestages auseinanderzusetzen, denn die europäischen Verträge führten insoweit zu keinen massiven Einschränkungen.[877]

3. Die Beurteilung des Bundesverfassungsgerichts

Dieser Ansicht war im Grundsatz wohl auch das Bundesverfassungsgericht. Im Lissabon-Urteil erklärte es die fiskalischen Grundentscheidungen zwar zu einem der besonders integrationssensiblen Bereiche.[878] In der Subsumtion ging es auf diesen integrationssensiblen Bereich allerdings nicht ein, im Gegensatz zu der teils sehr ausführlichen Prüfung der anderen Bereiche. Für die Entscheidung über die Vereinbarkeit des Vertrags von Lissabon mit dem Grundgesetz hätte es der Ausführungen daher nicht bedurft. Dennoch führte der Senat konkretisierend aus: „Eine das Demokratieprinzip und das Wahlrecht zum Deutschen Bundestag in seinem substantiellen Bestimmungsgehalt verletzende Übertragung des Budgetrechts des Bundestags läge vor, wenn die Festlegung über Art und Höhe der den Bürger treffenden Abgaben in wesentlichem Umfang supranationalisiert würde."[879] Vielmehr müsse die Entscheidung über die Summe der Belastungen der Bürger sowie die wesentlichen Ausgaben des Staates beim Bundestag verbleiben.[880] Die Integrationsoffenheit des Grundgesetzes erlaube zwar haushaltswirksame europäische Verpflichtungen, es müsse aber sichergestellt sein, „dass die Gesamtverantwortung mit ausreichenden politischen Freiräumen für Einnahmen und Ausgaben noch im Deutschen Bundestag getroffen werden kann"[881]. Eine detaillierte Herleitung dieses Ergebnisses ließ das Urteil auch in diesem Zusammenhang vermissen, über die allgemeine Bezugnahme auf die fehlende europäische Öffentlichkeit hinaus wurde lediglich auf die dem demokratischen Entscheidungsprozess obliegende sozialpolitische Verantwortung im Zusammenhang mit der Entscheidung über Einnahmen

[873] *E. Schoettle* (SPD), BT-Sten.Ber. 1/221, S. 9834 und 1/241, S. 11327; *A. Arndt* (SPD), BT-Sten.Ber. 1/241, S. 11366; *E. Ollenhauer* (SPD), BT-Sten.Ber. 1/242, S. 11454.

[874] *E. Schoettle* (SPD), BT-Sten.Ber. 1/221, S. 9835 und 1/241, S. 11327.

[875] *E. Schoettle* (SPD), BT-Sten.Ber. 1/221, S. 9836 und 1/241, S. 11327; in eine ähnliche Richtung *F. Erler* (SPD), BT-Sten.Ber. 1/241, S. 11330.

[876] Ausführlich dazu unten 4. Teil D. IV. 5. a).

[877] Vgl. zu den unionsrechtlichen Einwirkungen auf die nationale Haushaltspolitik *C. Gröpl*, in: Bonner Kommentar, Art. 110 Rn. 87 ff.

[878] BVerfGE 123, 267 (359).

[879] BVerfGE 123, 267 (361).

[880] BVerfGE 123, 267 (361).

[881] BVerfGE 123, 267 (362).

und Ausgaben des Staates und den Charakter der Haushaltsdebatte als politische Generaldebatte hingewiesen.[882]

Kurze Zeit später erfuhr die dauerhafte Haushaltsautonomie durch die Urteile im Zusammenhang mit den Euro-Rettungsmaßnahmen eine weitere erhebliche Aufwertung: Das Bundesverfassungsgericht subsumierte sie unter den „Identitätskern der Verfassung“[883] in Form des Demokratieprinzips des Art. 20 GG und der Ewigkeitsgarantie des Art. 79 Abs. 3 GG[884]. Der Bundestag müsse dauerhaft über die wesentlichen haushaltspolitischen Fragen der Einnahmen und Ausgaben in eigener Verantwortung beschließen können, ohne dabei fremdbestimmt zu werden.[885] Damit erklärte der Senat das Budgetrecht des Bundestages für unübertragbar und somit integrationsfest.[886] Es stellt seitdem eine weitere unüberwindbare Grenze für die europäische Integration dar, die einer stärkeren wirtschaftspolitischen Integration, die von einigen Stimmen zur Bewältigung der Euro-Krise für erforderlich gehalten wird[887], entgegenstehen könnte.[888]

4. Integrationsfestigkeit des Budgetrechts

Die vom Bundesverfassungsgericht gezogene Verbindung zwischen Budgetrecht und Demokratieprinzip vermag im Grundsatz zu überzeugen. Das Recht des Bundestages zur Entscheidung über den Haushalt der Bundesrepublik Deutschland ergibt sich zwar in erster Linie aus Art. 110 Abs. 2 Satz 1 GG, der als solcher nicht von Art. 79 Abs. 3 GG in Bezug genommen wird. Der enge Zusammenhang dieses Parlamentsvorbehalts zum Demokratieprinzip des Art. 20 GG drängt sich jedoch geradezu auf.[889] Aufgrund seines bereits beschriebenen „staatsleitenden“ Charakters ist die Rückbindung der Ausübung des Budgetrechts an das Volk, mithin seine effektive demokratische Legitimation, besonders wichtig. Es liegt daher nahe, die Notwendigkeit einer parlamentarischen Entscheidung über den Haushalt als Ausdruck der Volkssouveränität zu den Grundsätzen des Demokratieprinzips zu zählen, die von Art. 79 Abs. 3 GG geschützt werden.[890]

---

882 BVerfGE 123, 267 (361).

883 BVerfGE 129, 124 (179); 132, 195 (240); 135, 317 (401).

884 BVerfGE 129, 124 (167, 177, 183); 132, 195 (235, 240, 257).

885 BVerfGE 129, 124 (178 ff.); 132, 195 (239 f.); 135, 317 (400 f.).

886 Vgl. *C. Calliess*, NVwZ 2012, S. 1 (7); *ders./C. Schoenfleisch*, JZ 2012, S. 477 (477).

887 Vgl. z. B. *H. Enderlein*, APuZ 43/2010, S. 7 (12); *C. Calliess*, NVwZ 2012, S. 1 (6).

888 Vgl. *D. Thym*, JZ 2011, S. 1011 (1013); *T. Oppermann*, NJW 2013, S. 6 (8). Vgl. aber auch *F. Cromme*, EuR 2014, S. 448 ff., der eine intergouvernementale Wirtschaftsregierung vorschlägt, die mit den Vorgaben des Bundesverfassungsgerichts vereinbar sein soll.

889 Vgl. auch *C. Gröpl*, in: Bonner Kommentar, Art. 110 Rn. 79: ‚Die Hauptaufgabe von Art. 110 besteht darin, das grundgesetzliche Demokratieprinzip […] für den Bereich der staatlichen Haushaltswirtschaft zu spezifizieren.“

890 So *H. Dreier*, in: Dreier, GG Bd. II, Art. 79 Rn. 42; *C. Gröpl*, in: Bonner Kommentar, Art. 110 Rn. 98 f.; *H. Neidhardt*, Staatsverschuldung und Verfassung, S. 307.

Dennoch erscheint die Verewigung der dauerhaften Haushaltsautonomie des Bundestages fragwürdig. Nach hier vertretener Ansicht[891] zeigt sich die Volkssouveränität im Sinne des Grundgesetzes offen für die europäische Integration, so dass demokratische Legitimation auch durch die europäischen Organe vermittelt werden kann. Soweit eine parlamentarische Entscheidung für notwendig gehalten wird, könnte diese vom Europäischen Parlament getroffen werden.[892] Es ist daher, wie das Bundesverfassungsgericht selbst festgestellt hat[893], grundsätzlich mit dem Grundgesetz vereinbar, wenn europäische Entscheidungen sich auf den deutschen Haushalt auswirken und den Haushaltsgesetzgeber in seiner Entscheidungsfreiheit einschränken. Entsprechend müssen folglich auch haushaltsrechtlich relevante Befugnisse auf die Europäische Union übertragen werden können. Fraglich kann insoweit lediglich sein, wo die Grenze zu ziehen ist, mithin, wo der „unantastbare Kernbereich des Budgetrechts"[894] beginnt. Wie bereits erläutert[895], hängt die Zulässigkeit der Übertragung von Befugnissen letztlich davon ab, ob auf europäischer Ebene ein ausreichendes Legitimationsniveau erreicht ist, das die entsprechenden Entscheidungen tragen kann. Ein zukunftsgerichtetes absolutes Verbot der Übertragung budgetrechtlicher Kompetenzen ließe sich deshalb nur begründen, wenn auf europäischer Ebene dauerhaft keine ausreichende demokratische Legitimation erreicht werden kann. Hierfür sind allerdings keine unüberwindbaren Hindernisse zu erkennen. Die demokratischen Grundlagen der Europäischen Union sind ausbaufähig und es ist nicht ausgeschlossen, dass sie künftig ein staatsähnliches, den Anforderungen des Art. 20 GG genügendes Niveau erreichen. Es verbleibt die Frage, ob eine ausreichende europäische Öffentlichkeit als Voraussetzung einer funktionierenden Demokratie hergestellt werden kann. Jedenfalls für Entscheidungen, die sich auf die Haushalte aller Mitgliedstaaten auswirken können, erscheint dies möglich. In diesem Fall dürfte in allen Mitgliedstaaten ein ausreichendes Interesse an der Entscheidung bestehen, das Voraussetzung für einen grenzüberschreitenden Diskurs sein dürfte. Demgegenüber werden rein national relevante Entscheidungen wegen der Limitierung der Betroffenen auf die Bevölkerung eines Mitgliedstaates voraussichtlich dauerhaft nur eine nationale Öffentlichkeit erreichen können. Dazwischen sind zahlreiche Konstellationen denkbar, in denen eine europäische Öffentlichkeit zumindest nicht ausgeschlossen erscheint.

Im Ergebnis kann deshalb der Aussage, das Budgetrecht des Bundestages sei „integrationsfest", in ihrer Pauschalität nicht gefolgt werden. Manche Entschei-

---

[891] S. o. 4. Teil A. IV. 3.

[892] Vgl. dazu auch die Aussage des Abgeordneten *J. Trittin* (BÜNDNIS 90/DIE GRÜNEN), BT-Sten.Ber. 17/188, S. 22715: „Solange das Ganze nicht im Europäischen Parlament landet, muss es im Deutschen Bundestag verbleiben." In eine ähnliche Richtung auch *W. Gehrcke* (DIE LINKE), BT-Sten.Ber. 17/188, S. 22736, der die Abgabe von Souveränität an „Bürokraten" als undemokratisch bezeichnete.

[893] BVerfGE 123, 267 (361 f.).

[894] *C. Calliess*, NVwZ 2012, S. 1 (7).

[895] S. o. 4. Teil D. II. 1.

dungen, insbesondere spezifisch den nationalen Haushalt betreffende, mögen zwar dauerhaft allein auf der Ebene des betroffenen Mitgliedstaates demokratisch zu legitimieren sein und müssen deshalb in der Kompetenz des Bundestages verbleiben. Andere haushaltsrelevante Entscheidungen könnten hingegen auch auf europäischer Ebene hinreichend legitimiert werden, sofern die europäische Demokratie das erforderliche Niveau erreicht hat. Ist dies der Fall, dürften nach hier vertretener Auffassung, entgegen der Ansicht des Bundesverfassungsgerichts, die Entscheidungen über die Einnahmen und Ausgaben des Staates auch in wesentlichem Umfang supranationalisiert werden.

5. Die haushaltspolitische Gesamtverantwortung

Neben der Verewigung des parlamentarischen Budgetrechts ergänzte das Bundesverfassungsgericht die bereits im Lissabon-Urteil begründete Integrationsverantwortung des Bundestages in den Entscheidungen zu den Euro-Rettungsmaßnahmen um eine „haushaltspolitische Gesamtverantwortung“ für haushaltswirksame Maßnahmen.[896] Aus der bereits erwähnten Prämisse, dass der Bundestag dauerhaft selbstbestimmt über Einnahmen und Ausgaben entscheiden können müsse[897], folgerte der Senat ohne nähere Herleitung[898], dass insbesondere die Begründung dauerhafter Haftungsmechanismen, in denen der Eintritt des Haftungsfalles nur noch von den Willensentscheidungen anderer Staaten abhängt, unzulässig sei, da diese zu erheblichen Einschränkungen der nationalen politischen Gestaltungsräume führten.[899] Der Bundestag dürfe daher seine Budgetverantwortung nicht durch unbestimmte haushaltspolitische Ermächtigungen auf andere Akteure übertragen, insbesondere dürfe er keinen Mechanismen zustimmen, die zu unüberschaubaren haushaltsbedeutsamen Belastungen führen könnten und nicht mehr seiner Kontrolle unterlägen.[900] Vielmehr müsse der Bundestag jede finanzielle Hilfsmaßnahme größeren Umfangs im Einzelnen bewilligen und sich gegebenenfalls hinreichenden Einfluss auf die Art und Weise des Umgangs mit den zur Verfügung gestellten Mitteln sichern.[901]

Hinsichtlich der Höhe der noch zu verantwortenden Gewährleistungsübernahmen erkannte das Gericht allerdings einen weiten Gestaltungsspielraum des Gesetzgebers an.[902] Aus dem Demokratieprinzip folge eine Obergrenze allenfalls, sofern die Haushaltsautonomie nicht nur eingeschränkt würde, sondern praktisch

[896] BVerfGE 129, 124 (181); 132, 195 (241); 135, 317 (402).
[897] BVerfGE 129, 124 (178 ff.); 132, 195 (239 f.); 135, 317 (400 f.).
[898] *M. Nettesheim*, in: Brandt, Verfassung und Krise, S. 11 (12 f.).
[899] BVerfGE 129, 124 (179 f.).
[900] BVerfGE 129, 124 (179 f.); 132, 195 (240 f.); 135, 317 (401 f.).
[901] BVerfGE 129, 124 (180); 132, 195 (241).
[902] BVerfGE 129, 124 (182 f.); 132, 195 (242).

vollständig leerliefe.[903] Eine solche „Entleerung“ des Budgetrechts konnte das Bundesverfassungsgericht bisher jedoch in allen Fällen, trotz Gewährleistungsübernahmen in dreistelliger Milliardenhöhe, nicht feststellen.[904]

a) Integrationsbereitschaft des Bundestages

Während sich das Bundesverfassungsgericht sehr auf eine Stärkung der Parlamentsrechte bedacht zeigte, war der Bundestag zunächst bereit, weitgehend auf seine Beteiligung an den Rettungsmaßnahmen zu verzichten. Deutlich wurde die gegensätzliche parlamentarische und bundesverfassungsgerichtliche Einschätzung unter anderem in Bezug auf die Übernahme von Gewährleistungen für die EFSF. § 1 Abs. 4 Satz 1 StabMechG sah in der Form des Regierungsentwurfs lediglich vor, dass der Haushaltsausschuss vor der Übernahme von Gewährleistungen unterrichtet werden müsse.[905] Dieser schlug, als federführender Ausschuss in den Gesetzesberatungen, zur Stärkung der Parlamentsrechte[906] vor, dass sich die Bundesregierung um die Herstellung des Einvernehmens mit dem Haushaltsausschuss bemühen müsse.[907] In dieser Form wurde das Gesetz daraufhin vom Bundestag beschlossen.[908] Das Bundesverfassungsgericht hielt die Regelung hingegen für ungenügend. Zur Sicherung der parlamentarischen Haushaltsautonomie legte es die Norm verfassungskonform aus, so dass nunmehr die vorherige Zustimmung des Haushaltsausschusses einzuholen war.[909] Abgesehen von der fragwürdigen Überschreitung der Wortlautgrenze[910] entsprach diese Auslegung angesichts der Gesetzgebungshistorie offensichtlich nicht dem Willen des Gesetzgebers[911].

Nach dieser ersten, deutlichen Entscheidung zu den Euro-Rettungsmaßnahmen bildete die angemessene Beteiligung des Bundestages in der wenig später folgenden Debatte zur Ergänzung des Art. 136 AEUV und Errichtung des ESM nunmehr einen Schwerpunkt der Gesetzesberatungen.[912] Die Opposition kritisierte stark, dass die Bundesregierung in der Vergangenheit ihren Pflichten nicht nachgekommen sei und den Bundestag nicht ausreichend informiert habe.[913] Nachdrücklich

---

[903] BVerfGE 129, 124 (183); 132, 195 (242).

[904] BVerfGE 129, 124 (183 f.); 132, 195 (251 ff.).

[905] BT-Drucks. 17/1685, S. 3.

[906] So die Begründung für den Änderungsvorschlag, BT-Drucks. 17/1741, S. 6.

[907] BT-Drucks. 17/1740, S. 3.

[908] BT-Sten.Ber. 17/44, S. 4442 ff.

[909] BVerfGE 129, 124 (186).

[910] *A. Götz/L. Schneider*, DVBl. 2012, S. 145 (147); vgl. auch *C. Calliess*, VVDStRL 71 (2012), S. 113 (161).

[911] *A. Götz/L. Schneider*, DVBl. 2012, S. 145 (148). Kritisch gegenüber der verfassungskonformen Auslegung auch *J. H. Klement*, ZG 2014, S. 169 (176).

[912] S. o. 3. Teil K. II. 1.

[913] *J. Trittin* (BÜNDNIS 90/DIE GRÜNEN), BT-Sten.Ber. 17/172, S. 20222; *S. Gabriel* (SPD), BT-Sten.Ber. 17/188, S. 22705; *P. Danckert* (SPD), BT-Sten.Ber. 17/188, S. 22723.

wurde eine Änderung der Informationspolitik eingefordert.[914] Die Abgeordneten nahmen zur Unterstützung ihrer Forderung mehrfach Bezug auf die vergangenen und mögliche zukünftige Entscheidungen des Bundesverfassungsgerichts.[915] Steinmeier wies darauf hin, dass schwieriges verfassungsrechtliches Neuland betreten werde und das Bundesverfassungsgericht genau hinschauen werde.[916] Man erwarte deshalb begründete Antworten auf die Fragen, denn es wäre peinlich, wenn ein mit Zwei-Drittel-Mehrheit beschlossenes Gesetz vom Bundesverfassungsgericht kassiert werde.[917]

Seitens der Abgeordneten der Regierungsparteien wurde demgegenüber wenig auf mögliche Versäumnisse in der Vergangenheit eingegangen, sondern vielmehr die intensive Beteiligung des Bundestages in Angelegenheiten des ESM hervorgehoben.[918] Insbesondere wurde betont, dass der Bundestag jeder künftigen Aktivierung des ESM zustimmen müsse[919], wobei der Kritiker Gauweiler allerdings die Durchsetzbarkeit dieses Parlamentsvorbehalts bezweifelte.[920] Der Liberale Link sprach in diesem Zusammenhang von der Haushaltssouveränität als „Königsrecht des Parlaments“[921]. Bundeskanzlerin Merkel stellte zudem klar, dass weitere Maßnahmen einer erneuten Befassung des Bundestages bedürften[922], was von der SPD auch eingefordert wurde[923].

b) Bedeutung des Bundestages im Rahmen der Euro-Rettung

Angesichts dieses Befunds stellt sich die Frage, ob das Bundesverfassungsgericht dem Bundestag zu Recht eine stärkere Beteiligung im Rahmen der Euro-Rettung auferlegt hat.[924]

---

[914] *M. Roth* (SPD), BT-Sten.Ber. 17/96, S. 11006; *M. Sarrazin* (BÜNDNIS 90/DIE GRÜNEN), BT-Sten.Ber. 17/96, S. 11012; ebenfalls das Erfordernis ausreichender Information des Bundestages betonend *T. Silberhorn* (CDU/CSU), BT-Sten.Ber. 17/96, S. 11014.

[915] *J. Trittin* (BÜNDNIS 90/DIE GRÜNEN), BT-Sten.Ber. 17/172, S. 20222; *S. Gabriel* (SPD), BT-Sten.Ber. 17/188, S. 22705; *P. Danckert* (SPD), BT-Sten.Ber. 17/188, S. 22723.

[916] *F.-W. Steinmeier* (SPD), BT-Sten.Ber. 17/172, S. 20216.

[917] *F.-W. Steinmeier* (SPD), BT-Sten.Ber. 17/172, S. 20217.

[918] *C. Schmidt* (CDU/CSU), BT-Sten.Ber. 17/188, S. 22729; *N. Barthle* (CDU/CSU), BT-Sten. Ber. 17/188, S. 22732.

[919] *M. Link* (FDP), BT-Sten.Ber. 17/96, S. 11005; *M. Meister* (CDU/CSU), BT-Sten.Ber. 17/96, S. 11009; *B. Kudla* (CDU/CSU), BT-Sten.Ber. 17/96, S. 11015; *R. Brüderle* (FDP), BT-Sten. Ber. 17/188, S. 22708; *N. Barthle* (CDU/CSU), BT-Sten.Ber. 17/188, S. 22732. Demgegenüber sprach *T. Silberhorn* (CDU/CSU), BT-Sten.Ber. 17/96, S. 11013, nur von einer „angemessen Beteiligung“ des Bundestages vor einer Aktivierung des ESM.

[920] *P. Gauweiler* (CDU/CSU), BT-Sten.Ber. 17/188, S. 22725.

[921] *M. Link* (FDP), BT-Sten.Ber. 17/96, S. 11005. Ähnlich *C. Schneider* (SPD), BT-Sten. Ber. 17/172, S. 20226.

[922] *A. Merkel* (Bundeskanzlerin), BT-Sten.Ber. 17/188, S. 22702.

[923] *S. Gabriel* (SPD), BT-Sten.Ber. 17/188, S. 22705; *C. Schneider* (SPD), BT-Sten.Ber. 17/188, S. 22717.

[924] Zustimmend *C. Gröpl*, Der Staat 52 (2013), S. 1 (24).

Wie bereits im Zusammenhang mit der allgemeinen Integrationsverantwortung des Bundestages, als deren spezielle Ausprägung sich die haushaltspolitische Gesamtverantwortung erweist, erläutert wurde[925], kommt den nationalen Parlamenten als tragende Säule des mitgliedstaatlichen Legitimationsstranges eine wichtige Bedeutung für die demokratische Legitimation der europäischen Hoheitsgewalt zu, da der unionsunmittelbare Legitimationsstrang über das Europäische Parlament nach geltender Rechtslage insbesondere aufgrund der ungleichen Wahl der Abgeordneten noch Schwächen aufweist. Hinsichtlich der Euro-Rettungsmaßnahmen, die überwiegend auf einer intergouvernementalen Zusammenarbeit der Mitgliedstaaten basieren, verschärft sich diese Problematik noch. Teilweise handelt es sich zwar um unionsrechtliche Maßnahmen, so bei dem auf einer EU-Verordnung[926] basierenden europäischen Finanzstabilisierungsmechanismus (EFSM). Im Bereich der Wirtschaftspolitik, die im Wesentlichen aus einer bloßen Koordinierung der mitgliedstaatlichen Wirtschaftspolitiken besteht (vgl. Art. 121 Abs. 1 AEUV), stehen dem Europäischen Parlament aber nur geringe Beteiligungsrechte zu.[927] So sieht z. B. Art. 122 Abs. 2 AEUV, auf den die genannte Verordnung gestützt wurde, vor, dass finanzieller Beistand für einen Mitgliedstaat auf Vorschlag der Kommission vom Rat beschlossen wird, während das Europäische Parlament lediglich über den Beschluss unterrichtet wird. Die Verordnung übernimmt diese Regelung (Art. 3 Abs. 2). In einem solchen Verfahren kann das Europäische Parlament somit kaum zur demokratischen Legitimation beitragen. Der Schwerpunkt muss daher zwingend auf dem mitgliedstaatlichen Legitimationsstrang liegen. Soweit sich die intergouvernementale Zusammenarbeit außerhalb des Unionsrechts bewegt, wie z. B. die EFSF und der ESM, entfällt jegliche Legitimationsleistung des Europäischen Parlaments sogar völlig.[928] Die maßgeblichen Entscheidungen werden allein von den Regierungen, mithin den Exekutiven, getroffen.[929]

Die demokratische Legitimation der Maßnahmen muss somit maßgeblich bzw. im Falle rein intergouvernementaler Zusammenarbeit sogar allein über die nationalen Parlamente und die Vertreter der Bundesregierung in den Entscheidungsgremien erfolgen.[930] In personeller Hinsicht ist das Handeln der Vertreter der Bundesregierung mittelbar demokratisch legitimiert.[931] Sachlich-inhaltliche Legitimation wird zunächst durch die gesetzliche Zustimmung zur Gründung des EFSF bzw. ESM vermittelt. Fraglich ist, ob diese ausreicht oder ob darüber hinaus die Forderung des Bundesverfassungsgerichts nach einer parlamentarischen Bewilligung

---

[925] S. o. 4. Teil C. I.

[926] Verordnung (EU) Nr. 407/2010 des Rates vom 11. Mai 2010 zur Einführung eines europäischen Finanzstabilisierungsmechanismus, ABl. EU 2010 Nr. L 118, S. 1 ff.

[927] *C. Calliess*, NVwZ 2012, S. 1 (2).

[928] BVerfGE 132, 195 (259); *C. Calliess*, NVwZ 2012, S. 1 (2); *ders.*, VVDStRL 71 (2012), S. 113 (160); *C. Degenhart*, BayVBl. 2012, S. 517 (518).

[929] *M. Nettesheim*, in: Jahrbuch des Föderalismus 2012, S. 259 (263).

[930] *C. Calliess*, VVDStRL 71 (2012), S. 113 (160); *K. von Lewinski*, in: HdStR Bd. X, § 217 Rn. 85, 93.

[931] *B. Grzeszick*, in: Maunz/Dürig, GG, Art. 20 II. Rn. 137.

jeder einzelnen Maßnahme[932] und die entsprechende Auslegung des § 1 Abs. 4 Satz 1 StabMechG[933] berechtigt erscheinen. Soweit das Demokratieprinzip eine parlamentarische Entscheidung über budgetrelevante Fragen fordert[934], könnte diese bereits in der Grundzustimmung zu sehen sein. Im Falle der EFSF stimmte der Bundestag damit der Übernahme von Gewährleistungen bis zu einer Höhe von 123 Milliarden Euro zu (§ 1 Abs. 1 Satz 1 StabMechG), so dass die Anforderungen des Art. 115 Abs. 1 GG für die Gewährleistungsübernahme, nämlich eine der Höhe nach bestimmte oder bestimmbare Ermächtigung durch Bundesgesetz, dem Wortlaut nach grundsätzlich erfüllt waren.

Es kann allerdings hinterfragt werden, ob dieses Zustimmungsgesetz auch der nachfolgenden Vergabe von Krediten durch ein nur schwach demokratisch legitimiertes intergouvernementales Gremium ausreichende demokratische Legitimation vermitteln kann. Wie bereits in anderem Zusammenhang dargestellt[935], setzt dies voraus, dass die Folgen hinreichend bestimmt und bei der gesetzlichen Zustimmung voraussehbar waren.[936] Mit dem StabMechG als Zustimmung zur EFSF wurde allerdings nur die maximale Höhe des finanziellen Risikos bestimmt, es enthielt, anders als das Zustimmungsgesetz zur Einrichtung des ESM, keine Regelungen über die Modalitäten der Kreditvergabe oder ähnliche Details. Beiden Fällen ist aber gemein, dass zum Zeitpunkt des Gesetzesbeschlusses nicht absehbar war, von wem und in welcher Höhe die zugesagten Gewährleistungen tatsächlich in Anspruch genommen werden würden.[937] Es ließ sich somit nicht sicher beurteilen, wie groß das finanzielle Risiko tatsächlich sein würde. Insbesondere angesichts der Höhe der übernommenen Gewährleistungen und der im Falle der Realisierung zu erwartenden massiven Auswirkungen auf den Haushalt der Bundesrepublik erscheint die antizipierte Zustimmung des Bundestages deshalb nicht ausreichend, um der Kreditvergabe durch das intergouvernementale Gremium hinreichende Legitimation zu vermitteln. Im Ergebnis ist daher jedenfalls beim derzeitigen Legitimationsniveau, wenngleich mit anderer Begründung, der Sicht des Bundesverfassungsgerichts zuzustimmen, dass jede Finanzhilfe einer parlamentarischen Zustimmung bedarf. Das bloße Bemühen um das Einvernehmen des Haushaltsausschusses, wie es § 1 Abs. 4 Satz 1 StabMechG vorsah, reichte daher nicht aus. Insofern war der Bundestag zu weitgehend bereit, seine Pflichten an ein demokratisch nicht ausreichend legitimiertes Gremium abzugeben.

---

[932] BVerfGE 129, 124 (180); 132, 195 (241).
[933] BVerfGE 129, 124 (186).
[934] S. o. 4. Teil D. IV. 4.
[935] S. o. 4. Teil C. II. 3. c).
[936] *K. von Lewinski*, in: HdStR Bd. X, § 217 Rn. 92; vgl. auch *H. Rathke*, DÖV 2011, S. 753 (760).
[937] *H. Rathke*, DÖV 2011, S. 753 (760).

6. Ergebnis

Die Euro-Rettungsmaßnahmen sind auf europäischer Ebene nur schwach demokratisch legitimiert, weshalb das Bundesverfassungsgericht im Ergebnis zu Recht eine stärkere Beteiligung des Bundestages an der Kreditvergabe eingefordert hat. Dieser Punkt wurde in den Bundestagsdebatten nicht ausreichend berücksichtigt.

Hingegen lässt sich nicht begründen, dass das Budgetrecht „integrationsfest" ist. Das Demokratieprinzip steht nach hier vertretener Ansicht einer Übertragung bestimmter haushaltsrechtlicher Kompetenzen nicht entgegen, sofern die Entscheidungen auf europäischer Ebene hinreichend demokratisch legitimiert werden können. Die Urteile des Bundesverfassungsgerichts schränken daher die Entscheidungsfreiheit des Bundestages, welche Kompetenzen er auf die Union übertragen möchte, in unberechtigter Weise ein. Im Hinblick auf die Fortentwicklung der Europäischen Union kann diese Integrationsgrenze zu erheblichen Problemen führen. Sie erschwert nicht nur eine vergemeinschaftete Wirtschafts-, Finanz- und Haushaltspolitik und damit letztlich wohl auch die Gründung eines europäischen Bundesstaates. Teilweise wird eine stärkere wirtschaftspolitische Integration bis hin zu einer Wirtschafts- und Fiskalunion vielmehr als das auf Dauer einzige Mittel zur Bewältigung der Krise angesehen.[938] Calliess[939] weist in diesem Zusammenhang auf den Widerspruch hin, dass das Bundesverfassungsgericht einerseits die Konzeption der Währungsunion als Stabilitätsgemeinschaft betont und gleichzeitig durch seine Anforderungen der Rettung des Euros entgegenstehen könnte.

E. Volksabstimmungen als Weg zu einer vertieften europäischen Integration

Die vorangegangene Untersuchung hat die unterschiedliche Behandlung der europäischen Integrationsakte im Bundestag und durch das Bundesverfassungsgericht verdeutlicht: Während sich die Bundestagsabgeordneten in der Vergangenheit überwiegend integrationsfreudig zeigten, betonte das Bundesverfassungsgericht die Grenzen, die das Grundgesetz der europäischen Integration setzt. Die Zweifel an der engen Auslegung der Art. 23 Abs. 1, 79 Abs. 3 GG durch das Gericht sind bereits ausführlich dargelegt worden. Sie werden allerdings die mit dem Fortschritt der europäischen Integration drohende Verschärfung des Konflikts zwischen Politik und Rechtsprechung nicht verhindern können. Es scheint derzeit nur noch eine Frage der Zeit zu sein, wann das Bundesverfassungsgericht die Zustimmung des Gesetzgebers zu einer Änderung des europäischen Primärrechts erstmals für verfassungswidrig erklären könnte.

---

938 *H. Enderlein*, APuZ 43/2010, S. 7 (12); *C. Calliess*, NVwZ 2012, S. 1 (6); *H.-J. Papier*, in: FS Merten, S. 11 (16).

939 *C. Calliess*, NVwZ 2012, S. 1 (7).

Einen möglichen Ausweg aus dieser schwierigen Situation hat das Bundesverfassungsgericht im Lissabon-Urteil selbst angedeutet: Allein das Volk als verfassungsgebende Gewalt könne über die Verfassungsidentität verfügen, die Ablösung des Grundgesetzes beschließen und sich eine neue Verfassung geben.[940] Dieses vorverfassungsrechtliche Recht werde durch Art. 146 GG, der die Ablösung des Grundgesetzes durch eine vom deutschen Volk in freier Entscheidung beschlossene neue Verfassung betrifft, bestätigt.[941] Im Zusammenhang mit der Eurokrise griffen hochrangige Politiker, darunter der damalige Bundesminister der Finanzen Wolfgang Schäuble (CDU) sowie sein Amtsvorgänger Peer Steinbrück (SPD), den Gedanken auf und konstatierten, dass eine Volksabstimmung über eine neue Verfassung, die die fortschreitende europäische Integration trägt, in näherer Zukunft erforderlich sein werde.[942]

Im letzten Abschnitt der vorliegenden Arbeit soll daher untersucht werden, inwieweit Volksentscheide eine Vertiefung der Europäischen Union, die die Grenzen des Art. 79 Abs. 3 GG überschreitet, ermöglichen können.

I. Die Stellungnahmen des Bundesverfassungsgerichts zu Volksabstimmungen

Das Bundesverfassungsgericht äußerte sich zu dieser Frage nur am Rande. Zwar hatten die jeweiligen Beschwerdeführer sowohl in Bezug auf den Vertrag von Maastricht als auch auf den Vertrag von Lissabon vorgebracht, die Zustimmungsgesetze bedürften einer unmittelbaren Legitimation durch das Volk.[943] Dem begegnete das Gericht im Maastricht-Urteil jedoch bereits auf der Ebene der Zulässigkeitsprüfung mit dem Einwand, das Grundgesetz, im Besonderen Art. 146 GG, gewähre kein verfassungsbeschwerdefähiges individuelles Recht auf Durchführung eines Referendums.[944] Im Übrigen erwähnte das Gericht in einem Nebensatz des Lissabon-Urteils allgemein, dass „plebiszitäre Abstimmungen in Sachfragen" durch Verfassungsänderung ermöglicht werden könnten.[945] Volksentscheide über die Zustimmung zu europäischen Integrationsakten könnten daher durch eine Änderung des Grundgesetzes etabliert werden. Bereits im Maastricht-Urteil hatten die Richterinnen und Richter allerdings darauf hingewiesen, dass Art. 79 Abs. 3 GG für die verfassungsändernde Gewalt insgesamt Geltung beanspruche und deshalb

---

[940] BVerfGE 123, 267 (331 f., 344).

[941] BVerfGE 123, 267 (332).

[942] *W. Schäuble* in einem Interview von *S. Böll/K. von Hammerstein*, Der Spiegel 26/2012, S. 28 (30); *P. Steinbrück* in einem Interview von *B. Krauß/R. Pörtner*, Stuttgarter Zeitung Online vom 24. Juni 2012.

[943] Vgl. die Antragsschriften, abgedruckt bei *I. Winkelmann*, Das Maastricht-Urteil, S. 102 (128 f.), und *K. Kaiser*, Vertrag von Lissabon vor dem BVerfG, S. 1 (13, 24).

[944] Vgl. BVerfGE 89, 155 (180); bestätigt durch BVerfGE 123, 267 (332). Ebenso BVerfG, NVwZ-RR 2000, S. 474.

[945] BVerfGE 123, 267 (367).

auch einer durch Volksabstimmung beschlossenen Verfassungsänderung absolute Grenzen setze.[946] Ein verfassungswidriges Zustimmungsgesetz könnte folglich selbst durch eine Zustimmung des Volkes nicht legitimiert werden.

Lediglich die verfassungsgebende Gewalt (*pouvoir constituant*) könne durch Art. 79 Abs. 3 GG nicht gebunden werden.[947] In dieser Hinsicht stellte der Senat im Lissabon-Urteil fest, dass das Volk, anders als der verfassungsändernde Gesetzgeber, das Recht besitze, über den Beitritt zu einem europäischen Bundesstaat und die damit verbundene Aufgabe der völkerrechtlichen Souveränität Deutschlands zu entscheiden.[948] Er ging ferner davon aus, dass Art. 146 GG das vorverfassungsrechtliche Recht des Volkes bestätige, sich eine Verfassung zu geben.[949] Obwohl er ausdrücklich offenließ, inwieweit übergeordnete Bindungen für den Fall bestehen, dass sich das Volk in einer Legalitätskontinuität zum Grundgesetz eine neue Verfassung gibt[950], spricht somit vieles dafür, dass der Senat die Verfassungsgebung im Wege des Art. 146 GG jedenfalls nicht unter den Vorbehalt des Art. 79 Abs. 3 GG stellen wollte. Art. 146 GG würde nach dieser Auslegung die legale Möglichkeit eröffnen, Deutschland mithilfe eines Volksentscheides über die derzeitigen Grenzen des Grundgesetzes hinaus in die Europäische Union zu integrieren.

II. Standpunkte im Bundestag zu Volksabstimmungen über die europäische Integration

Der Bundestag beschäftigte sich ebenfalls mehrfach mit der Einführung von Referenden zu europäischen Themen, wenngleich mit deutlich anderem Schwerpunkt als das Bundesverfassungsgericht. Eine Auseinandersetzung mit Art. 146 GG als Weg zu einer neuen Verfassung und in der Folge einer vertieften Integration erfolgte erstmals in den Debatten im Zusammenhang mit der Eurokrise, also nach dem Lissabon-Urteil, auf das zum Teil ausdrücklich Bezug genommen wurde[951]. Einige Gegner der Rettungsmaßnahmen vertraten die Ansicht, dass bereits für die Zustimmung zur Änderung des Art. 136 AEUV, zum ESMV und zum SKSV zwingend eine Volksabstimmung nach Art. 146 GG erforderlich sei.[952] Eine nähere Diskussion dieser These erfolgte nicht. Darüber hinaus wies aber auch der Hauptredner der SPD-Fraktion Gabriel darauf hin, dass weitere Integrationsschritte auf dem Weg

[946] Vgl. BVerfGE 89, 155 (180).
[947] BVerfGE 89, 155 (180).
[948] Vgl. BVerfGE 123, 267 (331 f., 347 f.).
[949] Vgl. BVerfGE 123, 267 (332).
[950] Vgl. BVerfGE 123, 267 (343).
[951] *G. Gysi* (DIE LINKE), BT-Sten.Ber. 17/172, S. 20220.
[952] *G. Gysi* (DIE LINKE), BT-Sten.Ber. 17/172, S. 20220. Im Ergebnis wohl auch *F. Schäffler* (FDP), BT-Sten.Ber. 17/188, S. 22722; *P. Gauweiler* (CDU/CSU), BT-Sten.Ber. 17/188, S. 22724, die allerdings nur von einer Volksabstimmung sprachen, ohne ausdrückliche Bezugnahme auf Art. 146 GG.

zur politischen Union möglicherweise nur noch durch eine Verfassungsneugebung legitimiert werden könnten.[953]

Bevor das Bundesverfassungsgericht auf Art. 146 GG hingewiesen hatte, wurde im Bundestag hingegen vorrangig über das politische Für und Wider der Volksbeteiligung im Allgemeinen und im Besonderen im Hinblick auf die Zustimmung zu europäischen Integrationsakten diskutiert. Bereits in den Anfangsjahren der europäischen Integration beschäftigte das Thema in den Bundestagsdebatten über die Integrationsakte[954] vereinzelte Abgeordnete. So merkte der KPD-Abgeordnete Rische zu Beginn seines Beitrags zum EGKS-Vertrag an, dass die Frage einer Entscheidung des Volkes bedürfe[955], ging im Folgenden aber nicht weiter darauf ein. Hinsichtlich des EVG-Vertrages deutete sein Fraktionskollege Reimann an, dass eine Volksbefragung die ablehnende Haltung des Volkes gezeigt habe[956] und nun eine Volksentscheidung durchgeführt werde[957], die jedoch tatsächlich weder stattfand noch im Weiteren näher thematisiert wurde. Lediglich der fraktionslose Abgeordnete Loritz kritisierte im Folgenden eine fehlende Volksbefragung[958], während der Christdemokrat Ehlers davon ausging, dass der Verfassungsgeber keinen solchen Volksentscheid gewollt habe[959].

Mit den Integrationsschritten der 1990er-Jahren rückte die Beteiligung des Volkes verstärkt in den Fokus der Politik.[960] Anlässlich der Beratungen über den Vertrag von Maastricht brachte die Gruppe der PDS/Linke Liste im Oktober 1992 den Entwurf eines Europa-Abstimmungsgesetzes ein[961], mit dem die Durchführung eines Volksentscheids über die Mitgliedschaft Deutschlands in einer Europäischen Union sowie über ihre konkrete Gestaltung in Form des Vertrags von Maastricht beschlossen werden sollte. 1997 begehrte die Gruppe der PDS erneut eine Volks-

---

953 *S. Gabriel* (SPD), BT-Sten.Ber. 17/188, S. 22706 f.

954 Der Untersuchungsgegenstand bleibt auch in diesem Zusammenhang auf die Debatten über die Zustimmung zu den europäischen Integrationsakten beschränkt. Soweit die im Folgenden genannten Gesetzentwürfe eigenständig im Bundestag diskutiert wurden, wurde ihre parlamentarische Behandlung lediglich vereinzelt exemplarisch analysiert.

955 *F. Rische* (KPD), BT-Sten.Ber. 1/182, S. 7621.

956 Es handelte sich dabei nicht um eine amtliche, sondern um eine inoffizielle Volksbefragung bezüglich der deutschen Wiederbewaffnung, die vor allem von Anhängern der KPD initiiert worden war, vgl. dazu *U. Rommelfanger*, Das konsultative Referendum, S. 152 ff.

957 *M. Reimann* (KPD), BT-Sten.Ber. 1/222, S. 9869.

958 *A. Loritz* (fraktionslos), BT-Sten.Ber. 1/222, S. 9918.

959 *H. Ehlers* (CDU), BT-Sten.Ber. 1/242, S. 11466.

960 Neben den hier untersuchten Gesetzentwürfen, die sich – zumindest auch – speziell auf Volksentscheide im Zusammenhang mit europäischen Integrationsakten richteten, wurden von verschiedenen Fraktionen diverse Gesetzentwürfe zur Einführung allgemeiner plebiszitärer Elemente in das Grundgesetz in den Bundestag eingebracht, vgl. z. B. aus den letzten Wahlperioden die Entwürfe der SPD-Fraktion (BT-Drucks. 17/13873) und der Fraktion DIE LINKE (BT-Drucks. 17/1199, 18/825 und 19/16). Bisher war noch keine dieser Gesetzesinitiativen erfolgreich. Wegen der Fokussierung auf die europäischen Integrationsakte werden die allgemein gehaltenen Vorschläge hier nicht näher berücksichtigt.

961 BT-Drucks. 12/3353.

abstimmung über die Teilnahme an der Währungsunion sowie die Ratifizierung der Ergebnisse der Regierungskonferenz zur Überprüfung und Revision des Vertrags über die Europäische Union.[962] Im weiteren Verlauf der europäischen Integration schlugen die FDP-Fraktion im Hinblick auf den Verfassungsvertrag[963] und die Fraktion DIE LINKE anlässlich des Vertrags von Lissabon[964] die Ergänzung des Art. 23 GG um das Erfordernis eines zustimmenden Volksentscheids für die Zustimmung der Bundesrepublik zur Einführung einer europäischen Verfassung bzw. zu Vertragsänderungen im Sinne des Art. 23 Abs. 1 Satz 3 GG vor. Alle genannten Gesetzentwürfe wurden im Ergebnis abgelehnt.[965] Die Fraktion DIE LINKE wiederholte daraufhin ähnliche Entwürfe zur Änderung des Art. 23 GG unabhängig von konkreten Integrationsschritten in den folgenden Wahlperioden, die wiederum erfolglos blieben.[966]

Bemerkenswert an der Diskussion um die Etablierung von Volksentscheiden zu europäischen Verträgen ist zunächst, dass diese zwar vornehmlich von Abgeordneten aus dem linken Spektrum gefordert wurden[967], im Grundsatz aber parteiübergreifend Befürworter fanden[968]. Die Argumente blieben dabei in den untersuchten Debatten über die Jahre im Wesentlichen gleich: Als wichtigster Aspekt

---

[962] BT-Drucks. 13/7307.

[963] BT-Drucks. 15/1112 und 15/2998.

[964] BT-Drucks. 16/7375.

[965] Vgl. BT-Sten.Ber. 12/126, S. 10879; 13/210, S. 19140; 15/72, S. 6185; 15/172, S. 16166 f.; 16/157, S. 16479.

[966] Der in der 17. Wahlperiode eingebrachte Gesetzentwurf (BT-Drucks. 17/11371) wurde am 18. April 2013 erstmals beraten (BT-Sten.Ber. 17/234, S. 29375 ff.) und erledigte sich durch Ablauf der Wahlperiode. In der 18. Wahlperiode wurde der Gesetzentwurf (BT-Drucks. 18/825) am 9. Juni 2016 in zweiter Beratung mit den Stimmen von CDU/CSU- und SPD-Fraktion und gegen die Stimmen der Fraktion Die Linke abgelehnt, die Abgeordneten der Fraktion Bündnis 90/Die Grünen enthielten sich (BT-Sten.Ber. 18/176, S. 17337). Der in der 19. Wahlperiode vorgelegte Gesetzentwurf (BT-Drucks. 19/16) wurde am 14. Juni 2018 erstmals beraten (BT-Sten.Ber. 19/39, S. 3890 ff.) und an die Ausschüsse überwiesen (BT-Sten.Ber. 19/39, S. 3899). Die zweite Beratung hat bisher (Stand: 6. Oktober 2019) noch nicht stattgefunden.

[967] Vgl. *G. Gysi* (PDS/Linke Liste), BT-Sten.Ber. 12/110, S. 9340; *A. Lederer* (PDS/Linke Liste), BT-Sten.Ber. 12/110, S. 9353; *H. Modrow* (PDS/Linke Liste), BT-Sten.Ber. 12/126, S. 10820; *M. Müller* (PDS), BT-Sten.Ber. 13/210, S. 19125; *G. Gysi* (PDS), BT-Sten.Ber. 13/222, S. 20257; *G. Lötzsch* (fraktionslos), BT-Sten.Ber. 15/160, S. 14925 und 15/175, S. 16375; *M. Knoche* (DIE LINKE), BT-Sten.Ber. 16/132, S. 13804; *D. Dehm* (DIE LINKE), BT-Sten. Ber. 16/132, S. 13815; *L. Bisky* (DIE LINKE), BT-Sten.Ber. 16/151, S. 15842 und 16/157, S. 16460.

[968] Vgl. aus den Reihen der CDU/CSU: *G. Müller*, BT-Sten.Ber. 15/175, S. 16371; *P. Gauweiler*, BT-Sten.Ber. 15/175, S. 16382; der SPD: *H. Wieczorek-Zeul*, BT-Sten.Ber. 12/110, S. 9329; *A. Schäfer*, BT-Sten.Ber. 15/160, S. 14922 und 15/175, S. 16382; *M. Roth*, BT-Sten. Ber. 15/175, S. 16370; *S. Gabriel* (SPD), BT-Sten.Ber. 17/188, S. 22706; des BÜNDNIS 90/ DIE GRÜNEN: *G. Poppe*, BT-Sten.Ber. 12/110, S. 9371 und 12/126, S. 10823; *R. Steenblock*, BT-Sten.Ber. 16/151, S. 15843; der FDP: *S. Leutheusser-Schnarrenberger*, BT-Sten.Ber. 15/160, S. 14919 und 15/175, S. 16371; *W. Hoyer*, BT-Sten.Ber. 15/160, S. 14913; *G. Westerwelle*, BT-Sten.Ber. 16/157, S. 16455; zudem der fraktionslose *O. Lowack*, BT-Sten.Ber. 12/126, S. 10861.

eines Volksentscheides wurde die mit ihm einhergehende breite gesellschaftliche Debatte herausgestellt. Diese öffentliche Diskussion könne bewirken, dass dem Volk die europäische Integration näher gebracht, sie „in den Köpfen und Herzen der Menschen verankert"[969] und so die Zustimmung zur EG bzw. EU gestärkt werde.[970] Lediglich der Christdemokrat Schockenhoff äußerte die Befürchtung, dass die öffentliche Debatte polemisiert und politische Rattenfängerei betrieben werden könne.[971] Weiter wurde darauf hingewiesen, dass die Bevölkerung in anderen Mitgliedstaaten ebenfalls abstimmen dürfe und Deutschland dahinter nicht zurückstehen solle.[972] Die Rechte der Bürger seien durch die Verträge weitreichend betroffen, so dass sie mitentscheiden können sollten.[973]

Demgegenüber stellten sich die – wenigen – Gegner auf den Standpunkt, dass sich das Grundgesetz bewusst für die repräsentative Demokratie entschieden habe[974] und der Bundestag sich daher in einer solchen grundlegenden Frage nicht aus der Verantwortung stehlen dürfe[975]. Auch die „Lehren der Weimarer Zeit"[976] wurden in diesem Zusammenhang bemüht. In den Ausschussberatungen sprach sich die CDU/CSU-Fraktion grundsätzlich gegen Referenden aus.[977] Demgegenüber begründeten die SPD- sowie die grüne Fraktion ihre Ablehnung mehrfach damit, dass sie eine generelle Einführung von Volksentscheiden anstrebten und daher punktuelle Regelungen nur im Hinblick auf einzelne Integrationsakte ablehnten.[978] Das wohl letztlich wesentliche Argument, warum im Ergebnis trotz des scheinbar breiten Konsenses bisher noch kein Gesetzentwurf die erforderliche Mehrheit erreichen konnte, dürfte allerdings von dem SPD-Abgeordneten Schäfer benannt worden sein: Das Referendum werde von Gegnern der europäischen

[969] So *A. Schäfer* (SPD), BT-Sten.Ber. 15/160, S. 14922.

[970] *A. Lederer* (PDS/Linke Liste), BT-Sten.Ber. 12/110, S. 9353; *G. Poppe* (BÜNDNIS 90/DIE GRÜNEN), BT-Sten.Ber. 12/110, S. 9371; *M. Müller* (PDS), BT-Sten.Ber. 13/210, S. 19125; *G. Gysi* (PDS), BT-Sten.Ber. 13/222, S. 20257; *W. Hoyer* (FDP), BT-Sten.Ber. 15/160, S. 14913; *S. Leutheusser-Schnarrenberger* (FDP), BT-Sten.Ber. 15/160, S. 14919; *A. Schäfer* (SPD), BT-Sten.Ber. 15/160, S. 14922; *G. Lötzsch* (fraktionslos), BT-Sten.Ber. 15/175, S. 16375; *M. Knoche* (DIE LINKE), BT-Sten.Ber. 16/132, S. 13804; *G. Westerwelle* (FDP), BT-Sten. Ber. 16/157, S. 16455.

[971] *A. Schockenhoff* (CDU/CSU), BT-Sten.Ber. 12/110, S. 9384.

[972] *G. Gysi* (PDS/Linke Liste), BT-Sten.Ber. 12/110, S. 9340; *G. Lötzsch* (fraktionslos), BT-Sten.Ber. 15/160, S. 14925.

[973] *G. Gysi* (PDS/Linke Liste), BT-Sten.Ber. 12/110, S. 9342; *M. Müller* (PDS), BT-Sten. Ber. 13/210, S. 19125.

[974] So *K. Kinkel* (Bundesminister), BT-Sten.Ber. 12/110, S. 9319.

[975] *A. Schockenhoff* (CDU/CSU), BT-Sten.Ber. 12/110, S. 9384.

[976] *C. Schmidt* (CDU/CSU), BT-Sten.Ber. 12/110, S. 9356; ähnlich *T. Dörflinger* (CDU/CSU), BT-Sten.Ber. 17/234, S. 29376. Dagegen *H. Wawzyniak* (DIE LINKE), BT-Sten.Ber. 18/37, S. 3223.

[977] BT-Drucks. 12/3895, S. 45; 15/1897, S. 3; 15/4796, S. 4; 18/7972, S. 5.

[978] So die SPD-Fraktion, BT-Drucks. 12/3895, S. 45; 15/1897, S. 3; 15/4796, S. 4, und die Fraktion BÜNDNIS 90/DIE GRÜNEN, BT-Drucks. 15/4796, S. 4 und 16/8913, S. 4.

Integration gefordert, damit Europa verhindert werde, und gerade nicht um der Volksentscheidung willen.[979]

Zusammenfassend lässt sich feststellen, dass sich unter den politischen Akteuren stets eine große Bereitschaft zeigte, das Volk an der Entscheidung über die Zustimmung zu europäischen Integrationsakten zu beteiligen. Die Überlegungen bewegten sich jedoch überwiegend im Rahmen des geltenden Verfassungsrechts. Die Ablösung des Grundgesetzes durch eine neue Verfassung wurde erst nach den entsprechenden Äußerungen im Lissabon-Urteil in Betracht gezogen, aber bisher noch nicht intensiv diskutiert.

III. Legitimation europäischer Integrationsakte durch Volksentscheid

Die im Bundestag geführte Diskussion über die Einführung von Volksentscheiden über die Zustimmung zu europäischen Integrationsakten ist aus rechtlicher Sicht wenig bedeutsam. Es besteht allgemeiner Konsens, dass das Gesetzgebungsverfahren grundsätzlich um plebiszitäre Elemente ergänzt werden kann.[980] Zu Recht wird dabei weit überwiegend davon ausgegangen, dass bindende Volksentscheidungen nicht durch einfaches Gesetz, sondern nur durch Verfassungsänderung eingeführt werden können.[981] In rechtlicher Hinsicht stehen einer solchen Verfassungsänderung keine durchgreifenden Bedenken entgegen.[982] Ob das Volk an den

---

[979] *A. Schäfer* (SPD), BT-Sten.Ber. 16/151, S. 15855. Ähnlich auch *M. Roth* (SPD), BT-Sten. Ber. 17/234, S. 29376 f., *Ö. Mutlu* (BÜNDNIS 90/DIE GRÜNEN), BT-Sten.Ber. 18/37, S. 3227, sowie die von der Fraktion BÜNDNIS 90/DIE GRÜNEN in den Ausschussberatungen 2008 angeführte Begründung, BT-Drucks. 16/8913, S. 4.

[980] Vgl. speziell im Hinblick auf die Zustimmung zu europäischen Verträgen *A. Decker*, BayVBl. 2011, S. 129 ff. Aus der allgemeinen Literatur vgl. nur *H.-P. Hufschlag*, Einfügung plebiszitärer Komponenten, S. 55 ff.; *J. Kühling*, JuS 2009, S. 777 ff.; *M. Paus/A. Schmidt*, JA 2012, S. 48 ff.

[981] BVerfGE 123, 267 (367); *B. Grzeszick*, in: Maunz/Dürig, GG, Art. 20 II. Rn. 113; *F. E. Schnapp*, in: von Münch/Kunig, GG Bd. 1, Art. 20 Rn. 24; *H. Dreier*, in: Dreier, GG Bd. II, Art. 20 (Demokratie) Rn. 106; *H.-P. Hufschlag*, Einfügung plebiszitärer Komponenten, S. 75 ff.; *T. Herbst*, ZRP 2012, S. 33 (35); *A. Decker*, BayVBl. 2011, S. 129 (131); *J. Kühling*, JuS 2009, S. 777 (778); *D. Grimm*, Der Staat 48 (2009), S. 475 (490); *H. M. Heinig*, ZG 2009, S. 297 (307); *S. Hölscheidt/S. Menzenbach*, DÖV 2009, S. 777 (779); *H.-J. Papier*, EuGRZ 2004, S. 753 (754); *S. Hölscheidt/I. Putz*, DÖV 2003, S. 737 (744); wohl auch *F. C. Mayer*, EuZW 2003, S. 321; *H. Fliegauf*, LKV 1993, S. 181 (183). Gegen einen Verfassungsvorbehalt *M. Elicker*, ZRP 2004, S. 225 ff.; *H. Meyer*, JZ 2012, S. 538 ff.

[982] Insbesondere steht Art. 79 Abs. 3 GG einer Beteiligung des Volkes an der Gesetzgebung nicht grundsätzlich entgegen. Zur Übereinstimmung von Volksentscheiden mit dem Demokratieprinzip vgl. *H.-P. Hufschlag*, Einfügung plebiszitärer Komponenten, S. 116 ff.; *M. Paus/A. Schmidt*, JA 2012, S. 48 (49). Zur Vereinbarkeit mit der von Art. 79 Abs. 3 GG geforderten grundsätzlichen Mitwirkung der Länder bei der Gesetzgebung und den vor diesem Hintergrund möglichen Ausgestaltungen der Regelungen ausführlich *D. Estel*, Bundesstaatsprinzip und direkte Demokratie im Grundgesetz, S. 81 ff., 102 ff.; *H.-P. Hufschlag*, Einfügung plebiszitärer

Entscheidungen über den Fortschritt der europäischen Integration beteiligt werden soll, bleibt damit eine rein politische Frage.

Unstreitig ist jedoch, dass eine auf diese Weise in das Grundgesetz aufgenommene Volksgesetzgebung uneingeschränkt den Bindungen des Art. 79 Abs. 3 GG unterliegen würde[983], weil das Volk insoweit als *pouvoir constitué* tätig würde[984]. Auch durch einen Volksentscheid können daher Überschreitungen der Integrationsgrenzen nicht legitimiert werden.[985]

Für die europäische Integration könnte daher künftig der Möglichkeit der Verfassungsablösung gemäß Art. 146 GG wesentlich größere Bedeutung zukommen. Die Schlussbestimmung des Grundgesetzes regelt das Außerkrafttreten des Grundgesetzes für den Fall, dass das deutsche Volk in freier Entscheidung eine neue Verfassung beschließt.[986] Auf den ersten Blick scheint damit eine Selbstverständlichkeit geregelt zu sein, denn die Ausübung der verfassungsgebenden Gewalt des Volkes kann rechtlich ohnehin nicht verhindert werden. Diesbezüglich ist jedoch daran zu erinnern, dass eine Abschaffung des Grundgesetzes, selbst wenn sie durch Aktivierung des *pouvoir constituant* geschehen würde, sich wegen Art. 79 Abs. 3 GG stets als Revolution darstellen würde und als solche verhindert werden müsste, wie unter anderem das Widerstandsrecht des Art. 20 Abs. 4 GG zeigt.[987] An einem solchen verfassungswidrigen Akt dürften sich die Organe der Bundesrepublik in keiner Weise beteiligen, sondern müssten versuchen, ihn zu unterbinden. Art. 146 GG würde, seine Anwendbarkeit vorausgesetzt, seine Wirkung daher insbesondere im Vorhinein der Volksentscheidung entfalten und einen verfassungslegalen Weg ermöglichen, die Ablösung des Grundgesetzes vorzubereiten[988] und damit den Weg für eine vertiefte europäische Integration freizumachen.

Komponenten, S. 119 ff.; *J. Kühling*, JuS 2009, S. 777 (778 ff.); *M. Paus/A. Schmidt*, JA 2012, S. 48 (49 f.); *A. Decker*, BayVBl. 2011, S. 129 (131 f.).

983 BVerfGE 89, 155 (180).

984 *O. Sauer*, BayVBl. 2008, S. 581 (582).

985 *H.-J. Papier*, in: FS Merten, S. 11 (17).

986 An dieser Stelle sei angemerkt, dass die Verfassungsablösung gemäß Art. 146 GG nach h. M. nicht zwingend einen Volksentscheid über die neue Verfassung erfordert, sondern die erforderliche Entscheidung des Volkes auch auf anderem Wege getroffen werden kann, z. B. durch Wahlen zu einer verfassungsgebenden Versammlung, vgl. *M. Herdegen*, in: Maunz/Dürig, GG, Art. 146 Rn. 38; *P. Unruh*, in: von Mangoldt/Klein/Starck, GG Bd. 3, Art. 146 Rn. 26; *C. Hillgruber*, in: Epping/Hillgruber, BeckOK GG, Art. 146 Rn. 5; *H. Moelle*, Der Verfassungsbeschluß nach Artikel 146 Grundgesetz, S. 197 f.; *P. Cramer*, Artikel 146 Grundgesetz, S. 259; *V. M. Haug*, AöR 138 (2013), S. 435 (460); *T. Schilling*, Der Staat 53 (2014), S. 95 (112); a. A. *P. M. Huber*, in: Sachs, GG, Art. 146 Rn. 16a.

987 Vgl. *M. Herdegen*, in: Maunz/Dürig, GG, Art. 146 Rn. 23; *H. Dreier*, in: Dreier, GG Bd. III, Art. 146 Rn. 22; *P. M. Huber*, in: Sachs, GG, Art. 146 Rn. 9; *D. Zacharias*, in: Thiel, Wehrhafte Demokratie, S. 57 (61 f.).

988 *T. Schilling*, Der Staat 53 (2014), S. 95 (102 ff.); *H. H. Klein*, in: FS Merten, S. 97 (98); *M. Herdegen*, in: Maunz/Dürig, GG, Art. 146 Rn. 23; *P. Unruh*, in: von Mangoldt/Klein/Starck, GG Bd. 3, Art. 146 Rn. 8; *H. Dreier*, in: Dreier, GG Bd. III, Art. 146 Rn. 21; *H. Moelle*, Der Verfassungsbeschluß nach Artikel 146 Grundgesetz, S. 70.

Die Frage, ob und gegebenenfalls inwieweit Art. 146 GG tatsächlich im Rahmen der europäischen Integration fruchtbar gemacht werden kann, ist jedoch nicht ohne Weiteres zu beantworten. Die ursprüngliche Fassung der Norm wurde 1990 im Zusammenhang mit der deutschen Wiedervereinigung geändert. Nach Art. 146 GG a. F. verlor dieses Grundgesetz „seine Gültigkeit an dem Tage, an dem eine Verfassung in Kraft tritt, die von dem deutschen Volke in freier Entscheidung beschlossen worden ist.“[989] Die Neufassung ergänzte, dass das Grundgesetz „nach Vollendung der Einheit und Freiheit Deutschlands für das gesamte deutsche Volk gilt“. Die Reichweite dieser neuen Fassung ist bis heute stark umstritten.

1. Der Meinungsstand zur Anwendbarkeit des Art. 146 GG

Im Wesentlichen stehen sich zwei Grundauffassungen gegenüber. Die – wohl in den 1990er-Jahren herrschende[990] – sogenannte Novationstheorie[991] geht davon aus, dass Art. 146 GG a. F. in Folge der Wiedervereinigung obsolet geworden ist, so dass die Neufassung eine Neuschöpfung des verfassungsändernden Gesetzgebers darstelle.[992] Wegen dessen Bindung an Art. 79 Abs. 3 GG dürfe ein Volksbeschluss nach Art. 146 GG n. F. diese Grenze ebenfalls nicht überschreiten.[993] Bezogen auf die europäische Integration könnte der Volksentscheid nach Art. 146 GG n. F. folglich nur solche Primärrechtsänderungen legitimieren, die ohnehin mit dem Grundgesetz vereinbar wären und daher auch vom verfassungsändernden Gesetzgeber beschlossen werden dürften. Ein Mehrwert wäre nur noch insoweit gegeben, als Art. 146 GG n. F. eine verfassungsrechtliche Grundlage für eine Volksabstimmung zur integrationsbedingten Grundgesetzänderung bieten könnte.

Selbst dieser Aspekt würde von den Anhängern der These verwehrt, Art. 146 GG n. F. stelle verfassungswidriges Verfassungsrecht dar.[994] Im Gegensatz zu den Vertretern der Novationstheorie halten sie eine verfassungskonforme Auslegung der Norm nicht mehr für möglich. Als der verfassungsändernde Gesetzgeber Art. 146 GG neu geschaffen und dabei eine Befreiung von Art. 79 Abs. 3 GG erteilt

---

[989] BGBl. 1949, S. 1 (19).

[990] *P. Unruh*, in: von Mangoldt/Klein/Starck, GG Bd. 3, Art. 146 Rn. 10.

[991] Die Bezeichnung dieser Auffassung ist uneinheitlich. *P. Unruh*, in: von Mangoldt/Klein/Starck, GG Bd. 3, Art. 146 Rn. 6, nennt sie „Konsumtionstheorie“. Die hier gewählte Bezeichnung Novationstheorie entstammt der Kommentierung von *M. Herdegen*, in: Maunz/Dürig, GG, Art. 146 Rn. 35 („Novationsthese“). Sie verdeutlicht aus Sicht der Verfasserin am besten den Kern der Theorie, dass Art. 146 GG n. F. eine Novation darstellt.

[992] *J. Isensee*, Braucht Deutschland eine neue Verfassung?, S. 54; *ders.*, in: HdStR Bd. XII, § 258 Rn. 72; *M. Kirn*, in: von Münch/Kunig, GG Bd. 2, Art. 146 Rn. 4 f.; *H.-P. Hufschlag*, Einfügung plebiszitärer Komponenten, S. 67; *M. Heckel*, in: HdStR Bd. VIII (1. Aufl.), § 197 Rn. 44, 98.

[993] *J. Isensee*, in: HdStR Bd. XII, § 258 Rn. 72.

[994] So *C. Hillgruber*, in: Epping/Hillgruber, BeckOK GG, Art. 146 Rn. 8.1; *G. Roellecke*, NJW 1991, S. 2441 (2444); *B. Kempen*, NJW 1991, S. 964 (966 f.); *H. Huba*, Der Staat 30 (1991), S. 367 (373 f.).

habe, habe er außerhalb seiner Kompetenzen gehandelt.[995] Der *pouvoir constitué* sei durch das Grundgesetz nicht ermächtigt, über den zeitlichen Geltungswillen der Verfassung zu entscheiden.[996]

Gegen diese Auffassungen wendet sich die sogenannte Kontinuitätstheorie[997], die insbesondere durch Veröffentlichungen seit Mitte der 1990er-Jahre erheblichen Zulauf erhalten hat[998]. Ihr zufolge hatte Art. 146 GG a. F. einen über die Wiedervereinigung hinausreichenden Zweck, nämlich die legale Verfassungsneugebung, der sich bis heute noch nicht erledigt hat.[999] Die Neufassung bestätige insoweit die alte Fassung und führe somit die Befreiung von Art. 79 Abs. 3 GG fort.[1000] In der Konsequenz würde Art. 146 GG n. F. demnach einen Weg eröffnen, eine europäische Integration jenseits der Grenzen der Ewigkeitsgarantie zu ermöglichen.

Daneben wird vereinzelt vertreten, dass Art. 146 GG n. F. lediglich ein rechtlich unbedeutender, deklaratorischer Hinweis auf die unbeschränkbare verfassungsgebende Gewalt des Volkes sei.[1001] Dieser Auffassung kann bereits an dieser Stelle entgegengehalten werden, dass Art. 146 GG zu keiner Zeit bloß die unzweifelhafte Folge einer Betätigung der verfassungsgebenden Gewalt beschrieben hat, die zu einem Außerkrafttreten des Grundgesetzes führen würde. Würde man Art. 146 GG auf diese Funktion reduzieren, wäre seine rechtliche Bedeutung in der Tat frag-

---

[995] *B. Kempen*, NJW 1991, S. 964 (966 f.); *C. Hillgruber*, in: Epping/Hillgruber, BeckOK GG, Art. 146 Rn. 8.1.

[996] *B. Kempen*, NJW 1991, S. 964 (967).

[997] Vgl. zum Begriff *P. Unruh*, in: von Mangoldt/Klein/Starck, GG Bd. 3, Art. 146 Rn. 6 („Kontinuitätsthese"). *M. Herdegen*, in: Maunz/Dürig, GG, Art. 146 Rn. 32, sowie *M. Kirn*, in: von Münch/Kunig, GG Bd. 2, Art. 146 Rn. 8, bezeichnen sie als „Perpetuierungstheorie".

[998] *H. Dreier*, Gilt das Grundgesetz ewig?, S. 85 f. konstatiert, dass aus der jüngeren monographischen Literatur keine „von mehreren gründlichen und soliden Arbeiten, so unterschiedlich sie sonst nach Herkunft und Konzeption" sein mögen, noch die Auffassung vom Obsoletwerden des Art. 146 GG durch die Wiedervereinigung teile, und verweist insoweit auf die Arbeiten von *K. Merkel*, Die verfassungsgebende Gewalt des Volkes; *H. Moelle*, Der Verfassungsbeschluß nach Artikel 146 Grundgesetz, *B. Stückrath*, Art. 146 GG, *S. Blasche*, Die grundsätzliche Mitwirkung der Länder bei der Gesetzgebung, sowie *F. Scriba*, „Legale Revolution"?. Diese Aufzählung lässt sich erweitern um *H. Möller*, Verfassungsgebende Gewalt, S. 104, und *P. Cramer*, Artikel 146 Grundgesetz, S. 203.

[999] *P. Unruh*, in: von Mangoldt/Klein/Starck, GG Bd. 3, Art. 146 Rn. 7, 15; *M. G. Fischer*, MDR 1994, S. 440 (441); *H. Dreier*, Gilt das Grundgesetz ewig?, S. 85; *ders.*, in: Dreier, GG Bd. III, Art. 146 Rn. 27; *H. Moelle*, Der Verfassungsbeschluß nach Artikel 146 Grundgesetz, S. 193 f.; *H. Möller*, Verfassungsgebende Gewalt, S. 221; *P. Cramer*, Artikel 146 Grundgesetz, S. 207 f.; *M. Tischendorf*, Integrationsverantwortung, S. 320; *M. Sachs*, JuS 1991, S. 985 (990); *S. Blasche*, VR 2010, S. 377 (382). Ähnlich *J. Wolf*, JZ 1993, S. 594 (600).

[1000] *P. Unruh*, in: von Mangoldt/Klein/Starck, GG Bd. 3, Art. 146 Rn. 15; *H. Möller*, Verfassungsgebende Gewalt, S. 222; *F. Scriba*, „Legale Revolution"?, S. 325 f.

[1001] *T. Herbst*, ZRP 2012, S. 33 (35); *ders.*, in: Kadelbach, Europäische Verfassung und direkte Demokratie, S. 81 (83); *P. Lerche*, in: HdStR Bd. VIII (1. Aufl.), § 194 Rn. 64; *R. Scholz*, ZG 1994, S. 1 (4); wohl auch *R. Zippelius*, NJW 1991, S. 23 (23); *S. Korioth*, Staatsrecht I, Rn. 63.

würdig. Wie bereits dargelegt[1002], besteht diese aber gerade darin, die Verfassungsablösung auf legalem Wege zu ermöglichen und ihr den revolutionären Charakter zu nehmen, so dass sich die verfassungsgebende Gewalt tatsächlich frei entfalten und durch die Organe der Bundesrepublik Deutschland hierbei unterstützt werden kann. Dies ist gerade keine Selbstverständlichkeit.[1003] Der Norm kommt vielmehr eine eigenständige rechtliche Bedeutung zu.

2. Art. 146 GG a. F. als Weg zu einer neuen Verfassung

Die verbleibenden Hauptauffassungen nehmen ihren Ausgangspunkt in der ursprünglichen Fassung des Art. 146 GG a. F. Danach verlor dieses Grundgesetz „seine Gültigkeit an dem Tage, an dem eine Verfassung in Kraft tritt, die von dem deutschen Volke in freier Entscheidung beschlossen worden ist"[1004]. Kern der wissenschaftlichen Kontroverse ist die zeitliche Komponente dieses Rechts zur Verfassungsablösung. Die Auffassung, auf die sich die Vertreter der heutigen Novationstheorie berufen, geht davon aus, dass Art. 146 GG a. F. nur im Zusammenhang mit der Wiederherstellung der deutschen Einheit Anwendung finden sollte.[1005] Die Gegenansicht[1006] erkennt ebenfalls die Funktion des Art. 146 GG a. F. an, eine Möglichkeit zur Wiederherstellung der Einheit bereitzustellen, sieht daneben als weitere eigenständige Funktion allerdings die legale Verfassungsneugebung.

Festzuhalten ist zunächst, dass der Wortlaut des Art. 146 GG a. F. nicht darauf hindeutet, dass dieser nur im Zusammenhang mit der Wiedervereinigung Anwendung finden konnte.[1007] Die Formulierung war sehr weit und ermöglichte damit grundsätzlich zu jedem Zeitpunkt eine Verfassungsablösung. Allenfalls ließe sich die Bezugnahme auf das „deutsche Volk" so auslegen, dass nur das gesamte Volk

---

[1002] S. o. 4. Teil E. III.

[1003] Vgl. *P. Unruh*, in: von Mangoldt/Klein/Starck, GG Bd. 3, Art. 146 Rn. 19; *M. G. Fischer*, MDR 1994, S. 440 (441).

[1004] BGBl. 1949, S. 1 (19).

[1005] Dieser Zusammenhang wird z. T. eng verstanden, so dass Art. 146 GG a. F. nur auf die tatsächliche Wiederherstellung der deutschen Einheit gerichtet und nach erfolgreicher Wiedervereinigung nicht mehr anwendbar sein sollte, vgl. *J. Isensee*, Braucht Deutschland eine neue Verfassung?, S. 31, 33; *M. Heckel*, in: HdStR Bd. VIII (1. Aufl.), § 197 Rn. 44; *G. Roellecke*, NJW 1991, S. 2441 (2444). Nach einem weiteren Verständnis sollte lediglich ein – nicht konkret bestimmter – zeitlicher Kontext zur Wiedervereinigung erforderlich sein, innerhalb dessen eine neue Verfassung im Wege des Art. 146 GG a. F. auch noch nach erfolgter Wiedervereinigung erlassen werden konnte, vgl. *M. Herdegen*, in: Maunz/Dürig, GG, Art. 146 Rn. 33; *T. Herbst*, ZRP 2012, S. 33 (35).

[1006] *P. Unruh*, in: von Mangoldt/Klein/Starck, GG Bd. 3, Art. 146 Rn. 7; *M. G. Fischer*, MDR 1994, S. 440 (441); *H. Dreier*, in: Dreier, GG Bd. III, Art. 146 Rn. 27; *B. Stückrath*, Art. 146 GG, S. 180 ff.; *M. Sachs*, JuS 1991, S. 985 (990).

[1007] *H. Möller*, Verfassungsgebende Gewalt, S. 80 f.; *P. Unruh*, in: von Mangoldt/Klein/Starck, GG Bd. 3, Art. 146 Rn. 11; *H. Moelle*, Der Verfassungsbeschluß nach Artikel 146 Grundgesetz, S. 150 f.; *H. Dreier*, in: Dreier, GG Bd. III, Art. 146 Rn. 31; *V. M. Haug*, AöR 138 (2013), S. 435 (443); *S. Blasche*, VR 2010, S. 377 (381).

eine neue Verfassung beschließen konnte, eine Wiedervereinigung also zumindest faktisch im Raum stehen oder bereits vollzogen sein musste.[1008] Eine maximale Zeitspanne zwischen Wiedervereinigung und Beschluss lässt sich daraus aber nicht schließen.

Der Vergleich mit Art. 23 GG a. F., der Regelung über den Beitritt zur Bundesrepublik als Weg zur Wiedervereinigung, gibt für ein Alternativverhältnis ebenfalls nichts her.[1009] Der Anwendungsbereich beider Normen war noch nicht einmal identisch. Art. 23 GG a. F. regelte den räumlichen Geltungsbereich des Grundgesetzes, während Art. 146 GG a. F. die zeitliche Komponente betraf.[1010] Folgerichtig führte ein Beitritt nach Art. 23 GG a. F. durch die Erstreckung des räumlichen Anwendungsbereichs des Grundgesetzes im Ergebnis dazu, dass auch in den neu beigetretenen Ländern Art. 146 GG galt[1011], was ebenfalls für einen über die Wiedervereinigung hinausgehenden Anwendungsbereich spricht. Hätte der Verfassungsgeber tatsächlich eine alternative Geltung beabsichtigt, wäre hingegen eine gemeinsame Regelung im Sinne einer „oder"-Verknüpfung sinnvoll gewesen.

Die Entstehungsgeschichte liefert weitere wichtige Anhaltspunkte für die Auslegung der Norm. Wie Hauke Möller ausführlich aufgearbeitet und belegt hat, beabsichtigte der Parlamentarische Rat, mit der Regelung des Art. 146 GG a. F. die Vorläufigkeit des Grundgesetzes zu unterstreichen.[1012] Es liegt zwar nahe, dass die Mitglieder des Parlamentarischen Rates vor allem eine Beendigung des „Provisoriums" Grundgesetz im Zuge der Wiedervereinigung vor Augen hatten.[1013] Zu Recht wird allerdings auf unwidersprochen gebliebene Äußerungen Carlo Schmids hingewiesen[1014], der betonte, dass „auch der Beitritt aller deutschen Gebiete […] dieses Grundgesetz nicht zu einer gesamtdeutschen Verfassung machen"[1015] könne und die „neue, die echte Verfassung" nicht durch Änderung des Grundgesetzes, sondern „originär" entstehen werde[1016]. Diese Aussagen verdeutlichen, dass der Beitritt nach Art. 23 GG und die Verfassungsgebung nach Art. 146 GG a. F. zueinander nicht in

[1008] So *H. Moelle*, Der Verfassungsbeschluß nach Artikel 146 Grundgesetz, S. 55 f.

[1009] *H. Möller*, Verfassungsgebende Gewalt, S. 81 ff. m. w. N.; *P. Unruh*, in: von Mangoldt/Klein/Starck, GG Bd. 3, Art. 146 Rn. 11.

[1010] *H. Moelle*, Der Verfassungsbeschluß nach Artikel 146 Grundgesetz, S. 152; *H. Dreier*, in: Dreier, GG Bd. III, Art. 146 Rn. 31; *P. Cramer*, Artikel 146 Grundgesetz, S. 208.

[1011] *P. Unruh*, in: von Mangoldt/Klein/Starck, GG Bd. 3, Art. 146 Rn. 11; *H. Moelle*, Der Verfassungsbeschluß nach Artikel 146 Grundgesetz, S. 151 f.

[1012] Vgl. ausführlich *H. Möller*, Verfassungsgebende Gewalt, S. 90 ff. mit zahlreichen Nachweisen.

[1013] Vgl. *H. Möller*, Verfassungsgebende Gewalt, S. 96.

[1014] *H. Möller*, Verfassungsgebende Gewalt, S. 95 f.; *P. Unruh*, in: von Mangoldt/Klein/Starck, GG Bd. 3, Art. 146 Rn. 4, 12; *H. Dreier*, Gilt das Grundgesetz ewig?, S. 86 f.; *ders.*, in: Dreier, GG Bd. III, Art. 146 Rn. 7; *H. Moelle*, Der Verfassungsbeschluß nach Artikel 146 Grundgesetz, S. 162; *K. Merkel*, Die verfassungsgebende Gewalt des Volkes, S. 45.

[1015] *C. Schmid* (SPD), Protokoll der 9. Sitzung des Plenums vom 6. Mai 1949, in: Deutscher Bundestag/Bundesarchiv, Parlamentarischer Rat – Akten und Protokolle Bd. 9, S. 438.

[1016] *C. Schmid* (SPD), Protokoll der 9. Sitzung des Plenums vom 6. Mai 1949, in: Deutscher Bundestag/Bundesarchiv, Parlamentarischer Rat – Akten und Protokolle Bd. 9, S. 444.

einem Alternativverhältnis stehen sollten.[1017] Selbst wenn Deutschland wiedervereinigt sein und das Grundgesetz in allen Teilen Deutschlands gelten sollte, würde es seinen vorläufigen Charakter nicht verlieren. Hierzu schien eine freie Verfassungsneugebung, wie sie Art. 146 GG a. F. ermöglichte, unausweichlich. Schließlich ging das Legitimationsdefizit[1018] des Grundgesetzes nicht nur auf die deutsche Teilung, sondern auch auf die Beschränkungen bei der Verfassungsgebung durch die Vorgaben der Besatzungsmächte zurück.[1019] Die Entstehungsgeschichte bestätigt daher, dass Art. 146 GG a.F. nicht nur einen Weg zur Wiedervereinigung, sondern ebenso einen Weg zu einer neuen, durch das gesamte deutsche Volk legitimierten Verfassung bereiten sollte.[1020]

Demgegenüber überzeugt es nicht, wenn Schmids Äußerungen angesichts der damaligen mangelnden äußeren Souveränität so verstanden werden, dass eine freie Entscheidung des Volkes nicht nur in einer Volksabstimmung, sondern auch in der wiederkehrenden Zustimmung, geäußert durch die Teilnahme an Wahlen, und einem Beitritt nach Art. 23 GG a. F. bestehen konnte.[1021] Eine solche Interpretation stünde im Widerspruch dazu, dass Schmid gerade eine „originäre" Verfassung wollte, bei deren Fassung „die Freiheit des Gestaltungswillens unseres Volkes" durch keine Regelung des Grundgesetzes beschränkt werde[1022]. Es sollte also nicht lediglich das Grundgesetz als nunmehr endgültige Verfassung bestätigt werden, sondern der Weg für eine neue Verfassung frei gemacht werden, die – sofern dies dem Willen des wiedervereinigten Volkes entsprechen sollte – auch erheblich vom Inhalt des Grundgesetzes abweichen konnte.

Im Übrigen hat sich das als vorläufig gedachte Grundgesetz zwar tatsächlich inzwischen „bewährt" und blickt auf eine mittlerweile siebzigjährige Geschichte zurück; davon gilt es bereits seit 29 Jahren im wiedervereinigten gesamten Deutschland. Es wird vertreten, dass das Legitimationsdefizit daher durch ein sogenanntes *„plébiscite de tous le jours"* beseitigt worden sei.[1023] Das mangelnde Aufbegehren des Volkes gegen das Grundgesetz mag zwar tatsächlich für seine breite Akzeptanz sprechen. Selbst wenn man daraus eine Zustimmung des Volkes konstruieren

---

[1017] *H. Moelle*, Der Verfassungsbeschluß nach Artikel 146 Grundgesetz, S. 162; *H. Möller*, Verfassungsgebende Gewalt, S. 96.

[1018] Kritisch zur sogenannten „Geburtsmakeltheorie" *J. Isensee*, in: HdStR Bd. XII, § 258 Rn. 35 ff.

[1019] *S. Blasche*, VR 2010, S. 377 (380, 381 f.); *V. M. Haug*, AöR 138 (2013), S. 435 (443).

[1020] *H. Möller*, Verfassungsgebende Gewalt, S. 99; *H. Moelle*, Der Verfassungsbeschluß nach Artikel 146 Grundgesetz, S. 164; *H. Dreier*, in: Dreier, GG Bd. III, Art. 146 Rn. 9; *P. Cramer*, Artikel 146 Grundgesetz, S. 208.

[1021] So *M. Herdegen*, in: Maunz/Dürig, GG, Art. 146 Rn. 18.

[1022] Vgl. *C. Schmid* (SPD), Protokoll der 9. Sitzung des Plenums vom 6. Mai 1949, in: Deutscher Bundestag/Bundesarchiv, Parlamentarischer Rat – Akten und Protokolle Bd. 9, S. 444.

[1023] So *P. Kirchhof*, Brauchen wir ein erneuertes Grundgesetz?, S. 17 f.; *J. Isensee*, Braucht Deutschland eine neue Verfassung?, S. 39; *ders.*, in: HdStR Bd. XII, § 258 Rn. 41; *M. Kirn*, in: von Münch/Kunig, GG Bd. 2, Art. 146 Rn. 5, 6; wohl auch *M. Heckel*, in: Heckel, Die innere Einheit Deutschlands, S. 13 (29, 32); *C. Starck*, Verfassungen, S. 47 f.

wollte, könnte sich diese aber ohnehin nur auf das Grundgesetz in seiner jeweiligen Fassung richten. Sie würde sich folglich auch auf Art. 146 GG und damit den Vorbehalt der Ablösung durch eine neue Verfassung erstrecken, so dass eine Akzeptanz des Grundgesetzes als endgültige Verfassung nicht begründet werden kann.[1024] Damit das Grundgesetz als neue Verfassung i. S. d. Art. 146 GG zu verstehen wäre, müsste zudem, sowohl nach der alten als auch nach der neuen Fassung, eine freie Entscheidung des Volkes vorliegen. Vorausgesetzt wird eine Freiheit von äußeren und inneren Zwängen.[1025] Von einer solchen kann bei der alltäglichen Anwendung grundgesetzlicher Regelungen nicht die Rede sein: Wollte sich der Bürger – wie es eine freie Entscheidung zulassen würde – gegen die Geltung des Grundgesetzes entscheiden, müsste er sich zunächst den Konsequenzen stellen, die unter anderem in der Ausübung des Widerstandsrechts des Art. 20 Abs. 4 GG bestehen könnten.[1026] Damit läge ein erheblicher äußerer Zwang vor, der die Entscheidung vieler Menschen hin zu einer Akzeptanz des Grundgesetzes beeinflussen dürfte. Gleichzeitig ist zu bezweifeln, dass sich das Volk seiner Möglichkeiten hinsichtlich einer neuen Verfassungsgebung bewusst war bzw. ist, so dass die vermeintliche Akzeptanz, die tatsächlich vielmehr in einem Schweigen des Volkes besteht, schwerlich als eine bewusste Entscheidung für die Geltung des Grundgesetzes gedeutet werden kann.[1027]

Im Ergebnis kann daher die Theorie, Art. 146 GG a. F. habe nur im Zusammenhang mit der Wiedervereinigung Anwendung finden sollen, keine überzeugenden Argumente für sich in Anspruch nehmen. Mehrere auslegungsrelevante Aspekte belegen, dass die Wiedervereinigung und die Schaffung einer neuen, gesamtdeutschen Verfassung, die das vorläufige Grundgesetz ablösen sollte, zwei eigenständige, voneinander unabhängige Anwendungsbereiche des Art. 146 GG a. F. waren.

3. Das Verhältnis von Art. 146 GG n. F. zu Art. 79 Abs. 3 GG

Dieses Auslegungsergebnis hat entscheidende Bedeutung für die Reichweite des im Zuge der Wiedervereinigung durch den Einigungsvertrag 1990 neu gefassten heutigen Art. 146 GG. Tatsächlich beschränkte sich die Neufassung textlich auf eine geringfügige Änderung: Dem betroffenen Grundgesetz wurde das Attribut hinzugefügt, dass es „nach Vollendung der Einheit und Freiheit Deutschlands für das gesamte deutsche Volk gilt".

[1024] *K. Merkel*, Die verfassungsgebende Gewalt des Volkes, S. 57; *H. Moelle*, Der Verfassungsbeschluß nach Artikel 146 Grundgesetz, S. 180 f.; *H. Möller*, Verfassungsgebende Gewalt, S. 102; *B. Stückrath*, Art. 146 GG, S. 92 f.

[1025] BVerfGE 5, 85 (131); *P. Unruh*, in: von Mangoldt/Klein/Starck, GG Bd. 3, Art. 146 Rn. 29; *H. D. Jarass*, in: Jarass/Pieroth, GG, Art. 146 Rn. 3.

[1026] Vgl. *H. Moelle*, Der Verfassungsbeschluß nach Artikel 146 Grundgesetz, S. 175 f.

[1027] Vgl. auch *H. Moelle*, Der Verfassungsbeschluß nach Artikel 146 Grundgesetz, S. 184; *H. Möller*, Verfassungsgebende Gewalt, S. 101 f.

Jedenfalls in Bezug auf Art. 146 GG a. F. bestand und besteht weitgehende Einigkeit, dass die Norm eine unbeschränkte Entscheidung des Volkes über seine neue Verfassung ermöglichen sollte, die sich auch über die Grenzen des Art. 79 Abs. 3 GG hinwegsetzen durfte.[1028] Josef Isensee weist zu Recht darauf hin, dass die Ewigkeitsgarantie bereits tatbestandlich nicht einschlägig war, da Art. 146 GG a. F. die Ablösung des Grundgesetzes durch eine neue, vom *pouvoir constituant* geschaffene Verfassung betraf, während Art. 79 Abs. 3 GG der Verfassungsänderung durch die *pouvoir constitués* Grenzen setzt.[1029] Dafür spricht bereits der Wortlaut des Art. 79 Abs. 3 GG, denn die Verfassungsneugebung ist keine „Änderung" des Grundgesetzes.[1030]

Nach der Auffassung, die Art. 146 GG a. F. nur im Zusammenhang mit der Wiedervereinigung anwenden wollte, kann der Neufassung diese Bedeutung nicht mehr zugemessen werden. Schließlich war der verfassungsändernde Gesetzgeber 1990 unstreitig an die Schranken des Art. 79 Abs. 3 GG gebunden und konnte folglich eine Regelung, die von diesen Beschränkungen befreit, nicht ausdehnen.[1031] Soweit die Neufassung über die Wiedervereinigung hinaus Verfassungsänderungen zulasse, müssten sich diese deshalb der Novationstheorie zufolge im Rahmen des Art. 79 Abs. 3 GG halten.[1032] Hielte man diese verfassungskonforme Auslegung für unzulässig, gelangte man zur Verfassungswidrigkeit der Norm.[1033]

Eine Variante der Novationstheorie vertritt Oliver Sauer. Für ihn stellt Art. 146 GG zwar ebenfalls lediglich einen Weg zur Verfassungsänderung in den Grenzen des Art. 79 Abs. 3 GG dar. Von dieser Schranke sei aber in Fragen der europäischen

---

[1028] Vgl. *M. Herdegen*, in: Maunz/Dürig, GG, Art. 146 Rn. 29; *C. Hillgruber*, in: Epping/Hillgruber, BeckOK GG, Art. 146 Rn. 1.2; *P. M. Huber*, in: Sachs, GG, Art. 146 Rn. 2; *H. Moelle*, Der Verfassungsbeschluß nach Artikel 146 Grundgesetz, S. 61; *J. Isensee*, Braucht Deutschland eine neue Verfassung?, S. 17; *K. Stern*, Staatsrecht I, S. 176.
Teilweise wurden allerdings inhaltliche Vorgaben außerhalb des Art. 79 Abs. 3 GG konstruiert. So wollte *J. Isensee* (Braucht Deutschland eine neue Verfassung?, S. 25 f.) die Verfassungsablösung an den „ordre public der gemeineuropäischen Verfassungstradition" binden, so dass „ein Kern des Kerns" unangetastet bleiben müsse, der freilich „juristisch schwer zu bestimmen" sei. *H. Moelle* (Der Verfassungsbeschluß nach Artikel 146 Grundgesetz, S. 65 ff.) ging von einer Bindung an Völkerrecht sowie die von der Bundesrepublik abgeschlossenen völkerrechtlichen Verträge aus; in Bezug auf Art. 146 GG n. F. ähnlich *J. Ipsen*, Staatsrecht I, Rn. 38; *V. M. Haug*, AöR 138 (2013), S. 435 (450). Inwieweit diese Einschränkungen zutreffen, ist für die hier zu beantwortende Frage, ob Art. 146 GG im Rahmen der europäischen Integration fruchtbar gemacht werden kann, allenfalls von geringer Relevanz und kann daher dahingestellt bleiben.

[1029] *J. Isensee*, Braucht Deutschland eine neue Verfassung?, S. 17.

[1030] *T. Schilling*, Der Staat 53 (2014), S. 95 (108).

[1031] *T. Herbst*, ZRP 2012, S. 33 (35); *M. Heckel*, in: Heckel, Die innere Einheit Deutschlands, S. 13 (28).

[1032] Vgl. *M. Kirn*, in: von Münch/Kunig, GG Bd. 2, Art. 146 Rn. 7; *J. Isensee*, Braucht Deutschland eine neue Verfassung?, S. 56; *H.-P. Hufschlag*, Einfügung plebiszitärer Komponenten, S. 68.

[1033] So *C. Hillgruber*, in: Epping/Hillgruber, BeckOK GG, Art. 146 Rn. 8.1; *G. Roellecke*, NJW 1991, S. 2441 (2444); *B. Kempen*, NJW 1991, S. 964 (966 f.); *H. Huba*, Der Staat 30 (1991), S. 367 (373 f.).

Einigung eine Ausnahme zu machen, da diese wegen des Bekenntnisses der Präambel zum vereinten Europa nicht als verfassungsfeindlich betrachtet werden dürfe.[1034] Wenngleich dieses Ergebnis im Sinne der europäischen Integration zu begrüßen wäre, lässt es eine dogmatische Herleitung jedoch vermissen. Für Sauers Auslegung finden sich keine Anhaltspunkte im Wortlaut oder der Entstehungsgeschichte der Norm. Es ist nicht ersichtlich, warum zu Integrationszwecken eine Verfassungsablösung, zu anderen Zwecken aber lediglich eine Verfassungsänderung möglich sein sollte. Die Präambelbestimmung findet insoweit keinen Anknüpfungspunkt im Wortlaut. Die konsequente Folgerung aus der Annahme, dass europäische Föderalisten keine Verfassungsfeinde sein können[1035], die europäische Integration also verfassungsmäßig sein *muss*, wäre vielmehr, dass Art. 79 Abs. 3 GG entsprechend integrationsoffen auszulegen wäre.[1036] Zu diesem Ergebnis konnte Sauer sich aber offensichtlich nicht durchringen. Seine Auslegung überzeugt daher nicht.

Im Übrigen trifft, wie soeben dargelegt, bereits die Grundannahme der beschriebenen Auffassungen nicht zu. Eine zwingende zeitliche Verknüpfung von Wiedervereinigung und Verfassungsablösung lässt sich auch nicht aus Art. 5, 4. Spiegelstrich des Einigungsvertrages herleiten.[1037] Die Vorschrift besagt lediglich, dass die gesetzgebenden Körperschaften sich innerhalb von zwei Jahren mit der Frage der Anwendung des Art. 146 GG und einer entsprechenden Volksabstimmung beschäftigen sollen. Sie ist ausdrücklich als Empfehlung der Regierungen formuliert und weist nur auf eine in näherer Zukunft womöglich beabsichtigte Anwendung des Art. 146 GG n. F. hin, nicht aber auf eine Ausschlussfrist.[1038]

Wenn nunmehr davon auszugehen ist, dass Art. 146 GG a. F. auch noch nach der Wiedervereinigung eine legale Verfassungsneugebung ermöglichen wollte, stellt sich dennoch die Frage, ob diese Möglichkeit durch die Neufassung uneingeschränkt aufrechterhalten wurde oder ob der verfassungsändernde Gesetzgeber das Recht eingeschränkt und unter die Grenze des Art. 79 Abs. 3 GG gestellt hat. Für ersteres spricht, dass der Wortlaut der Vorschrift durch die Neufassung in den wesentlichen Teilen nicht geändert worden ist und lediglich eine deklaratorische Ergänzung im Hinblick auf die erfolgte Wiedervereinigung erfahren hat. Der verfassungsändernde Gesetzgeber hat wenig später bei der Neufassung des Art. 23 GG gezeigt, wie sich die Bindung an Art. 79 Abs. 3 GG im Wortlaut klarstellen lässt. Eine ähnliche Formulierung enthält Art. 146 GG n. F. nicht. Das Grundgesetz spricht weiterhin von einer in freier Entscheidung des deutschen Volkes beschlossenen neuen Verfassung und setzt sich nicht zur Vorgängerfassung ab. Der Wortlaut gibt daher keinerlei Anhaltspunkte, von einer grundlegend geänderten Bedeutung

---

1034 *O. Sauer*, BayVBl. 2008, S. 581 (583). In eine ähnliche Richtung bereits *D. Murswiek*, Der Staat 32 (1993), S. 161 (189).

1035 *O. Sauer*, BayVBl. 2008, S. 581 (583).

1036 Vgl. zur Auslegung des Art. 79 Abs. 3 GG bereits ausführlich oben 4. Teil A. IV.

1037 So aber *M. Herdegen*, in: Maunz/Dürig, GG, Art. 146 Rn. 35.

1038 Vgl. *H. Moelle*, Der Verfassungsbeschluß nach Artikel 146 Grundgesetz, S. 196 f.; *P. Unruh*, in: von Mangoldt/Klein/Starck, GG Bd. 3, Art. 146 Rn. 20.

auszugehen.[1039] Danach gibt das Grundgesetz seinen Geltungsanspruch vollständig auf, wenn die Voraussetzungen der Norm erfüllt sind. Darin äußert sich folglich – trotz der gleichzeitigen Streichung des Verweises in der Präambel auf das Grundgesetz als Ordnung für eine Übergangszeit[1040] – weiterhin ein zeitlich beschränkter Geltungswille. Die Bindung an Art. 79 Abs. 3 GG würde jedoch im Ergebnis dazu führen, dass die ursprüngliche Ablösungs- zu einer bloßen Verfassungsänderungsmöglichkeit degradiert würde.[1041] Damit würde zum einen dem Volk ein wichtiges Recht entzogen, denn Verfassungsneugebung ist qualitativ etwas völlig anderes als Verfassungsänderung.[1042] Zum anderen würde dadurch eine Abkehr vom zeitlich beschränkten Geltungswillen hin zu einer dauerhaften Verewigung des Grundgesetzes bewirkt. Es ist fraglich, ob der verfassungsändernde Gesetzgeber überhaupt zu einer solchen Änderung befugt gewesen wäre.[1043]

Die Novationstheorie kann sich allerdings vor allem auf die Entstehungsgeschichte berufen.[1044] In der Tat erkennen auch die Befürworter einer ungebundenen Volksentscheidung an, dass die seinerzeitige politische Debatte sowie die den Einigungsvertrag erläuternde Denkschrift[1045] die Absicht des Gesetzgebers nahe legen, Art. 79 Abs. 3 GG auch auf einen Beschluss nach Art. 146 GG n. F. anzuwenden.[1046] Jedoch kann die Entstehungsgeschichte nur als ergänzendes Auslegungsmittel herangezogen werden, denn Art. 146 GG wurde unmittelbar durch den Einigungsvertrag geändert, so dass für seine Auslegung das „Wiener Übereinkommen über das Recht der Verträge" maßgeblich ist.[1047] Eine Berücksichtigung der Umstände des Vertragsschlusses und vorbereitenden Arbeiten kommt nach dessen Art. 31, 32 nur in Betracht zur Bestätigung der sich durch anderweitige Auslegung ergebenden Bedeutung oder wenn die Bedeutung unklar oder offensichtlich sinnwidrig ist. Dies ist hier angesichts des eindeutigen Wortlautbefundes nicht der Fall. Eine genetische Auslegung kann nicht darüber hinweghelfen, dass sich die gesetzgeberische Absicht nicht im Wortlaut niedergeschlagen hat.[1048] Allein auf die Entstehungsge-

---

[1039] Ebenso *E. Wiederin*, AöR 117 (1992), S. 410 (436 f.); *M. Sachs*, JuS 1991, S. 985 (989); *V. M. Haug*, AöR 138 (2013), S. 435 (447).

[1040] Vgl. *H. Moelle*, Der Verfassungsbeschluß nach Artikel 146 Grundgesetz, S. 118.

[1041] Vgl. auch *H. Dreier*, Gilt das Grundgesetz ewig?, S. 90.

[1042] Vgl. *H. Moelle*, Der Verfassungsbeschluß nach Artikel 146 Grundgesetz, S. 51 f.

[1043] Dafür *P. Unruh*, in: von Mangoldt/Klein/Starck, GG Bd. 3, Art. 146 Rn. 15; dagegen *H. Dreier*, Gilt das Grundgesetz ewig?, S. 88; *ders.*, in: Dreier, GG Bd. III, Art. 146 Rn. 38; *H. Moelle*, Der Verfassungsbeschluß nach Artikel 146 Grundgesetz, S. 74 ff.

[1044] Vgl. *M. Herdegen*, in: Maunz/Dürig, GG, Art. 146 Rn. 20 ff.; *M. Kirn*, in: von Münch/Kunig, GG Bd. 2, Art. 146 Rn. 6; *J. Isensee*, in: HdStR Bd. XII, § 258 Rn. 52 ff.; *H. Hofmann*, in: Schmidt-Bleibtreu/Hofmann/Henneke, GG, Art. 146 Rn. 3.

[1045] BT-Drucks. 11/7760, S. 355 (359).

[1046] *H. Moelle*, Der Verfassungsbeschluß nach Artikel 146 Grundgesetz, S. 131 ff.; *P. Unruh*, in: von Mangoldt/Klein/Starck, GG Bd. 3, Art. 146 Rn. 15; *S. Blasche*, VR 2010, S. 377 (379).

[1047] Hierzu ausführlich *H. Moelle*, Der Verfassungsbeschluß nach Artikel 146 Grundgesetz, S. 105 ff. Vgl. auch *H. Dreier*, in: Dreier, GG Bd. III, Art. 146 Rn. 42.

[1048] *P. Unruh*, in: von Mangoldt/Klein/Starck, GG Bd. 3, Art. 146 Rn. 15; *H. Dreier*, in: Dreier, GG Bd. III, Art. 146 Rn. 42; *S. Blasche*, VR 2010, S. 377 (380); *V. M. Haug*, AöR 138 (2013), S. 435 (447).

schichte bzw. den Willen des Gesetzgebers kann eine Auslegung, die keinen Anknüpfungspunkt im Wortlaut findet, nicht gestützt werden.[1049]

Im Ergebnis bietet Art. 146 GG n. F. somit weiterhin die Möglichkeit einer Verfassungsablösung außerhalb der Grenzen des Art. 79 Abs. 3 GG. Das Volk könnte sich jederzeit, nicht nur im Zusammenhang mit europäischen Integrationsakten, auf grundgesetzkonformem Weg eine neue Verfassung geben.

4. Fazit

Der in der Vergangenheit wenig beachtete Art. 146 GG n. F. könnte zur neuen Schlüsselnorm der europäischen Integration werden. Er eröffnet eine Möglichkeit, die Integration jenseits der Grenzen des Art. 79 Abs. 3 GG zu vertiefen, woran der parlamentarische Gesetzgeber gehindert wäre. Entgegen der Ansicht des Bundesverfassungsgerichts ist diese Grenze zwar mit dem Beitritt zu einem europäischen Bundesstaat nach hier vertretener Ansicht noch nicht zwingend überschritten[1050], es ist aber kaum zu leugnen, dass die drohende Verfassungswidrigkeit voraussichtlich mit jedem weiteren Integrationsschritt näher rücken wird und bereits derzeit nicht mehr allzu weit entfernt ist. Es ist daher ein Verdienst des Bundesverfassungsgerichts, Art. 146 GG rechtzeitig ins Blickfeld gerückt und seine Anwendbarkeit im Zusammenhang mit der europäischen Integration klargestellt zu haben.

Gleichwohl birgt die Anwendung des Art. 146 GG Gefahren, die gegen eine vorschnelle Anwendung sprechen. Denn die Norm regelt nicht einen bloßen Volksentscheid, sondern die Verfassungsablösung. Dem Volk kann daher unter Berufung auf die Vorschrift nicht lediglich das Vertragsgesetz zur Zustimmung vorgelegt werden[1051], sondern die gesamte Verfassung müsste zur Entscheidung stehen und wäre damit auch in all ihren Einzelheiten in Frage gestellt.[1052] Die Vorbereitung eines Beschlusses gemäß Art. 146 GG seitens der Bundesorgane könnte daher zu einer unvorhersehbaren Dynamik führen, die die Stabilität des Verfassungsgefüges nachhaltig beeinträchtigen könnte. Der Bundestag tat somit sicherlich gut daran, in seinen bisherigen Debatten nicht näher auf Art. 146 GG einzugehen. Die Anwendung dieser Norm sollte dem Fall vorbehalten bleiben, in dem die Zustimmung zu einem europäischen Integrationsakt tatsächlich die Grenze des Art. 79 Abs. 3 GG überschreitet.[1053]

[1049] *S. Blasche*, Die grundsätzliche Mitwirkung der Länder bei der Gesetzgebung, S. 40.
[1050] S. o. 4. Teil A. IV.
[1051] Vgl. auch *V. M. Haug*, AöR 138 (2013), S. 435 (454); *H. H. Klein*, in: FS Merten, S. 97 (99 f.).
[1052] Vgl. *H.-J. Papier*, in: FS Merten, S. 11 (18 f.). A. A. wohl *D. Murswiek*, in: FS Wahl, S. 779 (785, Fn. 17).
[1053] Ähnlich auch *H. Möller*, Verfassungsgebende Gewalt, S. 223.

5. Teil

Zusammenfassung und Fazit

Die Untersuchung hat gezeigt, dass sich die parlamentarische Behandlung der europäischen Integrationsakte und ihre Prüfung durch das Bundesverfassungsgericht sowohl in der Ausführlichkeit der Beschäftigung mit einzelnen Aspekten der europäischen Integration als auch in ihren Ergebnissen teilweise erheblich unterscheiden. Jedenfalls in den hier näher untersuchten Themenbereichen hat sich die Annahme bestätigt, dass die europäische Integration im Allgemeinen und die Integrationsakte im Besonderen im Bundestag überwiegend positiver beurteilt wurden als in der Rechtsprechung des Bundesverfassungsgerichts. Dennoch wäre es verfehlt, aus der Integrationsbereitschaft des Bundestages und den demgegenüber kritischen Äußerungen des Bundesverfassungsgerichts auf eine unzureichende parlamentarische Behandlung zu schließen. Zwar waren die parlamentarischen Debatten in den letzten 30 Jahren von einem breiten politischen Konsens geprägt, der dazu geführt hat, dass die Entwicklungen mitunter zu unkritisch aufgenommen und problematische Aspekte nicht ausreichend thematisiert wurden. Die Untersuchung hat aber ebenso gezeigt, dass die im Bundestag konsentierten Integrationsschritte und die darüberhinausgehend verfolgten Ziele jeweils mit der letztlich allein maßgeblichen Integrationsgrenze des Art. 79 Abs. 3 GG vereinbar waren.

Diesen weiten politischen Gestaltungsspielraum der Exekutive und Legislative hat das Bundesverfassungsgericht mit seiner teilweise zu engen Auslegung der Integrationsgrenzen für die Zukunft jedoch stark eingeengt. Dies betrifft zunächst die Gründung eines europäischen Bundesstaates, die im Bundestag von Beginn an als (Fern-)Ziel der europäischen Integration in Betracht gezogen und regelmäßig überwiegend positiv beurteilt worden ist. An dieser Stelle hat das Bundesverfassungsgericht mit seiner Auffassung, die souveräne Staatlichkeit Deutschlands sei Bestandteil der unabänderlichen Verfassungsidentität, nach hier vertretener Ansicht eine durch das Grundgesetz nicht geforderte strikte Integrationsgrenze gezogen. Auch das Ziel einer europäischen Armee, dem durch die Aussage des Bundesverfassungsgerichts, der wehrverfassungsrechtliche Parlamentsvorbehalt sei „integrationsfest", hohe Hürden in den Weg gelegt wurden, ist grundsätzlich mit dem Grundgesetz vereinbar. Die Aufzählung integrationssensibler Bereiche birgt die Gefahr, dass die Gesetzgebungsorgane ihren Handlungsspielraum in diesen Bereichen ohne verfassungsrechtliche Notwendigkeit künftig zu eng interpretieren. Im Zusammenhang mit der sogenannten Integrationsverantwortung der Gesetzgebungsorgane hat das Gericht zudem dem Bundestag Rechte und Pflichten oktroyiert, die dieser selbst nicht für notwendig gehalten hat und die verfassungsrechtlich nicht zwingend erforderlich sind. Nicht nur in diesem Punkt zeigte sich deutlich ein „tiefsitzende[s] Misstrauen gegenüber dem demokratisch gewählten Gesetzgeber“[1]. Dieses ging so weit, dass das Gericht mit seinen Entscheidungen Fragen beantwortete, die durch die konkret zu überprüfenden Verträge gar nicht aufgeworfen waren, und damit dem Gesetzgeber seine Auffassung sozusagen „präventiv“ mitteilte. Zutreffend wird dem Bundesverfassungsgericht daher in der Literatur ein „paternalistischer Affekt“ gegenüber dem Gesetzgeber[2] oder auch die Rolle eines „*praeceptor Germaniae*“[3] bescheinigt.

Demgegenüber lenkte das Gericht die Diskussion um das europäische Demokratiedefizit im Ergebnis zu Recht auf die problematische demokratische Legitimation des Europäischen Parlaments, insbesondere im Hinblick auf die Ungleichheit der Wahl. Im Bundestag war das Demokratiedefizit hingegen vorrangig auf die zu schwache Stellung des Europäischen Parlaments gegenüber dem Rat zurückgeführt worden, so dass sich die parlamentarische Behandlung vor allem auf die Ausweitung der Rechte des Europäischen Parlaments richtete, ohne dessen Legitimationsfähigkeit ausreichend zu hinterfragen. Auch der Hinweis auf die Möglichkeit, die grundgesetzlichen Schranken der europäischen Integration im Wege der Verfassungsablösung nach Art. 146 GG zu überwinden, ist im Ergebnis nicht zu beanstanden, wenngleich wegen der umfangreichen Auswirkungen einer Verfassungsablösung insoweit Zurückhaltung geboten scheint.

Trotz aller berechtigter Kritik haben die Entscheidungen des Bundesverfassungsgerichts sicherlich einen wichtigen Beitrag zur juristischen und politischen Diskussion über den Fortgang der europäischen Integration geleistet. Dies ist allerdings grundsätzlich nicht die Aufgabe eines Gerichts.[4] Für die Zukunft wäre daher zu wünschen, dass sich das Gericht auf seine Aufgabe konzentrieren würde, die vorliegenden Zustimmungsgesetze auf ihre Verfassungsmäßigkeit zu überprüfen, und auf *obiter dicta* verzichten würde, die sich zu weit in die politische Gestaltungsfreiheit von Exekutive und Legislative hineinwagen. Es ist Pascal Hector zuzustimmen, dass auch das Bundesverfassungsgericht eine Integrationsverantwortung trägt, die er beschreibt als Verantwortung für das Gelingen des europäischen Integrationsprozesses.[5] Schließlich richtet sich der aus der Präambel und Art. 23 GG folgende Verfassungsauftrag zur Mitwirkung an einem vereinten Europa an *alle* Staatsorgane. Vor diesem Hintergrund ist nur schwer nachvollziehbar, dass ausgerechnet das Bundesverfassungsgericht als „Hüter der Verfassung“[6] aus dem Grundgesetz nahezu unüberwindbare Hindernisse für die europäische Integration herleitet.[7] Es wäre zu begrüßen, wenn das Gericht das Grundgesetz künftig integrationsfreund-

---

[1] *C. Calliess*, ZEuS 2009, S. 559 (560).

[2] So *U. J. Schröder*, DÖV 2010, S. 303 (303); *S. Schmahl*, in: FG Knemeyer, S. 765 (783); *G. Robbers*, in: Bonner Kommentar, Art. 20 Rn. 3135.

[3] So *J. Ipsen*, in: FS Müller-Graff, S. 904 (911).

[4] *U. Everling*, EuR 2010, S. 91 (92).

[5] *P. Hector*, ZEuS 2009, S. 599 (611).

[6] BVerfGE 1, 184 (195).

[7] Ähnlich *J. Ipsen*, in: FS Müller-Graff, S. 904 (911).

licher auslegen würde und insbesondere von dem Dogma der unaufgebbaren souveränen Staatlichkeit Deutschlands Abstand nehmen würde. Der Fortgang der europäischen Integration sollte von der Politik und nicht vom Bundesverfassungsgericht bestimmt werden.[8]

Es bleibt abzuwarten, ob die durch die zukunftsgerichteten Vorbehalte der vergangenen Entscheidungen aufgebaute „Drohkulisse"[9] ausreichende Wirkung auf die politischen Akteure entfaltet oder ob es irgendwann doch zu einem unauflösbaren Konflikt zwischen politischem Willen und den Ansichten der Bundesverfassungsrichterinnen und -richter kommt. In diesem Fall wird letztlich nur die Verfassungsablösung nach Art. 146 GG einen Ausweg aus diesem Dilemma bieten können. Den Weg hierfür hat das Bundesverfassungsgericht im Lissabon-Urteil bereits bereitet. Vor dem Beschreiten muss jedoch nachdrücklich gewarnt werden. Die Folgen einer solchen Volksabstimmung könnten katastrophal sein, wie zuletzt das Votum der britischen Bevölkerung für den Austritt aus der Europäischen Union gezeigt hat. Es bleibt daher zu hoffen, dass Bundestag und Bundesverfassungsgericht ihrer jeweiligen „Integrationsverantwortung" gerecht werden und die erfolgreiche Geschichte der europäischen Integration fortschreiben.

---

[8] Vgl. auch *W. Frenz*, EWS 2009, S. 345 (350); *C. O. Lenz*, FAZ Nr. 182 vom 8. August 2009, S. 7.

[9] *D. Thym*, JZ 2011, S. 1011 (1014).

Literaturverzeichnis

Abels, Michael, Das Bundesverfassungsgericht und die Integration Europas. Verfassungsrechtliche Möglichkeiten und Grenzen untersucht am Karlsruher Lissabon-Urteil, München 2011

Adenauer, Konrad, Erinnerungen 1953–1955, Stuttgart 1966

Ambos, Kai/*Rackow*, Peter, Erste Überlegungen zu den Konsequenzen des Lissabon-Urteils des Bundesverfassungsgerichts für das Europäische Strafrecht, ZIS 2009, S. 397 ff.

Arnauld, Andreas von, Völkerrecht, 3. Aufl., Heidelberg 2016

Arnauld, Andreas von/*Hufeld*, Ulrich (Hrsg.), Systematischer Kommentar zu den Lissabon-Begleitgesetzen, 2. Aufl., Baden-Baden 2018 (zitiert als: *Bearbeiter*, in: von Arnauld/Hufeld, Lissabon-Begleitgesetze)

Arndt, Felix, Ausrechnen statt aushandeln: Rationalitätsgewinne durch ein formalisiertes Modell für die Bestimmung der Zusammensetzung des Europäischen Parlaments, ZaöRV 68 (2008), S. 247 ff.

Augustin, Angela, Das Volk der Europäischen Union, Berlin 2000 (zitiert als: *A. Augustin*, Volk der EU)

Baach, Florian, Parlamentarische Mitwirkung in Angelegenheiten der Europäischen Union, Tübingen 2008 (zitiert als: *F. Baach*, Parlamentarische Mitwirkung in Angelegenheiten der EU)

Baddenhausen, Heike/*Schopp*, Juliane/*Steinrück*, Catrin, Die neue Begleitgesetzgebung zum Vertrag von Lissabon, EuGRZ 2009, S. 534 ff.

Baring, Arnulf, Außenpolitik in Adenauers Kanzlerdemokratie. Bonns Beitrag zur Europäischen Verteidigungsgemeinschaft, München 1969

Barnickel, Christian, Der Bundestag in der Europäischen Union – (Ein)Blick von innen, ZParl 2012, S. 324 ff.

Battis, Ulrich/*Gusy*, Christoph, Einführung in das Staatsrecht, 6. Aufl., Berlin/Boston 2018

Bergmann, Jan (Hrsg.), Handlexikon der Europäischen Union, 5. Aufl., Baden-Baden 2015 (zitiert als: *Bearbeiter*, in: Bergmann, Handlexikon der EU)

Bermanseder, Markus, Die europäische Idee im Parlamentarischen Rat, Berlin 1998

Bieber, Roland/*Epiney*, Astrid/*Haag*, Marcel/*Kotzur*, Markus, Die Europäische Union. Europarecht und Politik, 13. Aufl., Baden-Baden 2019 (zitiert als: *Bearbeiter*, in: Bieber/Epiney/Haag/Kotzur, Die Europäische Union)

Bigalke, Silke/*Kirchner*, Thomas, Diese Bewegungen bedrohen die EU, Süddeutsche Zeitung Online vom 24. Juni 2016, abrufbar unter https://www.sueddeutsche.de/politik/austritts debatte-lust-auf-mehr-1.3050197 (zuletzt abgerufen am 31. Oktober 2019)

Blasche, Sebastian, Die Bedeutung des Art. 146 GG n. F. zwanzig Jahre nach der deutschen Wiedervereinigung, VR 2010, S. 377 ff.

Blasche, Sebastian, Die grundsätzliche Mitwirkung der Länder bei der Gesetzgebung, Baden-Baden 2006

Blumenwitz, Dieter, Der Einsatz deutscher Streitkräfte nach der Entscheidung des BVerfG vom 12. Juli 1994, BayVBl. 1994, S. 678 ff.

Bogdandy, Armin von, Prinzipien der Rechtsfortbildung im europäischen Rechtsraum. Überlegungen zum Lissabon-Urteil des BVerfG, NJW 2010, S. 1 ff.

Bogdandy, Armin von/*Bast*, Jürgen (Hrsg.), Europäisches Verfassungsrecht. Theoretische und dogmatische Grundzüge, 2. Aufl., Berlin/Heidelberg 2009 (zitiert als: *Bearbeiter*, in: von Bogdandy/Bast, Europäisches Verfassungsrecht)

Bogdandy, Armin von/*Cruz Villalón*, Pedro/*Huber*, Peter M. (Hrsg.), Handbuch Ius Publicum Europaeum, Band II: Offene Staatlichkeit – Wissenschaft vom Verfassungsrecht, Heidelberg 2008 (zitiert als: *Bearbeiter*, in: von Bogdandy/Cruz Villalón/Huber, HIPE Bd. II)

Bonner Kommentar, Bonner Kommentar zum Grundgesetz, hrsgg. von Wolfgang Kahl, Christian Waldhoff und Christian Walter, Loseblatt-Sammlung, Stand: 199. Aktualisierung Juli 2019, Heidelberg 2019 (zitiert als: *Bearbeiter*, in: Bonner Kommentar)

Böse, Martin, Die Entscheidung des Bundesverfassungsgerichts zum Vertrag von Lissabon und ihre Bedeutung für die Europäisierung des Strafrechts, ZIS 2010, S. 76 ff.

Bothe, Michael/*Lohmann*, Torsten, Verfahrensfragen der deutschen Zustimmung zum Vertrag von Amsterdam, ZaöRV 58 (1998), S. 1 ff.

Böttger, Ulrich, Die Rechtsstellung des Abgeordneten des Europäischen Parlaments, EuR 2002, S. 898 ff.

Brandstetter, Gerfried, Die Westeuropäische Union. Einführung und Dokumente, Wien 1999

Breuer, Rüdiger, Die Sackgasse des neuen Europaartikels (Art. 23 GG), NVwZ 1994, S. 417 ff.

Britz, Gabriele, Vom kulturellen Vorbehalt zum Kulturvorbehalt in der bundesverfassungsgerichtlichen Demokratietheorie des Lissabon-Urteils?, EuR 2010, Beiheft 1, S. 151 ff.

Brok, Elmar, Der europäische politische Raum – Ansätze europäischer Öffentlichkeit, in: Peter Brandt (Hrsg.), Verfassung und Krise, Berlin 2015, S. 163 ff. (zitiert als: *E. Brok*, in: Brandt, Verfassung und Krise)

Brok, Elmar/*Selmayr*, Martin, Per Popularklage zurück nach Nizza?. Zu den Verfassungsklagen gegen den Reformvertrag von Lissabon, EuZW 2008, S. 487 ff.

Brummer, Klaus, Der Europarat. Eine Einführung, Wiesbaden 2008

Brunn, Gerhard, Die Europäische Einigung, 4. Aufl., Stuttgart 2017

Bryde, Brun-Otto, Demokratisches Europa und Europäische Demokratie, in: Charlotte Gaitanides/Stefan Kadelbach/Gil Carlos Rodriguez Iglesias (Hrsg.), Europa und seine Verfassung. Festschrift für Manfred Zuleeg zum siebzigsten Geburtstag, 2. Aufl., Baden-Baden 2007, S. 131 ff. (zitiert als: *B.-O. Bryde*, in: FS Zuleeg)

Bundeswahlleiter, Ergebnisse früherer Bundestagswahlen, Stand: 8. November 2018, Wiesbaden 2018, abrufbar unter https://www.bundeswahlleiter.de/dam/jcr/397735e3-0585-46f6-a0b5-2c60c5b83de6/btw_ab49_gesamt.pdf (zuletzt abgerufen am 31. Oktober 2019)

Bungenberg, Marc, Art. 235 EGV nach Maastricht. Die Auswirkungen der Einheitlichen Europäischen Akte und des Vertrages über die Europäische Union auf die Handlungsbefugnis des Art. 235 EGV (Art. 308 EGV n. F.), Baden-Baden 1999

Burmeister, Frank, Gutachten des Bundesverfassungsgerichts zu völkerrechtlichen Verträgen, Berlin 1998

Calliess, Christian, Das Ringen des Zweiten Senats mit der Europäischen Integration: Über das Ziel hinausgeschossen…, ZEuS 2009, S. 559 ff.

Calliess, Christian, Der Kampf um den Euro: Eine „Angelegenheit der Europäischen Union“ zwischen Regierung, Parlament und Volk, NVwZ 2012, S. 1 ff.

Calliess, Christian, Finanzkrisen als Herausforderung der internationalen, europäischen und nationalen Rechtsetzung, VVDStRL 71 (2012), S. 113 ff.

Calliess, Christian, Perspektiven des Euro zwischen Solidarität und Recht – Eine rechtliche Analyse der Griechenlandhilfe und des Rettungsschirms, ZEuS 2011, S. 213 ff.

Calliess, Christian/*Hartmann*, Moritz, Zur Demokratie in Europa: Unionsbürgerschaft und europäische Öffentlichkeit, Tübingen 2014 (zitiert als: *C. Calliess/M. Hartmann*, Zur Demokratie in Europa)

Calliess, Christian/*Ruffert*, Matthias (Hrsg.), EUV/AEUV. Das Verfassungsrecht der Europäischen Union mit Europäischer Grundrechtecharta, 5. Aufl., München 2016 (zitiert als: *Bearbeiter*, in: Calliess/Ruffert, EUV/AEUV)

Calliess, Christian/*Schoenfleisch*, Christopher, Auf dem Weg in die europäische „Fiskalunion“? – Europa- und verfassungsrechtliche Fragen einer Reform der Wirtschafts- und Währungsunion im Kontext des Fiskalvertrages, JZ 2012, S. 477 ff.

CDU/CSU, Für ein Deutschland, in dem wir gut und gerne leben. Regierungsprogramm 2017–2021, abrufbar unter https://www.cdu.de/system/tdf/media/dokumente/170703regierungsprogramm2017.pdf?file=1 (zuletzt abgerufen am 31. Oktober 2019)

CDU/CSU/SPD, Ein neuer Aufbruch für Europa. Eine neue Dynamik für Deutschland. Ein neuer Zusammenhalt für unser Land. Koalitionsvertrag zwischen CDU, CSU und SPD, 19. Legislaturperiode, abrufbar unter https://www.cdu.de/system/tdf/media/dokumente/koalitionsvertrag_2018.pdf?file=1 (zuletzt abgerufen am 31. Oktober 2019) (zitiert als: *CDU/CSU/SPD*, Koalitionsvertrag 19. Wahlperiode)

Cilo, Selma, Europäische Bürgerinitiative und demokratische Legitimität der EU, Hamburg 2014

Classen, Claus Dieter, Europäische Integration und demokratische Legitimation, AöR 119 (1994), S. 238 ff.

Classen, Claus Dieter, Legitime Stärkung des Bundestages oder verfassungsrechtliches Prokrustesbett?. Zum Urteil des BVerfG zum Vertrag von Lissabon, JZ 2009, S. 881 ff.

Classen, Claus Dieter/*Litten*, Rainer/*Wallerath*, Maximilian (Hrsg.), Verfassung des Landes Mecklenburg-Vorpommern, 2. Aufl., Baden-Baden 2015 (zitiert als: *Bearbeiter*, in: Classen/Litten/Wallerath, Verfassung des Landes Mecklenburg-Vorpommern)

Clemens, Gabriele/*Reinfeldt*, Alexander/*Wille*, Gerhard, Geschichte der europäischen Integration, Paderborn 2008

Cramer, Philipp, Artikel 146 Grundgesetz zwischen offener Staatlichkeit und Identitätsbewahrung, Berlin 2014

Cromme, Franz, Die Einführung einer Wirtschaftsregierung der EU – ein Impuls für die fortschreitende Integration –, EuR 2014, S. 448 ff.

Dahm, Georg/*Delbrück*, Jost/*Wolfrum*, Rüdiger, Völkerrecht Band I/2. Der Staat und andere Völkerrechtssubjekte; Räume unter internationaler Verwaltung, 2. Aufl., Berlin 2002

Daiber, Birgit, Die Mitwirkung des Deutschen Bundestages an den Maßnahmen zur Eindämmung der Staatsschuldenkrise im Euroraum, DÖV 2014, S. 809 ff.

Decker, Andreas, Änderung Europäischen Primärrechts und Plebiszit in Deutschland, BayVBl. 2011, S. 129 ff.

Degenhart, Christoph, Euro-Rettung und Verfassungsrecht, BayVBl. 2012, S. 517 ff.

Degenhart, Christoph, Staatsrecht I. Staatsorganisationsrecht, 34. Aufl., Heidelberg 2018

Deiseroth, Dieter, Das Friedensgebot des Grundgesetzes und der UN-Charta – aus juristischer Sicht, in: Peter Becker/Reiner Braun/Dieter Deiseroth (Hrsg.), Frieden durch Recht?, Berlin 2010, S. 35 ff. (zitiert als: *D. Deiseroth*, in: Becker/Braun/Deiseroth, Frieden durch Recht?)

Denninger, Erhard, Identität versus Integration, JZ 2010, S. 969 ff.

Denninger, Erhard/*Hoffmann-Riem*, Wolfgang/*Schneider*, Hans-Peter/*Stein*, Ekkehart (Hrsg.), Alternativkommentar zum Grundgesetz für die Bundesrepublik Deutschland, 3. Aufl., Neuwied/Kriftel 2001 (zitiert als: *Bearbeiter*, in: Denninger/Hoffmann-Riem/Schneider/Stein, AK-GG)

Dettke, Stefan, Voranschreitende Demokratisierung der Europäischen Union, Frankfurt am Main 2010

Deutscher Bundestag (Hrsg.), Materialien zur Verfassungsdiskussion und zur Grundgesetzänderung in der Folge der deutschen Einigung,

- Band 2: Anhörungen und Berichterstattergespräche, Bonn 1996
- Band 3: Arbeitsunterlagen und Gesetzgebungsmaterialien, Bonn 1996

Deutscher Bundestag/Bundesarchiv (Hrsg.), Der Parlamentarische Rat 1948–1949. Akten und Protokolle,

- Band 7: Entwürfe zum Grundgesetz, bearbeitet von Michael Hollmann, München 1995 (zitiert als: *Deutscher Bundestag/Bundesarchiv*, Parlamentarischer Rat – Akten und Protokolle Bd. 7)
- Band 9: Plenum, bearbeitet von Wolfram Werner, München 1996 (zitiert als: *Deutscher Bundestag/Bundesarchiv*, Parlamentarischer Rat – Akten und Protokolle Bd. 9)
- Band 14, Teilband I: Hauptausschuß, bearbeitet von Michael F. Feldkamp, München 2009 (zitiert als: *Deutscher Bundestag/Bundesarchiv*, Parlamentarischer Rat – Akten und Protokolle Bd. 14/I)
- Band 14, Teilband II: Hauptausschuß, bearbeitet von Michael F. Feldkamp, München 2009 (zitiert als: *Deutscher Bundestag/Bundesarchiv*, Parlamentarischer Rat – Akten und Protokolle Bd. 14/II)

Di Fabio, Udo, Der neue Art. 23 des Grundgesetzes. Positivierung vollzogenen Verfassungswandels oder Verfassungsneuschöpfung?, Der Staat 32 (1993), S. 191 ff.

Diehm, Dirk, Die haushaltspolitische Gesamtverantwortung des Deutschen Bundestages, in: Yvonne Becker/Friederike Lange (Hrsg.), Linien der Rechtsprechung des Bundesverfassungsgerichts – erörtert von den wissenschaftlichen Mitarbeiterinnen und Mitarbeitern, Bd. 3, Berlin/Boston 2014, S. 525 ff. (zitiert als: *D. Diehm*, in: Becker/Lange, Linien der Rechtsprechung des BVerfG, Bd. 3)

Dingemann, Kathrin, Die „Staatsaufgabenlehre" des BVerfG als demokratisches Erfordernis?, in: Christian Calliess/Karl-Heinz Paqué (Hrsg.), Deutschland in der Europäischen Union im kommenden Jahrzehnt – Kreativität und Innovationskraft: Neue Impulse für Staat, Markt und Zivilgesellschaft, Düsseldorf 2010, S. 73 ff. (zitiert als: *K. Dingemann*, in: C. Calliess/K.-H. Paqué, Deutschland in der EU)

Doehring, Karl, Die nationale „Identität" der Mitgliedstaaten der Europäischen Union, in: Ole Due/Marcus Lutter/Jürgen Schwarze (Hrsg.), Festschrift für Ulrich Everling, Bd. I, Baden-Baden 1995, S. 263 ff. (zitiert als: *K. Doehring*, in: FS Everling Bd. I)

Doehring, Karl, Völkerrecht. Ein Lehrbuch, 2. Aufl., Heidelberg 2004

Dorn, Dietrich-W., Art. 235 EWGV – Prinzipien der Auslegung. Die Generalermächtigung zur Rechtsetzung im Verfassungssystem der Gemeinschaften, Kehl am Rhein u. a. 1986

Dörr, Oliver, Der europäisierte Rechtsschutzauftrag deutscher Gerichte, Tübingen 2003

Dörr, Oliver, Die Unionsbürgerschaft zwischen Auffanggrundfreiheit und demokratischer Legitimation, in: Jörn Ipsen/Bernhard Stüer (Hrsg.), Europa im Wandel. Festschrift für Hans-Werner Rengeling, Köln/München 2008, S. 205 ff. (zitiert als: *O. Dörr*, in: FS Rengeling)

Dreier, Horst (Hrsg.), Grundgesetz. Kommentar,

- Band I: Präambel, Artikel 1–19, 3. Aufl., Tübingen 2013 (zitiert als: *Bearbeiter*, in: Dreier, GG Bd. I)
- Band II: Artikel 20–82, 2. Aufl., Tübingen 2006 (zitiert als: *Bearbeiter*, in: Dreier, GG Bd. II [2. Aufl.])
- Band II: Artikel 20–82, 3. Aufl., Tübingen 2015 (zitiert als: *Bearbeiter*, in: Dreier, GG Bd. II)
- Band III: Artikel 83–146, 3. Aufl., Tübingen 2018 (zitiert als: *Bearbeiter*, in: Dreier, GG Bd. III)

Dreier, Horst, Gilt das Grundgesetz ewig?. Fünf Kapitel zum modernen Verfassungsstaat, München 2009

Duden, Das Bedeutungswörterbuch, hrsgg. von Matthias Wermke, Kathrin Kunkel-Razum und Werner Scholze-Stubenrecht, 4. Aufl., Mannheim u. a. 2010

Eickhoff, Jens-Peter, Das Funktionsrecht des Europäischen Parlaments, Frankfurt am Main 2008

Elicker, Michael, Verbietet das Grundgesetz ein Referendum über die EU-Verfassung?, ZRP 2004, S. 225 ff.

Enderlein, Henrik, Die Krise im Euro-Raum: Auslöser, Antworten, Ausblick, APuZ 43/2010, S. 7 ff.

Epping, Volker, Die Evakuierung deutscher Staatsbürger im Ausland als neues Kapitel der Bundeswehrgeschichte ohne rechtliche Grundlage? – Der Tirana-Einsatz der Bundeswehr auf dem rechtlichen Prüfstand –, AöR 124 (1999), S. 423 ff.

Epping, Volker/*Hillgruber*, Christian (Hrsg.), Beck'scher Online-Kommentar Grundgesetz, Stand: 41. Edition, 15. Mai 2019, München 2019 (zitiert als: *Bearbeiter*, in: Epping/Hillgruber, BeckOK GG)

Estel, Denise, Bundesstaatsprinzip und direkte Demokratie im Grundgesetz, Baden-Baden 2006

Eurogruppe, Statement by the Eurogroup vom 2. Mai 2010, abrufbar unter https://www.consilium.europa.eu/media/25673/20100502-eurogroup_statement_greece.pdf (zuletzt abgerufen am 31. Oktober 2019)

Europäische Kommission, Standard-Eurobarometer 91 – Frühjahr 2019. Erste Ergebnisse: Die öffentliche Meinung in der Europäischen Union, abrufbar unter https://ec.europa.eu/commfrontoffice/publicopinion/index.cfm/ResultDoc/download/DocumentKy/88108 (zuletzt abgerufen am 31. Oktober 2019) (zitiert als: *Europäische Kommission*, Standard-Eurobarometer 91 – Erste Ergebnisse)

Europäischer Rat, 16–17 December 2010 Conclusions, EUCO 30/1/10 (zitiert als: *Europäischer Rat* [16.–17. Dezember 2010], Schlussfolgerungen, EUCO 30/1/10)

Europäischer Rat, 24/25 March 2011 Conclusions, EUCO 10/1/11 (zitiert als: *Europäischer Rat* [24./25. März 2011], Schlussfolgerungen, EUCO 10/1/11)

Europäischer Rat, 28–29 October 2010 Conclusions, EUCO 25/1/10 (zitiert als: *Europäischer Rat* [28.–29. Oktober 2010], Schlussfolgerungen, EUCO 25/1/10)

Europäischer Rat, Brexit, abrufbar unter http://www.consilium.europa.eu/de/policies/eu-uk-after-referendum/ (zuletzt abgerufen am 31. Oktober 2019)

Europäischer Rat, Europäischer Rat von Brüssel (16. und 17. Juni 2005), Erklärung der Staats- und Regierungschefs der Mitgliedstaaten der Europäischen Union zur Ratifizierung des Vertrags über eine Verfassung für Europa (Tagung des Europäischen Rates am 16./17. Juni 2005), Bulletin der Europäischen Union 6/2005, S. 27 f. (zitiert als: *Europäischer Rat* [16.–17. Juni 2005], Erklärung zur Ratifizierung des Vertrags über eine Verfassung für Europa, Bulletin der Europäischen Union 6/2005)

Europäischer Rat, Europäischer Rat von Brüssel (21. und 22. Juni 2007), Schlussfolgerungen des Vorsitzes, Bulletin der Europäischen Union 6/2007, S. 8 ff. (zitiert als: *Europäischer Rat* [21.–22. Juni 2007], Schlussfolgerungen, Bulletin der Europäischen Union 6/2007)

Europäischer Rat, Europäischer Rat von Edinburgh (11. und 12. Dezember 1992), Schlussfolgerungen des Vorsitzes, Bulletin der Europäischen Gemeinschaften 12/1992, S. 9 ff. (zitiert als: *Europäischer Rat* [11.–12. Dezember 1992], Schlussfolgerungen, Bulletin der Europäischen Gemeinschaften 12/1992)

Europäischer Rat, Europäischer Rat von Helsinki (10. und 11. Dezember 1999), Schlussfolgerungen des Vorsitzes, Bulletin der Europäischen Union 12/1999, S. 7 ff. (zitiert als: *Europäischer Rat* [10.–11. Dezember 1999], Schlussfolgerungen, Bulletin der Europäischen Union 12/1999)

Europäischer Rat, Europäischer Rat von Kopenhagen (21. und 22. Juni 1993), Schlussfolgerungen des Vorsitzes, Bulletin der Europäischen Gemeinschaften 6/1993, S. 8 ff. (zitiert als: *Europäischer Rat* [21.–22. Juni 1993], Schlussfolgerungen, Bulletin der Europäischen Gemeinschaften 6/1993)

Europäischer Rat, Europäischer Rat von Laeken (14. und 15. Dezember 2001), Erklärung von Laeken zur Zukunft der Europäischen Union, Bulletin der Europäischen Union 12/2001, S. 21 ff. (zitiert als: *Europäischer Rat* [14.–15. Dezember 2001], Erklärung von Laeken zur Zukunft der Europäischen Union, Bulletin der Europäischen Union 12/2001)

European Stability Mechanism (ESM), Accession of new ESM members, abrufbar unter https://www.esm.europa.eu/esm-governance/accession-new-esm-members (zuletzt abgerufen am 31. Oktober 2019) (zitiert als: *ESM*, Accession of new ESM members)

European Stability Mechanism (ESM), History – The programmes, abrufbar unter https://www.esm.europa.eu/about-us/history#the_programmes (zuletzt abgerufen am 31. Oktober 2019) (zitiert als: *ESM*, The programmes)

Everling, Ulrich, Europas Zukunft unter der Kontrolle der nationalen Verfassungsgerichte. Anmerkungen zum Urteil des Bundesverfassungsgerichts vom 30. Juni 2009 über den Vertrag von Lissabon, EuR 2010, S. 91 ff.

Everling, Ulrich, Überlegungen zur Struktur der Europäischen Union und zum neuen Europa-Artikel des Grundgesetzes, DVBl. 1993, S. 936 ff.

Fährmann, Ingo, Die Bundeswehr im Einsatz für Europa, Baden-Baden 2010

FDP, Denken wir neu. Das Programm der Freien Demokraten zur Bundestageswahl 2017: „Schauen wir nicht länger zu.", abrufbar unter https://www.fdp.de/sites/default/files/uploads/2017/08/07/20170807-wahlprogramm-wp-2017-v16.pdf (zuletzt abgerufen am 31. Oktober 2019)

Fiebelkorn, Vera/*Janz*, Norbert, „Götterdämmerung II: Verfassungsrechtliche Grenzen der Übertragung deutscher Hoheitsrechte auf die Europäische Union nach der Entscheidung des BVerfG zum Vertrag von Lissabon", NWVBl. 2009, S. 449 ff.

Fink, Udo, Garantiert das Grundgesetz die Staatlichkeit der Bundesrepublik Deutschland?, DÖV 1998, S. 133 ff.

Fischer, Joschka, „Vom Staatenverbund zur Föderation – Gedanken über die Finalität der europäischen Integration", Rede vom 12. Mai 2000, gehalten an der Humboldt-Universität zu Berlin, abgedruckt in: Bulletin der Bundesregierung Nr. 29-1 vom 24. Mai 2000

Fischer, Mattias G., Art. 146 GG – Königsweg zur neuen Verfassung oder gegenstandslose Bestimmung im Grundgesetz?, MDR 1994, S. 440 f.

Fleuter, Robert, Mandat und Status des Abgeordneten im Europäischen Parlament, Pfaffenweiler 1991

Fliegauf, Harald, Verfassungsgesetzgebung und Volksentscheid, LKV 1993, S. 181 ff.

Frankenberger, Klaus Dieter, Das Stoppschild aus Karlsruhe, FASZ Nr. 27 vom 5. Juli 2009, S. 10

Frenz, Walter, Demokratiebegründende nationale Mitwirkungsrechte und Aufgabenreservate, EWS 2009, S. 345 ff.

Frenz, Walter, Handbuch Europarecht Band 6: Institutionen und Politiken, Berlin/Heidelberg 2011

Frenz, Walter, Nicht hinreichend demokratische EU?. Konsequenzen des Lissabon-Urteils des BVerfG vom 30.6.2009, EWS 2009, S. 441 ff.

Friauf, Karl Heinrich/*Höfling*, Wolfram (Hrsg.), Berliner Kommentar zum Grundgesetz, Loseblatt-Sammlung, Stand: Ergänzungslieferung 1/19 (Juni 2019), Berlin 2019 (zitiert als: *Bearbeiter*, in: Friauf/Höfling, GG)

Gärditz, Klaus Ferdinand/*Hillgruber*, Christian, Volkssouveränität und Demokratie ernst genommen – Zum Lissabon-Urteil des BVerfG, JZ 2009, S. 872 ff.

Gassner, Ulrich M., Kreation und Repräsentation. Zum demokratischen Gewährleistungsgehalt von Art. 38 Abs. 1 S. 1 GG, Der Staat 34 (1995), S. 429 ff.

Gauweiler, Peter, Presseerklärung: Ratifizierung des EU-Verfassungsvertrages unzulässig, abrufbar unter http://archiv.peter-gauweiler.de/pdf/pressemitteilungen/pm_2005-04-20.pdf (zuletzt abgerufen am 31. Oktober 2019)

Gauweiler, Peter, Presseerklärung: Seit heute vor dem Bundesverfassungsgericht: MdB Dr. Gauweiler legt Verfassungsbeschwerde und Organklage gegen den EU-Verfassungsvertrag, abrufbar unter http://archiv.peter-gauweiler.de/pdf/pressemitteilungen/pm_2005-05-27.pdf (zuletzt abgerufen am 31. Oktober 2019)

Geiger, Rudolf, Die Mitwirkung des deutschen Gesetzgebers an der Entwicklung der Europäischen Union. Zur Auslegung des Art. 23 Abs. 1 Satz 2 und 3 GG, JZ 1996, S. 1093 ff.

Geiger, Rudolf, Zur Beteiligung des Gesetzgebers gemäß Art. 23 Abs. 1 GG bei Änderung und Erweiterung der Europäischen Union, ZG 2003, 193 ff.

Geiger, Rudolf/*Khan*, Daniel-Erasmus/*Kotzur*, Markus, EUV/AEUV. Vertrag über die Europäische Union und Vertrag über die Arbeitsweise der Europäischen Union, 6. Aufl., München 2017 (zitiert als: *Bearbeiter*, in: Geiger/Khan/Kotzur, EUV/AEUV)

Gieseler, Julia, Gewichtetes Wahlrecht: Hilfsmittel für Neugliederungen und angemessene Repräsentation im Bundesstaat?, ZParl 2007, S. 617 ff.

Glawe, Robert A. P., Organkompetenzen und Handlungsinstrumente auf dem Gebiet der nationalen Sicherheit, Baden-Baden 2011

Görtemaker, Manfred, Geschichte der Bundesrepublik Deutschland. Von der Gründung bis zur Gegenwart, München 1999 (zitiert als: *M. Görtemaker*, Geschichte der BRD)

Görtemaker, Manfred, Kleine Geschichte der Bundesrepublik Deutschland, Bonn 2002 (zitiert als: *M. Görtemaker*, Kleine Geschichte der BRD)

Götz, Andreas/*Schneider*, Lina, Das Bundesverfassungsgericht als Ersatzgesetzgeber – Methodische Bemerkungen zu dem Urteil des Bundesverfassungsgerichts vom 07.09.2011 in Sachen Finanzhilfen für Griechenland und Euro-Rettungsschirm –, DVBl. 2012, S. 145 ff.

Grabitz, Eberhard/*Hilf*, Meinhard/*Nettesheim*, Martin (Hrsg.), Das Recht der Europäischen Union, Loseblatt-Sammlung, Stand: 67. Ergänzungslieferung Juni 2019, München 2019 (zitiert als: *Bearbeiter*, in: Grabitz/Hilf/Nettesheim, Recht der EU)

Graf Kerssenbrock, Rembert, Die Vereinigten Staaten von Europa. Die Lissabon-Entscheidung und die Notwendigkeit, Volkssouveränität neu zu verstehen, Dissertation, Christian-Albrechts-Universität zu Kiel 2012

Graf Kielmansegg, Peter, Das geteilte Land. Deutsche Geschichte 1945–1990, München 2007

Graf Vitzthum, Wolfgang/*Proelß*, Alexander (Hrsg.), Völkerrecht, 7. Aufl., Berlin/Boston 2016 (zitiert als: *Bearbeiter*, in: Graf Vitzthum/Proelß, Völkerrecht)

Graf von Kielmansegg, Sebastian, Die Verteidigungspolitik der Europäischen Union, Stuttgart u. a. 2005

Grefrath, Holger, Exposé eines Verfassungsprozessrechts von den Letztfragen?. Das Lissabon-Urteil zwischen actio pro socio und negativer Theologie, AöR 135 (2010), S. 221 ff.

Grimm, Dieter, Braucht Europa eine Verfassung?, JZ 1995, S. 581 ff.

Grimm, Dieter, Das Grundgesetz als Riegel vor einer Verstaatlichung der Europäischen Union. Zum Lissabon-Urteil des Bundesverfassungsgerichts, Der Staat 48 (2009), S. 475 ff.

Groeben, Hans von der/*Schwarze*, Jürgen/*Hatje*, Armin, Europäisches Unionsrecht. Vertrag über die Europäische Union, Vertrag über die Arbeitsweise der Europäischen Union, Charta der Grundrechte der Europäischen Union,

- Band 1: Art. 1 bis 55 EUV, Art. 1 bis 54 GRC, Art. 1 bis 66 AEUV, 7. Aufl., Baden-Baden 2015 (zitiert als: *Bearbeiter*, in: von der Groeben/Schwarze/Hatje, Unionsrecht Bd. 1)
- Band 4: Art. 174 bis 358 AEUV, 7. Aufl., Baden-Baden 2015 (zitiert als: *Bearbeiter*, in: von der Groeben/Schwarze/Hatje, Unionsrecht Bd. 4)

Gröpl, Christoph, Schritte zur Europäisierung des Haushaltsrechts, Der Staat 52 (2013), S. 1 ff.

Gröpl, Christoph, Staatsrecht I, 11. Aufl., München 2019

Gröpl, Christoph/*Windthorst*, Kay/*von Coelln*, Christian, Grundgesetz. Studienkommentar, 3. Aufl., München 2017 (zitiert als: *Bearbeiter*, in: Gröpl/Windthorst/von Coelln, GG)

Grzeszick, Bernd, Die Europäisierung des Rechts und die Demokratisierung Europas, Die Verwaltung, Beiheft 10 (2010), S. 95 ff.

Guckelberger, Annette, Die Europäische Bürgerinitiative, DÖV 2010, S. 745 ff.

Guckelberger, Annette, Grundgesetz und Europa, ZEuS 2012, S. 1 ff.

Guckelberger, Annette, Wahlsystem und Wahlrechtsgrundsätze Teil II – Gleichheit und Öffentlichkeit der Wahl, JA 2012, S. 641 ff.

Haack, Stefan, Ordnungstranszendierende Verfassungsdogmatik im Kontext der Staatlichkeitsfrage. Anmerkungen zum Lissabon-Urteil des Bundesverfassungsgerichts aus rechts- und staatstheoretischer Sicht, Rechtstheorie 43 (2012), S. 325 ff.

Haack, Stefan, Verlust der Staatlichkeit, Tübingen 2007

Häde, Ulrich, Das Bundesverfassungsgericht und der Vertrag von Maastricht. Anmerkungen zum Urteil des Zweiten Senats vom 12.10.1993 – 2 BvR 2134/92, 2 BvR 2159/92, BB 1993, S. 2457 ff.

Haedrich, Martina, Friedensgebot und Grundgesetz, in: Hans J. Gießmann/Bernhard Rinke (Hrsg.), Handbuch Frieden, Wiesbaden 2011, S. 336 ff. (zitiert als: *M. Haedrich*, in: Gießmann/Rinke, Handbuch Frieden)

Hahn, Jörg-Uwe, Die Mitwirkungsrechte von Bundestag und Bundesrat in EU-Angelegenheiten nach dem neuen Integrationsverantwortungsgesetz, EuZW 2009, S. 758 ff.

Hahn, Michael, Mehr Demokratie wagen: „Lissabon"-Entscheidung und Volkssouveränität, ZEuS 2009, S. 583 ff.

Hailbronner, Kay/*Maaßen*, Hans-Georg/*Hecker*, Jan/*Kau*, Marcel, Staatsangehörigkeitsrecht, 6. Aufl., München 2017 (zitiert als: *Bearbeiter*, in: Hailbronner/Maaßen/Hecker/Kau, Staatsangehörigkeitsrecht)

Hain, Karl-Eberhard, Zur Frage der Europäisierung des Grundgesetzes – Eine kritische Analyse –, DVBl. 2002, S. 148 ff.

Halberstam, Daniel/*Möllers*, Christoph, The German Constitutional Court says „Ja zu Deutschland!", GLJ 10 (2009), S. 1241 ff.

Hankel, Wilhelm/*Nölling*, Wilhelm/*Schachtschneider*, Karl Albrecht/*Spethmann*, Dieter/*Starbatty*, Joachim, Verfassungsbeschwerde und Antrag auf einstweilige Anordnungen vom 7. Mai 2010, abrufbar unter http://www.kaschachtschneider.de/wp-content/uploads/2017/10/EURO_KLAGE.pdf (zuletzt abgerufen am 31. Oktober 2019)

Haratsch, Andreas, Lissabon in Karlsruhe, ZJS 2010, S. 122 ff.

Haratsch, Andreas/*Koenig*, Christian/*Pechstein*, Matthias, Europarecht, 11. Aufl., Tübingen 2018

Härtel, Ines (Hrsg.), Handbuch Föderalismus, Band IV: Föderalismus in Europa und der Welt, Berlin/Heidelberg 2012 (zitiert als: *Bearbeiter*, in: Härtel, Handbuch Föderalismus Bd. IV)

Härtel, Ines, Handbuch Europäische Rechtsetzung, Berlin/Heidelberg 2006

Hatje, Armin, Die institutionelle Reform der Europäischen Union – der Vertrag von Nizza auf dem Prüfstand –, EuR 2001, S. 143 ff.

Haug, Volker M., Über Partizipation zu einer postgrundgesetzlichen Verfassung. Zum Potential des Art. 146 GG im Licht der europäischen Integration, AöR 138 (2013), S. 435 ff.

Häußler, Richard, Der Konflikt zwischen Bundesverfassungsgericht und politischer Führung, Berlin 1994

Heckel, Martin, Wo war das Volk?. Zur Verfassungsgebenden Gewalt des Volkes im Einigungsgeschehen, in: Martin Heckel (Hrsg.), Die innere Einheit Deutschlands inmitten der europäischen Einigung, Tübingen 1996, S. 13 ff. (zitiert als: *M. Heckel*, in: Heckel, Die innere Einheit Deutschlands)

Hector, Pascal, Zur Integrationsverantwortung des Bundesverfassungsgerichts, ZEuS 2009, S. 599 ff.

Heinig, Hans Michael, Sind Referenden eine Antwort auf das Demokratiedilemma der EU?, ZG 2009, S. 297 ff.

Heintzen, Markus, Die Legitimation des Europäischen Parlaments, ZEuS 2000, S. 377 ff.

Herbst, Ludolf, Option für den Westen, München 1989

Herbst, Tobias, Deutsches Referendum über den EU-Verfassungsvertrag?, in: Stefan Kadelbach (Hrsg.), Europäische Verfassung und direkte Demokratie, Baden-Baden 2006, S. 81 ff. (zitiert als: *T. Herbst*, in: Kadelbach, Europäische Verfassung und direkte Demokratie)

Herbst, Tobias, Legale Abschaffung des Grundgesetzes nach Art. 146 GG?, ZRP 2012, S. 33 ff.

Herbst, Tobias, Legitimation durch Verfassunggebung, Baden-Baden 2003

Herbst, Tobias, Souveränität und Verfassung, Ad Legendum 2013, S. 98 ff.

Herdegen, Matthias, Der grundgesetzlich gebotene Gestaltungsfreiraum im Prozess der Europäischen Integration: die schwierige Suche nach nationalen Regelungsreservaten, in: Georg Jochum/Wolfgang Fritzemeyer/Marcel Kau: Grenzüberschreitendes Recht – Crossing Frontiers. Festschrift für Kay Hailbronner, Heidelberg 2013, S. 725 ff. (zitiert als: *M. Herdegen*, in: FS Hailbronner)

Herdegen, Matthias, Europarecht, 21. Aufl., München 2019

Herdegen, Matthias, Völkerrecht, 18. Aufl., München 2019

Hesse, Joachim Jens, Vom Werden Europas. Der Europäische Verfassungsvertrag: Konventsarbeit, politische Konsensbildung, materielles Ergebnis, Berlin 2007

Heun, Werner, Anmerkung (zu BVerfG, Urteil vom 12. Juli 1994 – 2 BvE 3/92, 5, 7, 8/93), JZ 1994, S. 1073 ff.

Heun, Werner, Das Mehrheitsprinzip in der Demokratie. Grundlagen – Struktur – Begrenzungen, Berlin 1983

Hieber, Thomas, Die Europäische Bürgerinitiative nach dem Vertrag von Lissabon, Tübingen 2014

Hilf, Meinhard, Gutachten des Bundesverfassungsgerichts zu völkerrechtlichen Verträgen?, ZRP 1997, S. 270 ff.

Hilf, Meinhard/*Pache*, Eckhard, Der Vertrag von Amsterdam, NJW 1998, S. 705 ff.

Hillgruber, Christian/*Goos*, Christoph, Verfassungsprozessrecht, 4. Aufl., Heidelberg 2015

Hipp, Dietmar, Entmachtet sich am Donnerstag der Bundestag?, Spiegel online, veröffentlicht am 10. Mai 2005, abrufbar unter http://www.spiegel.de/politik/deutschland/eu-verfassung-entmachtet-sich-am-donnerstag-der-bundestag-a-355364.html (zuletzt abgerufen am 31. Oktober 2019)

Hobe, Stephan, Die Unionsbürgerschaft nach dem Vertrag von Maastricht. Auf dem Weg zum europäischen Bundesstaat?, Der Staat 32 (1993), S. 245 ff.

Hobe, Stephan, Einführung in das Völkerrecht, 10. Aufl., Tübingen 2014

Hobe, Stephan/*Wiegand*, Bodo, Die Maastricht-Entscheidung des Bundesverfassungsgerichts, ThürVBl. 1994, S. 204 ff.

Hoffmann, Dierk, Das Bundesverfassungsgericht im politischen Kräftefeld der frühen Bundesrepublik. Die Auseinandersetzung um die Westverträge 1952–1954, Historisches Jahrbuch 120 (2000), S. 227 ff.

Hölscheidt, Sven, Intergouvernementale Zusammenarbeit in der Krise – Garant oder Gefahr für die Einheit der Union – aus der Sicht des Bundestages, EuR 2013, Beiheft 2, S. 61 ff.

Hölscheidt, Sven/*Menzenbach*, Steffi, Referenden in Deutschland und Europa, DÖV 2009, S. 777 ff.

Hölscheidt, Sven/*Putz*, Iris, Referenden in Europa, DÖV 2003, S. 737 ff.

Hölscheidt, Sven/*Schotten*, Thomas, Demokratie in Europa nach der Maastricht-Entscheidung des Bundesverfassungsgerichts, VR 1994, S. 183 ff.

Hölscheidt, Sven/*Schotten*, Thomas, Die Erweiterung der Europäischen Union als Anwendungsfall des neuen Europaartikels 23?, DÖV 1995, S. 187 ff.

Holzer, Norbert, Präventive Normenkontrolle durch das Bundesverfassungsgericht, Baden-Baden 1978

Hrbek, Rudolf, Die Europäische Bürgerinitiative: Möglichkeiten und Grenzen eines neuen Elements im EU-Entscheidungssystem, integration 2012, S. 35 ff.

Huba, Hermann, Das Grundgesetz als dauerhafte gesamtdeutsche Verfassung, Der Staat 30 (1991), S. 367 ff.

Huber, Peter M., Demokratie ohne Volk oder Demokratie der Völker? – Zur Demokratiefähigkeit der Europäischen Union –, in: Josef Drexl/Karl F. Kreuzer/Dieter H. Scheuing/Ulrich Sieber (Hrsg.), Europäische Demokratie, Baden-Baden 1999, S. 27 ff. (zitiert als: *P. M. Huber*, in: Drexl/Kreuzer/Scheuing/Sieber, Europäische Demokratie)

Huber, Peter M., Maastricht – Ein Staatsstreich?, Stuttgart u. a. 1993

Hufeld, Ulrich, § 44: Verteidigung, in: Hanno Kube/Rudolf Mellinghoff/Gerd Morgenthaler/Ulrich Palm/Thomas Puhl/Christian Seiler (Hrsg.), Leitgedanken des Rechts. Paul Kirchhof zum 70. Geburtstag, Band I: Staat und Verfassung, Heidelberg 2013, S. 483 ff. (zitiert als: *U. Hufeld*, in: FS Kirchhof)

Hufeld, Ulrich, Zwischen Notrettung und Rütlischwur: der Umbau der Wirtschafts- und Währungsunion in der Krise, integration 2011, S. 117 ff.

Hufschlag, Hans-Peter, Einfügung plebiszitärer Komponenten in das Grundgesetz?. Verfassungsrechtliche Möglichkeiten und verfassungspolitische Konsequenzen direkter Demokratie im vereinten Deutschland, Baden-Baden 1999

Hummer, Waldemar, Zum weiteren Schicksal des Vertrages von Lissabon, in: Waldemar Hummer/Walter Obwexer, Der Vertrag von Lissabon, Baden-Baden 2009, S. 471 ff. (zitiert als: *W. Hummer*, in: Hummer/Obwexer, Der Vertrag von Lissabon)

Institut für Staatslehre und Politik e. V. in Mainz (Hrsg.), Der Kampf um den Wehrbeitrag,

- 1. Halbband: Die Feststellungsklage, München 1952 (zitiert als: *Institut für Staatslehre und Politik*, Kampf um den Wehrbeitrag, 1. Halbband);
- 2. Halbband: Das Gutachtenverfahren (30.7. – 15.12.1952), München 1953 (zitiert als: *Institut für Staatslehre und Politik*, Kampf um den Wehrbeitrag, 2. Halbband);
- Ergänzungsband, München 1958 (zitiert als: *Institut für Staatslehre und Politik*, Kampf um den Wehrbeitrag, Ergänzungsband)

Ipsen, Hans Peter, Zehn Glossen zum Maastricht-Urteil, EuR 1994, S. 1 ff.

Ipsen, Jörn, 60 Jahre Grundgesetz – 60 Jahre Bundesrepublik Deutschland, NdsVBl. 2009, S. 153 ff.

Ipsen, Jörn, Der Staat der Mitte, München 2009

Ipsen, Jörn, Grundgesetz und Europa, in: Bettina Limperg/Jens Bormann/Axel C. Filges/Marie Luise Graf-Schlicker/Hanns Prütting (Hrsg.), Recht im Wandel europäischer und deutscher Rechtspolitik, Festschrift 200 Jahre Carl Heymanns Verlag, Köln 2015, S. 21 ff. (zitiert als: *J. Ipsen*, in: FS Heymanns Verlag [2015])

Ipsen, Jörn, Niedersächsische Verfassung, Stuttgart u. a. 2011

Ipsen, Jörn, Quo vadis Bundesverfassungsgericht, in: Cordula Stumpf/Friedemann Kainer/Christian Baldus (Hrsg.), Privatrecht, Wirtschaftsrecht, Verfassungsrecht. Festschrift für Peter-Christian Müller-Graff, Baden-Baden 2015, S. 904 ff. (zitiert als: *J. Ipsen*, in: FS Müller-Graff)

Ipsen, Jörn, Staatsrecht I. Staatsorganisationsrecht, 31. Aufl., München 2019

Ipsen, Knut, Völkerrecht, hrsgg. von Volker Epping und Wolff Heintschel von Heinegg, 7. Aufl., München 2018 (zitiert als: *Bearbeiter*, in: Ipsen, Völkerrecht)

Isensee, Josef, Braucht Deutschland eine neue Verfassung?. Überlegungen zur neuen Schlußbestimmung des Grundgesetzes, Art. 146, Köln 1992

Isensee, Josef, Integrationswille und Integrationsresistenz des Grundgesetzes. Das Bundesverfassungsgericht zum Vertrag von Lissabon, ZRP 2010, S. 33 ff.

Isensee, Josef, Integrationsziel Europastaat?, in: Ole Due/Marcus Lutter/Jürgen Schwarze (Hrsg.), Festschrift für Ulrich Everling, Bd. I, Baden-Baden 1995, S. 567 ff (zitiert als: *J. Isensee*, in: FS Everling Bd. I)

Isensee, Josef/*Kirchhof*, Paul, Handbuch des Staatsrechts der Bundesrepublik Deutschland,

- Band I: Historische Grundlagen, 3. Aufl., Heidelberg 2003 (zitiert als: *Bearbeiter*, in: HdStR Bd. I)
- Band II: Verfassungsstaat, 3. Aufl., Heidelberg 2004 (zitiert als: *Bearbeiter*, in: HdStR Bd. II)
- Band III: Demokratie – Bundesorgane, 3. Aufl., Heidelberg 2005 (zitiert als: *Bearbeiter*, in: HdStR Bd. III)
- Band IV: Aufgaben des Staates, 3. Aufl., Heidelberg 2006 (zitiert als: *Bearbeiter*, in: HdStR Bd. IV)
- Band V: Rechtsquellen, Organisation, Finanzen, 3. Aufl., Heidelberg 2007 (zitiert als: *Bearbeiter*, in: HdStR Bd. V)
- Band VI: Bundesstaat, 3. Aufl., Heidelberg 2008 (zitiert als: *Bearbeiter*, in: HdStR Bd. VI)
- Band VII: Normativität und Schutz der Verfassung – Internationale Beziehungen, 1. Aufl., Heidelberg 1992 (zitiert als: *Bearbeiter*, in: HdStR Bd. VII [1. Aufl.])
- Band VIII: Die Einheit Deutschlands – Entwicklungen und Grundfragen –, 1. Aufl., Heidelberg 1995 (zitiert als: *Bearbeiter*, in: HdStR Bd. VIII [1. Aufl.])
- Band X: Deutschland in der Staatengemeinschaft, 3. Aufl., Heidelberg 2012 (zitiert als: *Bearbeiter*, in: HdStR Bd. X)
- Band XI: Internationale Bezüge, 3. Aufl., Heidelberg 2013 (zitiert als: *Bearbeiter*, in: HdStR Bd. XI)
- Band XII: Normativität und Schutz der Verfassung, 3. Aufl., Heidelberg 2014 (zitiert als: *Bearbeiter*, in: HdStR Bd. XII)

James, Robert Rhodes, Winston S. Churchill. His complete speeches 1897–1963, Volume VII: 1943–1949, New York 1974 (zitiert als: *R. R. James*, Churchill – his complete speeches Vol. VII)

Jarass, Hans D., Charta der Grundrechte der Europäischen Union. Unter Einbeziehung der vom EuGH entwickelten Grundrechte, der Grundrechtsregelungen der Verträge und der EMRK, 3. Aufl., München 2016 (zitiert als: *H. D. Jarass*, EU-Grundrechtecharta)

Jarass, Hans D./*Pieroth*, Bodo, Grundgesetz für die Bundesrepublik Deutschland. Kommentar, 15. Aufl., München 2018 (zitiert als: *Bearbeiter*, in: Jarass/Pieroth, GG)

Jeckel, Sebastian, Die Staatlichkeit Deutschlands in der Europäischen Union aus verfassungsrechtlicher und gemeinschaftsrechtlicher Sicht, Dissertation, Universität zu Köln 1997 (zitiert als: *S. Jeckel*, Die Staatlichkeit Deutschlands in der EU)

Jellinek, Georg, Allgemeine Staatslehre, 3. Aufl., Berlin 1921

Jestaedt, Matthias, Warum in die Ferne schweifen, wenn der Maßstab liegt so nah?. Verfassungshandwerkliche Anfragen an das Lissabon-Urteil des BVerfG, Der Staat 48 (2009), S. 497 ff.

Juncker, Jean-Claude, Es wird keinen Grexit geben. Interview von Beat Balzli, Christoph B. Schlitz und André Tauber, Welt am Sonntag Nr. 10 vom 8. März 2015, S. 6

Juncker, Jean-Claude, Rede zur Lage der Union 2017, Brüssel, 13. September 2017, deutscher Wortlaut abrufbar unter http://europa.eu/rapid/press-release_SPEECH-17-3165_de.pdf (zuletzt abgerufen am 31. Oktober 2019)

Kafsack, Hendrik, Europas Zerreißprobe, FAZ online vom 16. Januar 2016, abrufbar unter http://www.faz.net/aktuell/wirtschaft/wirtschaftspolitik/nie-war-das-ende-der-eu-so-realistisch-wie-heute-14016293.html?printPagedArticle=true#void (zuletzt abgerufen am 31. Oktober 2019)

Kahl, Bruno, Europäische Union: Bundesstaat – Staatenbund – Staatenverbund?. Zum Urteil des BVerfG vom 12. Oktober 1993, Der Staat 33 (1994), S. 241 ff.

Kahl, Wolfgang, Das Souveränitätsverständnis des Bundesverfassungsgerichts im Spiegel von dessen neuerer Rechtsprechung, in: Christian Calliess/Wolfgang Kahl/Kirsten Schmalenbach (Hrsg.), Rechtsstaatlichkeit, Freiheit und soziale Rechte in der Europäischen Union. Deidesheimer Kolloquium 2012 zu Ehren von Detlef Merten anlässlich seines 75. Geburtstages, Berlin 2014, S. 23 ff. (zitiert als: *W. Kahl*, in: FS Merten)

Kaiser, Karen (Hrsg.), Der Vertrag von Lissabon vor dem Bundesverfassungsgericht. Dokumentation des Verfahrens, Heidelberg 2013 (zitiert als *K. Kaiser*, Vertrag von Lissabon vor dem BVerfG)

Kampffmeyer, Paul (Hrsg.), Das Heidelberger Programm. Grundsätze und Forderungen der Sozialdemokratie, Berlin, ohne Jahresangabe (vermutlich 1925)

Karpen, Ulrich, Demokratie und parlamentarische Kontrolle der Entscheidungen im Europäischen Stabilitäts-Mechanismus und Fiskalpakt, ZParl 2013, S. 645 ff.

Kaufmann, Marcel, Europäische Integration und Demokratieprinzip, Baden-Baden 1997

Kempen, Bernhard, Grundgesetz oder neue deutsche Verfassung?, NJW 1991, S. 964 ff.

Kersten, Jens, Veränderungen des Demokratieverständnisses durch Soziale Medien, JuS 2014, S. 673 ff.

Kirchhof, Paul, Brauchen wir ein erneuertes Grundgesetz?, Heidelberg 1992

Klein, Hans Hugo, Verfassungsgebung, Verfassungsrevision, Volksabstimmung, in: Christian Calliess/Wolfgang Kahl/Kirsten Schmalenbach (Hrsg.), Rechtsstaatlichkeit, Freiheit und soziale Rechte in der Europäischen Union. Deidesheimer Kolloquium 2012 zu Ehren von Detlef Merten anlässlich seines 75. Geburtstages, Berlin 2014, S. 97 ff. (zitiert als: *H. H. Klein*, in: FS Merten)

Klement, Jan Henrik, Der Euro und seine Demokratie, ZG 2014, S. 169 ff.

Klinger, Hubert, Der Konvent. Ein neues Institut des europäischen Verfassungsrechts, München 2007

Kluth, Winfried, Die demokratische Legitimation der Europäischen Union. Eine Analyse der These vom Demokratiedefizit der Europäischen Union aus gemeineuropäischer Sicht, Berlin 1995 (zitiert als: *W. Kluth*, Demokratische Legitimation der EU)

Kluth, Winfried, Vertrauen ist gut, Kontrolle ist besser. Zur Bedeutung der Entscheidung des Bundesverfassungsgerichts zum Vertrag von Lissabon für das Ausländer- und Staatsangehörigkeitsrecht, ZAR 2009, S. 329 ff.

Kohl, Helmut, „Zielvorstellungen und Chancen für die Zukunft Europas", Rede vor dem Bertelsmann-Forum im Gästehaus Petersberg am 3. April 1992, abgedruckt in: Bulletin der Bundesregierung Nr. 38 vom 8. April 1992

Köllner, Lutz/*Maier*, Klaus A./*Meier-Dörenberg*, Wilhelm/*Volkmann*, Hans-Erich (Hrsg.), Anfänge westdeutscher Sicherheitspolitik 1945–1956, Band 2: Die EVG-Phase, München 1990 (zitiert als: *Bearbeiter*, in: Köllner/Maier/Meier-Dörenberg/Volkmann, Die EVG-Phase)

Konferenz von Messina, Schlußkommuniqué der Konferenz von Messina vom 3. Juni 1955, Europa-Archiv 10 (1955), S. 7974 f.

König, Doris, Das Urteil des Bundesverfassungsgerichts zum Vertrag von Maastricht – ein Stolperstein auf dem Weg in die europäische Integration?, ZaöRV 54 (1994), S. 17 ff.

König, Doris, Die Übertragung von Hoheitsrechten im Rahmen des europäischen Integrationsprozesses – Anwendungsbereich und Schranken des Art. 23 des Grundgesetzes, Berlin 2000 (zitiert als: *D. König*, Übertragung von Hoheitsrechten)

Korioth, Stefan, Staatsrecht I. Staatsorganisationsrecht unter Berücksichtigung europäischer und internationaler Bezüge, 4. Aufl., Stuttgart 2018

Kottmann, Matthias/*Wohlfahrt*, Christian, Der gespaltene Wächter?. Demokratie, Verfassungsidentität und Integrationsverantwortung im Lissabon-Urteil, ZaöRV 69 (2009), S. 443 ff.

Krägenau, Henry/*Wetter*, Wolfgang, Europäische Wirtschafts- und Währungsunion. Vom Werner-Plan zum Vertrag von Maastricht. Analysen und Dokumente, Baden-Baden 1993

Kube, Hanno, Nationale Budgethoheit und Europäische Integration, AöR 137 (2012), S. 205 ff.

Kube, Hanno, Rechtsfragen der völkervertraglichen Euro-Rettung, WM 2012, S. 245 ff.

Kugelmann, Dieter, Die Gemeinsame Außen- und Sicherheitspolitik, EuR 1998, Beiheft 2, S. 99 ff.

Kühling, Jürgen, Volksgesetzgebung und Grundgesetz – „Mehr direkte Demokratie wagen"?, JuS 2009, S. 777 ff.

Kuhn, Maike, Die Europäische Sicherheits- und Verteidigungspolitik im Mehrebenensystem. Eine rechtswissenschaftliche Untersuchung am Beispiel der Militäroperation der Europäischen Union in der Demokratischen Republik Kongo 2003, Heidelberg 2012 (zitiert als: *M. Kuhn*, ESVP)

Küsters, Hanns Jürgen, Die Gründung der Europäischen Wirtschaftsgemeinschaft, Baden-Baden 1982

Landfried, Christine, Die Wahl der Bundesverfassungsrichter und ihre Folgen für die Legitimität der Verfassungsgerichtsbarkeit, in: Robert Chr. van Ooyen/Martin H. W. Möllers (Hrsg.), Handbuch Bundesverfassungsgericht im politischen System, 2. Aufl., Wiesbaden 2015, S. 369 ff. (zitiert als: *C. Landfried*, in: van Ooyen/Möllers, Handbuch Bundesverfassungsgericht im politischen System)

Lappenküper, Ulrich, Der Schuman-Plan, VfZ 42 (1994), S. 403 ff.

Lappenküper, Ulrich, Die Außenpolitik der Bundesrepublik Deutschland 1949 bis 1990, München 2008

Latte, Gabriele, Die französische Europapolitik im Spiegel der Parlamentsdebatten (1950–1965), Berlin 1979

Laufer, Heinz, Verfassungsgerichtsbarkeit und politischer Prozeß, Tübingen 1968

Lecheler, Helmut, Die Mitwirkungsgesetzgebung an der europäischen Integration vor und nach dem Urteil des BVerfG zum Lissabon-Vertrag, JZ 2009, S. 1156 ff.

Lehner, Roman, Die „Integrationsverfassungsbeschwerde" nach Art. 38 Abs. 1 S. 1 GG: prozessuale und materiell-rechtliche Folgefragen zu einer objektiven Verfassungswahrungsbeschwerde, Der Staat 52 (2013), S. 535 ff.

Lemke, Michael, Die Debatten um die Europäische Verteidigungsgemeinschaft im Bundestag der Bundesrepublik Deutschland (1950–1953), in: Leipziger Beiträge zur Revolutionsforschung, Lehrheft 29: Parlamentsdebatten zur Europäischen Verteidigungsgemeinschaft (1950–1954) Bundesrepublik Deutschland, Frankreich, Großbritannien, Leipzig 1990, S. 22 ff. (zitiert als: *M. Lemke*, Die Debatten um die Europäische Verteidigungsgemeinschaft im Bundestag der Bundesrepublik Deutschland)

Lemke, Michael, Die parlamentarische Auseinandersetzung um Schumanplan und Montanunion in der BRD (1950–1952), in: Leipziger Beiträge zur Revolutionsforschung, Lehrheft 21: Vom Schumanplan zur Montanunion. Parlamentarische Auseinandersetzungen in Frankreich, in der BRD und in Großbritannien (1950/51), Leipzig 1988, S. 32 ff. (zitiert als: *M. Lemke*, Die parlamentarische Auseinandersetzung um Schumanplan und Montanunion in der BRD)

Lenz, Carl Otto, Ausbrechender Rechtsakt, FAZ Nr. 182 vom 8. August 2009, S. 7

Lenz, Carl Otto/*Borchardt*, Klaus-Dieter (Hrsg.), EU-Verträge Kommentar, 6. Aufl., Köln 2012 (zitiert als: *Bearbeiter*, in: Lenz/Borchardt, EU-Verträge)

Lenz, Christofer, Ein einheitliches Verfahren für die Wahl des Europäischen Parlaments, Baden-Baden 1995

Leyen, Ursula von der, „Wollen wir heiraten?“. Interview von Markus Dettmer und Michael Sauga, Der Spiegel Nr. 35/2011, S. 23 f.

Limbach, Jutta, Das Bundesverfassungsgericht, 2. Aufl., München 2010

Linck, Joachim/*Jutzi*, Siegfried/*Hopfe*, Jörg, Die Verfassung des Freistaats Thüringen, Stuttgart u. a. 1994 (zitiert als: *Bearbeiter*, in: Linck/Jutzi/Hopfe, Die Verfassung des Freistaats Thüringen)

Lindner, Franz Josef, Das Lissabon-Urteil des Bundesverfassungsgerichts und die Konsequenzen für die europäische Integration, BayVBl. 2010, S. 193 ff.

Link, Michael, Wir brauchen den europäischen Bundesstaat, Cicero online vom 19. August 2013, abrufbar unter http://www.cicero.de/weltbuehne/krisenbewaeltigung-wir-brauchen-den-europaeischen-bundesstaat/55406 (zuletzt abgerufen am 31. Oktober 2019)

Lorz, R. Alexander/*Sauer*, Heiko, Ersatzunionsrecht und Grundgesetz – Verfassungsrechtliche Zustimmungsgrundlagen für den Fiskalpakt, den ESM-Vertrag und die Änderung des AEUV –, DÖV 2012, S. 573 ff.

Lorz, R. Alexander/*Sauer*, Heiko, Verfassungsändernde Mehrheiten für die Stabilisierung des Euro?. Mehrheitserfordernisse bei der Zustimmung zum Fiskalpakt, zum ESM-Vertrag und zur Änderung des AEUV, EuR 2012, S. 682 ff.

Loth, Wilfried, Der Weg nach Europa. Geschichte der europäischen Integration 1949–1957, 3. Aufl., Göttingen 1996

Loth, Wilfried, Europas Einigung. Eine unvollendete Geschichte, Frankfurt am Main 2014

Loth, Wilfried, Helmut Kohl und die Währungsunion, VfZ 2013, S. 455 ff.

Macron, Emmanuel, Rede an der Sorbonne: Initiative für Europa, Paris, 26. September 2017, deutscher Wortlaut abrufbar unter https://de.ambafrance.org/IMG/pdf/macron_sorbonne_europe_integral.pdf?23641/4be243b705d8068173926eeb032184acc4a1f073 (zuletzt abgerufen am 31. Oktober 2019)

Magiera, Siegfried, Das Europäische Parlament als Garant demokratischer Legitimation in der Europäischen Union, in: Ole Due/Marcus Lutter/Jürgen Schwarze (Hrsg.), Festschrift für Ulrich Everling, Bd. I, Baden-Baden 1995, S. 789 ff. (zitiert als: *S. Magiera*, in: FS Everling Bd. I)

Magiera, Siegfried, Die Grundgesetzänderung von 1992 und die Europäische Union, Jura 1994, S. 1 ff.

Mangoldt, Hermann von/*Klein*, Friedrich/*Starck*, Christian, Grundgesetz. Kommentar, hrsgg. von Peter M. Huber und Andreas Voßkuhle,

– Band 1: Präambel, Artikel 1 bis 19, 7. Aufl., München 2018 (zitiert als: *Bearbeiter*, in: von Mangoldt/Klein/Starck, GG Bd. 1)

– Band 2: Artikel 20 bis 82, 7. Aufl., München 2018 (zitiert als: *Bearbeiter*, in: von Mangoldt/Klein/Starck, GG Bd. 2)

– Band 3: Artikel 83 bis 146, 7. Aufl., München 2018 (zitiert als: *Bearbeiter*, in: von Mangoldt/Klein/Starck, GG Bd. 3)

Maunz, Theodor/*Dürig*, Günter, Grundgesetz. Kommentar, hrsgg. von Roman Herzog, Rupert Scholz, Matthias Herdegen und Hans H. Klein, Loseblatt-Sammlung, Stand: 87. Ergänzungslieferung März 2019, München 2019 (zitiert als: *Bearbeiter*, in: Maunz/Dürig, GG)

Maunz, Theodor/*Schmidt-Bleibtreu*, Bruno/*Klein*, Franz/*Bethge*, Herbert (Hrsg.), Bundesverfassungsgerichtsgesetz. Kommentar, Loseblatt-Sammlung, Stand: 57. Ergänzungslieferung Juni 2019, München 2019 (zitiert als: *Bearbeiter*, in: Maunz/Schmidt-Bleibtreu/Klein/Bethge, BVerfGG)

Maurer, Andreas/*Vogel*, Stephan, Die Europäische Bürgerinitiative, Berlin 2009, abrufbar unter http://www.swp-berlin.org/fileadmin/contents/products/studien/2009_S28_mrr_vogel_ks.pdf (zuletzt abgerufen am 31. Oktober 2019)

Max-Planck-Institut für ausländisches öffentliches Recht und Völkerrecht, Wahlkreiseinteilung in westlichen europäischen Demokratien, den USA und Kanada. Gutachten des Max-Planck-Instituts für ausländisches öffentliches Recht und Völkerrecht für das Bundesverfassungsgericht, ZaöRV 57 (1997), S. 632 ff.

Mayer, Franz C., Die Rückkehr der Europäischen Verfassung?. Ein Leitfaden zum Vertrag von Lissabon, ZaöRV 67 (2007), S. 1141 ff.

Mayer, Franz C., Ein Referendum über die Europäische Verfassung?, EuZW 2003, S. 321

Mayer, Martina, Die Europafunktion der nationalen Parlamente in der Europäischen Union, Tübingen 2012

Merkel, Karlheinz, Die verfassungsgebende Gewalt des Volkes. Grundlagen und Dogmatik des Art. 146 GG, Baden-Baden 1996

Meyer, Hans, Volksabstimmungen im Bund: Verfassungslage nach Zeitgeist?, JZ 2012, S. 538 ff.

Meyer, Jürgen/*Hölscheidt*, Sven (Hrsg.), Charta der Grundrechte der Europäischen Union, 5. Aufl., Baden-Baden 2019 (zitiert als: *Bearbeiter*, in: Meyer/Hölscheidt, EU-Grundrechtecharta)

Mitgliedstaaten des Euro-Währungsgebiet, Statement on the support to Greece by Euro area Members States vom 11. April 2010, MEMO/10/123, abrufbar unter http://www.consilium.europa.eu/uedocs/cms_data/docs/pressdata/en/ec/113686.pdf (zuletzt abgerufen am 31. Oktober 2019)

Moelle, Henning, Der Verfassungsbeschluß nach Artikel 146 Grundgesetz, Paderborn 1996

Möller, Hauke, Die verfassungsgebende Gewalt des Volkes und die Schranken der Verfassungsrevision. Eine Untersuchung zu Art. 79 Abs. 3 GG und zur verfassungsgebenden Gewalt nach dem Grundgesetz, Berlin 2004 (zitiert als: *H. Möller*, Verfassungsgebende Gewalt)

Möllers, Christoph, Staat als Argument, München 2000

Monnet, Jean, Erinnerungen eines Europäers, München/Wien 1978

Morlok, Martin/*Schliesky*, Utz/*Wiefelspütz*, Dieter (Hrsg.), Parlamentsrecht. Praxishandbuch, Baden-Baden 2016 (zitiert als: *Bearbeiter*, in: Morlok/Schliesky/Wiefelspütz, Parlamentsrecht)

Mross, Oliver, Bürgerbeteiligung am Rechtsetzungsprozess in der Europäischen Union. Ein Beitrag zur Stärkung der demokratischen Legitimation?, Berlin 2010

Müller-Franken, Sebastian, Die demokratische Legitimation öffentlicher Gewalt in den Zeiten der Globalisierung. Zur unhintergehbaren Rolle des Staates in einer durch Europäisierung und Internationalisierung veränderten Welt, AöR 134 (2009), S. 542 ff.

Müller-Graff, Peter-Christian, Das Karlsruher Lissabon-Urteil: Bedingungen, Grenzen, Orakel und integrative Optionen, integration 2009, S. 331 ff.

Müller-Härlin, Maximilian, Nation und Europa in Parlamentsdebatten zur Europäischen Integration, Baden-Baden 2008

Münch, Ingo von, Autoritätsschwund in Karlsruhe, NJW 1993, S. 2286 f.

Münch, Ingo von/*Kunig*, Philip (Hrsg.), Grundgesetz. Kommentar,

- Band 1: Präambel bis Art. 69, 6. Aufl., München 2012 (zitiert als: Bearbeiter, in: von Münch/Kunig, GG Bd. 1)
- Band 2: Art. 70 bis 146, 6. Aufl., München 2012 (zitiert als: Bearbeiter, in: von Münch/Kunig, GG Bd. 2)

Münch, Ingo von/*Mager*, Ute, Staatsrecht I. Staatsorganisationsrecht unter Berücksichtigung der europarechtlichen Bezüge, 8. Aufl., Stuttgart 2016

Murswiek, Dietrich, Das Lissabon-Urteil des Bundesverfassungsgerichts aus der Sicht eines Prozessvertreters, in: Ivo Appel/Georg Hermes/Christoph Schönberger (Hrsg.), Öffentliches Recht im offenen Staat. Festschrift für Rainer Wahl zum 70. Geburtstag, Berlin 2011, S. 779 ff. (zitiert als: *D. Murswiek*, in: FS Wahl)

Murswiek, Dietrich, Maastricht und der pouvoir constituant. Zur Bedeutung der verfassunggebenden Gewalt im Prozeß der europäischen Integration, Der Staat 32 (1993), S. 161 ff.

Murswiek, Dietrich, Verfassungsbeschwerde des Beschwerdeführers Peter Gauweiler vom 21. Mai 2010, abrufbar unter http://archiv.peter-gauweiler.de/pdf/esm/Vb.%20Euro-Stabilisierungsmechanismus.pdf (zuletzt abgerufen am 31. Oktober 2019)

Neidhardt, Hilde, Staatsverschuldung und Verfassung, Tübingen 2010

Nettesheim, Martin, Bundesverfassungsgericht und Staatsschuldenkrise: Parlamentarisierung und Repolitisierung der „Eurorettung“, in: Europäisches Zentrum für Föderalismus-Forschung Tübingen (Hrsg.), Jahrbuch des Föderalismus 2012, Baden-Baden 2012, S. 259 ff. (zitiert als: *M. Nettesheim*, in: Jahrbuch des Föderalismus 2012)

Nettesheim, Martin, Die „haushaltspolitische Gesamtverantwortung“ in der Rechtsprechung des BVerfG, in: Peter Brandt (Hrsg.), Verfassung und Krise, Berlin 2015, S. 11 ff. (zitiert als: *M. Nettesheim*, in: Brandt, Verfassung und Krise)

Nettesheim, Martin, Die Integrationsverantwortung – Vorgaben des BVerfG und gesetzgeberische Umsetzung, NJW 2010, S. 177 ff.

Nettesheim, Martin, Ein Individualrecht auf Staatlichkeit? Die Lissabon-Entscheidung des BVerfG, NJW 2009, S. 2867 ff.

Niedobitek, Matthias, Die Integrationsverantwortung von Bundestag und Bundesrat nach dem „Lissabon-Urteil“ des Bundesverfassungsgerichts, in: Gabriele Abels/Annegret Eppler (Hrsg.), Auf dem Weg zum Mehrebenenparlamentarismus?. Funktionen von Parlamenten im politischen System der EU, Baden-Baden 2011, S. 159 ff. (zitiert als: *M. Niedobitek*, in: Abels/Eppler, Auf dem Weg zum Mehrebenenparlamentarismus?)

Nolte, Georg, Bundeswehreinsätze in kollektiven Sicherheitssystemen. Zum Urteil des Bundesverfassungsgerichts vom 12. Juli 1994, ZaöRV 54 (1994), S. 652 ff.

Ohler, Christoph, Herrschaft, Legitimation und Recht in der Europäischen Union – Anmerkungen zum Lissabon-Urteil des BVerfG, AöR 135 (2010), S. 153 ff.

Oppermann, Thomas, „Euro-Rettung" und europäisches Recht, NJW 2013, S. 6 ff.

Oppermann, Thomas, Den Musterknaben ins Bremserhäuschen! – Bundesverfassungsgericht und Lissabon-Vertrag, EuZW 2009, S. 473

Oppermann, Thomas/*Classen*, Claus Dieter, Die EG vor der Europäischen Union, NJW 1993, S. 5 ff.

Oppermann, Thomas/*Classen*, Claus Dieter, Europäische Union: Erfüllung des Grundgesetzes, APuZ 1993, B 28, S. 11 ff.

Oppermann, Thomas/*Classen*, Claus-Dieter/*Nettesheim*, Martin, Europarecht, 8. Aufl., München 2018 (zitiert als: *Bearbeiter*, in: Oppermann/Classen/Nettesheim, Europarecht)

Ossenbühl, Fritz, Maastricht und das Grundgesetz – eine verfassungsrechtliche Wende?, DVBl. 1993, S. 629 ff.

Pache, Eckhard, Das Ende der europäischen Integration?. Das Urteil des Bundesverfassungsgerichts zum Vertrag von Lissabon, zur Zukunft Europas und der Demokratie, EuGRZ 2009, S. 285 ff.

Pagenkopf, Martin, Schirmt das BVerfG vor Rettungsschirmen?, NVwZ 2011, S. 1473 ff.

Papier, Hans-Jürgen, Die Neuordnung der Europäischen Union – Zum Vertrag über eine Verfassung für Europa –, EuGRZ 2004, S. 753 ff.

Papier, Hans-Jürgen, Verfassungsfragen der europäischen Integration, in: Christian Calliess/Wolfgang Kahl/Kirsten Schmalenbach (Hrsg.), Rechtsstaatlichkeit, Freiheit und soziale Rechte in der Europäischen Union. Deidesheimer Kolloquium 2012 zu Ehren von Detlef Merten anlässlich seines 75. Geburtstages, Berlin 2014, S. 11 ff. (zitiert als: *H.-J. Papier*, in: FS Merten)

Paulus, Andreas L., Die Parlamentszustimmung zu Auslandseinsätzen nach dem Parlamentsbeteiligungsgesetz, in: Dieter Weingärtner (Hrsg.), Einsatz der Bundeswehr im Ausland, Baden-Baden 2007, S. 81 ff. (zitiert als: *A. L. Paulus*, in: Weingärtner, Einsatz der Bundeswehr im Ausland)

Paus, Martin/*Schmidt*, Ansgar, Das Grundgesetz und die direkte Demokratie auf staatlicher und kommunaler Ebene, JA 2012, S. 48 ff.

Pernice, Ingolf, Der Schutz nationaler Identität in der Europäischen Union, AöR 136 (2011), S. 185 ff.

Pernice, Ingolf, Maastricht, Staat und Demokratie, Die Verwaltung 1993, S. 449 ff.

Peters, Anne, Elemente einer Theorie der Verfassung Europas, Berlin 2001

Peuker, Enrico, Bürokratie und Demokratie in Europa. Legitimität im Europäischen Verfassungsverbund, Tübingen 2011

Peuker, Enrico, Das Wahlrecht zum Europäischen Parlament als Achillesferse der europäischen Demokratie, ZEuS 2008, S. 453 ff.

Pieroth, Bodo, Politischer Freiraum zur Umgestaltung des Bundesstaats, ZRP 2008, S. 90ff.

Piesbergen, Heiko, Die Europäische Bürgerinitiative nach Art. 11 Abs. 4 EUV, Frankfurt a. M. 2011 (zitiert als: *H. Piesbergen*, Europäische Bürgerinitiative)

Plate, Tobias, Art. 59 Abs. 2 GG: Anwendungsfragen aus der Praxis am Beispiel der Änderung völkerrechtlicher Verträge, DÖV 2011, S. 606ff.

Pleven, René, Der französische Plan zur Verteidigung des Westens. Regierungserklärung des Ministerpräsidenten René Pleven vom 24. Oktober 1950, Europa-Archiv 5 (1950), S. 3518ff.

Puttler, Adelheid, Die neuen Vertragsänderungsverfahren der Europäischen Verfassung im Lichte des Grundgesetzes. – Ihre Vereinbarkeit mit Art. 23 GG und erforderliche Verfassungsänderungen –, DÖV 2005, S. 401ff.

Puttler, Adelheid, Sind die Mitgliedstaaten noch „Herren" der EU?. Stellung und Einfluss der Mitgliedstaaten nach dem Entwurf des Verfassungsvertrages der Regierungskonferenz, EuR 2004, S. 669ff.

Rademacher, Tilman, Die „Verfassungsidentität" als Grenze der Kompetenzübertragung auf die Europäische Union?, EuR 2018, S. 140ff.

Rathke, Hannes, Von der Stabilitäts- zur Stabilisierungsunion: Der neue Art. 136 Abs. 3 AEUV, DÖV 2011, S. 753ff.

Roellecke, Gerd, Bewaffnete Auslandseinsätze – Krieg, Außenpolitik oder Innenpolitik?. Ein verfassungsänderndes Urteil des Bundesverfassungsgerichts, Der Staat 34 (1995), S. 415ff.

Roellecke, Gerd, Brauchen wir ein neues Grundgesetz?, NJW 1991, S. 2441ff.

Rommelfanger, Ulrich, Das konsultative Referendum. Eine verfassungstheoretische, -rechtliche und -vergleichende Untersuchung, Berlin 1988

Röper, Erich, Der Souveränitäts- und Volksbegriff des Bundesverfassungsgerichts, DÖV 2010, S. 285ff.

Ruffert, Matthias, An den Grenzen des Integrationsverfassungsrechts: Das Urteil des Bundesverfassungsgerichts zum Vertrag von Lissabon, DVBl. 2009, S. 1197ff.

Ruffert, Matthias, Institutionen, Organe und Kompetenzen – der Abschluss eines Reformprozesses als Gegenstand der Europarechtswissenschaft, EuR 2009, Beiheft 1, S. 31ff.

Rupp, Hans Heinrich, Muß das Volk über den Vertrag von Maastricht entscheiden?, NJW 1993, S. 38ff.

Ruppert, Andreas, Die Integrationsgewalt, Hamburg 1969

Rüß, Oliver, Vereintes Europa – das unerreichbare Staatsziel?. Zur Grundgesetzkonformität eines Beitritts der Bundesrepublik Deutschland zu einem europäischen Bundesstaat, Baden-Baden 2005 (zitiert als: *O. Rüß*, Vereintes Europa)

Sachs, Michael (Hrsg.), Grundgesetz. Kommentar, 8. Aufl., München 2018 (zitiert als: *Bearbeiter*, in: Sachs, GG)

Sachs, Michael, Das Grundgesetz im vereinten Deutschland – endgültige Verfassung oder Dauerprovisorium?, JuS 1991, S. 985ff.

Sack, Jörn, Der „Staatenverbund" – Das Europa der Vaterländer des Bundesverfassungsgerichts. Ein Kommentar zum Urteil über die Vereinbarkeit des Lissabon-Vertrags mit dem Grundgesetz, ZEuS 2009, S. 623 ff.

Sack, Jörn, Die Staatswerdung Europas – kaum eine Spur von Stern und Stunde. Der Entwurf einer Verfassung für Europa in seinen tragenden Teilen kritisch abgeklopft und bewertet, Der Staat 44 (2005), S. 67 ff.

Sauer, Oliver, Volksabstimmung über den Lissabonner Vertrag?, BayVBl. 2008, S. 581 ff.

Schäuble, Wolfgang, Perfekte Lösungen brauchen lange. Interview von Sven Böll und Konstantin von Hammerstein, Der Spiegel 26/2012, S. 28 ff.

Scherrer, Philipp, Das Parlament und sein Heer. Das Parlamentsbeteiligungsgesetz, Berlin 2010

Scheuing, Dieter H., Deutsches Verfassungsrecht und europäische Integration, in: Jürgen Schwarze/Peter-Christian Müller-Graff (Hrsg.), 17. FIDE-Kongress vom 9.–12. Oktober 1996 in Berlin, EuR-Beiheft I/1997, S. 7 ff. (zitiert als: *D. H. Scheuing*, in: Schwarze/Müller-Graff, 17. FIDE-Kongress)

Schilling, Theodor, Die deutsche Verfassung und die europäische Einigung, AöR 116 (1991), S. 32 ff.

Schilling, Theodor, Eine neue Verfassung für Deutschland. Art. 146 GG und die Rolle des Bundesverfassungsgerichts, Der Staat 53 (2014), S. 95 ff.

Schindler, Peter, Datenhandbuch zur Geschichte des Deutschen Bundestages 1949 bis 1999,
- Band 1, Baden-Baden 1999
- Band 3, Baden-Baden 1999

Schladebach, Marcus, Der Vertrag über den Beitritt zur EU, LKV 2004, S. 10 ff.

Schliesky, Utz, Souveränität und Legitimität von Herrschaftsgewalt, Tübingen 2004

Schmahl, Stefanie, Integrationsverantwortung, Demokratieprinzip und Gewaltenteilung. – Die Mitwirkung der deutschen Verfassungsorgane in Angelegenheiten der Europäischen Union –, in: Eric Holgendorf/Frank Eckert (Hrsg): Subsidiarität – Sicherheit – Solidarität. Festgabe für Franz-Ludwig Knemeyer zum 75. Geburtstag, Würzburg 2012, S. 765 ff. (zitiert als: *S. Schmahl*, in: FG Knemeyer)

Schmahl, Stefanie, Singuläre Integrationsverantwortung des Parlaments – oder kumulative Integrationsverantwortung der Parlamente? – Ein Plädoyer für die Neujustierung der europäischen parlamentarischen Demokratie –, DÖV 2014, S. 501 ff.

Schmalenbach, Kirsten, Der neue Europaartikel 23 des Grundgesetzes im Lichte der Arbeit der Gemeinsamen Verfassungskommission. Motive einer Verfassungsänderung, Berlin 1996 (zitiert als: *K. Schmalenbach*, Der neue Europaartikel 23)

Schmidt, Manfred G., Das politische System Deutschlands, 3. Aufl., München 2016

Schmidt-Bleibtreu, Bruno/*Hofmann*, Hans/*Henneke*, Hans-Günter (Hrsg.), GG. Kommentar zum Grundgesetz, 14. Aufl., Köln 2018 (zitiert als: *Bearbeiter*, in: Schmidt-Bleibtreu/Hofmann/Henneke, GG)

Schmidt-Radefeldt, Roman, Die parlamentarische Dimension der Europäischen Sicherheits- und Verteidigungspolitik – Pluralität von demokratischer Legitimation in einer europäischen Mehrebenendemokratie, ZParl 2009, S. 773 ff.

Schmidt-Radefeldt, Roman, Parlamentarische Kontrolle der internationalen Streitkräfteintegration, Berlin 2005

Schmitt, Carl, Verfassungslehre, 6. Aufl. (unveränderter Nachdruck der 1928 erschienenen 1. Aufl.), Berlin 1983

Schmitz, Thomas, Das europäische Volk und seine Rolle bei einer Verfassunggebung in der Europäischen Union, EuR 2003, S. 217 ff.

Schneider, Hans-Peter/*Zeh*, Wolfgang (Hrsg.), Parlamentsrecht und Parlamentspraxis in der Bundesrepublik Deutschland, Berlin 1989 (zitiert als: *Bearbeiter*, in: Schneider/Zeh, Parlamentsrecht und Parlamentspraxis)

Schöbener, Burkhard (Hrsg.), Völkerrecht. Lexikon zentraler Begriffe und Themen, Heidelberg u. a. 2014 (zitiert als: *Bearbeiter*, in: Schöbener, Völkerrecht)

Scholz, Rupert, Die Gemeinsame Verfassungskommission von Bundestag und Bundesrat, ZG 1994, S. 1 ff.

Scholz, Rupert., Europäische Union und deutscher Bundesstaat, NVwZ 1993, S. 817 ff.

Schönberger, Christoph, Der introvertierte Rechtsstaat als Krönung der Demokratie? – Zur Entgrenzung von Art. 38 GG im Europaverfassungsrecht, JZ 2010, S. 1160 ff.

Schönberger, Christoph, Die Europäische Union als Bund. Zugleich ein Beitrag zur Verabschiedung des Staatenbund-Bundesstaats-Schemas, AöR 129 (2004), S. 81 ff.

Schönberger, Christoph, Die Europäische Union zwischen „Demokratiedefizit" und Bundesstaatsverbot. Anmerkungen zum Lissabon-Urteil des Bundesverfassungsgerichts, Der Staat 48 (2009), S. 535 ff.

Schönberger, Christoph, Lisbon in Karlsruhe: Maastricht's Epigones At Sea, GLJ 10 (2009), S. 1201 ff.

Schönberger, Christoph, Unionsbürger. Europas föderales Bürgerrecht in vergleichender Sicht, Tübingen 2005

Schoo, Johann, Das neue institutionelle Gefüge der EU, EuR 2009, Beiheft 1, S. 51 ff.

Schröder, Ulrich Jan, Die offene Flanke. – Die verfassungsrechtlichen Anforderungen an die Begleitgesetzgebung zum Vertrag von Lissabon –, DÖV 2010, S. 303 ff.

Schroeder, Werner, Alles unter Karlsruher Kontrolle?. Die Souveränitätsfrage im Maastricht-Urteil des BVerfG, ZfRV 1994, S. 143 ff.

Schroeder, Werner, Verfassungs- und völkerrechtliche Aspekte friedenssichernder Bundeswehreinsätze – BVerfG, NJW 1994, 2207, JuS 1995, S. 398 ff.

Schuman, Robert, Erklärung der französischen Regierung über eine gemeinsame deutsch-französische Schwerindustrie vom 9. Mai 1950, Europa-Archiv 5 (1950), S. 3091 f.

Schwarz, Hans-Peter, Die Ära Adenauer. Gründerjahre der Republik 1949–1957, Stuttgart 1981 (zitiert als: *H.-P. Schwarz*, Die Ära Adenauer 1949–1957)

Schwarz, Jürgen (Hrsg.), Der Aufbau Europas. Pläne und Dokumente 1945–1980, Bonn 1980

Schwarze, Jürgen, Die verordnete Demokratie. Zum Urteil des 2. Senats des BVerfG zum Lissabon-Vertrag, EuR 2010, S. 108 ff.

Schwarze, Jürgen, EU-Kommentar, hrsgg. von Ulrich Becker, Armin Hatje, Johann Schoo und Jürgen Schwarze, 4. Aufl., Baden-Baden 2019 (zitiert als: *Bearbeiter*, in: Schwarze, EU-Kommentar)

Scriba, Florian, „Legale Revolution"?. Zu den Grenzen verfassungsändernder Rechtssetzung und der Haltbarkeit eines umstrittenen Begriffs, Berlin 2008

Seidel, Martin, Der europäische Verfassungsprozess und Winston Churchills Züricher Vision der „Vereinigten Staaten von Europa", EuZW 2008, S. 1

Seidl-Hohenveldern, Ignaz (Hrsg.), Lexikon des Rechts – Völkerrecht, 3. Aufl., Neuwied 2001 (zitiert als: *Bearbeiter*, in: Seidl-Hohenveldern, Lexikon des Rechts – Völkerrecht)

Selmayr, Martin, Endstation Lissabon? – Zehn Thesen zum „Niemals"-Urteil des Bundesverfassungsgerichts vom 30. Juni 2009, ZEuS 2009, S. 637 ff.

Siekmann, Helmut, Staat und Staatlichkeit am Ende des 20. Jahrhunderts, in: Joachim Burmeister (Hrsg.), Verfassungsstaatlichkeit. Festschrift für Klaus Stern zum 65. Geburtstag, München 1997, S. 341 ff. (zitiert als: *H. Siekmann*, in: FS Stern)

Sigloch, Daniel, Auslandseinsätze der Bundeswehr. Verfassungsrechtliche Möglichkeiten und Grenzen, Hamburg 2006

Simon, Sven, Grenzen des Bundesverfassungsgerichts im europäischen Integrationsprozess, Tübingen 2016

Sodan, Helge (Hrsg.), Grundgesetz. Beck'scher Kompakt-Kommentar, 4. Aufl., München 2018 (zitiert als: *Bearbeiter*, in: Sodan, GG)

Sommermann, Karl-Peter, Integrationsgrenzen des Grundgesetzes und europäischer Verfassungsverbund: Brauchen wir eine neue Verfassung?, in: Hermann Hill/Karl-Peter Sommermann/Joachim Wieland/Jan Ziekow (Hrsg.), Brauchen wir eine neue Verfassung? – Zur Zukunftsfähigkeit des Grundgesetzes, Berlin 2014, S. 201 ff. (zitiert als: *K.-P. Sommermann*, in: Hill/Sommermann/Wieland/Ziekow, Brauchen wir eine neue Verfassung?)

Sommermann, Karl-Peter, Staatsziel „Europäische Union" – Zur normativen Reichweite des Art. 23 Abs. 1 S. 1 GG n. F. –, DÖV 1994, S. 596 ff.

Sonder, Nicolas, Was ist Integrationsverantwortung? – Kritische Überlegungen zu den verfassungstheoretischen Vorgaben des Bundesverfassungsgerichts und der Umsetzung im IntVG –, KritV 2011, S. 214 ff.

SPD, Zeit für mehr Gerechtigkeit. Unser Regierungsprogramm für Deutschland, abrufbar unter https://www.spd.de/fileadmin/Dokumente/Regierungsprogramm/SPD_Regierungs programm_BTW_2017_A5_RZ_WEB.pdf (zuletzt abgerufen am 31. Oktober 2019)

Staats- und Regierungschefs der Mitgliedstaaten des Euro-Währungsgebiet, Erklärung vom 25. März 2010, abrufbar unter http://www.consilium.europa.eu/uedocs/cms_data/docs/pressdata/de/ec/113566.pdf (zuletzt abgerufen am 31. Oktober 2019)

Starck, Christian, Verfassungen, Tübingen 2009

Statistische Ämter des Bundes und der Länder, Fläche und Bevölkerung nach Ländern, abrufbar unter https://www.statistikportal.de/de/bevoelkerung/flaeche-und-bevoelkerung (zuletzt abgerufen am 31. Oktober 2019)

Statistisches Amt der Europäischen Union (Eurostat), Bevölkerung am 1. Januar – Personen, abrufbar unter https://ec.europa.eu/eurostat/tgm/table.do?tab=table&init=1&plugin=1&language=de&pcode=tps00001 (zuletzt abgerufen am 31. Oktober 2019) (zitiert als: *Eurostat*, Bevölkerung)

Steffani, Winfried, Parlamentarische und präsidentielle Demokratie, Opladen 1979

Steiger, Heinhard, Mehr Demokratie in der EU – aber wie?, ZRP 2012, S. 13 ff.

Steiger, Heinhard, Staatlichkeit und Mitgliedstaatlichkeit – Deutsche staatliche Identität und Europäische Integration, EuR 2010, Beiheft 1, S. 57 ff.

Stein, Torsten, Ceterum censeo: „Die Bundeswehr ist ein Parlamentsheer", ZEuS 2009, S. 681 ff.

Stein, Torsten/*Kröninger*, Holger, Bundeswehreinsatz im Rahmen von NATO-, WEU- bzw. VN-Militäraktionen. – BVerfG vom 12.7.1994 – 2 BvE 3/93, 2 BvE 5/93, 2 BvE 7/93, 2 BvE 8/93 –, Jura 1995, S. 254 ff.

Stein, Torsten/*von Buttlar*, Christian/*Kotzur*, Markus, Völkerrecht, 14. Aufl., München 2017

Steinbrück, Peer, Die Geduld des Verfassungsgerichts ist bald zu Ende. Interview von Bärbel Krauß und Rainer Pörtner, Stuttgarter Zeitung online vom 24. Juni 2012, abrufbar unter https://www.stuttgarter-zeitung.de/inhalt.peer-steinbrueck-ueber-eu-krise-eine-volksabstimmung-zur-eu-ist-zwingend.fe226c0f-5f44-47bf-af32-3fbc374e761b.html und https://www.stuttgarter-zeitung.de/inhalt.peer-steinbrueck-ueber-eu-krise-eine-volksabstimmung-zur-eu-ist-zwingend-page1.fe226c0f-5f44-47bf-af32-3fbc374e761b.html (zuletzt abgerufen am 31. Oktober 2019)

Stern, Klaus, Das Staatsrecht der Bundesrepublik Deutschland, Band I: Grundbegriffe und Grundlagen des Staatsrechts, Strukturprinzipien der Verfassung, 2. Aufl., München 1984 (zitiert als: *K. Stern*, Staatsrecht I)

Stern, Klaus/*Becker*, Florian (Hrsg.), Grundrechte-Kommentar, 3. Aufl., Köln 2019 (zitiert als: *Bearbeiter*, in: Stern/Becker, Grundrechte-Kommentar)

Stern, Klaus/*Sachs*, Michael (Hrsg.), Europäische Grundrechte-Charta, München 2016 (zitiert als: *Bearbeiter*, in: Stern/Sachs, Europäische Grundrechte-Charta)

Stöcker, Hans A., Deutschland demnächst – eine Unionsprovinz?, KritV 74 (1991), S. 87 ff.

Streinz, Rudolf (Hrsg.), EUV/AEUV. Vertrag über die Europäische Union und Vertrag über die Arbeitsweise der Europäischen Union, 3. Aufl., München 2018 (zitiert als: *Bearbeiter*, in: Streinz, EUV/AEUV)

Streinz, Rudolf, Das Maastricht-Urteil des Bundesverfassungsgerichts. Anmerkungen zu BVerfG, EuZW 1993, 667, EuZW 1994, S. 329 ff.

Streinz, Rudolf, Der Vertrag von Amsterdam. Einführung in die Reform des Unionsvertrages von Maastricht und erste Bewertung der Ergebnisse, EuZW 1998, S. 137 ff.

Streinz, Rudolf, Europarecht, 10. Aufl., Heidelberg u. a. 2016

Streinz, Rudolf/*Ohler*, Christoph/*Herrmann*, Christoph, Der Vertrag von Lissabon zur Reform der EU, 3. Aufl., München 2010 (zitiert als: *R. Streinz/C. Ohler/C. Herrmann*, Vertrag von Lissabon)

Streinz, Rudolf/*Ohler*, Christoph/*Herrmann*, Christoph, Die neue Verfassung für Europa, München 2005

Stückrath, Birgitta, Art. 146 GG: Verfassungsablösung zwischen Legalität und Legitimität, Berlin 1997 (zitiert als: *B. Stückrath*, Art. 146 GG)

Suhr, Oliver, Die Leftovers des Lissabon-Vertrages: Anforderungen an die Änderung der vertraglichen Grundlagen der Europäischen Union, in: Michaela Wittinger/Rudolf Wendt/Georg Ress (Hrsg.), Verfassung – Völkerrecht – Kulturgüterschutz. Festschrift für Wilfried Fiedler zum 70. Geburtstag, Berlin 2011, S. 715 ff. (zitiert als: *O. Suhr*, in: FS Fiedler)

Suhr, Oliver, Die polizeiliche und justizielle Zusammenarbeit in Strafsachen nach dem „Lissabon"-Urteil des Bundesverfassungsgerichts, ZEuS 2009, S. 687 ff.

Suski, Birgit, Das Europäische Parlament. Volksvertretung ohne Volk und Macht?, Berlin 1996

Terhechte, Jörg Philipp, Souveränität, Dynamik und Integration – making up the rules as we go along?. Anmerkungen zum Lissabon-Urteil des Bundesverfassungsgerichts, EuZW 2009, S. 724 ff.

The Spinelli Group, About us, abrufbar unter http://www.spinelligroup.eu/about-us (zuletzt abgerufen am 31. Oktober 2019)

Thiele, Alexander, Das Mandat der EZB und die Krise des Euro, Tübingen 2013

Thiele, Carmen, Regeln und Verfahren der Entscheidungsfindung innerhalb von Staaten und Staatenverbindungen. Staats- und kommunalrechtliche sowie europa- und völkerrechtliche Untersuchungen, Berlin/Heidelberg 2008

Thym, Daniel, Anmerkung (zu BVerfG JZ 2011, 1004), JZ 2011, S. 1011 ff.

Thym, Daniel, Europäische Integration im Schatten souveräner Staatlichkeit. Anmerkungen zum Lissabon-Urteil des Bundesverfassungsgerichts, Der Staat 48 (2009), S. 559 ff.

Thym, Daniel, Euro-Rettungsschirm: zwischenstaatliche Rechtskonstruktion und verfassungsgerichtliche Kontrolle, EuZW 2011, S. 167 ff.

Thym, Daniel, Integrationsziel europäische Armee?. Verfassungsrechtliche Grundlagen der deutschen Beteiligung an der Gemeinsamen Sicherheits- und Verteidigungspolitik (GSVP), EuR 2010, Beiheft 1, S. 171 ff.

Tiedtke, Andreas, Demokratie in der Europäischen Union. Eine Untersuchung der demokratischen Legitimation des europäischen Integrationsprozesses vom Vertrag von Amsterdam bis zum Entwurf einer Europäischen Verfassung, Berlin 2005 (zitiert als: *A. Tiedtke*, Demokratie in der EU)

Tieke, Eva-Maria, Das Subjekt demokratischer Legitimation in der Europäischen Union, Marburg 2015 (zitiert als: *E.-M. Tieke*, Subjekt demokratischer Legitimation in der EU)

Tischendorf, Michael, Theorie und Wirklichkeit der Integrationsverantwortung deutscher Verfassungsorgane, Tübingen 2017 (zitiert als: *M. Tischendorf*, Integrationsverantwortung)

Tomuschat, Christian, Das Endziel der europäischen Integration. Maastricht ad infinitum?, DVBl. 1996, S. 1073 ff.

Tomuschat, Christian, Die Europäische Union unter der Aufsicht des Bundesverfassungsgerichts, EuGRZ 1993, S. 489 ff.

Tomuschat, Christian, Lisbon – Terminal of the European Integration Process?. The Judgement of the German Constitutional Court of 30 June 2009, ZaöRV 70 (2010), S. 251 ff.

Tomuschat, Christian, The Ruling of the German Constitutional Court on the Treaty of Lisbon, GLJ 10 (2009), S. 1259 ff.

Uhrig, Stephanie, Die Schranken des Grundgesetzes für die europäische Integration. Grenzen der Übertragung von Hoheitsrechten nach dem Grundgesetz am Beispiel des Vertrages von Maastricht, Berlin 2000 (zitiert als: *S. Uhrig*, Schranken des GG für die europäische Integration)

Ukrow, Jürgen, Deutschland auf dem Weg vom Motor zum Bremser der europäischen Integration?. Kritische Anmerkungen zum „Lissabon"-Urteil des Bundesverfassungsgerichts vom 30. Juni 2009, ZEuS 2009, S. 717 ff.

Umbach, Dieter C./*Clemens*, Thomas (Hrsg.), Grundgesetz. Mitarbeiterkommentar und Handbuch,

– Band I, Heidelberg 2002 (zitiert als: *Bearbeiter*, in: Clemens/Umbach, GG Bd. I)

– Band II, Heidelberg 2002 (zitiert als: *Bearbeiter*, in: Clemens/Umbach, GG Bd. II)

Uppenbrink, Eva, Das Europäische Mandat – Status der Abgeordneten des Europäischen Parlaments, Berlin 2004 (zitiert als: *E. Uppenbrink*, Das Europäische Mandat)

Vedder, Christoph/*Heintschel von Heinegg*, Wolff (Hrsg.), Europäischer Verfassungsvertrag, Baden-Baden 2007 (zitiert als: *Bearbeiter*, in: Vedder/Heintschel von Heinegg, EVV)

Vedder, Christoph/*Heintschel von Heinegg*, Wolff (Hrsg.), Europäisches Unionsrecht, 2. Aufl., Baden-Baden 2018 (zitiert als: *Bearbeiter*, in: Vedder/Heintschel von Heinegg, Unionsrecht)

Vogel, Klaus, Die Verfassungsentscheidung des Grundgesetzes für eine internationale Zusammenarbeit, Tübingen 1964

Wagner, Hans, Einsamer Kampf gegen den europäischen Überstaat, FOCUS Magazin Nr. 21/1993, abrufbar unter http://www.focus.de/politik/deutschland/maastricht-einsamer-kampf-gegen-den-europaeischen-ueberstaat_aid_141359.html (zuletzt abgerufen am 31. Oktober 2019)

Wagner, Tobias M., Parlamentsvorbehalt und Parlamentsbeteiligungsgesetz. Die Beteiligung des Bundestages bei Auslandseinsätzen der Bundeswehr, Berlin 2010

Weber, Albrecht, Die Reform der Wirtschafts- und Währungsunion in der Finanzkrise, EuZW 2011, S. 935 ff.

Weber, Albrecht, Vom Verfassungsvertrag zum Vertrag von Lissabon, EuZW 2008, S. 7 ff.

Wedemeyer, Heide, Mehrheitsbeschlussfassung im Rat der Europäischen Union. Rechtliche Grundlagen, praktische Umsetzung und ihre Folgen für die Vertretung nationaler Interessen, Baden-Baden 2008

Weidenfeld, Werner/*Giering*, Claus, Die Europäische Union nach Amsterdam – Bilanz und Perspektive, in: Werner Weidenfeld (Hrsg.), Amsterdam in der Analyse, Gütersloh 1998, S. 19 ff. (zitiert als: *W. Weidenfeld/C. Giering*, in: Weidenfeld, Amsterdam in der Analyse)

WeltN24 GmbH, Kanzlerin Merkel sagt „Ja“ zu europäischer Armee, veröffentlicht am 9. März 2015, abrufbar unter https://www.welt.de/politik/deutschland/article138223059/Kanzlerin-Merkel-sagt-Ja-zu-europaeischer-Armee.html (zuletzt abgerufen am 31. Oktober 2019)

Wernsmann, Rainer/*Sandberg*, Marcel, Parlamentarische Mitwirkung bei unionaler Sekundärrechtsetzung, DÖV 2014, S. 49 ff.

Wiederin, Ewald, Die Verfassunggebung im wiedervereinigten Deutschland. Versuch einer dogmatischen Zwischenbilanz zu Art. 146 GG n. F., AöR 117 (1992), S. 410 ff.

Wiedmann, Thomas, Der Vertrag von Nizza – Genesis einer Reform, EuR 2001, S. 185 ff.

Wiefelspütz, Dieter, Der konstitutive wehrverfassungsrechtliche Parlamentsvorbehalt, ZParl 2007, S. 3 ff.

Wiemers, Matthias, Zur Staatsaufgabenlehre des Bundesverfassungsgerichts im „Lissabon-Urteil“ – Ein Beitrag zur Finalität der Integration Europas? –, KritV 2011, S. 226 ff.

Wild, Michael, Die Gleichheit der Wahl, Berlin 2003

Wimmel, Andreas, Neue (alte) Konfliktlinien in der Europapolitik: Die Parlamentsdebatte zum Vertrag von Lissabon im Deutschen Bundestag, ZParl 2009, S. 746 ff.

Winkelmann, Ingo (Hrsg.), Das Maastricht-Urteil des Bundesverfassungsgerichts vom 12. Oktober 1993. Dokumentation des Verfahrens mit Einführung, Berlin 1994 (zitiert als: *I. Winkelmann*, Das Maastricht-Urteil)

Winkler, Daniela, Vergangenheit und Zukunft der Flexibilitätsklausel im Spannungsfeld von unionalem Integrations- und mitgliedstaatlichem Souveränitätsanspruch – Eine Analyse von Artikel 352 AEUV unter dem Eindruck des BVerfG-Urteils zu „Lissabon“ –, EuR 2011, S. 384 ff.

Wolf, Joachim, Die Revision des Grundgesetzes durch Maastricht. Ein Anwendungsfall des Art. 146 GG, JZ 1993, S. 594 ff.

Wolfrum, Edgar, Die geglückte Demokratie. Geschichte der Bundesrepublik Deutschland von ihren Anfängen bis zur Gegenwart, Stuttgart 2006

Wollenschläger, Ferdinand, Völkerrechtliche Flankierung des EU-Integrationsprogramms als Herausforderung für den Europa-Artikel des Grundgesetzes (Art. 23 GG). Am Beispiel von ESM-Vertrag und Fiskalpakt, NVwZ 2012, S. 713 ff.

Wuermeling, Joachim, Die Tragische: Zum weiteren Schicksal der EU-Verfassung, ZRP 2005, S. 149 ff.

Zacharias, Diana, Die sog. Ewigkeitsgarantie des Art. 79 Abs. 3 GG, in: Markus Thiel (Hrsg.), Wehrhafte Demokratie, Tübingen 2003, S. 57 ff. (zitiert als: *D. Zacharias*, in: Thiel, Wehrhafte Demokratie)

Zippelius, Reinhold, Allgemeine Staatslehre, 17. Aufl., München 2017

Zippelius, Reinhold, Quo vadis Grundgesetz?, NJW 1991, S. 23

Zuleeg, Manfred, Demokratie in der Europäischen Gemeinschaft, JZ 1993, S. 1069 ff.

Sachwortverzeichnis